"이 책에 인용된 '환시'와 '받아쓰기'는 저자가 나름대로 예수의 생애를 이야기하기 위하여 사용한 문학적표현 양식일 뿐, 그것을 초작연적인 기원에서 오는 것으로 여겨서는 안 된다."

신앙교리성성 장관 라씽거 추기경
교황청 공식 문서 제 144/58 i호
1994년 6월 21일

마리아 발또르따 (1948년)

마리아 발또르따의 영신 지도자 (좌측)

학생제복을 입은 15세 때의 모습

마리아 발또르따 저

하느님이시요 사람이신 그리스도의 시 : 〈전 10 권〉

* 제 1 권 – 준　비
* 제 2 권 – 공생활 첫해
* 제 3 권 – 공생활 둘째 해 (상)
* 제 4 권 – 공생활 둘째 해 (하)
* 제 5 권　공생활 셋째 해 (상)
* 제 6 권 – 공생활 셋째 해 (중)
* 제 7 권 – 공생활 셋째 해 (하)
* 제 8 권 – 수난 준비
* 제 9 권 – 수　　난
* 제10권 – 영광스럽게 되심

이탈리아어 원제목 :

(Il Poema dell' Uomo-Dio) – 《하느님이시요 사람이신 그리스도의 시》

Centro Editoriale Valtortiano
　　　Via Po, 95
03036　Isola del Liri (FR.) Italia에서 출판.

───────────────

　　　이 책의 번역권과 출판권은 이탈리아의
　　"Centro Editoriale Valtortiano"(발또르따 출판사)가
　　파 레몬드(현우) 신부와 크리스챤 출판사에 독점적으로
　　주었음.

주　의

이 책에 대한 몇 마디 설명:

　1947년에 비오 12세 교황이 예수의 생애에 관한 마리아 발또르따의 글을 **직접** 읽으셨다. 1948년 2월의 어느 특별 알현 중에 교황은 거기에 대하여 호의적인 의견을 말씀하셨다. 그러므로 이 저서에서 **아무것도 삭제하지 말고**, "환시"(幻視)와 "받아쓰기"에 대하여 설명하는 명백한 언명까지도 삭제하지 말고 출판하라고 권고하셨다.

　그러나 동시에 초자연적 현상에 대하여 말하는 어떤 머리말의 글은 인정하지 않으셨다. 교황의 조언에 따르면, 해석은 일체 독자가 해야 할 것이다. "읽는 사람은 이해할 것이다"라고 교황은 덧붙이셨다.

파 레몬드 신부

－일본에서는 마리아 발또르따의 저서를 페데리꼬 바르바로(Federico Barbaro) 신부가 다섯 권으로 요약 번역해서 출판하였다. 이 책 다섯 권은 베스트셀러가 되었다.

마리아 발또르따 저

하느님이시요 사람이신 그리스도의 시

제 8 권
수난 준비

번역 안 응 렬
추천 파 레몬드(현우) 신부

도서 〈파티마의 성모〉
출판 크 리 스 챤

수난 준비

(La Preparation A La Passion)

라자로의 죽음
라자로의 부활에 대한 고찰
가리옷의 유다는 도둑이다
부자 청년과의 만남
수난에 대한 세번째 예언
예루살렘 입성 전 안식일

〈이 책은 원문의 완역본이다〉

수난 준비

차 례

머 릿 말/15

1. 라자로의 집에 온 유다인들 …………………………………… 21
2. 유다인들과 마르타와 마리아 …………………………………… 25
3. 마르타가 선생님께 기별한다 …………………………………… 33
4. 라자로의 죽음 …………………………………………………… 41
5. 예수께 알림 ……………………………………………………… 58
6. 라자로의 장례식에서 …………………………………………… 67
7. "잠자고 있는 우리 친구 라자로를 만나러 가자" …………… 81
8. 라자로의 부활 …………………………………………………… 91
9. 라자로의 부활에 대한 고찰 …………………………………… 115
10. 라자로의 부활 이후 예루살렘 시내와 성전에서 …………… 120
11. 베다니아에 계신 예수 ………………………………………… 138
12. 에프라임으로 가면서 ………………………………………… 158
13. 에프라임에서 지낸 첫째날 …………………………………… 173
14. "안식일의 규칙이 중요하지만, 사랑의 계명은 매우 중요하다" …… 180
15. 다음 날 ………………………………………………………… 188
16. 같은 날 밤 ……………………………………………………… 205
17. 에프라임에서 안식일을 지내는 중에 ……………………… 218
18. 아이들의 친척들과 세겜 사람들 …………………………… 230
19. 은밀한 교육 …………………………………………………… 239
20. 데카폴리스와 유다에서 일어나는 일 ……………………… 247

21. 유다에서, 특히 예루살렘에서 어떤 일이 일어나는가? ················ 255
22. 요나타 벤 우지엘의 이전 제자였다가 예수의 제자가 된 사포림
    사무엘 ··· 269
23. 갈릴래아와 특히 나자렛에서 어떤 일이 일어나는가? ··············· 286
24. 사마리아와 로마 여자들 사이에는 어떤 일이 일어나는가? ········ 291
25. 예수와 얍니아 사람 ·· 300
26. 예수와 사무엘과 유다와 요한 ··· 314
27. 어머니와 제자들의 에프라임 도착 ··· 332
28. 가리옷의 유다는 도둑이다 ·· 363
29. 과월절 전의 사마리아 여행. 에프라임에서 실로에 ··················· 396
30. 실로에서. 좋지않은 권고를 받은 사람들 ·································· 406
31. 레보나에서. 나쁜 권고를 받은 사람들. 다시 권고의 가치에 대하여 ··· 411
32. 세겜에서 ··· 423
33. 의인이 권고에 붙여 주는 가치 ··· 428
34. 예수께서 에논으로 가신다 ·· 435
35. 에논에서. 어린 베냐민 ·· 440
36. 예수께서 사마리아 사람들에게서 배척 당하시다 ······················ 456
37. 부자 청년과의 만남 ··· 477
38. 수난에 대한 세번째 예언. 제베대오의 아들들과 그 어머니 ········ 487
39. 베다니아에 가기 전에 예리고 ··· 501
40. 예수께서 알지 못하는 제자들에게 말씀하신다 ························· 506
41. 예리고의 두 소경 ·· 516
42. 예수께서 베다니아에 이르시다 ··· 527
43. 예루살렘 입성 전 금요일
    Ⅰ. 예수와 가리옷의 유다 ·· 537
44. 예루살렘 입성 전 금요일
    Ⅱ. 예수와 여자 제자들 ··· 552
45. 예루살렘 입성 전 안식일
    Ⅰ. 마투살렘 또는 샤렘의 기적 ··· 580
46. 예루살렘 입성 전 안식일
    Ⅱ. 여행자들과 유다인들이 베다니아에 오다 ························· 596

47. 예루살렘 입성 전 토요일
　Ⅲ. 베다니아의 만찬 ………………………………………………… 603

● 일러두기

　작은 요한 :
　예수님은 마리아 발또르따에게 가끔 '작은 요한' 이라는 이름으로 부르십니다.
　어떤 요한에 대해서 일까요? 가장 젊고, 순결하고, 겸손하고, 너그럽고, 용감하고, 십자가 밑에까지 충실했던 사도 요한에 대해서입니다.
　예수님은 마리아 발또르따를 사도 요한의 영혼과 마음과 정신과 똑같은 수준에까지 만들려고 생각하셨습니다. 이런 뜻에서 발또르따에게 말씀하시기 위해서 작은 요한이라는 이름을 사용하셨습니다.

머 릿 말

마리아 발또르따는 1897년 3월 14일 까세르따(이탈리아)에서 태어났다. 마리아는 1862년 만뚜아에서 출생한 기병 하사관 요셉 발또르따와 1861년 크레모나에서 난 프랑스어 교사인 이시스 피오라반찌의 외딸이었다. 마리아가 겨우 18개월 되었을 때에 부모가 아이와 함께 북부 이탈리아로 가서 살게 되어, 처음에는 파엔짜에 자리 잡았다가 몇 해 후에는 밀라노에 정착하였고, 그곳에서 마리아를 우르술라회 수녀들이 경영하는 유치원에 다니게 하였다. 거기서 마리아가 그의 소명의 첫번째 표를 받았다. 그는 사랑으로 자진해서 받아들인 고통 속에서 그리스도와 동일화되기를 원하였다.

역시 밀라노에서 일곱 살 때에 마르첼로회 수녀들이 경영하는 소학교에 다녔고, 그곳에서 1905년에 거룩한 안드레아 페라리 추기경에게서 견진성사를 받았다. 마리아는 그 후 1907년 가족이 이사해 가서 산 보게라의 공립학교에서 공부를 계속하였다. 1908년에 까스뗏지오에서 첫영성체를 하였다.

매우 독선적인 여자인 어머니의 강요로 마리아는 1909년 몬자의 비앙꼬니 중학교에 들어가야 하였는데, 그 학교에서 매우 날카로운 지능과 대단히 강인한 성격으로 두각을 나타냈다. 마리아는 문예과목에는 매우 재능이 있었으나 수학에는 도무지 소질이 없었다. 꾸준히 노력한 결과로 그가 기술공부의 졸업증서를 받았는데, 이 공부도 어머니가 강요한 것이었다. 그런데도 그는 중학교에서 만족하고 있었는데, 그의 어머니가 4년 후에는 학교를 그만두게 하였다. 그 때에 마리아는 하느님께 열렬한 기도를 드렸는데, 이번에도 하느님께서는 잊지

16 수난 준비

않으시고 마리아에게 그의 장래를 알려 주셨다. 그동안 아버지는 건강상의 이유로 은퇴하였고 작은 가족이 피렌체로 가서 살았는데, 그곳에서 마리아가 어느 선량한 청년과 약혼하였다.

그러나 어머니의 좋지 못한 성격 때문에 그 젊은이와 헤어져야 하였다. 큰 위기의 시기가 있은 후, 1916년에 마리아는 주께로부터 또 다른 계시의 표를 받았고 1917년에는 "사마리아인" 간호원단에 들어가서 열 여덟 달 동안 피렌체의 육군 병원의 병사들에게 모든 간호를 아끼지 않고 베풀었다.

1920년 3월 17일, 어머니와 같이 거리를 지나가는데 어떤 과격주의자가 쇠막대기로 그의 허리를 때려 그로 인하여 그의 장래의 신체 기능 불완전의 첫째 증상이 몸에 남게 되었다. 석 달 동안을 병상에서 지낸 다음 같은 해 10월에 부모와 같이 깔라브리아의 렛지오로 가서 호텔 주인인 어머니쪽 친척 벨판띠네 집에서 2년 가량을 살았다.

남부 이탈리아의 이 아름다운 해안 도시에서 지낸 긴 세월은 그의 정신을 튼튼하게 하는 많은 경험을 쌓게 하였다. 그러나 새로운 청혼들을 반대하는 어머니의 혐오의 흔적이 남기도 하였다. 그러자 마리아는 피렌체로 돌아가(그것은 1922년의 일이었다) 고통스러운 추억 속에서 또 2년을 보냈다.

1924년에는 비아렛지오로 마지막 이사를 하였는데, 이것이 끊임없이 하느님께로 올라가는 것을 온전히 지향하는 새로운 생활의 시초를 알리는 것이었다. 마리아는 몰래(어머니의 편협 때문에) 모든 교우 본분을 지켰고 이렇게 해서 가톨릭 액숀에 가입하는 데 성공하였다. 항상 자기를 바치고자 하는 소원으로 불타는 그는 1925년에 자비로우신 사랑에 자기를 바쳤고, 1931년에는 서원을 한 다음 더 결연한 의식(意識)을 가지고 하느님의 정의께로 자기를 바치고자 하였다.

점점 더 심해지는 고통에 짓눌려 마리아는 1934년 4월 1일부터는 병상을 떠나지 못하였다. 이 때부터 그는 하느님의 손 안에 든 말 잘 듣는 연장이 되었다. 다음 해에 마르따 디치오띠가 마리아의 집에 왔는데 마르따는 일생 동안 충실한 동반자로 있으면서 마리아를 떠나지 않았다. 이 무렵에 마리아는 그가 사랑하고 사람들 중에서 가장 **훌륭한** 분으로 생각하던 아버지의 죽음에서 오는 크나큰 고통을 맛보았다.

1942년에 마리아는 전에 선교사였던 독실한 신부로 마리아의 종복회(從僕會) 회원인 로무알도 M. 밀리오리니 신부의 방문을 받았는데, 이 신부는 4년 동안 그의 영신 지도자로 있었다. 1943년, 어머니가 세상을 떠난 그 해에 마리아 발또르따는 작가로서의 활동을 시작하였다. 마리아는 밀리오리니 신부의 권유로 자기의 능력껏 쓴 자서전에서 "받아쓰기"와 "환상 이야기"로 옮아갔는데, 이것들을 계시로 받는다고 언명하였다. 병석에 있으면서 심한 고통을 당하는데도 마리아는 직접, 단숨에, 어떤 시간에나 글을 썼고 밤에도 썼는데, 뜻밖에 중단을 하게 되어도 조금도 방해를 당한다는 느낌이 없이 항상 자연스러운 모습을 잃지 않고 있었다. 그가 참고할 수 있는 유일한 책은 성서와 비오 10세의 교리문답 뿐이었다.

1943년부터 1947년까지, 그러나 1953년까지는 좀 덜 **빠른** 속도로, 마리아는 공책 약 1만 5천 쪽을 썼다. 성서에 대한 주석, 초대 그리스도인들과 순교자들의 이야기, 신심에 관한 글들이었고 이밖에 여러 장의 영성 일기도 있다. 그러나 마리아 발또르따가 쓴 글의 약 3분의 2를 예수의 생애에 대한 엄청난 양의 작품이 차지한다.

자신의 지능에 이르기까지 모든 것을 하느님께 바친 다음 마리아는 여러 해 동안 정신에 관계되는 일종의 고독에 점진적으로 **빠져들어가** 마침내 임종하는 그의 머리맡에 불려와서 "Profissere, anima christiana, de hoc mundo"(그리스도인의 영혼아, 이 세상에서 떠나거라!) 하는 말로 기도하는 신부의 권고에 복종하는 듯이 꺼져가는 날에 이르렀다. 그것은 1961년 10월 12일이었다. 마리아는 회상의 글처럼 다음과 같은 글을 남겼다.

"나의 고통은 끝났다. 그러나 나는 사랑하기를 계속하겠다."

그의 장례식은 10월 14일 아침 일찍 성 바울리노 본당에서 **행하여**

졌는데, 그의 유지(遺志)에 따라 매우 간소하게 치르졌고, 시체는 비아렛지오 공동묘지에 안장되었다. 그러나 1973년 7월 2일 마리아 발또르따의 유해는 피렌체의 "쌍띠시마 안눈찌아따" 대수도원 참사회 경당에 특전받은 묘소에 묻힐 수가 있었다.

마리아 발또르따의 가장 중요한 저서인 예수의 생애에 관한 책은 그 후 여러 해에 쓴 몇 장만 빼고는 1944년부터 1947년까지 쓴 것이다. 이 저서는 벌써 1956년에 「Il poema dell'Uomo-Dio(사람이요 하느님이신 분의 시)」라는 제목으로 이탈리아에서 출판되었다. 초판은 부피가 큰 네 권으로 나왔는데, 마리아의 종복회 회원인 꼰라도 M. 베르띠 신부의 신학적·교리적 주석이 달린 열 권짜리 비평판(批評版)이 뒤따랐다. 끊임없이 중판되고 아무 광고없이 보급된 이 저서는 이제 이탈리아와 온 세계에 널리 알려졌다.

1971년에 프랑스인 교수 펠릭스 소바쥬씨가 「Il poema dell'Uomo-Dio」를 읽고 자기 나라 말로 번역할 욕망을 느꼈다. 그가 사는 뽕또드매르에서 그는 우리에게 자기 일의 진척 상황을 끊임없이 알려 주고, 자기가 나이가 많기 때문에 출판에 대한 우리의 결정을 재촉하였다. 그는 철학과 신학을 공부하였고 일생을 교직에서 보냈다고 언명하면서, 자기 자신의 능력을 우리에게 보증하기를 원한 때를 빼고는 자기 자신에 대한 말을 결코 하지 않았다.

1976년에야 우리는 소바쥬씨가 직접 쓴 여섯 권의 프랑스어 번역을 가지러 노르망디에 갔었다. 그러나 얼마 지나서야 그것을 검토하기 시작하였다. 우리는 원고를 고쳐야 하리라는 것을 알아차렸다. 많이 고치기는 했지만 이 번역은 일할 때에 그를 젊게 하는 믿음의 후원을 받은 연세 높은 분이 이룩하였다는 점에서 공로가 있다.

불행히도 펠릭스 소바쥬씨는 번역한 작품의 출판을 보지 못하였다. 그분은 1978년 9월 16일 87세의 고령으로 세상을 떠났다. 우리는 마리아 발또르따의 글에 주해나 설명을 달지 않고 그 제목 자체에서 작품의 성격이 솟아 오르게 하려는 그분의 변하지 않은 소원을 존중하였다.
  그러나 독자들에게 알리고자 하는 것은 일체의 설명이나 깊은 연구를 위하여는 이탈리아어판의 주석들이 여전히 가치가 있다는 것이다. 저서의 성질에 대하여는 이것이 가장 큰 사적인 계시 중의 하나라는 확신을 우리는 가지고 있다. 뿐만 아니라, 사적인 계시들은 공적인 계시에 종속하고 인간적으로 믿을 만한 가능한 표시를 가톨릭 신학이 인정하며, 하느님께서 모든 사람의 영적 이익을 위하여 어떤 사람들에게 주시는 것으로 되어 있다.
  독자들은 이 프랑스어 초판의 몇 가지 결함을 양해하여 주기 바란다.

이솔라 델리리(이탈리아)
1979년 10월 12일

에밀리오 뻬사니, 출판인

1. 라자로의 집에 온 유다인들

 호사스러운 말을 탄 장중한 많은 유다인의 무리가 베다니아로 들어온다. 율법학자들과 바리사이파 사람들인데, 사두가이파 사람들과 헤로데당 사람들도 몇명 있다. 내 기억이 틀리지 않는다면 이들은 예수께서 당신이 왕이라고 선언하시도록 그분을 시험하려고 슈자의 집 잔치에 온 것을 한번 본 일이 있는 사람들이다. 뒤에는 하인들이 걸어서 따라 온다.
 기마 행렬이 천천히 그 작은 도시를 지나 가는데, 굳어진 땅에 부딪치는 말굽소리와 마구(馬具)들의 땡그랑 소리와 사람들의 목소리에 끌려 주민들이 집에서 나와 바라보다가, 눈에 띄게 공포의 빛을 보이며 몸을 깊이 숙여 절을 한 다음 몸을 다시 일으키고는 끼리끼리 모여서 수다를 떤다.
 "봤어요?"
 "예루살렘의 최고회의 위원들이 모두 오는군요."
 "아니예요, 요셉 노인과 니고데모와 또 다른 사람들도 없던데요."
 "그리고 제일 잘 알려진 바리사이파 사람들도요."
 "그리고 율법학자들도 없고요."
 "말을 타고 가던 그 사람은 누구였지요?"
 "그리고 그 사람들은 분명 라자로의 집으로 가는 것입니다."
 "죽어가는 모양이지요?"
 "선생님이 왜 그 집에 안 와 계신지 알 수 없어요."
 "예루살렘 사람들이 그분을 죽이려고 찾고 있는데 어쩌겠어요?"
 "당신 말이 옳아요. 그뿐이 아니고 지금 지나간 뱀같은 사람들은 틀림없이 선생님이 여기 계신지 보러 오는 것입니다."
 "그분이 여기 안 계시기가 천만다행입니다."
 "그 사람들이 예루살렘 장터에서 제 남편에게 뭐라고 말했는지 아세요? 각오를 하고 있으라고요. 선생님이 당신을 왕으로 선언하실 것이며 우리 모두가 그분이 그렇게 하시도록 도와드려야 한다고요…. 어떻게 그 사람들이 그런 말을 했지요? 말도 안 되지! 제가 모든 사람을 집에서 내보내고 제가 여주인이 된다고 말하는 것과 같은 말이예요."

"음모?… 모반?… 반란?…" 하고 묻고 암시한다. 한 남자가 말한다.

"그렇습니다. 그들이 내게도 말했습니다. 하지만 나는 안 믿습니다."

"하지만 선생님의 제자들이 그렇게 말하는데요!…."

"흥! 올바르게든 올바르지 않게든 헤로데당에 속해 있는 왕위를 찬탈하기(임금님의 자리를 빼앗는 것) 위해 선생님이 폭력을 사용하셔서 분봉왕을 폐위시키시리라고는 믿지 못하겠습니다. 요아킴에게 이 모든 소문을 믿지 말라고 말하는 것이 좋을 겁니다…."

"그렇지만 그분을 도와드리는 사람은 이 세상에서도 하늘 나라에서도 상을 받으리라는 걸 아세요? 저는 남편이 상을 받으면 참 좋겠어요. 우리는 아이가 많고 생활이 어려워요. 그러니 이스라엘의 왕을 섬기는 사람 중에 낄 수 있으면 좋겠어요!"

"라켈, 내 말을 들어요. 나는 내 정원과 대추야자나 지키는게 낫다고 생각해요. 그분이 그렇게 말씀하시면, 그야 그 때는 모든 걸 버리고 그분을 따르겠어요. 하지만 다른 사람들이 말한 것으로는!…."

"그렇지만 그 사람들은 선생님의 제자들인 걸요."

"난 그 사람들이 그분과 같이 있는 걸 본 일이 없어요. 그리고… 안 되요. 그 사람들은 어린 양처럼 행세하지만, 무슨 산적같은 얼굴을 하고 있어서 내게는 설득력이 없습니다."

"그래요. 얼마 전부터 이상한 일들이 일어나는데 사람들은 언제든지 선생님의 제자들이 그 일의 장본인이라고들 말해요. 최근의 일은 안식일 전의 일이었지요. 그들 중의 어떤 사람들이 장으로 달걀을 가지고 가는 여인을 난폭하게 다루면서 '갈릴래아의 선생님을 대신해서 말하는 것이니 그 달걀들을 우리에게 주시오' 하고 말했어요."

"그분이 그런 물건을 달라고 하실 것으로 생각하세요? 주시기만 하고 빼앗지는 않으시는 그분이 말입니다. 부자들 축에 끼여 살 수 있는데, 가난한 사람들 가운데에 남아 계시고, 야곱이 만난 병나은 나환자 여인이 누구에게나 말한 것처럼 당신의 외투를 주시는 걸 낫게 생각하시는 그분이 말입니다."

이 무리가 있는 데로 와서 듣고 있던 또 다른 남자가 말하였다.

"당신 말이 옳아요. 사람들이 말하는 이 다른 이야기는 어떻고요? 선생님의 선동 때문에 로마인들이 우리를 모두 벌할 것이므로 그분이 우리에게 큰 불행을 가져올 거라고 말입니다. 당신들은 그걸 믿습니까? 나는 말이지요. ─나는 늙고 현명하기 때문에 틀림이 없는데 ─ 내 말은요, 우리 불쌍한 사람들에게 선생님이 폭력으로 왕위를 빼앗고 로마인들을 쫓아내고자 하신다고 ─제발 그렇게 되었으면 좋겠고, 제발 그렇게 할 수 있으면 좋겠지만!─ 그렇게 말하는 사람들은 그리고 그분의 이름을 팔아서 폭력을 행사하는 사람들이나 미래의 이익을 약속하면서 반란을 부추기는 사람이나 선생님을 불행을 몰고 올 인간으로 미워하게 하려는 사람들이나 모두, 그 사람들은 모두 말입니다. 그분 대신 큰 성공을 거두려고 그분을 멸망시키려고 하는 선생님의 원수들입니다. 그런 말은 믿지 마시오! 가엾은 사람들의 거짓 친구들을 믿지 말아요! 그 사람들이 얼마나 거들먹 거리며 지나갔는지 생각해 보시오.

내 양들을 물러나게 하는 데 시간을 끌어서 그 사람들의 통행을 방해했기 때문에 조금만 더 했으면 내게 몽둥이 찜질을 시킬뻔 했어요…. 그 사람들이 우리들 친구라고요? 천만에, 그 사람들은 우리에게 흡혈귀요. 그런 일이 없어야 하겠지만 선생님께도 그 사람들은 냉혈한들입니다."

"라자로의 밭 근처에 사는 당신은 라자로가 죽었는지 아십니까?"

"아니, 죽지는 않았고 생사간을 헤매고 있어요…. 몸을 씻는 데 소용되는 향기있는 풀잎사귀를 따는 사라에게 라자로의 소식을 물었었지요."

"그러면 저 사람들이 왜 왔지요?"

"턱도 없어요! 그 사람들은 집둘레와 뒤쪽과 옆과 나환자의 또다른 집 둘레를 돌아보고는 베들레헴 쪽으로 갔다오."

"내가 말했지요! 그 사람들은 선생님이 거기 계시는지 보러 온 거예요! 그분께 해를 입히려고요. 그 사람들에게는 선생님께 해를 끼친다는 것이 무슨 뜻인지 알아요? 그것도 바로 라자로의 집에서 말입니다. 이봐요, 나탄. 그 헤로데 당원은 전에 테오필로*의 마리아의 애인이었던 그 사람이 아니었어요?"

"그 사람이었어요. 그 사람은 아마 그렇게 해서 마리아한테 원수를 갚으려고 한 건지도 모르지요…."

어린 소년 하나가 뛰어 오면서 외친다.

"라자로의 집에 사람이 얼마나 많은지 몰라요! 난 레비와 마르코와 이사야와 함께 개울에서 오고 있었는데, 우리가 봤어요. 하인들이 큰 대문을 열고 말들을 붙잡았어요. 그리고 막시민은 유다 사람 마중을 나왔고 또 다른 사람들은 몸을 많이 굽히면서 달려왔어요. 마르타님과 마리아님은 그 사람들에게 인사를 하려고 여종들과 같이 집에서 나왔고요. 더 보려고 했지만 대문을 닫고 모두 집 안으로 들어갔어요."

어린이는 그가 가져온 소식과 그가 본 것 때문에 대단히 흥분해 있었다…. 어른들은 저희들끼리 그 이야기를 한다.

---

* 역주 : 라자로와 마리아의 아버지. 유다인이 아니고 개종자로 본래 로마의 고관이었다.

2. 유다인들과 마르타와 마리아

비록 고뇌와 피로로 쇠약해져 있기는 하지만 마르타는 여전히 진짜 여주인으로서의 완전한 품위를 명예롭게 풍기면서 손님을 맞이하고 대접할 줄 아는 여주인이다. 그래서 지금은 그 일행을 어느 큰 방 하나에 인도하고 나서 관례로 되어 있는 다과를 내오라고 이르고 손님들을 더할 수 없이 안락하게 해드리라는 명령을 한다.

하인들은 돌아 다니면서 뜨거운 음료나 귀중한 포도주를 섞어 주고, 훌륭한 과일, 황옥(黃玉)처럼 금빛나는 대추야자 열매와 믿을 수 없을 정도로 완전한 송이에서 나온 우리가 먹는 다마스코의 건포도와 비슷한 것인 건포도, 끈적거리는 꿀 따위를 모두 귀중한 손잡이 달린 항아리와 다리 달린 술잔과 접시와 쟁반에 담아서 내온다.

그리고 마르타는 아무도 등한히 다루어지지 않도록 보살피고 나이와 또 어쩌면 어떤 취미를 가지고 있는지를 아는 사람들에 따라서 하인들이 드리는 것을 감독한다. 그래서 포도주가 가득찬 손잡이 달린 항아리와 술잔을 가지고 엘키아에게로 가는 하인을 불러 세우고는 "도비아, 포도주 말고 꿀물하고 대추야자 열매 쥬스를 갖다 드려" 하고 말한다.

또 다른 하인에게는 "요한은 틀림없이 포도주를 더 좋아하시니, 건포도로 만든 백포도주를 갖다 드려" 하고 말한다. 그리고 자신은 늙은 율법학자 가나니아에게 금빛 꿀을 듬뿍 섞은 뜨거운 우유를 갖다 주며 말한다.

"이것은 선생님 기침에 좋을 거예요. 선생님이 그렇게 편치 않으시고 이렇게 추운 날씨에 오시느라고 희생을 하셨군요. 여러분이 이렇게 친절하신 데 감격했습니다."

"마르타, 이것은 우리 의무야. 에우카리아는 우리 혈통이었고 우리 모두를 명예롭게 한 진짜 유다 여인이었지."

"우리 어머니의 존경받는 기억에 대한 경의에 제 마음이 감동합니다. 이 말을 오빠에게 하겠습니다."

"아니 우리가 그에게 인사를 하고 싶은데, 참 좋은 친구거든!" 하고 다가오는 엘키아가 언제나 그렇듯이 거짓 꾸며 말한다.

"인사를 하시겠다고요. 안 됩니다. 너무 지쳐 있어요."

"아! 뭐 우리는 라자로를 성가시게 하지는 않을 것이오. 여러분 그렇지요? 방 문지방에서 그저 하직 인사만 하면 돼요" 하고 펠릭스가 말한다.

"전 할 수 없어요. 정말 할 수 없어요. 니고메데스 선생님은 어떤 피로도 어떤 충격도 못하게 해요."

"죽어가는 친구를 한번 보았다고 그가 죽을 수는 없어요. 마르타, 인사를 안 하고 가면 마음이 너무 괴로울 것이오" 하고 꼴라쉐보나가 말한다. 마르타는 동요하고 망설인다. 마르타는 문쪽을 바라다본다. 아마 마리아가 도우려고 오나 보려고 하는 모양이지만, 마리아는 집에 없다.

유다인들은 이 동요를 알아차리고, 율법학자 사독은 그것을 마르타에게 지적한다.

"여인이여, 우리가 와서 당신이 당황한 것 같군요."

"아, 아닙니다. 아니예요. 제 고뇌를 이해해 주세요. 제가 죽어가는 사람 곁에서 사는 것이 여러 달째 되어서… 이제는… 이제는 전처럼 향연에서 어떻게 처신해야 하는지를 모르게 되었어요…."

"아! 이것은 향연이 아니오" 하고 엘키아가 말한다.

"우리는 이렇게 많은 경의를 원치도 않았어요! 하지만 어쩌면… 어쩌면 당신은 우리에게 무엇인가 숨기려고 하고, 그래서 라자로를 보여 주지도 않고 그의 방에도 들어가지 못하게 하는지 모르겠군요. 오! 오! 알아요! 하지만 염려 말아요! 병자의 방은 누구에게나 피난소요, 틀림없어요…."

"우리 오빠 방에는 아무 것도 숨길 것이 없고, 숨긴 것도 없어요. 그 방에는 죽어가는 사람밖에 없는데, 그에게는 어떤 괴로운 추억도 면하게 해 주는 것이 동정이 될 거예요. 그리고 엘키아 당신, 그리고 당신네들 모두가 라자로에게는 괴로운 추억이예요" 하고 마리아가

2. 유다인들과 마르타와 마리아 **27**

문지방에 나타나 주홍빛 커튼을 손으로 젖혀 잡고 그 웅장한 파이프 오르간 같은 목소리로 말한다.
 "마리아!" 하고 마르타는 마리아의 말을 막으려고 탄원하는 구슬픈 소리를 낸다.
 "아무 것도 아니야. 언니, 내 말을 막지 말아요…." 그리고 다른 사람들에게 이렇게 말한다.
 "그리고 당신들의 의심을 모두 풀어 줄 테니 당신들 중의 꼭 한 사람만 ──이것이 되살아나서 마리아를 괴롭히는 유일한 추억이다. ── 그 사람이 죽어가는 사람을 보는 것이 지긋지긋하지 않고 죽어가는 몸이 풍기는 고약한 냄새를 맡아도 구역질이 나지 않거든 나하고 같이 오세요."
 "그럼 당신은 슬픈 추억이 아닌가?" 하고 내가 어디선가 이미 본 일이 있는 헤로데당 사람*이 제가 있던 구석에서 나와 마리아 앞에 서며 말한다.
 마르타는 탄식을 내뱉는다. 마리아는 불안한 독수리같은 눈초리를 하고 있다. 그의 눈에서는 불똥이 튀어 나온다. 그는 몸을 찍어 누르는 피로와 고통을 잊고 거만하게 몸을 다시 일으키고는 모욕을 당한 여왕과 같은 표정으로 말한다.
 "그래요. 나도 하나의 추억이예요. 그렇지만 당신이 말하는 것처럼 고통의 추억이 아니라 하느님의 자비의 추억이예요. 그리고 나를 보고 라자로는 편안히 죽을 거예요. 오빠는 그의 영혼을 무한한 자비이신 분의 손에 맡겨 드린다는 걸 알고 있으니까요."
 "하! 하! 하! 전에는 당신이 그렇게 말하지 않았는데! 당신의 덕행이라고! 당신을 알지 못하는 사람에게는 그걸 잘 보여줄 수 있을 거요."
 "그렇지만 당신에게는 못 보여 준단 말이지요? 그렇기는커녕 바로 당신 눈 앞에 그걸 내놓아서 사람은 그가 어울리는 자들과 같이 된다는 것을 당신에게 말해 주겠어요. **한 때는** 불행히도 당신과 자주 만났었기 때문에 당신과 같았어요. 지금은 거룩한 분과 친하게 지내

──────────
* **역주**: 전에 막달라 마리아의 애인이었던 사람.

니까 성실한 사람이 되었습니다."

"깨진 물건은 다시 제대로 되지 않는 법이오, 마리아."

"과연 과거를 당신, 당신들 모두는 다시 제대로 만들어 놓지 못하지요. 당신들은 당신들이 파괴한 것을 다시 제대로 만들어 놓을 수가 없습니다. 내게 혐오감을 불러일으키는 당신도, 괴로운 때에 우리 오빠를 모욕했고 지금은 또 분명치 않은 목적으로 오빠의 친구라고 납득시키려고 하는 당신들은 그렇게 못합니다."

"오! 당신은 대담한 여자로구먼. 선생님이 당신에게서 마귀 여러 마리를 쫓아내셨는지는 모르지만 당신을 온순하게 만들지는 못하셨구먼!" 하고 40세쯤 된 남자가 말한다.

"아닙니다. 요나타스 벤 안나. 선생님은 나를 약하게 만들지 않으시고 오히려 성실한 사람, 성실하게 되기를 원해서 일체 과거와의 관계를 다 끊고 새로운 생활을 할 마음을 가진 사람이 가지는 대담으로 강하게 만드셨어요. 자! 누가 오빠를 보러 가겠어요?" 마리아는 여왕과 같이 명령적이고 자기 자신에 대해서까지 무자비한 솔직성으로 모든 사람을 압도한다.

반대로 마르타는 몹시 불안해 하고 눈물이 글썽거리는 눈으로 마리아를 뚫어지게 보며 입을 다물기를 애원한다.

"내가 가겠소!" 하고 뱀같이 교활한 엘키아가 산 제물이 되었다는 것 같은 한숨을 내쉬며 말한다.

그들은 같이 나간다. 다른 사람들은 마르타에게 말한다.

"당신 동생!… 성격이 여전하구먼. 그러면 안 될 텐데, 용서받아야 할 일이 하도 많으니까" 하고 지스칼라에서 본 우리엘 율법학자가 말한다. 예수를 돌로 친 그 사람이다.

마르타는 이 말의 채찍질로 힘을 도로 찾아 말한다.

"하느님이 그 애를 용서해 주셨습니다. 이 용서 다음에는 다른 어떤 용서도 가치가 없어요. 그리고 그 애의 지금 생활은 모든 사람의 본보기가 됩니다." 그러나 마르타의 대답은 이내 꺾이고 울음이 뒤따른다. 마르타는 눈물을 줄줄 흘리면서 한탄한다.

"당신들은 잔인해요! 그 애에 대해서도 그렇고… 제게 대해서도 그렇고… 당신들은 동정도 없고 과거의 고통도 지금의 고뇌도 없어요. 왜들 오셨어요? 모욕을 주고 고통을 주려고요?"

"아니오. 여인, 아니오. 우리는 다만 죽어가는 위대한 유다인에게 인사를 하러 온 것이오. 다른 일 때문에 온 것은 아닙니다! 다른 일 때문에 온 것은 아니예요! 당신은 공명정대한 우리들의 뜻을 곡해해서는 안 되오. 요셉과 니고데모를 통해 병이 중해졌다는 말을 듣고 온 것이오…. 선생님과 라자로의 친한 두 친구인 그 사람들처럼 말이오. 그들처럼 선생님과 라자로를 사랑하는 우리를 왜 달리 취급하려고 해요? 당신들은 공평하지 못합니다. 당신은 아마 그 사람들도 요한, 엘르아잘, 필립보, 요수에, 요아킴도 라자로의 근황을 알아 보려고 오지 않았고, 마나헨도 역시 오지 않았다는 것을 말할 수 있겠지요?…."

"저는 아무 말도 안 하겠어요. 그렇지만 당신들이 모든 것을 그렇게까지 잘 알고 있는 데 놀랐어요. 집 내부까지 당신들이 감시하고 있다고는 생각하지 못했어요. 육백열세 가지 계율 말고 또 새 계율이 있는 줄은 몰랐습니다. 가정의 사생활을 조사하고 염탐하는 계율 말입니다…. 아! 용서하세요! 당신의 기분을 언짢게 했군요! 고뇌로 인해서 제가 미칠 지경이 되고 당신이 나를 몹시 화나게 하기 때문이예요."

"오, 우리도 당신을 이해하오. 그리고 당신들이 미치다시피 되었다고 생각했기 때문에 좋은 의견을 말해 주려고 온 것이오. 선생님을 모시러 보내시오. 어제만 해도 문둥이 일곱명이 와서 선생님이 그들을 고쳐 주셨기 때문이라고 하며 주를 찬미했어요. 라자로를 위해서도 그분을 모셔 와요."

"우리 오빠는 문둥이가 아닙니다" 하고 마르타는 깜짝 놀라서 외친다.

"그래서 오빠를 보려고 했어요? 그 때문에 여러분이 오셨어요? 아닙니다. 오빠는 문둥이가 아닙니다! 내 손을 보세요! 나는 오빠를 여러 해째 간호하고 있는데 내게 나병이 없어요. 향료 때문에 피부가 붉어지긴 했지만 나병은 없어요 저는…."

"그만! 그만, 아니 누가 라자로가 문둥이라는 말을 합니까? 그리고 또 누가 문둥이를 숨기는 것 같은 **흉악한** 죄를 짓는다고 의심합니까? 또 만일 당신들이 죄를 지었다면 당신들의 권력이 대단해도 당신들을 치지 않았으리라고 생각하시오? 우리는 계율을 존중하게 하기 위해서는 아버지와 어머니, 아내와 자식들의 몸까지도 밟고 넘어갈 수 있는 사람들입니다. 나 우지엘의 요나타가 하는 말입니다."

"그야 물론 그렇지요" 하고 아르켈라우스가 말한다.

"그래서 이제 우리가 당신에게 바라는 이익을 위해서, 당신 어머니에게 대해서 가지던 우리의 사랑을 위해서, 우리가 라자로에게 가지는 사랑을 위해서 당신에게 말하는 것이니, 선생님을 모셔 오시오. 머리를 흔드는 거요? 이제는 너무 늦었다는 말이요? 뭐라고요? 충실한 제자인 마르타, 당신이 선생님을 믿지 않는단 말이요? 이건 중대한 일이오! 당신도 의심하기 시작하는 것입니까?"

"율법학자님, 하느님을 모독하는 말을 하시는군요. 저는 선생님을 참 하느님으로 믿습니다."

"그렇다면 왜 시도하려고 하지 않아요? 그분은 죽은 사람들도 다시 살리셨어요…. 적어도 그렇게들 말해요. 아마 당신은 그분이 어디 계신지 모르나 보지요. 당신이 원하면 우리가 찾아 보겠소. 우리가 당신을 도와 주겠어요" 하고 펠릭스가 넌지시 말한다.

"아닙니다!" 하고 사독이 마르타를 떠보느라고 말한다. "라자로의 집에서는 분명히 선생님이 어디 계신지 **알고 있어요**. 이봐요, 솔직히 말해요. 그러면 우리가 그분을 찾아가서 모셔 오겠소. 그리고 기적을 목격해서 당신과 당신들 모두와 같이 즐기겠소."

마르타는 망설이며 거의 굴복할 생각이 든다. 다른 사람들이 재촉하니 마르타는 이렇게 말한다. "그분이 어디 계신지 모릅니다… 정말 몰라요…. 여러 날 전에 떠나셨는데, 오랫동안 나가 있을 사람처럼 인사를 하셨어요…. 그분이 어디 계신지를 알면 위로가 되겠어요…. 알기만 해도 말입니다…. 그렇지만 참말이지 어디 계신지 모릅니다…."

"가엾은 여인! 하지만 우리가 당신을 도와 주겠소…. 우리가 그분을 모셔다 주겠어요" 하고 꼬르넬리우스가 말한다.

"안 됩니다! 안 되요. 선생님은… 선생님 말씀을 하는 거지요? 선생님은 우리가 바랄 수 있는 것 이상으로 바라고 하느님께만 바라야 한다고 말씀하셨습니다. 그래서 우리는 그렇게 할 것입니다" 하고 엘키아와 같이 돌아온 마리아가 고함을 친다. 엘키아는 곧 그의 곁을 떠나 바리사이파 사람 셋과 말하려고 몸을 숙인다.

"아니, 말을 들으니 라자로가 죽어 간다면서요!" 하고 도라라는 그 바리사이파 세 사람 중의 하나가 말한다.

"그래서요? 죽으라지요! 나는 하느님의 뜻과 맞서지 않고 선생님께 불복종하지는 않겠습니다."

"그래, 죽음을 넘어서 무엇을 바라겠다는 거요. 미친 여자 같으니라고!" 하고 헤로데당 사람이 마리아를 조롱하며 말한다.

"무엇을 바라느냐고요? 생명을요!" 이것은 절대적인 믿음의 외침이다.

"생명이라고? 하! 하! 좀 솔직해요. 진짜 **죽음** 앞에서는 그분의 능력이 아무 것도 아니라는 것을 당신도 알면서 그분에 대한 어리석은 사랑으로 그것이 드러나기를 원치 않는 거요."

"모두들 나가시오. 이 말은 언니가 해야 할 것이지만, 언니는 당신들을 무서워해요. 나는 나를 용서해 주신 하느님께 죄짓는 것만을 두려워 합니다. 그래서 언니 대신 이렇게 하는 것입니다. 다들 나가세요. 이 집에는 예수 그리스도를 미워하는 사람들의 자리는 없습니다. 나가서 당신네들의 컴컴한 소굴로 가세요! 모두 나가세요. 그렇지 않으면 하인들을 시켜서 더러운 거지떼 모양으로 몰아 내겠어요."

마리아는 성을 내니 위압적이다. 유다인들은 이 여인 앞에서 극도로 비겁해져서 남의 눈에 띄지 않게 달아난다. 사실 이 여인은 화가 난 대천사와 같다.

큰 방에서 거치적 거리는 것이 없어져 가고 그들이 하나씩 마리아의 앞을 지나 문지방을 넘는 데 따라 그의 시선은 무형의 꼬리 모양의 작살 같은 것을 이루어서 패배한 유다인들의 오만이 그 밑에서 납작해져야 한다. 드디어 큰 방이 텅 비었다.

마르타는 양탄자 위에 넙쩍 엎드려서 흐느껴 울기 시작한다.

"언니, 왜 울어? 이유가 없지 않아요?"

"오! 넌 그 사람들을 모욕했다…. 그리고 그 사람들은 너를 모욕하고 우리를 모욕했다…. 그러니 이제는 그들이 복수를 할 거다…. 그리고….”

"입 닥쳐요. 어리석고 약한 여자 같으니! 누구한테 원수를 갚겠다고 생각해? 오빠한테? 그전에 그들은 의논을 해야 할 건데, 그들이 결정을 하기 전에…. 오! 쓰레기(그라루)*에게는 원수를 갚지 못하는 법이예요! 우리한테? 우리가 살아가는 데 그들의 빵이 있어야 해요? 우리의 재산을 그들은 건드리지 못해요. 그들 위에는 로마의 그림자가 드리워져 있거든. 그럼 무엇에 복수를 하겠어? 또 그들이 원수를 갚을 수 있다 해도 우리 둘은 젊고 힘있는 여자가 아니냐 말이야. 우리가 일을 할 수 없어? 아마 예수님은 가난하지 않으시지? 우리 예수님은 노동자가 아니셨어? 우리가 가난해져서 일꾼이 되면 그분과 더 비슷하게 되지 않겠어? 그렇지만 그렇게 되는 걸 영광으로 생각해! 그것을 바라고! 하느님께 그것을 청해요!"

"그렇지만 그 사람들이 네게 말한 것은…."

"하! 하! 그들이 내게 말한 거! **그것은 진리야!** 나도 나 자신에게 그 말을 하고 있어. 나는 더러운 여자였어. 그렇지만 지금은 목자의 어린 양이야! 그리고 과거는 죽었어. 자, 오빠 곁으로 가요."

---

* 역주 : 비유적인 뜻으로 시체와 같이 되어 있는 라자로를 말함.

3. 마르타가 선생님께 기별한다

나는 아직 라자로의 집에 있는데 마르타와 마리아가 외양이 매우 의젓한 중년이 지난 어느 남자를 배웅하느라고 정원으로 나오는 것이 보인다. 그 남자는 로마인들처럼 얼굴에 완전히 면도질을 한 것을 보면 히브리인이 아닌 것 같다. 집에서 좀 떨어지자 마르타가 그에게 묻는다.

"그래, 니고데스 선생님, 우리 오빠가 어때요? 우리가 보기에는 대단히… 병이 중한 것 같은데… 말씀해 주세요."

그 남자는 **사실의 회피**할 길 없는 성격을 확인하는 동정의 몸짓으로 양팔을 벌리고 걸음을 멈추면서 말한다.

"병이 매우 중해요…. 내가 그를 치료한 처음부터 당신들을 속이지 않았어요. 당신들도 알다시피 나는 모든 것을 시도했어요. 하지만 소용이 없었어요. 나는 또… 희망을 가지기로 했었지요. 그래요. 맛있는 음식과 내가 만들어 주는 강심제 덕택으로 병으로 인한 쇠약에 저항해서 적어도 살 수는 있으리라는 희망을 가지기도 했었어요. 나는 또 피를 썩지 않게 예방하고, 의술의 대가들의 오랜 원리에 따라 기운을 돋구어 주는 데 좋다고 하는 독약도 써 보았소. 하지만 병이 내가 쓴 약들보다 더 강해요. 이 병들은 일종의 부식(腐蝕)입니다. 이 병들은 파괴하는 것인데, 그것들이 밖으로 나타날 때에는 이미 **뼈속이 침범**을 당한 것입니다. 나무의 수액이 밑에서 꼭대기까지 올라가는 것과 마찬가지로, 이 경우에는 병이 발에서부터 온 몸에 퍼졌어요…."

"그렇지만 오빠가 병든 것은 다리뿐인데요…" 하고 마르타가 탄식하며 말한다.

"그래요. 하지만 열은 당신들이 더 할 수 없이 건강하다고 생각하는 곳을 파괴합니다. 이 나무에서 떨어진 작은 가지를 봐요. 이 가지는 부러진 곳 근처 여기가 갉아 먹힌 것 같지요. 하지만 봐요…. (그는 손가락으로 가지를 부러 뜨린다) 알겠어요? 윤기있는 껍질 밑에는, 아직 작은 잎들이 붙어 있기 때문에 살아있는 것같이 보이는 끝까지 부패병이 침범해 있습니다.

라자로는 이제 죽어… 갑니다. 가엾은 누이들! 당신들의 조상들의 하느님, 제신들, 그리고 우리 의술의 반신(半神)들도 아무렇게도 할 수 없었거나… 또는 하기를 원치 않았어요. 난 당신들 하느님 이야기를 하는 것입니다…. 그래서 말이지요…. 예, 나는 이제 핏속에 들어간 부패의 증상인 열이 더한 것으로도 그렇고, 심장의 불규칙적인 움직임과 병자와 그의 모든 기관에 자극과 반응이 없는 것으로 인해서도 그렇고 죽음이 매우 가까이 온 것으로 내다 봅니다. 알겠지요? 라자로는 이제 먹지를 못하고, 그가 먹는 얼마 안 되는 것도 붙잡아 두지를 못하고, 붙잡아 두는 것도 동화하지를 못합니다.

이제 끝장입니다…. 그리고 ─테오필로를 기억해서 당신들에게 고마운 마음을 가지고 있는 의사를 믿어요.─ 그리고 오히려 바라야 할 것은 이제는 죽음이예요…. 이것들은 무서운 병이지요. 수천년 전부터 이 병들이 사람을 파멸시키는데, 사람은 이 병들을 소멸시키지 못합니다. 신들만이 그렇게 할 수 있을 터인데, 하기는…"

그는 말을 멈추고 수염을 깎은 턱을 손가락으로 문지르며 그 여자들을 바라다본다. 그는 곰곰 생각하더니 말한다.

"왜 갈릴래아 사람을 부르지 않아요? 그분은 당신들 친구인데, 그분은 할 수 있어요. 무엇이든지 할 수 있으니까요. 죽을 병이 들렸다가 나은 사람들을 검사해 보았지요. 그분에게서는 이상한 힘이 나와요. 흩어진 반응을 되살리고 모아서 그것들에게 나을 의욕을 억지로 생기게 하는 신비로운 정신력이 나와요…. 그분을 모셔 와요. 나는 외교인이지만 당신들 국민의 불가해한 기적을 행하는 사람을 존경해요. 그리고 내가 하지 못한 것을 그분이 할 수 있으면 기쁘겠습니다."

"그분은 하느님이세요, 니고메데스 선생님. 그러니까 무엇이든 하실 수 있어요. 선생님이 신비한 정신력이라고 하신 것은 그분의 하느님으로서의 뜻이예요" 하고 마리아가 말한다.

"당신의 믿음을 나는 비웃지 않아요. 오히려 나는 그것을 불가능한 것에까지 밀고 갑니다. 게다가… 책에 보면 신들이 때로는 이 세상에 내려 온다는 말이 있어요. 나는… 그걸 한번도 믿지 않았어요…. 하지만 인간과 의사의 지식과 양심을 가지고 나는 사실 그렇다고 말해야 하겠어요. 그 갈릴래아 사람은 신만이 행할 수 있는 치유를 행하니까 말이오."

"잡신이 아니예요. 니고메데스 선생님, 참 하느님이세요" 하고 마리아가 강조한다.

"좋아요. 그렇다고 합시다. 그리고 나는 만일 라자로가… 다시 살아나는 것을 보면 그분을 믿고 제자가 되겠습니다…. 왜냐하면 이제부터는 병이 낫는다는 말보다는 오히려 부활이라는 말을 해야겠으니 말이오. 그러니까 급히 모셔 와요…. 내가 바보가 되지 않았다면 라자로는 많아야 오늘 황혼서부터 세번째 황혼까지는 죽을 터이니까 말이오. '많아야'라고 말한 것은 이제는 그보다 일찍일 수도 있어서 그런 거요."

"오! 우리가 할 수 있었으면 얼마나 좋겠어요! 그렇지만 그분이 어디 계신지 우리는 몰라요…" 하고 마르타가 말한다.

"나는 알아요. 그분의 제자 한 사람이 내게 말해 주었는데, 그 제자는 병자들을 데리고 그분 있는 곳으로 가는 중이었지요. 병자 중 두 사람이 내 환자들이었습니다. 그분은 요르단강 건너편 도선장 근처에 계시답니다. 그 제자가 내게 그렇게 말했어요. 당신들이 아마 그 장소를 더 잘 알겠지요."

"아! 틀림없이 살로몬의 집이예요" 하고 마리아가 말한다.

"아주 멉니까?"

"아니요."

"그러면 즉시 하인 한 사람을 그분에게 보내서 오시라고 해요. 나는 나중에 다시와서 여기 있으면서 그분이 라자로에게 행하시는 일을 보겠소. 그럼 안녕히…, 그리고… 서로 용기를 돋구도록 하시오."

그는 몸을 숙여 절하고 출구 쪽으로 나간다. 거기에서는 하인 한 사람이 기다리고 있다가 그의 말을 잡아 주고 큰 대문을 열어 준다.

"어떻게 할까, 마리아야?" 하고 의사가 떠나는 것을 보고 나서 마르타가 물어본다.

"선생님의 말씀을 따라요. 오빠가 죽은 다음에 모시러 보내라 하셨으니 그대로 해요."

"그렇지만 오빠가 죽고 나면… 선생님을 여기 모셔야 무슨 소용이 있겠니? 우리 마음에는 그야 유익하겠지. 그러나 오빠에게는!…. 모셔오라고 하인을 한 사람을 보내겠다."

"안 돼. 언니는 기적을 망치게 될 거야. 선생님은 어떤 반대 사실이 있어도 바라고 믿을 줄 알아야 한다고 말씀하셨어. 그리고 그렇게 하면 우리는 기적을 얻을 거야. 난 그것이 틀림없다고 생각해. 만일 우리가 그렇게 할 줄을 모르면 하느님께서는 그분보다 더 잘 하려고 하는 거만한 마음을 가진 우리를 그대로 버려두시고 아무 것도 주시지 않을 거야."

"그렇지만 넌 오빠가 얼마나 고통을 겪고 있는지 보지 못하니? 넌 오빠가 정신이 말짱할 때에는 얼마나 선생님을 뵙기를 바라는지 알아차리지 못하니? 이 마지막 기쁨을 우리 불쌍한 오빠에게 거절하다니, 넌 인정머리도 없구나! 아버지도 돌아가시고 어머니도 돌아가시고 오빠도 없어지고! 집이 엉망이 되고 우리 둘이는 사막에 있는 두 종려나무 같을 거다."

마르타는 고통의 발작을 일으킨다. 아주 동양적인 신경 발작을 일으킨다고까지 말해야겠으니, 흥분하여 제 얼굴을 때리고 머리를 풀어헤친다.

마리아는 마르타를 붙들고 위압한다.

"입 다물어, 입 다물라니까! 오빠가 들을지도 몰라. 난 오빠를 언니보다 더 많이 더 낫게 사랑하지만 자제할 줄을 안단 말이야. 언니는 무식한 여자같아. 입 다물라니까 그러네! 이렇게 흥분한다고 운명을 바꾸지도 못하고 사람들의 마음을 감동시키지도 못하는 거야. 내 마음을 감동시키려고 그런다면, 언니는 잘못 생각하는 거야. 잘 생각해 봐. 내 마음은 복종하느라고 부수어지고 있어. 그렇지만 순종으로 인해서 잘 견디어낸단 말이야."

마르타는 동생의 힘과 말에 압도되어 약간 진정된다. 그러나 지금은 좀 더 가라앉은 고통 속에서 어머니를 부르며 한탄한다.

"엄마, 엄마, 날 위로해 주세요. 엄마가 돌아가신 뒤로는 내게는 평화가 없어졌어요. 엄마가 살아 계셨더라면! 엄마가 울화병으로 돌아가시지 않았더라면! 엄마가 살아 계셨더라면, 엄마가 우리를 인도하고 우리는 엄마에게 순종해서 모두의 이익이 되었을 건데…. 아!….”
 마리아의 얼굴빛이 변한다. 마리아는 소리를 내지 않고 괴로워하는 얼굴로 말없이 손을 마주 비틀면서 운다.
 마르타가 그를 보고 말한다.
 “우리 어머니가 돌아가시게 되었을 때 나더러 오빠에게 엄마 노릇을 하겠다고 약속하라고 하셨다. 어머니가 살아 계셨더라면….”
 “엄마는 의로운 여인이었으니까 선생님께 순종하셨을 거야. 언니가 날 감동시키려고 해봐도 소용없어. 그럼 내가 엄마에게 드린 고통으로 해서 엄마를 죽였다고 말해. 그럼 나는 말할 거야. ‘언니 말이 맞아’ 하고. 그렇지만 언니가 선생님을 모시려고 하는 것을 잘하는 일이라고 말하게 하련다면, 난 언니에게 ‘아니’라고 말할 거야. 그리고 언제까지나 ‘아니’라고 말하겠어. 그리고 엄마가 아브라함의 품 안에서 나를 칭찬하고 나서 내게 축복을 주실 거라고 확신해. 자 집으로 가.”
 “이젠 아무 것도 없어! 아무 것도 없어!”
 “다 있어! 언닌 다 있다고 말해야 할 거야. 사실 언니는 선생님 말씀을 듣고 그분이 말씀하시는 동안은 주위를 기울이는 것 같지만, 그 다음에는 선생님이 무슨 말씀을 하셨는지 기억하지 못한단 말이야. 사랑하고 순종하면 우리가 하느님의 자식이 되고 당신 나라의 상속자가 된다고 선생님이 말씀하시지 않았어? 그런데 우리가 충실한 덕택으로 하느님을 모시고 하늘 나라를 차지한다면, 언니는 어떻게 우리가 아무 것도 없는 빈털털이가 된다고 말할 수 있어? 진리에 있어서 우리가 절대적이어야 하는 것처럼, 내가 악에 절대적이었던 것처럼, 선에 있어서도, 순종과 소망과 믿음과 사랑에 있어서도 절대적일 수 있어야 하고 절대적일 줄을 알아야 하고 절대적이기를 원해야 하는 거야….”
 “넌 유다인들이 선생님을 조롱하고 그분에 대해서 암시적인 비난을 하는 것을 가만 두면서. 그저께 그 사람들이 말하는 걸 들었지.”
 “그래 언니는 아직도 그 까마귀들의 짖는 소리와 저 독수리들의 울음소리를 생각하고 있는 거지? 그렇지만 그 사람들이 속에 있는 것을 뺏아 버리게 내버려둬! 세상 사람이 무슨 상관이야? 하느님에 비하면 세상 사람이 뭐야? 이거 봐. 추위로 마비되었거나 오물을 빨아 먹어 중독이 되어서 내가 이렇게 으깨버리는 이 등에만도 못하단 말이야" 하고 말하면서 마리아는 오솔길의 자갈 위를 천천히 기어가고 있는 등에를 뒤축으로 힘껏 밟는다. 그리고는 마르타를 한 팔로 안으면서 "자, 집으로 가서…" 하고 말한다.

"선생님께 알려 드리기라도 하자꾸나. 사람을 보내서 다른 말은 하지 말고 라자로가 죽어 간다고만 말씀드리라고 하자."

"선생님이 그 소식을 우리한테서 들으셔야 하시는 것처럼 말하는구먼! 내가 안 된다고 말했지. 그건 쓸데없는 짓이야. 선생님은 이렇게 말씀하셨어. '라자로가 죽거든 내게 알려라' 하고. 그러니까 그렇게 하는 거야. 그전에는 안 돼."

"아무도, 아무도 내 고통을 동정하지 않는다! 그리고 너는 그 누구보다도 더 하고…."

"그렇게 우는 것 그만 둬요. 견딜 수가 없어…."

자기 고통 속에서 마리아는 언니에게 용기를 주고 자기마저 울지 않으려고 입술을 깨문다.

마르첼라가 집 안에서 뛰어 나오고 그 뒤를 막시민이 따라 온다.

"마리아, 마리아! 빨리 뛰어 오세요! 라자로가 좋지 않아요. 이젠 대답을 못해요…."

두 자매는 뛰어와서 집 안으로 들어가고… 조금 후에는 필요한 도움을 얻으려고 명령을 내리는 마리아의 큰 목소리가 들리고, 강심제와 끓는 물 대야를 가지고 달려오는 하인들이 보이고, 속삭거리는 소리가 들려오고 고통을 나타내는 몸짓들이 보인다….

한참 소란이 벌어지고 나서 천천히 다시 조용해진다. 저희들끼리 말하는 하인들이 보이는데, 그들은 덜 흥분해 있지만 큰 낙망을 나타내는 몸짓으로 그들의 말을 강조한다. 더러는 머리를 내젓고 어떤 사람들은 팔을 벌리고 높이 쳐들며 "그렇게 됐어" 하고 말하려는 것 같다. 어떤 사람들은 울고 더러는 아직 어떤 기적을 바라려고 한다.

죽은 사람처럼 얼굴이 창백한 마르타가 다시 나타난다. 마르타는

3. 마르타가 선생님께 기별한다

누가 따라 오나 보려고 뒤를 돌아다 본다. 마르타는 근심스럽게 그를 둘러싸는 하인들을 둘러본다. 집 안에서 누가 그의 뒤를 밟으려고 나오는지 보려고 몸을 돌린다. 그런 다음 어느 하인에게 "넌 나를 따라 오너라" 하고 말한다.

그 하인은 다른 하인들의 무리에서 떨어져서 마르타를 따라 재스민이 뒤덮인 정자를 향하여 가서 그 속으로 들어간다. 마르타는 뒤얽힌 가지들 사이로 볼 수 있는 집에서 눈길을 떼지 않은 채 말한다.

"내 말 잘 들어라. 하인들이 모두 집 안으로 다시 들어가고 그들이 집 안에서 일하도록 내가 명령하면, 너는 마구간으로 가서 제일 빠른 말 중의 한 놈을 골라서 안장을 얹어라…. 혹 누구에게 들키면 의사를 모시러 간다고 말해라…. 정말 너를 축복받으신 의사 선생님을 모시러 보내는 것이니까 너는 거짓말 하는 것이 아니고 내가 너더러 거짓말 하라고 가르치는 것도 아니다….

말을 먹일 귀리와 네가 먹을 식량, 그리고 무슨 일이 있을지 모르니까 이 돈주머니를 가지고 가거라. 작은 문으로 나가서 말발굽이 소리를 내지않게 갈아놓은 밭으로 지나 가거라. 집에서 멀어진 다음에는 예리고로 가는 길로 들어서서 절대로 멎지 말고 밤에도 네 굽을 놓고 달리게 해라. 네가 아직 달리고 있는데 어두워지면 초생달이 길을 비춰줄 것이다. 네 주인의 목숨이 네 손과 네 속도에 달려 있다는 것을 생각해라. 너를 믿는다."

"주인님, 충실한 종처럼 주인님을 도와드리겠습니다."

"베타바라의 걸어서 건너는 데로 가서 강을 건너 요르단강 건너 베다니아 다음 마을로 가거라. 알겠니? 요한이 처음에 세례를 주던 곳 말이다."

"압니다. 저도 깨끗하여지려고 거길 간 적이 있습니다."

"그 마을에 선생님이 계신다. 누구나 다 그분이 사시는 집을 일러줄 것이다. 그렇지만 큰 길을 따라 가지말고 강을 끼고 가면 더 나을 것이다. 사람 눈에 덜 띌 것이고 네가 직접 집을 찾게 될 것이다. 들에서 강으로 가는 하나밖에 없는 마을 길의 첫번째 집이니 잘못 찾을 수가 없다. 평면 지붕도 없고 2층 방도 없고 정원이 달린 집인데, 강에서 가면 그 정원이 집보다 먼저 나오고 작은 나무문과 아마 산

사나무 울타리를 둘러친, 어떻든 울타리를 둘러친 정원이다. 알았니? 내가 말한 것을 다시 말해 보아라."

하인은 참을성 있게 복창한다.

"됐다. 선생님께, **선생님께만** 말씀을 드리겠다고 청해서 네 **여주인들이** 너를 보내서 선생님께 라자로의 병이 대단히 중해져서 죽어간다고, 우리는 이제 도무지 손을 쓸 수 없다고, 라자로가 선생님을 뵙고 싶어하니 곧 와 주십사고, 제발 곧 와 주십사고 말씀드리라고 했다고 말씀드려라. 잘 알았니?"

"잘 알았습니다, 주인님."

"그런 다음 즉시 돌아와서 네가 집에 없는 것을 아무도 잘 알아차리지 못하게 해라. 어두울 때에 쓸 초롱을 가지고 가거라. 자 달려라, 네 굽을 놓고 달리게 해서 말이 지쳐빠지도록 만들어라. 그렇지만 선생님의 대답을 들어가지고 빨리 돌아오너라."

"그렇게 하겠습니다, 주인님."

"자! 가거라! 알겠느냐? 그들이 벌써 모두 집 안으로 들어갔다. 아무도 네가 길 떠날 차비를 하는 것을 보지 못할 것이다. 내가 직접 음식을 가져 오마. 자, 그것을 작은 문 문지방에 갖다 놓으마. 가라! 그리고 하느님께서 너와 같이 하시기를 바란다. 가라!…."

마르타는 불안해서 하인을 밀고 나서 조심 조심하면서 빨리 집으로 뛰어 간다. 그리고 조금 후에는 남쪽 샛문으로 하여 살그머니 밖으로 나와 손에는 작은 자루를 들고 울타리를 끼고 첫번째 터진 틈까지 가서는 돌아서 사라진다….

4. 라자로의 죽음

 라자로의 호흡을 덜 곤란하게 하려고 그의 방문이란 문, 창이란 창은 모두 열어 놓았다. 의식없이 혼수 —죽음과 비슷하게 다만 호흡의 움직임으로만 죽음과 다른 심한 혼수— 에 빠져 있는 그의 둘레에는 두 누이동생, 막시민, 마르첼라와 노에미가 죽어가는 사람의 아주 작은 움직임에도 주의를 기울이며 있다.
 고통의 수축으로 입이 일그러져서 말을 하려고 하는 것 같거나 눈꺼풀의 움직임으로 눈이 드러날 때마다, 두 누이동생은 한 마디 말, 눈길 하나라도 붙잡으려고 몸을 숙인다…. 그러나 그것은 쓸데없는 짓이다. 그것들은 의지와 지능과는 관계가 없는 조정되지 않은 동작에 지나지 않으니, 의지도 지능도 이제는 움직이지 않고 쓸데없이 된 것이다. 그것들은 죽어가는 사람을 번들번들하게 하는 땀과 때때로 앙상한 손가락을 움직이고 그 관절을 수축시키는 진전(振顫)이 육체에서 오는 것처럼 육체의 고통에서 오는 동작들이다.
 두 누이동생은 그들의 목소리에 온 사랑을 담아 그를 부른다. 그러나 이름과 사랑이 지능의 마취상태의 장벽에 부딪치고 그들의 부름에 대한 대답으로는 무덤의 적요가 있을 뿐이다.
 노에미는 눈물을 줄줄 흘리면서 계속하여 분명히 얼음장같이 된 발에 모직 띠에 싼 벽돌들을 갖다 대어 놓는다. 마르첼라는 고운 헝겊이 담겨 있는 술잔을 두 손으로 들고 있고 마르타는 그 헝겊으로 오빠의 마른 입술을 적셔준다. 마리아는 다른 헝겊으로 죽어가는 오빠의 해골같은 얼굴에서 줄줄 흘러 내리고 손을 적시는 많은 땀을 훔쳐낸다.
 막시민은 죽어가는 사람의 곁에 있는 높고 우중충한 장에 기대서서 오빠에게 몸을 숙이고 있는 마리아 뒤에서 살펴본다.
 다른 것은 아무 것도 없다. 마치 그들이 빈 집에, 적막한 곳에 있는 것처럼 완전한 고요가 흐른다. 뜨거운 벽돌들을 가져오는 하녀들은 맨발로 포석(鋪石) 위를 소리없이 걷는다. 그들은 유령들 같다.

마리아는 어느 순간 이렇게 말한다.

"손이 다시 따뜻해지는 것 같아. 언니, 봐. 입술이 덜 창백하지."

"그래, 호흡도 좀 더 자유로워졌어. 얼마 전부터 살펴보고 있었거든" 하고 막시민이 지적한다.

마르타는 몸을 숙이고 작게 그러나 강렬하게 부른다.

"오빠! 오빠! 오빠! 마리아야, 봐라! 오빠가 미소 같은 걸 짓고 눈꺼풀을 움직였다. 마리아야, 오빠가 좀 나았다! 좀 나았어! 지금 몇 시냐?"

"황혼이 조금 지났어."

"아!" 하고 마르타가 양손으로 가슴을 꼭 끼고 말없이 그러나 신뢰하는 기도를 드리는 분명한 모습으로 눈을 치켜뜨면서 몸을 일으킨다. 미소로 그의 얼굴이 환해졌다.

다른 사람들은 놀라서 그를 바라다보고 마리아는 그에게 이렇게 말한다.

"난 황혼이 지났다는 사실로 인해서 언니가 왜 기뻐하는지 알지 못하겠어…." 그러면서 의심쩍고 근심스럽게 마르타를 유심히 살핀다.

마르타는 대답을 하지 않는다. 그러나 전에 가졌던 자세로 돌아간다. 하녀 한 사람이 벽돌들을 가져와서 노에미에게 건네준다. 마리아가 그에게 명한다.

"등잔 두개를 가져 오너라. 불빛이 어두워지는데, 난 오빠를 보고 싶다." 하녀는 소리없이 나갔다가 이내 불이 켜진 등잔 두개를 들고 다시 들어온다. 하녀는 등잔 하나는 막시민이 기대 서 있는 장 위에 올려놓고 또 하나는 침대 저편에 있는 갸름한 천들과 작은 병들이 어수선하게 놓여 있는 탁자에 올려 놓는다.

"오! 마리아! 마리아! 봐라! 정말 덜 창백하다."

"그리고 덜 기진맥진한 것 같아. 깨어난다" 하고 마르첼라가 말한다.

"사라가 만든 향료든 포도주를 또 한 방울 주어요. 그게 효과가 있었어요." 마리아는 장 위에 새 주둥이 모양으로 생긴 목이 아주 가는 작은 병을 집어 가지고 조심스럽게 포도주 한 방울을 벙실 벌어진 입술 사이로 흘려 내려보낸다.

"천천히 해라, 마리아야. 숨이 막히지 않게!" 하고 노에미가 충고한다.

"오! 삼켰어! 포도주를 찾고 있어! 언니, 봐! 보라고! 찾느라고 혀를 내밀어…."

모두가 몸을 숙여 들여다 보고 노에미는 라자로를 부른다.

"소중한 것아! 네 젖어미를 봐라, 제발!" 그러면서 그에게 입맞추려고 앞으로 나아간다.

"저 봐! 보라고 노에미, 젖엄마의 눈물을 마셔! 젖엄마의 눈물이 입술 근처에 떨어졌는데 오빠가 그것을 깨닫고 찾아서 삼켰어."

"아! 기뻐라! 내가 옛날처럼 젖이 있었으면 내 염통을 마르게 해서 그런 다음 죽는 한이 있더라도 네 입에 방울 방울 넣어 주겠다마는!"

나는 마리아의 유모 노에미가 라자로의 유모로도 있었다는 것을 알게 되었다.

"주인님들, 니고메데스 선생님이 또 오셨습니다" 하고 한 하인이 문지방에 나타나면서 말한다.

"들어 오시라고 해라! 들어 오시라고 해! 그분이 우리를 도와 오빠를 깨나게 할 것이다."

"자세히 보세요! 자세히 보세요! 입술을 움직입니다" 하고 막시민이 말한다.

"오빠가 손가락으로 내 손가락을 꼭 쥐어요!" 하고 마리아가 부르짖으면서 몸을 숙이고 말한다. "오빠, 내 말 들려요? 내가 누구예요?"

라자로는 실제로 눈을 뜨고 쳐다본다. 막연하고 호리멍덩한 시선이지만 그래도 시선은 시선이다. 그는 어렵게 입술을 움직여서 "어머니!" 하고 말한다.

"나 마리아예요, 마리아! 오빠의 동생!"
"어머니!"

"너를 알아 보지 못하고 어머니를 부르는구나. 죽어가는 사람들은 언제나 그렇단다" 하고 노에미가 얼굴이 눈물로 뒤범벅이 되어 말한다.

"그렇지만, 그렇게도 오래간만에 말을 해요. 말을 한단 말이야. 그게 어디야… 그 다음에는 좀 나을 거야. 아! 주님, 당신 여종에게 상을 주십시오!" 마르타는 또 열렬하고 신뢰하는 기도의 몸짓을 하면서 말한다.

"아니, 언니 무슨 일이 있었어? 아마 선생님을 뵈었나 보지? 언니한테 나타나셨어? 말 좀 해줘요, 언니! 극도의 불안에서 날 구해 줘요!" 하고 마리아가 말한다.

니고메데스가 들어오는 바람에 대답이 안 나온다. 모두가 그를 향하여 어떻게 그가 떠난 뒤에 라자로의 상태가 더 나빠져서 죽어가게 될 정도가 되었고, 사람들은 그가 이미 죽은 줄로 생각했으며, 그러다가 어떻게 여러 가지로 보살펴서 그를 다시 깨어나게 하였는지를 이야기하는데, 다만 호흡하는 것만 낫게 만들었다는 이야기를 한다.

그리고 조금 전부터는 그들의 여자 중 하나가 향료든 포도주를 만든 다음에 어떻게 그의 몸에 온기가 돌아왔고 포도주를 삼키고 또 마실 것을 찾았으며, 어떻게 눈도 뜨고 말도 하였는지를 이야기 한다….

그들은 모두가 다시 살아난 희망을 가지고 말을 하는데, 그 희망은 자기는 한 마디 하지 않고 그들이 말하게 내버려두는 의사의 약간 회의적인 침착에 부딪힌다.

마침내 그들의 말이 끝나니 의사는 이렇게 말한다.

"좋습니다. 내가 보게 가만 계십시오." 그는 침대에 가까이 가려고 그들을 헤치면서 등불들을 가져오라고 명하고 또 병자의 몸을 드러나게 할 터이니까 창문을 닫으라고 한다. 그는 병자에게로 몸을 굽히고 그를 부르고 그에게 질문을 하고, 이제는 눈을 뜨고 모든 것을 이상하게 생각하는 것 같아 보이는 라자로의 얼굴 앞에 등불을 갖다대게 한다. 그런 다음 그의 몸을 드러나게 하고 호흡과 심장의 고동과 체온과 사지의 경직도(硬直度)를 조사한다…. 모두가 의사가 말하려는 것을 기다리면서 불안해하고 있다.

4. 라자로의 죽음 **45**

니고메데스는 다시 병자의 몸을 덮고, 또 한번 들여다 보고 곰곰 생각하더니, 이윽고 몸을 돌려 거기 있는 사람들을 쳐다 보면서 말한다.

"병자가 다시 기운을 좀 차린 것만은 부정할 수 없어요. 지금은 내가 아까 보았을 때보다 상태가 나아요. 하지만 착각하지 마시오. 이것은 일시적인 병세의 후퇴에 지나지 않습니다. 라자로의 최후가 가까웠다는 것을 아까도 그랬고 지금도 너무나 확신하기 때문에 보시는 것과 같이 만사를 제쳐 놓고 다시 와서 내가 할 수 있는 한 그에게 죽음을 덜 괴롭게 하거나… 혹은 또… 기적을 보려고 한 것입니다. 마련을 했나요?"

"예, 예, 니고메데스 선생님" 하고 마르타가 말을 막는다. 그리고 일체 다른 말을 못하게 하려고 이렇게 말한다.

"그렇지만 선생님이… 이제부터 사흘 후면… 이렇게 말씀하시지 않았어요…. 저는…." 그러면서 마르타가 운다.

"그렇게 말했지요. 나는 의사입니다. 나는 임종과 울음 가운데에서 살아요. 하지만 고통을 보는 습관이 들었다고 해도 내 마음이 아직 돌같이 되지는 않았어요. 그래서 오늘… 넉넉히 길고… 막연한 말로… 당신들의 마음을 준비시킨 것입니다. 하지만 내 지식으로는 더 빨리 결말이 날 것임을 알았고, 그래서 내 마음이 당신들을 동정해서 속이려고 거짓말을 한 것입니다…. 자! 용기를 내시오…. 나가세요…. 죽는 사람들이 어느 정도까지 사람들의 말을 듣는지 도무지 알 수가 없습니다…."

니고메데스는 울고 있는 모든 사람을 밖으로 밀어내면서 거듭 말한다.

"용기를 내세요! 용기를 내요!"

죽어가는 사람 옆에는 막시민이 남아 있다…. 의사도 임종의 괴로움을 덜어줄 수 있을 약을 만들려고 물러간다. 의사는 "임종이 매우 고통스러울 것으로 예측합니다" 하고 말한다.

"오빠를 내일까지 살게 해 주세요. 이제 밤이 다가옵니다. 선생님, 아시겠어요? 선생님의 지식으로는 생명을 하루도 못 되는 동안 붙잡아 두는 것쯤 아무 것도 아니지 않아요? 오빠를 살려 주세요!"

"마르타씨, 내가 할 수 있는 것은 합니다. 그렇지만 심지가 다 타 버렸을 때는 불꽃을 유지시킬 것은 아무 것도 없습니다!" 하고 의사는 대답하고 가버린다.

두 자매는 서로 껴안고 비탄에 잠겨 우는데, 마리아가 더 많이 운다. 마르타는 마음 속에 희망을 가지고 있는 것이다….

방 안에서 라자로의 목소리가 들려 온다. 명령하는 큰 목소리이다. 그렇게도 무기력한 가운데 있었기 때문에 예기치 않았던 그 목소리에 두 자매는 소스라치게 놀란다. 라자로가 그들을 부르는 것이다.

"마르타! 마리아! 어디들 있느냐? 나는 일어나서 옷을 입고 싶다! 선생님께 내가 병이 나았다고 말씀드리고 싶다! 선생님을 만나 뵈러 가야 한다! 마차를! 즉시. 그리고 빠른 말로 한 필, 확실히 선생님이 나를 고쳐 주셨다…." 그는 열로 인하여 불덩이가 된 몸으로 침대에 앉아 말을 또박또박 빨리 하면서 침대에서 뛰어 내리려고 하다가 막시민에게 붙들린다. 막시민은 달려 들어오는 여자들에게 "헛소리를 해요!" 하고 말한다.

"아니야! 놔 둬요! 기적이다! 기적이야! 아! 그 기적을 일으키게 해서 나는 기쁘다. 예수님이 아시자마자, 조상들의 하느님, 당신의 능력과 당신의 메시아 때문에 축복받으시고 찬미 받으십시오…."

무릎을 꿇은 마르타는 기쁨에 취해 있다. 그러는 동안에 라자로는 점점 더 열에 들떠서 말을 계속한다. 마르타는 열이 모든 것의 원인인 줄을 깨닫지 못한다.

"선생님이 그렇게도 여러번 나를 보러 오셨으니 내가 선생님을 찾아가 뵙고 '병이 나았습니다' 하고 말씀드리는 것이 마땅하다. 나는 병이 나았다! 이젠 아프지 않아! 나는 튼튼해. 일어나고 싶다. 가고 싶다. 하느님께서 인종(忍從)을 시험하고자 하셨으니 사람들이 나를 새 욥이라고 부를 것이다…."

그리고 거창한 몸짓을 하면서 엄숙한 어조로 말한다.

"주님은 욥의 속죄에 감동하시어… 그가 가졌던 것을 곱으로 갚아 주셨다. 그리고 주님은 욥의 만년(晩年)을 청년시대보다도 한층 더 축복하시어… 그는… 때까지 살았다.' 천만에, 나는 욥이 아니다! 나는 불꽃 속에 있었는데 그분이 나를 꺼내 주셨고, 괴물의 뱃속에 있

4. 라자로의 죽음

다가 환한 세상으로 다시 나왔다. 그러므로 나는 요나이고, 다니엘의 세 어린이다…."

누가 불러서 의사가 갑자기 나타난다. 그는 라자로를 관찰하고 말한다.

"정신착란입니다. 그럴 줄 알았어요. 썩은 피가 뇌를 태우는 것입니다." 그는 애써 라자로를 다시 누이고 붙잡고 있으라고 당부하고 나서 다시 밖으로 나가 탕약을 달인다.

라자로는 사람들이 그를 붙잡는 것을 약간 화를 내고 그러는 동안 어린 아이처럼 울기 시작한다.

"오빠가 정말 정신착란을 일으켜요" 하고 마리아가 괴로워하며 말한다.

"아니야. 아무도 도무지 이해하지 못하는구나. 너희는 믿을 줄을 몰라. 그렇고 말고! 너희는 모른다…. 지금 이 시간에 선생님은 오빠가 죽어간다는 것을 아신다. 그래, 내가 그렇게 했다. 마리아! 네게는 아무 말도 안 하고 그렇게 했어…."

"아! 바보같으니! 언니는 기적을 망쳐 버렸단 말이야!" 하고 마리아가 부르짖는다.

"아니라니까! 너도 봤지, 요나가 선생님을 만나뵌 시간에 오빠의 병세가 나아지기 시작한 거. 헛소리를 하기는 한다…. 그건 분명해… 오빠는 허약하고, 오빠를 벌써 움켜쥐고 있던 죽음 때문에 아직도 뇌가 몽롱하게 되어 있어. 그렇지만 의사가 믿고 있는 그런 정신착란은 아니야. 오빠의 말을 들어 봐라! 어디 저것이 헛소리들이니?"

과연 라자로는 이렇게 말한다.

"나는 죽음의 명령에 머리를 숙이고 죽는 것이 얼마나 견딜 수 없는지를 맛보았다. 그런데 하느님께서 내 인종에 만족한다고 말씀하시고 나를 생명과 내 누이동생들에게 돌려 주신다. 나는 주님을 더 섬기고 마르타와 마리아와 함께 나를 거룩하게 할 수가 있을 것이다…. 마리아와 함께? 마리아가 뭐야? 마리아는 가엾은 라자로에게 예수님이 주신 선물이다. 그분이 그렇게 말씀 하셨어…. 그 때부터 얼마나 시간이 흘렀나? '너희들의 용서가 무엇보다도 많은 일을 하리라. 그 용서가 나를 도와줄 것이다.' 선생님은 이렇게 약속하셨지. '마리아가 네 기쁨이 될 것이다' 하고. 그리고 그 날 그 애가 자기의 치욕을 이곳에, 거룩하신 분 곁에 가지고 왔기 때문에 내가 화를 낸 그 날, 그 애를 돌아오게 하시려고 얼마나 간곡한 말씀을 하셨던가!

그 애의 마음을 감동 시키려고 지혜와 사랑이 결합했었다…. 그리고 그 애를 위해, 그 애의 속죄를 위해 내가 몸을 바치려고 하는 것을 발견하신 저번 날은?…. 나는 속량(贖良)된 그 애를 누리기 위해 살고 싶다! 그 애와 함께 주님을 찬미하고 싶다. 강물같은 눈물, 모욕, 치욕, 고민… 모두가 내 안으로 깊숙히 들어왔고, 그 애의 잘못으로 내 생활을 죽였다…. 여기 불이, 큰 가마의 불이 있다! 그 불이 기억과 더불어 다시 온다…. 테오필로와 에우카리아의 마리아, 내 누이동생. 매춘부. 그 애는 여왕이 될 수 있었는데 진흙이 되었다. 돼지까지도 짓밟는 진흙 말이다. 그리고 어머니는 돌아가시고, 그리고 사람들의 멸시를 꾹 참아야 하지 않고서는 그들 있는 데 갈 수가 없게 되었고, 그 애 때문에! 몹쓸 계집애야, 어디 있느냐? 네가 몸을 판 것처럼 몸을 판 것을 보면 아마 빵이 없었던 모양이지? 젖엄마의 젖에서 무엇을 빨아 먹었느냐? 네 어머니가 무엇을 가르쳐 주셨느냐? 한 사람은 음탕을 가르치고 한 사람은 죄를 가르쳐 주었느냐? 가라! 우리 집안의 치욕!"

그의 목소리는 하나의 부르짖음이다. 그는 미친 것 같다. 마르첼라와 노에미는 반향을 줄이려고 서둘러 문들을 꼭 꼭 닫고 두꺼운 커튼을 내린다. 한편, 의사는 방으로 다시 들어와 정신착란을 가라앉히려고 애를 쓰나 아무 소용이 없고 점점 더 노기를 띤다.

마리아는 넝마 조각처럼 땅바닥에 쓰러져 죽어가는 사람의 준엄한 단죄를 받으며 흐느껴 운다. 죽어가는 사람의 단죄는 계속된다.

"애인이 하나, 둘, 열. 이스라엘의 치욕거리는 이 품에서 저 품으로 옮겨 갔다…. 어머니가 돌아가고 계셨다. 그런데 그 애는 음란한 사람 속에서 몸을 떨고 있었다. 야수! 흡혈귀! 너는 네 어머니의 목숨을 빨아 먹었다. 너는 우리의 기쁨을 망쳐버렸다. 마르타는 너 때문에 희생됐다. 창녀의 언니를 누가 아내로 맞느냐? 나는… 아! 나는! 테오필로의 아들이요, 신사인 라자로는… 오펠의 개구쟁이들이 내게 침을 뱉었다. '저기 간음한 여자, 부정한 여자의 공범이 있다'고 율법학자들과 바리사이파 사람들이 말하면서 내가 그 애와 접촉해서 묻은 죄를 물리친다는 것을 나타내려고 옷을 털곤 했다. 내가 성전에 올라갈 때면 '여기 죄인이 있다! 죄지은 자를 칠 줄 모르는 자도 죄인이다' 하고 스승들이 외쳤고 나는 사제들의 불을 뿜는 눈총을 받으며 땀을 흘리곤 했다…. 불. 너다! 마리아, 너는 마귀니까 네 안에 있는 불을 토한 것이다. 너는 더럽다. 너는 저주다. 네 불은 모두를 사로잡았다. 네 불은 수많은 불로 이루어졌고, 네가 지나갈 때에는 3단(段) 그물에 걸린 고기들같이 보이는 음란한 남자들을 사로잡는 불이 있었으니까 말이다…. 내가 왜 너를 죽이지 않았느냐? 나는 너를 살려두어 그 많은 가정을 파멸시키고 천명에게 죄의 기회를 준 탓으로 지옥에서 불살라질 것이다….

'죄의 기회를 가져오는 자는 불행하다'고 누가 말하느냐? 누가 그렇게 말하느냐 말이다. 아! 선생님이시다! 나는 선생님을 원한다! 선생님을 원해! 그분이 나를 용서하시게. 나는 선생님께 그 애를 죽이지 못한 것은 그 애를 사랑했기 때문이라고 말씀드리고 싶다…. 나는 선생님을 원한다! 왜 여기 안 계시냐? 나는 살고 싶지 않다! 다만 죄의 기회를 살려 두어서 내가 준 죄의 기회의 용서를 받고 싶다. 나는 벌써 불꽃 속에 들어 있다.

마리아의 불이다. 그 불이 내게 붙었다. 그 불은 모든 사람을 사로잡았었다. 그 애에게는 음탕을, 우리에게는 증오를 주고 내 육체를 태우기 위해서이었다. 이 담요들을 멀리 치워라. 모두 멀리 치워라! 나는 불 속에 들어 있다. 그 불이 내 육체와 정신을 사로잡았다. 나는 그 애 때문에 멸망했다. 선생님! 선생님! 용서를 주십시오! 선생님이 안 오신다. 그분이 라자로의 집에 오실 수가 없지. 이 집은 그 애 때문에 두엄 구덩이가 되었다.

그러면… 잊고 싶다. 모든 것을. 나는 이제 라자로가 아니다. 포도주를 다오. 솔로몬은 말했다. '마음이 찢어진 사람들에게 포도주를 주어라. 그들이 술을 마시고 그들의 비참을 잊게, 그들의 고통을 더는 기억하지 못하게!' 이제 나는 기억하고 싶지 않다. 모두가 이렇게 말한다. '라자로는 부자다. 유다에서 제일 큰 부자다!' 그것은 참말이 아니다. **모든 것이 지푸라기에 지나지 않는다.** 그것은 금이 아니다. 또 집들은? 뜬 구름이다. 포도밭, 오아시스, 정원, 올리브나무 과수원은? 아무 것도 아니다. 속임수다.

나는 욥이다. 이제 나는 가진 것이 하나도 없다. 나는 진주를 하나 가졌었다. 아름다운 진주를! 무한한 값어치가 있는. 그것이 내 자랑거리였다. 그 진주는 마리아라고 불렀다. 나는 이제 그 진주가 없다. 나는 가난하다. 모든 사람 중에서 제일 가난하다. 모든 사람 중에서 가장 배신당한 사람이다. 예수님조차도 나를 속이셨다. 그 애를 내게 돌려 주시겠다고 말씀하셨는데, 오히려 그 애는… 마리아가 어디 있느냐? 저기 있구나. 꼭 이교도 창녀같구나. 이스라엘의 여인, 성녀의 딸이 말이다!

반라의 몸으로 술이 취하고 미치광이 같은 것이… 그리고 그 둘레에는… 내 여동생의 벗은 몸에서 눈을 떼지 못하는 그의 애인들의 떼가… 그리고 그 애는 그렇게 감탄하며 바라보고 탐내는 것을 보고 웃는다. 나는 내 죄를 속죄하기를 원한다. 나는 이스라엘을 두루 다니며 말하고 싶다.

'내 동생 집에 가지들 마시오. 그의 집은 지옥으로 가는 길이오, 그 길은 죽음의 심연으로 내려갑니다' 하고. 그런 다음 그 애를 찾아가서 짓밟아주고 싶다. '부정한 여자는 누구나 길에 있는 쓰레기처럼 짓밟혀야 한다'는 말이 있으니까 말이다.

오! 너는 너 때문에 불명예스럽게 되고 파멸해서 죽어가는 내 앞에 나타날 용기가 있단 말이냐? 네 영혼을 도로 사기 위해, 효과도 없이 내 목숨을 바친 내 앞에? 네가 어떻게 되기를 내가 원했느냐고? 이렇게 죽지 않기 위해서 네가 어떻게 되기를 원했느냐고?

나는 네가 이렇게 되기를 원했다. 순결한 처녀 수산나와 같이 되기를… 그들이 너를 유혹했다고? 그래 네게는 너를 지킬 오빠가 없었느냐? 수산나는 스스로 이렇게 대답했다.

'주님 앞에서 죄를 짓기 보다는 당신들 손아귀에 드는 것이 내게는 낫습니다!' 그래서 하느님께서는 그의 순진함을 빛나게 하셨다. 나는 너를 유혹하는 자들에게 그 말들을 해서 너를 지켰을 것이다. 그러나 너는! 너는 떠나가 버렸다. 유딧은 과부였는데, 옆구리에 고대(苦帶)를 두르고 재를 지키면서 외딴 방에서 혼자 살았다. 그리고 주님을 두려워했기 때문에 모든 사람이 매우 존경했다. 그래서 그를 이렇게 찬양한다.
'너는 예루살렘의 영광이고 이스라엘의 기쁨이며 우리 민족의 명예이다. 네가 씩씩하게 행동했고 네 마음이 강했으며, 네가 순결을 사랑해서 결혼한 뒤로는 딴 남자를 알지 못했기 때문이다. 이 때문에 주께서는 너를 강하게 하셨고 너는 영원히 축복받을 것이다.' 만일 마리아가 유딧과 같았더라면 주님은 나를 고쳐 주셨을 것이다. 그러나 그 애 때문에 그렇게 못하였다. 그래서 나도 병낫기를 청하지 않았다. 그 애가 있는 곳에는 기적이 있을 수 없다. 그러나 죽는 것, 고통을 당하는 것은 아무 것도 아니다.
그 애가 구원되기 위하여는 열번하고 또 열번, 죽고 또 죽어도 좋다. 오! 지극히 높으신 주님! 모든 죽음을! 모든 고통을 주십시오! 그러나 마리아가 구원을 받게! 한 시간만 마리아를 누리게, 단 한 시간만 누리게 해 주십시오! 어렸을 때처럼 다시 성녀가 되고 깨끗해진 그 애를! 그 기쁨을 한 시간만! 우리 집의 금처럼 값진 꽃이요, 부드러운 눈을 가진 귀여운 영양(羚羊)이며 저녁의 꾀꼬리요 사랑스러운 비둘기인 그 애를 영광으로 여기게 해 주십시오….
나는 선생님께 이것을 원한다고 말씀드리기 위해 그분을 원한다. 마리아! 마리아! 오너라! 마리아! 네 오빠가 얼마나 괴로운지 모른다! 마리아야! 하지만 만일 네가 돌아오면, 네가 속죄를 하면 내 고통은 가벼워진다. 마리아를 찾아라! 이제 끝장이다! 나는 죽는다! 마리아! 불을 밝혀라! 공기를… 나는… 나는 숨이 막힌다…. 오! 내가 얼마나 큰 고통을 느끼는지…!"
의사는 손짓을 하며 말한다.
"끝장입니다. 정신착란 뒤에는 혼수가 오고 그리고 죽음입니다. 하지만 지능이 다시 깨어날 수 있지요. 가까이들 오시오. 특히 당신. 그는 그것이 기쁠 것입니다." 그리고는 그렇게 흥분을 한 뒤에 기진맥진한 라자로를 다시 누이고는 땅바닥에 쓰러진 채 "말을 못하게 해요" 하고 부르짖으면서 울고 있는 마리아를 데리러 가서 일으켜서 침대로 데려온다.
라자로는 눈을 감았다. 그러나 무섭게 고통을 당하고 있을 것이 틀림없다. 오직 몸이 떨리고 얼굴이 찌프러질 뿐이다. 의사는 물약으로 그를 도와 주려고 애쓴다…. 이렇게 하여 시간이 얼마 동안 지난다.

 라자로가 눈을 뜬다. 그는 조금 전에 자기가 어떠 하였는지를 잊은 것 같다. 그러나 의식은 있다. 누이동생들에게 웃고 그들의 손을 잡으려고 그들의 입맞춤에 응하려고 애쓴다. 그는 극도로 창백하여진다. 그리고 신음한다. "추워…", 그러면서 이를 딱딱 마주치며 입까지 가리려고 한다.

 그는 끙끙거리며 말한다.

 "니고메데스 선생, 이제는 고통에 저항할 수가 없게 되었어요. 늑대들이 내 다리의 살을 발라내고 내 염통을 뜯어 먹습니다. 아이고 아파! 그런데 임종이 이러하면 죽음은 어떻겠어요? 어떻게 하지요? 아! 선생님이 여기 계셨으면! 왜 모셔오지 않았어요? 나는 선생님의 품에 안겨 행복하게 죽었을 텐데…" 그러면서 운다.

 마르타는 마리아를 엄한 눈으로 본다. 마리아는 언니의 눈초리를 깨닫고 또 아직 오빠의 헛소리에 압도되어 가책에 사로잡혀 있다. 마리아는 침대에 바싹 붙어 무릎을 꿇은 채 오빠의 손에 입맞추려고 몸을 숙이며 탄식한다.

 "내가 잘못했어요. 언니는 벌써 이틀 전부터 그렇게 하려고 했지만, 내가 못하게 했어요. 선생님이 오빠가 돌아가신 뒤에나 기별을 하라고 우리 보고 말씀하셨기 때문이었어요. 용서해 줘요! 일생의 모든 고통은 내가 오빠에게 주었어요…. 그렇기는 하지만 나는 오빠를 사랑했고 지금도 사랑해요. 선생님 다음으로는 오빠를 그 누구보다도 더 사랑해요. 그리고 내가 거짓말 하지 않는다는 걸 하느님께서 아셔요. 제 과거를 용서해 준다고 말해 주세요. 제게 평화를 주세요…."

 "아가씨!" 하고 의사가 상기시킨다.

 "병자에게는 충격이 필요치 않아요."

 "맞습니다…. 예수님을 오빠에게 모셔다 드리지 않은 것을 용서한다고 말해 주세요."

 "마리아! 너 때문에 예수님이 여기 오셨고… 너를 위해 그분이 여길 오시는 거다…. 네가 모든 사람보다 더 사랑할 줄을 알았기 때문이다…. 네가 그 누구보다도 나를 더 사랑했다…. 더없이 즐거운… 생활도 네가 내게 누리게 한 기쁨을… 주지는 못했을 것이다…. 네게 축복을 준다…. 네가 예수님의 말씀을 따르기를… 잘 했다고… 나는 말하겠다…. 나는 몰랐었지만… 이제는 안다…. 내 분명히 말하지만 … 잘 됐다…. 나를 죽게 도와다오!…. 노에미, 젖엄마는 옛날에… 나를 잠들게 할 수가 있었지…. 축복받은 마르타… 내 평화… 막시민 … 예수님과 같이 또… 나를 위해서도… 내 몫을… 가난한 사람들에게… 예수님께… 가난한 사람들을 위해서… 그리고 모든 사람을… 용서해라…. 아! 몹시 경련이!… 공기를!… 빛을!… 모든 것이 흔들린다…. 너희 모두의 둘레에는 빛같은 것이 있어… 내가 너희를 쳐다보면 눈이 부시다…. 말해라…. 크게….” 그는 왼손을 마리아의 머리에 얹고 오른손은 마르타의 손에 내맡겼다. 숨을 헐떡인다….

사람들은 그를 조심스럽게 들어올리고 베개를 더 갖다 놓고 니고메데스는 물약 몇 방울을 또 마시게 한다. 그의 가엾은 머리는 가라앉다가 치명적인 포기에 다시 떨어지고 만다. 온 생명이 호흡에 집중되어 있다. 그런데도 눈을 뜨고 그의 머리를 받치고 있는 마리아를 보며 미소를 지으면서 그에게 말한다.

“엄마! 그 애가 돌아왔어요…. 어머니! 말씀하세요! 어머니의 목소리… 어머니는… 하느님의… 비밀을… 아시지요…. 내가… 주님을 섬겼어요?….”

마리아는 슬픔으로 인하여 아주 힘이 빠진 목소리로 중얼거린다.

“주님이 오빠에게 이렇게 말씀하셔요. ‘너는 내 모든 말을 들었고 내가 보낸 말씀을 사랑했으니, 착하고 충실한 종아 나와 같이 오너라’ 하고요.”

“안 들려! 더 크게!”

마리아는 더 큰 목소리로 되풀이해 말한다….

“정말 엄마군요…!” 하고 라자로는 만족하여 말하면서 누이동생의 어깨에 머리를 내맡긴다….

그는 이제 말을 하지 않는다. 다만 신음과 경련으로 떨림만이, 다만 땀과 헐떡거림만이 있다. 이제부터는 이 세상과 애정에 대한 감각이 없어지게 되어 점점 더 절대적인 것이 되어가는 죽음의 어둠 속으로 빠져 들어간다. 눈꺼풀이 흐릿하게 된 눈으로 내려오는데, 거기에는 마지막 눈물 한방울이 반짝인다.

"니고메데스 선생님! 몸을 내맡겨요! 몸이 차져가요!…" 하고 마리아가 말한다.

"아가씨, 죽음은 그에게 위안입니다."

"살게 해 주세요! 내일은 예수님이 틀림없이 여기 오실 겁니다. 즉시 떠나셨을 거예요. 어쩌면 하인의 말을 타셨든지 혹은 다른 말을 타셨는지도 몰라요" 하고 마르타가 말한다. 그리고 동생을 향하여 "오! 선생님을 더 빨리 모셔오게 네가 내버려 두었더라면!" 하고 말한다.

그리고 의사에게 "오빠를 살게 해 주세요!" 하고 부르르 떨면서 강요한다.

의사는 양팔을 벌린다. 강심제를 써본다. 그러나 라자로는 삼키지를 못한다. 헐떡거리는 소리가 더해지고… 또 더해진다…. 그 소리는 가슴을 엔다….

"아이고! 그 소리를 들을 수가 없구나!" 하고 노에미가 탄식한다.

"예, 긴 임종을 하는군요…" 하고 의사가 말한다.

그러나 의사가 아직 말을 다 마치지도 않았는데, 라자로는 활 모양으로 휘었다가 척 늘어지는 온 육체의 경련과 더불어 마지막 숨을 짓는다. 누이동생들은 이 경련을 보고 이렇게 축 늘어지는 것을 보고… 통곡한다. 마리아는 입맞춤을 하면서 오빠를 부른다. 마르타는 의사에게 매달리지만, 의사는 죽은 사람에게로 몸을 구부리고 말한다.

"숨을 거두었습니다. 이제는 기적을 기다리기에는 때가 너무 늦었습니다. 이제는 기다릴 것이 없어요. 너무 늦었어요…! 아가씨들, 나는 갑니다. 이젠 남아 있을 이유가 없어요. 장례식을 지체하지 마십시오. 벌써 썩었으니까요."

그는 죽은 사람의 눈에 눈꺼풀을 내리쓸고 들여다 보면서 또 말한다.

"불행입니다! 덕이 있고 영리한 사람이었는데, 죽어선 안 될 사람이었는데!" 그는 두 자매에게 머리를 숙여 인사를 한다.

"아가씨들! 안녕히!" 그리고 떠나간다.

울음소리가 방에 가득 찼다. 마리아는 이제는 힘이 없어져서 오빠의 시체 위에 쓰러져서 후회를 큰 소리로 외치고 용서를 빈다. 마르타는 노에미의 품에 안겨서 운다. 그러더니 마리아가 부르짖는다.

"언니는 믿음도 없고 순종도 안 했어. 나는 처음에 오빠를 죽였지만, 언니는 지금 오빠를 죽인 거야. 나는 죄로, 언니는 불복종으로 죽인 거야."

마리아는 꼭 미친 여자같다. 마르타가 그를 일으키고 입맞추고 사과한다. 막시민, 노에미, 마르첼라는 두 자매에게 이성을 되찾고 체념하게 하려고 애쓴다. 그들은 예수를 상기시킴으로 그렇게 하기에 이른다….

고통이 좀 더 정리되고 눈물을 흘리는 하인들이 방을 가득 채우고 매장하는 일을 맡은 사람들이 방으로 들어오는 동안 두 자매가 그들의 고통을 슬퍼하도록 다른 데로 데려간다. 그들을 데리고 가는 막시민이 말한다.

"라자로는 밤 2경(二更)에 숨을 거두었어요."

그러자 노에미가 말한다.

"안식일이 오니까 내일 중으로 해지기 전에 묻어야 하겠다. 너희들은 선생님이 장례식을 성대하게 치루라고 말씀하셨다고 그랬지…."

"예, 막시민이 그 일은 맡아 봐야겠어요. 나는 어리둥절하니까" 하고 마르타가 말한다.

"하인들은 멀리 있는 사람들과 가까이 사는 사람들에게 보내고 명령을 내리겠어요" 하고 막시민이 말하며 물러간다.

두 자매는 껴안고 운다. 이제는 서로 비난을 하지 않는다. 그저 울고 있으면서 서로 위로를 하려고 애쓴다…. 시간이 흐른다. 시체를 그의 방에서 염한다. 띠 모양의 천으로 칭칭 감고 수의를 입힌 긴 형태이다.

"왜 벌써 이렇게 감싸 놓아?" 하고 마르타가 외치며 꾸지람을 한다.

"주인님… 코에서 악취가 풍기고 시신을 움직였더니 썩은 피가 나왔습니다" 하고 늙은 하인이 변명하며 말한다.

두 자매는 더 크게 운다. 그 붕대를 감으니 라자로가 벌써 더 멀리가 있는 것 같다…. 죽음의 먼 곳으로 한 발 더 간 셈이다. 두 자매는 시신 곁에서 울면서 새벽까지, 요르단강 건너편에서 하인이 돌아올 때까지 밤샘을 한다. 하인은 대경실색하여 있으나 그래도 가져 오려고 심부름을 갔던, 예수께서 오신다는 대답을 가지고 돌아왔다.

"오신다고 하셨니? 꾸지람은 하시지 않았고?" 하고 마르타가 묻는다.

"아닙니다, 주인님. 선생님은 이렇게 말씀하셨습니다. '가마. 여주인들에게 내가 가겠다고 말해라. 그리고 믿음을 가지라'고. 또 그전에 이런 말씀도 하셨습니다. '안심하라고 일러라. 그것은 죽을 병이 아니고 하느님의 영광이다. 하느님의 능력이 당신 아들을 통해 찬미받기 위한 것이다.'"

"정말 그런 말씀을 하셨어? 틀림없니?" 하고 마리아가 묻는다.

"주인님, 길을 오는 동안 줄곧 이 말씀을 되풀이 했습니다."

"자, 가거라. 고단하겠다. 모든 일을 잘 했다. 그렇지만 이제는 너무 늦었다!…" 하고 마르타가 한숨 짓는다. 그리고 동생하고만 남아 있게 되자 큰 소리로 흐느껴 울기 시작한다.

"언니, 왜 그래?…."

"오! 죽음 외에도 환멸의 비애가 있구나! 마리아! 마리아! 이번에는 선생님이 잘못 생각하셨다는 생각이 들지 않니? 오빠를 봐라. 확실히 죽었지! 우리는 믿을 수 있는 것 이상으로 희망을 가졌었는데, 그것이 소용이 없었다. 내가 선생님을 모시러 보낸 건 분명히 잘못이었다. 오빠가 벌써 살아있다기보다는 더 죽어 있었으니까. 우리의 믿음은 효과도 없었고 갚음도 받지 못했다. 그런데 선생님은 우리에게 그것은 죽을 병이 아니라고 말하게 하신다! 그럼 선생님이 이제는 진리가 아니시냐? 이제는 진리가 아니셔…. 오! 모두! 모두! 모두가 끝장이야!"

마리아는 제 손을 비튼다. 마리아는 무슨 말을 해야 할 지 모른다. 현실은 현실이다…. 그러나 그는 말을 하지 않는다. 그의 예수를 반대하는 말을 한 마디도 하지 않는다. 마리아는 운다. 정말 기진맥진하였다. 마르타의 마음에는 고정관념이 하나 있다. 너무 늦게 서둘렀다는 생각이다.

"그건 네 탓이야" 하고 마르타는 비난한다.

"선생님은 이렇게 우리의 믿음을 시험하려고 하셨다. 그야 순종해야지. 그렇지만 우리의 믿음 때문에 불복종도 해야 했고, 그분만이 기적을 행하실 수 있고 **행하셔야 한다는 걸** 보여 드려야 했어. 우리 가엾은 오빠! 오빠가 선생님을 그렇게도 원했는데! 적어도 뵙는다는 이것은 원했는데! 가엾은 우리 오빠! 불쌍하고 가엾어라!"

그리고 울음은 비통한 부르짖음으로 변하고, 문 저쪽에서는 동양 풍속에 따라 남녀 하인들의 울음소리가 마르타의 울음소리에 응답을 한다….

5. 예수께 알림

　벌써 밤어둠이 내려 덮이기 시작한다. 하인은 강 옆의 작은 숲을 거슬러 올라 가면서 땀으로 인하여 김이 무럭무럭 나는 말에 박차를 가하여 강과 마을로 가는 길 사이에 있는 지점의 고르지 않은 땅을 건너가게 한다.
　먼 길을 빨리 달려왔기 때문에 가엾은 짐승의 옆구리는 몹시 뛴다. 땀으로 그 까만 털이 어른거리고 재갈에서 나오는 거품으로 말의 가슴팍이 희게 얼룩진다. 고개를 쳐들고 머리를 흔들면서 숨을 헐떡거린다. 말이 이제는 오솔길로 들어섰다. 이내 집에 닿았다. 하인은 땅에 뛰어내려 말을 울타리에 매고 사람을 부른다. 집 뒤에서 베드로의 머리가 나오더니, 약간 쉰 목소리로 묻는다.
　"누가 부르는 거요? 선생님은 피곤하십니다. 선생님이 조용히 지내지 못하신 지가 여러 시간이 됩니다. 그리고 밤이 다 됐으니 내일 다시 오시오."
　"저는 선생님께 아무 것도 청하지 않습니다. 저는 건강하고요. 한 말씀만 드리면 됩니다."
　베드로는 앞으로 나오면서 말한다.
　"그럼 누구 심부름으로 왔는지 물어도 되겠소? 내가 확실히 알아 볼 수 없으면 아무도 들여 보내지 않겠소. 더구나 당신같이 예루살렘에서 온 사람은 말이오." 베드로는 천천히 앞으로 나왔는데, 사람보다도 호화로운 마구를 단 무어 말이 훌륭한 것 때문에 더 의심하게 되었다. 그러나 그들이 서로 마주 대하게 되자 베드로는 놀란 몸짓을 한다.
　"자네야? 아니 자넨 라자로의 하인이 아닌가?"
　하인은 무엇이라고 말해야 할지 모른다. 여주인은 예수께만 말씀 드리라고 말하였는데, 사도는 그를 통과시키지 않기로 단단히 결심한 것 같다. 라자로의 이름이 사도들에게는 매우 힘이 있다는 것을 하인은 안다. 그는 말을 하기로 결심한다.

"예, 저는 라자로님의 하인 요나입니다. 저는 선생님께 말씀을 드려야 합니다."

"라자로가 좋지 않은가? 그 사람이 자넬 보냈나?"

"예, 좋지 않으십니다. 그렇지만 제게 시간을 허비하게 하지 마세요. 할 수 있는 대로 빨리 돌아가야 합니다."

그리고 베드로에게 결정을 하게 하려고 이렇게 말한다.

"최고회의 위원들이 베다니아에 왔었습니다…."

"최고회의 위원들이!!! 들어가게! 들어가!" 그러면서 대문을 열어 주며 말한다. "말을 풀어 주게. 자네가 좋다면 우리가 물과 풀을 좀 주겠네."

"귀리는 가져 왔습니다만, 풀을 좀 주면 해롭지 않을 겁니다. 물은 나중에 주시고요. 즉시 물을 먹이면 해로울 것입니다."

그들은 작은 침대들이 있는 방으로 돌아가서 말을 바람받이를 피하게 하려고 한 구석에 매어 놓는다. 하인은 안장에 매여 있던 담요로 말을 덮어 주고 귀리와 베드로가 어디에선가 가져온 풀을 준다. 그런 다음 그들은 다시 밖으로 나오고, 베드로는 하인을 부엌으로 데리고 들어가 하인이 달라고 청한 물 대신에 불을 피워 놓은 곁에 있는 작은 솥에서 더운 양젖 한 잔을 떠서 준다. 하인이 양젖을 마시면서 불 옆에서 몸을 녹이고 있는 동안, 질문하고 싶은 것을 용기를 내어 참는 베드로가 말한다.

"자네가 달라고 하던 물보다 양젖이 낫지. 그리고 우린 양젖이 있으니까! 자넨 쉬지도 않고 단숨에 왔나?"

"단숨에 왔습니다. 돌아갈 때에도 그렇게 하겠습니다."

"피곤할 걸세. 그리고 말이 견디어 낼까?"

"그러길 바랍니다. 그리고 돌아갈 때는 올 때처럼 네 굽을 놓고 달리게는 안 할 겁니다."

"하지만 곧 밤이 될 텐데. 달이 벌써 뜨기 시작하네…. 강에 가선 어떻게 할 건가?"

"달이 지기 전에 강에 닿을 것으로 생각합니다. 그렇지 않으면 새벽까지 작은 숲 속에 있겠습니다. 그렇지만 그전에 도착할 겁니다."
 "그 다음에는? 강에서 베다니아까지는 길이 멀고, 달은 일찍 진단 말이야. 초생달이거든."
 "좋은 초롱이 있으니 초롱을 켜 가지고 천천히 가겠습니다. 아무리 천천히 간다해도 집이 점점 가까워질 겁니다."
 "빵과 치즈를 좀 줄까? 빵과 치즈가 있고 또 생선도 있어. 고기는 내가 잡은 거지. 오늘은 토마와 같이 여기 남아 있었으니까. 하지만 토마는 지금 우리를 도와주는 어느 부인 집에 빵을 가지러 갔네."
 "아닙니다. 아무 것도 없애지 마세요. 오면서 먹었습니다. 그렇지만 목이 말랐고 또 따끈한 것이 필요했어요. 지금은 몸이 편합니다. 그런데 선생님에게 가 보시겠어요? 여기 계십니까?"
 "그래, 그래. 선생님이 여기 안 계시면 자네한테 이내 말해 줬지. 곁에서 쉬고 계시네. 사람들이 어찌나 많이 찾아오는지… 나는 소문이 나서 바리사이파 사람들을 불안스럽게 만들까봐 걱정이 되기까지 한다네. 양젖을 좀 더 마시게. 뿐만 아니라 말이 여물을 먹게… 그리고 좀 쉬게 그냥 둬야 할 걸세…. 옆구리가 느슨하게 맨 돛처럼 펄럭거리고 있던데…."
 "아닙니다. 양젖은 여러분이 필요하시지요. 수가 아주 많으시니까요."
 "그렇지. 하지만 말씀을 많이 하셔서 가슴이 피곤해질 정도인 예수님과 제일 나이 많은 사람들을 빼놓고, 몸이 튼튼한 우리들은 이(齒)들에게 일을 시키는 물건들을 먹네. 먹으라고. 이건 노인이 남겨두고 간 양들에게서 짠 젖이야. 우리가 여기 있을 때면 부인이 그걸 가져오지. 하지만 우리가 더 원하면 모두가 갖다 준다네. 그 사람들은 우리가 여기 있는 것을 좋아하고 도와 준다네. 그리고… 이거 보게, 그렇게 많이 왔나. 최고회의 위원들이?"
 "오! 거의 다 왔고 또 다른 사람들도 같이 왔었습니다. 사두가이파 사람들, 율법학자, 바리사이파 사람들, 돈 많은 유다 사람들, 그리고 헤로데당 사람도 몇명 있었지요…."
 "그런데 그 사람들이 베다니아에는 뭣하러 왔었나? 요셉과 니고메데스도 왔었나?"

"아닙니다. 그분들은 그 전날 왔었어요. 또 마나헨도 왔었고요. 저 사람들은 주님을 사랑하는 사람들 중에 들지 않는 사람들이었습니다."

"오! 그럴 테지! 최고회의에는 주님을 사랑하는 사람이 정말 아주 적으니까! 하지만 그 사람들이 정확히 뭘 원하던가?"

"들어오면서 라자로님의 문병을 왔다고 했습니다…"

"흠! 참 이상야릇한 사람이구먼! 그 사람들은 **참 많은** 이유로 라자로를 늘 따돌렸는데!… 좋아!… 그 말도 믿기로 하지…. 오래 있었나?"

"꽤 오래요. 그리고 화가 나서 돌아 갔어요. 저는 집에서 심부름을 하지 않지요. 그래서 식탁에서 시중을 들지 않았습니다. 그렇지만 집 안에 있으면서 시중을 든 사람들이 말한 것을 들으면 그 사람들이 여주인님들하고 말을 하고 라자로님을 보겠다고 했답니다. 엘키아가 라자로님을 보러 갔었지요. 그리고…."

"돼 먹지 않은 인간! (아주 경멸하는 표현)…" 하고 베드로는 입 안에서 중얼거린다.

"뭐라고 하셨어요?"

"아무 것도 아니야, 아무 것도! 계속해. 그래 라자로하고 말을 했나?"

"그랬겠지요 뭐. 마리아님하고 같이 갔었어요. 그러나 그 다음에는 왜 그랬는지 모르지만… 마리아님이 흥분을 했고, 이웃방들에서 달려갈 채비를 했던 하인들이 그러는데, 마리아님이 그 사람들을 개들을 몰아내듯 내쫓아 버렸답니다…."

"마리아 만세다! 그래야 하는 거야! 그래서 그 말을 하라고 자네를 보낸건가?"

"요나의 시몬님, 시간을 더 허비하게 하지 마세요."

"자네 말이 옳아, 오게."

베드로는 하인을 어떤 문으로 데리고 가서 문을 두드리고 말한다.

"선생님, 라자로의 하인이 왔습니다. 선생님께 말씀드리겠다고 합니다."

"들어 오너라" 하고 예수께서 말씀하신다.

베드로는 문을 열고 하인을 들여 보내고는 가상하게도 그의 호기심을 억제하려고 불 옆으로 물러간다.

예수께서는 작은 방에 있는 침대 가장자리에 앉아계신데, 그 방에는 겨우 작은 침대와 방에 사는 사람이 있을 자리밖에 없다. 아직도 벽에 걸이들이 박혀 있고 걸이에는 널판지들이 놓여 있는 것을 보면 이 방이 전에는 식량을 넣어 두는 헛간이었던 모양이다. 예수께서는 무릎을 꿇은 하인을 웃으면서 내려다보시고 인사를 하신다. "잘 있었나?" 그리고 이렇게 덧붙이신다. "무슨 소식을 전하러 왔느냐? 일어나서 말하거라."

"제 여주인님들이 라자로님이 병이 대단하고 의사선생님이 그분이 돌아가실 것이라고 말했으니까 선생님께 **즉시** 와 주십사고 말씀드리라고 저를 보냈습니다. 마르타님과 마리아님이 선생님께 그걸 간청하면서 저더러 이렇게 말씀드리라고 보냈습니다. '선생님만이 주인님을 낫게 할 수 있으니까 와 주십시오' 하고 말씀입니다."

"안심하라고 말하여라. 그것은 죽을 병이 아니라, 하느님의 능력이 그 아들을 통하여 찬미받기 위한 하느님의 영광이다."

"그렇지만 선생님, 주인님이 매우 중하십니다! 그 살이 괴저(壞疽)에 걸렸고 음식을 못 드십니다. 저는 빨리 오려고 말을 기진맥진하게 했습니다."

"상관 없다. 내가 말한 대로다."

"하지만 오시겠습니까?"

"가마. 여주인들에게 내가 간다고 말하고 믿음을 가지라고 하여라. 믿음을 가지라고. 절대적인 믿음을. 알아 들었느냐? 가거라. 네게 평화가 있고 너를 보낸 여인들에게도 평화가 있기를 바란다. 다시 말하지만 '믿음을, 절대적인 믿음을 가지라'고 하거라. 자! 가거라."

하인은 절을 하고 물러간다. 베드로가 그에게로 마주 달려온다.

"빨리 말씀드렸구먼. 이야기가 길 줄 알았는데…." 베드로는 하인을 보고 또 보고 한다…. 알고 싶은 욕망이 그의 얼굴 전체에서 풍겨 나온다. 그러나 그는 자제한다….

"가겠습니다. 말에게 먹일 물을 좀 주시겠어요? 그리고는 떠나겠습니다."

"이리 오게. 물이야!…. 우리가 쓰는 우물 말고도 강 전부라도 자네에게 줄 수 있다네." 그러면서 베드로는 등잔을 들고 앞장 서 가서 청한 물을 준다. 그들은 말에게 물을 먹인다. 하인은 담요를 들쳐 보고 징과 뱃대끈과 고삐와 등자를 살펴본다. 그러면서 이렇게 설명한다.

"이 놈이 굉장히 많이 달렸거든요. 그렇지만 모두가 제대로입니다. 시몬 베드로님, 안녕히 계세요. 그리고 우리를 위해 기도해 주세요."

하인은 말을 밖으로 끌고 나가 고삐를 잡고 행길로 나가서 한 발을 등자에 얹고 안장에 오르려고 한다. 베드로는 한 손을 하인의 팔에 얹고 붙잡으면서 말한다.

"알고 싶은 것이 꼭 한 가지 있네. 선생님이 여기 남아 계신 것이 위험한가? 그 사람들이 그런 위협을 했나? 두 자매에게서 우리가 어디 있는지 알아 내려고 하던가? 제발 말해 주게!"

"아닙니다. 시몬님, 아니예요. 그 말은 안 했습니다. 그 사람들이 온 것은 라자로님 때문이었어요…. 우리끼리 얘깁니다만 선생님이 거기 계신지 또 라자로님이 문둥이인지 보려고 왔었다고 의심은 합니다. 그것은 마르타님이 오빠가 문둥이가 아니라고 아주 큰 소리로 외치고 울었기 때문입니다…. 안녕히 계세요. 시몬님, 시몬님에게 평화가 있기를…."

"자네와 자네 여주인님들에게도 평화가 있기를. 하느님께서 자네가 집에 돌아가는 길에 함께 계셔 주시기를 바라네…."

베드로는 하인이 떠나서… 오래지 않아 마을길 끝에서 사라지는 것을 바라본다. 왜냐하면 하인은 강을 끼고 있는 숲 속의 오솔길 보다는 오히려 달빛이 비치는 큰 길로 해서 가는 것이 낫다고 생각했기 때문이다. 베드로는 생각에 잠겨 있다가 이윽고 울타리 문을 닫고 집으로 돌아온다.

그는 여전히 침대에 앉으셔서 침대 가장자리에 손을 짚으시고 생각에 잠겨 계신 예수를 뵈러 간다. 그러나 예수께서는 당신께 말씀을 여쭈어 보려는 것처럼 쳐다보는 베드로가 곁에 있는 것을 느끼시고 몸을 흔드신다. 예수님은 미소하고 계신다.

"선생님, 웃으시는군요?"

"요나의 시몬아, 너를 보고 웃는 것이다. 내 곁에 앉거라. 다른 사람들이 돌아왔느냐?"

"아닙니다. 토마도 안 돌아왔습니다. 아마 말할 것이 있는 모양입니다."

"좋다."

"그가 말을 해서 좋단 말씀입니까? 다른 사람들이 늦는데도요? 그 사람은 말을 너무 많이 합니다. 그 사람은 언제나 명랑합니다! 그리고 다른 사람들은요? 저는 그들이 돌아오지 않는 동안에 언제나 불안합니다. 저는 늘 무섭습니다."

"시몬아, 무엇이 무섭단 말이냐? 지금 당장은 아무 재난도 일어나지 않는다. 믿어라. 안심하고 언제나 쾌활한 토마를 본 받아라. 너는 반대로 얼마 전부터 매우 침울하더라."

"선생님을 사랑하는 사람은 누구나 침울하게 되지 않을지 내기라도 하겠습니다. 저는 이제 나이가 많아서 다른 사람들보다 생각을 더 합니다. 왜냐하면 그 사람들도 선생님을 사랑합니다만 젊어서 생각을 덜 합니다….

그렇지만 제가 더 명랑해지는 것이 좋으시다면 그렇게 되겠습니다. 그렇게 되도록 힘쓰겠습니다. 하지만 제가 명랑해 질 수 있게 그럴 만한 이유만이라도 주십시오. 주님, 진실을 말씀해 주십시오. 무릎을 꿇고 청합니다. (그러면서 실제로 무릎을 꿇는다.) 라자로의 하인이 무슨 말씀을 드렸습니까? 그 사람들이 선생님을 찾는다고 말씀드렸습니까? 선생님을 해치려고 한다고 했습니까? 또…."

예수께서는 손을 베드로의 머리에 얹으시고 말씀하신다.

"아니다, 시몬아! 그런 말은 하나도 없었다. 그 사람은 라자로의 병세가 대단히 중해졌다는 말을 하러 왔었고, 우리는 라자로에 대한 말밖에 하지 않았다."

"정말입니까? 정말입니까?"

"참말이다, 시몬아. 그리고 나는 그 자매들이 믿음을 가지도록 하라고 대답했다."

"그렇지만 베다니아에 최고회의 사람들이 갔었다는데 알고 계십니까?"

"당연한 일이다! 라자로의 집은 큰 집인데, 우리 풍속에는 죽어가는 세력있는 사람에게는 그런 경의를 표하는 것으로 되어 있다. 불안해하지 말아라, 시몬아."

"그렇지만 참말로 그렇게 믿으십니까, 그 사람들이 그 핑계를 이용해서…."

"내가 그곳에 있는지 보려고 했다는 말이지. 그런데 나를 찾아내지 못했다. 자, 그 사람들이 나를 벌써 붙들기나 한 것처럼 그렇게 무서워하지 말아라. 이리 도로 오너라. 하느님께서 정하신 순간까지는 내게 아무런 재난도 올 수 없고, 또 그 때가 되면… 나를 재난에서 옹호해 줄 수 있는 것이 아무 것도 없다는 것을 절대로 납득하려고 하지 않는 가엾은 시몬…."

베드로는 예수의 목에 매달려 그분의 입을 막고 입을 맞추며 말한다.

"말씀하지 마세요! 말씀하지 마세요! 그런 말씀을 하지 마세요! 듣고 싶지 않습니다!"

예수께서는 말씀을 하실 수 있을 만큼 몸을 빼시고 중얼거리신다.

"너는 이 말을 듣고 싶어 하지 않지만 그것은 잘못이다! 그러나 너를 용서해 준다…. 시몬아, 들어라. 네가 여기 혼자 있었으니, **너와 나만이 무슨 일이 있었는지 알아야 한다. 내 말 알아 듣겠느냐?**"

"예, 선생님. 아무 동료에게도 말하지 않겠습니다."

"희생이 얼마나 많으냐? 그렇지, 시몬아?"

"희생이요? 무슨 희생 말씀입니까? 여기서 저희들은 잘 있습니다. 저희에게 필요한 것은 다 있습니다."

"묻지 않고, 말하지 않고, 유다를 참아 견디고… 네 호수에서 멀리 떨어져 있는 희생말이다…. 그러나 하느님께서는 모든 것에 대하여 네게 보상을 주실 것이다."

"오! 선생님이 그 말씀을 하시려는 것이라면…! 호수 대신에 강이 있으니… 그것으로 만족합니다. 유다로 말씀하면… 넉넉한 보상이 되시는 선생님을 모시고 있습니다…. 그리고 다른 것들로 말씀하면…! 하찮은 것들입니다! 또 그것들은 제가 덜 촌스러워지고 선생님과 더 비슷하게 되는 데 소용됩니다. 저는 선생님을 모시고 여기 있는 것이 얼마나 행복스러운지 모릅니다! 선생님 품 안에요! 만일 제가 이렇게 언제까지나 선생님 품 안에 있을 수 있다면, 카이사르의 궁전도 제게는 이 집보다 더 아름답게 보이지 않을 것입니다."

"카이사르의 궁전에 대하여 무엇을 아느냐? 아마 가본 모양이로구나?"

"아닙니다. 저는 영영 보지 못할 것입니다. 그렇지만 꼭 보려고도 하지 않습니다. 그렇기는 해도 그 궁전이 크고 아름답고, 훌륭한 물건이 가득차 있으리라고 상상합니다…. 또 로마 전체처럼 더러운 것이 꽉 차 있으리라고 상상도 하고요. 저는 누가 금으로 뒤집어 씌운다고 해도 거기 남아 있지 않을 것입니다!"

"어디 말이냐? 카이사르의 궁궐 말이냐? 로마 말이냐?"

"두 군데 다 싫습니다. 저주를 받아야 합니다!"

"그러나 바로 그것들이 그렇기 때문에 그곳에 복음을 전해야 하는 것이다."

"그래 선생님은 로마에서 무엇을 하시고자 하십니까? 로마는 창가(娼家)에 지나지 않습니다! 거기서는 할 일이 하나도 없습니다. 선생님이 거기 가신다면 몰라도요. 그렇다면…!"

"내가 갈 터이다. 로마는 세계의 수도이다. 로마를 정복하고 나면 세상을 정복한 것이 된다."

"저희가 로마엘 갑니까? 선생님이 그곳에서 왕이라고 선포하시는군요! 하느님의 자비와 능력! 이것이야말로 기적입니다!"

베드로는 일어나서 예수 앞에 팔을 벌리고 서 있다. 예수께서는 웃으시면서 대답하신다.

"나는 내 사도들의 몸을 빌어 그곳에 갈 것이다. 너희들이 로마를 정복할 것이고 내가 너희와 함께 있겠다. 그런데 옆에 누가 있다. 가자, 베드로야."

6. 라자로의 장례식에서

　라자로가 죽었다는 소식은 막대기로 벌통 속을 휘저어 놓는 것 같은 결과를 나타냈음이 틀림없다. 예루살렘 전체가 그 이야기이다. 명사, 상인, 서민, 가난한 사람들, 예루살렘 시내 사람들, 근처 농촌 사람들, 지나가는 길이기는 하지만 이곳을 아주 모르지는 않은 외국인들, 처음으로 와서 그의 죽음으로 이런 야단법석이 일어나는 사람이 누구냐고 묻는 외국인들, 로마 사람들, 병사들, 성전의 피고용인들, 성직자와 사제들이 끊임없이 모이고 헤어지고 이리 뛰고 저리 뛰고 한다….
　서로 다른 말과 표현으로 이 사실을 말하는 사람들의 무리들, 어떤 사람들은 찬양하고, 어떤이들은 울고 또 어떤 사람들은 이제 그들의 은인이 죽었으니 여느 때보다도 더 거지가 되었다고 느끼고, 어떤 사람은 "이제 그분 같은 주인을 다시는 영영 만나지 못할 거야" 하고 탄식하며, 어떤 사람들은 죽은이의 공로를 열거하고, 또 어떤 사람들은 그의 재산과 친척관계, 그의 아버지의 직책과 직무를, 그 어머니의 아름다움과 재산, 그리고 그의 "왕족" 출신을 명백히 설명한다.
　불행하게도 어떤 사람들은 특히 그 때문에 고통을 겪은 죽은이에 대한 이야기를 하는 때이니 장막을 드리워 감추어 주는 것이 좋을 가정상의 추억을 들추어 내기도 한다…. 몇명씩만 모인 작은 집단들에서는 죽음의 원인과 죽은이의 아주 친한 친구이고 보호자인 그리스도께서 바로 이 상황에서 그 집에 안 계셨다는 사실에 대하여 말할 수 없이 서로 엇갈리는 소문에 대하여 말들을 한다. 그런데 그 중에 우세한 의견이 두 가지 있다.
　하나는 선생님께 대한 유다인들과 최고회의 위원들과 바리사이파 사람들 그리고 같은 종류의 사람들의 적대적인 태도로 인하여 이 일이 일어났다고, 아니 오히려 유발(誘發)되었다고 하는 것이고, 또 하나는 선생님이 **진짜** 죽을 병 앞에 부닥뜨리게 되자 이 경우에는 그의 사기적인 방법이 성공하지 못하였을 것이기 때문에 몸을 피하였다고 하는 것이다. 영리한 사람이 아니라도 이 둘째 의견이 어떤 근원에서 나오는 것인지를 깨닫기는 쉬운 일이다. 이 의견은 많은 사람과 충돌한다. 그 사람들은 이렇게 말한다.

"자네도 바리사이파 사람인가? 그렇다면 조심하게. 우리하고는 거룩하신 분을 모독하지 못하니까 말일세! 레비아탄*과 결혼한 하이에나가 낳은 저주받은 독사들! 메시아에 대해 모독하는 말을 하라고 누가 자네들을 매수했나?"

말다툼, 욕설, 또 주먹질 몇 대, 그들을 찬성하거나 반대하여, 선생님을 찬성하거나 반대하여 고래고래 소리지르는 천민들을 거들떠 보지도 않고 신들과 같은 태도로 지나가는 호화로운 외투를 입은 바리사이파 사람들과 율법학자들에게 퍼붓는 욕설들이 거리에 울려 퍼진다. 그리고 비난은! 얼마나 많은가!

"예수님이 거짓 선생님이라고 말하는 그 자 말이야! 그 자는 틀림없이 방금 지나간 그 뱀같은 자들의 돈으로 매수된 자야."

"그 자들의 돈으로? 우리들 돈이라고 말해야 하네! 그 때문에 그 자들이 우리를 등쳐먹는 거야! 그렇지만 그 자가 어저께 나한테 와서 말을 한 그 자들 중의 하나인지 보고 싶은데 어디 있지?…"

"그 자는 도망쳤어. 그렇지만 하느님 만세! 여기서 우리는 단합하고 행동해야 해. 그 자들은 너무 뻔뻔하단 말이야."

또 다른 대화 하나. "난 자네 말을 들어서 자네가 어떤 사람인지를 알았네. 난 권리가 있는 사람한테 자네가 최고회의에 대해서 어떻게 말했는지를 일러 바치겠네!"

"나는 그리스도편이니 마귀의 독설이 해치지 못하네. 자네 마음이 내키고 그렇게 해서 안나와 가야파가 더 의로운 사람이 될 수 있다면 그들에게까지도 그 말을 하게."

또 저쪽에서는 "나를 거짓 맹세를 하는 사람으로, 내가 살아 있는 하느님이라고 했다고(했으니까) 하느님을 모독하는 사람으로 취급하

---

* **역주** : 구약성서에 나오는 바다의 거대한 괴물.

는 거냐? 너야말로 그분을 모욕하고 박해하는 거짓 맹세하는 자고 하느님을 모독하는 자다. 나는 너를 잘 안다. 알겠니? 나는 너를 봤고, 네 말을 들었어. 첩자! 배반자! 이 놈을 잡으시오…" 하면서 우선 그의 얼굴을 어느 뼈가 앙상하고 푸르스름한 얼굴을 벌겋게 하는 그런 따귀를 여러번 때린다.

"꼬르넬리우스님, 시메온님, 보세요! 이 사람들이 저를 밀어젖힙니다요" 하고 더 저쪽에서 또 다른 사람이 최고회의 위원의 한 떼를 향하여 호소한다.

"신앙을 위하여 참아 받고 안식일 전날 입술과 손을 더럽히지 말라" 하고 호소를 받은 사람 중의 하나가 대답을 하면서 서민의 한 떼의 약식처형을 받는 불쌍한 사람을 돌아다 보기조차 하지 않는다…. 여인들은 남편들을 소리쳐 불러들이며 위험한 짓을 하지 말라고 애원한다.

순찰하는 병사들은 창자루를 휘둘러 거리에 거치적거리는 것이 없게 하며 체포하고 처벌을 하겠다고 위협한다. 주요 사건인 라자로의 죽음은 오랜 마음의 긴장을 나타내는 부차적인 사건들로 옮아갈 기회를 준다.

최고회의 위원, 장로, 율법학자, 사두가이파 사람, 유다인 유력자들은 이 자질구레한 분노와 개인적인 복수와 신경과민의 폭발이 그들에게 뿌리를 내리고 있지 않은 것처럼 모르는 체하고 교활하게 지나간다. 시간이 지날수록 흥분이 더 부글부글 괴이고 마음들이 더 열을 띤다.

"좀 들어보시오. 저 사람들은 그리스도께서 병자들을 고치지 못하신다고 말합니다. 나는 문둥이였어요. 그런데 지금은 건강합니다. 저 사람들을 아십니까? 나는 예루살렘 사람은 아니지만 2년 전부터 저 사람들이 그리스도의 제자들 중에 있는 것을 한번도 본 일이 없습니다."

"저 사람들이요? 가운데 있는 놈을 좀 보여 주시오! 아! 악당! 저 놈이 지난 달에 나한테 와서 그리스도의 이름으로 돈을 주면서 그분이 팔레스티나를 빼앗으려고 사람들을 돈으로 산다고 했어요. 그런데 지금은 그 따위 말을… 아니 왜 그 놈이 빠져 나가게 가만 뒀어요?"

"여러분 아시겠지요. 응! 기막힌 불한당들입니다! 나는 하마터면 걸려들뻔 했습니다! 내 장인 말씀이 옳았어요! 저기 요셉 노인이 요한과 요수에와 같이 오십니다. 그분들에게 가서 선생님이 군대를 모으려고 하신다는 것이 참말인지 물어 봅시다. 저분들은 올바른 분들이고 사정을 잘 아니까요." 그들은 우루루 세 최고회의 위원들 쪽으로 달려가서 질문을 한다.

"여보게들, 집으로 돌아가게. 거리에 있으면 죄를 짓고 서로 해하게 되네. 다투지들 말게. 걱정하지도 말고. 자네들 일과 집안이나 돌보게. 잘못 생각하는 사람들을 선동하는 사람들의 말을 듣지 말고 착각에 빠지지 말도록 하게. 선생님은 선생님이시지 군인이 아니셔. 자네들이 그분을 알지만 그분은 당신이 생각하시는 대로 말씀하시네. 만일 그분이 자네들이 그렇게 되기를 원하셨다면, 병사로 당신을 따르라고 다른 사람들을 보내서 말씀하시지는 않았을 것일세. 그분께와 자네들과 조국에 해를 끼치지 말게. 여보게들, 집으로 돌아가라고! 집으로 돌아가! 벌써 하나의 불행인 의인의 죽음을 가지고 불행의 연속을 만들지 말게. 집으로 돌아가서 모든 사람에게 도움을 주던 라자로를 위해 기도드리게."

그를 의인으로 알고 있는 백성들이 몹시 사랑하고 말을 잘 들을 것이 틀림없는 아리마태아의 요셉이 이렇게 말한다.

요한도(샘을 내던 그 사람) 이렇게 말한다.

"그분은 평화의 사람이지 전쟁의 사람이 아닐세. 거짓 제자들의 말을 듣지 말게. 자기들이 메시아라고 말하던 사람들은 얼마나 달랐는지 기억을 더듬어 보게. 기억을 새롭게 하고 비교해 보게. 그러면 자네들의 올바름으로 인해서 그런 선동들이 그분에게서 올 수 없다는 것을 알 걸세! 집으로 가라고! 집으로! 울고 있는 아내와 겁에 질린 아이들에게로 가라고. '난폭한 자들과 싸움을 부추기는 자들은 불행하다'는 말이 있네."

한 떼의 여자들이 눈물을 흘리면서 세 최고회의 위원에게 다가와서 그 중 한 여자가 말한다.

"율법학자들이 제 남편을 위협했습니다. 무서워요! 요셉님, 그 사람들에게 말 좀 하세요."

"그렇게 하겠네. 하지만 당신 남편도 입을 다물 줄 알아야 해. 이 소란으로 선생님을 도와드리고 죽은이를 존중하는 줄로 생각하는가? 잘못 생각하는 것이야. 이분께도 저분께도 해를 끼치는 것일세" 하고 요셉이 대답하고, 그들을 남겨둔 채 하인들을 데리고 어떤 길로 해서 오고 있는 니고데모를 맞으러 간다.

"니고데모, 당신을 만날 줄은 생각못했는데. 나 자신도 어떻게 그렇게 할 수 있었는지 모르겠소. 라자로의 하인이 닭이 운 뒤에야 불행한 소식을 가져 왔어요."

"나 한테는 더 늦게 왔소. 나는 곧 떠나 왔소. 선생님이 베다니아에 계신지 아시오?"

"아니, 거기 안 계셔요. 베짜타의 내 관리인이 제3시*에 갔었는데 거기 안 계신다고 했소."

"나는 어떻게… 이해를 못하겠습니다…. 모든 사람을 위해 기적을 행하시면서 그를 위해서는 행하지 않으시다니!" 하고 요한이 외친다.

"어쩌면 그 댁에는 벌써 여러 가지 병나음을 주셨기 때문인지도 모르오. 마리아를 구제해서 그들에게 평화와 명예를 회복시켜 주셨소…" 하고 요셉이 말한다.

"평화와 명예라고요! 착한 사람들에게는 착한 사람들이 있는 법입니다. 왜냐하면 많은 사람이 마리아가… 그렇다고… 경의를 표하지 않았고, 지금까지도 경의를 표하지 않습니다. 여러분은 모르시지요…. 사흘 전에 엘키아가 다른 많은 사람들과 같이 갔는데… 그들이 경의를 표하지 않았어요. 그래서 마리아가 그들을 쫓아 버렸습니다. 그들이 화가 잔뜩 나서 내게 그 말을 했지만, 나는 내 마음을 드러내지 않으려고 실컷 떠들라고 가만 내버려두었습니다…" 하고 요수에가 말한다.

"그런데 지금 그들은 장례식에 가는 거요?" 하고 니고데모가 묻는다.

---

*역주 : 유다식 시간으로 아침 9시경.

"그들은 통지를 받고 의논을 하려고 성전에 모였습니다. 아! 하인들이 오늘 새벽에 많이도 뛰어 다녔을 것입니다!"

"왜 이렇게 장례식을 서두르지요? 제6시*가 지난 다음 이내!…."

"라자로가 죽었을 때 이미 부패해 있었기 때문입니다. 내 관리인이 내게 말한 것으로는 이 방 저 방에서 송진이 타고 있고 시체에는 향료를 뿌렸는데도 시체의 악취가 집의 큰 대문에서부터 난다오. 그리고 또 해가 지면 안식일이 시작되지요. 그래서 달리는 할 수가 없었던 것이지요."

"그 사람들이 성전에 모였다고 당신이 말했는데, 무슨 까닭이요?"

"이렇습니다…. 사실은 라자로에 대해서 의논하려고 벌써 모임은 정해져 있었던 것입니다. 그들은 라자로가 나환자였었다고 말하려고 하는 것입니다…" 하고 요수에가 말한다.

"그것은 아니오. 율법에 복종하기 위해 그 사람이 제일 먼저 외따로 떨어져 갔을 것이오" 하고 요셉이 라자로를 변호하려고 말한다. 그리고 덧붙여 말한다. "나는 의사와 이야기를 했소. 의사는 나병을 절대적으로 배제했소. 라자로는 부패성 체력쇠약으로 앓고 있었던 것이오."

"그렇다면 라자로가 이미 죽은 이상 그들이 무엇을 의논한 것입니까?" 하고 니고데모가 묻는다.

"마리아가 그들을 쫓아낸 뒤이니 장례식에 가느냐 안 가느냐 하는 문제를 토의한 것이지요. 어떤 사람들은 가자고 하고 어떤 사람들은 가지 말자고 했어요. 그러나 가자고 하는 사람이 더 많았는데 세 가지 이유에서 그런 것입니다. 선생님이 거기 계신지 보는 것이 모든 사람에게 공통된 첫째 이유이고, 그분이 기적을 행하는지 보려는 것이 둘째 이유지요. 셋째 이유는 선생님이 요르단강 근처 예리고에서 멀지 않은 곳에서 최근에 율법학자들에게 하신 말씀을 기억하기 때문입니다" 하고 역시 요수에가 설명한다.

"기적! 라자로가 죽었는데 무슨 기적입니까?" 하고 요한이 어깨를 들썩하면서 묻고 이렇게 말을 마친다. "항상 불가능을 찾는 똑같은

---

* **역주**: 정오에 해당한다.

사람들!"

"선생님은 다른 죽은이들도 다시 살리셨소"하고 요셉이 지적한다.

"그것은 사실입니다. 그렇지만 라자로를 살려두고 싶으셨으면 죽게 내버려두지는 않으셨을 것입니다. 당신이 아까 든 이유가 맞습니다. 그들은 이미 기적을 받았지요."

"그렇습니다. 그렇지만 우지엘은 사독과 함께 여러 달 전에 한 내기를 기억했습니다. 그리스도께서는 부패하고 있는 육체의 조직을 다시 구성할 수 있음을 증명하겠다고 말씀하셨지요. 그런데 라자로가 그렇습니다. 또 율법학자 사독은 또 요르단강 근처에서 선생님이 자진해서 그에게 새 달에 내기의 반이 이루어지는 것을 볼 것이라고 하셨다고 말합니다.

그 내기란 썩은 육체가 다시 살아나서 다시는 결합도 없고 병도 없어진다는 것이지요. 그런데 그 사람들이 이겼어요. 만일 그렇게 된다면 선생님이 계시기 때문이라는 것이 확실합니다. 그리고 또 그렇게 되면 그분에 대해서 의심의 여지가 없게 될 것입니다."

"그것이 재난이 아니었으면 좋겠는데…"하고 요셉이 중얼거린다.

"재난이요? 왜요? 율법학자들과 바리사이파 사람들이 납득할 터인데…."

"오! 요한! 그런 말을 할 수 있다니 그래 당신은 외국 사람이요? 당신은 당신 동포들을 모르오? 도대체 언제 진리가 그들을 거룩하게 만들었소? 나한테는 모임에 오라는 초청장을 보내지 않았다는 것이 아무렇게도 생각되지 않소?"

"우리 집에도 안 왔소. 그들은 우리를 의심해서 자주 따돌립니다"하고 니고데모가 말한다. 그리고 이렇게 묻는다.

"가믈리엘은 모임에 왔습니까?"

"아들이 있었습니다. 그리고 유다의 가말라에서 앓아 누워있는 아버지를 대신해서 아들이 올 것입니다."

"그리고 시메온은 무슨 말을 했소?"

"아무 말도, 절대로 아무 말도 안 하더군요. 듣기만 하고 가버렸어요. 조금 전에 그의 아버지의 제자들과 같이 베다니아에 가느라고 지나갔습니다."
 그들은 베다니아로 가는 길쪽으로 난 성문에 거의 다다랐는데 요한이 외친다.
 "보세요! 문을 지키고 있어요. 대관절 왜 그러지요? 그리고 거기서 나오는 사람들을 붙잡는군요."
 "시내가 어수선해요…."
 "오! 그렇지만 제일 강한 축에 드는 도시는 아닌데요…."
 그들이 성문에 이르자 다른 모든 사람들처럼 정지 명령을 받는다.
 "무슨 이유로 그러는 것이오, 병사? 나는 전 안또니아에서 알려져 있고, 당신들도 내게 대해서 나쁘게 말하지 못하오. 나는 당신들을 존경하고 당신들의 법률을 존중하오." 아리마태아의 요셉이 말한다.
 "백부장의 명령입니다. 사령관이 시내에 들어오실 겁니다. 그래서 성문으로, 특히 예리고로 가는 길에 있는 성문으로 누가 나가는지 알려고 하는 겁니다. 우리는 당신을 압니다. 그렇지만 우리에 대한 당신의 감정도 압니다. 당신과 일행은 통과하시오. 그리고 백성에 대해서 영향력을 가지고 있거든 조용히 있는 것이 그들에게 이로울 것이라고 말하시오.
 본시오 총독은 그에게 불안을 품게 하는 인물들에 대한 그의 관례를 변경하기를 좋아하지 않아요…. 그래서 너무 엄하게 될 수도 있단 말입니다. 성실한 사람인 당신에게 주는 의리있는 충고요." 그들은 통과한다….
 "들었소? 나는 답답한 나날이 올 것으로 예상해요…. 백성들에게 보다는 다른 사람들에게 그것을 충고해야 하겠소…" 하고 요셉이 말한다.
 베다니아로 가는 길은 모두 같은 방향인 베다니아로 가는 사람들로 꽉 메었다. 모두가 장례식에 가는 것이다. 사두가이파 사람들과 율법학자들 사이에 섞여 가는 최고회의 위원들과 바리사이파 사람들, 라자로가 도시와 농촌에 소유하고 있는 여러 가지 집과 소유지의 농부들과 하인들과 관리인 틈에 섞여 가는 사두가이파 사람들과 율법학자들이 보이고, 베다니아가 가까워질수록 오솔길과 작은 길들에서 큰 길로 나오는 사람이 점점 더 많아진다.

6. 라자로의 장례식에서

 베다니아가 나타났다. 가장 위대한 시민의 상을 당한 베다니아가, 모든 주민이 그들의 제일 좋은 옷을 입고서 벌써 집 밖으로 나와 있고, 집들은 안에 아무도 없는 것처럼 닫혀 있다.
 그러나 그들은 아직 상가 안에 들어가지는 않았다. 호기심으로 인하여 길을 끼고 둘러쳐 있는 격자 울타리 곁에 멈추어 섰다. 그들은 손님들 사이로 지나가는 사람들을 살펴보고 그들의 이름과 그들에 대한 인상을 서로 주고 받는다.
 "저기 나타나엘 벤 파바가 있군요. 오! 야곱의 친척인 늙은 마타티아스도! 안나의 아들도! 그가 도라와 깔라세보나와 아르켈라우스와 함께 있는 것을 보시오. 어! 갈릴래아 사람들이 어떻게 왔지요? 그 사람들이 모두 왔군요. 보시오. 엘리, 죠가나, 이스마엘, 우리아, 요아킴, 엘리야, 요셉···. 늙은 가나니아는 사두가이파의 사독과 즈가리야와 죠가나와 같이 있고요. 가믈리엘의 시메온도 있는데, 혼자로군요. 스승이 같이 있지 않는데요. 저기 엘키아가 나훔과 펠릭스와 율법학자 안나와 즈가리야, 그리고 우리엘의 요나타와 같이 있습니다! 사울이 엘르아잘과 트리폰과 요아잘과 함께 있고요. 이 세 사람은 좋은 사람들이지요! 안나의 아들 또 하나 제일 젊은 사람이 있는데, 시몬 가밋과 이야기하고 있군요.
 필립보는 요한 안티빠트리데스와 함께 있고, 알렉산데르와 이사악과 바바온의 요나도 있습니다. 사독도, 앗시데 사람들의 후손 유다도 있는데, 저 사람이 아마 그 계급의 마지막 사람이지요. 저기 여러 궁궐의 관리인들이 있고요. 충실한 친구들은 보이지 않는데요. 아이고 사람이 많기도 하다!"
 참말이다! 사람이 많기도 하다. 모두가 거드름을 피우는데, 일부는 임시변통으로 꾸민 얼굴을 하고 있고, 어떤이는 얼굴에 진정한 비통의 표를 나타내고 있다. 활짝 열린 큰 대문으로 모두가 꾸역꾸역 들어가는데, 선생님 주위에서 호의를 가지거나 적의를 나타내는 것을 내가 본 일이 있는 사람들이 모두 지나가는 것이 보인다. 가믈리엘과 최고회의 위원 시몬만 빼놓고는 전부 있다. 그리고 내가 한번도 본 일이 없거나 예수 주위에서 논쟁하는 것을 이름을 모른 채 보았을 다른 사람들도 보인다···.

유다교 교사들이 제자들을 데리고 또 율법학자들이 **빽빽**한 집단을 이루고 지나간다. 유다 사람들도 지나가는데 그들의 재산을 열거하는 것이 들린다…. 정원에 사람이 가득 찼다. 그들은 자매에게 —자매는 아마 관례에 따라 큰 대문 아래, 그러니까 집 밖에 앉아 있을 것이다.— 조문을 하고, 그런 다음에는 정원 안에 흩어져 끊임없는 빛깔의 잡탕을 이루고 계속 절들을 한다.

마르타와 마리아는 극도로 혼란에 빠져 있다. 그들은 그들 집에 생긴 공허에 보살펴야 할 라자로가 없어진 지금 그들의 하룻날을 채우는 것이 **아무 것도 없는** 것에 놀란 두 계집애처럼 서로 손을 잡고 있다.

그들은 손님들의 말을 듣고 참된 친구들과 충실한 사용인들과 같이 울고 죽은이에게 경의를 표하기 위해서 보다는 오히려 자기들을 보이기 위하여 온 위압적이고 엄격하며 쌀쌀한 표정을 지닌 최고회의 위원들 앞에 몸을 숙인다. 두 자매는 라자로의 최후에 대하여 묻는 사람들에게 같은 말을 수백번 되풀이 하는 데 지쳐서 대답을 한다.

가장 확실한 친구인 요셉과 니고데모가 두 자매 옆에 자리잡고 말은 많이 하지 않으나 긴 말보다도 더 위안이 되는 우정을 나타낸다. 엘키아가 같이 오랫동안 이야기한 가장 비타협적인 사람들과 같이 다시 와서 묻는다. "시신을 볼 수 없겠소?"

마르타는 슬프게 손을 이마에 갖다 대면서 묻는다.

"도대체 언제 이스라엘에서 이런 일이 있었습니까? 시체는 벌써 염을 끝냈습니다…." 이렇게 말하는데 그의 눈에서는 눈물이 천천히 흘러 내린다.

"그것이 관례가 아닌 것은 사실이오. 하지만 우리는 보기를 바랍니다. 가장 충실한 벗들은 친구를 마지막 한번 볼 권리가 있는 것입니다."

"누이들인 우리도 그런 권리가 있었을 것입니다. 그렇지만 시체에 즉시 향료를 바를 필요가 있었습니다…. 그래서 저희가 오빠 방에 다시 갔을 적에는 붕대를 칭칭 감은 그의 형체밖에는 못 보았습니다…."

"두 분은 분명한 명령을 내려야 했을 것입니다. 그 얼굴에서 수의를 쳐들지 못했소, 아니 쳐들지 못하시겠소?"

"오! 벌써 썩었습니다…. 그리고 장례식 시간이 다 되었습니다."

요셉이 개입한다. "엘키아, 우리가 지나친 사랑으로 이분들에게 고통을 주는 것 같소…. 두 자매를 조용히 둬 둡시다…."

가믈리엘의 아들 시메온이 엘키아의 대답을 막으면서 앞으로 나온다.

"아버님은 오실 수 있게 되면 즉시 오실 것입니다. 제가 아버님 대신 왔습니다. 아버님은 라자로를 존경하십니다. 저도 그렇고요."

마르타는 몸을 구부리며 대답한다.

"우리 오빠에 대한 스승님의 경의가 하느님께 보상받기를 바랍니다."

가믈리엘의 아들 때문에 엘키아는 더 고집하지 않고 물러가서 다른 사람들과 의논을 하는데, 이 사람들은 그에게 이렇게 지적한다.

"아니 당신은 악취도 맡지 못하오? 의심을 하고 싶은 거요? 뿐만 아니라, 우리는 그들이 무덤을 벽으로 막는지를 볼 거요. 공기없이는 살지 못하지요."

바리사이파 사람들의 또 다른 한 떼가 자매들에게로 가까이 온다. 그들은 거의 모두가 갈릴래아 사람들이다. 마르타는 그들의 조문을 받은 다음 그들이 온 것이 놀랍다는 말을 안 할 수가 없다.

"이거 보세요. 최고회의가 극도로 중요한 심의를 위해 소집되었어요. 그 때문에 우리가 도성에 온 것입니다" 하고 가파르나움의 시몬이 설명하고 마리아를 쳐다본다. 그는 마리아의 회개를 분명히 기억하고 있지만 그저 쳐다 보기만 한다.

저기 죠가나와 도라의 아들 도라와 이스마엘이 가나니아와 사독과 내가 알지 못하는 다른 사람들과 같이 나아온다. 그들은 입으로 말하기 훨씬 전에 독사와 같은 얼굴로 말을 한다. 그들은 귀에 거슬리는 말을 할 수 있기 위하여 요셉이 니고데모와 같이 세 유다인에게 말하려고 물러서기를 기다린다. 늙은 가나니아가 쓰러져가는 늙은이의 쉰 목소리로 공격을 시작한다.

"마리아, 어떻게 생각하나? 오빠의 수많은 친구 중에서 당신들 **선**

생님만이 안 오셨구먼. 이상한 우정인데! 라자로가 건강할 때에는 그렇게도 많은 사랑을 보이셨는데! 그를 사랑할 때가 왔을 때에는 무관심하다니! 모든 사람이 그분에게서 기적을 얻었는데, 여기는 기적이 없단 말이야. 이거 봐, 이런 일을 어떻게 생각해? 갈릴래아의 미남 선생님이 당신을 많이 속였어, 많이. 이봐! 바랄 수 있는 것 이상으로 바라라고 그분이 말씀하셨다고 당신이 그러지 않았어? 그러면 당신이 바라지를 않았나, 그렇잖으면 그분에게 희망을 두는 것이 아무 소용도 없나? 당신은 생명을 바란다고 말했지. 맞아! 그분은 자기를 〈생명〉이라고 말씀하셨어. 이봐! 하지만 저 안에는 당신 오빠가 죽어 있고, 저기는 벌써 무덤 아가리가 벌어져 있어. 그리고 선생님은 안 오시고! 자, 봐!"

"그분은 생명이 아니라 죽음을 줄 줄 아시는 거지요" 하고 도라가 미소를 띠면서 말한다.

마르타는 얼굴을 숙여 양손에 파묻고 운다. 그것은 틀림없는 현실이다. 그의 바람은 완전히 저버려졌다. 선생님이 여기 안 계신다. 그들을 위로하러조차 오지 않으셨다. 그렇지만 지금은 여기 와 계실 수 있었을 터인데. 마르타는 운다. 울 줄밖에 모른다. 마리아도 운다. 마리아도 현실을 대하고 있다. 그는 믿을 수 있는 것 이상으로 믿고 바랐다…. 그러나 아무 일도 일어나지 않았고 벌써 하인들은 무덤 어귀의 돌을 치운다. 왜냐하면 해가 기울기 시작하는데 겨울에는 해가 빨리 지고 또 오늘은 금요일이라, 손님들이 곧 시작될 안식일의 계율을 어기지 않도록 모든 일을 늦지 않게 해야 하기 때문이다. 마리아는 항상 바랐고 너무 바랐다. 그는 이 바람에 그의 힘을 소모하였다. 그런데 지금은 실망해 있는 것이다. 가나니아는 짓궂게 계속한다.

"대답을 안 해? 이제는 그분이 당신들을 이용하고 경멸한 협잡꾼이라는 것을 확신하게 됐어? 가엾은 여인들!"

그러면서 그의 송사리들 가운데에서 머리를 흔드니, 이들도 그가 하는 대로 하면서 "가엾은 여인들!" 하고 말한다.

막시민이 다가와서 말한다. "시간이 됐어요. 명령을 내려요. 당신들이 할 일이에요."

마르타는 주저앉는다. 사람들이 그를 도와서 하관할 시간이 된 것을 알고 곡을 시작하는 하인들의 부르짖음 사이로 부축하고 데려간다. 마리아는 경련적으로 손을 비튼다. 그는 애원한다.

"조금만 더! 조금만 더! 하인들을 엔세매스와 샘 쪽으로 길이란 길에 전부 보내요. 말탄 하인들을요. 선생님이 오시나 보라고 해요…."

"아니, 아직도 바라고 있는 거야? 불쌍하게. 그분이 당신들을 배반하고 속였다는 것을 납득하려면 무엇이 필요하겠어? 그분은 당신들을 미워하고 업신여겼단 말이야…."

더 이상 참을 수가 없다! 눈물로 뒤범벅이 된 얼굴을 하고 몹시 괴롭기는 하나 그래도 충실하게, 시체가 나오는 것을 보려고 모여 선 모든 손님이 만든 반원 안에서 마리아는 선언한다.

"나자렛의 예수님이 이렇게 하신 것은 잘 하신 것입니다. 그리고 베다니아의 우리 모두에 대한 그분의 사랑은 위대한 사랑입니다. 모두가 하느님의 영광과 그분의 영광을 위한 것입니다! 그분은 거기서 주님의 영광이 올 것이라고, 그것은 주님의 '말씀'의 능력이 완전히 빛날 것이기 때문이라고 말씀하셨습니다. 막시민, 일을 진행해요. 무덤은 하느님의 능력에 장애가 되지 않아요…."

마리아는 달려온 노에미에게 부축되어 비켜서며 눈짓을 한다…. 붕대를 칭칭감은 시체가 집에서 나와 사람들이 두 줄로 늘어선 가운데로, 곡소리가 나는 가운데 정원을 건너지른다. 마리아는 따라 가려고 한다. 그러나 비틀거린다. 모든 사람이 벌써 무덤께로 가 있을 적에야 그들과 합류한다. 마리아는 움직이지 않는 긴 형체가 무덤의 어둠 속으로 사라지는 것을 겨우 볼만한 여유밖에 없게 무덤에 이른다. 무덤에는 시체를 들고 내려가는 사람들을 위하여 계단을 비추려고 하인들이 들고 있는 횃불들이 붉게 타고 있다. 사실 라자로의 무덤은 오히려 땅 속에 파묻혀 있다. 아마 지하 암석층을 이용하기 위함인 것 같다.

마리아는 울부짖는다…. 몹시 괴로워한다…. 울부짖는다…. 그리고 오빠의 이름과 함께 예수의 이름도 나온다. 그 이름들이 그의 가슴을 에는 것 같다. 그러나 마리아는 이 두 이름밖에 부르지 않고, 무덤 어귀에 도로 갖다 놓은 육중한 돌문 소리가 이제는 라자로의 시체조차도 이 세상에 없다는 것을 알려줄 때까지 그 이름들을 되풀이하여 부른다. 그 때에 마리아는 툭 쓰러지며 의식을 잃는다. 그를 부축하고 있는 여인에게로 쓰러지면서 아직도 탄식을 하는 동안 기절 상태 속으로 빠져 들어가 완전히 정신을 잃고 만다.

"예수님! 예수님!" 사람들은 그를 데려간다.

막시민이 남아서 손님들을 떠나 보내면서 온 집안의 이름으로 그들에게 감사한다. 그는 남아 있으면서 모든 사람이 매일 조상을 오겠다고 말하는 것을 듣는다….

군중은 천천히 빠져 나간다. 맨 마지막 떠나는 사람들은 요셉, 니고데모, 엘르아잘, 요한, 요아킴, 요수에이다. 정원 입구 울타리에서 그들은 우리엘과 같이 있는 사독을 만나는데, 이들은 심술궂게 웃으면서 말한다.

"그 사람의 내기! 우린 또 그걸 두려워 했었소!"

"아! 라자로는 분명 죽었소. 향료를 발랐는데도 어떻게나 악취가 풍기던지! 의심없소, 없고말고! 수의를 들쳐볼 필요가 없었소. 벌써 구더기가 생겼을 것으로 생각하오." 그들은 흐뭇해 한다.

요셉이 그들을 본다. 어떻게나 준엄한 시선인지 그들의 말과 웃음이 뚝 멎는다. 모든 사람이 황혼이 다 지나기 전에 시내에 들어가기 위하여 서둘러 돌아간다.

7. "잠자고 있는 우리 친구 라자로를 만나러 가자"

　살로몬의 집 작은 정원에는 빛이 이미 빛이 아니다. 길 저쪽에 있는 나무들과 집들의 윤곽과, 특히 길 자체의 끝이 작은 길이 강가의 숲 속으로 사라지는 곳에 가서는 점점 더 그 윤곽이 희미하여져서 더 밝거나 덜 밝은, 더 어둡거나 덜 어두운 그림자의 오직 하나의 선에, 점점 더 짙어져가는 어둠 속에 합쳐진다. 땅 위에 널려 있는 물건이 이제는 빛깔보다는 소리이다. 집 안에 있는 어린이들의 목소리, 어머니들이 부르는 소리, 양들이나 나귀를 불러들이는 남자들의 외치는 소리, 우물 도르레의 마지막 삐걱거리는 소리 몇번, 저녁 바람에 흔들리는 나뭇잎 소리, 서로 부딪히는 작은 나뭇가지같이 날카로운 작은 숲 속에 널려 있는 나무들 부딪는 소리, 저 위에는 별들이 깜박이기 시작하지만, 아직은 빛같은 것이 남아 있고, 또 달의 첫번째 포리끼한 빛살이 하늘에 퍼지기 시작하기 때문에 분명하지는 않다.
　"나머지는 내일들 말하시오. 지금 당장은 이걸로 그만이예요. 어두워집니다요. 각기 집으로 돌아가시오. 안녕히들 가세요. 예… 예… 내일이오. 뭐요? 뭐라고 했어요? 불안하다고요? 밤에는 좋은 생각이 떠오르는 법이오. 그리고 그것이 통하지 않으면 오시오. 꼴 좋게 됐군! 불안까지 겹쳐 그를 더욱 피곤하게 하다니! 그리고 이익밖에는 꿈꾸지 않는 사람들! 또 며느리들이 얌전해지기를 원하는 시어머니들과 시어머니들이 잔소리를 좀 덜하기를 원하는 며느리들, 시어머니들도 며느리들도 모두 혀가 잘려 마땅하단 말이야.
　그리고 또? 당신은? 뭐라고? 오! 그래, 이 가엾은 꼬마! 요한, 이 불쌍한 꼬마를 선생님께 데려 가게. 어머니가 아픈데 예수님께 그를 위해 기도드려 달라고 청하라고 꼬마를 보냈대. 가엾은 꼬마! 키가 작기 때문에 뒤에 남아 있었는데, 멀리서 왔다는군. 집에 돌아가려면 어떻게 한다? 이보세요! 여러분 모두! 선생님을 모시는 기쁨을 누리려고 여기 남아 있지 말고 선생님이 여러분에게 말씀하신 것, 즉 서로 도와주고 힘센 사람이 약한 사람을 도와주라고 하신 것을 실천에 옮길 수 없으시오?

자! 누가 이 꼬마를 집에 데려다 주시겠어요? 그런 일이 없길 바라지만, 꼬마가 갔을 때는 어머니가 벌써 세상을 떠났을지도 모릅니다…. 적어도 꼬마가 어머니를 보기라도 해야지요. 나귀들을 가지고 있지요?…. 어둡다고요? 그래 밤보다 더 아름다운 것이 어디 있어요? 나는 오랫동안 별빛 아래서 일했지만 건강하고 튼튼해요. 당신이 꼬마를 집에 데려다 주겠다고요? 루벤, 하느님의 축복을 받으시오. 여기 꼬마가 있어요. 선생님이 너를 위로해 주셨니? 그래, 그럼 가서 행복하게 지내라.

그런데 애한테 먹을 것을 주어야겠는데, 어쩌면 오늘 아침부터 먹지 못했는지도 몰라."

"선생님이 따끈한 양젖과 빵과 과일들을 주셨어요" 하고 요한이 말한다.

"그럼 이분하고 같이 가라. 나귀에 태워서 집까지 데려다 주실 거다."

마침내 모든 사람이 떠나 갔다. 그래서 베드로는 그를 도와 가장 끈덕진 사람들을 집으로 돌아가게 한 야고보와 유다와 또 다른 야고보와 토마와 같이 쉴 수가 있다.

"문을 닫세. 저 두 사람처럼 누가 섭섭해서 다시 돌아오지 말았으면 좋겠는데, 후유! 하지만 안식일 다음 날은 대단히 피곤하단 말이야!" 베드로가 부엌으로 들어가 문을 닫으면서 또 이렇게 말한다.

"아! 이젠 조용하겠지."

그는 탁자 곁에 앉으셔서 팔꿈치를 올려 놓으시고 한 손으로 얼굴을 괴신 채 깊은 생각에 잠겨 여념이 없으신 예수님을 쳐다본다. 베드로는 그분 곁으로 가서 어깨에 손을 얹고 이렇게 말씀드린다.

"선생님 피곤하시지요, 예! 사람이 그렇게도 많이 오니! 계절이 이런데도 사방에서 오는군요."

"그 사람들 오래잖아 우리를 잃을까봐 겁내는 것 같아" 하고 고기들의 창자를 빼고 있던 안드레아가 말한다. 다른 사람들도 불을 피워서 고기를 구울 수 있게 다둑거리거나 끓는 냄비에 넣은 풀상추를 젓거나 하느라고 바쁘다. 그들의 그림자가 어두운 벽에 투영되는데, 등불보다도 오히려 아궁이 불빛에 비쳐져서 그렇게 된다. 베드로는 매우 피곤해 보이시는 예수께 양젖을 드리려고 잔을 찾는다. 그러나 양젖을 찾아내지 못하고 다른 사람들에게 그 이유를 묻는다.

"우리가 가졌던 마지막 양젖을 그 꼬마가 먹었어요. 나머지는 저 늙은 거지와 몸이 성치 못한 남편의 아내에게 주었고요" 하고 바르톨로메오가 설명한다.

"그래서 선생님 드실 것은 하나도 안 남았구먼! 다 주지 말아야 했는데."

"선생님이 주라고 하셨는 걸요…."

"오! 선생님이야 늘 그러시는 걸, 하지만 그렇게 하시게 해서는 안 돼. 그분은 당신 옷도 주시고, 양젖도 주시고, 당신 자신도 주셔서 쇠약해지신단 말이야…" 하고 베드로가 불만을 터뜨린다.

"조용해라, 베드로야! 받는 것보다는 주는 것이 더 나으니까" 하고 예수께서 방심상태에서 깨어나시며 조용히 말씀하신다.

"예! 선생님은 주시고 또 주시고 해서 쇠약해지십니다. 그리고 선생님이 모든 아량을 베푸실 용의가 있음을 보이시면 그럴수록 사람들이 그것을 더 이용합니다." 그리고 연방 말을 하면서 쓴 편도(扁桃)와 국화꽃이 섞인 것 같은 냄새를 풍기는 까슬까슬한 나뭇잎으로 식탁을 문질러 빵과 물을 놓을 수 있게 아주 깨끗하게 하고는 예수 앞에 컵을 하나 갖다 놓는다.

예수께서는 매우 목이 마르셨던 것처럼 즉시 물을 따르신다. 베드로는 다른 컵 하나를 식탁의 다른 쪽에 올리브와 야생 회향풀 줄기가 담긴 접시 옆에 놓는다. 그는 필립보가 벌써 양념을 다 한 풀상추가 담긴 쟁반을 덧붙여 놓고, 동료들과 같이 아주 소박한 걸상들을 가져다가 열세 사람이 앉기에는 부족한 부엌에 있는 네 의자를 보충한다. 잉걸불에 얹어 굽는 물고기가 익는 것을 지켜본 안드레아가 물고기를 다른 접시에 담아서 다른 빵들과 같이 가지고 식탁 쪽으로 간다.

요한은 등잔을 있던 자리에서 집어서 식탁 한가운데에 갖다 놓는다. 모두가 저녁을 먹으려고 식탁에 가까이 오는 동안 예수께서는 일어나셔서 빵을 주시기 위하여 기도를 드리시고 식탁을 강복하신다. 예수께서 앉으시니 다른 사람들도 앉고, 예수께서는 빵과 물고기를 나누어 주신다. 아니 나누어 주신다기 보다는 각자가 자기 앞에 갖다 놓은 더러는 신선하고 더러는 조금 굳어진 두껍고 넓은 빵조각 위에 물고기들을 갖다놓아 주신다. 그런 다음 사도들은 풀상추를 찍는 데 쓰이는 큰 나무 포크로 풀상추를 덜어간다. 야채에도 빵은 접시노릇을 한다. 다만 예수님 앞에만 어지간히 못 쓰게 된 넓은 금속 접시 하나가 놓여 있는데, 예수께서는 그 접시를 생선을 나누어 주시는 데 사용하셔서 어떤 때는 이 사람에게 또 어떤 때는 저 사람에게 훌륭한 생선 토막을 주신다.

자식들 가운데 있는 아버지 같으시다. 나타나엘과 열렬한 사람인 시몬과 필립보는 겉으로는 그분의 아버지같이 보이고 마태오와 베드로는 형들같아 보이지만 그래도 예수께서 아버지 같으시다. 그들은 먹으면서 그 날 있은 일들을 이야기한다. 요한은 갈라앗산의 저 양치기가 예수님께 그의 양떼가 있는 산 위에 올라가셔서 양떼에 축복을 주시고 그에게 돈을 많이 벌게 하셔서 딸의 지참금을 장만하게 해 달라고 요구한 것 때문에 베드로가 분개한 것을 마음좋게 웃는다.

"웃을 거 하나 없어. 그 사람이 '제게는 병든 양들이 있는데 그 놈들이 죽으면 저는 망합니다' 하고 말할 때는 동정을 했지. 그건 우리 어부들에게 있어서 배가 낡아빠진 거나 마찬가지니까. 고기도 잡을 수 없고 먹을 수도 없는데, 누구나 다 먹을 권리는 있거든. 하지만 그 사람이 '그런데 제가 그 양들이 성하기를 원하는 것은 부자가 돼서 제가 에스테르에게 줄 지참금과 제가 지을 집으로 마을 사람들을 깜짝 놀라게 하려고 그러는 것입니다' 하고 말했을 때, 그땐 내가 험해졌지. 나는 그 사람에게 이렇게 말했어. '그래 당신은 그 때문에 그렇게도 멀리서 왔단 말이요? 당신은 지참금과 재산과 당신의 양들만 생각하시오? 당신은 영혼이 없소? 하고.

그 사람은 이렇게 대답했어. '영혼이라면 시간이 있습니다. 지금 당장은 양들과 혼사가 더 걱정이 됩니다. 에스테르에게는 좋은 자리이

고 또 나이가 많아지기 시작하거든요.'
 "자, 이렇게 된 거야. 예수님이 누구에게나 자비로워야 한다고 말씀하신 것이 생각나지만 않았더라면 꼴 참 좋았을 거야! 나는 정말 그 사람에게 정말이지 얼을락 녹을락 하며 말을 했네…."
 "그런데 형은 말을 도무지 끝낼 것 같지 않던데요. 숨쉴 틈도 없었어요. 형의 목의 핏줄이 부풀어서 막대기 두개처럼 팽팽하던 걸요" 하고 제베대오의 아들 야고보가 말한다.
 "양치기가 간 지가 한동안이 되었는데도 형은 설교를 계속하고 있었어요. 형이 사람들에게 말할 줄을 모른다고 한 것이 다행이지요!" 하고 토마가 덧붙이며 베드로에게 입맞추면서 말한다.
 "가엾은 시몬형! 굉장히 화를 내더군요!"
 "아니, 아마 내 말이 옳지 않았단 말이지? 선생님은 뭐야? 선생님은 이스라엘의 모든 바보들의 재산을 만들어 주시는 분이야? 남의 혼인의 들러리나 되시지 아마?"
 "화내지 말아요, 시몬형. 형이 생선을 그 독하고 같이 먹으면 해로울 거요" 하고 사람좋은 마태오가 농담을 한다.
 "자네 말이 옳아. 나는 두려워하면서 빵을 먹고 성을 내면서 고기를 먹으면 무엇을 먹든지 바리사이파 사람들 집에서 하는 잔치 음식의 맛이 난다네."
 모두가 웃는다. 예수께서도 빙그레 웃으시지만 말씀을 안 하신다. 이제 식사가 끝나간다. 음식을 배불리 먹고 방이 따뜻해서 만족한 그들은 식탁 둘레에 약간 졸음기를 느끼며 앉아 있다. 그들은 말을 덜 하고, 더러는 꾸벅꾸벅 졸고 있다.
 토마는 그의 주머니칼로 식탁 나무에 꽃핀 나뭇가지를 새기면서 시간을 보내고 있다. 그들은 식탁가에 십자형으로 포개어 놓고 계시던 팔을 풀으시고 사제가 "Dominus vobiscum"(주께서 여러분과 함께) 하고 말할 때에 하는 것과 같은 손 모양을 하시면서 "그렇지만 가야 한다!"고 말씀하시는 예수의 목소리에 잠이 깬다.
 "선생님, 어디로요? 양치기의 집으로요?" 하고 베드로가 여쭙는다.
 "아니다, 시몬아. 라자로네 집으로 간다. 우리는 유다로 돌아가는 것이다."

"선생님, 유다사람들이 선생님을 미워한다는 것을 기억하십시오!" 하고 베드로가 외친다.

"그 사람들이 선생님을 돌로 치려고 한 것이 그리 오랜 일이 아닙니다" 하고 알패오의 야고보가 말한다.

"아니 선생님, 그것은 무모한 일입니다!" 하고 마태오가 외친다.

"선생님은 저희 걱정은 안 하십니까?" 하고 이스카리오테의 유다가 여쭙는다.

"오! 우리 선생님, 우리 형님, 선생님의 어머님의 이름으로, 그리고 선생님 안에 계신 천주성의 이름으로 간청합니다. 제발 사탄이 선생님 몸에 손을 대서 선생님의 말씀을 약하게 하는 것을 허락하지 마십시오. 선생님은 선생님을 미워하고 이 세상에서는 힘이 있는 모든 사람에 대해 혼자이시고, 너무도 고독하십니다" 하고 타대오가 말한다.

"선생님, 선생님의 목숨을 보호하세요! 만일 선생님을 잃으면 저희는 어떻게 되고 모든 사람이 어떻게 되겠습니까?" 요한은 아연실색하며, 겁에 질리고 몹시 슬퍼하는 어린 아이와 같이 눈을 커다랗게 뜨고 예수님을 쳐다 보며 말한다.

베드로는 처음 부르짖고 나서 몸을 돌이켜 그 중 나이 많은 사람들과 토마와 제베대오 아들 야고보와 흥분하여 말을 한다. 그들은 모두 적어도 유월절 시기로 인하여 예수께서 그곳에 머무르시는 것이 더 안전하게 되지 않는 한 예루살렘 근처로 돌아가시면 안 된다는 의견이다. 왜냐하면 팔레스티나의 구석구석에서 유월절 명절을 지내려고 온 선생님의 매우 많은 신자들이 있는 것이 선생님께 보호가 될 것이기 때문이라고 그들은 말한다.

모든 백성이 선생님을 애정을 가지고 빽빽하게 둘러싸고 있으면 그분을 미워하는 사람들 중의 아무도 감히 그분께 손을 대지 못할 것이다…. 그래서 근심스럽게 그 말씀을 드리고 그것을 거의 강요한다…. 사랑하기 때문에 그들은 말을 많이 한다.

"조용히! 조용히! 하루가 아마 열두 시간이 아닌 모양이로구나? 누가 낮에 걸음을 걸으면, 이 세상의 빛을 보기 때문에 비틀거리지 않는다. 그러나 밤에 걸으면 앞이 보이지 않기 때문에 비틀거리게 된다. 나는 내 안에 빛을 가지고 있기 때문에 내가 무슨 일을 하는지 안다. 너희는 보는 사람이 인도하는 대로 따라 오기만 해라. 그리고 어두움의 시간이 이르지 않는 한 어두운 것이 아무 것도 일어날 수 없다는 것을 알아라. 그 다음 그 시간이 오면 아무 먼 곳도 아무 힘도, 카이사르의 군대조차도 나를 유다인들에게서 구해내지 못할 것이다. 왜냐하면 쓰여 있는 것은 일어나야 하며, 악의 세력이 그들의 일을 끝마치기 위해 벌써 비밀리에 활동하고 있기 때문이다.

그러니까 내가 하는 대로, 내가 좋은 일을 마음대로 할 수 있는 동안 좋은 일을 하게 내버려두어라. 내가 손가락 하나도 움직이지 못하고 기적을 행하기 위한 말 한 마디도 하지 못하게 될 시간이 올 것이다. 세상에는 내 힘이 없어질 것이다. 사람에게는 무서운 벌의 시간일 것이다. 내게는 그렇지 않을 것이다. 나를 사랑하기를 원치 않는 사람에게는 그럴 것이다. 자기 자신을 하느님 없는 자, 사탄과 그의 저주받은 자식의 제자를 만들기까지 천주성을 배척했을 사람의 의지로 반복될 시간이다. 이 세상의 종말이 가까웠을 때에 올 시간이다. 불신앙이 최고의 지배자가 되어 기적을 행하는 내 능력을 무력하게 만들 것이다. 내가 그 능력을 잃을 수 있어서가 아니라, 믿음도 없고 기적을 얻고자 하는 소원도 없는 곳에는, 얻은 이익을 더 큰 악을 행하는 데 사용함으로써 기적을 경멸의 대상과 악을 위한 연장을 만드는 곳에는 기적이 내려질 수가 없기 때문이다. 지금은 내가 아직 기적을 행할 수 있고 하느님께 영광을 드리기 위해 기적을 행할 수가 있다.

자고 있는 우리 친구 라자로에게로 가자. 가서 그를 그 잠에서 깨워 생기 발랄하게 되어 그의 스승을 섬기게 하자.

"그렇지만 자면 잘된 것입니다. 병이 낫고야 말 것입니다. 잠이 그것만으로도 약이 되는데 왜 깨웁니까?" 하고 지적들은 한다.

"라자로가 죽었다. 그가 죽기를 기다려서 그곳에 가기로 했다. 라자로의 누이동생 때문에 그런 것도 아니고 라자로 때문에 그런 것도 아니고, 너희들 때문에 그랬다. 너희들이 믿고 너희의 믿음이 커지라고 그리한 것이다. 라자로의 집으로 가자."

"좋습니다! 가십시다! 라자로가 죽은 것처럼, 또 선생님이 돌아가시기를 원하시는 것처럼 우리도 죽을 것입니다" 하고 토마가 체념한 숙명론자답게 말한다.

"토마야, 토마야, 그리고 속으로 비난하고 투덜거리는 너희 모두도 나를 따르고자 하는 사람은 자기 생명에 대하여 새가 지나가는 구름 걱정을 하는 것과 같이 걱정해야 한다는 것을 알아라. 바람이 끌고 가는 대로 지나가게 내버려두는 것이다. **바람은 하느님이 원하시는 대로 너희들에게 생명을 주실 수도 있고 빼앗아 가실 수도 있는 그 분의 뜻이며, 너희는 거기에 대해서 불평할 거리가 없는 것이다.** 마치 새가 지나가는 구름을 원망하지 않고 그 다음에는 좋은 날씨가 오리라는 것을 확신하고 그래도 노래를 부르는 것과 같다.

왜냐하면 구름은 작은 사건이고 하늘은 실재이다. 하늘은 구름들이 우중충하게 만드는 것 같은 때에도 항상 파랗다. 하늘은 구름들 너머로 파랗고 파란 대로 있다. 참다운 생명도 이와 마찬가지이다. 참다운 생명은 사람의 목숨이 떨어지더라도 있고 그대로 남아 있는 것이다. 나를 따르고자 하는 사람은 생명에 대한 불만을 느껴도, 자기 생명에 대한 두려움을 느껴도 안 된다.

어떻게 하늘나라를 정복하는지 내가 너희에게 보여주겠다. 그러나 만일 너희가 유다에 가는 것을 두려워하면 어떻게 나를 본받을 수 있겠느냐? 지금으로서는 아무런 재난도 당하지 않을 너희들이 말이다. 나와 같이 모습을 나타내는 것이 겁이 나느냐? 너희는 자유로이 나를 버릴 수 있다. 그러나 만일 남아 있기를 원하면 내 나라를 쟁취하기 위하여 너희는 비난과 계략과 조소와 고통을 지니고 있는 무서워하지 않기를 배워야 한다.

그러면 라자로를 죽음에서 끌어내러 가자. 베다니아의 하인이 여기 왔던 날 밤에 죽었으니까 라자로는 무덤에서 자고 있는 것이 이틀째가 된다. 내일 제6시에 내게서 위안과 그들의 믿음에 대한 갚음을 얻으려고 내일을 기다리는 사람들을 떠나 보낸 다음에 이곳을 떠나서 강을 건너기로 하자. 밤을 니까의 집에서 지낸 다음 새벽에 엔세매스로 지나가는 길로 해서 베다니아를 향해 떠나기로 하자. 우리는 정오 전에 베다니아에 닿을 것이다. 사람들이 많을 것이고 두 자매는 마음이 동요하고 있다. 나는 그러마고 약속을 했으니 그 약속을

7. "잠자고 있는 우리 친구 라자로를 만나러 가자"

지키겠다…."

"주님, 누구에게 약속을 하셨습니까?" 하고 알패오의 야고보가 거의 벌벌 떨면서 여쭈어 본다.

"나를 미워하는 사람들과 나를 사랑하는 사람들에게, 양쪽 사람들에게 절대적으로 약속했다. 세데스에서 있었던 율법학자들과의 논쟁이 기억나지 않느냐? 내가 바로 전에 죽은 계집애와 죽은 지 하루 된 사람을 다시 살렸기 때문에 그들은 아직도 나를 거짓말쟁이로 취급할 수가 있었다. 그들은 이렇게 말했다. '선생은 아직 부패한 어떤 사람을 다시 살려내지는 못하셨지요' 하고.

과연 하느님만이 어떤 사람을 진흙과 부패에서 끌어내시어 완전하고 살아있는 육체를 다시 만드실 수 있다. 그런데 나는 그렇게 할 참이다. 요르단강가에서 까슬레우 달(月)에 나 자신이 이 내기를 율법학자들에게 상기시키면서 이렇게 말했다. '새 달에 이 일이 이루어질 것이오' 하고. 이것은 나를 미워하는 사람들에게 한 말이다. 그 다음 나를 절대적으로 사랑하는 자매에게는 만일 그들이 믿을 수 있는 것 이상으로 바랐으면 그들의 믿음을 상주겠다고 약속했다. 나는 그 자매를 많이 시험하고 많이 슬프게 했다. 그리고 나만이 요사이의 그들의 마음 괴로움과 그들의 완전한 사랑을 안다. 너희에게 진정으로 말하지만 그들은 큰 상을 받아 마땅하다. 왜냐하면 그들의 오빠가 부활한 것을 보지 못하는 것보다는 내가 멸시를 받을 수 있을 것을 더 가슴 아파하기 때문이다. 내가 골똘하고 지치고 슬퍼하는 것으로 보였었지. 나는 정신으로 자매들 곁에 가 있으면서 그들의 탄식을 듣고 그들의 눈물을 세고 있었다. 가엾은 자매! 지금 나는 의인을 이 세상에, 오빠를 누이 동생들의 품에, 제자를 내 제자들 가운데로 다시 데려오기를 갈망한다.

시몬아, 우느냐? 그렇다. 너와 내가 라자로와 가장 가까운 친구였으니, 네 눈물에는 마르타와 마리아의 고통과 친구의 임종의 고통에 대한 고통이 있지만 그가 오래지 않아 우리 사랑에 돌려 보내지리라는 것을 아는 기쁨도 들어 있다. 일어나서 우리 자루를 준비하고 쉬러 가서 새벽에 일어나 이곳을 말끔히 정돈하도록 하자…. 우리가 이곳에 돌아오게 될지 확실치 않다. 우리가 가진 것을 가난한 사람들에게 나누어주어야 하겠고, 가장 활동적인 사람들에게 말해서 내가 다른 안전한 장소에 가 있지 않는 한 순례자들이 나를 찾지 못하도록 막으라고 해야 할 것이다. 또 제자들에게 알려서 라자로의 집으로 나를 찾아오게 하라고 말해야 할 것이다.

 할 일이 대단히 많다. 순례자들이 오기 전에 모든 일을 끝마쳐야 할 것이다…. 자, 아궁이 불을 끄고 등불도 꺼라. 그리고 각기 가서 맡은 일을 한 다음 쉬도록 하여라. 너희 모두가 평안하기를 바란다."

 예수께서는 일어나셔서 그들에게 강복을 주시고 당신의 작은 방으로 물러 가신다….

 "라자로가 죽은 지가 여러 날이 된다고!" 하고 열렬히 "이건 기적이다!" 하고 토마가 외친다.

 "그 사람들이 그 다음에는 무엇을 생각해내서 의심을 하려는지 볼 테다!" 하고 안드레아가 말한다.

 "그런데 하인이 언제 왔었어?" 하고 이스카리오테의 유다가 묻는다.

 "금요일 전날 저녁이야" 하고 베드로가 대답한다.

 "그래요? 그런데 왜 나한테 말 안 했어요?" 하고 이스카리오테가 또 묻는다.

 "선생님이 말하지 말라고 하셨기 때문이었지" 하고 베드로가 대꾸한다.

 "그러니까…. 우리가 그곳에 도착할 때면… 그가 무덤에 있는 지가 나흘째가 되겠군요?"

 "물론이지! 금요일 밤 하루, 안식일 밤 이틀, 오늘 밤 사흘, 내일 나흘… 그러니까 나흘하고 반이지…. 영원한 능력! 아니 벌써 산산조각이 나 있겠는데!" 하고 마태오가 말한다.

 "산산조각이 나 있을 거야…. 난 그것도 보고 싶어, 그리고…."

 "뭘 말이오, 시몬 베드로 형?" 하고 알패오의 야고보가 묻는다.

 "그리고 만일 이스라엘이 회개를 하지 않으면 야훼 자신께서 벼락을 치며 내려 오셔도 회개시킬 수 없어."

 그들은 이렇게 말하면서 간다.

8. 라자로의 부활

　예수께서는 엔세매스로 하여 베다니아에 오신다. 그들은 아다민산의 위험한 오솔길을 통하여 참으로 힘드는 길을 걸어온 모양이다. 사도들은 숨이 차서 마치 사랑이 불날개에 태워 모시고 가듯이 빨리 가시는 예수님을 따라 가기가 힘들다. 예수께서는 한낮의 포근한 햇살을 받으시며 고개를 곧게 세우시고 모두의 앞장을 서 가시며 환하게 웃으신다.
　그들이 베다니아의 첫번째 집들이 있는 곳에 이르기 전에 빈 구리 물병을 들고 마을 근처의 샘으로 향해 가던 맨발의 소년이 그들을 본다. 그는 소리를 지르고 물병을 땅에 놓고 그 작은 다리로 있는 속력을 다 내서 마을 쪽으로 달려간다.
　"저 애는 틀림없이 선생님이 오시는 것을 알리려고 갑니다" 하고 유다 타대오가 지나가는 사람 아무나가 마음대로 할 수 있게 물병까지도 내버려둔 어린 소년의 단호한… 결심을 보고 모두들처럼 빙그레 웃으면서 지적한다.
　조금 높은 곳에 있는 샘 근처에서 이렇게 본 작은 도시는 사람이 살지 않는 것같이 조용해 보인다. 굴뚝에서 올라가는 회색 연기만이 그 집들에서 여인들이 점심식사를 준비하고 있다는 것을 알려준다.
　넓고 조용한 올리브나무 숲과 과수원 사이에서 들려오는 어떤 남자의 굵은 목소리로 남자들이 일을 하고 있다는 것을 알 수 있다.
　그런데도 불구하고 예수께서는 주민들의 주의를 끌지 않으시려고 마을 뒤로 지나가는 작은 길을 택하신다. 그들이 길을 거의 반쯤 갔는데 뒤에서 조금 전의 그 어린 소년이 뛰어서 그들을 앞질러 가는 발소리가 들린다. 그런 다음 소년은 길 가운데에 서서 생각에 잠긴 채 예수를 쳐다본다….
　"마르코야, 잘 있었지? 내가 무서워서 도망쳤었니?" 하고 예수께서 그를 쓰다듬으시면서 말씀하신다.

"제가요? 아닙니다. 주님, 저는 무섭지 않았어요. 그렇지만 여러 날 동안 마르타님과 마리아님이 하인들을 보내서 선생님이 여기 오시는지 보라고 했길래, 지금 선생님을 보고 선생님이 오신다고 말하러 뛰어 갔어요…."

"잘 했다. 두 자매가 나를 볼 마음 준비를 하겠구나."

"아닙니다. 주님, 두 분 자매는 아무 것도 모르니까 아무 준비도 하지 않을 거예요. 그 사람들이 제게 그 말을 못하게 했어요. 정원에 들어가면서 '선생님이 오셔요' 하고 말했더니 그 사람들이 저를 붙잡고 '넌 거짓말쟁이가 아니면 바보녀석이다. 선생님은 이제는 기적을 행할 수 없다는 걸 분명히 알기 때문에 안 오신다' 하고 말하면서 쫓아냈어요. 그리고 정말 선생님이라고 말했더니 뺨을 두번 때리는데 그런 뺨은 생전 처음 맞았어요…. 여기 제 뺨이 빨개진 것을 보셔요. 뺨이 화끈화끈해요! 그리고는 저를 밖으로 밀어내면서 '이것은 네가 마귀를 본 것을 깨끗하게 해 주기 위한 거다' 하고 말했어요.

그래서 선생님이 마귀가 되셨나 하고 쳐다보고 있던 거예요. 그렇지만 마귀는 안 보여요. 선생님은 여전히 엄마가 말하는 천사같이 아름다운 예수님이예요."

예수께서는 몸을 숙여 매맞은 작은 뺨에 입맞추시며 말씀하신다.

"이렇게 하면 근질근질한 것이 가실 거다. 네가 나 때문에 고통을 당한 것이 안 됐다."

"저는 괜찮아요, 주님. 그 따귀 덕택에 선생님의 키스 두번을 받게 됐거든요" 하면서 다른 키스를 또 바라고 달라 붙는다.

"얘 마르코야. 누가 너를 쫓아냈니? 라자로의 집 사람들이냐?" 하고 타대오가 묻는다.

"아니예요. 유다인들이예요. 그 사람들은 조상을 한다고 매일 와요. 굉장히 많아요! 집 안에도 있고 정원에도 있어요. 일찍 왔다가 늦게 돌아가요. 그 사람들이 주인들 같아요. 그 사람들은 누구나 못살게 굴어요. 거리에 사람이 하나도 없지요. 처음 며칠은 보려고들 왔었어요…. 그렇지만 그 다음에는… 지금은 우리 아이들만이 빙빙 돌면서… 아! 내 물병! 엄마가 물을 기다리는데… 엄마도 나를 때릴

8. 라자로의 부활   93

거예요…!" 모두가 또 **뺨** 맞을 것을 예상하고 어린이가 고민하는 것을 보고 빙그레 웃고 예수께서는 그에게 이렇게 말씀하신다.

"그러면 빨리 가거라…."

"사실은… 선생님하고 같이 들어가서 기적을 행하시는 걸 보고 싶었거든요…." 그리고 이렇게 말을 마친다. "그리고 제가 **뺨** 맞은 원수를 갚게 그 사람이 어떤 얼굴을 하나 보고 싶었는데요…."

"그것은 안 된다. 너는 원수 갚기를 원해서는 안 돼. 너는 마음이 착해야 하고 용서해야 된다…. 하지만 네 어머니가 물을 기다리고 계신다…."

"선생님, 제가 가겠습니다. 저는 마르코가 어디 사는지 압니다. 그 여인에게 설명을 해주고 선생님께로 다시 오겠습니다" 하고 제베대오의 아들 야고보가 말하고 뛰어간다.

그들은 길을 다시 천천히 걷기 시작하고 예수께서는 기뻐서 어쩔 줄을 모르는 어린이의 손을 잡고 가신다…. 그들은 이제 정원 격자 울타리에 이르러서 그것을 끼고 간다. 많은 말이 울타리에 매여 있고 각 주인의 하인들이 지키고 있다. 그들에게서 들려오는 속삭임으로 어떤 유다인들의 주의가 끌려 유다인들은 예수께서 정원 경계에 발을 들여놓으시는 바로 그 순간에 열려있는 큰 대문쪽을 돌아다본다.

"선생님이시다" 하고 예수를 맨 먼저 본 유다인들이 말하는데, 이 말이 마치 바람의 살랑거리는 소리같이 이 집단에서 저 집단으로 **빨**리 퍼져서 멀리서 온 파도가 호숫가에 와서 부딪치듯이 집의 벽에까지 가서 집 안으로 뚫고 들어간다. 그 말은 거기 있는 많은 유다인이나 여기 저기에 흩어져 있는 어떤 바리사이파 사람이나 유다교 스승이나 율법학자나 사두가이파 사람이 전하였을 것이 틀림없다. 예수께서 정원 안으로 아주 천천히 들어가시는데 모든 사람들이 사방에서 달려오면서 그분이 걸어가시는 오솔길에서 비킨다.

그리고 아무도 예수께 인사를 드리지 않으므로 예수께서도 아무에게도 인사를 안 하신다. 비밀히 당신의 제자이거나 또는 적어도 올바른 마음을 가지고 있어서 당신을 제자들처럼 사랑하지는 않지만 의인으로 존경은 하는 적은 수를 **빼**놓고는 눈에 분노와 증오가 서린 시선으로 바라다보기 위하여 거기 모여 있는 사람들의 많은 수를 모

94 수난 준비

르시는 것같이 하신다.

그 소수 중에는 요셉, 니고데모, 요한, 엘르아잘, 빵을 많게 하시는 데에서 본 율법학자인 다른 요한, 진복팔단(眞福八端)을 선포하신 산에서 내려올 때에 사람들을 배불리 먹인 또 다른 요한, 가믈리엘과 그의 아들, 요수에, 요아킴, 마나헨, 사베아의 일화 중에 요르단강에서 만난 율법학자 아비아의 요엘, 오해를 한 후에 예수를 다시 만나는 것이 약간 겁이 나거나 어쩌면 체면에 얽매여서 친구처럼 감히 앞으로 나아오지 못하고 멀리서 예수를 바라다보는 슈자가 들어있다.

분명히 예수께서는 벗들에게서도 그분을 원한을 품지 않고 살펴보기만 하는 사람들에게서도 원수들에게서도 인사를 받지 못하시고 예수께서도 인사를 안 하신다. 예수께서는 정원길에 발을 들여 놓으시면서 어렴풋하게 고개만 약간 숙이셨다. 그런 다음 당신을 둘러싸고 있는 많은 군중과는 아무 관계도 없는 듯이 계속 곧장 걸어 가신다. 어린 농사꾼 옷을 입고 가난한 어린이답게 맨발인 어린 소년은 여전히 그분 옆에서 걸어가고 있다. 그러나 모든 것을 보고… 모든 사람에게 도전하려고 까맣고 날카로운 작은 눈을 크게 뜨고, 축제기분에 들뜬 어떤 사람과 같이 얼굴이 환하다….

마르타가 방문하러 온 유다인의 한떼에 둘러싸여 집에서 나온다. 그 유다인들 가운데에는 엘키아와 사독도 있다. 마르타는 예수님이 어디 계신지 보려고 울어서 지치고 빛으로 거북하게 된 눈을 손으로 보호한다. 예수님을 보았다. 마르타는 같이 오던 사람들에게서 떨어져서 햇빛으로 반짝거리는 못에서 몇 걸음 되는 곳에 계신 예수께로 달려간다. 마르타는 몸을 숙여 인사한 다음 예수의 발 아래 쓰러지며 발에 입맞추고 흐느껴 울기 시작하면서 말한다. "선생님, 안녕하세요?"

예수께서도 마르타가 당신 곁에 온 것을 보시자마자 "너도 평안하기를!" 하고 말씀하시면서 어린이의 손을 놓으시고 마르타에게 강복을 주시려고 손을 드신다. 어린이의 손은 바르톨로메오가 잡아서 약간 뒤로 끌어 당긴다. 마르타는 말을 계속한다. "그렇지만 선생님의 여종에게는 평안이 없어졌습니다." 그는 아직 무릎을 꿇은 채로 있으면서 예수께로 얼굴을 쳐든다. 그리고 조용하여져서 잘 들리는 고통의 부르짖음으로 외친다.

"오빠가 죽었습니다! 선생님이 여기 계셨더라면 안 죽었을 텐데요. 선생님, 왜 더 일찍 안 오셨어요?" 마르타는 이 질문을 할 때에 본의 아니게 비난의 어조를 띤다. 그런 다음, 이제는 비난을 할 기운도 없어진 사람과 같은, 그가 원하는 것을 주려고 애썼고 또 그에 대하여는 마음 속에 가책을 느끼지 않는 어떤 집안 식구의 마지막 행동과 마지막 소원을 회상하는 것을 유일한 위안으로 삼는 사람과 같은 쇠약해진 어조로 돌아간다.

"우리 오빠 라자로가 선생님을 얼마나 찾았다고요!…. 이제는 보시는 것과 같이! 저는 비탄에 잠겨 있고 마리아는 평온을 누리지 못하고 울고 있어요. 그리고 오빠는 이미 여기 없고요. 저희가 오빠를 얼마나 사랑했는지 아시지요! 저희는 모든 것을 선생님에게서 바라고 있었어요!…."

여인에 대한 동정과 예수께 대한 비난의 중얼거림과 "그리고 저희가 선생님께 대해서 가지는 사랑으로 인해 그럴 만한 자격이 있으니까 저희의 간청을 들어 주실 수 있었는데, 선생님은 오히려 저희의 기대를 저버리셨어요" 하는 뜻이 함축된 생각에 대한 동의가 머리를 흔들거나 비웃는 눈길을 보내는 가운데 이 집단에서 저 집단으로 번져간다. 다만 군중 속에 드문드문 섞여 있는 비밀한 몇몇 제자들만이 그분께 말하는 비탄에 잠긴 여인을 대단히 창백하고 슬퍼하는 표정으로 들으시는 예수께 대한 동정의 눈길을 보인다.

매우 고운 모직으로 만든 넓고 호화로운 옷을 입고 팔짱을 끼고 있는 가믈리엘은 조금 외따로 떨어져서 그의 아들과 요셉 바르나바가 있는 젊은 축에 끼어서 증오와 사랑이 아울러 없는 눈으로 예수를 뚫어지게 바라다보고 있다.

마르타는 얼굴을 닦고 나서 다시 말을 하시 시작한다.

"그렇지만 지금도 저는 희망을 가지고 있습니다. 선생님이 아버지께 청하시는 것은 무엇이든지 받으시리라는 것을 알고 있으니까요."

고뇌로 떨리는 눈길과 가슴을 떨리게 하는 마지막 소망을 가지고 눈물로 인하여 떨리는 목소리로 말한 비통하고 장렬한 신앙 고백이다.
 "네 오빠는 다시 살아날 것이다. 마르타야, 일어나거라."
 마르타가 예수 앞에 존경의 뜻으로 몸을 숙인 채 일어나서 예수께 대답한다.
 "선생님, 저도 압니다. 오빠가 마지막 날에 다시 살아날 것입니다."
 "나는 부활이요 생명이니 나를 믿는 사람은 죽더라도 살겠고, 또 살아서 믿는 사람은 영원히 죽지 않을 것이다. 너는 이것을 믿느냐?"
 처음에는 꽤 작은 목소리로 마르타에게만 말씀하셨던 예수께서 하느님으로서의 당신의 능력을 선언하시는 이 구절들을 목소리를 높여 말씀하시니, 그 완전한 음향이 넓은 정원 안에 금나팔 소리같이 울려 퍼진다. 그곳에 있던 사람들은 갑작스러운 공포로 몸을 떤다. 그러나 이어 어떤 사람들은 머리를 흔들면서 비웃는다.
 예수께서 그의 어깨를 손으로 짚으신 채 점점 더 강한 바람을 옮겨 넣어 주기를 원하시는 것 같은 마르타는 이제껏 숙이고 있던 얼굴을 쳐든다. 마르타는 예수께로 얼굴을 쳐들고 몹시 슬퍼하는 눈으로 그리스도의 빛나는 눈동자를 똑바로 쳐다보고 두 손으로 가슴을 꼭 끼면서 지금까지와는 다른 고민을 가지고 대답한다.
 "예, 주님. 주님께서는 이 세상에 오시기로 약속된 그리스도이시며 하느님의 아드님이신 것을 믿습니다. 그리고 주님께서 원하시는 것은 무엇이든지 하실 수 있다는 것도 믿습니다. 이제는 가서 마리아에게 알리겠습니다." 그러면서 빨리 멀어져서 집 안으로 사라진다.
 예수께서는 계시던 곳에 그대로 계신다. 아니 그보다도 몇 걸음 앞으로 나아가셔서 못을 둘러싸고 있는 화단으로 가까이 가신다. 화단 이쪽은 은으로 만든 깃털장식 모양으로 가벼운 바람에 불려 이쪽으로 오는 분수의 가는 물보라도 비추어진다. 그리고 예수께서는 햇빛을 받은 수정같이 맑은 물 속에서 구점(句點⟨,⟩)을 찍고 금빛 반사를 일으키며 맑은 물의 너울 속에서 고기들이 팔딱팔딱 뛰노는 것을 골똘히 들여다보시는 것 같다.
 유다인들은 그분을 살펴본다. 그들은 무의식적으로 뚜렷이 구별되는 여러 떼로 나뉘어 있다. 예수의 맞은편인 한쪽에는 보통 때는 파

당정신으로 서로 분열되어 있지만 지금은 예수께 반대하는 데 뜻을 같이하여 그분께 적대적인 모든 사람이 있고, 예수 옆과 사도들 뒤에는 이들과 합류한 제베대오의 아들 야고보와 니고데모와 호의적인 정신을 가진 다른 사람들이 있다. 더 떨어진 곳에는 가믈리엘이 여전히 같은 장소에 같은 태도로 혼자 있다. 왜냐하면 그 아들과 제자들은 예수께 더 가까이 가 있으려고 그에게서 떨어져 주요한 두 집단으로 나뉘어 갔기 때문이다.

그가 늘 해 버릇한 "라쁘니"(선생님) 소리를 외치며 마리아가 집에서 나와 예수를 향하여 팔을 벌리고 달려온다. 마리아는 예수의 발 아래 쓰러지며 흐느끼면서 발에 입맞춘다. 그와 함께 집 안에 있다가 따라 나온 여러 부류의 유다인들은 마리아가 눈물을 흘릴 때에 진실성이 의심스러운 눈물을 같이 흘린다. 막시민과 마르첼라와 사라와 노에미와 모든 하인도 마리아를 따라 나왔고 커다란 통곡 소리가 일어난다.

내 생각에 집 안에는 아무도 남아 있지 않은 것 같다. 마리아가 그렇게 우는 것을 보고 마르타도 한층 더 섧게 운다.

"마리아야, 평안하기를! 일어나거라! 그리고 나를 보아라! 희망을 잃은 사람들의 눈물과 같은 그 눈물은 왜 흘리느냐?"

예수께서는 몸을 숙이시어 이 말씀을 부드럽게 하시면서 마리아의 눈을 똑바로 들여다 보시는데, 마리아는 무릎을 꿇고 발뒤꿈치로 몸을 괸 채 애원하는 몸짓으로 양손을 예수께로 내밀며 어떻게나 흐느끼는지 말을 못한다.

"하느님의 영광을 보기 위하여 믿을 수 있는 것 이상으로 바라라고 네게 말하지 않았느냐? 네가 이렇게 괴로워하는 것이 옳은 일이라면 혹시 네 선생님이 변했단 말이냐?"

그러나 마리아는 벌써 그렇게도 많은 고민 뒤에 너무나 격한 기쁨을 받도록 그를 준비시키려는 말들을 받아들이지 못하고 마침내 목소리를 낼 수 있게 되어 이렇게 부르짖는다.

"오! 주님! 왜 더 일찍 안 오셨습니까? 왜 저희들과 그렇게 멀리 떨어져 계셨어요? 주님은 오빠가 앓는 것을 아셨지요! 주님이 여기 계셨더라면 오빠는 죽지 않았을 것입니다. 왜 안 오셨습니까? 저는 오빠에게 제가 오빠를 사랑한다는 것을 더 보여 줘야 했습니다. 오빠는 살아야 했지요. 저는 오빠에게 제가 선에 항구한다는 것을 보여줘야 했습니다. 저는 오빠를 너무나 괴롭혔습니다! 그런데 지금은! 오빠를 행복하게 해 줄 수 있는 지금은 오빠를 잃었습니다! 주님은 오빠를 제게 남겨 두셔서 그에게 그렇게도 많은 고통을 준 뒤에 오빠를 위로하는 기쁨을 가엾은 마리아에게 주실 수 있었습니다. 오! 예수님! 예수님! 내 선생님! 내 구속주! 내 소망!" 그러면서 마리아는 다시 쓰러져 예수의 발에 이마를 얹으니 예수의 발은 마리아의 눈물로 젖는다. 마리아는 탄식한다.

"주님, 왜 그렇게 하셨습니까? 주님을 미워하고 일어난 일을 기뻐하는 사람들을 위해서만이라도… 예수님, 왜 그렇게 하셨습니까?"

그러나 마리아의 목소리의 음조에는 마르타의 음조에나 마찬가지로 비난이 들어 있지 않고 다만 누이동생으로서의 고통 외에 자기 스승에 대한 판단이 많은 사람의 마음 속에서 깎이었음을 느끼는 제자로서의 고통도 당하는 사람과 같은 고민이 있을 뿐이다.

몸을 많이 숙이시고서 마리아가 얼굴을 땅에 대고 중얼거리는 이 말을 들으신 예수께서 몸을 다시 일으키시고 큰 소리로 말씀하신다.

"마리아야, 울지 말아라! 네 선생님도 충실한 벗의 죽음을 괴로워한다…. **그를 죽게 내버려두어야 했기 때문이다…**"

아! 그리스도의 원수들의 얼굴에는 얼마나 많은 조소와 얼마나 많은 음흉한 기쁨의 눈길이 나타나는가! 그들은 그리스도께서 패배하신 것을 보고 기뻐한다. 반면 친구들은 점점 더 침울하여진다.

예수께서는 한층 더 큰 소리로 말씀하신다.

"아니, 글쎄 울지 말라니까 그러는구나. 일어나거라! 너를 그다지도 사랑한 내가 이유없이 그렇게 한 것으로 생각하느냐? 내가 쓸데없이 이 고통을 네게 주었다고 믿을 수 있느냐? 오너라. 라자로에게로 가자. 어디에 묻었느냐?"

예수께서는 더 큰 소리로 울고 있기 때문에 말을 못하는 마리아와 마르타에게 보다는 오히려 다른 모든 사람, 특히 마리아와 같이 집안에서 나와 가장 마음이 어지러운 것같이 보이는 사람들에게 물으신다. 그 사람들은 아마 나이 더 많은 친척들인지 모르겠다. 그들은

8. 라자로의 부활

눈에 띄게 슬퍼하시는 예수께 대답한다. "와서 보십시오." 그러면서 과수원끝 무덤이 있는 곳으로 향하여 간다. 그곳은 땅에 기복이 있고 석회암맥이 지면에 드러나 있는 곳이다.

마리아를 억지로 일으키시어 눈물로 앞이 보이지 않기 때문에 그를 인도하여 가시는 예수 곁에서 마르타가 손으로 라자로가 묻혀 있는 곳을 예수께 가리키고 그들이 그곳 가까이 이르렀을 때에는 또 이렇게 말한다.

"선생님, 선생님의 벗이 묻힌 곳이 여깁니다" 하고 말하며 무덤 어귀에 비스듬히 놓여 있는 돌을 가리킨다.

예수께서는 모든 사람의 앞장을 서시어 그곳으로 가시려고 가믈리엘을 지나 가셔야 하였다. 그러나 그들은 서로 인사를 하지 않았다. 그런 다음 가믈리엘은 다른 사람들 있는 곳으로 가서 가장 엄격한 모든 바리사이파 사람들처럼 무덤에서 몇 미터 떨어진 곳에 가서 걸음을 멈추었는데, 예수께서 두 자매와 막시민과 아마 친척들인 사람들과 함께 아주 가까이로 앞으로 나아가신다. 예수께서는 무덤의 문 노릇을 하고 당신과 친구 사이를 갈라 놓는 무거운 돌을 똑바로 바라보시며 눈물을 흘리신다.

자매들의 눈물이 더 많이 흐르고 친한 친구들과 가까이 지내는 사람들도 눈물을 더 흘린다.

"이 돌을 치워라" 하고 예수께서 눈물을 닦으신 다음 갑자기 외치신다. 모두 놀라는 몸짓을 하고, 정원으로 들어와 손님들 뒤에 서있는 베다니아의 주민 몇 사람으로 더 불어난 군중 사이로 중얼거리는 소리가 퍼져 나간다.

"저 사람 미쳤군!" 하고 말하려는 듯이 머리를 흔들며 이마를 짚는 바리사이파 사람이 더러 보인다. 아무도 명령을 이행하지 않는다. 가장 충실한 사람들도 그렇게 하는 데에 주저와 불쾌감을 느낀다.

예수께서 더 큰 목소리로 명령을 되풀이 하시니 두 가지 상반된 감정에 사로잡힌 사람들이 더 한층 놀란다. 그들은 달아나려는 생각을 하였다가 예수께서 열라고 명하시는 무덤에서 아주 가까운 곳에서 나는 역한 냄새를 무릅쓰고 더 잘 보려고 갑자기 가까이 온다.

"선생님, 안 됩니다" 하고 마르타가 울음을 참으려고 애쓰면서 말한다. "묻힌 지가 벌써 나흘이나 됩니다. 그리고 선생님은 오빠가 무슨 병으로 죽었는지를 아시지요! 저희들의 사랑만이 오빠를 돌볼 수 있었습니다…. 지금은 향료를 발랐는데도 악취가 더 심할 것이 틀림없습니다… 무엇을 보려고 하십니까? 오빠가 썩은 것을요? 부패의 부정 때문에만이라도… 할 수 없습니다. 그리고…."

"네가 믿으면 하느님의 영광을 볼 것이라고 내가 말하지 않았느냐? 이 돌을 치워라, 명령이다!"

그것은 하느님의 뜻의 외침이다…. 소리를 죽인 "오!" 하는 부르짖음이 모든 사람의 가슴에서 나온다. 얼굴들이 사색이 되고 마치 모든 사람 위로 죽음의 차디찬 바람이 지나간 듯이 더러는 몸을 떤다. 마르타가 막시민에게 눈짓을 하니, 막시민은 하인들에게 무거운 돌을 움직이는 데 쓸 수 있는 연장을 가져오라고 명한다.

하인들은 빨리 갔다가 곡괭이와 든든한 지렛대들을 가지고 돌아온다. 그들은 힘들여 바위와 돌 사이로 반짝이는 곡괭이 끝을 넣고 나서 곡괭이 대신 든든한 지렛대를 집어넣고 마침내 조심조심 돌을 들어 한편으로 미끄러뜨려 놓고, 그 다음에는 조심스럽게 암벽에 끌어다 기대 놓는다. 고약한 냄새가 어두운 구멍에서 나와 모든 사람이 물러선다.

마르타는 작은 목소리로 여쭙는다. "선생님, 내려가시겠습니까? 그러시다면 횃불이 있어야 합니다…." 그러나 마르타는 예수께서 그렇게 하셔야 한다는 생각에 얼굴이 창백해진다.

예수께서는 대답을 아니하시고 눈을 들어 하늘을 우러러 보시고 양팔을 십자로 포개시고 매우 큰 소리로 기도를 하시며 단어 하나하나를 또박또박 말씀하신다.

"아버지! 제 청을 들어 주셔서 감사합니다. 언제나 제 청을 들어 주시는 것을 알고 있었습니다. 그러나 저는 여기 있는 사람들, 저를 둘러 선 사람들로 하여금 아버지와 저를 믿고 또한 아버지께서 저를 보내셨다는 것을 믿게 하려고 이 말을 합니다!"

예수께서는 아직 한 동안 그대로 계시며 탈혼상태에 빠지신 것 같다. 이제는 아무 소리도 내지 않으시고, 나는 잘 모르겠지만 기도와 흠숭의 비밀한 말씀을 하시는 동안 그분의 얼굴이 그렇게도 빛나게 변해 있었던 것이다. 내가 아는 것은 그분이 하도 인간적인 것을 초월하셔서 가슴 속에서 심장이 떨리는 것을 느끼지 않고는 그분을 쳐다 볼 수 없을 지경이라는 것이다. 그 당신의 육제적인 모습을 잃고 빛이 되시고 신령화 하시며 커지시고 땅에서 솟아 오르시는 것같이도 보이신다.

모든 것이 빛이 되고 빛나는 광채가 되었던 다볼산 위에서의 현성용(顯聖容) 때에 있었던 것과는 반대로 당신의 머리와 눈과 피부와 옷의 빛깔을 그대로 간직하신 채 빛을 발하시는 것 같고 당신 안에 있는 모든 것이 빛이 되는 것 같다. 빛은 그분을, 특히 아버지를 뵈옵는 가운데로 빠져 들어갔음이 분명한 그분의 얼굴을 후광으로 둘러싸는 것 같다.

예수께서는 얼마 동안 그대로 계시다가 다시 본연의 당신으로 돌아오시어 사람이 되신다. 그러나 힘있는 위엄을 갖추신 사람이 되신다.

예수께서는 무덤의 어귀에까지 나아가신다. 지금까지 손바닥을 하늘로 향하게 하시고 십자형으로 교차시켜 벌리셨던 팔을 손바닥을 땅으로 향하게 하신 채 앞으로 내미신다. 따라서 손은 이미 무덤의 굴 속으로 들어가서 어두운 굴 속에서 아주 하얗게 보인다. 예수께서는 오늘은 그 기적적인 광채를 견딜 수 없는 당신 눈의 파란 빛을 그 말없는 어두움 속으로 깊이 들여 보내시면서 전에 호수에서 바람에게 잠잠해지라고 명령하시던 외침보다도 더 힘찬 외침을 내는 힘있는 목소리로, 어떤 기적을 행하실 때에는 내가 일찌기 들은 적이 없는 목소리로 외치신다. "라자로야! 밖으로 나오너라!" 하고 그분의 목소리가 무덤 구멍에서 메아리로 반향한 다음 온 정원에 울려 퍼지고 베다니아의 파도치는 땅에 부딪쳐 반향한다.

나는 그 메아리가 밭들 저쪽에서 있는 처음 급경사에까지 갔다가 반복되고 약해져서 어길 수 없는 명령처럼 되돌아 오는 것으로 생각한다. 사방에서 "나오너라! 나오너라! 나오너라!" 하는 소리가 다시 들릴 것이 분명하다. 모두가 더 심한 전율을 느끼고, 또 호기심으로 모두가 제자리에 꼼짝 못하고 있지만 얼굴들은 창백해지고 눈이 휘둥그래지며, 한편 입들은 벌써 목구멍에 심한 놀람의 외침을 간직한 채 무의식적으로 벌어진다.
 약간 옆으로 뒤에 처져 있는 마르타는 예수를 쳐다 보면서 황홀한 것 같다. 지금까지 그의 선생님 곁을 조금도 떠나지 않은 마리아는 무릎을 꿇고, 무덤 가장자리에 무릎을 꿇고서 한 손은 뛰는 심장을 억제하기 위하여 가슴에 얹고 또 한 손으로는 무의식적으로 경련을 일으키며 예수의 겉옷 자락을 붙잡고 있다. 그런데 겉옷을 잡고 있는 손에서 그리도 가벼운 흔들림이 전달되는 것을 보면 그 손이 떨리고 있음을 알아 차릴 수 있다.
 무엇인지 흰 것이 땅 속 저 안쪽에서 나타나는 것 같다. 처음에는 볼록꼴이 작은 선이더니, 그것이 타원형의 형태로 대체되고 그 다음에는 타원형이 더 넓고 더 긴 선으로 점점 더 길어지는 선으로 대치된다. 그리고 붕대에 감긴 죽었던 사람이 천천히 점점 더 잘 보이게 유령처럼 인상적으로 천천히 앞으로 나아온다.
 예수께서는 조금씩, 그러나 라자로가 앞으로 나아오는 데 따라 계속하여 뒤로 물러나고 물러나고 하신다. 그러니까 두 사람 사이의 거리는 그대로 있다. 마리아는 붙잡고 있는 겉옷 자락을 놓을 수밖에 없다. 그러나 있는 곳에서 움직이지 않는다. 기쁨과 감격 모두가 마리아를 그가 있는 곳에 붙박아 놓는 것이다.
 점점 더 분명한 "오!" 하는 탄성이 처음에는 기다림의 고통으로 막혀 있던 목구멍들에서 나온다. 처음에는 겨우 알아 들을까 말까 하던 중얼거림이던 것이 목소리로 변하고 목소리는 힘찬 외침이 된다.
 라자로가 이제는 무덤 가장자리에 와서 아무 말없이 뻣뻣하게 그 자리에 멈추어 있는데, 겨우 초벌 손질을 한, 그러니까 형태가 정해지지 않은 석고 조상과 같이 긴 물건으로 머리와 다리쪽은 가늘고 몸통은 더 넓고 무덤의 어두운 바탕에 흰 붕대로 감겨 죽음 자체보다도 더 기분 나쁘고 유령같다. 햇빛에 둘러싸인 붕대에는 여기 저기 썩은 것이 흘러 있는 것이 보인다. 예수께서는 큰 소리로 외치신다.
 "그에게서 거치적 거리는 것을 치우고 가게 내버려두어라, 그에게 옷과 음식을 갖다 주어라."
 "선생님…!" 하고 마르타가 말한다. 마르타는 아마 말을 더 하고 싶은 모양이었다. 그러나 예수께서 그를 똑바로 들여다 보시며 당신의 빛나는 눈길로 그를 제압하시며 말씀하신다.

"이곳으로! 즉시! 즉시 옷을 가져와서 모든 사람들이 보는 가운데에서 옷을 입히고 먹을 것을 주어라." 예수께서는 명령하시며 당신 뒤와 주위에 있는 사람들을 보시려고 결코 몸을 돌리지 않으신다. 그분의 눈은 다만 라자로와 더러운 붕대가 모든 사람에게 주는 혐오감은 상관하지 않은 채 다시 살아난 사람 가까이 있는 마리아와 심장이 터지려는 것같이 헐떡거리며 자기의 기쁨을 소리높여 외쳐야 할지 울어야 할지 모르는 마르타만을 본다···.

하인들은 서둘러 명령을 이행한다. 노에미가 제일 먼저 뛰어 갔다가 제일 먼저 옆구리에 개킨 옷을 끼고 돌아온다.

어떤 하인들은 흘러 내리는 썩은 것에 닿지 않게 하려고 소매를 걷어 올리고 옷을 치켜 입은 다음 붕대끈을 끄른다.

마르첼라와 사라는 향료병들을 가지고 돌아오고, 그 뒤에는 하인들이 따라 오는데 어떤 사람은 대야와 김이 나는 뜨거운 물이 담긴 물병을 가져오고 어떤 하인들은 우유와 포도주와 과일과 꿀을 바른 두툼한 과자가 가득 담긴 쟁반과 사발들을 들고 온다.

양쪽에 가장자리천이 달려 있어 이 용도를 위하여 짰을 것이 분명한 아마로 만든 듯 싶은 좁고 아주 긴 붕대가 커다란 감개에 감긴 장식끈 두루마리 모양으로 풀려서 향료와 썩은 것으로 무거워진 채 땅에 쌓인다. 하인들은 막대기로 그것들을 치워 놓는다. 머리부터 시작하였는데, 거기에도 코와 귀와 입에서 흘러 나온 썩은 것이 있다. 얼굴을 덮었던 수의에는 그 더러운 것이 완전히 배여 있고, 눈구멍에 넣은 연고로 인하여 감은 채로 있는 눈과 착 달라붙은 머리와 마찬가지로 턱에 달라붙은 턱수염하고 꼭 해골같이 매우 창백하게 보이는 라자로의 얼굴도 온통 더러워져 있다.

천과 몸을 둘러싼 수의가 천천히 내려오고 붕대가 내려오고 내려오고 또 내려오는 데 따라 그것들이 여러 날 동안 죄고 있던 몸통을 드러나게 하고 붕대로 인하여 처음에는 커다란 번데기같이 보이던 것에 인간의 형태를 돌려준다. 뼈가 앙상한 어깨와 피골이 상접한 팔과 겨우 가죽으로 덮여 있는 갈비뼈들과 쑥 들어간 배가 나타난다. 붕대가 내려오는 데 따라 두 자매와 막시민과 하인들은 서둘러 때와 향료를 첫번 한벌 벗기고 향료를 넣어서 세척용이 된 물을 끊임없이 갈아가며 발라 깨끗한 피부가 나타나기까지 계속한다.

라자로의 얼굴을 깨끗하게 닦아 그가 볼 수 있게 되자 라자로는 누이동생들을 바라보기도 전에 예수께로 시선을 향한다.

그는 모든 것을 잊고 일어나는 모든 것에서 초연하여 창백한 입술에는 사랑넘치는 미소를 띠고 눈 속에는 눈물 한 방울을 반짝이며 그의 예수를 쳐다본다. 예수께서도 그에게 미소를 보내시고 눈가에는 눈물이 반짝인다. 그러나 말없이 라자로의 눈길을 하늘로 향하게 하신다. 라자로는 알아듣고 입술을 움직여 말없는 기도를 드린다.

마르타는 그가 무슨 말을 하고자 하는데 아직 목소리가 나오지 않은 줄로 생각하고 묻는다.

"무슨 말이예요, 오빠?"

"아무 것도 아니다, 마르타야. 나는 지극히 높으신 분께 감사를 드리고 있었다." 발음은 확실하고 목소리는 크다.

사람들은 다시 놀라서 "오!" 하는 탄성을 올린다.

이제 그들은 라자로를 궁둥이까지 풀어주고 해방시키고 깨끗하게 하였다. 그래서 서혜부(鼠蹊部)를 지나서 넓적다리까지 내려오는 일종의 내의인 짧은 속옷을 입힐 수가 있게 되었다.

사람들은 그의 다리에서 붕대를 풀고 씻기려고 그를 앉힌다. 다리들이 나타나자 마르타와 마리아는 다리와 붕대를 가리키면서 큰 소리를 지른다. 다리를 조여매고 있던 붕대와 그 밑으로 놓여있던 수의에는 화농성 분비물이 하도 많이 흘러서 천 위에 커다란 방울들을 이룰 지경이었다.

그러나 다리는 분명히 완전히 아물었다. 붉고 파르스름한 흉터만이 괴저(壞疽)를 일으켰던 자리를 알려준다.

모든 사람이 더 큰 소리로 그들의 놀람을 외친다. 예수께서는 미소를 지으시고 잠시 병이 나은 다리를 내려다보는 라자로도 웃는다. 그러다가 다시 예수를 쳐다보는 데 몰두한다. 예수를 보는 것이 싫증이 나지 않는 것 같다.

유다인들, 바리사이파 사람들, 사두가이파 사람들, 율법학자들, 유다교 스승들이 그들의 옷을 더럽히지 않도록 조심하며 가까이 온다.

그들은 아주 가까이에서 라자로를 보고 아주 가까이에서 예수를 쳐다본다.

그러나 라자로도 예수도 그들은 상관하지 않는다. 두 사람은 서로 쳐다보고 있고 나머지 것은 모두 존재하지 않는다.

이제는 라자로에게 샌들을 신긴다. 그는 자신만만하게 날렵하게 일어난다. 그는 마르타가 내미는 옷을 받아 혼자서 입고 허리띠를 매고 주름을 바로잡는다. 이제 그는 마르고 창백하지만 다른 모든 사람과 같다. 그는 소매를 걷어올린 다음 다시 손을 씻고 팔을 팔꿈치까지 씻는다. 그런 다음 완전히 깨끗하게 느껴질 때까지 새 물로 다시 세수를 하고 머리를 감는다.

그는 머리와 얼굴을 닦고 세수 수건을 하인에게 도로 준 다음 곧장 예수께로 간다. 그는 땅에 엎드려 예수의 발에 입을 맞춘다.

예수께서는 몸을 숙이시어 그를 다시 일으키시고 가슴에 꼭 껴안으시면서 말씀하신다. "잘 돌아왔다, 내 벗아. 평화와 기쁨이 너와 같이 있기를 바란다. 살아서 네 행복한 수명을 다 누려라. 내가 인사의 입맞춤을 하게 얼굴을 들어라." 예수께서는 뺨에 입을 맞추시고 라자로도 예수의 뺨에 입을 맞춘다.

선생님을 공경하고 입맞춤한 후에야 비로소 라자로는 누이동생들에게 말을 하고 입맞추고, 기뻐서 눈물을 흘리는 막시민과 노에미와 친척이 되거나 아주 친한 친구일 것으로 생각되는 다른 몇 사람도 입맞춤을 한다. 그런 다음 요셉과 니고데모, 열렬한 사람인 시몬과 몇몇 사람들도 입맞춤한다. 예수께서는 음식을 담은 쟁반을 들고 있는 하인을 친히 보러 가시어 꿀을 바른 두툼한 과자와 사과와 포도주 한 잔을 집어 하느님께 바치시고 강복하신 다음 라자로가 먹고 기운을 차리라고 모두 그에게 주신다.

그리고 라자로는 건강한 사람과 같은 식욕으로 먹는다. 모든 사람이 또 한번 놀라서 "오!" 하는 소리를 지른다.

예수께서는 라자로만을 보시는 것 같다. 그러나 실제로는 모든 것과 모든 사람을 살펴 보신다. 분노에 찬 몸짓을 하면서 사독이 엘키아, 가나니아, 펠릭스, 도라, 꼬르넬리우스와 다른 사람들과 같이 떠나려 하는 것을 보시고, 예수께서 큰 소리로 말씀하신다.

"사독, 잠깐 기다리시오. 당신과 당신 일행에게 한 마디 할 말이 있소." 그들은 범죄자와 같은 얼굴로 발을 멈춘다.

아리마태아의 요셉은 당황한 몸짓을 하며 열렬한 사람에게 예수를 말리라는 눈짓을 한다. 그러나 예수께서는 벌써 증오 넘치는 집단을 향하여 가시면서 큰 소리로 말씀하신다.

"사독, 당신이 본 그것으로 충분하오? 어느 날 당신은 내게 이런 말을 했소. 당신과 당신의 동료들이 믿기 위하여는 썩은 사람이 건강한 몸으로 다시 살아나는 것을 볼 필요가 있다고. 당신이 본 부패를 실컷 보았소? 당신은 라자로가 죽었었는데 지금은 살아 있고 여러 해 전부터 그렇지 못했을 만큼 건강하다는 것을 인정할 수 있소? 나는 아오. 당신들은 그들을 시험하고 그들의 마음에 고통과 의혹을 더 많이 넣어 주려고 여기 왔소. 당신들은 죽어가는 사람의 방에 숨어 있는 나를 발견하기를 바라서 나를 찾으려고 여기 왔소.

당신들은 사람의 감정과 죽었던 사람에게 경의를 표하려는 원을 가지고 여기 오지 않고, 다만 라자로가 실제로 죽은 것을 확인하려고 왔소. 그리고 지나는 데 따라 점점 더 기뻐하면서 계속 왔소. 일이 당신들이 바라던 것처럼, 이제는 당신들이 그렇게 되리라고 믿었던 대로 되었더라면 당신들이 기뻐하는 것이 옳았을 것이오. 모든 사람을 고치면서 친구는 고치지 못하는 친구. 모든 사람의 믿음은 상주면서 베다니아의 벗들의 믿음은 상주지 않는 선생님. 죽음의 현실 앞에서는 무능한 메시아. 이것들이 당신들이 기뻐하는 것을 옳다고 인정하는 것들이었소. 그러나 보시오, 하느님께서 당신들에게 대답을 주셨소. 아무 예언자도 일찍이 죽은 것 외에 썩기까지 했던 것을 다시 모아 놓을 수는 없었소. 그러나 하느님께서 그렇게 하셨소. 이것이야말로 내가 무엇인지에 대한 살아 있는 증언이오. 어느 날 하느님께서는 진흙을 드시고 거기에 어떤 형체를 주시고 생명의 입김을 불어 넣으시니 사람이 되었소.

내가 거기 있으면서 이렇게 말했었소. '우리 모습을 닮은 사람을 만듭시다' 하고 왜냐하면 나는 아버지의 말씀이기 때문이오.

오늘 나, 말씀이 진흙 보다도 못한 것인 썩은 것에게 '살아라' 하고 말했고, 썩은 것은 다시 육체가 되고 완전하고 살아있고 맥박이 뛰는 육체가 되었소. 당신들을 바라다보는 저 육체를 보시오. 그리고 나는 그 육체에 여러 날째 아브라함의 품에 있던 영혼을 결합시켰소. 나는 그 영혼을 내 의지로 도로 불러 왔소. 나는 무엇이던지 할 수 있기 때문이고, 나, 살아있는 나는 모든 인간과 만물이 복종하는 왕이기 때문이오. 이제는 내게 무엇이라고 대답하겠소?"

예수께서는 크시고 위엄을 떨치시며 참으로 심판자로 하느님으로 그들 앞에 계신다. 그들은 대답을 못한다. 예수께서는 고집하신다.

"이것으로는 아직 믿기에, 항거할 수 없는 것을 받아 들이기에 충분하지 못하오?"

"선생은 약속의 반밖에 지키지 못하셨소. 이것은 요나의 기적은 아니오…" 하고 사독이 난폭하게 말한다.

"당신들은 그 기적도 보게 될 것이오. 내가 약속했는데, 나는 약속을 지키겠소" 하고 주님이 말씀하신다.

"여기 있는 또 한 사람도 다른 기적을 기다리고 있는데 그 기적을 보게 될 것이오. 그런데 그 사람은 의인이니 그것을 받아들일 것이오. 당신들은 안 받아들일 것이오. 당신들은 지금 있는 그대로 남아 있을 것이오."

예수께서는 뒤로 돌아 엘리―안나의 아들인 최고회의 위원 시몬을 보신다. 예수께서는 그를 똑바로 똑바로 들여다보시고, 조금전 사람들을 내버려두시고 시몬의 앞으로 가시어 작으나 분명한 목소리로 말씀하신다.

"라자로가 죽은 사람들 가운데에 있었던 것을 기억 못하는 것이 당신에게는 다행한 일이오! 당신 아버지를 어떻게 했소, 카인?"

시몬은 공포에 질린 고함을 지르면서 도망치는데, 그 고함이 저주의 아우성으로 바뀐다. "나자렛인, 저주 받으라!" 거기에 대하여 예수께서는 이렇게 대답하신다. "그대의 저주가 하늘로 올라가고 하늘에서는 지극히 높으신 분께서 네게로 돌려보내신다. 불행한 자여, 그대는 낙인이 찍혔다!"

예수께서는 뒤로 놀라워하고 거의 당황한 무리들에게로 돌아오신다. 그러다가 길쪽을 향하여 가는 가믈리엘을 만나신다. 예수께서는 가믈리엘을 쳐다보시고 가믈리엘도 예수를 쳐다본다. 예수께서는 걸음을 멈추지 않으시고 그에게 말씀하신다.

"선생님, 준비하고 계십시오. 징조가 오래지 않아 올 것입니다. 나는 절대로 거짓말을 아니 합니다."

정원에서 천천히 사람들이 빠져 나간다. 유다인들은 정신이 멍하다. 그러나 대부분은 온 몸에서 분노를 내뿜는다. 만일 그들의 눈길이 예수를 재로 만들 수 있었다면 예수는 가루가 되셨을 것이다.

그들은 가면서 자기들끼리 말을 하고 토의를 하는데, 이제는 그들의 패배로 하도 아연실색하여 그들이 이곳에 온 목적을 위선적인 우정의 허울로 감추지도 못한다. 그들은 라자로에게도 누이동생에게도 인사를 하지 않고 떠난다. 뒤에는 기적으로 인하여 주님의 편이 된 몇몇 사람이 남아 있다.

그 중에는 요셉 바르나바가 있는데, 이 사람은 예수 앞에 털썩 무릎을 꿇고 경배한다. 또 한 사람은 율법학자 아비아의 요엘인데, 이 사람도 떠나기 전에 그와 같이 하고, 또 다른 사람들도 있는데, 내가 알지 못하는 사람들이지만 영향력 있는 사람들일 것이 틀림없다.

그 동안 라자로는 가장 가까운 사람들에게 둘러싸여 집 안으로 들어갔다. 요셉과 니고데모와 다른 착한 사람들이 예수께 인사를 드리고 간다. 마르타와 마리아 곁에 남아 있던 유다인들이 몸을 깊이 숙여 인사를 하고 떠난다. 하인들이 정원 격자문을 닫는다. 집은 다시 조용해진다.

예수께서는 주위를 둘러보신다. 무덤이 있는 방향으로 정원 저 안쪽에서 이는 연기와 불꽃을 보신다. 예수께서는 혼자 오솔길 가운데 서시어 말씀하신다.

"불로 없어지려는 부패한 것… 죽음의 부패 그러나 마음의 부패… 저 마음들의 부패는 아무 불도 살라버리지 못할 것이다…. 지옥의 불까지도. 그 부패는 영원할 것이니… 얼마나 소름끼치는 일인가…! 죽음보다도 더한… 타락보다도 더한… 그리고… 그러나 인류야, 네가 그렇게도 썩기를 좋아하면 누가 너를 구하겠느냐! 너는 썩기를 원한다. 그런데 나는… 나는 다만 말 한 마디로 한 사람을 무덤에서 끌어냈다…. 그런데 많은 말과… 고통으로도 나는 사람을, 사람들을, 수백 수천만명의 사람을 죄악에서 구해내지 못하겠구나."

예수께서는 앉으셔서 몹시 괴로워하시며 손으로 얼굴을 가리신다. 하인 한 사람이 지나 가다가 예수를 본다. 그는 집으로 간다. 조금 있다가 마리아가 집에서 나온다. 예수를 만나러 가는데, 발이 땅에 닿지 않는 듯이 가볍게 걷는다. 가까이 가서 조용히 예수께 여쭙는다.

"선생님, 피곤하십니다… 주님, 오십시오. 사도들도 피곤해서 모두 다른 집으로 갔고 열렬한 사람 시몬만이 있습니다… 우시는군요, 선생님? 왜요?" 마리아는 예수의 발치에 무릎을 꿇고 예수를 살펴본다….

예수께서는 마리아를 내려다보신다. 대답이 없으시다. 예수께서는 일어나셔서 마리아의 앞장을 서서 집으로 향하신다. 그들이 방으로 들어가니 라자로도 없고 열렬한 사람도 없고, 다만 마르타가 행복하게 기쁨으로 환해진 얼굴을 하고 있다. 마르타는 예수께로 향하여 설명을 드린다.

"오빠는 몸을 더 깨끗하게 하려고 목욕하러 갔습니다. 오! 선생님! 선생님! 무슨 말씀을 드려야 하겠습니까!"

마르타는 온 심신을 다하여 예수께 경배한다. 마르타는 예수의 슬픔을 알아차리고 이렇게 말한다.

"주님, 슬퍼하십니까? 주님은 기쁘지 않으십니까, 라자로가…." 마르타는 문득 의심이 일어난다.

"오! 선생님은 제게 거리를 두시는군요. 저는 죄를 지었습니다. 그것은 사실입니다."

"우리가 죄를 지었어요, 언니" 하고 마리아가 말한다.

"너는 아니야…. 오! 선생님, 마리아는 죄를 짓지 않았습니다. 마리아는 순종할 줄을 알았고, 저만이 불복종했습니다. 제가 선생님을 모셔 오라고 사람을 보낸 것은… 그 사람들이 선생님이 메시아와 주님이 아니시라고 암시하는 것을 그 이상 들을 수가 없었고… 또 오빠가 고통을 당하는 것을 그 이상 볼 수가 없었기 때문입니다…. 오빠가 선생님을 얼마나 뵙고 싶어했는지 모릅니다. 선생님을 몹시 불렀어요…. 예수님, 용서해 주세요."

"그래 마리아, 너는 말을 안 하느냐?" 하고 예수께서 물으신다.

"선생님…. 저는… 그 때 여자로서만 고통을 당했습니다. 제가 고통을 당한 것은… 언니, 맹세해요. 오빠한테 오빠가 한 헛소리를 절대로 절대로 말하지 않겠다고 여기 선생님 앞에서 맹세해요…. 선생님… 오! 하느님의 자비이신 선생님, 저는 오빠의 임종 때에 선생님을 완전히 알았습니다.

아! 제 하느님! 저를 용서해 주신 선생님, 선생님은 하느님이신 선생님은 저를 얼마나 사랑하셨습니까…. 저를 사랑하기는 하지만, 사람인, 오직 사람이기만 한 제 오빠는 혹시 마음 속 깊이는 제게 모든 것을 용서해 주지 않았을까요? 아닙니다, 제가 표현을 잘못했습니다. 오빠는 제 과거를 잊지 않았고, 죽을 때의 허약으로 과거를 잊어 버린 제가 믿고 있던 오빠의 착함이 무디어지자, 오빠는 저로 인하여 고통과 제게 대한 노여움을 소리높이 외친 것입니다. 아!…." 마리아는 운다.

"울지 말아라, 마리아야. 하느님께서는 너를 용서하셨고 잊어 버리셨다. 라자로의 마음도 용서했고 잊어 버렸다. **잊어 버리고자 했다.** 그러나 인간은 모든 것을 잊어버리지는 못하였다. 그래서 육체가 그 마지막 경련이 약해진 의지를 제압했을 때 인간이 말을 한 것이다."

"주님 저는 거기에 대해 노여움을 느끼지 않습니다. 그것은 제가 선생님을 더 사랑하고 오빠를 한층 더 사랑하는 데 도움이 되었습니다. 그 때부터는 저도 선생님을 원했습니다. 오빠가 저 때문에 평안하지 못하게 죽었다고 생각하니 너무나 괴로웠기 때문입니다…

그리고 그 다음에는 선생님이 유다인들에게 경멸을 당하심을 보았을 때… 오빠가 죽은 다음에도, 믿을 수 있는 것 이상으로 바라면서, 무덤이 열릴 때까지 바라면서 선생님께 순종한 뒤에도 선생님이 오지 않으시는 것을 보았을 때, 그 때는 제 정신도 고통을 당했습니다.

주님, 제가 속죄할 것이 있었으면, 하기는 틀림없이 속죄해야 할 것이 있었습니다만, 저는 속죄를 했습니다. 주님…."

"가엾은 마리아! 나는 네 마음을 안다. 너는 기적을 얻어 마땅한 일을 했다. 그것으로 인해 네 소망과 네 믿음이 굳어지기를 바란다."

"선생님, 이제부터는 **항상** 바라고 믿겠습니다. 주님, 저는 이제 의심하지 않겠습니다. 결코. 믿음으로 살겠습니다. 선생님은 믿을 수 없는 것을 믿을 능력을 제게 주셨습니다."

"그리고 너 마르타, 너도 배웠느냐? 아니, 아직 못 배웠지. 너는 나의 마르타이다. 그러나 너는 아직 내 완전한 숭배자가 아니다. 왜 너는 명상하지 않고 행동을 하느냐? 명상이 더 거룩한 것이다. 알겠느냐? 네 힘은 지나치게 이 세상 것으로 향하고 있었기 때문에 때로는 구제책이 없어 보이는 이 세상의 사건을 확인하고는 약해졌다.

사실에 있어서 인간사는 하느님이 개입하지 않으시면 구제책이 없다. 사람은 이 때문에 믿고 명상할 줄을 알 필요가 있고 인간 전체의 힘을 다하여, 자기의 생각과 영혼과 살과 피로 사랑할 줄을 알 필요가 있다.

되풀이 말하지만 **인간의 모든 힘을 다하여** 사랑할 줄을 알 필요가 있다. 마르타야, 나는 네가 굳세기를 원하고 완전하기를 원한다. 네가 순종할 줄을 모른 것은 완전히 믿고 바랄 줄을 몰랐기 때문이고, 믿고 바랄 줄을 알지 못한 것은 온전히 사랑할 줄을 몰랐기 때문이다. 그러나 나는 네 죄를 사하여 주고 너를 용서해 준다. 마르타야, 내가 오늘 라자로를 다시 살렸다.

이제는 네게 더 강한 마음을 준다. 라자로에게는 생명을 돌려 주었다. 네게는 완전히 사랑하고 믿고 바랄 힘을 넣어준다. 이제는 너희들이 행복하고 평안하여라. 요사이 너희 마음을 상하게 한 사람들을 용서하여라…."

"주님, 그 점에 있어서 저는 죄를 지었습니다. 조금 전에, 전에 여러번 선생님을 경멸했던 늙은 가나니아에게 이렇게 말했어요. '누가 이겼어요? 당신이예요, 하느님이세요? 당신의 멸시예요, 제 믿음이예요? 그리스도는 살아계시고, 그분은 진리이십니다. 저는 그분의 영광이 더 빛나리라는 것을 알고 있었어요. 그러니 노인 당신도 죽음을 맛보고 싶지 않거든 마음을 고쳐 잡수세요' 하고요."

"네가 말을 잘 했다. 그러나 악인들과는 다투지 말아라. 마리아야, 그리고 용서해라. 나를 본받기를 원하면 용서하여라…. 저기 라자로가 온다. 그의 목소리가 들린다."

과연 라자로가 새 옷을 입고 수염을 말끔히 깎고 머리를 잘 빗고 머리에 향수를 뿌리고 돌아온다. 그와 함께 막시민과 열렬한 사람도 온다.

"선생님!" 라자로는 또 다시 예수께 경배하려고 무릎을 꿇는다. 예수께서 그의 머리에 손을 얹으시고 웃으시며 말씀하신다.

"벗아, 시련은 극복되었다. 너와 네 누이동생들에게 있어서. 이제는 다들 행복하고 주님을 섬기는 데 굳세어져라. 과거에 대하여 무슨 생각이 나느냐, 벗아? 너의 최후 순간을 말하고자 하는 것이다."

"선생님을 뵙고자 하는 큰 소원과 동생들의 사랑 속에서 큰 평화를 누린 생각이 납니다."

"그리고 죽을 때에 무엇을 떠나는 것이 가장 괴롭더냐?"

"주님, 당신과 제 동생들이었습니다. 주님은 다시는 섬길 수가 없기 때문이었고, 누이들은 그 애들이 제게 모든 기쁨을 주었기 때문이었습니다…."

"오! 오빠, 나는!" 하고 마리아가 탄식한다.

"네가 나를 마르타보다도 더 기쁘게 했다. 너는 내게 예수님과 예수님이 무엇인지 헤아리는 척도를 주었다. 그리고 예수님은 내게 너를 주셨다. 마리아야, 너는 하느님의 선물이다."

"오빠는 죽어가면서도 그 말을 했어요…" 하고 마리아가 말하며 오빠의 얼굴을 살핀다.

"그것이 내가 꾸준히 생각하는 것이었기 때문이다."

"그렇지만 나는 오빠에게 그렇게도 많은 고통을 주었는 걸…."

"병도 내게 고통을 주었다. 그러나 병을 통해 묵은 라자로의 죄를 속죄했고, 하느님께 어울리는 자가 되기 위해 깨끗하게 되어서 다시 살아 났다고 생각한다. 너와 나는 둘 다 주님을 섬기기 위해 다시 살아났고, 마르타는 우리 가운데에서 항상 집의 평화였다."

"오빠의 말을 들었느냐, 마리아야? 라자로는 지혜의 진리의 말을 한다. 이제는 너희를 너희들의 기쁨 속에 남겨 두고 물러가겠다…."

"안 됩니다, 주님. 저희들과 같이 계세요, 여기에. 베다니아의 제 집에 남아 계세요. 그러면 훌륭할 것입니다…."

"남아 있겠다. 네가 겪은 모든 것을 상주고 싶다. 마르타야, 슬퍼하지 말아라. 마르타는 나를 슬프게 하였다고 생각하고 있다. 그러나 내 슬픔은 너희들 때문이라기보다는 오히려 자신의 죄를 갚기를 원치 않는 사람들 때문이다. 그들은 점점 더 미워한다. 그들은 마음 속에 독을 가지고 있다…. 그러나… 용서하자."

"용서하십시다, 주님" 하고 라자로가 조용한 미소를 지으며 말한다…. 그리고 이 말과 더불어 모든 것이 끝난다.

예수께서는 이렇게 말씀하신다.

"여기에 라자로의 부활에 대한 주석을 위하여 44년 3월 23일에 불러준 것을 넣어도 된다."

라자로의 부활과 직접적인 관련은 없고 성 요한 복음의 어떤 구절과 관계가 있는 것.

예수께서 이렇게 말씀하신다.

"요한복음에는 이제 여러 세기 전부터 그런 말이 있는 것과 같이 이런 말이 있다.

'예수께서는 아직 동네에 들어가지 않으시고'(요한 11장 30절) 있을 수 있는 일체의 이의(異議)를 피하기 위하여 내가 지적하는 것은 이 구절과 내가 마르타를 라자로의 정원에 있는 못에서 몇 걸음 되는 곳에서 만났다고 하는 이 책의 구절 사이에는 사실에 대한 모순은 없고, 다만 번역과 묘사의 모순이 있을 뿐이라는 것이다.

베다니아는 4분의 3이 라자로의 소유였고 예루살렘도 대부분이 그의 소유였다. 그러나 베다니아에 대하여 말하기로 하자. 베다니아의 4분의 3이 라자로의 소유이었으므로 라자로의 베다니아라고 말할 수 있었다. 따라서 어떤 사람들이 주장하듯이 내가 마르타를 동네에서나 샘에서 만났다 하더라도 본문은 틀리지 않았을 것이다. 그러나 실제에 있어서 나는 모두가 최고회의 사람들을 적대시 하는 베다니아 사람들이 달려오는 것을 피하려고 동네에 들어가지 않았었다.

나는 베다니아 뒷쪽을 지나서 엔세매스로 하여 베다니아에 들어가는 사람이 볼 때에는 반대편 끝에 있는 라자로의 집으로 가려고 하였었다.

바로 그런 이유로 요한은 예수께서 아직 동네에 들어가지 않으셨었다고 말하는 것이다. 또 마찬가지로 정확하게 요한은 내가 벌써 라자로의 정원 안에 있으나 아직 집에서는 매우 떨어져 있는 못(히브리 사람들에게는 샘) 옆에서 걸음을 멈추었다고 말하는 것이다. 그뿐아니라 초상과 부정의 기간 중에는(아직 죽은 후 일곱째 날이 되지 않았었다) 누이동생들이 집에서 나올 수가 없었다는 것을 생각해야 한다.

그러므로 만남은 그들의 소유지 경내(境內)에서 이루어졌다.

요한이 이미 내가 돌을 치우라고 명령할 때에야 비로소 베다니아 사람들이 정원에 왔다는 말을 하는 것에 유의해야 할 것이다. 그전에는 베다니아 사람들이 내가 베다니아에 와 있는 것을 몰랐었고, 그 소문이 퍼졌을 적에야 비로소 라자로의 집으로 달려온 것이다."

9. 라자로의 부활에 대한 고찰

예수께서 말씀하신다.

"나는 라자로가 죽지 않도록 때 맞추어 개입할 수 있었다. 그러나 그렇게 하기를 원치 않았다. 나는 그 부활이 상반되는 효과를 동시에 가진 무기였으리라는 것을 알고 있었다. 그것은 올바른 생각을 가지고 있는 유다인들은 회개시켰을 것이고, 올바르지 않은 생각을 가진 사람들은 증오심을 더 품게 만들었을 것이기 때문이다. 후자들에게서, 그리고 내 능력의 이 마지막 일격이 있은 후에 내 죽음에 대한 결정이 내려진 모양이다.

그러나 나는 이 때문에 왔었고, 그것이 실현될 때가 이제는 무르익었던 것이다. 나는 즉시 달려 올 수도 있었을 것이다. 그러나 이미 많이 부패한 것을 부활시킴으로써 가장 고집센 의심많은 사람들을 설득할 필요가 있었다. 또 내 믿음을 세상에 전하기로 되어 있는 내 사도들도 제1급 규모의 기적으로 뒷받침 된 믿음을 가질 필요가 있었다.

사도들에게는 인간성이 아주 많았다는 것은 이미 말했다. 그러나 그것은 극복할 수 없는 장애는 아니었다. 그것은 오히려 이미 어른이 된 나이에 내 사람이 되라고 부름을 받은 사람으로서의 그들의 처지의 논리적인 귀결이었다. 정신상태와 정신의 경향이 하루 이틀에 바뀌지는 않는다. 그리고 나는 내 지혜로 어린이들을 선택해서 가르치고 내 생각대로 자라게 해서 내 사도들을 만들기는 원치 않았다. 그렇게 할 수는 있었겠지만 그렇게 하기를 원치 않은 것은 사람들이 내가 죄없는 사람이 아닌 사람들은 업신여겼다고 비난하고, 또 이미 형성된 사람들은 변할 수 없다는 것을 나도 내 선택으로 분명히 표명했다는 것으로 그들의 변호와 변명을 삼지 못하게 하기 위해서였다.
 아니다. **사람이 원하면 무엇이든지 변할 수 있다.** 그래서 나는 과연 비겁한 사람들, 싸움꾼, 고리대금업자, 호색가, 의심많은 사람들을 가지고 순교자와 성인, 세상에 복음을 전하는 사람을 만들었다. 변하기를 원치 않은 사람만이 변하지 않았다. **비루한 것과 약한 것 안에 나를 사랑하고 나를 따를 뜻만 있으면, 나는 그것들을 사랑했고 지금도 사랑한다.** ─너도 그 한 가지 예이다.─ 그리고 그 '아무 것도 아닌 것'을 가지고 내 **특별한 혜택을 받는 사람, 내 친구, 내 사제들을** 만든다. 나는 항상 그것을 사용한다. 그리고 그것은 다른 사람들을 나를 믿게 이끌고, 기적의 가능성을 죽이지 않도록 이끌기 위하여 내가 행하는 계속적인 기적이다.
 그런데 이 가능성이 지금은 얼마나 침체해 있느냐! 기름이 떨어진 등잔과 같이 이 가능성은 기적의 하느님에 대한 믿음의 부족이나 부재로 시들어서 빈사상태에 있고 죽어간다. 기적을 청하는 데에 두 가지 형태가 있다. 한 가지 형태는 사랑으로 들어주시고, 또 한 가지 형태에는 분개해서 등을 돌리신다.
 첫째 형태는 내가 그렇게 청하라고 가르친 것과 같이, 불신하지 않고 낙망하지 않고 청하는 형태이며, 하느님은 인자하시고, 또 인자하신 분은 청을 들어주시기 때문에, 그리고 하느님께서는 전능하셔서 무엇이든지 하실 수 있기 때문에, 하느님께서 청을 들어 주실 수 없을 것이라고 생각하지 않는 형태이다. 이것은 사랑인데, 하느님께서는 사랑하는 사람의 청을 들어주신다.
 또 한 가지 형태는 하느님이 그들의 하인이 되어 그들의 심술궂은 짓에 복종하고, 자기들은 하느님께 드리지 않는 것, 즉 사랑과 순종을 그들에게 주시기를 원하는 반항자들의 요구이다. 이 형태는 죄가 되는 것으로 하느님께서는 은총을 거절하시는 것으로 그것을 벌하신다.
 너희들은 내가 이제는 집단적인 기적을 행하지 않는다고 불평한다. 내가 어떻게 그런 기적을 행할 수 있겠느냐? 나를 믿는 집단이 어디 있느냐? 참으로 믿는 사람들이 어디에 있느냐? 한 집단 안에 참으로 믿는 사람이 얼마나 있느냐? 화재로 타버린 수풀 속에 살아

남은 꽃들처럼, 나는 이따금씩 믿는 사람을 만난다. 나머지는 사탄이 그의 주의 주장으로 태웠고, 점점 더 태울 것이다.

너희들이 초자연적으로 행동하려면 내가 토마에 한 대답을 머리 속에 늘 간직하라고 부탁하겠다. 누구든지 **인간 생명에 목적으로서가 아니라 참 생명을 얻는 방법으로서 마땅히 가져야 하는 무게를 줄 줄 알지 못하는 사람은** 참된 내 제자가 될 수 없다. 이 세상에서 자기의 목숨을 구하고자 하는 사람은 영원한 생명을 잃을 것이다. 나는 이렇게 말했는데, 그 말을 되풀이 한다. 시련은 무엇이냐? 지나가는 뜬 구름이다. 하늘은 그대로 남아 있으면서 시련 너머로 너희들을 기다리고 있다.

나는 내 영웅적 행위로 하늘을 쟁취하였다. 너희들도 나를 본받아야 한다. **영웅적 행위는 순교를 체험해야 하는 사람들에게만 한정된 것이 아니다. 그리스도인의 생활은 세속과 마귀와 육신에 대한 끊임없는 싸움이기 때문에 끊임없는 영웅적인 행위이다.** 나는 너희들에게 나를 따르라고 강요하지 않고, 자유롭게 내버려둔다. 그러나 나는 위선자는 원치 않는다. 나와 함께 나와 같이 하거나, 나를 반대하거나 하는 것이다. 물론 너희가 나를 속일 수는 없다. 나를 너희들이 속일 수는 없는 것이다. 그리고 나는 원수와 동맹을 맺지는 않는다. 만일 너희가 나보다 원수를 더 낫게 여기면, 동시에 나를 친구로 가질 생각은 할 수 없다. 원수냐? 나냐? 선택하여라.

마르타와 마리아 두 자매의 정신이 다르고 그들이 하여온 행실이 다르기 때문에 마르타의 고통은 마리아의 고통과 다르다. 이제는 죽어서 없는 사람, 그래서 그가 받은 고통에 대해서 위로를 받을 수 없게 된 사람을 슬프게 했다는 가책을 가지지 않도록 행동하는 사람은 행복하다. 그러나 그의 하느님을, 즉 나 예수를 슬프게 해드렸다는 **가책을 가지지 않은 사람**, 그리고 나를 만나는 것을 두려워하지 않고, 오히려 일생 동안 안타깝게 기다리다가 마침내 이루어진 꿈처럼 나와의 만남을 갈망하는 사람은 **한층 더 행복하다.**

나는 너희들에게 아버지요, 형이요, 친구이다. 그런데 왜 그렇게도 자주 내 마음을 상하게 하느냐? 너희가 살 날이 얼마나 남았는지 아느냐? 속죄하기 위하여 살 시간이 얼마나 남았는지 말이다. 너희들은 그것을 알지 못한다. 그러면 시간마다 날마다 옳게 행동하여라, 항상 옳게. 그러면 나를 항상 행복하게 할 것이다. 그리고 너희에게 고통이 닥쳐 오더라도, 고통은 성화(聖化)이고 육체의 부패를 예방하는 몰약(沒藥)이기 때문에, 너희들은 항상 너희들 안에 내가 너희를 사랑하고, **그 고통 중에서도** 너희들을 사랑한다는 확신과 내 사랑에서 오는 평화를 가질 것이다. 작은 요한아, 내가 고통 중에서도 위로할 줄을 아는지는 내가 알고 있다.

   내가 아버지께 드린 기도에는 내가 처음에 말한 것이 되풀이되어 들어 있다. 유다인들과 일반적으로 세상 사람들의 암우(暗愚)를 일급 규모의 기적으로 떨쳐 없앨 필요가 있었다. 묻힌 지 나흘이나 된 사람, 잘 알려진 오래 되고 불쾌한 만성적인 병을 앓다가 무덤에 묻힌 사람의 부활은 사람을 무관심하게도 확신을 가지지 못하게도 할 수 없는 일이었다. 만일 내가 라자로를 살아 있는 동안에 병을 고쳐 주었거나, 숨을 거두자마자 숨을 불어넣어 주었더라면, 신랄한 원수들은 기적의 사실성에 대해 의심을 만들어낼 수도 있었을 것이다. 그러나 시체의 악취와 붕대들이 썩은 것과 무덤 안에 오래 머물러 있었다는 사실은 의심의 여지를 남겨 놓지 않았다. 그리고 기적 속에서의 기적으로, 나는 라자로가 모든 사람이 보는 앞에서 정리되고 깨끗하게 되어, 생명뿐 아니라, 전에 살의 궤양이 피 속에 죽음의 원인을 넣어주던 곳에 신체의 부분의 온전함이 돌아왔다는 것을 사람들이 보기를 원하였다. 내가 은총을 줄 때에는 항상 너희들이 청하는 것보다 더 많이 준다.

   내가 라자로의 무덤 앞에서 울었다. 그런데 사람들은 그 눈물을 여러 가지로 불렀다. **그러나 너희들은 은총이 영원한 분에 대한 확실한 믿음에 섞인 고통으로 얻어진다는 것을 알아라.** 내가 운 것은 친구를 잃은 것과 그의 누이 동생들의 고통 때문이기도 했지만, 바닥이 뒤집히는 것처럼, 못 세개처럼 내 마음에 뾰족한 끝을 항상 깊이 박던 세 가지 생각이 그 어느 때보다도 그 시간에 노출했기 때문이었다.

   사탄이 사람을 악으로 이끌어 감으로써 그에게 가져다 준 **파멸의 확인.** 그 파멸의 인간적인 선고는 고통과 죽음이었다. 빛의 나라에서 살기로 되어있던 여왕인 **영혼을 지옥의 어두움 속에 잠금으로써** 죄가 영혼에게 주는 영적인 죽음의 상징이며 살아 있는 판박이인 육체적인 죽음.

  3년 동안의 복음 전도의 말하자면 숭고한 필연적 귀결 모양으로 행한 그 기적도 유다 사람들을 내가 가져간 진리에 대해서 설득하지 못했을 것이라는 확신과, 어떠한 기적도 장래의 세상을 그리스도에게 회개하는 사람들을 만들지 못할 것이라는 확신. 오! 그다지도 적은 사람들을 위해 죽을 때가 가까웠다는 고통.

  임박한 내 죽음을 정식으로 보는 것. 나는 하느님이었다. 그러나 사람이기도 하였다. 그리고 구속자가 되기 위하여는 속죄의 무게를 느껴야 하였고, 따라서 죽음의 소름끼치는 공포를 그처럼 참혹한 죽음의 소름끼치는 공포를 느껴야 하였다. 나는 살아 있는 사람이었고, '머지 않아 나도 죽을 것이고, 라자로처럼 무덤에 묻힐 것이다. 머지 않아 가장 끔찍한 임종의 고통이 내 동무가 될 것이다. 나는 죽게 되어 있다' 하고 스스로에게 말하는 건강한 사람이었다.

  인자하신 하느님께서는 너희들이 미래를 아는 것을 면하게 해 주셨다. 그러나 나는 그것이 면제되지 않았었다.

  오! 정말이지, 너희들은 너희 운명을 불평한다마는, 아무런 운명도 내 운명보다 참담하지는 않았다. 내가 당하게 되어 있는 모든 것을 끊임없이 미리 알고 있고, 거기에다 날 때부터 죽을 때까지 나와 동행한 가난과 궁핍과 격렬한 고통이 겹쳐진 내 운명보다 말이다. 그러므로 불평하지 말고, 내게 희망을 걸어라. 너희들에게 내 평화를 준다."

10. 라자로의 부활 이후 예루살렘 시내와 성전에서

라자로의 죽음 소식이 예루살렘과 유다의 많은 부분을 흔들어놓고 혼란케 하였지만, 그의 부활 소식은 그의 죽음의 소식이 동요를 일으키지 않았던 곳에까지 뚫고 들어가 흔들어놓고야 말았다.

아마도 몇몇 바리사이파 사람들과 율법학자들, 즉 부활을 목격한 최고회의 위원들은 백성들에게 그 말을 하지 않았을 것이다. 그러나 유다인들은 분명히 그 말을 하였고, 소식은 번갯불처럼 이 집에서 저 집으로, 이 옥상에서 저 옥상으로 퍼져 나갔고, 여자들의 목소리가 그 소식을 서로 되풀이 했으며, 아래에서는 일반 서민들이 예수의 승리와 라자로를 위하여 크게 기뻐하며 그 소식을 퍼뜨린다.

사람들은 이리저리 뛰어 다니느라고 거리를 가득 채우고, 항상 자기들이 제일 먼저 소식을 전하러 오는 것으로 생각하고 있으나, 오펠에서나 베짜타에서나, 시온에서 식스트에서나 그 소식을 벌써 알고 있기 때문에 실망한다. 회당에서도 상점에서도, 성전에서도 헤로데의 궁전에서도 이 소식을 알고 있다. 안토니아에서도 이 소식을 알고, 안토니아에서 성문들에 있는 초소로, 또는 성문 초소에서 안토니아로 소식이 전해진다. 이 소식은 궁궐들과 빈민굴들을 가득 채운다.

"금요일 전날 죽어서 안식일이 시작되기 전에 무덤에 묻힌 베다니아의 라자로를 나자렛의 선생님이 오늘 오정에 다시 살려 내셨다."

그리스도와 지극히 높으신 분께 드리는 히브리인들의 환호성에 로마인들의 여러 가지 환호성이 섞인다. "쥬피터 노릇이야! 폴록스 노릇이야! 리비티나 노릇이야!"

거리에서 말하는 군중 속에 보이지 않는 유일한 사람들은 최고회의의 사람들뿐이다. 최고회의 사람은 하나도 보이지 않는데, 쿠자와 마나헨이 호화로운 궁궐에서 나오는 것이 보이며, 쿠자가 이렇게 말하는 것이 들린다.

"위대하신 분! 위대하신 분! 나는 즉시 요안나에게 소식을 보냈다. 그분은 사실로 하느님이시다!"

그리고 마나헨이 그에게 대답한다.

"헤로데는 선생님께… 경의를 표하려고 예리고에서 왔고, 보시오 빌라도는 그의 관저에서 미친 사람같이 되었고, 헤로디아는 미친 듯이 화가 나서 헤로데에게 그리스도를 체포하라는 명령을 내리라고 재촉하오. 헤로디아는 선생님의 능력에 몸을 떨고, 헤로데는 자기의 가책 때문에 떨고 있소. 그는 이를 딱딱 마주치며 가장 충실한 부하들에게 유령들에게서 자기를 보호하라고 말하오.

그는 스스로 용기를 얻으려고 술에 취했는데, 술은 그의 머리를 돌게 하여 유령들을 보게 하는 거요. 그리고 그리스도가 요한도 다시 살려냈고, 그래서 요한이 지금 그의 귀에 하느님의 저주를 외치고 있다고 부르짖고 있소. 나는 그 지옥에서 도망쳐 나왔소. 나는 그에게 이렇게만 말해 주었소. '라자로는 나자렛의 예수에 의해 다시 살아났습니다. 그분은 하느님이시니까, 그분을 건드리는 것을 삼가하시오' 하고. 나는 그가 아내의 살인하고자 하는 뜻에 굴하지 않게 하려고 그의 이 공포를 유지시키오."

"나는 반대로 그곳에 가야 하겠소…. 나는 그곳에 가야 하오. 그러나 그전에 엘리엘과 엘카나에게 들르고자 했소. 그들은 따로 떨어져 살지만, 그러나 여전히 이스라엘의 위대한 목소리들이오! 그리고 요안나는 내가 그분들을 존경하는 것을 기뻐하오. 그리고 나는…."

"그것이 당신에게 훌륭한 보호가 된다는 것은 사실이오. 그러나 선생님의 사랑과 같은 보호는 결코 되지 못하오. 이것이야말로 가치있는 유일한 보호요…."

쿠자는 아무 말도 대꾸하지 않고, 곰곰 생각한다…. 그들이 보이지 않게 된다. 베짜타에서 아리마태아의 요셉이 부랴부랴 온다. 사람들이 그를 붙잡는다. 소문을 믿어야 할지 의아해 하는 의심많은 일단의 주민인데, 요셉에게 묻는다.

"사실이오! 사실! 라자로는 다시 살아났고, 병도 나았소. 내 눈으로 직접 보았소."

"아니, 그러면… 그분은 정말 메시아로군요!"

"그분의 하시는 일이 그렇소. 그분의 생활은 완전하오. 때가 되었소. 사탄이 그분을 공격하오. 각자 마음 속으로 나자렛 선생님이 어떤 분인가 하는 결론을 내려야 하오" 하고 요셉은 조심성 있게, 그러나 또 정확하게 말한다. 그는 인사를 하고 떠난다.

그들은 토론을 하다가 마침내 "그분은 메시아이시다" 라는 결론을 내린다.

한 군인이 어떤 집단 안에서 말한다.

"할 수 있으면 내일 베다니아에 가겠네. 내가 좋아하는 신들인 비너스와 마르스 군신(軍神)의 이름으로! 내가 이 지구를 뜨거운 사막에서부터 얼어붙은 게르만 땅에까지 돌아다닌다 해도, 여러 날 전에 죽은 사람이 다시 살아나는 곳에 간다는 것은 있을 수 없는 일일 걸세. 난 죽었다가 다시 살아온 사람이 어떻게 생겼는지 보고 싶네. 사후의 강물로 꺼멓게 됐을 거야…."

"그 사람이 덕이 있었으면 샹젤리제 푸르스름한 물을 먹고 나서 새파랄 걸세. 거기엔 삼도(三途) 내만이 있는게 아니야…."

"그 사람은 하데스의 수선화 꽃밭이 어떤지 말해 줄 걸세. 나도 가 보겠네."

"본시오가 허락하면…."

"오! 물론 허락하구말구! 본시오는 즉시 파발꾼을 끌라우디아에게 보내서 오라고 했다네. 끌라우디아는 이런 일을 좋아하거든. 나는 끌라우디아가 다른 사람과 해방된 그리이스인 노예들과 영혼과 불사불멸(不死不滅)에 대해서 말하는 걸 여러번 들었네."

"끌라우디아는 나자렛 선생을 믿고 있어. 그 여자가 보기엔 나자렛 선생이 다른 어떤 사람보다도 위대하네."

"맞아. 그렇지만 발레리아가 보기에는 나자렛 선생이 사람 이상인 하느님이야. 그 여자들의 말로는 능력과 아름다움으로는 쥬피터와 아폴로 같은 사람이고, 미네르바보다 더 지혜가 많다네. 자네들 그 사람을 봤나? 나는 본시오와 함께 여기 처음 와서 알지 못하네…."

"나는 자네가 많은 것을 보게 때 맞추어 왔다고 생각하네. 아까 본시오가 큰 소리로 이렇게 외쳤네. '여기선 모든 것이 바뀌어야 한다. 그들은 명령하는 것은 로마이고, 그들은 **모두** 예속해 있다는 것을 깨달아야 한다. 그리고 유력한 자는 그럴수록 더 예속해 있다. 그들은 더 위험하니까.' 난 안나의 하인이 그에게 가져온 서판(書板) 때문에 그랬다고 생각하네…."

"물론이지, 본시오는 그들의 말을 들으려고 하지 않아…. 그리고 우릴 모두 바꾼단 말이야…. 우리와 그들 사이에 우정이 있는 걸 원치 않기 때문이야."

"우리와 그들 사이라구? 하! 하! 하! 고약한 냄새가 나는 주먹코인 그들과 말이야? 본시오는 너무 많이 먹는 돼지 고기가 소화가 잘 안 되는 모양이지. 수염을 깎은 입과 키스하는 걸 거절하지 않는 어떤 여자와의 우정 얘기라면… 몰라도…" 하고 누군가가 농담으로 웃으면서 말한다.

"장막절의 소요가 있은 뒤로 본시오가 모든 부대의 교대를 요청해서 얻어냈고, 그래서 우리 모두가 떠나야 한다는게 사실이야…."

"사실이야. 론지노와 그의 100인대(隊)를 태운 갤리선이 가이사리아에 도착했다는 소식이 벌써 왔어. 새 수비대와 새 부대…. 그런데 이 모든 것이 성전의 저 냉혹한 사람들 때문이란 말이야. 난 여기가 좋았는데."

"나는 브린디시*가 더 좋았어…. 그렇지만 익숙해지겠지" 하고 방금 팔레스티나에 도착한 사람이 말한다.

그들도 멀어져 간다.

성전의 경비원들이 밀랍 입힌 서판들을 가지고 지나간다. 사람들이 그들을 살펴보면서 말한다.

"최고회의가 긴급소집이 되는구먼. 그들이 무얼 하려는 것인가?"

누군가가 대답한다.

"성전에 올라가서 보세…." 그들은 모리아산으로 가는 길 쪽으로 간다.

해가 시온의 집들과 서산 뒤로 사라진다. 저녁이 내려오고, 머지 않아 거리에서는 구경꾼들이 없어질 참이다. 성전으로 올라갔던 사람들은 그들이 최고회의 위원들이 지나가는 것을 보려고 머뭇거리고

---

* 역주: 이탈리아 반도 장화 모양의 뒤축 부분, 아드리아해에 면한 항구도시.

있던 문에서조차 쫓겨났기 때문에 화가 나서 내려온다.

사람이 없이 텅 비고 달빛에 감싸인 성전 내부는 엄청나게 커 보인다. 최고회의 위원들은 천천히 최고회의 회의실로 모인다. 예수의 사형선고 때처럼 전원 출석이다. 그러나 그 때 서기 노릇을 하던 사람들은 없다. 최고회의 위원들만이 있는데, 더러는 제 자리에 있고, 더러는 문 근처에 모여 있다.

가야파가 지나치게 살이 찌고 심술궂은 두꺼비 같은 얼굴과 몸으로 들어와서 그의 자리로 간다.

그들은 돌발 사건에 대하여 즉시 토의하기 시작하는데, 그 일에 어떻게나 열을 올리는지 회의가 이내 활발해진다. 그들은 자리를 떠나 빈 공간으로 내려와서 끊임없이 요란한 몸짓을 하며 큰 소리로 말한다. 어떤 사람들은 침착을 권하고, 결정을 내리기 전에 깊이 생각하자고 권한다.

어떤 사람들은 이렇게 대꾸한다.

"아니, 당신들은 3시에 여기 온 사람들의 말을 듣지 못했습니까? 만일 우리가 가장 유력한 유다인들을 잃으면, 그 때에는 고발을 많이 모아놓은들 우리에게 무슨 소용이 있습니까? 그 자가 살아 있으면 그럴수록 우리가 그를 비난한다고 해도 사람들이 믿지 않을 것입니다."

"그리고 이 사실을 부인할 수는 없습니다. 거기 있던 수많은 사람들에게 '당신들 잘못 보았소. 그것은 착각이었소. 당신들은 취해 있었소' 하고 말할 수는 없습니다. 그 사람은 죽어서 썩고 변질되어 있었습니다. 그 사람은 꽉 막힌 무덤에 묻혔고, 무덤에는 벽이 단단히 둘러쳐져 있었습니다. 죽은 사람은 여러 날째 붕대에 감겨 있고, 방향제(芳香劑)가 발라져 있었습니다. 죽은 사람은 묶여 있었습니다. 그런데도 그는 제자리에서 나와서 걷지 않고 스스로 입구에까지 왔습니다. 그리고 죽음에서 해방이 되자, 이제는 죽은 육체가 아니었습니다. 그 사람은 숨을 쉬었습니다. 전에 그가 살아 있을 때에는 헌데 투성이였고, 죽자마자 완전히 부패했었는데, 이제는 부패가 없었습니다."

"가장 유력한 유다인들, 우리 입장에 완전히 유리하게 끌어들이기 위해서 그리로 가라고 부추겼던 사람들의 말을 들었습니까? 그들은 와서 '우리 생각에는 그분이 메시아입니다' 하고 말했습니다. 거의 모두가 왔어요. 그 다음에는 백성들이 왔고!…."

"그리고 꾸며낸 이야기가 많은 저 고약한 로마인들은! 그들은 어떻게 할 겁니까? 그들이 보기에는 그 자가 가장 위대한 쥬피터입니다. 그런데 그들이 이런 생각을 하게 된다면! 그들은 우리에게 그들의 이야기를 알려주었는데, 그것은 하나의 저주였습니다. 우리에게 그리이스 문화를 원하고, 그들에게 아부하기 위해 우리의 것이 아닌 풍속으로 우리를 모독한 사람들은 저주를 받아야 합니다! 그러나 이것은 우리가 정보를 얻는 데 도움이 되기도 합니다. 그래서 우리는 저 로마인이 음모와 반란으로 빨리 쓰러뜨리기도 하고 높이 올리기도 했다는 것을 우리는 압니다. 그런데 만일 저 미치광이들이 나자렛 사람에 열중해서 그를 카이사르로, 따라서 신성하다고 선언하면, 누가 그 자를 건드릴 수 있겠습니까?"

"천만에요! 누가 그렇게 할 거란 말입니까? 로마인들은 그 자도 비웃고 우리도 비웃습니다. 그 자가 행하는 일이 아무리 훌륭하더라도, 그들이 보기에는 그 자가 언제나 '유다인'이고, 그러니까 보잘 것 없는 사람입니다. 안나의 아들, 당신은 공포로 인해서 얼이 빠졌구려!"

"공포라구요? 내 아버지의 권고에 대해서 본시오가 어떻게 대답했는지 들으셨습니까? 그 사람은 마음이 몹시 흔들렸습니다. 최근에 일어난 이 일로 인해서 마음이 몹시 흔들리고 나자렛 사람을 두려워한단 말입니다. 우리는 정말 불행합니다. 저 사람은 우리를 파멸시키려고 왔습니다!"

"우리가 거기 가지만 않았어도, 가장 유력한 유다인들에게 거기 가보라고 명령하다시피 하지만 않았어도 괜찮았을 텐데! 라자로가 부활하는 데 증인이 없기만 했어도."

"그래서요? 그렇게 되었다고 무엇이 달라졌겠습니까? 우리는 라자로가 여전히 죽은 채로 있다고 믿게 하기 위해서 그를 사라지게 할 수 없었다는 것은 분명한 일입니다."

"그렇게 못했겠지요. 그러나 그것이 거짓 죽음이었다고 말할 수는 있었습니다. 거짓말을 하라고 매수된 증인은 언제나 있는 것이니까요."

"아니 왜 이렇게 동요합니까? 나는 그 이유를 알 수 없습니다! 그 사람이 혹 최고회의와 대사제직에 도전이라도 했단 말입니까? 아닙니다. 그저 기적만 행하는 데 그쳤습니다."

"거기에 그쳤다구요?! 아니, 엘르아잘, 당신은 바보요? 또는 그에게 매수되었소? 그 자가 최고회의와 대사제직에 도전하지 않았다구요? 그래 그 이상 무엇이 필요하다고 생각하는 거요? 사람들이…."

"사람들은 하고 싶은 대로 말할 수 있소. 그렇지만 사실은 엘르아잘이 말하는 대로요. 나자렛 사람은 기적을 행하는 데 그쳤소."

"그 자를 옹호하는 또 한 사람이 있군요. 니고데모, 당신은 이제 의인이 아니오! 당신은 이제 의인이 아니란 말이오! 이것은 우리에게 대항하는 행위요, 우리에게 대항하는 행위란 말이오. 알겠소? 이제 군중을 설득할 것은 아무 것도 없어요. 아! 우리는 정말 불행합니다! 나는 오늘 어떤 유다인들에게 망신을 당했단 말입니다. 내가 망신을 당했다구요! 내가!"

"입 다무시오, 도라. 당신은 한 인간일 뿐이오. 그러나 개념이 타격을 받았단 말입니다! 우리의 가르침이. 우리의 특권이!"

"시몬, 당신 말 잘했소. 우리의 특권을 지켜야 하오."

"그러나 어떻게?"

"그 자의 가르침을 공격하고 뒤엎는 것으로!"

"사독, 말은 쉽소. 그러나 당신 힘으로는 각다귀 한 마리도 다시 살려낼 줄을 모르면서 어떻게 그 자의 가르침을 뒤엎는단 말이요? 여기서 우리에게 필요한 것은 그 자의 기적보다 더 큰 기적이오. 그러나 우리 중의 아무도 그렇게 할 수 없소. 그것은…." 말을 하는 사람은 왜 그런지를 말할 수 없다.

아리마태아의 요셉이 말을 끝맺는다.

"그것은 우리가 사람들이기 때문이오. 사람에 지나지 않기 때문이오."

그들은 요셉에게 대들며 묻는다.

"그럼, 그 자는 뭐요?"

아리마태아 사람은 확신을 가지고 대답한다.
 "그분은 하느님이시오. 내가 만일 아직 의심을 가지고 있었으면 …."
 "그러나 당신은 의심을 가지고 있지 않소. 요셉, 우리는 그걸 아오. 우리는 그걸 알아요. 그러니 당신이 그를 사랑한다고 공공연하게 말하시오."
 "요셉이 그를 사랑한다고 나쁠 것이 아무 것도 없소. 나 자신 그를 이스라엘의 가장 위대한 선생으로 인정하오."
 "당신이군요! 가믈리엘, 당신이 그런 말을 하는 겁니까?"
 "내가 그렇게 말하오. 그리고 그에게 제1인자의 지위를 빼앗기는 … 것을 영광으로 생각하오. 지금까지는 힐렐이 최후의 대표였던 위대한 선생들의 전통을 내가 보존해 왔었소. 그러나 나 다음에는 누가 여러 세기에 걸친 지혜를 얻을 수 있는지를 알지 못했을 거요. 그러나 이제 나는 기쁘게 떠나오. 그것은 지혜가 죽지 않고, 오히려 그의 지혜로 불어날 것이기 때문에 오히려 더 커지리라는 것을 내가 알기 때문이오. 그의 지혜에는 분명히 하느님의 성령이 계시오."
 "아니, 가믈리엘, 무슨 말을 하는 겁니까?"
 "진리를 말하는 거요. 눈을 감는다고 해서 우리가 어떤 사람인지를 모를 수 있는 것은 아니오. 우리는 이제 현인들이 아니오. 그 이유는 지혜의 근원은 하느님을 두려워하는 것인데, 우리는 하느님을 두려워하지 않는 죄인들이기 때문이오. 만일 우리가 이 두려움을 가지고 있었으면, 의인을 짓밟지 않았을 것이고, 세상의 재물에 대한 어리석은 탐욕을 가지지 않았을 거요. 하느님께서는 공로와 죄과에 따라 주시기도 하고 빼앗아가기도 하시오. 그런데 만일 지금 하느님께서 우리에게 주셨던 것을 빼앗아서 다른 사람들에게 주신다면 주님을 찬미해야 하오. 주님은 거룩하시고, 주님의 모든 행동이 거룩하시기 때문이오."
 "그러나 우리는 기적에 대한 말을 하고 있었고, 사탄이 우리와 함께 있지 않기 때문에 우리 중의 아무도 기적을 행하지 못한다는 말을 하려고 했던 것입니다."
 "아니오. 하느님께서 우리와 함께 계시지 않기 때문이오. 모세는 물을 갈라 놓았고, 바위를 쪼개 물이 나오게 했소. 여호수아는 해를 멎게 했고, 엘리사는 어린 아이를 다시 살렸고, 비를 오게 했소. 그러나 하느님께서는 그들과 함께 계셨소. 하느님께서 미워하시는 것이 여섯 가지가 있고, 일곱 째 것은 몹시 싫어하신다는 것을 당신들에게 환기시키겠소. 교만한 눈, 거짓말 하는 혀, 무죄한 사람의 피를 흘리는 손, 나쁜 계획을 짜는 마음, 악으로 빨리 달려 가는 발, 거짓말을 하는 증인, 그리고 형제들 사이에 불화를 일으키는 사람이오. 우리는 이 모든 것을 하오. '우리'라고 말했지만 그렇게 하는 것은 당신들뿐이오. 나는 '호산나'를 외치는 것도 '저주받으라'를 외치는 것도 삼가기 때문이오. 나는 기다리고 있소."

"표! 물론 당신은 표를 기다리지요! 그러나 우리가 정말 그 자에게 모든 용서를 주고자 한다고 해도 당신은 그 보잘 것 없는 미치광이에게서 무슨 표를 기다린단 말입니까?"

가믈리엘은 두 손을 들고 팔을 앞으로 내밀고 눈을 감고 머리를 약간 기울인 채 천천히 멀리서 들려오는 것 같은 목소리로 말하기 때문에 더욱 엄숙하게 말한다.

"나는 주님께서 내게 진리를 가르쳐 주시도록 애타게 여쭈어 보았소. 그랬더니 주님께서는 내게 시작의 아들 예수의 말을 밝혀 주셨소. 그 말은 이렇소. '만물의 창조주께서 내게 말씀하시고 내게 명령을 주셨다. 그리고 나를 창조하신 분께서 내 장막에서 쉬시고 내게 말씀하셨다. 〈야곱에서 살아라. 그리고 네 상속은 이스라엘에 있어야 하니, 너는 내 간선자들 가운데 뿌리를 내려라〉'…

또 그리고 주님께서는 이 말들도 내게 밝혀주셨고, 나는 그것들을 알아보았소. '나를 원하는 너희들 모두 내게로 오너라. 그리고 내 과일을 배불리 먹어라. 내 정신은 꿀보다 더 달고, 내 유산은 봉방(蜂房)보다 더 낫기 때문이다. 내 기억은 대대손손 이어질 것이다. 나를 먹는 사람은 나를 갈망할 것이고, 나에게서 마시는 사람도 나를 갈망할 것이며, 내 말을 귀담아 듣는 사람은 얼굴을 붉힐 일이 없을 것이고, 나를 밝히 드러내는 사람은 영원한 생명을 얻을 것이다.'

그리고 내 눈이 다음과 같은 말을 읽는 동안 하느님의 빛이 내 정신에서 불어났소. '이 모든 것이 생명의 책, 지극히 높으신 분의 언약, 진리의 가르침 안에 들어 있다…. 하느님께서는 다윗에게 영원히 영광의 옥좌에 앉아 있게 될 매우 능력있는 왕을 나게 하겠다고 그에게 약속하셨다. 그는 햇과일이 날 때의 피손강과 티그리스강과 같이 지혜가 넘쳐 흐르고, 유프라테스강처럼 지능이 넘쳐 흐르며, 추수 때의 요르단강처럼 자란다. 그는 지혜를 빛처럼 퍼뜨리며… 그가 제일 먼저 지혜를 완전히 알았다.'

자, 이것이 하느님께서 내게 주신 빛이오! 그러나 아아! 내가 무슨 말을 하겠소? 우리 가운데 있는 지혜가 너무 커서 우리가 그것을 이해할 수 없고, 바다보다 더 넓은 생각과 커다란 심연보다 더 깊은 충고를 받아들일 수가 없다고 말하겠소. 그리고 우리는 그가 이렇게 외치는 것을 듣소.

'물이 무한히 많은 수로와 같이 나는 낙원에서 솟아나서 이렇게 말했다. 〈내 정원에 물을 주리라〉하고. 그러면 내 수로는 강이 되고, 강은 바다가 된다. 새벽빛과 같이 내 가르침을 모두에게 퍼뜨리고, 그것을 가장 멀리 있는 사람들에게 알게 하겠다. 가장 낮은 부분으로 뚫고 들어가 자는 사람들에게 눈길을 주고, 주님께 바라는 사람들을 비추겠다. 그리고 나는 또 내 가르침을 예언처럼 퍼뜨리고, 지혜를 찾는 사람들에게 그것을 남겨 주겠고, 거룩한 세기까지 그치지 않고 그것을 전하겠다.' 이것이 지극히 높으신 야훼께서 내게 읽게 하신 것이오." 그러면서 팔을 내리고 머리를 다시 쳐든다.

"아니, 그러면 당신 생각에는 그가 메시아란 말이오?! 말하시오!"
"메시아가 아니오."
"메시아가 아니라구요? 아니, 그럼 당신 생각에는 그가 뭐란 말이오? 마귀는 아니지요. 천사도 아니고, 메시아도 아니고…."
"그는 계신 분이오."
"헛소리를 하는군요! 그가 하느님이란 말이오? 당신 생각에는 그가 하느님이란 말입니까, 저 미치광이가?"
"그는 계신 분이오. 하느님께서는 그가 누구인지를 아시오. 우리는 그의 행동을 보지만, 하느님께서는 그의 생각도 보시오. 그러나 그는 메시아는 아니오. 왜냐하면 우리 생각에 메시아는 왕이라는 뜻인데, 그는 왕이 아니고, 장차도 왕이 되지 않을 거요. 그러나 그는 거룩하고, 그의 행동은 성인의 행동이오. 그런데 우리는 죄없는 사람을 치려고 손을 들고서 죄를 짓지 않을 수 없소. 나는 죄를 승인하지는 않겠소."

"그러나 그 말로 당신은 그를 기다려지는 분이라고 부르다시피 했소!"

"내가 한 말이 그 말이오. 지극히 높으신 분의 빛이 계속되는 동안에는 내가 그를 그렇게 보았소. 그러다가… 주님의 빛 속에서 자란 나를 주님의 손이 놓았을 때, 나는 다시 사람, 이스라엘의 사람이 되었고, 말씀들은 그것을 당신 종에게 불러 주신 영원하신 생각 속에서 그것들이 가지고 있는 뜻이 아니라, 이스라엘 사람, 나와 당신들과 우리 전에 있는 사람들, 그리고 하느님께서 그것을 허락하지 않으시기를 바라지만, 우리 뒤에 올 사람들이 **그들의** 생각, **우리의** 생각의 뜻을 부여한 말만이 되고 말았소."

"우리는 말을 하고, 횡설수설을 하면서 시간을 허비하고 있습니다. 그러는 동안 백성들은 흥분하고 있습니다" 하고 가나니아가 쉰 목소리로 말한다.

"말 잘했습니다! 구함을 받고 승리하기 위해서도 결정하고 행동해야 합니다."

"당신들 말로는 우리가 나자렛 사람에 대해서 그의 도움을 청했을 때 빌라도가 우리 말을 들으려고 하지 않았다지요. 그러나 만일 우리가 이것을 그에게 알리면… 당신들은 전에 만일 군대가 흥분하면 그를 카이사르로 선언할 수도 있단 말을 했지요…. 어! 어! 그거 좋은 생각이오! 총독에게 가서 이 위험을 설명합시다. 그러면 우리는 로마의 충실한 봉사자로 높이 평가될 거요. 그리고… 총독이 개입하면, 우리는 라삐를 제거하게 될 거요. 자, 갑시다! 그 누구보다도 더 그의 친구인 안나의 엘르아잘, 당신이 우리 두목이 되시오" 하고 엘키아가 웃으면서 간사한 목소리로 말한다.

약간 주저하는 기색이 있다. 그러다가 가장 광신적인 사람들의 한 떼가 안토니아에 가기 위하여 나간다. 가야파는 다른 사람들과 같이 남아 있다.

"이 시간에! 만나주지 않을 겁니다" 하고 누군가가 반대한다.

"아닙니다, 오히려 그 반대입니다! 가장 좋은 시간이에요. 본시오는 이교도가 마시고 먹는 것처럼 마시고 먹었을 때에 항상 기분이 좋습니다…."

나는 그들이 토론하는 것을 내버려둔다. 그리고 내게는 안토니아의 광경이 조명된다.

달빛이 하도 맑아서 그 거리를 빨리, 어렵지 않게 지나갔다. 달빛은 총독 관저의 현관에 켜놓은 등불들의 붉은 빛과 크게 대조가 된다.

엘르아잘은 빌라도에게 자기가 왔다는 것을 알리는 데 성공하여, 커다란 빈 방, 완전히 빈 방으로 안내된다. 등받이가 낮고 주홍빛 천을 씌운 육중한 의자가 하나밖에 없다. 그 주홍빛깔은 방의 완전히 흰 빛깔 속에서 몹시 두드러지게 보인다. 그들은 바닥에 깐 흰 대리석 위에서 약간 겁을 집어먹은 채 추워서 몸을 움츠리고 몰려 서 있다. 아무도 오지 않는다. 아무 소리도 들리지 않는다. 그러나 이따금씩 멀리서 들려 오는 음악소리가 이 적막을 깨뜨린다.

"빌라도는 식사를 하고 있는데, 분명히 친구들과 같이 있을 겁니다. 저 음악은 3인용 식탁이 있는 식당에서 오는 겁니다. 손님을 대접하는 춤이 있을 겁니다" 하고 안나의 엘르아잘이 말한다.

"타락한 자들! 나는 내일 정결례를 하겠소. 음탕이 이 벽으로 새나오고 있소" 하고 엘키아가 불쾌하게 말한다.

"그러면 왜 오셨소? 당신이 제안했지요" 하고 엘르아잘이 대꾸한다.

"하느님의 영광과 조국의 이익을 위해서 나는 어떤 희생도 할 줄 아오. 그런데 이건 큰 희생이오! 나는 라자로에게 가까이 간 것 때문에 정결례를 행했었소…. 그런데 지금!… 무서운 날이오. 오늘은!…."

빌라도는 오지 않는다. 시간이 흐른다. 그곳에 익숙한 엘르아잘이 문들을 열어본다. 모두 잠겨 있다. 거기 있는 사람들은 더럭 겁이 난다. 무시무시한 이야기들이 머리에 떠오른다. 그들은 온 것을 후회한다. 그들은 자기들이 벌써 파멸하였다고 느낀다.

마침내, 그들이 들어온 문 곁에, 따라서 방 안에 하나밖에 없는 의자 곁에 있는 그들의 맞은 편에 있는 문 하나가 열리며 방과 같이 아주 하얀 옷을 입은 빌라도가 들어온다. 그는 손님들과 같이 말하면서 들어오며 웃는다. 그는 돌아서서 출입문 저쪽에 있는 커튼을 젖히는 한 노예에게 화로에 향유를 넣고 향료와 손 씻을 물을 가져오라고 명하고 한 노예더러 거울과 빗들을 가져오라고 명한다. 그는 히브리인들에게는 관심을 기울이지 않는다. 그들은 있지 않은 것과 같다. 이들은 화가 났다. 그러나 감히 움직이지를 못한다….

그 동안 저쪽에서는 화로들을 가져오고, 수지(樹脂)를 불에 던지고, 향료를 탄 물을 로마인들의 손에 붓는다. 한 노예는 능란한 솜씨로 그 시대의 멋쟁이 로마인들의 유행에 따라 머리를 빗긴다. 그러니까 히브리인들은 화를 낸다.

로마인들은 자기들끼리 웃고, 저기 방끝 쪽에서 기다리고 있는 집단을 가끔 바라보며 농담을 한다. 그리고 어떤 사람이 한번도 바라보려고 뒤돌아보지 않은 빌라도에게 말을 한다. 그러나 빌라도는 귀찮다는 몸짓을 하며 어깨를 들썩 하고 손바닥을 쳐서 노예 한 사람을 불러 맛있는 것들을 가져오고 춤추는 여자들을 들여보내라고 큰 소리로 명령한다. 분개한 히브리인들은 화가 나서 몸을 부르르 떤다. 엘키아 같은 사람이 춤추는 여자들을 볼 수밖에 없다는 것을 생각해 보기 바란다! 그의 얼굴에는 고통과 증오가 뒤범벅이 되어 나타난다.

노예들은 값진 컵에 맛있는 것들을 담아 가지고 들어오고, 그 뒤로는 꽃관을 쓴 무희들이 들어오는데, 하도 얇아서 베일 같은 천으로 겨우 몸을 가렸을 뿐이다. 춤추는 여자들이 불을 피워 놓은 화로들과 방바닥에 놓은 수많은 등불 앞으로 지나갈 때에는 매우 흰 살이 분홍빛과 엷은 청색을 들인 얇은 옷을 통해 비쳐 보인다. 로마인들은 육체와 움직임의 우아함을 감상하고, 빌라도는 특별히 그의 마음에 든 댄스의 스텝을 다시 하라고 요구한다. 엘키아가 춤추는 여자들이 점잖지 않은 옷을 입고 나비처럼 날아 다니는 것을 보지 않으려고 분개하여 벽을 향하여 돌아서니 동행들이 그렇게 한다.

짤막한 춤이 끝나자, 빌라도는 춤추는 여자들을 내보내면서 각자에게 맛있는 것이 들어 있는 컵 하나씩을 손에 들려 주는데, 그 컵에 팔찌 하나씩을 아무렇게나 던져 준다. 마침내 그는 히브리인들을 바라보기 위하여 몸을 돌리며 친구들에게 지긋지긋하다는 듯이 말한다.
 "자, 이제는… 꿈에서 현실로 건너 가야 하겠소…. 시에서… 위선으로… 우아함에서 인생의 쓰레기로. 총독 노릇을 하는 사람의 괴로움이오!…. 잘들 가시오. 친구들, 그리고 나를 동정하시오."
 빌라도는 혼자 남아 있다. 그리고 천천히 히브리인들에게로 가까이 온다. 그는 앉는다. 그리고 잘 다듬어진 손을 살펴 보다가 손톱 하나 아래에서 제대로 되지 않은 무엇인가를 발견한다. 그는 거기에 관심을 가지고 몰두하며 그의 옷에서 금으로 만든 작은 막대기를 꺼내서 불완전한 손톱의 큰 손상을 고친다…. 그런 다음 천천히 고개를 돌리는 은혜를 베푼다. 그는 아직도 비굴하게 몸을 굽히고 있는 유다인들을 보고 히죽히죽 웃으며 말한다.
 "당신들이! 여기에! 그리고 짤막하게 말하시오. 나는 중요하지 않은 일에 허비할 시간이 없소."
 히브리인들은 "됐소! 너무 가까이 오지 마시오!" 하는 말이 그들을 움직이지 못하게 할 때까지 여전히 비굴한 태도로 가까이 온다.
 "말하시오! 그리고 몸을 일으키시오. 땅바닥으로 몸을 굽히고 있는 것은 짐승들에게나 어울리는 일이오." 그러면서 웃는다.
 히브리인들은 업신여김을 받으면서 몸을 일으키고 가슴을 내밀고 서 있다.
 "그래서요? 말하시오! 당신들이 꼭 오겠다고 했소. 이제는 왔으니 말을 하시오."
 "저희들이 총독님께 말씀드리려고 한 것은… 저희가 아는 한… 저희들은 로마의 충실한 종들입니다…."
 "하! 하! 하! 로마의 충실한 종들이라! 신성한 우리 카이사르께 그 말씀을 드리겠소. 그러면 카이사르는 기뻐하실 거요! 기뻐하시고 말고! 말하시오, 허풍쟁이들! 그리고 빨리 끝내시오!"
 최고회의 위원들은 발을 구른다. 그러나 반응은 보이지 않는다. 엘키아가 모두를 대표하여 말한다.
 "총독님은 오늘 베다니아에서 한 사람이 부활했다는 것을 아시겠지요…."

"알고 있소. 그 말을 내게 해 주려고 왔소? 내가 그것을 안 것은 벌써 여러 시간이 되었소. 그 사람은 죽는다는 것이 어떤 것인지, 저승이 어떤 것인지 벌써 알았으니 운이 좋소! 그런데 테오필로의 라자로가 다시 살아났으니 나더러 어떻게 하란 말이오? 그 사람이 혹 지옥에서 메시지라도 내게 가져 왔단 말이요?" 빌라도는 빈정거린다.

"아니 올시다. 그러나 그의 부활은 위험한 것입니다…."

"그 사람에게요? 물론이오! 다시 죽어야 하는 위험. 그것은 별로 유쾌한 것이 되지 않소. 그래서! 나더러 어떻게 하란 말이요? 내가 쥬피터란 말이요?"

"라자로에게 위험한 것이 아니라, 카이사르에게 위험한 것입니다."

"누구에게…? 여보시오! 아니 내가 혹 취했나! 카이사르에게 위험한 일이라고 말했소? 그래 라자로가 어떻게 카이사르에게 해를 끼칠 수 있단 말이오? 혹 그의 무덤의 역한 냄새가 황제께서 호흡하시는 공기를 썩게 할까봐 걱정하는 거요? 안심하시오! 그곳은 너무 멀리 떨어져 있소!"

"그것이 아닙니다. 라자로가 부활해서 황제를 폐위시킬 수 있기 때문입니다."

"폐위시킨다고? 하! 하! 하! 그건 더없이 엄청난 일이오! 그러나 그렇다면 내가 취한 것이 아니라 당신들이 취한 거요. 아마 심한 공포로 인해서 당신들의 정신이 혼란에 빠진 모양이구려. 죽은 사람이 다시 살아나는 것을 보는 것… 내 생각에는, 정신이 그로 인해서 어지러워질 수도 있을 것 같소. 가시오, 침대로 가시오. 푹 쉬시오. 그리고 뜨거운 물에 목욕을, 아주 뜨거운 물에 목욕을 하시오. 그것은 정신착란에 유익하오."

"총독님, 저희들은 정신착란을 일으키지 않았습니다. 만일 총독께서 질서를 잘 잡아 주지 않으시면, 고통스러운 시간을 보내시게 될 것이라고 말씀드리는 것입니다. 총독께서 찬탈자에 의해 죽임을 당하시지 않는다 해도 확실히 벌은 받으실 것입니다. 오래지 않아 나자렛 사람이 왕이라고, 세상의 왕이라고 선포될 것입니다. 아시겠습니까? 군단의 병사들 자신이 그렇게 할 것입니다. 그들은 나자렛 사람의 꾐에 빠졌는데, 오늘 사건으로 흥분했습니다. 총독께서 로마의 평화에 마음을 쓰지 않으시면, 로마의 어떤 봉사자가 되시겠습니까? 총독께서는 대관절 총독님의 무기력 때문에 제국이 뒤엎어지고 분열되는 것을 보고자 하십니까? 로마가 패배하고, 군기가 쓰러지고, 황제께서 죽임을 당하시고, 모든 것이 파괴되는 것을 보고자 하십니까?"

"닥치시오! 내가 말하오. 그리고 나는 **당신들은 미친 사람들이오!** 하고 말하겠소. 그보다도 더한 말을 하겠소. **당신들은 거짓말쟁이고 불한당들**이오. 당신들은 죽어 마땅할 거요. 당신들의 이익과 당신들의 증오와 당신들의 비열함의 흉악한 봉사자들, 여기서 나가시오. 당신들은 노예지만, 나는 노예가 아니오. 나는 로마 시민이오. 그런데 로마 시민들은 아무에게도 예속해 있지 않소. 나는 제국의 관리이고, 조국의 이익을 위해 일하고 있소. 당신들은… 지배받는 국민들이오. 당신들은… 우리 지배하에 있소. 당신들은 갤리선의 걸상에 묶인 노예들이어서 몸을 떨지만 소용없소. 지도자의 채찍이 당신들 위에 들려 있소. 나자렛 선생!… 당신들은 나더러 나자렛 선생을 죽이라는 거요? 그 사람을 가두라는 거요? 맙소사! 만일 내가 통치하는 이곳에서 위험한 백성들을 가두고 죽여야 한다면, 나자렛 선생과 그의 지지자들, **그들만**을 자유롭게 살게 내버려두어야 할 거요.

가시오. 비키시오. 그리고 다시는 내 앞에 절대로 오지 마시오. 소란한 사람들! 혼란을 선동하는 사람들! 도둑이고 도둑들의 공범자들! 나는 당신들의 음모를 낱낱이 알고 있소. 이것을 아시오. 그리고 아주 새 무기들과 새로운 군단의 병사들이 당신들의 계략과 당신들의 수단을 찾아내는 데 사용되었다는 것도 아시오. 당신들은 로마의 세금을 비난하오. 그러나 갈라앗의 멜키아와 쉬토폴리스의 요나와 소코의 필립보와 베타벤의 요한과 라마옷의 요셉과 그 밖에 머지않아 붙잡힐 모든 사람들이 당신들에게 얼마나 많은 값을 치르게 했소? 그리고 계곡의 동굴들 근처에는 돌보다도 군단의 병사들이 더 많고, 법률과 징역은 모든 사람에게 똑 같으니까, 그 근처에 가지 마시오. 모든 사람에게 똑같단 말이오! 알겠소? **모든 사람에게**.

그리고 나는 당신들이 모두 로마의 발꿈치에 짓밟히는 노예들 중의 노예로 사슬에 묶인 것을 볼 만큼 오래 살기를 바라오. 나가시오! 가서 내 대답을 보고하시오. 내 집에서 다시는 보고 싶지 않은 안나의 엘르아잘, 당신도. 이제는 관용의 때가 **끝났기** 때문이고, 나는 총독이고, 당신들은 지배받는 백성들이기 때문이오. **지배받는 백성들.** 내가 로마의 이름으로 명령하는 거요. 나가시오! 밤에 다니는 뱀처럼 간사한 자들! 흡혈귀! 그런데 나자렛 선생이 당신을 구속하고자 한다고? 만일 그 사람이 하느님이면, 당신들을 즉시시켜야 할 거요! 그러면 이 세상에서 가장 더러운 오점(汚點)이 없어질 거요. 나가시오! 그리고 음모를 꾸밀 생각은 아예 하지 마시오. 그렇지 않으면 칼과 채찍을 맛보게 될 거요."

빌라도는 일어나서 어리둥절한 최고회의 위원들 앞에 문을 쾅 닫고 나간다. 무장한 분견대가 개들을 내쫓듯이 큰 방과 총독관저에서 내쫓기 때문에 이들은 미처 정신을 차릴 시간도 없다.

그들은 최고회의의 회의실로 돌아온다. 그리고 이야기를 한다. 흥분이 극도에 달하였다. 여러 도둑이 잡혔다는 소식과 다른 도둑들을 잡기 위하여 동굴들을 수색한다는 소식에 남아 있는 모두가 매우 불안해 한다. 남아 있는 사람이라고 말한 것은 여러 사람이 기다리다 지쳐서 갔기 때문이다.

"그렇지만 그 자를 살려둘 수는 없습니다" 하고 사제들이 외친다.

"그 자가 행동하도록 내버려 둘 수는 없습니다. 그 자는 행동합니다. 그런데 우리는 아무 것도 하지 않아서 날로 유리한 입장을 잃습니다. 만일 우리가 그 자를 자유롭게 내버려두면, 그 자는 계속 기적을 행할 것이고, 그러면 모두가 그를 믿을 것입니다. 그래서 로마인들도 결국 우리를 반대하고 우리를 완전히 파멸시킬 것입니다. 본시오가 그렇게 말합니다. 그러나 만일 백성이 그 자를 왕으로 선언하면, 오! 그 때에는 본시오가 우리 모두를 벌할 의무가 있을 거요. 우리는 그렇게 되도록 내버려두어서는 안 됩니다" 하고 사독이 부르짖는다.

"옳은 말입니다. 그러나 어떻게 합니까? 로마의 합법적인… 길은 실패했습니다. 본시오는 나자렛 사람을 확신하고 있거든요. 우리의… 합법적인 길도 불가능합니다. 그 사람이 죄를 짓지 않거든요…" 하고 어떤 사람이 반박한다.

"죄가 없으면, 죄를 만들어내는 거지요" 하고 가야파가 암시한다.

"그러나 그렇게 하는 것은 죄입니다! 거짓인 것을 맹세하다니! 죄 없는 사람에게 유죄선고를 내리게 하다니! 그것은… 지나친 일입니다!…" 하고 대부분의 사람이 혐오감을 가지고 말한다.

"그것은 그 사람이 죽음을 당하는 것이 될 터이니까 죄악입니다."

"그래서요? 당신들은 그것이 무섭습니까? 당신들은 어리석고 아무 것도 모릅니다. 이런 일이 일어났으니, 예수는 **죽어야 합니다**. 많은 사람이 죽는 것보다는 한 사람이 죽는 것이 낫다는 것을 당신들은 모두 생각하지 않습니까? 따라서 그의 백성을 구하기 위해, 민족 전체가 망하지 않기 위해 그가 죽어야 합니다. 게다가… 그는 자기가 구세주라고 말합니다. 그러니 모든 사람을 위해 그가 자기를 희생해야 합니다" 하고 그의 냉정하고 간사한 증오로 가증스런 가야파가 말한다.

"그러나 가야파! 곰곰 생각해 보시오! 그 사람은…."

"나는 말했습니다. 주님의 영이 대사제인 내 위에 계십니다. 이스라엘의 대사제를 존경하지 않는 사람은 화를 입을 것입니다. 하느님의 격노가 그에게 내릴 것입니다! 기다릴 만큼 기다렸습니다! 의논할 만큼 의논했습니다! 나는 나자렛 사람이 어디 있는지 아는 사람은 누구든지 그곳을 알리라고 명령하고 결정합니다. 그리고 내 말에 복종하지 않는 사람에게 저주가 내릴 것입니다."

"그러나 안나가…" 하고 어떤 사람들이 반대한다.

"안나는 내게 이렇게 말했습니다. '자, 네가 하는 일은 무엇이든지 거룩할 걸세.' 회의를 끝냅시다. 금요일 아침 아홉시와 오정 사이에 모두 여기 모여서 토의합시다. **모두라고 말했습니다. 여기 없는 사람들에게 알리시오**. 그리고 모든 가장들과 모든 계급의 지도자들도 모두 오라고 명령해야 합니다. 이스라엘의 엘리트가 모두 소환되어야 합니다. 최고회의가 결정을 내렸습니다. 가시오."

그가 들어왔던 곳으로 제일 먼저 나간다. 그 동안 다른 사람들은 다른 방향으로 해서 성전에 나가면서 낮은 목소리로 말하면서 집으로 돌아간다.

11. 베다니아에 계신 예수

 벌써 봄의 철이른 미소를 예고하는 햇볕이 잘 드는 나날에 친구들의 사랑 속에 선생님을 가까이 모시고 이렇게 쉬면서, 돋아나는 낟알 싹들의 소박한 푸르름이 고랑을 갈라놓는 밭들을 바라보고, 맨 먼저 피어나는 가지각색 작은 꽃들로 겨울의 단조로운 푸르름을 깨뜨리는 목장들을 바라보고, 햇볕이 가장 잘 드는 곳에는 벌써 벌어지는 꽃망울의 미소를 보여주는 울타리들을 바라보며, 첫번째로 피기 시작하는 꽃들로 벌써 꼭대기에 거품이 이는 것 같은 편도나무들을 바라보는 것은 기분좋은 일이다.
 그래서 예수께서 그것을 즐기시고, 마찬가지로 사도들도 즐기고, 베다니아의 세 친구도 즐긴다. 악의, 고통, 슬픔, 병, 죽음, 증오, 시샘, 고통스러운 모든 것, 고뇌, 세상에서의 걱정 따위는 아주 멀리 물러간 것 같다.
 사도들은 모두가 몹시 기뻐하고 또 그것을 나타낸다. 그들은 예수께서 이제는 모든 원수를 이기셨고, 예수의 사명은 이제 장애없이 계속될 것이며, 예수를 메시아로 인정하기를 더 고집스럽게 거부하던 사람들에게까지 메시아로 인정받으실 것이라는 그들의 **확신**, 오! 아주 확실하고 이론의 여지가 없는 그들의 확신을 말한다. 그들은 하도 행복하여 약간 흥분하고 다시 젊어진 기분으로 미래에 대한 계획을 세우고, 꿈을 꾸며… 대단히… 아주 인간적인 꿈을 꾸며 말들을 한다.
 극단으로 치닫기 쉬운 그의 정신상태 때문에 가장 흥분한 사람은 가리옷의 유다이다. 그는 기다릴 줄 안 것과 행동할 줄 안 것을 만족해 하고, 선생님의 승리를 오랫동안 믿은 것을 기뻐하고, 최고회의의 위협에 대항한 것을 기뻐한다…. 그는 하도 흥분해서 지금까지 항상 숨겨 온 것도 말하고야 말아 동료들을 놀라게 하고 아연실색하게 한다.

"그랬어. 그들은 나를 매수하려고 했어. 아부로 나를 꾀려고 했단 말이야. 그러다가 그것이 소용없는 것을 보고는 위협을 하려고 했네. 자네들은 모를 거야! 하지만 나는 그들에게 복수를 했네. 그들이 나를 사랑하는 체한 것처럼, 나도 그들을 사랑하는 체했지. 그들이 내게 아첨하는 것처럼 나도 그들에게 아첨하고, 그들이 나를 배신하려고 한 것처럼 나도 그들을 배신했네…. 그들이 하고자 한 것이 바로 그것이었으니까. 그들이 선생님을 시험하는 것이 선생님을 하느님의 거룩하신 분이라고 엄숙하게 선언하기 위한 착한 의향으로 하는 것이라고 내게 믿게 하려는 것이었지. 그렇지만 나는 그들을 안단 말이야! 그들을 알고 말고. 그래서 그들이 내게 무슨 말을 하고자 하던, 나는 예수의 거룩함이 정말 구름 한 점 없는 하늘에 떠 있는 한낮의 태양보다 더 찬란하게 나타나도록 행동했네….

내 장난은 위험한 장난이지! 그들이 그걸 알아차렸더라면! 그렇지만 나는 모든 각오가 되어 있었네. 선생님을 통해 하느님을 섬기기 위해서 죽을 각오까지도 말이야. 그리고 이렇게 해서 나는 모든 것을 알고 있었네…. 이봐! 때로는 내가 자네들에게는 미치고 나쁘고 야만적인 사람으로 보였을 걸세. 자네들은 알지 못했지. 내가 지낸 밤들과 아무의 주의도 끌지 않기 위해서 해야 했던 조심들을 나 혼자만이 알고 있네! 자네들 모두가 나를 좀 수상하게 생각했다는 걸 나는 알고 있네. 그렇지만 원한은 품고 있지 않네. 내가 하는 방식이… 사실… 의심을 불러일으킬 수도 있었지. 그러나 내 목적은 좋았고, 나는 이것밖에는 염두에 두지 않았네.

예수님은 아무 것도 모르시네. 아니 그보다도 선생님도 나를 의심하고 계신 걸로 생각하네. 나는 선생님의 칭찬을 요구하지 않고, 입을 다물 줄 알 걸세. 그리고 자네들도 말을 하지 말게. 언젠가, 내가 선생님과 같이 있게 된 초기에 ──그리고 열성당원 시몬 자네와 제베대오의 요한 자네도 나하고 같이 있었지.── 선생님은 내가 현실감각이 있다고 자랑했기 때문에 나를 나무라셨네. 그 때부터 나는… 이 장점을 선생님께 돋보이게 한 적이 한번도 없네. 하지만 선생님의 이익을 위해서 그것을 계속 써 왔네. 나는 경험없는 아이를 위해서 어머니가 하는 것처럼 행동했네. 어머니는 아들이 눈치채지도 못하게 길에서 장애물을 치우고, 아들을 위해 가시없는 가지들을 구부려 주고, 아들에게 상처를 입힐 수 있는 가지를 들어 주거나, 또는 빈틈없는 행동으로 아들이 해야 할 것을 하고 해로운 것은 피하도록 이끌어 주네. 그래서 아들은 저 혼자 힘으로 비틀거리지 않고 걸을 수 있게 되고, 어머니를 위해서 아름다운 꽃을 따 오거나 자발적으로 이것저것을 하게 된 줄로 믿고 있네.

나도 선생님에 대해서 같은 일을 했네. 사람들과 사탄들의 세상에서 성덕만으로는 부족하니까. 또 대등한 무기로 싸워야 하네. 적어도 인간으로서는… 그리고 때로는… 지옥의 간교도 약간 무기로 쓰는 것도 나쁘진 않네. 이건 내 생각이야. 그러나 선생님은 이런 말을 들으려고 하지 않으시네…. 선생님은 너무 착하셔… 착하시단 말이야! 나는 모든 것과 모든 사람을 이해하네. 그래서 자네들 모두가 내게 대해서 가졌을지도 모르는 나쁜 생각들을 용서해 주네. 이제는 자네들이 알게 됐네. 이제는 좋은 동료로서도 사랑하세. 모든 것은 선생님에 대한 사랑과 선생님의 영광을 위해서." 그러면서 훨씬 멀리 떨어진 곳에서 얼굴에 황홀한 미소를 띠고 귀를 기울이고 있는 라자로와 같이 말씀을 하시면서 해가 내리쬐는 정원길을 산책하시는 선생님을 가리킨다.

사도들은 시몬의 집 쪽으로 간다. 예수께서는 반대로 친구와 같이 가까이 오신다. 나는 그들이 말하는 것을 듣는다. 라자로가 말한다.

"그렇습니다. 저는 죽게 내버려두시는 데에 커다란 목적이 있고, 분명히 인자한 목적이 있다는 것을 깨달았습니다. 그들이 선생님께 가하는 박해를 보는 고통을 덜어 주시기 위한 것이라고 생각했습니다. 그리고 선생님께서 제가 진실을 말씀드리는지 아시지만, 저는 그 박해를 보지 않기 위해 죽는 것이 기뻤습니다. 그것 때문에 제 감정이 격하게 되고 마음이 불안해집니다. 선생님, 아시겠지요. 저는 우리 민족의 지도자인 사람들에게 **아주 많은** 것을 용서해 주었습니다. 마지막 날까지 용서해 주어야 했습니다…. 엘키아… 그러나 죽음과 부활이 거기 관계되는 모든 것을 없애버리고 말았습니다. 무엇 때문에 그들의 마지막 행동들을 회상해서 몹시 슬퍼하겠습니까? 저는 마리아에게 **모든 것**을 용서해 주었습니다. 마리아는 그것을 의심하는 것 같습니다.

또 그리고 왠지 모르지만 제가 다시 살아난 다음부터 그 애는 제게 대해서 아주 이상한… 태도를 취했습니다. 저는 그 태도를 어떻게 규정할지 모르겠습니다. 그 애는 온순하고 순종하는데, 그런 태도는 제 마리아에게는 아주 이상한 것입니다…. 선생님께 구함을 받아 여기 돌아온 처음 시기에도 그렇지는 않았습니다…. 또 그리고 선생님께는 모든 말씀을 드리니까 선생님께서는 아마 알고 계셔서 제게 좀 말씀해 주실 수도 있을 것입니다…. 선생님께서는 여기 온 사람들이 혹 마리아를 너무 비난했는지 아시지요. 저는 그 애의 고통을 고치기 위해 과거에 대한 생각에 잠겨 있는 것을 볼 때에는 그 애의 잘못에 대한 기억을 줄이려고 애썼습니다. 그 애는 거기 대해서 안심하지를 못합니다. 그 애는 가치를 떨어뜨리는 것일 수 있는 것은 너무나 많이… 초월하는 것 같습니다.

어떤 사람들에게는 그 애가 별로 뉘우치지 않은 것으로도 보일 수 있을 것입니다. 그러나 저는 이해합니다…. 저는 압니다. 그 애는 속죄하기 위해 모든 것을 다 합니다. 저는 그 애가 가지가지 큰 보속을 하고 있다고 믿습니다. 그 애의 옷 속에 말총내의를 입고 있다 해도, 그리고 그 애의 살이 채찍의 심한 공격을 맛본다 하더라도 저는 놀라지 않을 것입니다…. 그러나 제가 가진 동기간의 사랑, 과거와 현재 사이에 휘장을 쳐서 그 애의 힘을 돋우어주고자 하는 동기간의 사랑을 다른 사람들은 가지고 있지 않습니다…. 선생님께서는 혹 용서할 줄을 모르는 사람들에게서 학대를 당했는지 아시는지요?…. 그 애는 용서를 받을 필요가 그렇게 많은데요."

"라자로, 나는 모르오. 마리아는 내게 그 말을 하지 않았소. 내가 당신을 고쳐 주거나 부활시키지 않았기 때문에 내가 메시아가 아니라고 바리사이파 사람들이 넌지시 말하는 것을 듣고 많이 괴로웠다는 말만을 했소."

"그럼… 제게 대해서는 아무 말씀도 드리지 않았습니까? 아시겠습니까?…. 저는 몹시 가슴이 아팠거든요…. 저는 어머니가 마르타와 제가 못 보고 지나친 일들을 돌아가시기 얼마 전에 알려 주신 것을 기억합니다. 그것은 마치 어머니의 마음과 어머니의 과거 속에 깊이 묻혀 있던 것이 심장이 마지막으로 북받쳐오르는 바람에 표면으로 올라온 것 같았습니다. 저는… 제 마음은 마리아 때문에 너무나 많은 고통을 겪었습니다…. 그리고 제 마음이 그 애 때문에 고통을 겪었다는 인상을 마리아에게 주지 않으려고 몹시 노력했습니다…. 그 애가 착하게 된 지금, 전에 그 애를 때린 것을 후회합니다. 그런데 처음에는 동기간의 사랑으로, 그 다음에는 선생님께 대한 사랑으로, 그 애가 치욕이었던 불명예스러운 시절에도 절대로 때리지 않았습니다. 선생님, 그 애가 제게 대해서 뭐라고 말씀드렸습니까?"

"누이동생과 같은 제자로서의 거룩한 사랑을 당신에게 줄 시간이 너무도 짧았던 까닭에 괴로웠다는 말을 했소. 당신을 잃으면서, 마리아는 자기가 전에 짓밟아 버렸던 애정의 보물의 범위가 어떠했는지를 잘 헤아렸다고… 그리고 지금은 그가 당신에게 줄 수 있는 모든 사랑을 주어서, 그에게 있어서 당신은 거룩하고 사랑받는 오빠라는 것을 말할 수 있게 된 것을 기뻐한다고 말했소."

"아! 그겁니다! 저는 거기 대한 직감을 가지고 있었습니다! 저는 그것을 즐깁니다. 그러나 저는 그 애의 기분을 상하게 하지 않았나 걱정했었습니다…. 어제부터 저는 생각하고, 또 생각하고… 기억하려고 애를 쓰지만… 생각해낼 수가 없습니다…."

"그러나 뭣 때문에 기억하고자 하시오? 당신은 앞길이 창창하오. 과거는 무덤 속에 남아 있소, 아니 그보다도 무덤 속에조차 남아 있지 않소. 과거는 시체에 감았던 붕대들과 동시에 타버렸소. 그러나 이것으로 당신의 마음이 평안해지게 된다면, 당신이 동생들, 특히 마리아에게 한 마지막 말을 말해 주겠소. 당신은 내가 여기 온 것이 마리아 때문이었다고, 내가 여기 오는 것은 마리아가 모든 사람보다 더 사랑할 줄을 알기 때문이라고 말했소. 그것은 사실이오. 당신은 마리아가 당신을 사랑한 모든 사람보다도 더 사랑했다고 말했소. 그것도 사실이오. 마리아는 하느님과 당신에 대한 사랑으로 자기를 새롭게 하면서 당신을 사랑했기 때문이오. 당신은 마리아에게 정확히 이런 말을 했소. 더할 수 없는 즐거움 속에서 지낸 일생도 당신이 마리아의 덕택으로 누린 것과 같은 기쁨을 주지 못했을 것이라고. 그리고 당신은 가장이 가장 사랑하는 그의 자녀들에게 축복하듯이 동생들에게 축복했소. 당신은 당신의 평화라고 부르던 마르타와 당신의 기쁨이라고 부르던 마리아에게 똑같이 축복했소. 이제는 마음이 평안하오?"

"이제는 그렇습니다, 선생님. 마음이 평안합니다."

"그러면, 평화가 자비를 베푸니, 나를 박해하는 민중의 지도자들도 용서하시오. 과연 당신은 모든 것을 용서할 수 있으나, 그들이 내게 하는 나쁜 짓은 용서할 수 없다고 말하려고 했소."

"맞습니다, 선생님."

"안 되오, 라자로. 나는 그들을 용서하오. 당신도 나와 같게 되기를 원하면 그들을 **용서해야 하오.**"

"아이고! 선생님과 같게 되다니! 저는 그렇게 될 수는 없습니다. 저는 그저 사람일 뿐입니다!"

"사람은 저 아래 남아 있소. 사람은! 당신의 영은… 당신은 사람이 죽을 때에 어떻게 되는지를 알지요…."

"아닙니다, 주님. 제가 어떤 일을 당했는지 아무 것도 기억하지 못합니다" 하고 라자로가 급히 말을 막는다.

예수께서는 빙그레 웃으시며 대답하신다.

"나는 **당신의 개인적인 지식, 당신의 개인적인 경험**에 대해서 말한 것이 아니오. 나는 믿는 사람 누구나가 그가 죽으면 무슨 일이 일어나는지를 안다는 것을 말하는 것이었소."

"아! 사심판(私審判)이요. 저도 압니다. 저는 믿습니다. 영혼이 하느님 앞에 나타나고, 하느님께서는 영혼을 심판하십니다."

"그렇소. 그리고 하느님의 심판은 공정하고 침범할 수 없고 무한한 가치가 있소. 만일 영혼이 극도로 죄가 있다는 심판을 받으면, 그 영혼은 지옥으로 떨어지는 영혼이 됩니다. 만일 영혼이 가벼운 죄만 있으면, 연옥으로 보내지요. 만일 영혼이 의로우면, 임보의 평화 속으로 가서 내가 하늘나라의 문을 열기를 기다리오. 그러므로 당신의 영혼이 이미 하느님의 심판을 받은 다음에 당신의 영을 도로 불러 왔소. 만일 당신이 지옥에 갔었더라면, **나는 당신을 다시 살려내지 못했을 것이오.** 그렇게 하면 내 아버지의 심판을 내가 폐기하는 것이 되었을 것이기 때문이오. 지옥에 간 사람들에게는 이미 변화가 없어진 것이오. 그들은 영원히 심판받은 것이오. 그러므로 당신은 지옥에 가지 않은 사람들 가운데 있었소. 따라서 하느님의 축복을 받은 사람들의 계급, 또는 깨끗해지고 난 다음에 하느님의 축복을 받을 사람들의 계급에 속해 있었소.

그러나 친구, 깊이 생각해 보시오. 사람이 아직 사람일 때, 즉 육체와 영혼으로 있을 때에 가질 수 있는 진실로 뉘우치는 마음이 깨끗하게 하는 가치가 있고, 이 세상에서 육체로 인하여 묻은 더러움에 대한 통회의 정신으로 하라고 한 물로 씻는 세례의 상징적인 의식이 우리 히브리인들이 볼 때에 정화(淨化)의 가치가 있는데, 육체에서 해방되어 하느님께서 어떤 분이신지를 의식하고, 자기의 잘못이 얼마나 중한지를 명확히 알게 되고, 몇 시간, 몇 해, 또는 몇 세기 동안 멀어져 갔던 기쁨이 얼마나 엄청난지를 분명히 알게 된 영혼의 더 실제적이고 더 완전한 뉘우침, 훨씬 더 완전한 뉘우침의 가치는 어떠하겠소? 그 기쁨이란 임보의 평화의 기쁨으로, 머지않아 도달하게 될 하느님 차지의 기쁨이 될 것이고, 그것은 완전한 뉘우침과 완전한 사랑과, 하느님의 사랑과 영들의 사랑이 불질러놓은 뜨거운 불꽃 안에서 하는 목욕의 2중 3중의 정화가 될 것이오.

영들은 그 목욕에서, 그 목욕을 통하여 더러움을 일체 떨쳐 버리고, 세라핌들처럼 아름답게 되어 나오고, 세라핌의 머리에조차 씌어져 있지 않은 화관, 즉 사랑의 덕택으로 악습에 대하여 거둔 지상의 순교, 지상을 초월한 순교의 화관을 쓰고 나올 것이오. 그러니 그 뉘우침이 어떠 하겠소? 친구여, 말해 보시오."

"하지만… 모르겠습니다…. 완전이지요. 아니 그보다도… 새로운 창조입니다."

"그렇소. 당신이 정확한 단어를 말했소. 영혼은 거기에서 새로 창조되다시피 되어서 나오오. 영혼은 어린 아이의 영혼과 같이 되오. **새로운 영혼이오.** 과거는 모두 없어졌소. 사람으로서의 그 과거가 원죄가 떨어져 나가면, 일체의 흠, 흠의 그림자에서까지도 완전히 벗어난 영혼은 초월적으로 창조되어 천국에 들어갈 만한 영혼이 될 것이오. 선에 집착함으로 인하여, 고통과 죽음의 속죄로 인하여, 그리고 완전한 뉘우침과 죽음 너머로 당신이 도달했던 완전한 사랑의 덕택으로 이미 다시 창조되었던 당신의 영혼을 나는 다시 불러 왔소. 그러므로 당신은 몇 시간 전에 태어난 어린 아이처럼 죄가 도무지 없는 영혼이오. 그런데 만일 당신이 갓난 어린 아이면, 당신은 왜 그 영적인 어림에 어른의 무겁고 찍어누르는 옷을 걸치기를 원하오?

어린 아이들은 즐거운 그들의 영에 날개들을 가지고 있지, 사슬을 가지고 있지 않소. 어린 아이들은 아직 개성을 가지게 되지 않았기 때문에 나를 쉽게 본받소. 어떤 자국으로도 더럽혀지지 않은 그들의 영혼에는 내 모습과 내 가르침이 혼선없이 박힐 수 있기 때문에 그들은 나와 같이 되오. 어린 아이들은 인간적인 기억과 원한과 편견이 없는 영혼을 가지고 있소. 그들의 영혼에는 아무 것도 없소. 그래서 완전하고 절대적인 내가 하늘에 있는 것처럼 거기에 있을 수가 있소. 당신의 오래된 육체 안에 있는 원동력이 새 것이고, 과거가 없고, 순수하고, 전에 있었던 것의 흔적이 없기 때문에 다시 난 것 같고, 새로 난 것 같은 당신, 내게 봉사하기 위해서, 다만 이것만을 위해서 돌아온 당신은 **모든 사람보다 더** 나같이 되어야 하오.

당신 모습을 내게 비춰보시오. 당신을 내게 반사시키시오. 그들이 사랑하는 것의 모습을 상대편에 서로 반사시키기 위하여 서로 마주보고 있는 두 거울이오. 당신은 어른임과 동시에 어린 아이요. 나이로는 어른이고, 마음의 깨끗함으로는 어린 아이요. 당신은 어린 아이들에 비해서 벌써 선과 악을 안다는 이점(利點), 사랑의 불꽃 속에서 세례를 받기 전에 벌써 선을 선택할 줄 알았다는 이점을 가지고 있소. 그럼 나는 그것이 받은 정화 덕택으로 깨끗하게 된 영을 가진 당신에게 이렇게 말하오. '하늘에 계신 우리 아버지께서 완전하신 것처럼, 그리고 내가 완전한 것처럼 완전하시오. 완전하시오. 즉 이 세상에는 하느님의 봉사자 한 사람을 다시 가지고, 나를 위하여 참다운 벗을, 하늘을 위하여는 진복자, 큰 진복자를 다시 가지기 위하여, 삶과 죽음의 모든 법칙을 어길 정도로 당신을 사랑한 나와 같이 되시오.'

나는 이 말을 모든 사람에게 하오. '완전하시오' 하고. 그런데 그들은 대부분이 당신이 가졌던 마음을 가지고 있지 않소. 기적을 받을 만한 마음, 지극히 사랑하시는 아들을 통하여 하느님의 영광을 드러 내기 위한 연장으로 선택될 만한 마음을 말이오. 그리고 그들은 하느 님께 대하여 당신의 빚과 같은 빚을 지고 있지 않소…. 나는 이 말을 할 수 있고, 당신에게 이것을 요구할 수 있소. 그런데 제일 먼저 나는 당신에게 나를 모욕했고 지금도 모욕하고 있는 사람들에 대해서 원한을 품지 말라고 요구하오. 용서하시오. 라자로, 용서하시오. 당신은 사랑으로 불붙은 불꽃 속에 잠겼었소. 그러니까 당신은 하느님의 사랑 가득한 포옹 이외에는 다른 것을 절대로 알지 못하기 위하여 '사랑'이 되어야 하오."

"그럼 그렇게 하면, 그것 때문에 저를 부활시키신 사명을 다한게 되는 것입니까?"

"그렇게 하면, 당신은 그 사명을 다할 것이오."

"주님, 이것으로 충분합니다. 저는 더 여쭈어볼 필요도 더 알 필요도 없습니다. 주님께 봉사하는 것이 제 소원입니다. 제가 병들어 죽은 사람이 할 수 있는 아무 것도 아닌 것으로도 선생님께 봉사를 했고, 건강을 회복한 사람이 할 수 있는 것으로 제가 장차 선생님께 봉사할 수가 있다면, 제 소원은 이루어진 것이니, 그 이상 저는 아무 것도 청하지 않습니다. 제 주님이시고 선생님이신 예수님은 찬미받으십시오! 그리고 선생님과 더불어 선생님을 보내신 분도 찬미받으시기 바랍니다."

"전능하신 주 하느님은 항상 찬미받으시기 바랍니다."

두 분은 집을 향하여 가면서, 나무들이 깨어나는 것을 살펴보기 위하여 걸음을 멈춘다. 예수께서는 키가 크기 때문에 팔을 들어, 집의 남쪽 벽 앞에서 따뜻한 햇볕을 받는 편도나무에서 작은 꽃 무더기를 하나 따신다.

마리아가 집에서 나오다가 두 분을 보고, 예수께서 말씀하시는 것을 들으려고 가까이 온다.

"라자로, 보시오. 이 꽃들에게도 주님이 '나오너라' 하고 말씀하셨소. 그러니까 주님을 섬기기 위하여 순종했소."

"싹이 트는 것은 정말 신비롭습니다! 단단한 줄기와 딱딱한 씨에서 저다지도 연약한 꽃잎들과 저렇게도 연한 줄기들이 나와서 열매와 나무로 변할 수 있다는 것은 불가능해 보입니다. 선생님, 수액(樹液)이나 싹이 초목이나 씨의 영혼과 같다고 말하는 것은 틀린 말입니까?"

"그것이 생명 유지에 필요한 부분이니까 틀린 생각은 아니오. 그것들 안에 있는 생명유지에 필요한 그 부분은 나무와 밀이 창조된 첫째날에 각 종류에 따라 창조된 것으로, 영원하지는 않소. 사람 안에 있는 영혼은 새 사람이 각각 잉태될 때마다 그를 위해 매번 창조되고, 그의 창조주를 닮아서 영원하오. 그러나 그것으로 물질이 사는 것이오. 이 때문에 사람이 영혼으로만 산다고 내가 말하는 것이오. 세상에서만 사는 것이 아니고, 내세에서도 사는 것이오. 사람은 그의 영혼으로 사오.

우리 히브리인들은 이방인들이 하는 것처럼 무덤 위에 그림을 새기지 않소. 그러나 만일 우리가 그림을 새기게 된다면, 꺼진 횃불이나 빈 물시계나 그 밖의 종말의 상징을 새길 것이 아니라, 밭고랑에 뿌려져서 밀이삭으로 피어나는 씨앗을 항상 새겨야 할 것이오. 과연 육체의 죽음이 영혼을 그 껍질에서 해방하여 주님의 화단에서 열매를 맺게 하오. 씨앗이오. 하느님께서 우리의 먼지 속에 넣으신 생명의 불씨로서, 우리가 의지로, 그리고 또 고통으로 그 불씨를 둘러싸고 있는 흙덩어리를 기름지게 할 줄 알면, 그것이 이삭이 되오. 영속하는 생명의 상징인 씨앗…. 그러나 막시민이 당신을 부르오…."

"선생님, 가보겠습니다. 관리인들이 온 모양입니다. 지난 몇 달 동안에 모든 것이 결정되었었는데, 이제 서둘러 보고를 하려는 것입니다…."

"당신은 마음좋은 주인이기 때문에 그 보고들을 미리부터 받아들이지요."

"그리고 그 사람들이 훌륭한 봉사자들이기 때문입니다."

"훌륭한 주인이 훌륭한 하인들을 만드는 것이오."

"그러면 저는 틀림없이 좋은 하인이 되겠습니다. 저는 선생님을 완전한 주인으로 모셨으니까요." 그러면서 미소를 짓고 떠나가는데, 여러 해 전부터 그렇던 불쌍한 라자로와는 아주 달리 날쌔게 걸어 간다.

마리아는 예수와 같이 있다.

"그래 마리아 너도 네 주님의 훌륭한 하녀가 되겠느냐?"

"선생님께서 그걸 아실 수 있습니다. 라뽀니, 저는… 저는 큰 죄녀였다는 것만을 알고 있습니다."

예수께서는 빙그레 웃으신다. "너 라자로를 보았느냐? 라자로도 큰 병자였었는데, 이제는 매우 건강한 것 같지 않느냐?"

"그렇습니다, 라뽀니. 선생님이 오빠를 고쳐 주셨습니다. 선생님이 하시는 것은 언제나 완전합니다. 오빠는 무덤에서 나오기 전에는 저렇게 튼튼하고 명랑한 적이 없었습니다."

"마리아야, 네 말이 맞았다. 내가 하는 것은 **언제나 완전하다**. 그렇기 때문에 네 구속도 **완전하다**, 내가 그것을 행했으니까."

"그렇습니다. 사랑하는 제 구세주, 제 구속주, 제 임금님, 제 하느님, 맞습니다. 선생님이 원하시면 저도 역시 제 주님의 착한 여종일 것입니다. 저로서는 그렇게 되고 싶습니다, 주님. 주님께서도 그것을 원하시는지는 모르겠습니다."

"마리아야, 나는 원한다. 네가 내게 훌륭한 하녀가 되는 것을. 어제보다 오늘 더. 오늘보다 내일 더. 내가 '마리아야, 이제 됐다. 이제는 네가 쉴 때가 되었다' 하고 말할 때까지."

"주님, 약속했습니다. 그 때에는 선생님이 저를 부르시기 바랍니다. 제 오빠를 무덤 밖으로 불러내신 것처럼. 오! 저를 불러 주세요, 생명 밖으로!"

"아니다, 생명 밖으로 부르지 않고, **너를 생명으로**, 참 생명으로 부르겠다. 나는 너를 육체와 세상이라는 무덤에서 불러내겠다. 나는 너를 네 주님과의 네 영혼의 결혼식으로 부르겠다."

"제 결혼식! 주님은 동정녀들을 사랑하시는데요…."

"마리아야, 나는 나를 사랑하는 사람들을 사랑한다."

"선생님은 완전무결하게 인자하십니다, 라뽀니! 그 때문에 저는 선생님이 오시지 않기 때문에 나쁘시다고 말하는 것을 듣고는 마음이 평안할 수가 없었습니다. 마치 모든 것이 무너져내리는 것만 같았습니다. 저 자신에게 이렇게 말하는 것은 얼마나 괴로운 일이었는지 모릅니다. '아니다, 아니야! 너는 이 명백한 사실을 받아들여서는 안 된다. 네 눈에 명백한 것으로 보이는 것은 꿈이다. 현실은 네 주님의 능력이고 인자하심이고 천주성이다' 하고. 아! 저는 얼마나 많은 고통을 겪었는지 모릅니다! 오빠의 죽음과 오빠의 말 때문에 너무나 큰 고통이었습니다…. 거기 대해서 오빠가 아무 말씀도 드리지 않았습니까? 기억을 하지 못합니까? 사실대로 말씀해 주십시오…."

"마리아야, 나는 절대로 거짓말을 하지 않는다. 라자로는 말을 하지 않았나 염려하고, 그의 생애의 고통이었던 것을 말하지 않았나 걱정한다. 그러나 나는 거짓말을 하지 않고 그를 안심시켰다. 그래서 이제는 오빠가 안심하고 있다."

"주님, 고맙습니다. 그 말들은… 제게 유익한 일을 했습니다. 그렇습니다. 병의 뿌리를 드러내서 지지는 의사의 치료와 같이 제게 이익을 주었습니다. 그 말들은 전의 마리아를 완전히 부수어 놓고야 말았습니다. 저는 제게 대해서 아직도 너무 거만한 생각을 가지고 있었습니다. 지금은… 제 비열의 바닥이 얼마나 깊은지를 헤아립니다. 그래서 그것을 다시 올라오려면 먼 길을 걸어야 한다는 것을 압니다. 그러나 주님이 저를 도와주시면 그렇게 하겠습니다."

"마리아야, 너를 도와주마. 내가 떠난 뒤에도 도와주마."

"어떻게요, 주님?"

"헤아릴 수 없을 정도로 네 사랑을 자라게 해서. 네게는 이것 말고 다른 길은 없다."

"제가 속죄해야 할 것에 비하면 너무나 쉬운 길입니다! 모든 사람이 사랑으로 구원을 받습니다. 모든 사람이 그렇게 해서 하늘나라를 얻습니다. 그렇지만 깨끗한 사람들과 의인들에게 충분한 것도 큰 죄녀에게는 충분하지 못합니다."

"마리아야, 네게는 다른 길이 없다. 사실 네가 어떤 길을 가던, 그것은 항상 사랑일 것이다. 내 이름으로 봉사를 하면 사랑일 것이고, 네가 복음을 전하면 사랑일 것이고, 네가 고독하게 살면 사랑일 것이며, 네가 너 자신을 괴롭히면 사랑일 것이고, 네가 순교를 하면 사랑일 것이다. 너는 사랑하는 것밖에 모른다. 그것이 네 본성이다. 불꽃은 땅바닥으로 기어 가면서 풀들을 태우건, 찬란한 광채가 포옹하듯이 나무 줄기나 집이나 제단을 둘러싸고 하늘로 치솟건, 태울 수밖에 없다.
 각자에게는 그의 성질이 있는 것이다. **영적 지도자들의 지혜는 사람을 그가 가장 잘 발전할 수 있는 길로 인도해서 그의 소질이 성과를 올리게 할 줄 아는 데 있다.** 초목과 동물들에게도 이 법칙이 있다. 그래서 어떤 과일나무가 꽃만 피던가 그 성질에 들어 있는 것과 다른 열매를 맺기를 요구하고자 하거나 어떤 짐승으로 하여금 다른 종류의 짐승에 고유한 기능을 행하기를 요구하고자 하는 것은 어리석은 일일 것이다. 너는 꿀을 만드는 것이 운명인 저 벌이 울타리의 우거진 잎들 속에서 노래하는 새가 되라고 요구할 수 있겠느냐? 또는 내가 들고 있는 이 편도나무 가지가 이것을 꺾어 온 편도나무 전체와 더불어 편도를 맺지 않고, 그 껍질에서 향기나는 수지(樹脂)를 스며나오게 하라고 요구할 수 있겠느냐? 벌은 일하고, 새는 노래하고, 편도나무는 열매를 맺고, 진이 나는 나무는 향기가 있는 진을 제공한다. 그러면서 모두가 그것들의 역할을 다한다. 영혼들도 마찬가지이다. 너는 사랑하는 직책을 가졌다."
 "주님, 그러면 저를 불살라 주십시오. 그것을 은총으로 청합니다."
 "네가 가지고 있는 사랑의 힘이 네게 넉넉하지 않느냐?"
 "그것은 너무나 적습니다. 그것은 사람들을 사랑하는 데는 소용될 수 있었습니다. 그러나 무한한 주님이신 선생님께는 소용될 수 없습니다."
 "그러나 내가 바로 그런 사람이기 때문에, 한없는 사랑을 가지는 것이 필요할 것이다."
 "그렇습니다, 주님. 제가 원하는 것이 그것입니다. 한없는 사랑을 제 안에 넣어 주십사 하는 것입니다."
 "마리아야, 사랑이 무엇인지 아시는 지극히 높으신 분이 사람에게 '네 온 힘을 다하여 나를 사랑하여라' 하고 말씀하셨다. 하느님께서는 온 힘을 다해서 사랑한다는 것이 벌써 하나의 순교라는 것을 아시기 때문에 그 이상의 것을 요구하지 않으신다…."
 "주님, 상관없습니다. 주님이 사랑받으셔야 할 만큼 제가 주님을 사랑하게, 제가 아무도 그렇게 사랑하지 않은 정도로 주님을 사랑하게 무한한 사랑을 제게 주십시오."

11. 베다니아에 계신 예수 **151**

"마리아야, 너는 불타서 없어지는 장작더미와 같은 고통을 내게 청하는구나. 장작더미는 타서 천천히 없어진다…. 그것을 생각해라."

"주님, 저는 그것을 생각하는 것이 아주 오래 됐습니다. 그러나 청하지를 못했습니다. 이제는 주님이 저를 얼마나 사랑하시는지를 압니다. 이제는 주님이 어느 정도 저를 사랑하시는지를 정말 압니다. 그래서 감히 그것을 청하는 것입니다. 주님, 그 무한한 사랑을 주십시오."

예수께서는 마리아를 바라보신다. 마리아는 밤샘과 고통으로 아직 야윈 몸에, 악의없는 소녀와 같이 수수한 옷차림과 꾸밈없는 머리모양을 하고, 불타는 소원이 반영되는 창백한 얼굴과 애원하면서도 벌써 사랑으로 반짝이는 눈으로, 여인이라기보다는 벌써 세라핌이 되어 예수 앞에 서 있다. 정말이지 절대적인 관조(觀照)의 순교를 청하는 관조하는 여자이다.

예수께서는 그의 의지를 헤아리려는 듯이 마리아를 자세히 바라보신 다음 단 한 마디만 말씀하신다. "그러마."

"아! 주님! 주님께 대한 사랑으로 죽는 것은 얼마나 큰 은총입니까!" 마리아는 예수의 발에 입맞춤 하기 위하여 무릎을 꿇는다.

"마리아야, 일어나서 이 꽃을 받아라. 이것은 네 영적인 결혼식의 꽃이 될 것이다. 편도나무의 열매처럼 부드럽고, 그 꽃처럼 순수하고, 그 열매에서 짠 기름에 불을 붙일 때처럼 빛나고, 향료가 가득 찬 것을 연회석에 뿌리거나 왕들의 머리에 뿌릴 때의 그 기름과 같이 향기롭게 되고, 네 덕행으로 향기롭게 되어라. 그 때에는 정말로 네가 주님의 뜻에 무한히 드는 향유를 그분의 머리에 부을 것이다."

마리아는 꽃을 받는다. 그러나 땅에서 일어나지 않고, 그의 선생님의 발에 입맞춤 하고 눈물을 흘림과 더불어 그의 사랑으로 미리 향기를 풍긴다.

라자로가 두 사람 있는 곳으로 온다.

"선생님, 선생님을 뵙겠다고 하는 소년이 있습니다. 그 애는 선생님을 찾아 시몬의 집엘 갔었는데, 요한밖에 만나지 못했습니다. 요한이 그 애를 이리 데리고 왔습니다. 그러나 선생님 말고 다른 사람에게는 말을 하려고 하지 않습니다."

"좋소. 내게로 데려오시오. 재스민을 올린 정자 아래로 가겠소."

마리아는 라자로와 함께 집으로 돌아간다. 예수께서 정자 아래로 가신다. 라자로는 그 어린이의 손을 잡고 돌아온다. 그 어린이는 내가 세포리스의 요셉의 집에서 본 일이 있는 어린 아이다. 예수께서는 그를 이내 알아보시고 인사하신다.

"마르시알, 너냐? 평화가 너와 함께 있기를. 여긴 왜 왔니?"

"무슨 말씀을 드리라고 보내서 왔어요…." 그러면서 라자로를 쳐다본다. 라자로는 알아듣고 떠나려고 한다.

"라자로, 가지 마시오. 내 친구 라자로님이다. 얘야, 나는 이분보다 더 충실한 벗이 없으니까. 이분 앞에서는 말해도 된다."

소년은 안심하고 말한다.

"지금은 제가 요셉 어른과 같이 있기 때문에 그분이 저를 보내면서 선생님더러 즉시, 즉시 벳파게의 클레옹트의 집으로 오시라고 말하라고 했어요. 요셉 어른이 선생님께 즉시, 정말 즉시 말을 해야 한대요. 그리고 아주 비밀히 선생님께 말해야 하니까 혼자 오시라고 했어요."

"선생님! 무슨 일이 일어났습니까?" 하고 라자로가 놀라서 묻는다.

"모르겠소, 라자로. 가기만 하면 되오. 나와 같이 갑시다."

"주님, 곧이요. 우리는 어린이와 같이 갈 수 있습니다."

"아닙니다, 주님. 저 혼자 가겠습니다. 요셉 어른이 그러라고 부탁했어요. '너 혼자서 일을 잘 해내면, 내가 아버지처럼 너를 사랑하겠다'고 말했어요. 그런데 나는 요셉 어른이 나를 아들처럼 사랑하기를 바라요. 나는 곧 뛰어서 가겠어요. 선생님은 나중에 오세요. 주님, 안녕. 아저씨, 안녕."

"마르시알아, 네게 평화."

어린 아이는 제비처럼 날아간다.

"갑시다, 라자로. 내 겉옷을 갖다 주시오. 나는 먼저 가겠소. 당신이 보다시피 어린 아이가 창살대문을 열지 못하는데, 분명히 아무도 부르고자 하지 않기 때문이오."

예수께서는 창살대문 쪽으로 급히 가시고, 라자로는 집으로 급히

11. 베다니아에 계신 예수 **153**

간다. 예수께서 쇠로 된 잠그는 장치를 아이에게 열어 주시니, 아이는 빨리 간다. 라자로는 예수께 겉옷을 가져다 드리고, 예수 곁에서 벳파게 쪽으로 가는 길을 걸어간다.

"요셉이 무슨 일로 어린 아이를 몰래 보냈을까요?"

"어린 아이는 감시할지도 모르는 사람들의 눈에 띄지 않소" 하고 예수께서 대답하신다.

"주님의 생각으로는… 주님께서는 의심을… 주님께서는 위험한 처지에 계시다고 느끼십니까?"

"그렇다고 확신하오."

"뭐라구요? 지금두요? 아니, 그보다 더 큰 증거는 주실 수 없었는데요!…."

"증오는 현실의 자극을 받아 더 커지오."

"오! 그러면 저 때문이로군요! 저는 주님께 해를 끼쳤군요!…. 제 마음의 고통은 비할 데가 없습니다!" 하고 라자로가 참으로 괴로워하며 말한다.

"당신 때문이 아니오. 공연히 괴로워하지 마시오. 당신은 수단이었소. 그러나 원인은 필요성이었소. 내 천주성에 대한 증거를 세상에 줄 필요였단 말이오, 알겠소? 당신이 아니었더라면 다른 사람이었을 것이오. 내가 하느님이기 때문에 내가 원하는 것은 무엇이든지 할 수 있다는 것을 세상 사람들에게 증명해야 했기 때문이오. 그런데 여러 날 전에 죽어서 이미 부패한 사람을 다시 살려내는 것은 하느님에게서 오는 일일 수밖에 없소."

"아! 주님께서는 저를 위로하려고 하시는군요. 그러나 저로서는 제 기쁨, 제 모든 기쁨이 사라졌습니다…. 저는 괴롭습니다, 주님."

예수께서는 "할 수 없지요!" 하고 말씀하시려는 것 같은 몸짓을 하신다. 그리고 두 분은 입을 다문다.

두 사람은 급히 걷는다. 베다니아와 벳파게 사이의 거리는 얼마 되지 않는다. 그래서 두 분은 이내 도착한다.

요셉은 마을 어귀의 길에서 왔다갔다 하고 있다. 예수와 라자로가 울타리에 가려진 오솔길에서 나왔을 때 요셉은 등을 돌리고 있었다. 라자로가 그를 부른다.

"오! 평화가 두 분께! 선생님, 오십시오. 선생님을 즉시 보기 위해서 여기서 기다렸습니다. 그러나 올리브밭으로 가십시다. 그들이 우리를 보는 것을 저는 원치 않습니다…."

요셉은 그들을 집들 뒤에 있는 올리브나무 숲 속으로 인도한다. 올리브나무들은 그 우거지고 헝클어진 잎으로 비탈을 가리기 때문에, 사람들의 눈에 띄지 않고 말하기에 편리한 은신처가 된다.

"선생님, 저는 민첩하고 말 잘 듣고 제가 매우 사랑하는 어린 아이를 선생님께 보냈습니다. 그것은 선생님께 말씀을 **드려야 하는데**, 사람들의 눈에 띄어서는 **안 되기** 때문이었습니다. 저는 키드론 개울을 따라서 여기 왔습니다…. 선생님, 여기서 **즉시** 떠나셔야 합니다. 최고회의는 선생님의 체포를 결정했고, 내일 회당들에서 그 명령을 읽을 것입니다. 선생님 계신 곳을 아는 사람은 누구든지 그곳을 알려줄 의무가 있습니다. 라자로, 당신 집이 제일 먼저 수색을 당하리라는 것은 말할 필요도 없소. 저는 오정에 성전에서 나와서 걸음을 재촉했습니다. 그들이 말하는 동안에, 저는 벌써 계획을 짜놓았으니까요. 저는 집으로 가서 아이를 데리고 나왔습니다. 그리고 시내를 떠나려는 것처럼 말을 타고 헤로데문으로 해서 나와서, 키드론 개울을 건넌 다음 개울을 끼고 왔습니다. 저는 나귀를 게쎄마니에 남겨 두고, 어린 아이를 급히 보냈습니다. 그 애는 저와 같이 베다니아에 간 일이 있기 때문에 벌써 길을 알고 있었습니다. 선생님, 즉시 안전한 곳으로 떠나십시오. 어디로 가실지 아십니까? 가실 데가 있습니까?"

"그러나 선생님께서 여기서 떠나시기만 하면 되지 않소? 그저 유다에서만 떠나시면?"

"라자로, 그것으론 넉넉지 않소. 그들은 화가 몹시 나 있어요. 선생님께서는 그들이 가지 않는 곳에 가셔야 하오…."

"그러나 그들은 어디에나 다 가오! 당신은 선생님께서 팔레스티나를 떠나시기를 바라는 것은 아니겠지요!…" 하고 라자로가 불안스럽게 말한다.

"아니, 당신에게 무슨 말을 해야 할까?! 최고회의가 그걸 요구하니…."

"이것은 나 때문이지요? 바른 대로 말하시오!"

"흠! 그렇지요! 당신 때문이지요…. 그보다도 모든 사람이 회개해서 선생님께로 오기 때문이오. 그런데 그들은… 이것을 원치 않소."

"아니, 그것은 죄악이오! 독성(瀆聖)이오…. 그것은…."

얼굴이 창백하시나 매우 침착하신 예수께서는 손을 들어 입을 다물게 하시고 말씀하신다.

"라자로, 잠자코 있으시오. 각자는 자기가 할 일을 하오. 모든 것이 쓰여 있소. 요셉, 고맙소. 그리고 내가 떠난다는 것을 보증하오. 가시오. 요셉, 가요. 당신이 없는 것을 그들이 눈치채게 하지 마시오…. 하느님께서 당신에게 강복하시기 바라오. 내가 어디 있는지 라자로를 통해서 알려주겠소. 가시오. 당신과 니고데모와 올바른 마음을 가진 모든 사람에게 강복하오." 예수께서는 요셉에게 입맞춤 하시고, 그들은 헤어진다. 예수께서는 올리브밭으로 해서 라자로와 같이 베다니아로 돌아오시고, 요셉은 시내 쪽으로 간다.

"선생님, 어떻게 하실 작정입니까?" 하고 라자로가 괴로워하며 묻는다.

"모르겠소. 요 며칠 사이에 여자 제자들이 내 어머니와 같이 오오. 그들을 기다렸으면 했는데…."

"이 때문에… 제가 선생님 대신으로 그분들을 맞이해서 선생님께로 데려갈 수가 있을 것입니다. 그러나 우선 선생님께서는 어디로 가십니까? 솔로몬의 집으로 가실 것으로는 생각하지 않습니다…. 또 잘 알려진 제자들의 집으로도 가지 않으실 것이고, 내일!… 선생님은 곧 떠나셔야 하는데!"

"장소는 하나 있을 거요. 그러나 내 어머니를 기다렸으면 하오. 어머니께서 나를 만나지 못하시면 어머니의 고민이 **너무 일찍** 시작될 거요…."

"선생님, 어디로 가시렵니까?"

"에프라임으로."

"사마리아로요?"

"사마리아로. 사마리아 사람들은 다른 많은 사람보다 덜 사마리아 인답고, 나를 사랑하오. 에프라임은 국경에 있소…."

"오! 그 사람들은 유다인들을 반대하기 위해서 선생님께 경의를 표하고 선생님을 보호할 것입니다! 그러나… 가만 계십시오! 선생님의 어머니께서는 사마리아 길이나 요르단강 길로 오실 수밖에 없습니다. 저는 하인들을 데리고 한길로 가고, 막시민은 다른 하인들을 데리고 다른 길로 가게 하겠습니다. 그러면 둘 중의 한 사람은 선생님의 어머니를 만날 것입니다. 저희들은 그분들을 데리고만 돌아오겠습니다. **라자로의 집에서는 아무도 배신할 수 없다는** 것을 선생님도 아시지요. 선생님께서는 그 동안 즉시 에프라임으로 가십시오. 아! 제가 선생님을 모시지 못한다는 것은 숙명과 같은 것입니다! 그러나 저는 아도민산으로 해서 오겠습니다. 제가 이제는 건강하니까 하고싶은 대로 할 수 있습니다.
그리고 또 그렇지요! 저는 사마리아의 길로 해서 프톨레마이스에 가서 안티오키아로 가는 배를 타려고 하는 것으로 믿게 하겠습니다. 그곳에 제 땅이 있다는 것을 다들 압니다…. 제 누이동생들은 베다니아에 남아 있을 것입니다…. 선생님께서는… 그렇습니다. 이제 저는 마차 두 채를 준비할 테니, 선생님께서는 마차를 타시고 예리고로 가십시오. 그리고 내일 새벽에 걸어서 길을 계속하십시오. 오! 선생님! 제 선생님! 피하십시오! 피하셔요!" 처음 순간의 흥분이 지나자, 라자로는 슬픔에 잠겨서 운다. 예수께서는 한숨을 쉬시지만 아무 말씀도 하지 않으신다. 무슨 말씀을 하셔야 하겠는가?….

두 분은 시몬의 집에 이르러서 헤어진다. 예수께서는 집 안으로 들어가신다. 선생님이 아무 말씀도 없이 떠나셨던 것으로 인하여 벌써 놀라 있던 사도들이 예수 둘레로 바싹 다가오니 예수께서는 그들에게 말씀하신다.

"옷들을 입고 배낭들을 챙겨라. 여기서 곧 떠나야 한다. 빨리 해라. 그리고 라자로의 집으로 오너라."

"젖은 옷들도 챙깁니까? 젖은 옷은 돌아와서 챙기면 안 됩니까?" 하고 토마가 묻는다.

"우린 돌아오지 않는다. 모두 챙겨라."

사도들은 눈짓으로 서로 말하면서 간다. 예수께서는 당신 물건을 가지러 라자로의 집으로 가셔서 비탄에 잠긴 누이동생들과 작별인사를 하신다….

11. 베다니아에 계신 예수

　마차들은 빨리 준비되었다. 튼튼한 말 두 마리가 끄는 포장을 친 육중한 마차들이다. 예수께서는 라자로와 막시민, 그리고 달려온 하인들과 작별인사를 하신다.
　일행은 어떤 뒷문에서 기다리고 있는 마차에 오른다. 마차몰이들은 짐승들에게 채찍질을 하고, 이렇게 하여 라자로를 부활시키기 위하여 며칠 전에 예수께서 오셨던 같은 길로 해서 여행이 시작된다.

12. 에프라임으로 가면서

　시원하고 맑은 첫새벽에, 니까의 집 둘레에 있는 밭들은 매우 엷은 에메랄드 빛깔 같은 엷은 빛깔인 몇 센티미터쯤 자란 밀포기로 온통 초록빛 투성이이다. 집 더 가까이에 있는 과수원은 아직 잎이 나지 않은 채로 있어, 새로 나온 섬세한 곡식의 싹들과 말갛게 갠 가벼운 하늘을 배경으로 하니 한층 더 우중충하고 육중해 보인다. 처음 햇살을 받는 아주 하얀 집 위로는 비둘기들이 날아 다닌다.
　니까는 벌써 일어나서 떠나는 사람들이 길을 가는 데 기운을 차릴 만한 것을 가지도록 정성스럽게 마련을 한다. 니까는 우선 밤을 지내라고 붙잡아 두었던 라자로의 두 하인을 돌려보낸다. 음식들을 든든히 먹은 하인들은 말들을 속보로 달리게 하여 길을 떠난다. 그런 다음 니까는 하녀들이 활활 타는 불에 양젖과 음식들을 준비하고 있는 부엌으로 들어간다. 니까는 큰 그릇에서 더 작은 병에 기름을 옮겨 붓고, 작은 가죽부대 여러개에 포도주를 붓는다. 그리고 비스킷처럼 얇은 빵 모양을 만들고 있는 하녀를 재촉하여 벌써 준비가 되어 있는 화덕에 즉시 가져가게 한다. 치즈 덩어리들이 부엌의 열로 마르고 있는 넓은 탁자들에서 니까는 가장 아름다운 모양으로 된 것들을 고른다. 꿀을 가지고 와서 마개가 잘 되어 있는 작은 그릇에 흘려 들어 보낸다.
그런 다음 이 모든 음식물을 가지고 꾸러미들을 만드는데, 꾸러미 중의 하나에는 꼬챙이에 꿰어서 구운 새끼 염소인지 어린 양인지를 통째로 넣는다. 또 한 꾸러미에는 산호처럼 붉은 사과들을 넣는다. 또 한 꾸러미에는 완전히 마련이 된 올리브를 넣고, 또 한 꾸러미에는 건포도를 넣는다. 그리고 보리쌀을 넣은 꾸러미도 하나 있다. 니까가 보리쌀 꾸러미를 작은 배낭에 넣고 배낭을 메고 있는데, 예수께서 부엌으로 들어오시면서 거기 있는 여자 모두에게 인사를 하신다.

"선생님께 평화, 벌써 일어나셨습니까?"
"더 일찍 일어났어야 했다. 그러나 내 제자들이 몹시 피로했기 때문에 좀 더 자게 내버려두었다. 니까야, 무엇을 하느냐?"
"준비합니다…. 보시다시피 무겁지 않을 겁니다. 짐이 열두갠데, 지고 갈 사람들의 힘을 계산했습니다."
"그럼 나는?"
"오! 선생님! 선생님께서는 벌써 무거운 짐을 지고 계신 걸요…."
그러면서 니까의 눈에는 눈물이 반짝인다.
"니까야, 밖으로 나가자. 조용히 이야기 하자."
두 사람은 나가서 집에서 멀어져간다.
"선생님, 제 마음이 울고 있습니다…."
"안다. 그러나 굳세어야 한다. 내가 고통을 당하지 않았다는 것을 생각하고 굳세어야 한다…."
"오! 선생님을 괴롭히는 일은 절대로 안 됩니다! 그러나 저는 선생님 곁에 있을 수 있을 거라고 생각했었습니다. 그래서 예루살렘에 갔었습니다. 그렇지 않았으면 제 전장(田庄)이 있는 이곳에 남아 있었을 것입니다."
"라자로와 마리아와 마르타도 나와 같이 있을 수 있다고 생각했었다. 그런데 보다시피!…."
"저도 압니다. 예, 저도 알아요. 예루살렘에는 선생님이 안 계시기 때문에 다시는 안 가겠습니다. 여기 있으면, 선생님을 더 가까이 모시게 되고, 선생님을 도와드릴 수 있을 것입니다."
"너는 벌써 많은 것을 주었는데…."
"제가 드린 것은 아무 것도 아닙니다. 저는 선생님 계신 곳으로 제 집을 옮겨 갈 수 있으면 좋겠습니다. 그러나 저도 가겠습니다. 틀림없이 가서 선생님께 무엇이 부족한지 살펴보겠습니다. 지금은 선생님께서 저더러 하라고 말씀하신 것이 옳습니다. 저는 선생님께서 여기 계시 않다는 것을 그들이 확신할 때까지 여기 남아 있겠습니다. 그런 다음에는…."
"여자의 몸으로는 길이 멀고 힘들다. 그리고 도무지 안전하지 못하다."

"오! 저는 무섭지 않습니다. 저는 여자로서 남자의 마음에 들기에는 너무 늙었고, 또 희생물이 될 만큼 보물들을 가지고 다니지 않습니다. 자기들이 거룩하다고 생각하지만, 선생님에게서 평화와 자유를 빼앗아가고자 하는 도둑들인 많은 사람보다 도둑들이 더 낫습니다…."

"니까야, 그들을 미워하지 말아라."

"이것이 제게는 다른 무엇보다도 더 힘듭니다. 그러나 선생님께 대한 사랑으로 미워하지 않도록 힘쓰겠습니다…. 주님, 저는 밤새껏 울었습니다!"

"나는 네가 벌처럼 지칠 줄 모르고 집 안에서 왔다갔다 하는 소리를 들었다. 너는 박해를 받는 아들 때문에 조심하는 어머니와 같았다…. 울지 말아라. 울어야 할 사람들은 죄있는 사람들이지 네가 아니다. 하느님께서는 당신의 메시아에 대해서 인자하시다. 가장 고통스러운 시간에도 하느님께서는 내 곁에서 항상 어머니다운 마음을 만나게 해 주신다…."

"그런데 어머니는 어떻게 하실 작정입니까? 곧 오실 거라고 말씀하셨지요…."

"어머니는 에프라임으로 오실 것이다…. 라자로가 어머니께 알려드리는 일을 맡았다. 저기 요나의 시몬과 내 형제들이 온다…."

"저분들도 알고 있습니까?"

"아직 알지 못한다. 니까야, 우리가 멀리 가 있을 적에 말해 주겠다…."

"그리고 저는 선생님께 가면 이곳과 예루살렘에서 일어나는 일을 말씀드리겠습니다."

두 사람은 예수를 찾으러 하나씩 차례로 집에서 나오는 사도들을 향하여 간다.

"오라버니들, 오세요. 떠나기 전에 식사를 하세요. 다 준비되었습니다."

"니까는 우리 때문에 지난 밤에 자지 못했다. 여자 제자에게 감사해라" 하고 예수께서 넓은 부엌으로 들어가시며 말씀하신다. 부엌에는 구내식당의 식탁이라고 할 수 있을 정도로 대단히 큰 식탁 위에 양젖이 가득 담긴 사발들에서 김이 피어오르고, 방금 화덕에서 꺼낸 비스킷들이 맛있는 냄새를 풍기고 있다. 비스킷에 버터와 꿀을 듬뿍 바르면서 니까는 아직 대단히 찬 이 시간에 오랫동안 길을 가야 하는 사람들에게 힘을 주는 음식이라고 말한다.

식사가 이내 끝났다. 그 동안 니까는 화덕에서 나오는 바삭바삭하고 좋은 냄새가 나는 빵으로 마지막 꾸러미들을 만들었다.

각 사도는 과히 불편하지 않게 질 수 있도록 끈으로 묶은 짐을 짊어진다.

떠날 시간이 되었다. 예수께서는 인사를 하시고 강복을 하신다. 사도들도 인사를 한다. 그러나 니까는 그의 밭이 끝나는 데까지 그들을 더 배웅하고자 한다. 그리고 나서 베일 속에서 울면서 천천히 뒤로 돌아간다. 그 동안 예수와 제자들은 니까가 예수께 일러드린 덜 풍요한 길로 해서 떠나간다.

들에는 아직 사람이 없다. 오솔길은 새로 돋아난 밀포기가 있는 밭들과 잎이 없는 포도나무들 사이로 지나간다. 목자들이 경작된 땅으로는 양떼들을 데리고 오지 않기 때문에 목자들도 없다. 해가 아침 공기를 약간 따뜻하게 해준다. 비탈에 제일 먼저 핀 작은 꽃들은 햇빛을 받은 이슬의 베일 속에서 보석처럼 반짝인다. 새들은 그들의 첫 번째 사랑의 노래들을 지저귄다. 아름다운 계절이 온다. 모든 것이 아름다워지고 다시 나며, 모든 것이 사랑한다…. 그런데 예수께서는 증오가 원하는, 죽음을 앞서오는 귀양을 향하여 가신다.

사도들은 말이 없다. 그들은 생각에 잠겨 있다. 갑작스런 출발로 인하여 그들은 갈피를 잡지 못하는 것이다. 그들은 이제는 안심이라고 자신만만 하였었다! 그들은 그들의 배낭과 니까가 준 식량의 무게로 인하여 그럴 수밖에 없을 것보다도 더 몸을 구부리고 걸어간다. 그들의 몸을 구부리게 하는 것은 실망이요, 세상이라는 것이 어떤 것이며 사람이라는 것이 어떤 것인지 확인하는 것이다.

반대로 예수께서는 미소를 띠지는 않으셨지만, 침울하지도 않으시고 압도되지도 않으셨다. 예수께서는 으스대지는 않으시지만 겁도 내지 않으시고 모두 앞에서 머리를 꼿꼿이 들고 걸어가신다. 어디로 가야 하는지, 어떻게 해야 하는지를 아는 사람처럼 가신다. 아무 것에도 동요되지 않고 겁을 집어먹지 않는 영웅처럼 **용맹하게** 걸어가신다.

덜 중요한 길은 큰 길에 이른다. 예수께서는 큰 길로 들어서서 여전히 북쪽으로 가시고, 사도들은 말없이 예수를 따라 간다. 이 길은 갈릴래아에서 와서 데카폴리스와 사마리아를 거쳐 유다로 가는 길이다. 그래서 여행자들이 다니는데, 특히 대상들이 많이 다닌다.

시간이 흐르고, 해가 점점 따뜻해진다. 그 때 예수께서는 큰 길을 버리시고 다시 다른 작은 길로 들어서시는데, 그 길은 밀밭 사이를 지나 첫번 야산들 쪽으로 향한다.

사도들은 서로 바라본다. 그들은 요르단의 계곡을 따라 가는 길로 해서 갈릴래아 쪽으로 가지 않고 사마리아 쪽으로 간다는 것을 깨닫기 시작한 모양이다. 그러나 아직 말들은 하지 않는다.

예수께서는 야산 위에 있는 첫번째 수풀에 이르러서 말씀하신다.

"멈추어서 음식을 먹으면서 쉬자. 해를 보니 한낮이 된 것을 알 수 있다."

그들은 작은 개울 옆에 있는데, 얼마 전부터 비가 오지 않기 때문에 물이 별로 많지 않다. 그러나 돌이 깔린 바닥 위에 있는 개울물은 맑고, 개울가에는 식탁과 의자 노릇을 할 수 있는 큰 돌들이 깔려 있다. 사도들은 예수께서 음식에 강복하시고 봉헌하신 다음 앉아서 말없이, 마치 깊은 생각에 잠긴 듯이 먹는다.

예수께서 이렇게 말씀하셔서 그들을 격려하신다.

"너희들은 우리가 어디로 가는지 묻지 않느냐? 내일에 대한 걱정 때문에 말이 없단 말이냐, 또는 내가 이제는 너희 선생 같이 보이지 않는단 말이냐?"

열두 사람은 머리를 든다. 예수의 침착한 얼굴을 쳐다보는 것은 고민하거나 적어도 혼란에 빠진 열두 얼굴이다. 오직 한 마디 "오!" 하는 소리가 열두 입에서 나온다. 그리고 모든 사도들의 부르짖음 뒤에는 모두를 대표하여 말하는 베드로의 대답이 따라 온다.

"선생님은 언제나 우리들에게 선생님이시라는 것을 아십니다. 그러나 어제부터 저희들은 마치 머리를 한 대 되게 얻어맞은 사람 같기 때문에 그렇습니다. 모든 것이 저희들에게는 꿈만 같습니다. 그리고 선생님은 저희가 보고 또 틀림없이 선생님이라는 것을 압니다마는, 벌써 멀리 가 계신 것같이… 생각됩니다. 선생님이 라자로를 부르시기 전에 아버지와 말씀을 하신 그 순간, 그렇게 결박이 된 라자로를 다만 선생님의 의지만에 의해서 거기서 끌어내신 그 순간, 그리고 선생님의 능력의 힘만으로 그를 살려내신 그 순간의 느낌이 저희들에게 좀 남아 있습니다. 선생님은 저희에게 거의 무서운 느낌을 주십니다. 제 경우를 말씀드리는 것입니다…. 그러나 모두가 그러하리라고 생각합니다…. 이제 그 다음… 저희들은… 몹시 서두른 수수께끼 같은 이 출발이!…."

"너희들은 이중으로 공포를 느끼느냐? 위험이 더 위협적이라고 느끼느냐? 마지막 시련을 무릅쓰고 이겨낼 힘이 없느냐, 또는 없다고 느끼느냐? 완전히 자유롭게 말해라. 우리는 아직 유다에 있다. 우리는 갈릴래아로 가는 저 아래 낮은 길 가까이에 있다. 각자는 만일 원하면 떠나갈 수 있고, 최고회의의 증오의 대상이 되지 않도록 늦지 않게 떠날 수가 있다…."

사도들은 이 말씀에 동요를 일으킨다. 햇볕으로 따뜻해진 풀에 누워 있던 사람들은 일어나 앉고, 앉아 있던 다른 사람들은 일어선다.

예수께서 말씀을 계속하신다.

"그것은 오늘부터 내가 법적으로 박해 받는 사람이기 때문이다. 그것을 알아라. 이 시간에 예루살렘의 500군데가 넘는 회당과 어제 오정에 내려진 명령을 받을 수 있은 도시들의 회당에서 그 명령을 읽을 것이다. 그 명령은 내가 큰 죄인이라는 것이고, 내가 어디 있는지 아는 사람은 누구든지 나를 최고회의에 고발해서 내가 체포되게 할 의무가 있다는 것이다…."

사도들은 예수께서 벌써 붙잡히신 것을 보는 것처럼 부르짖는다. 요한은 예수의 목에 매달리며 신음한다. "아! 저는 이걸 항상 예측했습니다!" 그러면서 몹시 흐느긴다. 어떤 사람들은 최고회의에 대하여 화를 내고, 어떤 사람들은 하느님의 정의를 간청하고, 어떤 사람들은 울고, 어떤 사람들은 조상처럼 꼼짝하지 않고 있다.

"입을 다물고, 들어라. 나는 너희들을 속인 적이 없다. 언제나 진실을 말했다. 내가 할 수 있을 때에는 너희를 지키고 보호하였다. 너희들이 내 옆에 있는 것이 내게는 아들들이 있는 것과 같이 기분좋았다. 나는 또 너희들에게 내 마지막 시간… 내 위험… 내 수난을 숨기지 않았다. 그러나 그것들은 오로지 내게만 관계되는 일이었다. 그런데 지금은 **너희들의 위험**, 너희들의 안전과 너희 가족들의 안전을 고려해야 한다. 너희들에게 그렇게 하기를 부탁한다. 완전히 자유롭게, 그것들을 내게 대해서 너희가 가진 사랑을 통해서 고려하지 말고, 내가 너희를 고른 선택을 통해서 고려하지 말고, 이렇게 가정하여라. 즉 하느님과 그분의 그리스도에게 대한 일체의 의무를 너희에게 면제해 주는 만큼, 우리가 여기서 처음으로 만났다고 가정하고, 또 내 말을 들은 다음 너희에게 깊은 인상을 주는 말을 하는 알지 못하는 사람을 따르는 것이 너희에게 적합한 일인지 아닌지를 너희가 헤아려본다고 가정하여라.

너희가 내 말을 듣고 나를 보는 것이 처음인데, 내가 너희들에게 이렇게 말한다고 상상하여라. '내가 박해를 당하고 미움을 받고 있고, 또 나를 사랑하고 따르는 사람도 그 자신과 그의 이해관계와 그의 애정에 있어서 박해를 당하고 미움을 받는다는 사실에 주의하시오. 박해가 죽음과 집안 재산의 몰수로 끝날 수도 있다는 사실에 주의하시오' 하고. 곰곰 생각하고 결정하여라. 그리고 너희가 '선생님, 저는 선생님과 같이 다니지 못하겠습니다' 하고 말한다 해도 너희들을 마찬가지로 사랑하겠다.

슬퍼들 하느냐? 아니다. 그래서는 안 된다. 우리는 해야 할 일을 의좋게 사랑을 가지고 서로 동정해 가며 결정하는 친한 친구들이다. 나는 너희들을 깊이 생각하게 하지 않고 장래를 향하여 가도록 내버려둘 수는 없다. 나는 너희들을 얕보지 않는다. 나는 너희 모두를 사랑한다. 그러나 나는 선생이다. 선생이 제자들을 안다는 것은 분명하다. 나는 목자이다. 그런데 목자가 그의 어린 양들을 안다는 것은 명백하다. 내 제자들이 선생에게서 오는 지혜, 그러니까 훌륭하고 완전한 지혜뿐 아니라, 그들에게서 와야 하는 깊은 생각으로 넉넉히 준비가 되지 않고 시련을 겪게 되면, 실패하거나 적어도 경기장의 투기자(鬪技者)처럼 승리하지는 못하리라는 것을 나는 안다.

자기자신을 헤아리고 남을 헤아리는 것이 언제나 지혜로운 측정이

다. 작은 일에 있어서나 큰 일에 있어서나 다 그렇다. 목자인 나는 내 어린 양들에게 이렇게 말해야 한다. '자, 이제는 내가 늑대와 독수리들이 있는 고장으로 나아간다. 그 놈들 가운데로 갈 힘이 너희에게 있느냐?' 하고. 나는 비록 내가 너희들을 안심시키고, 너희들 중의 아무도 하느님의 어린 양을 희생시킬 사형집행인들의 손에 쓰러지지는 않을 것이라고 보증할 수 있다 해도 누가 시련을 견디어낼 힘이 없겠는지 벌써 말할 수도 있을 것이다. 나를 붙잡는 것은 너무나 큰 가치가 있는 것이어서 그들에게는 그것으로 충분할 것이다…. 그러나 나는 너희들에게 '곰곰 생각하여라'고 말한다. 전에는 '죽이는 사람들을 두려워하지 말아라'고 너희에게 말했었다. '쟁기에 손을 댄 다음에 과거를 돌아보고 무엇을 잃을 수 있고 무엇을 얻을 수 있을지 헤아리는 사람은 내 사명에 적합하지 않다'는 말도 했다.

그러나 그것은 내 제자가 되는 것이 어떤 것인지에 대한 척도(尺度)를 너희에게 주기 위한 것이었고, 내가 선생이 아니고, 내 신자들이 선생이 될 때에 올 미래에 대한 규칙을 너희에게 주기 위해서였다. 그 규칙들은 너희에게 굳센 마음을 주기 위해서 주어졌던 것이다. 그러나 너희들이 아무 것도 아니었던 것에 비해서 —너희들의 정신에 대해서 말하는 것이다.— 너희들이 도달한 것이 명백한 이 힘도 시련의 크기에 비해서는 아직 너무나 보잘 것 없다. 오! 너희 마음 속으로 '선생님은 우리 때문에 분개하셨다!' 하고 생각하지 말아라. 나는 분개하지 않았다. 나는 너희들이 너희들 자신의 약함에 대해서 분노해서도 안 되고 장차 분노해도 안 되리라는 말까지도 하겠다.

장차 올 시대에는 언제나 어린 양이건 목자이건 간에 내 교회의 회원들 가운데에 그들의 사명의 크기에 미치지 못하는 사람들이 있을 것이다. 우상숭배자 목자들과 우상숭배자 신자들이 진짜 목자들과 진짜 신자들보다 많은 시기가 있을 것이다. 세상에서 믿음의 정신이 이지러지는 시기일 것이다. 그러나 이지러진다고 해서 천체가 죽는 것은 아니다. 그것은 천체의 크거나 작거나 한 부분이 한때 어두워지는 것일 뿐이다. 그 다음에는 그 아름다움이 다시 나타나고 더 빛나보인다. 내 양의 우리도 이와 같을 것이다. 나는 너희들에게 '곰곰 생각하라'고 말한다. 이 말을 선생으로서 목자와 친구로서 하는 것이다. 너희들이 마음대로 토론하게 내버려두겠다. 나는 저기 저 숲속에 가서 기도하겠다. 너희들은 한 사람씩 와서 너희 생각을 말해라. 그러면 너희의 진실한 성실이 어떤 것이건 강복하겠다. 그리고 너희들이 이미 지금까지 내게 준 것 때문에 너희들을 사랑하겠다. 잘들 있거라." 예수께서는 일어나서 가신다.

사도들은 깜짝 놀라 어쩔 줄을 모르고 동요한다. 처음에는 말을 하지 못한다. 그러다가 베드로가 제일 먼저 말한다.

"만일 내가 선생님을 떠나려고 하면 지옥이 나를 삼켜버리라고 해라! 나는 자신이 있어. 지옥에 있는 마귀 전부가 거대한 바다의 괴물을 앞세우고 나를 공격한다 해도, 나는 무서워서 선생님에게서 물러나지는 않을 거야!"

"나도 그래. 내가 내 딸들보다 못해서야 되겠어?" 하고 필립보가 말한다.

"나는 그 자들이 선생님께 아무 일도 하지 않으리라는 것을 확신하네" 하고 가리옷 사람이 뻔뻔스럽게 말한다. "최고회의는 위협하는 거야. 그렇지만 최고회의가 아직 존재한다는 것을 확신하기 위해서 그러는 거야. 로마가 동의하지 않으면 최고회의는 아무 것도 아니라는 걸 최고회의가 누구보다도 먼저 알고 있어. 최고회의의 유죄선고! 유죄선고를 내리는 건 로마야."

"그렇지만 종교문제에 있어서는 아직 최고회의야" 하고 안드레아가 지적한다.

"너 혹 겁을 내는 거야? 우리 집안에는 일찌기 겁쟁이가 없었다는 데 유의해라" 하고 베드로가 안드레아를 위협하면서 말한다. 베드로는 마음 속에 매우 호전적인 정신을 느끼고 있기 때문이다.

"나는 겁을 내는게 아니야. 그리고 그걸 보여줄 수 있다고 생각해. 그렇지만 나는 유다에게 내 생각을 말하는 거야."

"자네 말이 맞아. 그러나 최고회의의 잘못은 그들이 그리스도께 손을 들었다는 말을 하고자 하지 않고, 그런 말을 듣고자 하지 않기 위해서 정치적인 무기를 쓰고자 하는 데 있어. 나는 그걸 확실히 알고 있네. 그들은 그리스도를 죄에 떨어뜨려서 군중의 멸시의 대상이 되게 하기를 원할 거야. 아니 원했을 거야. 그러나 그리스도를 죽인다는 건! 그들이! 안 될 말이지! 그들은 무서워하고 있어! 영혼의 두려움이기 때문에 인간적인 공포와 비교할 수 없는 공포야. **그들은** 선생님이 메시아라는 것을 잘 알고 있네! 알고 말고. 그들이 이걸 하도 잘 알고 있기 때문에, 새로운 시대가 왔으므로 그들은 끝장났다는 걸 알아차릴 정도야. 그래서 선생님을 쓰러뜨리고 싶어하네. 그러나 선생님을 쓰러뜨린다고? 그들이? 안 될 말이지. 그래서 총독이, 로마가 선생님을 쓰러뜨리도록 정치적인 이유를 찾고 있는 거야. 그러나 그리스도는 로마에 해를 끼치지 않으니까 로마도 그리스도를 해치지 않을 거야. 그러니까 최고회의는 쓸데없이 으르렁거리는 거야."
"그럼 자넨 선생님 곁에 남아 있을 건가?"
"그야 물론이지. 그 누구보다도!"
"나는 남아 있거나 떠나거나 손해보거나 이익볼 것이 아무 것도 없어. 나는 그저 선생님을 사랑해야 할 의무가 있을 뿐이야. 그러니까 나는 남아 있네" 하고 열성당원이 말한다.
"나는 선생님을 메시아로 인정하네. 따라서 선생님을 따르겠네" 하고 나타나엘이 말한다.
"나도 그래. 나는 세례자 요한이 선생님을 가리켜 메시아라고 내게 말한 때부터 메시아로 믿고 있어" 하고 제베대오의 야고보가 말한다.
"우리는 선생님의 형제야. 우리는 믿음에 혈연의 사랑을 합친다. 그렇지, 야고보야" 하고 타대오가 말한다.
"선생님은 여러 해 전부터 내 태양이셔. 나는 이 태양의 운행을 따라 다니고 있어. 선생님이 원수들에 의해서 파진 깊은 구렁에 **빠지신**다 해도 나는 따라 갈 거야" 하고 알패오의 야고보가 대답한다.
"그럼 나는? 선생님이 나를 구제해 주신 것을 내가 잊을 수가 있어?" 하고 마태오가 묻는다.
"내 아버지는 만일 내가 선생님을 떠나면 일곱번씩 일곱번 나를 저주하실 거야. 그뿐 아니라, 나는 선생님의 어머님에 대한 사랑만으로라도 예수님과 절대로 헤어지지 않겠어" 하고 토마가 말한다.
요한은 말을 하지 않고, 괴로움에 시달린 채 고개를 떨어뜨리고 있다. 다른 사람들은 그의 태도를 마음약함으로 생각하고, 여럿이 질문을 한다.

"그럼 자네는? 자네 혼자만 떠나가려는 건가?"

요한은 그의 태도와 눈길에 있어서도 몹시 순결한 얼굴을 들고, 그의 맑은 엷은 파란색 눈으로 질문하는 사람들을 똑바로 바라보며 말한다. "나는 우리 모두를 위해 기도하고 있었어. 왜냐하면 우리는 무엇을 하고 말하면서 우리 자신을 과신하네. 그러면서 우리는 그렇게 하는 것이 선생님의 말씀을 의심하는 것이라는 걸 알아차리지 못하고 있단 말이야. 만일 우리가 3년 후에 준비가 되어 있지 않으면, 몇 달 후에도 준비가 돼 있지 않을 거야…"

"무슨 말을 하는 거야? 몇 달 후라니? 그래 자넨 거기 대해서 뭘 아는 건가? 자네가 혹 예언자라도 된단 말인가?" 그러면서 마치 질책을 하려는 것처럼 공격한다.

"나는 아무 것도 몰라."

"그러면? 자네가 뭘 안다는 거야? 혹 선생님이 자네한테 말씀을 하셨나? 자넨 선생님의 비밀을 늘 알고 있으니까…" 하고 가리옷의 유다가 새암을 하며 말한다.

"여보게, 평온한 때가 끝났다는 걸 깨달을 줄 안다고 나를 미워하지 말게. 그것이 언제일까? 그건 알지 못하네. 그 때가 오리라는 것만은 아네. 선생님이 그렇게 말씀하시거든. 선생님이 얼마나 여러번 말씀하셨나! 우리는 믿으려고 하질 않아. 그렇지만 다른 사람들의 증오가 선생님의 말씀을 확증하네…. 그래서 다른 것 할 것이 아무 것도 없으니까 나는 기도를 하는 걸세. 우리를 굳세게 해 주십사고 하느님께 비는 거야. 유다, 자네는 선생님이 유혹을 당하실 때 힘을 얻기 위해 아버지께 기도하셨다고 우리에게 말씀하신 것을 기억못하나? 어떤 힘이든지 다 하느님에게서 오는 거야. 그렇게 하는 것이 마땅한 일이지만, 나는 내 선생님을 본받는 걸세…."

"그러나 요컨대 자네도 남아 있는단 말이지?" 하고 베드로가 묻는다.

"내 생명이시고 내 행복이신 선생님을 모시고 있지 않고 내가 어딜 간단말인가? 그렇지만 나는 모든 사람 중에 가장 보잘 것 없는 불쌍한 아이이니까 나는 모든 것을 예수님의 아버지이시고 우리의 아버지이신 하느님께 청하는 걸세."

"그럼 약속을 한 걸세. 우린 모두 남아 있는 걸세! 선생님을 찾아가세. 선생님은 분명히 슬퍼하고 계실 텐데, 우리는 충실하니까 기뻐하실 거야" 하고 베드로가 말한다.

예수께서는 땅에 엎디어 기도하신다. 얼굴을 땅바닥에, 풀에 대시고 틀림없이 아버지께 간청하신다. 그러나 발소리를 들으시고는 일어나셔서 당신의 열두 제자를 바라보신다. 약간 서글픈 근엄한 태도로 바라보신다.

"선생님, 기뻐하십시오. 저희 중의 아무도 선생님을 떠나지 않습니다" 하고 베드로가 말한다.

"너희들은 너무 빨리 결정했다. 그리고…."

"몇 시간 또는 몇 세기가 지나도 저희 생각은 변치 않을 것입니다" 하고 베드로가 말한다.

"위협으로도 저희 사랑은 변치 않습니다" 하고 가리옷 사람이 선언한다.

예수께서는 그들을 한꺼번에 바라보시던 것을 그만두시고, 한사람씩 똑바로 들여다보신다. 오래 바라보시는데, 모두가 겁내지 않고 그 눈길을 견디어낸다.

예수의 눈길은 특히 가리옷 사람에게 특별히 멈추는데, 그는 예수를 그 누구보다도 더 자신있게 쳐다본다. 예수께서는 체념한다는 몸짓으로 팔을 벌리시고 말씀하신다. "가자. 너희는 **모두** 너희 운명을 알렸다." 그리고 전에 계셨던 곳으로 돌아오셔서 당신의 배낭을 집으시고 명령하신다. "에프라임으로 가는 길로 가자. 그 사람들이 우리에게 일러준 길로."

"사마리아루요?!" 놀람은 극도에 달하였다.

"사마리아로. 적어도 그 경계선으로. 요한도 그리스도를 예고하라고 정해진 시간까지 이 근처에 와서 살았다."

"요한은 이렇게 달아나지는 않았습니다!" 하고 제베대오의 야고보가 반박한다.

"나는 달아나려고 애쓰지 않고, 구원하려고 애쓴다. 그리고 정해진 시간까지 구원하겠다. 박해를 받는 목자는 가장 불행한 양들을 찾아 간다. 버림 받은 양들도 지혜의 그늘 몫을 받게 해서, 그들을 새로운 시대에 맞게 준비시키려고 말이다."

예수께서는 쉬면서 안식일을 존중하는데 소용된 휴식을 취한 후에 빠른 걸음으로 가신다. 밤이 되어 오솔길로 갈 수 없게 되기 전에 도착하고자 하시기 때문이다.

일행이 에프라임에서 와서 요르단강 쪽으로 흘러가는 작은 개울에 이르렀을 때, 예수께서는 베드로와 나타나엘을 부르셔서 돈주머니를 주시면서 말씀하신다.

"먼저 가서 야곱의 마리아를 찾아라. 그 여자가 비록 큰 집을 지니고 있지만, 아들들과 딸들이 집에 없는 지금은 그 고장에서 제일 가난하다고 말라키아가 말한 것이 생각난다. 우리는 그의 집에 머무를 것이다. 그 여자가 여러 말을 하지 않고 우리를 묵게 하도록 돈을 듬뿍 주어라. 너희들 그 집을 알지. 개울에 놓은 다리 거의 바로 곁에 있는 석류나무 네 그루가 그늘을 드리운 그 집이다."

"선생님, 저희들도 그 집을 압니다. 선생님 말씀대로 하겠습니다." 그들은 급히 가고, 예수께서는 다른 사람들과 같이 천천히 따라 가신다.

분지가 둘로 갈라놓은 분지에서 넘어가는 마지막 햇빛과 떠오르는 달의 첫번 빛으로 희게 나타나는 마을이 보인다. 벌써 달빛으로 아주 하얗게 보이는 집에 일행이 이르렀을 때에는 사람이 아무도 없다. 다만 개울 소리만이 저녁의 고요 속에 들려온다. 뒤로 돌아서서 지평선을 바라보면, 요르단강으로 내려가는 황량한 들판 쪽으로 경사를 이룬 넓은 땅을 내려다보는 별이 총총 박혀 있는 하늘의 대부분이 보인다. 깊은 정적이 땅에 넘쳐 흐른다.

그들이 문을 두드리니 베드로가 문을 열고 말한다.

"주님, 모든 것이 다 되었습니다. 노파는 돈 주는 것을 보고 울었습니다. 돈이 한 푼도 없었답니다. 저는 노파에게 이렇게 말했습니다. '할머니, 울지 마세요. 나자렛의 예수님이 계신 곳에는 고통이 없어집니다' 하고. 그랬더니 노파는 이렇게 대답했습니다. '나도 알아요. 나는 일생 동안 고통을 당했는데, 이제는 정말 고통의 한계에 다다랐었어요. 그렇지만 내게는 인생의 황혼에 하늘이 열려서 내게 평화를 주기 위해 야곱의 별을 데려왔군요'하고. 지금은 옆에서 아주 오랫동안 닫혀 있던 방을 준비하고 있습니다. 흠! 그건 별것 아닙니다만, 노파는 매우 착해 보입니다. 저기 옵니다! 할머니! 선생님이 여기 오셨습니다!"

애조를 띤 다정스러운 눈을 가진 야위고 작은 노파가 나타난다. 노파는 부끄러워서 예수에게서 몇 걸음 떨어진 곳에서 걸음을 멈춘다. 겁을 집어먹고 있다.

"할머니에게 평화. 할머니를 많이 성가시게 하지는 않겠습니다."

"저는… 저는… 선생님이 제 가슴 위로 걸어서 보잘 것 없는 제 집에 들어오시는 것이 더 기분좋게 생각되었으면 합니다. 주님, 들어오십시오. 그리고 하느님께서 선생님과 함께 들어오시기를 바랍니다." 노파는 예수의 눈길의 빛을 보고 숨을 돌리고 대담해졌다.

모두 들어가고 문을 닫는다. 집은 여관처럼 넓은데, 버려진 곳처럼 텅 비어있다. 다만 한가운데에 있는 화덕에서 타고 있는 불 때문에 부엌만은 명랑하다. 불을 때고 있던 바르톨로메오가 돌아다보고 웃으면서 말한다.

"선생님, 이 할머니를 위로해 주십시오. 선생님을 제대로 대접해 드리지 못해서 슬퍼하고 있습니다."

"할머니의 마음만으로 넉넉합니다. 아무 것도 걱정 마세요. 내일 저희가 어떤 결정을 내리겠습니다. 저도 가난한 사람입니다. 음식을 갖다 할머니께 드려라. 가난한 사람들끼리는 부끄럼없이 형제적인 사랑을 가지고 식사를 같이 합니다. 할머니께는 이것이 아들과 같은 사랑입니다. 그것은 할머니가 제 어머니뻘이 될 수도 있어서 할머니를 어머니로 공경하기 때문입니다…."

여인은 고통을 겪은 늙은 여자다운 말없는 눈물을 흘리고 베일로 눈을 닦으면서 중얼거린다.

"저는 아들 셋과 딸 일곱을 두었었습니다. 그런데 아들 하나는 급류에 휩쓸려 갔고, 또 한 아들은 열병으로 죽었습니다. 셋째 아들은 저를 버렸습니다. 딸들 중의 다섯은 아버지의 병이 옮아서 죽었습니다. 여섯째 딸은 아기를 낳다가 죽었고, 일곱째 딸은… 죽음이 하지 않은 것을 죄가 했습니다. 늘그막에 저는 자식들의 공경을 받지 못합니다. 그래서 저는 너무도… 마을 사람들은 친절합니다…. 그러나 불쌍한 여인에 대해서… 선생님은 어머니에게 하듯이 친절하시군요…."

"저도 어머니가 계십니다. 그래서 어머니인 어떤 여인을 통해서도 제 어머니를 공경합니다. 그러나 울지 마세요. 하느님께서는 인자하십니다. 믿음을 가지세요. 할머니에게 아직 남아 있는 자식들이 언젠가 할머니께로 돌아올지도 모릅니다. 다른 자식들은 평화를 누리고 있구요…."

"저는 그 애들이 이곳에서 태어났기 때문에 벌이라고 생각합니다…."

"믿음을 가지세요. 하느님께서는 사람들보다 더 공정하십니다…."

베드로와 같이 여러 방을 보러 갔던 사도들이 돌아온다. 그들은 음식을 가지고 온다. 니까가 구운 어린 양을 다시 데워서 식탁으로 가져온다. 예수께서는 봉헌하시고 강복하시고, 작은 노파에게도 한 구석에서 저녁으로 풀상추를 먹고 있지 말고 일행과 같이 먹으라고 하신다….

유다의 경계에서 귀양살이가 시작된 것이다….

13. 에프라임에서 지낸 첫째날

"선생님께 평화" 하고 물이 가득 찬 물병들을 들고 집으로 돌아오는 베드로와 제베대오의 야고보가 말한다.

"너희에게 평화! 어디서 오는 길이냐?"

"개울에서 옵니다. 물을 길어 오는데, 저희들이 쉬고 있는 중이니까 집안 청소할 물을 또 길어 오겠습니다…. 작은 노파가 우리들 때문에 애쓰는 것은 옳지 않습니다. 노파는 옆에서 물을 데우느라고 불을 때고 있습니다. 제 동생은 숲으로 나무하러 갔습니다. 얼마 전부터 비가 안 오기 때문에 브라이어처럼 잘 탑니다" 하고 제베대오의 야고보가 설명한다.

"그렇습니다. 그렇지만 겨우 날이 밝았는데도 개울과 숲에서 사람들이 저희를 보았습니다. 샘에 가지 않으려고 개울에 갔었는데 말입니다…" 하고 베드로가 말한다.

"그건 왜, 요나의 시몬아?"

"샘에는 항상 사람들이 있는데, 저희를 알아보고 이리로 몰려올지 모르니까요…."

그들이 말하고 있는 동안에, 집을 두 부분으로 갈라놓은 긴 복도로 알패오의 두 아들과 가리옷의 유다와 토마가 들어왔다. 따라서 그들은 베드로의 마지막 말과 예수의 대답을 들었다.

"아침 이른 시간에 일어나지 않았을 일이 틀림없이 나중에는 일어날 것이고, 우리가 여기 머무를 터이니까, 기껏해야 내일이면…."

"여기에요? 아니… 저는 잠깐 쉬기만 하는 걸로 알았었는데요…."

"그저 잠깐 쉬는 것만이 아니다. **머무르는 것**이다. 우리는 과월절을 지내기 위해 예루살렘으로 돌아가기 위해서만 이곳을 떠날 것이다."

"오! 저는 선생님이 늑대와 독수리가 있는 고장 말씀을 하실 때,

벌써 여러번 그러신 것처럼 유다인들과 바리사이파 사람들이 다니지 않는 길로 해서 다른 곳으로 가기 위해서 지나가려고 하시는 이 지방 말씀을 하시는 것으로 생각했었습니다" 하고 그 때 불쑥 나타난 필립보가 말한다. 그리고 다른 사람들도 "저도 그렇게 생각했습니다" 하고 말한다.

"너희들이 잘못 알아 들었다. 비록 산에는 진짜 늑대들의 굴들이 있지만, 이곳은 늑대와 독수리의 고장이 아니다. 나는 동물들에 대해서 말하지 않았다…."

"오! 그건 알아들었었습니다!" 하고 가리옷의 유다가 약간 비꼬는 투로 말한다. "스스로 어린 양이라고 부르시는 선생님께서 사람들이 늑대라는 것은 분명합니다. 저희들은 완전히 바보는 아닙니다."

"그래. 너희들은 바보가 아니다. 너희들이 이해하기를 원치 않는 것, 즉 내 본성과 내 사명, 그리고 너희가 장래를 위해 너희 자신을 준비하려고 열심히 노력하지 않음으로 내게 주는 고통에 관해서가 아닌 한은 말이다. 내가 말을 하고 내 행위와 내 말로 너희를 가르치는 것은 너희 이익을 위해서이다. 그러나 너희들은 고통을 예고하고 너희의 **자아**에 대해서 노력을 요구함으로 너희의 인간성을 낭패시키는 것은 물리친다. 외부 사람들이 여기 오기 전에 잘 들어라. 이제 너희를 다섯 사람씩 두 패로 나눌 터이니, 내가 너희를 보낸 첫번 시기에 그런 것과 같이 너희 집단의 우두머리의 인도를 따라 이웃 시골로 돌아다녀라. 그 때 너희에게 말해 준 모든 것을 기억하고, 그것을 실천에 옮겨라.

다만 한 가지 예외는 지금은 너희들이 지나가면서 사마리아 사람들에게까지도 주님의 달이 가까왔다는 것을 알려서, 그 날이 올 때에 그들이 준비가 되어 있도록 하고, 너희들을 위하여는 오직 한 분뿐이신 하느님께로 돌아오는 그들의 회개가 더 쉽게 하라는 것이다. 사랑과 조심성을 가득 지니고, 편견을 가지지 말아라. 다른 여러 곳에서는 우리에게 거절되는 것이 여기서는 허용된다는 것을 너희들은 보고 있는데, 더 많이 보게 될 것이다. 따라서 죄가 없으면서 그들의 조상들의 잘못에 대한 희생을 치르고 있는 사람들에 대해 친절하여라. 베드로는 알패오의 유다와 토마, 필립보, 마태오의 우두머리가 될

13. 에프라임에서 지낸 첫째날 **175**

것이고, 알패오의 야고보는 안드레아, 바르톨로메오, 열성당원 시몬, 그리고 제배대오의 야고보의 우두머리가 될 것이다.

가리웃의 유다와 요한은 나와 함께 있기로 한다. 내일부터 이렇게 한다. 오늘은 쉬면서 장차 올 날들에 대해 우리를 준비시키는 일을 하자. 안식일은 같이 모여서 지낸다. 따라서 안식일 전에 이곳에 왔다가, 안식일이 지나면 다시 떠나도록 하여라. 아버지의 양의 우리에서 나간 양떼에 있는 이웃을 사랑한 다음, 안식일은 우리끼리 사랑하는 날이 될 것이다. 너희들은 각기 볼 일을 보러 가라."

예수께서는 혼자 남으셔서 복도 끝에 있는 방으로 물러가신다.

비록 모두가 방 안에 있고 작은 노파 외에는 아무도 보이지 않지만, 온 집안에서 발걸음 소리와 목소리가 들려온다. 노파는 일을 하느라고 여러번 복도를 지나다니는데, 머리카락에 밀가루가 묻어 있고 손이 반죽 투성이인 것으로 보아 일 중의 한 가지는 틀림없이 빵 만드는 일일 것이다.

예수께서는 잠시 후에 나오셔서 집의 옥상으로 올라가신다. 그리고 그 위에서 묵상을 하시고 주위에 있는 것을 가끔 바라보시면서 걸으신다.

베드로와 가리웃의 유다가 예수 계신 곳으로 온다. 그들은 정말이지 그리 밝은 표정이 아니다. 베드로로서는 예수를 떠나는 것이 아마 괴로울 것이다. 가리웃 사람으로서는 아마 예수를 떠나서 도시들에 가서 사람들의 눈에 띄게 되지 못하는 것이 괴로울 것이다. 그들이 옥상으로 올라올 때에 매우 심각하다는 것은 분명하다.

"이리들 오너라. 여기서는 전망이 얼마나 아름다운지 보아라." 그러면서 다양한 모습을 보이는 지평선을 가리키신다. 서북쪽에는 숲이 우거진 높은 산들이 북에서 남으로 척주처럼 뻗어 있다. 그 중의 하나 에프라임 뒤쪽에 있는 산은 다른 산들을 압도하는 진짜 초록빛 거인이다. 동북쪽과 동남쪽에는 더 완만한 야산들이 물결치듯 기복을 이루고 있다. 마을은 두 산맥 가운데 기복이 없이 멀리 뻗어 있는 푸르른 분지 가운데 있는데, 두 산맥 중의 하나는 더 높고 하나는 더 낮으며, 이 지방의 중앙에서부터 요르단강 평야를 향하여 내려간다. 더 낮은 산들 사이에 파진 틈을 통하여 그 푸르른 평야가 희미하게 보이고, 그 너머로는 파란 요르단강이 있다. 봄이 한창 무르익을 때에는 완전히 푸르르고 기름진 훌륭한 고장일 것이다. 지금 당장은 연한 줄기들이 밭고랑에서 올라오는 밀밭들과 기름진 땅으로 자라는 풀밭들을 포도밭과 과수원들이 그 검푸른 빛깔로 군데군데 끊어놓는다.

에프라임 너머에 있는 땅을 요한이 광야라고 부른 것은 유다의 광야가 적어도 이 지방에서는 매우 부드럽다는 표가 된다. 순전히 거기에는 마을들이 없고 맑은 개울들이 흘러가는 가운데 온통 수풀과 풀밭으로 덮여 있기 때문에 광야라고 하였던 것이다. 사해(死海) 근처에 있는 땅들은 아주 다르다. 그곳은 땅이 메마르고, 소금이 버적버적하는 바위와 모래 사이에 돋아난 가시가 있는 뒤틀리고 소금 투성이인 키작은 초목 무더기를 빼놓고는 식물이 없기 때문에 벌써 정당하게 "황야"라고 불릴 수 있다. 그러나 에프라임 너머로 꽤 긴 공간에 걸쳐 있는 이 부드러운 광야는 포도밭과 올리브나무와 과수원들로 장식되어 있고, 지금은 오래지 않아 새 잎이 돋아나오는 꽃줄 장식과 같은 포도덩굴들이 뒤덮일 비탈 여기저기에 흩어져 있는 편도나무들이 분홍빛 도는 흰 꽃 떨기로 해를 향하여 미소를 보내고 있다.

"저는 거의 제 읍내에 있는 것 같은 생각이 듭니다" 하고 유다가 말한다.

"유다하고도 비슷한데, 그곳에는 개울이 아래 있고 도시가 위에 있다는 것이 다르군요. 반대로 여기는 강이 가운데로 흘러가는 넓은 분지 가운데에 분지가 있는 것 같군요. 포도밭이 많은 고장! 이 고장을 차지하고 있는 사람들에게는 이 땅을 가진 것이 대단히 훌륭하고 대단히 좋겠습니다" 하고 베드로가 지적한다.

"'그의 땅은 하늘의 열매와 이슬로, 심연에서 솟아오르는 샘들로, 해와 달이 돋아나게 하는 열매로, 오래된 그의 산꼭대기의 열매로, 영원한 언덕의 열매와 풍성한 밀의 수확으로 주님의 강복을 받아라' 하는 말이 있다. 그런데 그들은 자기들이 우월하다고 믿는 그들의 오만한 고집의 근거를 모세의 5경의 이 말에 둔다. 사실 그렇게 된다. **하느님의 말씀과 하느님의 선물도 오만이 차지한 마음에 떨어지면**

멸망의 원인이 된다. 그것들 자체로 그렇게 되는 것이 아니라, 그것들의 좋은 본질을 변질시키는 오만 때문에 그렇게 되는 것이다" 하고 예수께서 말씀하신다.

"물론입니다. 그런데 이 사람들은 의로운 요셉에게서 황소와 같은 격렬과 코뿔소와 같은 목만을 간직했습니다. 저는 이곳에 머물러 있는 걸 좋아하지 않습니다. 왜 저를 다른 사람들과 같이 가게 내버려두지 않으십니까?" 하고 가리옷 사람이 말한다.

"나와 함께 있는 것이 좋지 않느냐?" 하고 예수께서는 경치를 살펴보시던 것을 그만두시고, 유다를 살펴보시려고 돌아서시며 물으신다.

"선생님과 같이 있는 것은 좋습니다. 그러나 에프라임 사람들과 같이 있는 것은 좋지 않습니다."

"훌륭한 이유로구먼! 그럼 사마리아나 데카폴리스로 돌아다닐 우리들은 —사실 우리는 한 안식일에서 다음 안식일까지 규정된 시간 안에는 이 지방들밖에는 갈 수 없을 거야.— 그래 우리는 혹 성인들 가운데로 가게 될 건가?" 하고 베드로가 유다를 비난하면서 말한다. 유다는 대답하지 않는다.

"만일 네가 나를 통해서 모든 것을 사랑할 줄 알면 네가 누구의 이웃이건 무슨 상관이 있느냐? 이웃을 통해서 나를 사랑해라. 그러면 어느 곳이나 네게는 마찬가지일 것이다" 하고 예수께서 침착하게 말씀하신다.

유다는 예수께도 대답하지 않는다.

"그리고 제가 가야 한다는 걸 생각하면… 저는 여기 남아 있는게 좋습니다! 더구나… 제가 할 줄 아는 것이라고는! 선생님, 최소한 필립보나 선생님의 사촌을 우두머리로 택하십시오. 저는… 이렇게 하자, 저리로 가자, 하고 말하는 것이라면 그래도 할 줄 압니다. 그러나 제가 말을 해야 한다면!… 저는 모든 것을 망쳐놓을 것입니다."

"순종은 네게 무엇이든지 잘 하게 할 것이다. 네가 하는 것은 내 마음에 들것이다."

"그렇다면… 만일 그것이 선생님 마음에 든다면, 제 마음에도 듭니다. 저는 그저 선생님만 기쁘게 해드리면 됩니다. 그런데 보십시오!

제가 뭐라고 말씀드렸습니까? 읍내 사람이 반은 옵니다… 보십시오! 회당장… 유력자들… 그들의 아내들… 어린 아이들과 일반 서민!…."

"내려가 저들을 맞이하자" 하고 예수께서 명령하시고, 서둘러 계단을 내려오시며 당신과 같이 집에서 나오라고 다른 사도들을 부르신다.

에프라임의 주민들은 가장 올바른 경의를 표하면서 나아와서 관례에 따른 인사를 한 다음, 아마 회당장인 것 같은 어떤 사람이 모든 사람을 대표하여 말한다.

"이 날 때문에 지극히 높으신 분께서 찬미를 받으시고, 지극히 높으신 하느님의 이름으로 모든 사람을 사랑하시기 때문에 우리에게 오신 하느님의 예언자도 찬미 받으십시오. 저희들의 마음과 저희들의 말을 기억하시고, 저희들 가운데에서 쉬러 오신 선생님이시며 주님, 찬미 받으십시오. 저희들은 저희들의 마음과 집을 활짝 열어 드리며, 저희 구원을 위해 선생님의 말씀을 청합니다. 이 날은 축복받아라. 왜냐하면 바른 정신으로 선생님을 받아들일 줄 아는 사람은 선생님에 의해서 황야가 열매를 맺는 것을 보겠기 때문이다."

"말라키아, 말 잘 했습니다. 하느님의 이름으로 오는 이를 바른 정신으로 받아들일 줄 아는 사람은 **그의** 황야가 열매를 맺고, 거기에 있는 든든하지만 야성적인 나무들이 집에서 사는 나무가 되는 것을 볼 것입니다. 나는 여러분 가운데 머무르겠습니다. 그리고 여러분은 내게로 오시오, 좋은 친구로. 그러면 이 사람들이 내 말을 받아들일 줄 아는 사람들에게 그것을 전할 것입니다."

"선생님은 저희들을 가르치지 않으실 겁니까?" 하고 말라키아가 약간 실망하여 말한다.

"나는 묵상을 하고 기도를 하려고, 장차 올 큰 일들을 위해서 마음의 준비를 하려고 여기 왔습니다. 내가 쉬기 위해서 여러분의 고향을 택한 것이 여러분의 마음에 들지 않습니까?"

"아이고! 아닙니다. 선생님이 기도하시는 것을 보는 것이 벌써 저희들을 지혜롭게 하는 것이 될 것입니다. 이를 위해서 저희를 택하신 것을 감사합니다. 저희들은 선생님의 기도를 방해하지 않겠습니다.

그리고 선생님의 기도가 선생님의 원수들에 의해서 **방해받는 것도 허락하지 않겠습니다.** 왜냐하면 유다에서 일어난 일, 지금 일어나고 있는 일은 벌써 알려졌습니다. 저희들은 경계를 잘 하겠습니다. 그리고 선생님이 하시기 쉬울 때 선생님의 말씀 중의 한 마디로 만족하겠습니다. 우선 환대의 이 선물을 받으십시오."

"나는 예수입니다. 그래서 아무도 물리치지 않습니다. 그러므로 내가 여러분을 물리치지 않는다는 것을 보이기 위하여 여러분이 주시는 것을 받겠습니다. 그러나 나를 사랑하고자 하시면, 이제부터는 내게 줄 것을 마을의 가난한 사람들이나 지나가는 사람들에게 주시오. 내게는 다만 평화와 사랑만이 필요할 뿐입니다."

"저희도 그것을 압니다. 저희는 다 알고 있습니다. 그래서 선생님께 필요한 것을 드려서 선생님으로 하여금 '내게 에집트, 즉 고통이 되기로 되었던 땅이 내게는 야곱의 요셉에게처럼 평화와 영광의 땅이었다'고 외치실 정도가 되도록 할 생각입니다."

"만일 여러분이 내 말을 받아들여서 나를 사랑하시면, 나는 그렇게 말하겠습니다."

주민들은 그들의 선물을 사도들에게 건네주고 물러간다. 말라키아와 다른 두 사람만이 남아서 예수께 낮은 목소리로 말한다. 또 어린 아이들도 예수께서 어린이들에게 미치시는 일상적인 매력에 끌려서 남아 있다. 어린이들은 그들을 부르는 어머니들의 목소리는 들은 체도 하지 않고 남아 있다가, 예수께서 그들을 쓰다듬어 주시고 강복해 주실 때까지 가지 않는다. 그 때에야 제비들처럼 재재거리며 쏜살같이 달아난다. 그 뒤를 세 어른이 따라 간다.

14. "안식일의 규칙이 중요하지만, 사랑의 계명은 매우 중요하다"

열 사도가 피로하고 먼지 투성이가 되어 집으로 돌아온다. 그들에게 문을 열어 주면서 인사를 하는 여인에게 그들은 대뜸 묻는다.

"선생님은 어디 계십니까?"

"늘 그러시는 것처럼 기도하시려고 수풀 속으로 가셨겠지요. 아침 일찍 나가셨는데, 아직 안 돌아오셨어요."

"그런데 아무도 선생님을 찾으러 가지 않았습니까? 아니, 그 두 사람은 뭘 합니까?" 하고 베드로가 불안해하며 말한다.

"여보시오, 걱정 마시오. 우리들 가운데 계시면, 선생님은 어머니의 집에 계신 것처럼 안전하십니다."

"안전하시다구요? 안전하시다구요! 세례자를 기억하십니까? 세례자는 안전했습니까?"

"세례자가 안전하지 않은 것은 그에게 말하는 사람의 마음 속을 읽을 줄 몰랐기 때문이지요. 그러나 지극히 높으신 분이 세례자에게는 그것을 허락하셨지만, 당신의 메시아에게는 분명히 그것을 허락하지 않으실 겁니다. 당신은 여자이고 사마리아 사람인 나보다 그걸 훨씬 더 믿어야 할 겁니다."

"할머니의 말이 옳아. 하지만 정확히 어디로 가셨지요?"

"나는 몰라요. 어떤 때는 이쪽으로 가시고, 어떤 때는 저쪽으로 가시거든요. 어떤 때는 혼자서 가시고, 어떤 때는 몹시 사랑하시는 어린 아이들과 같이 가시고, 선생님은 아이들에게 모든 것에서 하느님을 보면서 기도하는 법을 가르치십니다. 그렇지만 오늘도 혼자십니다. 오정 때에 돌아오지 않으셨거든요. 아이들을 데리고 계실 때에는 돌아오셔요. 아이들은 일정한 시간에 먹이를 원하는 새들 같거든요…." 작은 노파는 빙그레 웃는다. 아마 그의 열 자녀 생각을 하는 모

14. 안식일의 규칙이 중요하지만, 사랑의 계명은 매우 중요하다 **181**

양이다. 그러다가 한숨을 쉰다…. 인생의 추억에는 기쁨과 고통이 섞여 있기 때문이다.
　"그런데 유다와 요한은 어디 있습니까?"
　"유다는 샘에 갔고, 요한은 나무 하러 갔어요. 당신들이 떠날 때에 깨끗한 옷을 주려고 옷을 모두 빨았기 때문에 나무가 떨어졌었거든요."
　"할머니, 하느님께서 할머니께 갚아 주시기를 바랍니다. 저희 때문에 일이 많군요…" 하고 토마가 할머니를 어루만지려는 듯이 할머니의 야윈 어깨에 한 손을 얹으며 말한다.
　"아이고!… 그건 피곤한게 아니예요. 내 아이들을 데리고 있는 것 같은걸요…" 하고 또 미소를 지으면서 말하는데, 늙은 여인의 움푹 들어간 눈에는 눈물 한 방울이 빛난다.
　요한이 큰 나뭇짐을 지고 들어오는데, 어지간히 어둡던 복도가 그가 오자 환해지는 것 같다. 나는 요한이 있는 곳에 빛나는 것 같은 밝은 빛을 항상 알아보았다. 어린이와 같은 그의 몹시 다정스럽고 솔직한 미소, 4월의 하늘과 같이 맑고 즐거워하는 그의 눈, 동료들에게 인사를 할 때의 그의 명랑한 목소리는 햇살이나 평화를 나타내는 무지개와도 같다. 가리옷의 유다를 빼놓고는 모두가 그를 사랑한다. 유다는 요한을 사랑하는지 미워하는지 모르겠다. 그러나 새암을 내는 것은 분명하고, 흔히는 요한을 비웃고, 때로는 모욕한다. 그러나 지금은 유다가 여기 없다.
　사도들은 요한을 도와 짐을 내려놓게 하고, 대관절 선생님이 어디 계시냐고 묻는다. 요한도 늦어지는 것을 좀 걱정한다. 그러나 다른 사람들보다 하느님께 신뢰를 더 가지는 그는 말한다.
　"아버지께서 선생님께 불행을 막아 주실 거야. 우린 주님을 믿어야 해." 그리고 덧붙인다. "그렇지만 이리들 오게. 자네들은 지쳤고, 먼지 투성이구먼. 우리는 자네들 먹을 음식을 다 차려놓고, 뜨거운 물도 마련해 놓았네. 오게들, 와…."
　가리옷의 유다도 물이 철철 넘치는 물병들을 가지고 돌아온다.
　"자네들에게 평화. 여행이 쉬웠나?" 하고 묻는다. 그러나 그의 목소리에는 친절이 들어있지 않고 경멸과 불만이 섞여 있다.

"응, 우린 데카폴리스에서부터 시작했네."

"돌에 맞아 죽을까봐 겁이 나서 그랬나, 아니면 부정을 탈까봐 그랬나?" 하고 가리옷 사람은 비꼬는 투로 말한다.

"이것도 저것도 아니고, 시작하는 사람들의 조심성으로 그랬네. 그리고 내가 그렇게 하자고 제안했네. 책 속에서 백발이 된 내가 자네를 비난하려고 그런 건 아닐세" 하고 바르톨로메오가 말한다.

유다는 아무 대꾸도 하지 않고, 돌아온 사람들이 차려놓은 것으로 식사를 하고 있는 부엌으로 간다.

베드로가 지나가는 가리옷 사람을 바라보고 머리를 젓는다. 그러나 말을 하지 않는다. 한편 타대오는 요한의 소매를 끌어당기면서 묻는다.

"요사이 저 사람이 어땠나? 여전히 불안해 하던가? 솔직히 말하게…."

"항상 솔직하네, 타대오. 그렇지만 그 사람이 괴롭히지 않았다는 걸 장담하네. 선생님은 거의 항상 혼자 외따로 계시네. 나는 아주 친절한 할머니와 함께 있으면서, 선생님께 말씀을 드리려 오는 사람들의 말을 듣고 나서 선생님께 말씀드리네. 유다는 유다대로 마을에 가네. 친구들을 만들었어…. 어쩔 수 없지! 그 사람은 그렇게 생겼는걸…. 그 사람은 우리가 할 수 있는 것처럼 가만히 있을 줄을 모른단 말이야…."

"나로서는 그가 무엇을 하건 상관없어. 그 사람이 괴롭히지만 않으면 내게는 충분해."

"아니야. 그 점만은 그렇지 않아. 그 사람이 지루해하는 것은 분명해. 그러나… 선생님이 오시네! 선생님의 목소리가 들려. 누구하고 말씀을 하시는데…."

그들은 밖으로 뛰어 나가서, 예수께서 어두워지는 황혼 속에 어린아이 둘을 안으시고 또 다른 아이 하나는 당신 옷에 매단 채, 그들이 울고 있기 때문에 그들을 격려하시면서 오시는 것을 본다.

"하느님께서 선생님께 강복하시기를! 그런데 어디서 이렇게 늦게 오십니까?"

예수께서는 집 안으로 들어오시면서 대답하신다.

"나는 도둑들한테서 오는데, 나도 탈취했다. 나는 해가 진 뒤에 걸었다. 그러나 나는 자비의 행위를 했으니까 내 아버지께서 그것을 용서해 주실 것이다…. 요한아, 이 애들을 받아라. 시몬, 너도… 팔이 끊어지는 것 같다…. 그리고 정말 피곤하다." 예수께서는 난로 옆에 있는 등받이 없는 걸상에 앉으신다. 그리고 피로하시지만 행복하게 미소지으신다.

"도둑들한테서요? 아니, 어딜 가셨었습니까? 이 아이들은 누굽니까? 아니 식사는 하셨습니까? 어디 계셨습니까? 밤이 돼가는데 그렇게 멀리 가시는 건 무모한 일입니다!…. 저희들은 걱정했습니다. 수풀 속에 계시지 않았습니까?" 그들은 모두 함께 말한다.

"나는 수풀 속에 가지 않고, 예리고 쪽으로 갔었다…."

"무모한 일입니다! 그 길에는 선생님을 미워하는 사람들을 만나실 수도 있습니다" 하고 타대오가 예수를 비난한다.

"나는 그 사람들이 알려준 오솔길로 해서 갔다. 그곳으로 가기를 원한 것이 여러 날 전부터였다…. 구제해야 할 불행한 사람들이 있다. 그들이 내게 아무 해도 끼칠 수 없었고, 또 이 아이들을 위해서는 때맞추어 도착했었다. 이 애들에게 먹을 것을 주어라. 이 애들이 거의 굶은 것으로 생각한다. 이 애들이 도둑들을 무서워했고, 또 나는 먹을 것을 가지고 가지 않았었으니까. 목자라도 한 사람 만났으면 좋았을 텐데! 그러나 안식일이 임박했기 때문에 풀밭에는 아무도 없었다…."

"물론이지요! 얼마 전서부터 안식일을 지키지 않는 것은 우리들 뿐입니다…" 하고 항상 무례한 가리옷의 유다가 지적한다.

"자넨 어떻게 말하는 거야? 무엇을 암시하는 건가?" 하고 여러 사람이 묻는다.

"우리가 두 안식일째 해가 진 다음에 일을 한다는 말을 하는 걸세."

"유다야, 지난 안식일에는 우리가 왜 걸어야 했는지 너도 알고 있다. 죄는 언제나 그것을 행하는 사람에게 속해 있지 않고, **그것을 행하지 않을 수 없게 하는 사람에게도 속해 있다.** 그리고 오늘은… 내가 안다마는, 너는 오늘도 내가 안식일을 어겼다고 말하려고 하는 것이다. 나 네게 대답하지만, 안식일의 휴식 계명이 크기는 하지만, 사랑의 계명은 매우 크다. 나는 네 눈에 내 무죄를 증명할 의무는 없다. 그러나 네게 관용과 겸손, 그리고 **거룩한 필요 앞에서는 법을 융통성 있는 정신으로 적용할 줄 알아야 한다**는 큰 진리를 가르치기 위해서 그렇게 한다. 우리 역사에는 그런 필요성의 예가 여럿 있다.

나는 새벽에 아도민산 쪽으로 갔다. 거기에는 죄로 인해 문둥병에 걸린 것 같은 영혼을 가진 불행한 사람들이 있다는 것을 내가 알기 때문이다. 나는 그들을 만나 말을 하고 해지기 전에 돌아오기를 바랐었다. 나는 그들을 만났다. 그러나 다른 말을 할 것이 있었기 때문에 예정했던 말을 할 수가 없었다…. 그들은 평야의 보잘 것 없는 양의 우리 입구에서 울고 있는 이 세 아이를 만났었다. 그들은 밤에 어린 양들을 훔치고, 또 목자가 대항하면 목자도 죽이려고 내려왔었다. 겨울에 산 위에서는 굶주림이 견디기 어려운 법이다…. 그리고 그 굶주림으로 고통을 당하는 것이 잔인한 마음을 가진 사람들일 때에는 굶주림은 사람들을 늑대보다도 더 사납게 만든다.

그러니까 이 아이들이 저희들보다 겨우 나이가 좀 많고 그들과 마찬가지로 겁을 집어먹은 어린 목동이 거기 있었던 것이다. 아이들의 아버지는 무슨 이유로 그랬는지는 모르지만 밤 사이에 죽어 있었다. 아마 어떤 짐승에게 물렸던지 심장이 약해졌던지 했을 것이다…. 그는 양들 곁에 짚에 누워 있는데 차게 되었었다. 맏아들이 아버지 곁에서 자고 있었기 때문에 그것을 알아차렸다. 이렇게 해서 도둑들은 사람을 죽였을지도 모를 곳에서 죽어 있는 사람과 울고 있는 네 아이를 만난 것이다. 그들은 죽은 사람을 내버려두고 양들과 목동을 앞으로 몰았고, 가장 흉포한 사람들에게도 쉽게 죽지 않는 연민이 있을 수 있으므로 그들은 아이들도 거두었다…. 나는 그들이 어떻게 할지를 의논하고 있는 중에 그들을 만났다. 가장 잔인한 사람들은 그들의 도둑질과 은신처의 위험한 증인인 열 살 먹은 목동을 죽이자고 하였다. 덜 무자비한 사람들은 양떼는 붙잡아두고 목동은 위협하고 돌려보내자고 하였다. 그리고 모두가 더 나이어린 아이들은 데리고 가자고 하였다."

"아이들을 어떻게 하려구요? 그러나 아이들은 가족이 없습니까?"

14. "안식일의 규칙이 중요하지만, 사랑의 계명은 매우 중요하다" *185*

"어머니는 죽었다. 그래서 아버지는 아이들을 겨울 목장에 데려왔다가, 이제 산들을 넘어서 사람이 없는 집으로 돌아가는 길이었다. 도둑들이 아이들을 그들과 같은 사람을 만들라고 내가 그들에게 맡겨둘 수 있었겠느냐? 나는 그들에게 말했다…. 나 진정으로 너희에게 말한다만, 그들은 다른 많은 사람보다 나를 더 잘 이해하였다. 그들이 어떻게나 잘 이해했던지, 아이들을 내게 넘겨 주었고, 목동은 내일 세겜으로 가는 길까지 데려다 주기로 하였다. 그 시골에 아이들의 어머니의 오라비들이 살기 때문이다. 우선 나는 어린 아이들을 거두었고, 친척들이 올 때까지 데리고 있겠다."

"그럼 선생님 생각에는 도둑들이…" 하고 가리옷 사람이 말하고 웃는다.

"나는 그들이 어린 목동의 머리카락 하나도 건드리지 않으리라고 확신한다. 그들은 불행한 사람들이다. 우리는 그들이 왜 불행하게 되었는지 판단하지 말고, 그들을 구원하려고 힘써야 한다. 착한 행동 하나가 그들의 구원의 시작일 수가 있다…." 예수께서는 무슨 생각에 잠기시는지 고개를 숙이신다.

사도들과 작은 노파는 서로 말을 하고 동정의 감정을 주고받으며, 서둘러 겁을 집어먹은 어린 아이들을 위로한다.

예수께서는 제일 어린 아이, 세 살쯤 된 갈색머리의 어린 아이가 우는 소리를 들으시고 머리를 들고, 그에게 양젖을 먹이려고 헛수고를 하는 야고보에게 말씀하신다.

"어린 아이를 내게 주고, 내 배낭을 가서 가져 오너라." 그리고 어린 아이가 당신 무릎 위에서는 진정되고, 전에는 물리치던 양젖을 꿀꺽꿀꺽 먹는 것을 보시고 빙그레 웃으신다. 좀더 큰 다른 아이들은 그들 앞에 갖다 준 수프를 먹는다. 그러나 그들의 눈에서는 눈물이 흘러 내린다.

"아이고! 불쌍도 해라! 보라구! 우리가 고통을 당하는 건 정당해. 그렇지만 죄없는 것들이!…" 하고 어린 아이들이 고통 당하는 것을 볼 수가 없는 베드로가 말한다.

"시몬, 자넨 죄인일세. 하느님을 비난하니 말이야" 하고 가리옷 사람이 지적한다.

"내가 죄인일 수는 있네. 하지만 나는 하느님을 비난하지는 않네. 다만 내 말은… 선생님, 왜 어린 아이들이 고통을 당해야 합니까? 어린 아이들은 죄가 없는데요."

"모든 사람이 죄가 있어. 적어도 원죄는" 하고 가리옷 사람이 말한다.

베드로는 그에게 대답하지 않고, 예수의 대답을 기다린다. 이제는 배불리 먹고 졸고 있는 어린 아이를 흔들고 계신 예수께서 대답하신다.

"시몬아, 고통은 죄의 결과이다."

"좋습니다. 그러면… 선생님이 죄를 없애신 다음에는 어린 아이들이 고통을 당하지 않게 되겠습니까?"

"그래도 고통을 당할 것이다. 시몬아, 눈쌀을 찌푸리지 말아라. 세상에는 항상 고통과 죽음이 있을 것이다. 가장 깨끗한 사람들까지도 고통을 당하고 장래에도 당할 것이다. 그리고 그들이 모든 사람을 위하여 고통을 당하는 사람이기도 할 것이다. 주님을 위한 속죄의 희생들이다."

"왜 그렇습니까? 저는 알아듣지 못하겠습니다…."

"세상에는 사람들이 알아듣지 못하는 것이 많다. 적어도 그것이 완전한 사랑이 원한 것이라는 것만은 믿을 줄 알아라. 그리고 은총이 사람들에게 돌려져서 그들 중에서 가장 거룩한 사람들에게 숨은 진리들을 알게 하면, 사람들은 바로 그 가장 거룩한 사람들이 희생이 되기를 원하리라는 것을 알게 될 것이다. 그것은 거룩한 사람들이 고통의 능력을 깨달았기 때문일 것이다…. 아이가 잔다…. 할머니, 아이를 데리고 가시겠어요?"

"그러문요, 선생님. 겁을 집어먹은 아이에게는 잠깐 자는 것과 많이 우는 것이 필요하고, 둥지 없는 새에게는 어미의 날개가 필요하다고 이 고장에서는 말합니다. 제가 혼자서 자는 지금은 제 침대가 큽니다. 아이들을 그리로 안아다 놓고 보살피겠습니다. 이 애들도 잠으로 그들의 고통을 잊을 것입니다. 아이들을 침대로 옮겨 가게 이리들 오시오."

노파는 예수의 무릎에서 제일 어린 아이를 받아 가지고 간다. 그

14. "안식일의 규칙이 중요하지만, 사랑의 계명은 매우 중요하다" 187

뒤로 베드로와 필립보가 따라 가는데, 제베대오의 야고보는 예수의 배낭을 가지고 돌아온다.

예수께서는 배낭을 열고 안을 뒤지신다. 그리고 두꺼운 옷 한벌을 꺼내고, 펴시고, 크기를 헤아리신다. 만족하지 않으시다. 옷과 같이 빛깔이 짙은 겉옷을 찾으셔서 따로 내놓으시고, 배낭을 닫아 야고보에게 돌려주신다.

베드로가 필립보와 같이 돌아온다. 작은 노파는 아이들과 같이 남아 있다. 베드로는 펴서 따로 내놓은 옷들을 이내본다. 그는 말한다.

"선생님, 옷을 갈아 입으시렵니까? 몹시 지치셨으니 뜨거운 물에 목욕을 하시면 회복이 되실 겁니다. 물이 있습니다. 그리고 저희가 옷을 따뜻하게 하고 나서 저녁을 먹고 쉬러 가겠습니다. 가엾은 아이들의 그 이야기로 저는 완전히 마음이 어수선합니다…"

예수께서는 빙그레 웃으시지만 질문에 대답은 하지 않으시고 이렇게만 말씀하신다.

"죄없는 어린 아이들을 구하도록 나를 늦지 않게 가게 하신 주님을 찬미하자." 그리고 피곤하셔서 입을 다무신다….

작은 노파가 아이들의 옷을 가지고 돌아온다.

"옷을 갈아입혀야 할 것입니다…. 옷들이 찢어지고 진흙 투성입니다…. 그렇지만 이제는 제 아들들의 옷이 없어서 갈아입히질 못하겠군요. 내일 빨겠습니다…."

"아닙니다, 할머니. 안식일 후에 제 것인 이 옷들을 가지고 작은 옷 세벌을 지으십시오."

"그러나 주님, 이제는 주님이 옷이 세벌밖에 없다는 걸 아십니까? 한벌을 없애시면, 무엇을 입고 계실 겁니까? 선생님이 겉옷을 여자 문둥병자에게 주셨을 때처럼 라자로가 여기 있는 것도 아닌데요!" 하고 베르도가 말한다.

"가만 놔 두어라. 옷 두벌이 남아 있는데, 사람의 아들에게는 그것도 너무 많다. 할머니, 받으세요. 내일 해가 지면 일을 시작하세요. 그러면 박해받는 사람이 가난한 사람의 고통을 이해하고 그를 도와준다는 기쁨을 맛볼 것입니다."

15. 다음 날

"일어나서 개울가로 가자. 조국을 떠나서 회당이 없는 곳에 있는 히브리인들처럼, 우리끼리 안식일을 지내자. 다들 가자…" 하고 예수께서 집의 정원에서 한가로이 있는 사도들에게 말씀하신다. 그리고 한구석에 모여 있는 가엾은 세 아이에게 손을 내미신다.

어린 아이들은 자기들보다 큰 일들을 본 어린이들이 가지는 조숙하게 생각에 잠긴 작은 얼굴에 수줍은 기쁨의 빛을 나타내며 달려온다. 그리고 큰 아이 둘은 그들의 작은 손을 예수의 큰 손 안에 놓는다. 그러나 제일 작은 아이는 안기기를 원한다. 그래서 예수께서 그를 만족시켜 주시며 제일 큰 아이에게 말씀하신다.

"너는 내 곁에 있으면서 어제처럼 내 옷을 붙잡아라. 그러나 이사악은 너무 지치고 너무 작아서 혼자서 갈 수가 없다…." 그 아이는 예수의 미소를 받아들여 수락하고 작은 어른처럼 예수 곁에서 걸어가는 것으로 만족한다.

"선생님, 아이를 제게 주십시오. 선생님은 어제 일로 아직 피로하실 테고, 루벤은 선생님의 손을 잡지 못해 괴로워합니다…" 하고 바르톨로메오가 말한다. 그리고 예수에게서 아이를 빼앗아 가려하니, 아이는 예수의 목에 꼭 달라붙는다.

"녀석도 제 모든 족속과 같이 고집이 세구먼!" 하고 가리옷의 유다가 외친다.

"아닐세. 이 애는 불안해서 그러네. 자네는 어린 아이들을 도무지 이해하지 못하는구먼. 어린 아이들이 슬프거나 겁이 날 때는 그들에게 미소를 보내고 그들을 위로한 첫번째 사람에게서 피난처를 찾는 걸세" 하고 바르톨로메오가 대꾸한다. 그리고 제일 작은 아이를 안을 수 없으므로 제일 큰 아이의 머리를 쓰다듬어 주고 자애로운 미소를 보낸 다음 그의 손을 잡는다.

일행은 여인만이 남아 있는 집에서 나와 개울을 따라 마을 저쪽으로 간다. 새로 돋아나는 풀로 덮이고 풀밭에 피는 꽃이 점점이 박힌 개울가는 아름답다. 물은 맑고, 바위 사이로 흘러가며 졸졸 소리를 내며, 비록 물은 별로 많지 않지만, 모래바닥 여기저기에 널려 있는 더 굵은 조약돌에 부딪혀 하프 뜯는 소리를 내고 졸졸 흘러가거나 갈대가 덮인 어떤 작은 섬의 굽이들 사이로 스며들거나 한다. 개울가에 있는 나무들에서는 새들이 즐거운 트레몰로로 노래를 부르며 날아가기도 하고, 햇볕을 잘 받는 가지에 앉아 그들의 첫번째 봄노래를 부르기도 하고, 우아하고 날쌔게 내려와 땅에서 곤충과 벌레들을 찾거나 개울가에서 물을 먹거나 한다. 멧비둘기 두마리가 물가의 굽이진 곳에서 미역을 감고 구구거리면서 부리로 서로 쪼아 준다. 그런 다음 꼭대기에 꽃이 핀 어떤 산사나무 가지에 어떤 양이 남기고 간 양털 뭉치를 부리에 물고 날아간다.

"멧비둘기들은 둥지를 지으려고 저러는 거예요" 하고 아이들 중에 제일 큰 아이가 말한다. "저 멧비둘기들은 분명히 새끼들이 있어요…." 그는 처음 말을 할 때에 가벼운 미소를 약간 짓고 나서 고개를 푹 숙인다. 그리고 소리없이 울면서 손으로 눈물을 닦는다.

바르톨로메오가 멧비둘기 두 마리가 둥지 짓는 일을 하는 것으로 그에게 준 상처를 이해하고 그를 안는다. 그리고 가장의 그 착한 마음씨로 한숨을 쉰다. 아이는 바르톨로메오의 어깨에서 울고, 둘째 아이는 그 눈물을 보고 저도 울기 시작하고, 셋째 아이도 따라서 울며 말을 하기 시작하는 그 작은 어린 아이 목소리로 아버지를 부른다.

"오늘은 이게 우리 안식일 기도가 되겠구먼! 선생님은 아이들을 집에 두고 오실 수도 있었을 텐데요! 이런 경우에는 여자가 우리들보다 적합합니다. 그리고…" 하고 가리옷 사람이 비평한다.

"그렇지만 할머니도 울면 어쩔 거야! 하긴 나도 눈물이 나오려고 하네…. 이런 것은 눈물을 흘리게 하는… 일이거든…" 하고 베드로가 둘째 아이를 안으면서 대답한다.

"그래 이런 것은 눈물이 나오게 하는 일이야, 맞아. 그리고 몹시 슬퍼하는 가엾은 노파인 야곱의 마리아는 위로할 능력이 썩 많지 않아…" 하고 열성당원이 확인한다.

"우리도 이 일에 별로 성공할 것 같지 않아. 이 애들을 위로하실 수 있는 사람은 오직 선생님뿐이었는데, 선생님은 그렇게 안 하셨단 말이야."

"그렇게 안 하셨다구? 그래 그 이상 뭘 하실 수 있었나? 선생님은 도둑들을 설득하셨고, 아이들을 안고 여러 마일을 걸어오셨고, 아이들의 친척에게 알리는 일을 하셨네…."

"그건 모두 중요하지 않은 일이야. 죽음에까지도 명령하는 분이신 선생님은 양의 우리에 내려가서 목자를 다시 살려내실 수 있었어, 아니 오히려 살려내셔야 했어. 아무에게도 유익하지 않은 라자로를 위해서는 그렇게 하셨는데! 여기는 홀로 남은 아이들의 아버지, 그것도 홀아비인 아버지였는데… 그 부활은 필요불가결한 것이었습니다. 선생님, 저는 선생님을 이해 못하겠습니다…."

"그리고 우리는 그렇게까지 불손한 자네를 이해 못하겠네…."

"조용해라, 조용해! 유다는 이해하지 못한다. 그런데 하느님의 이유와 죄의 결과를 이해하지 못하는 것은 유다 한 사람만이 아니다. 요나의 시몬, 너도 죄없는 어린 아이들이 왜 고통을 당해야 하는지 이해하지 못한다. 그러니까 그 사람이 왜 부활하지 않았는지 이해하지 못하는 시몬의 유다를 판단하지 말아라. 내가 혼자서 멀리 가는 것을 항상 비난하는 유다가 만일 곰곰 생각한다면, 내가 그렇게까지 멀리 갈 수 없었다는 것을 이해할 것이다…. 과연 양의 우리는 예리고의 평야에 있었지만, 시내 저쪽 강을 걸어서 건너는 곳 근처에 있었다. 내가 적어도 사흘 동안이나 멀리 가 있었더라면, 너희들은 뭐라고 말했겠느냐?"

"선생님은 정신으로 죽은 사람에게 다시 살아나라고 명령하실 수 있었을 것입니다."

"너는 내가 실제로 죽은 사람들을 다시 살려낸다고 말할 수 있기 위해서 이미 부패한 송장의 증거를 원한 바리사이파 사람들과 율법학자들보다 더 까다로우냐?"

"그러나 그들은 선생님을 미워하기 때문에 그것을 요구했습니다. 그러나 저는 선생님을 사랑하고 또 선생님이 모든 원수를 압도하시는 것을 보기를 바라기 때문에 그렇게 원하는 것입니다."

"네 묵은 감정과 네 도를 지나친 사랑이다. 너는 네 마음에서 오래된 나무들을 뽑아내고, 그 대신 어린 나무들을 심을 줄을 몰랐다. 그래서 네게 가까이 온 빛으로 발육한 묵은 나무들은 더 한층 튼튼해졌다. 네 오류는 현재와 미래의 많은 사람이 가지는 오류이다. 즉 하느님의 도움에도 불구하고, 하느님 도움에 영웅적인 의지로 응하지 않기 때문에 변하지 않는 사람들의 오류 말이다."

"저와 같이 선생님의 제자인 저 사람들은 혹 묵은 나무들을 부수었습니까?"

"그들은 적어도 많이 잘라내고 접을 많이 붙였다. 그런데 너는 그렇게 하지 않았다. 너는 그 나무들이 접을 붙일 만한지 잘라낼 만한지 또는 뽑아버려야 할지 주의깊게 들여다보지도 않았다. 유다야, 너는 사려없는 정원사이다."

"그렇지만 제 영혼에 대해서만 그렇습니다. 정원 일이라면 솜씨있게 할 줄 아니까요."

"너는 솜씨있게 할 줄 안다. 너는 세상일은 무엇이든지 할 줄 안다. 나는 네가 하늘의 일에 있어서도 그와 마찬가지로 능력있게 하는 것을 보았으면 좋겠다."

"그렇지만 선생님의 빛이 스스로 저희 안에서 가지가지 놀라운 일을 해야 할 것입니다! 그 빛이 혹 좋지 않은가요? 만일 그 빛이 악을 풍부하게 하고 힘을 주면, 그 때에는 그것이 좋은 빛이 아니고, 저희가 착하게 되지 못하는 것은 그 빛의 탓입니다."

"이 사람아, 자네 이야기나 하게. 나는 선생님이 내 나쁜 경향을 더 강하게 하셨다고는 생각하지 않네" 하고 토마가 말한다.

"나도 그래." "나도" 하고 안드레아와 제베대오의 야고보가 말한다.

"그리고 내 경우에는 선생님의 능력이 나를 악에서 구해 주었고, 나를 새 사람을 만들었네. 왜 그렇게 말하나? 자네 말하는 걸 곰곰 생각해 보나?" 하고 마태오가 묻는다.

베드로가 말을 하려고 한다. 그러나 그곳을 떠나는 쪽을 택하여, 목에 어린 아이를 태우고 그를 웃게 하려고 배가 흔들리는 시늉을 하며 빨리 걷기 시작한다. 그리고 지나가면서 타대오의 팔을 잡고 외친다.

"저기 저 섬으로 가세. 섬에는 꽃바구니처럼 꽃이 가득하네. 나타나엘, 필립보, 시몬, 요한 가세…. 한번 펄쩍 뛰기만 하면 섬에 갈 수 있어. 이렇게 갈라져 있는 개울은 섬 양쪽에 실개천 둘에 지나지 않네…." 그러면서 제일 먼저 뛰어서 목장처럼 풀이 덮이고 첫번째 핀 꽃들이 양탄자 모양을 만들어놓은 모래가 드러난 몇 미터 넓이에 발을 들여놓는다. 그 한가운데에는 꼭대기가 가벼운 바람에 흔들리는 크고 날씬한 포플라 나무 한그루만이 있다. 베드로가 부른 사람들은 천천히 그가 있는 데로 가고, 곧이어서 예수 더 가까이에 있던 사람들이 따라 간다. 예수께서는 가리옷 사람에게 말씀을 하시느라고 뒤에 처져 계신다.

"아니, 저 사람 아직 끝내지 않았니?" 하고 베드로가 동생에게 묻는다.

"선생님은 그 사람의 마음에 작용하시는 중이야" 하고 안드레아가 대답한다.

"어이구! 유다의 마음에 정의를 나게 하기보다는 이 나무에 무화과가 열리게 하는 것이 더 쉬울 거다."

"또 그의 지능에" 하고 마태오가 한술 더뜬다.

"저 사람은 어리석기를 원하기 때문에, 또 어리석기를 원하는 것에 대해서 어리석어" 하고 타대오가 말한다.

"저 사람이 괴로워하는 것은 복음을 전하라고 선택되지 않았기 때문이야. 난 그걸 알아" 하고 요한이 설명한다.

"그렇지만 나로서는… 내 대신 가고 싶다면… 난 정말이지 꼭 가고 싶지는 않아!" 하고 베드로가 외친다.

"우리 중의 아무도 꼭 가고 싶어하지는 않아. 그러나 그 사람은 원한단 말이야. 게다가 내 사촌은 그 사람을 보내기를 원치 않네. 나는 유다의 기분나빠하는 것과 그것이 머리에서 오는지를 깨달았기 때문에 오늘 아침에 선생님께 그 말씀을 드렸었네. 그러나 예수님은 '바로 그가 병든 마음을 가졌기 때문에 내 곁에 붙들어두는 거다. 고통을 당하고 약한 사람들이야말로 의사가 필요하고 그들의 힘을 돋우어 줄 사람이 필요한 거다' 하고 말씀하셨네."

"그래!… 맞아!… 애들아, 오너라. 이제는 이 아름다운 갈대들을 꺾어서 작은 배들을 만들자. 봐라 얼마나 예쁘냐! 그리고 안에는 어부들 대신에 이 작은 꽃들을 넣자. 이 꽃들이 희고 붉은 두건을 쓴 머리와 같지 않나 보아라…. 여기는 항구를 만들자. 그리고 여기는 어부들의 작은 집들이다… 이제는 배를 이 가는 풀로 매고, 너희들은 배들을 물에 띄워라…. 그리고 고기잡이를 한 다음에는 개울가로 끌어올려라…. 너희는 섬을 한 바퀴 돌 수도 있다…. 암초들을 조심해라. 응!…."

베드로는 놀랄 만큼 참을성이 있다. 그는 주머니칼로 갈대 조각들을 가공하여, 두 마디 사이를 깎고 한쪽의 속을 드러나게 하고, 아직 봉오리로 있는 마거리트를 넣어서 어부노릇을 하게 하고, 모래를 파서 소인국의 항구를 만들고, 젖은 모래로 작은 집들을 만들었다. 그리고 아이들을 즐겁게 하는 그의 목적을 달성하고는 만족하여 앉으면서 중얼거린다. "불쌍한 어린 것들!…."

예수께서는 마침 두 아이가 놀이를 시작할 때에 섬에 발을 들여놓으신다. 그리고 제일 어린 아이를 땅에 내려놓으면서 두 아이를 쓰다듬어 주신다. 제일 작은 아이도 형들의 놀이에 어울린다.

"내가 너희들 차지다. 이제는 하느님에 대해서 말하라. 하느님에 대해서 말하고 하느님께 말씀을 드리는 것이 사명에 대한 준비를 하는 것이니까. 그래서 기도를 드린 다음, 즉 하느님께 말씀을 드린 다음, 좋은 것에 대해 가르쳐 주시기 위해서 모든 것에 현존하시는 하느님에 대해서 말하자. 자, 일어들 나서 기도하자." 그러면서 히브리 말로 시편을 노래하기 시작하시니 사도들도 같이 노래한다.

작은 배를 가지고 멀어져 갔던 어린 아이들은 이 어른들이 노래하는 것을 듣고 그들의 목소리의 종알거림과 그들의 놀이를 중단하고 가까이 온다. 그들은 그들 생각에 모든 것인 예수께로 눈을 고정시키고 주의깊게 듣는다. 그런 다음 어린이들의 모방 정신으로 기도하는 사람들과 같은 자세를 취하고, 시편의 말은 알지 못하기 때문에 곡조를 흥얼거리면서 노래를 따라 하려고 해 본다. 예수께서는 그들을 내려다보시고, 죄없는 작은 목소리들의 노래를 격려하는 미소로 그들을 바라보신다. 자기들이 인정을 받는다는 것을 느끼고 어린 아이들은 다시 용기를 낸다….

시편의 노래가 끝난다. 예수께서는 풀에 앉으셔서 말씀하기 시작하신다.

"이스라엘의 왕들과 요람의 왕과 유다의 왕이 모압의 왕을 공격하려고 모여서 엘리사 예언자에게 의견을 청하려고 문의했을 때, 엘리사는 왕의 사자에게 이렇게 대답하였다. '만일 내가 유다의 왕 여호사밧을 존경하지 않으면, 당신을 바라보지도 않았을 거요. 그러나 이제는 칠현금 타는 사람을 데려오시오.' 그리고 거문고 타는 사람이 연주를 하는 동안 하느님께서는 당신 예언자에게 말씀하시어 사람들과 가축들이 마실 물이 가득 채워지도록 마른 개울에 여러 구덩이를 파라고 명령하게 하였다. 그런데 아침 제사 시간에 바람이나 비가 없었는데도 주님께서 말씀하셨던 것과 같이 개울에 물이 가득 찼다. 너희들 생각에는 이 삽화(揷話)의 교훈은 무엇이냐? 말해라!"

사도들은 서로 의논을 한다. 그리고 어떤 사람들은 이렇게 말한다. "마음이 어지러울 때에는 하느님께서 말씀을 하지 않으십니다. 엘리사는 하느님의 말씀을 들을 수 있기 위해, 자기가 이스라엘의 왕 앞에 있는 것을 보는 데에서 오는 그의 분개를 가라앉히기를 원하는 것입니다." 더러는 이렇게 말한다. "이것은 정의의 교훈입니다. 엘리사는 죄없는 유다의 왕을 벌하지 않기 위해 죄있는 사람까지 구원합니다." 또 더러는 이렇게 말한다. "이것은 순종과 믿음의 교훈입니다. 그들은 겉으로 보기에는 상식 밖의 명령에 순종하기 위해 구덩이들을 팠습니다. 그리고 하늘은 맑고 바람이 없는데도 물을 기다렸습니다."

"잘들 대답했다. 그러나 완전히 잘 대답하지는 못했다. 마음이 어지러울 때에는 하느님께서 말씀하지 않으신다. 그것은 사실이다. 그러나 마음을 가라앉히는 데 하프는 필요치 않다. **영적인 하프이고 천당의 곡조를 주는 사랑만 있으면 넉넉하다. 어떤 영혼이 사랑 속에서 살면, 평온한 마음을 가지고 하느님의 목소리를 듣고 이해한다.**"

"그러면 엘리사는 마음이 흔들렸으니까 사랑을 가지고 있지 않았군요."

"엘리사는 정의의 시대 사람이었다. 옛날 삽화들을 사랑의 시대로 옮겨올 줄 알아야 하고, 그것들을 벼락의 빛으로 보지 말고 별빛으로 볼 줄 알아야 한다. 너희들은 새 시대의 사람들이다. 그런데 왜 옛날 사람들보다 더 성을 잘 내고 더 마음이 어지러운 때가 그렇게도 많으냐? 과거를 벗어버려라. 이 말을 되풀이 하는 것을 듣는 것이 유다의 마음에 들지 않는다 하더라도, 나는 이 말을 되풀이 한다. 뽑고, 자르고, 접붙이고, 새 나무들을 심어라. 새로워지고, 겸손과 순종과 믿음의 구덩이들을 파라.

저 왕들은 그렇게 할 줄을 알았다. 그리고 그들은 한 사람에 대해서 두 사람이 유다 사람이 아니었다. 그리고 그들은 하느님의 말씀을 들은 것이 아니라, 하느님의 예언자가 지극히 높으신 분의 뜻을 전하는 것을 들었었다. 그들이 순종할 줄을 몰랐더라면 물이 없어서 목이 말라 죽었을 것이다. 그런데 그들은 순종했고, 그들이 판 구덩이들에 물이 가득 찼을 뿐 아니라, 적들을 이기기도 하였다. 나는 생명의 물이다. 나를 받기 위하여 너희 마음 속에 구덩이들을 파라.

그리고 이제는 들어라. 긴 강연을 하지 않고, 너희들이 묵상하라고 몇 가지 생각을 주겠다. 너희들은 항상 이 어린 아이들과 같을 것이다. 그리고 이 아이들은 죄가 없는데 너희들은 그렇지 못하니까 이 아이들보다도 못할 것이다. 그러므로 만일 너희가 묵상하는 습관을 들이지 않으면, 너희 안에 있는 영적인 빛이 더 흐릴 것이다. 너희들이 항상 듣기는 하지만, 너희 지능이 활동을 하지 않고 자고 있기 때문에 도무지 기억하지를 못한다. 그러므로 들어라. 수넴 여자가 아들을 잃었을 때, 비록 남편이 그달 초하루가 아니고 안식일이 아니라고 말했지마는, 예언자를 만나러 가고자 하였다. 그러나 그 여자는 어떤 일은 지체할 수가 없기 때문에 가야 한다는 것을 알고 있었다. 그리고 그 여자가 사정을 영적으로 이해할 줄 알았기 때문에, 아들의 부활을 얻게 되었다. 이 사실을 어떻게 생각하느냐?"

"이것이 안식일 문제에 대하여 제게 대한 비난이라고 생각합니다" 하고 가리옷 사람이 말한다.

"유다야, 그러니까 네가 원할 때에는 이해할 수 있다는 것을 알겠구나? 그러니 네 정신을 정의를 향해 열어라."

"예… 그러나 선생님은 사람을 다시 살려내기 위해 안식을 어기지 않으셨습니다."

"나는 그보다 더한 일을 했다. 나는 이 아이들의 파멸과 죽음을, 진짜 죽음을 막았다. 그리고 도둑들에게 상기시켜서…."

"오! 무슨 일을 하셨다고 스스로 마음을 달래시려면 기다리십시오! 저는 그들이 선생님께 복종했다고는 생각하지 않습니다…."

"선생님이 그렇게 말씀하시면…."

"엘리사 자신도 수넴 여인의 이야기에 이런 말을 했어. '주님께서 그것을 비밀로 해 두셨다'고. 그러니까 예언자들에 대해서 모든 것을 알 수는 없어" 하고 가리옷 사람이 대꾸한다.

"우리 사촌은 예언자보다 더하신 분일세" 하고 타대오가 지적한다.

"나도 아네. 하느님의 아들이시지. 그러나 또 사람이기도 하셔. 사람으로서는 회개와 반성 같은 부차적인 일들은 알지 못하는 것을 면치 못하실 수도 있단 말이야…. 선생님, 정말 언제나 모든 것을 항상 아십니까? 저는 자주 그걸 의아스럽게 생각합니다…" 하고 가리옷 사람이 끈질긴 욕망을 가지고 고집한다.

"그런데 어떤 정신으로 그러는 것이냐? 네가 평화를 얻으려고 그러느냐? 너 자신에게 어떤 충고를 주기 위해서냐? 너 자신을 괴롭히기 위해서냐?" 하고 예수께서 물으신다.

"아니… 그건 모르겠습니다. 저는 의아하게 생각하고 또…."

"그런데 자네는 그걸 의아하게 생각하면서도 마음이 불안한 것 같구면" 하고 토마가 말한다.

"내가? 어쩔 줄 모르면 확실히 언제나 마음이 불안해지는 거지…."

"번쇄(煩瑣)한 이론이 많기도 하군! 나는 나 스스로에게 그렇게 많은 질문은 하지 않네. 나는 그렇게까지 알려고 애쓰지 않고 믿네. 그리고 조금도 고민에 빠지지도 않고 불안하지도 않네. 그러나 선생님이 말씀하시게 가만히 있세. 이 강의는 제 마음에 들지 않습니다. 선생님, 아름다운 비유를 하나 말씀해 주십시오. 비유는 아이들도 좋아할 겁니다" 하고 베드로가 말한다.

"또 한 가지 물어볼 것이 있다. 이것이다. 예언자들의 아들들의 수

프에서 쓴 맛을 없애는 밀가루가 너희들 생각에는 무엇을 뜻하느냐?"
깊은 침묵이 이 질문에 대답한다.
"아니? 대답할 줄을 모른단 말이냐?"
"아마 밀가루가 쓴 맛을 흡수하는 거겠지요…" 하고 마태오가 별로 자신없이 말한다.
"모든 것이, 밀가루까지도 썼던 모양인데."
"하인을 괴롭히기를 원치 않는 예언자의 기적으로요" 하고 필립보가 암시한다.
"그것도 있었다. 그러나 그것 때문만은 아니었다."
"주님께서는 물질적인 일에 대해서까지도 예언자의 능력을 빛나게 하고자 하셨습니다" 하고 열성당원이 말한다.
"그렇다. 그러나 그것도 아직 올바른 의미가 아니다. 예언자들의 생애는 때가 꽉 찼을 때에, 즉 내 때에 어떠하리라는 것을 예견한다. 그들은 이 세상에서의 내 생활을 상징과 표상으로 보여준다. 그러므로…."
침묵이 흐른다. 그들은 서로 바라본다. 그러다가 요한이 고개를 숙이고, 얼굴이 빨개지며 미소를 짓는다.
"너는 왜 네 생각을 말하지 않느냐, 요한아?" 하고 예수께서 물으신다. "네가 어떤 사람을 괴롭히기 위해서 그러는 것이 아니니까 말하는 것이 사랑을 어기는 것이 아니다."
"제 생각은 그것이 이런 뜻인 것 같습니다. 진리에 굶주리고 지혜의 기근이 들었던 시절, 즉 선생님이 오신 시절에, 모든 나무가 야생 상태로 돌아가서, 사람의 아들로서는 먹을 수가 없고 독이든 것 같은 쓴 열매를 맺었습니다. 그래서 사람의 아들들은 그 열매들을 따야 소용이 없었고, 먹으려고 조리를 해도 소용이 없었습니다. 그러나 인자하신 영원한 분께서는 아주 고운 특선 밀가루이신 선생님을 보내셨고, 선생님은 선생님의 완전으로 모든 음식에 원래 가졌던 좋은 맛을 돌려주시고, 여러 세기 동안 변질되었던 성경의 나무들과 사욕(邪慾)으로 타락했던 사람들의 미각(味覺)을 다시 좋게 만드심으로 모든 양식에서 돌을 없애십니다. 이 경우에는 밀가루를 가져오라고 명령하셔서 그것을 쑨 수프에 부으시는 분은 선생님의 아버지이시고, 선생님은 사람들의 양식이 되기 위해 자기를 희생하는 밀가루이십니다. 그리고 선생님이 다 이루어지신 다음에는, 하느님과 우정을 다시 맺어놓으실 터이니까 세상에는 쓴 것이 아무 것도 없게 될 것입니다. 제가 잘못 생각하는지도 모르겠습니다."

"아니다, 잘못 생각하지 않았다. 그것이 상징이다."

"오! 자넨 어떻게 해서 그런 생각을 했나?" 하고 베드로가 묻는다. 예수께서 대답하신다.

"네가 조금 전에 한 말을 가지고 네게 말하겠다. 한번 펄쩍 뛰기만 하면 고요한 영성의 섬에 들어가게 된다. 그러나 한번 뛰어 올라서 개울가를, 세상을 버릴 줄 알아야 한다. 우리가 뛰는 것이 서투르다고 웃거나, 쓸쓸한 섬을 세상보다 낫게 여기는 우리의 지나친 순진성을 비웃을 수 있는 사람이 있는지 생각해보지 않고 뛰어야 한단 말이다. 상처를 입거나 물에 젖거나 실망할 것을 겁내지 말고 뛰어야 한다. 모든 것을 버리고 하느님께로 피해 들어가야 한다. 세상에서 떨어진 섬에 자리잡고, 개울가에 남아 있는 사람들에게 하나밖에 없는 나무, 즉 지혜의 나무만이 있는 영의 섬에서 딴 꽃과 길은 물을 나누어주기 위해서만 거기서 나와야 한다. 세상의 요란한 소음에서 멀리 떨어져 지혜의 나무 곁에 있으면, 그 나무의 모든 말을 듣고, 제자일 줄 알면서 선생이 된다. 이것도 하나의 상징이다. 그러나 이제는 아이들을 위해 아름다운 비유를 하나 이야기하자. 이리 아주 가까이들 오너라."

세 어린이는 어떻게 가까이 오는지 숫제 예수의 다리 위에 앉는다. 예수께서는 그들을 팔로 감싸고 이야기를 시작하신다.

"하루는 주 하느님께서 말씀하셨다. '이제는 사람을 만들겠다. 그리고 사람은 지상낙원에서 살 것이다. 그곳에는 큰 강이 있는데, 그 강이 그후 피손, 게혼, 유프라테스, 티그리스 이렇게 네 강으로 나누어져서 세상에 두루 흐를 것이다. 그리고 사람은 만물 중에 있는 모든 아름다움과 모든 좋은 것, 그리고 그의 영의 기쁨을 위하여는 내 사랑을 차지할 것이니까 행복할 것이다.' 그리고 그렇게 하셨다. 그것은 마치 사람이 큰 섬에 있는 것과 같았다. 그러나 이 섬보다도 훨씬 꽃이 더 많이 피고 가지가지 나무와 모든 짐승이 있는 섬이었다. 그리고 저 위에는 하느님의 사랑이 있어 영혼에 해 노릇을 하고, 바람 속에는 새노래보다도 더 듣기 좋은 하느님의 목소리가 있었다.

그러나 꽃이 만발한 이 아름다운 섬에, 모든 짐승과 모든 초목 가운데로, 하느님이 만드신 독있는 이빨이 없고, 나긋나긋한 몸의 구부러지는 부분에 사나운 기운이 없이 착한 짐승들과는 다른 뱀이 기어서 들어왔다. 그 뱀도 다른 짐승들의 가죽처럼 보석 빛깔 같은 가죽이 덮여 있었다. 뱀은 저를 다른 짐승들보다도 더 아름답게 꾸며서 낙원의 찬란한 나무들 가운데로 미끄러져서 앞으로 나아오는 커다란 왕의 목걸이처럼 보이게까지 되었다. 뱀은 낙원 가운데 서 있는 나무에 가서 칭칭 감겼다. 그 나무는 외따로 떨어져 있는 나무였는데, 다른 나무보다도 훨씬 더 크고, 훌륭한 잎이 덮여 있고 훌륭한 열매가 주렁주렁 달려 있었다. 그런데 뱀은 아름다운 나무 둘레에 매달린 보석과 같이 햇빛에 반짝이고 있었고 모든 짐승들이 바라보고 있었다. 왜냐하면 아무도 뱀이 창조되는 것을 본 기억이 없고, 그 시간 전에 그 놈을 본 기억이 없었기 때문이었다. 그러나 아무도 뱀에게 가까이 가지는 않았다. 오히려 뱀이 줄기에 감겨 있는 지금은 모든 짐승이 그 나무에서 멀리 떨어져 갔다.

남자와 여자만이 뱀에게 가까이 갔다. 여자는 햇빛에 반짝이고, 반쯤 벌어진 꽃과 같은 대가리를 움직이고 있는 그 빛나는 물건에 홀렸기 때문에 남자보다 먼저 가까이 갔다. 여자는 뱀이 말하는 것을 듣고 주님께 복종하지 않았고, 아담도 복종하지 않게 했다. 그들은 복종하지 않은 다음에야 뱀의 정체를 보았고, 그들의 죄를 깨달았다. 이제는 그들이 마음의 죄없는 상태를 잃었기 때문이었다. 그래서 그들은 그들을 찾으시는 하느님을 피하려고 숨었고, 물어보시는 하느님께 거짓말을 했다.

그 때에 하느님께서는 낙원의 경계에 천사들을 가져다 두시고 사람들을 내쫓으셨다. 마치 사람들이 에덴동산의 조용한 강가에서 봄에 물이 불었을 때처럼 물이 가득 찬 강에 던져진 것과 같았다. 그러나 하느님께서는 쫓겨난 사람들의 마음 속에 그들의 영원한 운명의 기억을, 즉 하느님의 사랑 넘치는 목소리를 듣던 아름다운 동산을 지나온 기억, 그들이 하느님을 완전히 누렸을 낙원을 지나온 기억을 남겨 주셨다. 그리고 이 기억과 더불어 하느님께서는 사람들에게 올바른 생활을 함으로써 잃어버린 곳으로 거슬러 올라가고자 하는 거룩한 자극도 남겨 주셨다.

 그러나 애들아, 배가 물흐름을 따라 내려갈 때에는 쉽게 가지만, 물을 거슬러 올라올 때에는 물 위에 떠 있고, 물에 떠밀리지 않고, 흐르는 물 속에 있는 풀과 모래 또는 돌에 부딪혀 가라앉지 않기가 어렵다는 것을 방금 경험했다. 만일 시몬 베드로가 너희 작은 배들을 개울가의 골풀로 붙잡아매지 않았더라면, 골풀을 놓쳤기 때문에 이 사악이 당한 것처럼, 너희도 배를 모두 잃었을 것이다.

 이 세상의 흐르는 물에 던져진 사람들에게도 같은 일이 일어난다. 사람들은 골풀과 같은 그들의 뜻을 하느님께 맡겨 드리고, 하늘에 계신 착한 아버지시며, 모든 사람, 그 중에서도 특히 죄없는 어린이들의 아버지의 손에 맡겨 드리면서 항상 하느님의 손 안에 남아 있어야 한다. 그리고 그들을 하느님께 결합해 있게 하는 의지의 끈을 잡아채서 그들의 영혼의 배를 붙들어 놓거나 깨뜨리거나 집어삼킬 수 있을 풀과 골풀, 돌, 소용돌이, 진흙 따위를 피하기 위해 주의를 게을리하지 않는 눈을 가지고 있어야 한다.

 왜냐하면 이제는 낙원에 있지 않고 이 세상에 있는 뱀이 바로 영혼들을 파선하게 하려고 애쓰고, 유프라테스와 티그리스와 게혼과 피논강을 거슬러 올라가서, 영원한 낙원에서 흐르면서 생명과 구원의 나무에 물을 주는 큰 강에 이르지 못하게 방해하려고 애쓰고 있기 때문이다. 생명과 구원의 나무들에는 영원한 열매가 열려, 하느님과 그분의 천사들과 결합하기 위하여 흐르는 물을 거슬러 올라갈 줄 안 모든 사람이 더 이상 아무 고통도 당할 필요가 없이 즐길 것이다."

 "엄마도 그런 말 했어요" 하고 아이들 중의 제일 큰 아이가 말한다.

 "그래. 엄마가 그렇게 말했어" 하고 제일 어린 아이가 종알거린다.

 "너는 그걸 몰라. 나는 크니까 알 수 있어. 그렇지만 네가 정말이 아닌 걸 말하면 천당에 들어가지 못해."

"그렇지만 아버지는 참말인거 하나도 없다고 말했어" 하고 둘째가 반박했다.

"그건 아버지가 엄마의 주님을 믿지 않았기 때문이야."

"네 아버지는 사마리아 사람이 아니었었니?" 하고 알패오의 야고보가 묻는다.

"예, 아버지는 딴 데서 왔었어요. 그렇지만 엄마는 사마리아 사람이었고, 우리도 사마리아 사람이예요. 엄마가 우리도 엄마같기를 바랐거든요. 그리고 엄마도 우리한테 천당과 낙원 이야기를 해줬어요. 그렇지만 선생님만큼 잘은 못했어요. 나는 뱀과 죽음이 무서웠어요. 엄마는 뱀은 마귀라고 말하고, 아버지는 죽으면 모두 다 끝난다고 말했으니까요. 그렇기 때문에 나는 혼자 있게 돼서 아주 불행했어요. 그리고 이제는 착한 것이 쓸데없다고 말했어요. 그건 아버지와 엄마가 있을 때는 우리가 착하면 아버지 엄마가 행복하게 됐지만, 이제는 우리가 착해도 기쁘게 해 줄 사람이 없게 됐으니까요. 그런데 이제는 반대로 나는 알아요…. 나는 착하게 될 거예요. 나는 세상의 물에 떠 내려갈까봐 겁이 나니까 하느님의 손에 내 줄을 도무지 없애지 않을 거예요."

"그렇지만 엄마는 저 위로 갔어, 저 아래로 갔어?" 하고 둘째 아이가 당황해서 묻는다.

"얘야, 너 무슨 말을 하는 거냐?" 하고 마태오가 묻는다.

"엄마가 어디 갔나? 하고 말하는 거야. 엄마는 영원한 낙원의 강에 간 거야?"

"얘야, 그렇기를 바라자. 엄마가 착하게 살았으면…."

"그 여자는 사마리아 여자였는데…" 하고 가리옷 사람이 경멸하는 어조로 말한다.

"그럼 우리는 사마리아 사람들이기 때문에 우리에겐 천당이 없는 거야? 그럼 우린 하느님도 없을 거야? 선생님은 '모든 사람의 아버지'라고 불렀는데. 고아인 나는 아직도 아버지를 하나 가지고 있다고 생각하는게 좋았는데… 그렇지만 우리한테는 아버지가 없어…." 그러면서 슬퍼서 고개를 떨어뜨린다.

"얘야, 하느님은 모든 사람의 아버지이시다. 네가 사마리아 사람이라고 해서 혹 내가 너를 덜 사랑했니? 나는 너를 도둑들에게서 구해 주었다. 그리고 만일 예루살렘의 성전의 대사제가 구세주가 그의 아이를 구해 주는 것을 치욕으로 생각하지 않으면, 그의 손자를 마귀에게서 구해 줄 것처럼 너를 마귀에게서도 구해 주겠다. 그리고 너는 외톨이고 불행하니까 너를 한층 더 구해 주기까지 하겠다. 내게는 유다인의 영과 사마리아 사람의 영 사이에 구별이 없다. 그리고 얼마 안 있어서 사마리아와 유다 사이에 구별이 없어질 것이다. 그것은 메시아가 그의 이름을 가질 오직 하나의 백성만을 가질 것이고, 그를 사랑하는 모든 사람이 그 백성 안에 들어 있을 것이기 때문이다."

"주님, 나는 주님을 사랑해요. 그렇지만 주님은 나를 엄마한테 데려다 주겠어요?" 하고 세 아이 중의 제일 큰 아이가 묻는다.

"형은 엄마가 어디 있는지두 모르면서, 이 사람은 바랄 수만 있다고 말했어…" 하고 둘째가 말한다.

"나는 알지 못해. 그렇지만 주님은 안다. 주님은 우리가 어디 있는지 알아서. 우리는 반대로 우리가 어디 있는지도 몰랐다."

"도둑들하고 있었어…. 도둑들이 우릴 죽이려고 했어…." 둘째의 작은 얼굴에 공포의 빛이 다시 나타난다.

"도둑들은 마귀와 같았다. 그렇지만 주님은 우리 천사들이 불렀기 때문에 우릴 구해 줬다."

"엄마도 천사들이 구해 줬어. 난 늘 엄마 꿈을 꾸니까 그걸 알아."

"이사악, 너는 거짓말쟁이야. 넌 엄마 꿈을 꿀 수 없어. 넌 엄마를 기억하지도 못한단 말이야."

꼬마는 울면서 말한다. "아니야, 아니야. 난 엄마 꿈을 꿔. 난 엄마 꿈을 꾼단 말이야…"

"루벤아, 네 동생을 거짓말쟁이로 취급하지 말아라. 네 동생의 영혼은 엄마를 볼 수 있다. 하늘에 계신 착한 아버지께서는 당신 자신을 알도록 우리에게 허락하시는 것처럼 고아에게 엄마 꿈을 꾸고 엄마를 부분적으로 아는 것을 허락하실 수 있기 때문이다. 이 제한된 지식에서 하느님을 완전히 알겠다는 착한 뜻이 오는건데, 이것은 항상 아주 착하게 살면 얻는 것이다. 그럼 이제는 가자. 우리가 하느님에 대한 말을 했으니까 안식일을 거룩하게 지냈다." 예수께서는 일어나셔서 다른 시편들을 노래하기 시작하신다.
　에프라임 사람들이 합창 소리를 들으면서 가까이 온다. 그리고 공손하게 시편이 끝나기를 기다려서 인사를 하고 예수께 말한다. "선생님은 저희들과 같이 계시는 것보다 이리로 오시는 길을 택하셨군요. 그러면 저희를 사랑하지 않으시는 것입니까?"
　"당신들 중의 아무도 나를 초대하지 않았습니다. 그래서 내 사도들과 아이들을 데리고 이리로 왔습니다."
　"사실입니다. 그러나 저희들은 선생님의 제자가 저희의 소원을 선생님께 말씀 드렸을 것으로 생각했습니다."
　예수께서는 요한과 유다를 바라보신다. 그러니까 유다가 대답한다.
　"어제는 그 말씀을 드리는 것을 잊었습니다. 그리고 오늘은 이 아이들 때문에 그걸 생각하지 못했습니다."
　그 동안 예수께서는 작은 섬을 떠나셔서 작은 실개천을 지나 에프라임 사람들 곁으로 가신다. 사도들도 예수를 따라 가는데, 아이들은 남아 있는 갈대배 두개를 끄르느라고 지체한다. 그리고 물어보는 베드로에게 이렇게 설명한다. "교훈을 기억하기 위해서 이 배들을 간직하려고 그래요."
　"그럼 나는? 난 그걸 잃어버렸어. 그러니까 생각을 못할 거구 천당에도 못 갈 거야." 이렇게 말하면서 제일 작은 아이는 운다.
　"울지 말고 기다려라! 작은 배 하나를 이내 만들어 주마. 물론, 너도 교훈을 기억해야지. 어! 우리 모두가 이물에 달려 있는 이 애의 골풀로 작은 배를 하나씩 만들어서 기억해야 할 거다. 너희 어린이들보다도 어른들인 우리에게 그것이 더 필요할 것이다! 아아!" 그러면서 베드로는 그의 골풀을 깎아서 작은 배 하나를 만든다. 그리고 한꺼번에 세 아이를 안고 실개천을 껑충 뛰어 건너 예수의 곁으로 간다.
　"이 아이들입니까?" 하고 에프라임의 말라키아가 묻는다.
　"이 아이들입니다."
　"그런데 이 애들이 세겜의 아이들입니까?"
　"목동의 말로는 그렇습니다. 그 애 친척들이 그 시골에 있다고 했습니다."
　"가엾은 어린 것들! 그러나 만일 친척들이 오지 않으면 어떻게 하시겠습니까?"

"내가 데리고 있겠습니다. 그러나 친척들이 올 것입니다."

"그 도둑들… 그들도 오지 않겠습니까?"

"그들은 오지 않을 것입니다. 그러나 그들에 대해서는 걱정하지 마시오. 혹 그들이 온다 하더라도… 내가 그들의 것을 훔치지, 그들이 당신들의 것을 훔치지 않을 것입니다. 내가 그들에게서 벌써 희생자 넷을 빼앗았고, 또 그들의 영혼을 죄에서 조금 끌어냈다고 생각합니다. 적어도 그 중 한 사람의 경우에는."

"저희들이 이 아이들을 위해서 선생님을 도와드리겠습니다. 선생님이 이것은 저희들에게 허락하십시오."

"그러겠습니다. 그런데 이 아이들이 당신네 지방 아이들이기 때문에 그러는 것이 아니라, 죄가 없는 어린이들이기 때문이고, 또 죄없는 어린이들에 대한 사랑은 하느님께로 빨리 가는 길이기 때문에 그러는 것입니다."

"그러나 무죄한 어린이들과 무죄한 어린이들 사이에 구별을 두지 않는 것은 선생님뿐이십니다. 유다인이라면 이 어린 사마리아 아이들을 거두지 않았을 것입니다. 그리고 갈릴래아 사람도 그랬을 것이구요. 저희들은 사랑을 받지 못합니다. 그리고 그 사람들은 저희들을 사랑하지 않을 뿐 아니라, 사마리아 사람이라는 것이 무엇이고 유다인이라는 것이 무엇인지를 아직 알지도 못하는 어린이들도 사랑하지 않습니다. 그리고 이것은 가혹한 일입니다."

"그렇습니다. 그러나 사람들이 내 율법을 따를 때에는 그런 일이 없어질 것입니다. 말라키아, 보시오. 아이들은 지금 시몬 베드로와 내 사촌과 열성당원에게 안겨 있습니다. 그런데 그들 중의 아무도 사마리아인이 아니고, 아버지도 아닙니다. 그런데도 당신은 내 제자들이 사마리아의 고아들에 대해서 하는 만큼 많은 사랑을 가지고 당신 자신의 아이들을 껴안지 못할 것입니다. 이것이 메시아의 사상입니다. **모든 사람을 사랑 안에 모으는 것입니다.** 이것이 메시아 사상의 진리입니다. 세상에서는 메시아의 왕권 아래 오직 한 백성. 하늘에서는 오직 한 분뿐이신 하느님의 눈길 아래 오직 한 백성."

그들은 말을 하면서 야곱의 마리아의 집을 향하여… 떠나 간다.

16. 같은 날 밤

예수께서 한 작은 방에 혼자 계신다. 당신 침대 위에 앉으셔서 생각에 잠겨 계시거나 기도를 하신다. 겹친 선반 위에 놓인 기름 등잔이 펄럭이는 노리끼한 작은 불꽃으로 방을 비춘다. 집 안에도 길에도 아무 소리도 없는 것으로 보아 밤이 되었나 보다. 다만 급류의 흐름 소리만이 집 밖에서 밤의 적요 속에 더 크게 들린다.

예수께서는 고개를 들고 문을 바라보신다. 귀를 기울이신다. 그리고 일어나서 문을 열러 가신다. 밖에 베드로가 있는 것을 보신다.

"너냐? 오너라. 무슨 일이냐, 시몬아? 길을 아주 많이 걸어야 하는 네가 아직 일어나 있느냐?" 예수께서는 그의 손을 잡아 안으로 끌어들이시고, 소리 나지 않게 문을 다시 닫으신다. 그리고 침대가에 당신 곁에 앉히신다.

"선생님께 말씀을 드리려고 했습니다…. 예, 선생님이 제가 무슨 가치가 있는지 오늘 보셨다는 것을 말씀드리려고 했습니다. 저는 가엾은 어린 아이들을 즐겁게 하고, 작은 노파나 위로하고, 젖을 잃은 어린 암양 때문에 서로 틀어진 두 목자를 화해시키는 따위의 일밖에는 할 능력이 없습니다. 저는 보잘 것 없는 사람입니다. 선생님이 설명해 주시는 것도 알아듣지 못할 만큼 보잘 것 없습니다. 그러나 그것은 딴 이야기입니다. 이제는 바로 그렇기 때문에 저를 이곳에 그냥 있게 해 주십사고 말씀 드리려고 했습니다. 저는 선생님이 저희와 같이 계시지 않을 땐 가고 싶지 않습니다. 저는 잘 할 줄을 모릅니다…. 주님, 제 청을 들어 주십시오." 베드로는 열심히 말한다. 그러나 눈은 방바닥의 투박하고 쪽이 떨어져 나간 벽돌들을 내려다보면서 말한다.

"시몬아, 나를 쳐다보아라" 하고 예수께서 명령하신다. 그리고 베드로가 시키시는 대로 하자, 예수께서는 그를 뚫어지게 들여다보시며 물으신다.

"그래 그것이 전부냐? 네가 깨어 있는 것을 설명하는 것으로 그것이 전부냐? 너를 여기 그냥 있게 해 달라고 청하는 이유에 대한 설명으로 그것이 전부냐? 시몬아, 솔직해라. 네 선생에게 네 생각 전부를 말하는 것은 불평하는 것이 아니다. 쓸데없는 말과 유익한 말을 구별할 줄 알아야 한다. 거기 대해서 아무 것도 할 수 없는 사람에게 남의 과오에 대해서 말하는 것은 무익한 말이고, 또 일반적으로 한가한 가운데에서 죄가 많이 생긴다. 그 때에는 거기서 한 말이 사실이라 하더라도 그저 사랑을 어기는 일일뿐이다. 많게든 적게든 신랄한 말을 하면서 비난과 더불어 조언을 곁들이지 않는 것이 사랑을 어기는 일인 것과 같다.

그런데 나는 옳은 비난에 대해서 말하는 것이다. 다른 비난들은 옳지 않고, 이웃에 대한 죄가 된다. 그러나 이웃이 죄짓는 것을 보고, 이웃이 죄를 지음으로 하느님의 마음을 상해 드리고 자기 영혼에 해를 끼치기 때문에 그것을 괴로워할 때, 자기 자신으로서는 남의 죄의 결과를 평가할 만한 능력이 없다는 것을 깨닫고, 그 사람을 회개시킬 수 있는 말을 할 수 있을 만큼 자기가 지혜를 넉넉히 가지고 있다고 느끼지 못하고, 그래서 의인이나 현인을 찾아가서 자기의 걱정을 말할 때에는 죄를 짓지 않는다. 그것은 그 비밀 이야기를 하는 것이 추문을 끝내고 한 영혼을 구제하는 것을 목적으로 하기 때문이다. 마치 어떤 사람의 친척이 혐오감을 주는 병이 들린 것과 같은 것이다. 그가 그 병을 사람들에게는 숨기려고 애쓸 것이 틀림없다. 그러나 비밀히 의사를 찾아가서 말할 것이다. '제 생각에는 제 친척이 이러저러한 병에 걸렸다고 봅니다. 그러나 그에게 충고를 할 수도 없고 치료할 수도 없습니다. 선생님이 직접 오시든지, 제가 어떻게 해야 할지 말씀해 주시든지 하십시오' 하고. 혹 자기 친척에 대한 사랑을 어기는 것이냐? 아니다. 그 반대이다! 제대로 이해하지 못한 신중과 사랑의 감정으로 병을 알아보지 못하는 체하고, 병이 진전해서 죽음에 이르도록 내버려두면, 사랑을 어기는 것이 될 것이다.

언젠가, 그리고 그 때까지는 여러 해가 걸리지 않을 것이다. 너와 네 동료들이 사람들의 마음의 비밀이야기들을 들어야 할 것이다. 너희가 지금 그런 이야기를 듣는 것처럼 사람으로서 듣는 것이 아니라, 사제로서, 즉 내가 의사이고 선생님이고 목자인 것과 같이 너희도 영혼의 의사와 선생과 목자로서 들어야 할 것이다. 너희들은 듣고 결정하고 조언을 해야 할 것이다. 너희들의 판결은 하느님께서 직접 그것을 선고하신 것과 같이 효력이 있을 것이다…."

베드로는 자기를 꼭 껴안고 계시던 예수에게서 떨어져서 일어서며 말한다.

"주님, 그것은 될 수 없는 일입니다. 그런 의무는 저희들에게 절대로 지우지 마십시오. 저희가 사람으로서도 판단을 할 줄 모르는데, 어떻게 하느님같이 판결을 하란 말씀입니까?"

"그 때에는 하느님의 성령께서 너희들 위에 떠 계시면서 그분의 빛을 너희 안에 스며들게 하실 터이니까 너희들이 그렇게 할 줄 알 것이다. 너희들은 사람들이 조언을 듣거나 용서를 받기 위해서 너희에게 내보일 사실들의 일곱 가지 조건을 고찰해서 판결을 할 줄 알 것이다. 잘 들어라, 그리고 기억하도록 힘써라. 그 때에 가서 하느님의 성령께서 내 말을 네게 생각나게 해 주실 것이다. 그러나 네 편에서도 네 지능을 가지고 기억하도록 힘써라. 하느님께서 네게 지능을 주신 것은 모든 것을 하느님에게서 기대하고 갈망하도록 유도하는 게으름과 정신적인 뻔뻔스러움없이 그것을 사용하라고 하신 것이기 때문이다. 네가 내 대신 그리고 나와 같은 역할로 선생과 의사와 목자가 되었을 때, 그래서 신자가 네 발 앞에 와서 그의 행위나 남의 행위에서 그에게 오는 마음의 혼란을 한탄하면, 너는 항상 이 일곱 가지 문제 전체를 항상 기억해야 한다.

누가. 누가 죄를 지었는가?

무엇을. 죄의 재료가 무엇인가?

어디서. 어떤 장소에서?

어떻게. 어떤 상황에서?

무엇으로 또는 누구와. 죄의 재료였던 도구 또 사람은?

왜. 죄에 유리한 환경을 만든 충동은 어떤 것이었는가?

언제. 어떤 조건 아래 또는 어떤 반응을 보이며, 우발적이었던가, 또는 불건전한 습관으로 인한 것이었던가?

시몬아, 과연 너도 보다시피 같은 죄라도 그것을 만들어낸 모든 상황과 그것을 행한 개인에 따라서 무한히 많은 뉘앙스와 정도가 있을 수 있다. 예를 들어… 가장 흔한 죄인 육욕의 죄와 재물에 대한 욕심의 죄를 생각해 보자.

어떤 사람이 음란한 죄를 지었거나 음란한 죄를 지었다고 생각한다. 왜 그런고 하니, 사람은 어쩌다가 죄와 유혹을 혼동하거나 불건전한 욕망에 부자연스럽게 생긴 자극과 병적인 번민의 반응으로 일어나는 생각에 대해서 같은 판단을 하기 때문이며, 또는 어떤 때 살과 피가 영혼 안에 뜻하지 않은 호소를 울려퍼지게 해서 영혼이 미처 그것들을 억제하기 위하여 경계태세를 취할 시간의 여유도 없는 때가 있기 때문이다. 누가 네게 와서 '음란의 죄를 지었습니다' 하고 말하면, 불완전한 사제 같으면 '네게 저주가 내려라' 하고 말할 것이다.

그러나 나의 베드로 너는 그렇게 말해서는 안 된다. 너는 예수의 베드로이고, 자비의 후계자이기 때문이다. 그러니까 그 때에는 단죄하기 전에, 네 앞에 와서 우는 마음을 가만히 조심성있게 살펴보고 감동시켜 실제로 있었거나 가상(假想)의 죄나 소심증(小心症)의 모든 면을 알도록 해야 한다. 가만히 그리고 조심성있게 라고 말했다. 네가 선생과 목자인 것 외에 의사이기도 하다는 것을 기억해야 한다. 의사는 상처를 덧나게 하지 않는다. 괴저(壞疽)가 있으면 재빨리 잘라내면서도, 뜯어내지 않고 모아놓아야 하는 살아 있는 부분이 찢어진 상처만이 있으면 경쾌한 손으로 그것을 드러내서 치료할 줄을 안다.

그리고 네가 의사이고 목자인 외에 선생이기도 하다는 것을 기억해야 한다. 선생은 제자들의 나이에 따라서 그의 말을 조절한다. 죄 없는 어린이들이 모르는 동물적인 본능의 법칙을 어린 아이들에게 알려 주어 그들에게 시기상조의 지식과 악의를 가르쳐 주는 교사가 있다면, 그 교사는 수치스러운 사람일 것이다. 영혼들을 다룰 때에도 그들에게 신중하게 물어보아야 한다. 자기 자신을 존중하고 다른 사람들도 존중해야 한다. 네가 어떤 사람이든 아들로 생각하기만 하면 그렇게 하기가 쉬울 것이다. 아버지는 자연히 그의 자녀들의 선생이고 의사이고 인도자이다. 그러므로 죄로 인해서 또는 죄를 짓지 않았나 하는 염려로 불안해서 네 앞에 있는 사람이 어떤 사람이던지, 그를 아버지같은 사랑으로 사랑하여라. 그러면 그의 감정을 해치지 않고 분개하게 하지 않고 판단할 수 있을 것이다. 내 말을 이해하겠느냐?"

"예, 선생님, 썩잘 이해합니다. 저는 신중하고 참을성 있어야 하고, 상처들을 내보이라고 설득해야 합니다. 그러나 상처에 남의 주의를 끄는 일없이 저 자신이 직접 살펴보아야 하고, 실제로 상처가 있는 것을 제가 볼 때에만 '알겠느냐? 너는 이러저러한 일로 너 스스로에게 상처를 입혔다'고 말해야 합니다. 그러나 그 사람이 환상을 보았기 때문에 상처를 입지 않았나 하고 염려만 한다는 것을 알게 되면, 그 때에는… 쓸데없는 열심으로 죄의 진짜 근원을 비출 수 있을 빛을 주지 말고 구름 같은 망상을 불어 흩어버려야 합니다. 제 말이 맞습니까?"

"썩잘 말했다. 그러니까 어떤 사람이 '음란의 죄를 지었습니다' 하고 말하거든 네 앞에 있는 사람이 누구인지를 살펴보아라. 죄가 어떤 연령층에서도 생길 수 있는 것은 사실이다. 그러나 어린이에게서보다는 어른에게서 더 쉽게 만나게 된다. 따라서 어른이나 어린이냐에 따라서 해야 할 질문과 대답이 달라질 것이다. 첫번째 조사에 이어서 죄의 재료에 관한 둘째 조사가 따라 오고, 그 다음에는 죄지은 장소에 대한 셋째 조사, 죄의 상황에 대한 넷째 조사, 있을 수 있는 죄의 공범자에 대한 다섯째 조사, 죄의 이유에 대한 여섯째 조사, 죄지은 시간과 수에 대한 일곱째 조사가 뒤따른다.

어른의 경우에는, 세상에서 사는 어른의 경우에는 질문 하나하나에 죄의 실제를 예상케 하는 상황이 해당한다는 것을 보게 되는 데 반해서, 나이로나 정신으로 어린 아이인 사람들의 경우에는 수많은 질문에 대해 너 스스로에게 '여기에는 망상이 있지 실제적인 죄는 없다'고 대답해야 한다는 것을 일반적으로 보게 될 것이다. 또 때로는 진흙 대신에 진흙이 튀지 않았는가 하고 걱정하고, 그 꽃받침 속에 내려온 이슬과 진흙이 튄 것과를 혼동하는 백합꽃이 있는 것을 보기도 할 것이다. 하늘나라를 너무 갈망하는 나머지, 그들과 태양 사이에 가로질러 있어서 잠시 어두움 속에 두지마는 곧 이어서 그 깨끗한 꽃부리에 흔적을 남기지 않고 지나가는 구름의 그림자까지도 얼룩이라고 생각하고 염려하는 영혼들이다. 너무도 죄가 없고 또 죄없는 채로 남아 있기를 열망해서 사탄이 상상으로 놀라게 하거나, 육체의 실제적인 병을 이용해서 육체의 유혹 또는 육체 자체를 자극함으로써 놀라게 하는 영혼들이다. 그런 영혼들은 죄인들이 아니라 순교자들이기 때문에 위로를 받고 옹호되어야 한다. 이것을 항상 기억하여라.

또 남의 재물이나 다른 귀중한 것들에 대하여 탐욕으로 죄짓는 사람들까지도 이와 마찬가지로 심판할 것을 항상 기억하여라. 과연 탐욕스럽고 무자비해서 가난한 사람의 것을 훔치는 것은 저주 받은 죄이고, 시민들과 하인들 또는 백성들에게 해를 끼치는 것은 정의에 어긋나는 것이지만, 사람들이 빵을 주기를 거부했기 때문에 자기와 자녀들의 굶주림을 극복하기 위하여 이웃에게서 빵을 훔치는 사람의 죄는 덜 중대하고, 그것도 훨씬 덜 중대하다. 음란한 사람이나 도둑에 대해서도 죄의 수와 상황과 그 중대성을 판단할 때에 척도(尺度)가 필요하고, 그가 죄를 지은 순간에 지은 죄에 대하여 죄인이 어느 정도의 지식을 가지고 있었느냐 하는 정도를 평하는 데도 척도가 필요하다.

과연 완전히 알고서 행동하는 사람은 무지로 인해서 행동하는 사람보다 훨씬 더 죄를 짓고, 자유로 동의해서 행동하는 사람은 죄를 짓도록 부추김을 받은 사람보다 훨씬 더 죄를 짓는다. 네게 분명히 말하지만, 때로는 겉으로 보기에 죄와 같지마는 사실은 순교이고, 그래서 순교를 한 데 대하여 주는 상급을 받을 행위들이 있을 것이다. 그리고 모든 경우에 있어서 단죄하기 전에, 너도 사람이었다는 것과, 절대로 죄의 상태에 있는 것을 아무도 발견할 수가 없었던 네 선생이, 죄를 지었다고 뉘우치는 사람은 아무도 절대로 단죄하지 않았다는 것을 특히 기억하여라.

네 형제들과 네 자녀들의 죄를 일곱번씩 일흔번, 또 일흔번씩 일흔번까지도 용서하여라. 어떤 병자가 다시 병에 걸렸다고 해서 그에게 구원의 문을 닫는 것은 그를 죽이려는 것과 같기 때문이다. 알아들었느냐?"

"알아들었습니다. 이것은 정말 알아들었습니다."

"그러면 이제는 네가 생각하는 것을 다 말해라."

"어! 물론입니다! 제가 이 말씀을 드리는 것은 선생님이 모든 것을 아신다는 것을 제가 알고, 유다가 가지 않는 것을 괴로워하니까 제 대신 그를 보내줍시사고 말씀드리는 것이 원망을 하는 것이 아니라는 점을 이해하기 때문입니다. 제가 이 말씀을 드리는 것은 그가 새암을 내고, 제가 그에 대해서 분개한다고 말씀드리려는 것이 아니라, 그에게 평화를 주고 또… 선생님께도 평화를 드리기 위해서입니다. 그 폭풍을 항상 그렇게 가까이에 두시는 것은 선생님께도 매우 괴로운 일일 테니까요…."

"유다가 또 불평을 했느냐?"

"어! 그렇구 말구요! 그 사람은 선생님의 말씀 하나하나가 그에게는 상처가 된다고 말했습니다. 선생님이 어린 아이들을 위해서 말씀하신 것까지두요. 왕관과 같이 빛나는 그 물건이 하와의 마음에 들었기 때문에 하와가 나무에 갔다고 말씀하신 것도 사실은 그에 대해서 말씀하신 것이라고 말합니다. 저는 정말이지 아무 관계도 찾아내지 못했습니다. 그러나 저는 무식합니다. 반대로 바르톨로메오와 열성당원은 유다가 빛나는 것과 허영심을 자극하는 모든 것에 매력을 느끼기 때문에 정말 '몹시 충격을 받았다'고 말했습니다. 그런데 그 사람들은 지혜로우니까 그 말이 옳을지도 모릅니다. 선생님, 선생님의 불쌍한 사도들에게 선심을 베풀어 주십시오! 유다를 기쁘게 해 주시고, 유다와 함께 저도 기쁘게 해 주십시오. 어떤 모양으로든지! 선생님도 아시지요? 저는 그저 아이들이나 즐겁게 해 줄 줄 알고… 또 선생님의 품에서 어린 아이 노릇을 할 줄이나 압니다." 그러면서 베드로는 참으로 온 힘을 기울여 사랑하고 있는 그의 예수에게로 바싹 다가앉는다.

"안 된다. 너를 기쁘게 해 줄 수가 없다. 조르지 말아라. 너는 **바로 그러한 사람이기 때문에** 전도하러 가고, 그는 **바로 그런 사람이기 때문에 여기 남아 있다**. 내 사촌도 거기 대해 내게 말했다. 그런데 내가 사촌을 사랑하는데도 불구하고 '아니' 라고 대답했다. 내 어머니께서 부탁하시더라도 양보하지 않을 것이다. 그것은 벌이 아니라, **약**이다. 그리고 유다는 그 약을 먹어야 한다. 그것이 그의 정신에 소용이 없다 하더라도, 내 정신에는 소용이 될 것이다. 그것은 내가 그를 거룩하게 하기 위하여 어떤 일을 소홀히 했다고 나 자신을 비난할 수 없을 것이기 때문이다." 이렇게 말씀하시는 예수께서는 엄하고, 명령적이시다.

베드로는 팔을 내려뜨리고, 한숨을 쉬며 고개를 숙인다.
"시몬아, 그렇게 슬퍼하지 말아라. 우리는 영원히 일치하고 서로 사랑할 것이다. 그러나 너는 다른 말을 내게 할 것이 있었지."
"선생님, 시간이 늦었습니다. 선생님은 주무셔야 합니다."
"시몬아, 너는 나보다 더 쉬어야 한다. 너는 새벽에 길을 떠나야 하니까."
"오! 저로서는! 선생님과 여기 같이 있는 것이 침대에 있는 것보다 더 쉬는 것이 됩니다."
"그럼 말해라. 내가 잠을 별로 자지 않는다는 것을 너도 알지…."
"이렇습니다! 저는 머리가 둔합니다. 그걸 저도 알고, 부끄럼없이 그 말을 합니다. 그리고 만일 그것이 저를 위해서라면 아는 것이 제게 그리 중요하지 않을 것입니다. 가장 큰 지혜는 선생님을 사랑하고, 선생님을 따르고, 제 마음을 다해서 선생님께 봉사하는 것이니까요. 그러나 선생님은 저를 이리저리 보내시고, 사람들은 제게 질문을 하고, 저는 대답을 해야 합니다. 제 생각에는 제가 선생님께 여쭈어 보는 것을 다른 사람들이 제게 물을 수도 있을 것 같습니다. 사람들은 같은 생각을 가지고 있으니까요. 선생님은 어제 죄없는 사람들과 성인들이 항상 고통을 당할 것이고, 또 바로 그들이 모든 사람을 위해 고통을 당할 것이라고 말씀하셨습니다. 이것을 제 머리로는 알아듣기 힘듭니다. 그리고 그들 자신이 그것을 바랄 것이라고 말씀하시는 것을 알아듣기 힘듭니다. 그리고 제게 알아듣기 힘드니까 다른 사람들에게 알아듣기 힘들지도 모른다고 생각합니다.

그 사람들이 제게 질문하면 뭐라고 대답해야 합니까? 이번 처음 여행 중에 한 어머니가 제게 이렇게 말했습니다. '제 어린 딸이 착하고 죄가 없었으니까, 그 애가 그렇게 많은 고통을 당하면서 죽는 것은 옳지 않았습니다' 하고. 그래서 저는 무슨 말을 해야 할지를 몰라서 '주님께서 주셨다가 주님께서 빼앗아 가셨으니, 주님의 이름은 찬미받으시기 바랍니다' 하는 욥의 말을 해 주었습니다. 그러나 저 자신도 확신을 가지지 못했고, 그 어머니를 설득하지도 못했습니다. 다음 번에는 무슨 말을 할지 알았으면 좋겠습니다…"

"옳은 말이다. 들어봐라. 가장 착한 사람들이 모든 사람을 위해 고통을 당하는 것은 부당한 것같이 보이지만, 매우 정당한 것이다. 그러나 시몬아, 말 좀 해봐라. 이 세상은 무엇이냐? 이 세상 전체가 무엇이냐 말이다."

"이 세상이요? 먼지와 물, 바위, 초목, 동물, 그리고 인간으로 이루어진 큰 공간, 매우 큰 공간입니다."

"또 그리고?"

"그리고, 그게 전부입니다…. 세상이 사람에게는 벌을 받고 귀양살이를 하는 곳이라는 말을 하라고 그러시지 않는다면 말입니다."

"시몬아, 땅이 하나의 제단이다. 엄청나게 큰 제단이다. 땅은 그 창조주께 영속적인 영광을 드리는 제단이기로 되어 있었다. 그러나 땅에는 죄악이 가득 찼다. 그러므로 땅은 그 위에 희생 제물이 타고 있는 영속적인 속죄와 희생의 제단이 되어야 한다. 땅은 우주에 널려 있는 다른 세상들과 같이 저를 창조하신 하느님께 시편을 노래해야 할 것이다. 보아라!"

예수께서 나무로 만든 겉창을 여신다. 그러니까 활짝 열린 창으로 밤의 서늘한 기운과 개울물의 졸졸거리는 소리와 달빛이 들어오고, 별이 총총 박힌 하늘이 보인다.

"저 천체들을 보아라! 천체들은 창공의 무한한 공간 안에서 빛과 움직임이라는 그것들의 목소리로 하느님의 찬미를 노래한다. 수천 수만년 전부터 하늘의 파란 들판에서 하느님의 하늘에까지 올라가는 그것들의 노래가 계속된다. 우리는 천체와 유성(遊星), 별들과 살별들을 별의 사제와 성직자, 동정녀 및 신자처럼 끝없는 성전에서 창조주의 찬미를 노래하기로 되어 있는 별인 피조물로 생각할 수 있다.

시몬아, 들어봐라. 나뭇잎들 사이로 살랑거리며 부는 바람 소리와 밤의 고요 속에 물이 졸졸 흐르는 소리가 들리지. 하늘과 같이 땅도 바람과 물로, 새들과 짐승들의 목소리로 노래를 부른다. 그러나 창공으로서는 그것을 가득 채운 천체들의 빛나는 찬미로 넉넉하지만, 땅이라는 성전으로서는 바람과 물과 짐승들의 노래로는 충분하지 않다. 땅에는 무의식적으로 하느님의 찬미를 노래하는 바람과 물과 짐승들만이 있지 않고, 사람도 있기 때문이다. 사람은 현세와 세상에서는 동물과 광물과 식물과 같이 물질을 가지고 있어 모든 생물 위에 뛰어나는 완전한 피조물이며, 하늘의 천사들과 같이 영을 가지고 있고, 시련을 당하는 중에 충실하면 우선은 은총으로, 그 다음에는 천사들과 같이 천국으로 하느님을 알고 차지하게 되어 있는 완전한 피조물이다. 모든 상태를 포함하고 있는 종합체인 사람은 다른 피조물들이 가지고 있지 않은 사명을 가지고 있으며, 그 사명은 그에게 있어서 의미인 외에 하느님을 사랑한다는 기쁨이어야 할 것이다. 지혜롭게 그리고 자발적으로 하느님께 사랑의 예배를 드려야 할 것이다. 하느님께서 사람에게 생명을 주심으로 그리고 죽은 다음에는 하늘을 주심으로 베풀어 주신 사랑을 하느님께 갚아 드려야 하는 것이다.

지혜로운 예배를 드려야 한다. 시몬아, 생각해 보아라. 하느님께서 피조물에게서 어떤 이익을 얻으시느냐? 무슨 이득을 취하시느냐? 아무 이득도 얻지 않으신다. 피조물은 하느님을 더 크게 하지 못하고, 하느님을 거룩하게 하지 못하고, 하느님을 부유하게 해 드리지 못한다. 하느님은 무한하시다. 피조물이 존재하지 않았어도 그러하셨을 것이다. 그러나 사랑이신 하느님께서는 사랑을 가지기를 원하셨고, 사랑을 가지기 위하여 창조하셨다. 하느님께서 피조물에게서 얻으실 수 있는 것은 오직 사랑뿐이며, 천사들과 사람들에 있어서만 지적이고 자유로운 이 사랑이 하느님의 영광이고, 천사들의 기쁨이고, 사람들에게는 종교이다.

땅의 큰 제단에 사랑의 찬미와 애원이 들리지 않게 되는 날에는 땅이 존재하기를 그치게 될 것이다. 사랑이 깨지고 나면, 속죄도 꺼질 것이고, 하느님의 분노는 지상의 지옥이 되어버렸을 땅을 없애실 것이기 때문이다. 그러므로 **땅은 존재하기 위하여는 사랑해야 한다**. 그뿐이 아니라, 땅은 사람들의 지능으로 사랑하고 기도하는 성전이어야 한다. 그러나 성전에는, 어떤 신전에나 어떠한 제물들을 바치느냐? 티 없고 흠없는 깨끗한 제물을 바친다. 그런 제물만이 하느님의 뜻에 맞는다. 이런 제물과 만물을 드려야 한다. 가장에게는 제일 좋은 물건을 드려야 하고, 인류의 가족의 아버지이신 하느님께는 모든 물건의 맏물과 정선된 물건들을 드려야 하기 때문이다.

그러나 나는 땅이 두 가지 제사의 의무, 즉 찬미의 의무와 속죄의 의무를 가지고 있다고 말했다. 과연 세상을 뒤덮고 있는 인류는 최초의 사람들에게서 죄를 지었고, 또 끊임없이 죄를 지어, 하느님께 대한 사랑이 없는 죄에 세속과 육신과 사탄의 목소리에 집착하는 수많은 다른 죄를 덧붙인다. 죄가 있는 인류, 하느님과 비슷하고, 고유한 것으로 지능을 가지고 있고 하느님의 도움을 받으면서도 항상 죄를 짓고 점점 더 짓는 죄있는 인류이다. 천체들이 복종하고 초목들이 복종하고, 동물들도 복종하며, 그것들이 아는 대로 주님을 찬미한다.

그런데 사람들은 넉넉히 순종하지 않고 주님을 넉넉히 찬미하지 않는다. 그래서 모든 사람을 위해 사랑하고 속죄하는 제물이 되는 영혼들이 필요한 것이다. 죄없고 알지 못하는 어린 아이들이 죄지을 줄밖에 모르는 사람들 대신으로 쓰라린 고통의 벌을 받고, 성인들이 모든 사람을 대신해서 자발적으로 자기를 희생하는 것이다.

이제 얼마 안 있어 ─1년이나 1세기도 영원에 비하면 언제나 '얼마 안 되는 것'이다.─ 땅의 큰 성전의 제단에는 완전한 제물과 더불어 제물이 되어 끊임없는 제사로 불살라질 사람인 희생의 번제물(燔祭物)이 아닌 다른 번제물을 바치지 않게 될 것이다. 시몬아, 당황하지 말아라. 나는 몰로크*와 바알*과 아스타르테*에 대한 예배와 같은 예배를 세우겠다고 말하는 것이 아니다. 사람들 자신이 우리를 제물로 바칠 것이다. 알아듣겠느냐? 우리를 제물로 바칠 것이란 말이다. 그리고 우리는 모든 사람 대신으로 속죄하고 사랑하기 위하여 기꺼이 죽음을 향해 갈 것이다. 그 다음에는 사람들이 사람들을 제물로 바치지 않는 때가 올 것이다. 그러나 언제나 사랑이 영속적인 제사에

---

* **역주** : 몰로크는 사람을 제물로 바쳤다는 카나니아의 신.
* **역주** : 바알. 서부 셈족에서 섬기던 신.
* **역주** : 아스타르테. 바빌로니아 신화에 나오는 여신.

서 큰 제물과 더불어 불살라버릴 깨끗한 제물들이 있을 것이다. 나는 하느님의 사랑과 하느님에 대한 사랑을 말하는 것이다. 사실 그 제물들이 장차 올 때와 미래의 성전의 제물들이 될 것이다. 어린 양과 숫염소, 송아지와 비둘기 말고, 마음의 제물이 하느님의 마음에 드는 것이다. 다윗이 거기 대한 직관을 가졌었다. 새로운 시대, 영과 사랑의 시대에는 다만 이 제물만이 기분좋은 제물일 것이다.

시몬아, 하느님이 큰 죄와 사람들의 수많은 죄로 인한 하느님의 정의를 가라앉히기 위하여 육체를 취해야 했으니, 진리의 시대에는 사람들의 정신의 제물만이 주님을 가라앉힐 수 있다는 것을 생각하여라. '그러나 지극히 높으신 그분께서 짐승의 새끼들과 초목의 열매들을 제물로 바치라는 명령을 주셨나?' 하고 너는 생각하지. 내가 말해 주마. 그것은 내가 오기 전에는 사람이 더럽혀진 번제물이었기 때문이고, 사람들이 사랑을 알지 못했기 때문이다. 이제는 사랑이 알려질 것이다. 그리고 사람이 사랑을 알게 될 은총을 돌려주겠기 때문에 사랑을 알 사람이 혼수상태에서 나와 기억을 하고 이해하고 살 것이고, 그의 선생이요 구속자인 나를 본받기 위하여 사랑과 속죄의 희생이 되어 염소와 어린 양들을 대신할 것이다. 지금까지는 벌이었던 고통이 완전한 사랑으로 변할 것이고, 완전한 사랑으로 고통을 고르는 사람들은 지극히 행복할 것이다."

"그렇지만 어린 아이들은…."

"아직 자기를 바칠 줄 모르는 사람들 말이지…. 그런데 하느님께서 언제 그들 안에서 말씀하시는지 아느냐? 하느님의 언어는 영적인 언어이다. 영혼이 그 언어를 이해하는 데, 영혼은 나이가 없다. 더 나아가 어린이의 영혼은 악의가 없기 때문에 하느님을 이해하는 데에는 죄있는 늙은이의 영혼보다 더 어른스럽다고까지 말하겠다. 시몬아, 네게 분명히 말한다만, 너는 많은 어린이들이 어른들과 너 자신에게도 영웅적인 사랑의 지혜를 가르치는 것을 볼 만큼 오래 살 것이다.

그러나 자연사로 죽는 저 어린이들 안에서는 내가 네게 설명할 수 없을 정도로 너무 고상한 사랑의 이유로 하느님께서 직접 작용하셔서, 그들을 생명의 책에, 하늘나라에서 지극한 행복을 누리는 사람들만이 읽을 책에 쓰여진 지혜들 속으로 들어가게 하실 것이다. 읽을 것이라고 말했다마는, **사실은 하느님뿐 아니라 하느님의 무한한 지혜까지도 알기 위하여는 하느님을 쳐다보기만 하면 될 것이다**… 시몬아, 우리는 달이 지게까지 했구나… 새벽이 되어 가는데 너는 자지를 못했구나…."

"상관없습니다, 선생님. 저는 잠 몇 시간을 잃었습니다. 그러나 많은 지혜를 얻었고, 또 선생님을 모시고 있었습니다. 그러나 선생님이 허락하시면 이제 가겠습니다. 자려는 것이 아니라, 선생님의 말씀을 다시 검토하기 위해서입니다.

베드로는 벌써 문께로 가서 나가려고 하다가 생각을 하면서 발을 멈추더니 말한다.

"또 한가지 있습니다, 선생님. 고통 당하는 사람에게 고통은 벌이 아니라 하나의… 은총이라고, 우리를 부르는 것과… 같은 것이고, 힘들더라도 아름다운 것이고, 알지 못하는 사람에게는 진저리나고 우울한 것으로 보일 수 있어도 아름다운 것이라고 제가 말하는 것이 옳습니까?"

"시몬아, 그렇게 말해도 된다. 그것은 진리이다. 고통은 그것을 받아들여서 정당하게 쓸 줄 알 때에는 벌이 아니다. 시몬아, 고통은 사제직과 같은 것이다. 누구나 다 가질 수 있는 사제직이다. 하느님의 마음에 대해서 큰 능력을 주는 사제직. 또 큰 공로를 주는 사제직이다. 죄와 함께 생겨난 이 사제직은 정의를 가라앉힐 줄 안다. 과연 하느님께서는 증오가 고통을 주기 위하여 만들어낸 것까지도 선에 소용되게 할 줄을 아신다. 나는 죄를 없애기 위하여 다른 방법을 원치 않았다. 이보다 더 훌륭한 방법이 없기 때문이다."

17. 에프라임에서 안식일을 지내는 중에

사도들이 야곱의 마리아의 집에 모여 있는 것으로 보아 또 다른 안식일인 것 같다.

어린 아이들은 아직 그들 가운데 있는데, 화덕 근처 예수 곁에 있다. 바로 이 때문에 가리옷의 유다가 이런 말을 하게 된다.

"그 동안 1주일이 지났는데 친척들은 오지 않았군요." 그러면서 머리를 흔들며 웃는다.

예수께서는 그에게 대답하지 않으시고, 둘째 아이를 쓰다듬어 주신다. 유다는 베드로와 알패오의 야고보에게 묻는다.

"그런데 자네들은 세겜으로 가는 두 길을 걸어갔다고 했지?"

"그래, 그렇지만 곰곰 생각해 보니 그건 쓸데없는 일이었어. 확실히 도둑들은 사람이 많이 다니는 길로 지나가지는 않을 거야, 더구나 로마군의 분견대가 끊임없이 그 길로 돌아다니는 지금은 말이야" 하고 야고보가 대답한다.

"그럼 자네들은 왜 그 길로 갔나?" 하고 가리옷 사람이 계속 묻는다.

"그래서!··· 이리로 가나 저리로 가나 우리에겐 마찬가지야. 그래서 우리는 그 길로 간 걸세."

"그런데 아무도 자네들에게 무슨 말을 해 주지 못했단 말이지?"

"우린 아무 것도 묻지 않았네."

"그러면서 어떻게 그들이 지나갔는지 그렇지 않은지 알아보겠다는 건가? 어떤 길로 가는 사람들이 혹 깃발이라도 가지고 다니거나 흔적을 남기기라도 한단 말인가? 그렇진 않을 걸세. 그랬더라면 우리가 벌써 발견됐을 걸세. 적어도 친구들에게는. 그런데 반대로 우리가 여기 와 있는 뒤로 아무도 오지 않았단 말이야." 그러면서 빈정대는 웃음을 웃는다.

"우리는 왜 아무도 여기 오지 않았는지 그 이유를 알지 못하네" 하고 알패오의 야고보가 참을성있게 말한다. "선생님은 아시네. 그러나 우리는 알지 못해. 사람들이 지나간 흔적을 남기지 않기 때문에, 우리처럼 사람들이 모르는 곳으로 피신하는 사람들은 피신한 곳을 일러주지 않으면 올 수가 없네. 하지만 우리는 우리 사촌이 친구들에게 말을 했는지 알지 못하네."

"오! 자넨 선생님이 적어도 라자로와 니까에게는 그 말을 하지 않으셨으리라고 믿겠다는 건가?"

예수께서는 말씀을 하지 않으신다. 예수께서는 한 아이의 손을 잡고 나가신다….

"나는 아무 것도 믿고자 하는 것이 아니야. 그러나 자네가 믿고 싶어하는 것과 같은 것이 사실이라 하더라도 자넨 아직 친구들이 오지 않는 이유를 판단할 수 없네. 우리 중의 아무도 판단할 수 없어…."

"그 이유는 이해하기 쉬운 걸세. 아무도 최고회의와 말썽을 빚기를 원치 않는 거야. 부유하고 권력있는 사람일수록 난처한 일이 있는 걸 더 원치 않을 거야. 그뿐이야! 위험을 무릅쓸 줄 아는 사람은 우리뿐이야."

"유다, 공정하게! 선생님은 당신과 같이 남아 있으라고 우리 중의 아무에게도 강요하지 않으셨네. 최고회의가 무서우면 자넨 왜 남았나?" 하고 알패오의 야고보가 지적한다.

"그리고 자넨 마찬가지로 자네가 가고 싶은 때 떠날 수 있네. 자넨 사슬에 묶이지 않았네…" 하고 제베대오의 아들인 다른 야고보가 말을 막는다.

"그건 안 돼! 정말 안 돼! 여기 있으면 남아 있는 거야, 모두. 가고 싶은 사람은 전에 떠났어야 했어. 지금은 안 돼. 선생님이 반대하지 않으시더라도 내가 반대하네" 하고. 베드로가 식탁을 주먹으로 한번 탕 치면서 느리게, 그러나 단호하게 말한다.

"그건 왜? 자네가 뭐길래 선생님 대신 명령을 하는 거야?" 하고 가리옷 사람이 그에게 세차게 묻는다.

"선생님처럼 하느님으로서 이치를 따지지 않고, 사람으로서 이치를 따지는 사람일세."

"자넨 나를 의심하나? 나를 배반자로 생각하는 건가?" 하고 유다가 불안해 하며 말한다.

"자네가 바로 말했네. 자네가 고의적으로 그런 사람이라고 생각한다는 것은 아니야. 그러나 유다, 자네는 너무도… 태평스럽고 너무도 잘 변하네! 그리고 친구가 너무 많아. 또 **모든** 일에 있어서 자네는 위대함을 너무 좋아하네. 자네는, 오! 자네는 잠자코 있질 못할 걸세! 어떤 신의없는 사람에게 대꾸하기 위해서나 자네가 사도라는 것을 보이기 위해서라도 자넨 말을 할 걸세. 그래서 자네는 여기에 있고, 여기 남아 있는 걸세. 그래서 자네는 해를 끼치지 않고, 가책을 만들어 가지지 않네."

"하느님께서는 사람의 자유를 억제하지 않으시는데, 자넨 그렇게 하려 하나?"

"그렇게 하려고 하네. 그렇지만 결국 말해 보게. 자네가 비를 맞나? 빵이 없나? 공기가 나쁜가? 사람들이 자네에게 모욕을 주나? 그런거 하나도 없지. 집은 비록 부유하진 않아도 든든하고, 공기는 좋고, 음식도 결코 부족하지 않았고, 주민들이 자네를 존경하네. 그러면 자넨 왜 감옥에라도 갇힌 것처럼 여기서 그렇게 불안해 하나?"

"내 마음이 용납할 수 없는 백성이 둘이 있고, 내가 미워하는 셋째 백성은 백성도 아니다. 즉 세이르산의 백성들과 펠리시데인들과 세겜에 살고 있는 어리석은 백성이다.' 나는 현자의 말로 대답하네. 그리고 내가 이렇게 생각하는 것은 옳으네. 저 사람들이 우리를 사랑하는지 보게!"

"흠! 정말이지. 다른 사람들, 자네 고장 백성이나 내 고장 백성이 더 나은 것 같지는 않네. 우리는 유다와 갈릴래아에서 돌팔매를 받았는데, 갈릴래아에서보다 유다에서 더 받았고, 다른 어떤 곳에서보다 성전에서 더 많이 받았네. 나는 펠리시데인들의 땅에서나 여기서나 다른 곳에서나 우리가 푸대접을 받았다고는 생각하지 않네…."

"다른 데 어디 말인가? 다행히 우리가 다른 곳에는 가지 않았네. 또 다른 곳에 간다고 했으면 나는 오지도 않았을 거고, 장차도 오지 않을 걸세. 나는 더 부정타기를 원치 않아."

"자네가 부정을 탄다고? 시몬의 유다, 자네가 무서워하는 것은 그것이 아니네. 자네는 성전 사람들에게서 멀어지는 것을 원치 않네. 자네를 괴롭히는 것은 이걸세" 하고 베드로와 알패오의 야고보와 필립보와 같이 부엌에 남아 있던 열성당원 시몬이 조용히 말한다. 다른 사람들은 하나씩 두 아이를 데리고 선생님 계신 곳으로 갔다. 그렇게 피한 것은 사랑을 어기지 않기 위해서였기 때문에 공로가 되는 도망이었다.

"아니야. 그 때문이 아니야. 다만 시간을 허비하고 어리석은 사람들에게 지혜를 주는 것이 마음에 들지 않아서 그래. 생각해보게. 헤르마스테아를 우리가 받아들인 것이 무슨 소용이 있었나? 그 사람은 가서 다시 오지 않았네. 요셉의 말로는 그 사람이 장막절에 대서 돌아오겠다고 말하면서 그와 헤어졌다는데. 자네 혹 그 사람 봤나? 변절자…."

"나는 그 사람이 왜 돌아오지 않았는지 모르네. 그리고 판단하지 않네. 하지만 자네에게 묻겠는데, 선생님을 버린 사람이, 선생님께 적대적인 사람이 되기까지 한 것이 혹 그 사람 하나뿐인가? 우리 유다인들 가운데, 또 갈릴래아 사람들 가운데는 변절자가 없나? 그렇다고 주장할 수 있나?"

"아니야, 그건 사실이야. 그러나 요컨대 나는 여기 있는 것이 마음이 편하지 않단 말이야. 우리가 여기 있는 걸 사람들이 안다면! 우리가 안식일에 사마리아인들의 회당에 들어갈 정도로 그들과 교섭을 한다는 걸 사람들이 안다면! 선생님은 그렇게 하려고 하시거든…. 사람들이 그걸 알면 불행한 일일세! 비난이 정당화될 걸세…."

"그리고 선생님은 유죄선고를 받으실 거란 그 말이지. 하지만 선생님은 벌써 유죄선고를 받으셨네. 사람이 이것을 알기 전에 벌써 유죄판결을 받으셨네. 선생님은 유다에서 유다인을 부활시키신 다음에 유죄선고를 받기까지 하셨네. 선생님은 사마리아인이라고, 또 세리들과 창녀들의 친구라고 미움을 받으시고 비난을 받으시네. 처음서…부터 그러시네. 그리고 자네는 그 누구보다도 선생님이 미움을 받고 비난을 받으신다는 걸 알고 있네."

"나타나엘, 자네는 무슨 말을 하려는 건가? 그게 무슨 뜻이야? 그 일에 내가 관여라도 했단 말인가? 내가 자네들보다 뭘 더 알 수 있다는 거야?" 유다는 매우 흥분해 있다.
"아니, 이 사람아, 자넨 꼭 적들에게 둘러싸인 쥐같이 보이네그려. 그러나 자넨 쥐가 아니고, 우리는 자네를 잡아 죽이려고 몽둥이를 들고 있지도 않네. 왜 그렇게까지 불안해 하나? 만일 자네 양심이 평안하면, 왜 죄없는 말에 그렇게 흥분하나? 바르톨로메오가 무슨 말을 했기에 그렇게 흥분하나? 선생님이 사마리아인과 세리와 죄인과 창녀를 사랑하지 않으시고, 사마리아인들과 세리들과 창녀들과 같이 계실 때에는 ─그리고 지극히 깨끗하신 분이 사람들이고 죄인들인 우리가 '쓰레기'라고 부르는 것에 가까이 가셔야 할 때에 얼마나 노력을 하셔야 하는지는 지극히 높으신 분만이 아실 수 있네.─ **그들의 영혼을 사랑하시고 그들의 영혼만을 걱정하신다**는 사실은 선생님 곁에서 자고, 선생님과 같이 사는 그분의 사도들인 우리가 **그 누구**보다도 더 잘 알고 증언할 수 있다는 것이 혹 사실이 아니란 말인가? 이 사람아, 자네는 아직 예수를 이해하지 못하고 알지 못하네! 사마리아 사람들 자신과 펠리시데 사람들과 페니키아 사람들, 그리고 자네가 말하고 싶은 다른 사람들보다도 자네가 더 이해하지 못하고 더 알지 못한단 말이야" 하고 베드로가 말한다. 그런데 이 마지막 말에는 서글픈 기운이 스며 있다.

유다는 말이 없고 다른 사람들도 입을 다문다.

작은 노파가 돌아와서 말한다.

"시내 사람들이 거리에 와 있습니다. 그들은 안식일의 기도 시간인데 선생님이 말하겠다고 약속하셨다고 말합니다…."

"할머니, 제가 말씀드리겠습니다. 할머니는 에프라임 사람들에게 우리도 간다고 말씀하세요" 하고 베드로가 대답하고, 예수께 알려 드리려고 정원으로 나간다.

"자넨 어떡할 건가? 오는구먼! 자네가 가기 싫으면, 선생님이 자네 거절로 슬퍼하시기 전에 나가서 물러가게" 하고 열성다원이 유다에게 말한다.

"나도 자네들과 같이 가네. 여기선 말을 할 수 없구먼! 나는 큰 죄인인 것 같아! 내 말은 모두 잘못 이해된단 말이야."

부엌으로 다시 들어오시는 예수께서 다른 말을 일체 막으신다.

일행은 거리로 나가 에프라임 사람들과 합쳐져서 그들과 같이 시내로 들어가, 회당 앞에 이르렀을 때에야 걸음을 멈춘다. 말라키아가 문에 있다가 인사를 하고 들어오라고 청한다.

나는 사마리아 사람들의 기도하는 장소와 내가 다른 여러 지방에서 본 기도의 장소 사이에 차이점을 지적하지 못하겠다. 항상 같은 등불들, 같은 작은 탁자, 두루마리들이 얹혀 있는 겹친 선반, 회당장이나 회당장 대신 가르치는 사람의 자리따위. 다만 여기에는 다른 회당들보다 두루마리가 훨씬 적다.

"저희들은 선생님을 기다리면서 기도는 벌써 드렸습니다. 말씀하시고자 하시면… 선생님, 어떤 두루마리를 드릴까요?"

"필요없습니다. 게다가 내가 설명하고자 하는 것은 당신이 가지고 있지 않을 것입니다" 하고 예수께서 대답하신다. 그리고 사람들에게로 몸을 돌리시고 말씀을 시작하신다.

"히브리인들이 50년 전에 파괴된 솔로몬의 성전을 다시 지으라고 페르시아의 왕 고레스에 의하여 그들의 고국으로 돌려보내졌을 때, 제단이 그 기초 위에 다시 세워졌고, 제단 위에는 아침 저녁으로 매일 드리는 번제물이 탔고, 매달 초하룻날의 특별 번제물과 주님께 봉헌된 명절들의 특별 번제물이나 개인이 봉헌하는 번제물이 탔습니다. 그리고 나서 예배에 필요불가결하고 의무적인 것을 복구한 다음, 그들은 돌아온 다음 해에 예배의 틀이라고 부를 수 있을 것, 즉 외부적인 것에 손을 대기 시작했습니다. 그 일은 언제나 영원하신 분을 공경하기 위하여 한 것이기 때문에 죄가 되는 것은 아니었습니다. 그러나 필요불가결한 것은 아니었습니다. 그것은 하느님께 드리는 예배는 하느님께 대한 사랑인데, 사랑은 마음 속에 나타나고 소멸되지, 다듬은 돌과 값진 나무와 금과 향으로 나타나고 소멸되는 것이 아니기 때문입니다. 이 모든 것은 주님을 공경하는 데보다는 한 나라나 한 도시의 자존심을 만족시키는 데 더 알맞은 것입니다.

하느님께서는 정신의 성전을 원하십니다. 하느님께서는 벽과 대리석으로 되어 있지만 사랑이 가득 찬 사람들이 들어 있지 않은 성전으로는 만족하지 않으십니다. 나 여러분에게 분명히 말합니다만, 깨끗하고 사랑 가득한 마음의 성전만이 하느님께서 사랑하시고, 당신의 빛과 더불어 그 안에 거처하시며, 지방과 도시들을 그 기도의 장소의 독특한 아름다움에 따라서 분류하는 평가는 어리석은 평가입니다.

하느님께 기도하는 집들에서 왜 호화로움과 장식에 관하여 경쟁을 합니까? 유한(有限)한 것이 솔로몬의 성전이나 모든 왕궁을 합친 것보다도 열배나 더 아름답다 하더라도 혹 무한하신 분을 만족시켜 드릴 수 있단 말입니까? 어떤 공간이나 어떤 물질적인 화려 속에도 들어 계실 수 없고 그것으로 공경을 받으실 수 없는 무한한 분이신 하느님께서는 사람의 마음 속에 들어 계시면서 그것을 당신을 마땅하게 또 가능하게 공경하기에 어울리는 유일한 장소로 생각하시고, 또 거기에서 공경받기를 원하기까지 하십니다. 의인의 정신은 사랑의 향기 속에서 그 위에 하느님의 영께서 감도시는 성전이고, 머지 않아 하늘에서와 같이 삼위일체이신 영께서 실제로 머무르실 성전이 되겠기 때문입니다.

그리고 성서에 이런 말이 있습니다. 석공들이 성전의 기초를 놓자마자 다윗의 칙령에 따라 사제들이 제복을 입고 나팔을 가지고 오고 레위파 사람들은 심벌즈를 가지고 왔습니다. 그리고 '하느님께서는 인자하시고 그분의 자비는 영원하시니 하느님을 찬미해야 한다' 하고 노래했습니다. 그리고 백성들은 몹시 기뻐했습니다. 그러나 많은 사제들과 지도자들과 성직자들과 장로들은 전에 있었던 성전을 생각하고 눈물을 펑펑 쏟았습니다. 그래서 애처로운 목소리와 기뻐하는 목소리가 너무도 섞여 있었기 때문에 그것들을 구별할 수가 없었습니다. 또 성전을 짓는 사람들을 괴롭힌 이웃 백성들도 있었다고도 기록되어 있습니다. 이들은 자기들도 한 분뿐이시고 참 하느님이신 이스라엘의 하느님을 찾고 있었기 때문에 성전 짓는 사람들과 같이 짓겠다고 제안했을 때 성전 짓는 사람들에게 물리침을 당한 것을 복수하고자 하는 것이었습니다. 그리고 이런 장애로 인해서 하느님께서 공사를 계속하기를 원하지 않으신 동안은 공사가 중단되었었습니다. 이것은 에즈라서에 있는 것입니다.

내가 말한 대목이 얼마나 많은 교훈을 줍니까? 그리고 어떤 교훈을 줍니까? 우선 예배는 돌과 나무 또는 옷과 심벌즈와 정신이 들어 있지 않은 노래로 표현될 것이 아니라 마음에서 와야 한다는 필요성에 대해서 이미 말한 교훈이 있습니다. 또 서로 사랑이 없는 것은 비록 그 자체로는 좋은 목적에 관한 것인 때에도 항상 늦어짐과 혼란의 원인이 된다는 교훈도 있습니다. 사랑이 없는 곳에는 하느님께서 계시지 않습니다. 사람들이 하느님을 만날 수 있는 상황을 우선 만들어놓지 않으면 하느님을 찾아도 소용없습니다. 하느님은 사랑 속에 계십니다. 사랑 속에 자리잡는 한 사람이나 여러 사람은 힘들게 찾을 필요 없이도 하느님을 찾아냅니다. 그리고 하느님을 모시고 있는 사람은 그의 모든 계획에 성공을 거두게 됩니다.

성전과 성곽의 재건 때에 일어났던 어려운 사건들에 대한 묵상을 한 다음에 어떤 현인의 마음에서 나온 시편에는 이런 말이 있습니다. '만일 주께서 집을 짓지 않으시면, 집 짓는 사람들이 집을 둘러싸고 애를 써도 소용이 없고, 만일 주께서 도시를 지켜 주시고 보호해 주시지 않으면 그 도시를 방어하는 자들이 지켜도 소용없다.'

그런데 만일 하느님께서 그 집에 살 사람들이 그들의 이웃에 대한 사랑이 없기 때문에 그들의 마음 속에 당신을 모시고 있지 않다는 것을 아시면, 어떻게 그 집을 지으려고 하실 수 있습니까? 그리고 그들이 이웃에 대해 가지고 있는 증오 때문에 하느님을 모시고 있지 못하면 그 도시들에 계실 수가 없는데, 어떻게 그 도시들을 보호하시고, 그 도시를 방어하는 사람들에게 힘을 주시겠습니까? 여러분, 증오의 장벽으로 갈라져 있는 것이 도움이 되었습니까? 그것이 여러분을 더 위대하게 만들었습니까? 더 부유하게 했습니까? 더 행복하게 만들었습니까? 증오나 원한은 절대로 유익하지 않고, 혼자인 사람은 결코 강하지 못하며, 사랑하지 않는 사람은 절대로 사랑받지 못합니다.

또 시편에서 말하는 것과 같이, 위대하고 부유하고 행복하게 되려고 해뜨기 전에 일어나는 것은 아무 소용이 없습니다. 빛과 사람이 누리는 다른 모든 것이 하느님의 선물인 것과 같이 잠은 하느님의 선물이니 각자는 생활의 고통에서 기운을 회복하기 위하여 휴식을 취해야 합니다. 각자가 휴식을 취해야 하지만, 잠을 자거나 깨어 있거나 사랑을 동반자로 가져야 합니다. 그러면 그의 일이 순조롭게 될 것이고, 그의 가족과 이익이 순조롭게 될 것이며, 특히 그의 영이 발전하여 지극히 높으신 분의 자식들과 그분의 나라의 상속자들의 왕관을 차지할 것입니다.

백성들이 환희의 노래를 부르는 동안에 어떤 사람들은 과거를 생각하고 그리워했기 때문에 뜨거운 눈물을 흘리며 울었다고 했습니다. 그러나 소란한 외침 속에서 여러 가지 목소리를 구별할 수 없었습니다.

사마리아의 아들들이여! 그리고 유다와 갈릴래아의 아들들인 내 사도 너희들! 오늘도 하느님의 성전이 그 영원한 기초 위에 세워지는 동안 환희의 노래와 울음이 있습니다. 지금도 공사를 반대하고, 하느님이 계시지 않은 곳에서 하느님을 찾는 사람들이 있습니다. 지금도 하느님의 명령에 따라서가 아니라 고레스의 명령에 따라서, 즉 정신의 목소리의 명령에 따라서가 아니라, 세상의 명령에 따라서 세우고자 하는 사람들이 있습니다. 그리고 지금도 질이 낮았던 과거, 좋지 않고 지혜롭지 못해서 하느님의 분개를 유발한 그런 과거에 대해서 어리석고 인간적인 눈물을 흘리는 사람들이 있습니다. 지금도 마치 우리가 빛의 시대에 있지 않고, 오랜 옛날의 안개 속에 파묻혀 있는 것처럼 이 모든 것을 가지고 있습니다.

빛인 내가 말하는 여러분만이라도 똑똑히 보기 위해 여러분의 마음을 빛을 향해 열고, 빛으로 가득 채우시오. 지금은 새로운 때, 모든 것이 재건되는 때입니다. 그러나 여기에 들어오고자 하지 않고 새로운 믿음의 성전을 짓는 사람들에 반대하는 사람들은 불행합니다. 새로운 믿음의 성전에는 내가 모퉁이돌이 되고, 돌들을 붙이는 회반죽을 만들기 위하여 나 자신을 온전히 이 성전에 주어서, 건물이 건전하고 튼튼하게 서게 하고, 세월이 흐르는 동안에 놀랄 만하게 되고, 그의 빛으로 온통 감쌀 땅만큼이나 넓게 되게 할 것입니다. 그림자라고 말하지 않고 **빛**이라고 말한 것은 내 성전은 불투명한 재료로 이루어지지 않고 정신으로 이루어지겠기 때문입니다. 이 성전을 위한 돌은 내 영원한 영과 더불어 나이고, 내 말과 새로운 믿음을 따르는 모든 사람도 돌일 것입니다. 무형의 돌, 불이 붙은 돌, 거룩한 돌. 그리고 빛이, 새 성전의 빛이 온 땅에 퍼져서 지혜와 성덕으로 감쌀 것입니다. 그리고 밖에는 과거가 그들에게 순전히 인간적인 이득과 명예의 근원이었기 때문에, 불순한 눈물로 그것을 서러워하고 그리워하는 사람들만이 남아 있을 것입니다.

사마리아 사람 여러분, 새로운 시대와 새로운 성전을 받아들이시오! 이 시대와 성전에는 모든 것이 새롭고, 옛날의 분리와 물질적인 경계, 생각과 정신의 경계가 **이제는 없어졌습니다.** 하느님의 도성 밖에 있는 귀양살이는 이제 끝나게 되었습니다. 다른 이스라엘 사람들에 대해서 귀양살이하는 사람, 문둥병자 같이 되는 것이 여러분은 혹 기쁩니까? 하느님의 품에서 쫓겨난 것같이 느끼는 것이 혹 기쁩니까? 왜냐하면 여러분은 이것을 느끼고, 여러분의 영혼이 이것을 느끼기 때문입니다. 여러분의 육체 안에 갇혀 있는 가엾은 여러분의 영혼, 다른 사람들에게 '우리가 방황했습니다. 그러나 이제는 흩어졌던 양들처럼 양의 우리로 돌아옵니다' 하고 말하고자 하지 않는 여러분의 고집센 생각으로 압도하는 여러분의 가엾은 영혼이 말입니다. 여러분은 이 말을 다른 사람들에게 하고자 하지 않는데, 이것도 벌써 나쁜 것입니다. 그러나 적어도 하느님께는 그 말씀을 드리시오. 여러분이 여러분의 영혼의 부르짖음을 약하게 만들더라도, 보편적이시고 지극히 거룩하신 아버지의 집에서 추방을 당해서 불행한 여러분의 영혼의 탄식을 하느님께서는 들으십니다.

점진적인 시편의 말씀을 들으시오. 여러분은 여러 세기 전부터 높은 도성, 참 예루살렘, 천상 예루살렘을 향해 가는 길손들입니다. 그곳에서, 즉 하늘에서 여러분의 영혼이 내려와서 육체에 생명을 주었고, 그곳으로 여러분의 영혼이 돌아가고자 합니다. 왜 여러분의 영혼을 희생하고자 하고 그들에게 나라의 상속을 잃게 하려고 하십니까? 그 영혼들이 사마리아에서 잉태된 육체 안에 내려온 것이 무슨 잘못입니까? 그 영혼들은 오직 한 분뿐이신 아버지에게서 옵니다. 그들은 유다나 갈릴래아, 페니키아나 데카폴리스의 영혼들이 가진 것과 같은 창조주를 가지고 있습니다.

하느님은 모든 영의 목적이십니다. 가지가지 우상숭배나 해로운 이단들이나 이교(離敎)나 신앙 결핍이 하느님에 대한 무지 속에 붙잡아둔다 하더라도, 영은 어떤 것이나 이 하느님께로 향합니다. 만일 영혼이 진리에 대한 지워지지 않는 초기의 기억과 진리를 향한 갈망을 가지고 있지 않았더라면 하느님에 대한 그의 무지는 절대적일 것입니다. 오! 이 기억과 이 갈망을 자라게 하시오. 여러분의 영혼의 문을 여시오. 빛이 그 안으로 들어가게 하시오! 생명이 그 안으로 들어가게 하시오! 진리가 그 안으로 들어가게 하시오. 길이 뚫리게 하시오! 모든 것이 햇살처럼, 춘분 추분의 물결과 거센 바람처럼 들어가게 해서, 그 배(胚)에서 나무가 높은 곳을 향하여 우뚝 솟아 올라가서 주님 곁으로 점점 더 가까이 가게 하시오.

 귀양살이에서 나오시오! 나와 함께 이렇게 노래하시오. '주님이 포로생활에서 돌아오게 하실 때, 영혼은 기쁨을 꿈꾸는 것 같다. 우리 입에는 미소가 가득하고, 우리 혀에는 더없는 기쁨이 가득하다. 이제는 사람들이 말하리라. 〈주님이 우리를 위하여 큰 일을 하셨다〉고.' 그렇습니다. 주께서 여러분을 위해 큰 일을 하셨고, 여러분은 기쁨이 넘칠 것입니다.

 오! 아버지! 저는 모든 사람을 위하여 청하듯이 이들을 위하여도 아버지께 청합니다. 주님, 이 갇힌 사람들을, 아버지의 눈과 제 눈으로 볼 때에는 고집스러운 오류의 사슬에 묶여 있는 이들을 돌아오게 하십시오. 아버지, 이들을 마치 큰 강으로 흘러 들어가는 작은 개울처럼 아버지의 자비와 아버지의 평화의 큰 바다로 데려오십시오. 제 봉사자들과 저는 눈물을 흘리며 이들에게 진리의 씨를 뿌립니다. 아버지, 큰 추수때에 아버지의 진리를 가르치는 아버지의 종들인 저희 모두가 지금은 가시 돋치고 독이 있는 풀들만이 점점이 흩어져 있는 것 같은 이 밭에서 아버지의 곡식 창고에 들어갈 정선된 곡식을 기쁘게 거두게 해 주십시오. 아버지! 아버지! 씨뿌리는 사람들의 동반자였고 장차도 그러할 저희들의 피로와 눈물과 고통과 땀과 죽음 때문에 저희들이 이 백성의 맏물인, 아버지의 영광을 위하여 정의와 진리에 새로 태어난 영혼들을 곡식단처럼 들고 아버지께로 갈 수 있게 해 주십시오. 아멘."

 회당과 그 앞에 있는 광장을 꽉 채운 대단히 많은 군중 속에 얼마나 전적인 적막이 흐르는지 정말 무시무시할 지경이었던 그 적막이 조심스러운 속삭임이 되더니, 그 다음에는 중얼거림이 되었다가 차

차 커져서 웅성거림이 되고, 마침내 호산나 소리로 발전한다. 사람들은 손짓을 하며 이러쿵저러쿵 말을 하고 환호한다….

여기서는 성전의 연설의 결말과 얼마나 다른가! 말라키아가 모든 사람을 대표하여 말한다.

"선생님만이 불쾌감을 주지 않고 자존심을 상하게 하지 않으시고 그렇게 진실을 말씀하실 수 있습니다! 선생님은 정말 하느님의 거룩한 분이십니다! 저희들의 평화를 위해 기도해 주십시오. 저희들은 여러 세기에 걸친… 믿음과 여러 세기에 걸친 치욕으로 냉혹하게 되었습니다. 그래서 저희들은 저희들을 감싸고 있는 이 단단한 껍질을 깨뜨려야 합니다. 저희들을 동정해 주십시오."

"그보다 한층 더해서 사랑하겠습니다. 착한 뜻을 가지시오. 그러면 껍질은 저절로 깨질 것입니다. 빛이 여러분에게 오기를 바랍니다."

예수께서 군중을 헤쳐 길을 내시고 나가시니, 사도들이 뒤따른다.

18. 아이들의 친척들과 세겜 사람들

예수께서 작은 개울 가운데에 있는 작은 섬에 혼자 계신다. 개울 건너 개울가에서는 세 아이가 놀고 있는데, 예수의 묵상을 방해하지 않으려는 듯이 낮은 목소리로 속삭인다. 어쩌다 제일 작은 아이가 빛깔이 아름다운 작은 조약돌이나 새로운 꽃을 발견하고는 조그맣게 기쁨의 함성을 지른다. 다른 아이들은 "조용해! 예수님이 기도하셔…" 하고 말하여 입을 다물게 한다. 그리고 그들의 작은 갈색 손이 모래로 작은 덩어리들과 원뿔 모양들을 만드는 동안 속삭임이 다시 시작된다. 그것들은 그들의 어린 상상력으로 집이나 산들인 모양이다.

저 위에서는 태양이 빛나며 나무 위에 싹을 점점 더 부풀게 하고 풀밭에 꽃봉오리들을 벌어지게 한다. 포플라의 회색을 띤 녹색의 잎들이 바람에 나부끼고, 그 꼭대기에서 새들이 사랑의 경쟁으로 싸우는데, 그곳이 때로는 기쁨의 노래로 때로는 고통의 부르짖음으로 끝난다.

예수께서는 기도하신다. 골풀 무더기로 개울가의 오솔길과는 떨어지신 채 풀 위에 앉으셔서 묵상에 잠겨 계신다. 때로는 눈을 들어 풀 위에서 놀고 있는 어린 아이들을 살펴보신다. 그리고는 다시 눈을 내리뜨고 생각에 잠기신다.

개울가의 나무들 사이에 발소리가 나고, 작은 섬에 요한이 오는 바람에 새들이 도망치게 된다. 새들은 돌아다니던 것을 그만두고 놀란 소리를 내면서 포플라 꼭대기에서 날아간다.

요한은 골풀로 가려지신 예수를 이내 발견하지 못하여 약간 당황하여 외친다. "선생님, 어디 계십니까?"

건너편 개울가에서 어린 아이들이 "저기 계셔요! 키큰 풀들 뒤에" 하고 외치는데 예수께서 일어나신다.

그러나 요한은 예수를 벌써 보고 그 쪽으로 가며 말한다.

"선생님, 친척들이 왔습니다. 아이들의 친척들과 세겜 사람들이 많이 왔습니다. 그들이 말라키아의 집으로 갔는데, 말라키아가 집으로 데리고 왔습니다. 그래서 선생님을 찾으러 왔습니다."

"그런데 유다는 어디 있느냐?"

"모르겠습니다. 선생님이 이리로 오신 다음 즉시 나갔는데, 돌아오지 않았습니다. 아마 시내에 갔을 것입니다. 찾으러 갈까요?"

"아니다. 그래서는 안 된다. 아이들과 같이 여기 있어라. 나는 우선 친척들과 말하고자 한다."

"좋으실 대로 하십시오, 선생님."

예수께서는 가시고, 요한은 아이들에게로 가서, 물을 나타내기 위하여 땅바닥에 배치한 긴 갈대잎으로 만들어진 상상적인 강에 다리를 놓을 큰 계획을 도와주기 시작한다….

예수께서는 야곱의 마리아의 집으로 들어가신다. 마리아는 문에서 기다리고 있다가 말한다.

"그 사람들은 옥상으로 올라갔습니다. 제가 쉬라고 하면서 그리로 인도했습니다. 그렇지만 유다가 마을에서 달려 오는군요. 제가 유다를 기다리겠습니다. 그리고 매우 피곤한 길손들에게 요기할 것을 준비하겠습니다."

예수께서도 바깥의 빛과 비교하여 조금 어두운 문어귀에서 유다를 기다리신다. 유다는 즉시 예수를 보지 못하고, 들어오면서 거만한 태도로 여인에게 말한다.

"세겜 사람들이 어디 있어요? 혹 벌써 떠났나요? 그리고 선생님은? 아무도 선생님을 부르러 가지 않았어요? 요한은…." 그는 예수를 보고 말투를 바꾸어서 말한다. "선생님, 저는 아주 우연히 알고서 달려 왔습니다…. 벌써 집에 와 계셨습니까?"

"요한이 집에 있다가 나를 찾으러 왔었다."

"나도… 찾으러 왔을 것입니다. 그러나 샘에서 사람들이 어떤 일을 설명해 달라고 했었습니다…."

예수께서는 아무 말씀도 대답하지 않으신다. 예수께서는 당신을 기다리는 사람들에게 인사하기 위하여만 입을 여신다. 그 사람들은 더러는 옥상의 낮은 담에 올라앉아 있고, 더러는 옥상 쪽으로 문이 나 있는 방 안에 있다가 예수께 경의를 표하기 위하여 일어난다.

예수께서는 그들에게 집단적으로 인사하신 다음 각자의 이름을 부르시며 개별적으로 인사하시니, 그들은 놀라면서도 기뻐하며 말한다.

"선생님은 아직도 저희들 이름을 기억하고 계십니까?" 그들은 세겜의 주민들인 것이 틀림없다.

그러니까 예수께서 대답하신다. "당신들의 이름과 얼굴과 영혼을 기억하고 있소. 아이들의 친척들과 같이 왔소? 저분들이오?"

"저 사람들입니다. 저 사람들은 아이들을 데리러 왔고, 저희들은 사마리아 여인의 저 어린 아이들을 불쌍히 여기신 것에 대해서 감사를 드리려고 왔습니다. 그런 일을 할 사람은 선생님밖에는 없습니다!⋯. 선생님은 항상 거룩한 일만을 하시는 거룩한 분이십니다. 저희들도 항상 선생님을 기억하고 있습니다. 그리고 이제는 선생님이 여기 계시다는 것을 알고, 선생님을 뵙고, 선생님이 저희 고장으로 피신 오신 것과 저희들의 한 핏줄의 아들들을 통해서 저희를 사랑하신 데 대해 감사를 드리려고 왔습니다. 그러나 이제는 친척들의 말을 들어보십시오."

예수께서 그들을 향하여 가시는데 유다가 따라 간다. 예수께서 그들에게 말을 하게 하시려고 다시 인사를 하신다.

"선생님이 아시는지 모르겠습니다만, 저희들은 아이들의 어머니의 오라비들인데, 누이가 어리석게 그리고 저희들의 충고에도 불구하고 그 불행한 결혼을 원했기 때문에 누이에 대해서 몹시 화가 났었습니다. 저희 아버지는 많은 자식들 가운데 외동딸에 대해 마음이 약해서, 저희들은 아버지에 대해서도 화가 나서 여러 해 동안 서로 말도 하지 않고 보지도 않게 되었었습니다. 그러다가 하느님의 손이 여자를 짓눌러서 그의 집에 불행이 왔다는 것을 알고 ─부정한 결합은 하느님의 축복의 보호를 받지 못하니까요.─ 저희들은 늙으신 아버지가 여자가 괴로움을 당하던 불행 외에 다른 고통을 받지 않으시게 하려고 아버지를 저희들 집에 다시 모셨습니다.

그런 다음 누이가 죽었고, 저희들이 그 소식을 알았습니다. 선생님이 지나가신 지가 얼마 안 되어서, 저희들끼리 선생님 이야기를 하고 있었습니다…. 그래서 저희들은 분개를 억제하고 이 사람과 이 사람을(세겜 사람 둘) 통해서 아이들을 우리가 데려오겠다고 제의했었습니다. 아이들이 반은 저희 피니까요. 그 사람은 아이들이 우리 빵으로 사는 것보다는 차라리 비참하게 죽는 것을 보는 것이 낫겠다고 대답했습니다. 저희들은 아이들도 얻지 못하고 누이의 시체도 받지 못했습니다. 저희들의 관습대로 장사를 지내게 시체조차도 받지 못했습니다!

그래서 저희들은 그와 그의 후손에 대해 증오를 맹세했습니다. 그런데 증오가 저주처럼 그를 쳐서 자유인이었던 그가 종이 되었고, 종에서… 역한 냄새가 나는 굴에서 재칼 모양으로 죽은 지체가 되었습니다. 저희들 사이에는 오래 전부터 모든 것이 죽은 상태였으니까 저희들은 영영 알지 못했을 것입니다. 그래서 지금부터 일주일 전에 저희들의 타작 마당에 도둑들이 나타나는 것을 보고 몹시 무서웠습니다. 그저 무섭기만 했습니다. 그러다가 그들이 왜 나타났는지를 알고는 고통보다는 오히려 분개가 독처럼 저희를 괴롭혔습니다. 그래서 그들의 우정을 얻으려고 상당한 사례를 주면서 서둘러 돌려보내려고 했습니다. 그런데 그들이 벌써 돈을 받았으니까 다른 것은 아무 것도 받지 않겠다고 말하는 것을 듣고 놀랐습니다."

모두가 지키고 있는 주의깊은 침묵을 유다가 갑자기 빈정거리는 웃음을 터뜨려 깨뜨리며 외친다.

"그 자들의 회개! 전적인 회개로군! 정말이지!"

예수께서는 그를 엄하게 바라보시고, 다른 사람들은 놀라서 바라본다. 그리고 말하던 사람은 계속한다.

"그러니 제가 그들에게서 무엇을 더 기대할 수 있었겠습니까? 보수도 받지 않고 위험을 무릅쓰면서 목동을 데려온 것도 벌써 대단한 것이 아니었습니까? 불행한 생활에는 불행한 행동 방식이 필요합니다. 떠돌이처럼 죽은 그 어리석은 자에게서 훔친 물건은 틀림없이 대단치 않았을 것입니다! 대단치 않았지요! 그리고 적어도 열흘 동안은 도둑질을 중단해야 한 그들에게는 넉넉할까 말까였습니다. 그래서 그들의 정직이 너무 놀라웠습니다. 하도 놀라워서 저희들은 어떤 목소리가 그들에게 말을 해서 그런 동정심을 가르쳤는지 물어보았습니다. 이렇게 해서 어떤 라삐가 그들에게 말했다는 것을 알게 되었습니다…. 어떤 라삐! 그것은 선생님일 수밖에 없었습니다! 사실 이스라엘의 다른 어떤 라삐도 선생님이 하신 일을 할 수가 없을 것입니다. 그래서 그들이 떠난 다음에, 겁을 집어먹고 있는 어린 목동에게 더 자세하게 물어보았고, 그렇게 해서 사정을 더 정확하게 알게 되었습니다.

처음에는 저희들이 저희 누이의 남편이 죽었다는 것과 아이들이 에프라임의 어떤 의인의 집에 있다는 것만 알았었습니다. 그러다가 그 의인이 라삐였는데, 그분이 그들에게 말을 했다는 것을 알게 되었습니다. 그래서 저희들은 그분이 선생님이라고 곧 생각했습니다. 그리고 새벽에 세겜에 들어가서 이 사람들에게 그 말을 했습니다. 저희들은 아이들을 받아들일지 아직 결정을 하지 못했었으니까요. 그랬더니 이 사람들이 저희들에게 이렇게 말했습니다. '아니 뭐라구? 자네들은 나자렛의 선생님이 아이들을 사랑하신 것이 쓸데없는 일이 되게 하려는 건가? 왜냐하면 틀림없이 그분이라는 걸 의심할 것 없네. 사마리아의 아들들에 대한 선생님의 호의가 크니 차라리 우리 모두 선생님을 찾아가세' 하고. 그래서 저희들은 일을 정리한 다음 왔습니다. 아이들은 어디 있습니까?"

"개울 근처에 있소. 유다야, 가서 오라고 말해라."

유다는 간다.

"선생님, 이것이 저희로서는 힘드는 만남입니다. 그 애들은 저희들의 모든 고통을 되살아나게 합니다. 그래서 그 애들을 맞아들일지 아직 망설이는 중입니다. 그 애들은 세상에서 제일 난폭한 저희 원수의 자식들입니다…."

"그 아이들은 하느님의 아들들이오. 죄없는 어린이들이오. 죽음은 과거를 무효하게 만들고, 속죄는 하느님에게서까지도 용서를 얻소. 당신들은 하느님보다 더 엄한 사람이 되려고 하오? 그리고 도둑들보다도 더 잔인하게 되려고 하오? 도둑들보다도 더 고집을 부리려고 하오? 도둑들은 목동은 죽이고, 아이들은 데리고 있으려고 했소. 목동은 신중을 기해서 죽이려고 했고, 아이들은 저항할 수 없는 아이들에 대한 인간적인 연민으로 살려두려고 했소. 라삐가 말을 했더니,

18. 아이들의 친척들과 세겜 사람들 **235**

그들은 죽이지도 않고, 어린 목동을 당신들에게 데려다 주기를 수락하기까지 했소. 나는 죄악을 이기고 나서, 곧은 마음을 가진 사람들에게서 실패를 맛보아야 하겠소?…."

"그것은… 저희들은 사형제인데 집안에 아이가 벌써 서른일곱이나 있어서 그럽니다…."

"그러면 하늘에 계신 아버지께서 낟알을 발견하게 하시기 때문에 참새 서른 일곱 마리가 먹을 것을 얻는 곳에서 마흔 마리는 얻지 못하겠소? 아버지의 능력이 혹 당신의 다른 세 아들, 아니 오히려 네 아들에게 양식을 마련해 주실 수 없기라도 하겠소? 하느님의 그 섭리가 한정된 것이오? 무한하신 분께서 당신들의 자녀들과 혼자 남은 가엾은 다른 네 아이를 위해 빵과 기름과 포도주와 양털과 고기가 넉넉히 있도록 당신들의 씨앗과 나무와 양들을 더 비옥하고 풍부하게 하는 것을 겁내시겠소?"

"선생님, 아이들은 셋입니다!"

"넷이오. 목동도 고아요. 만일 하느님께서 여기 나타나시면, 당신들의 빵은 한정돼 있어서 고아 하나를 먹일 수 없다고 주장할 수 있겠소? 고아에 대한 동정은 모세 5경에서 명하는 것이오…."

"주님, 저희가 그렇게는 못할 것입니다. 사실입니다. 저희는 도둑들보다도 못한 사람이 될 것입니다. 저희들은 어린 목동에게도 먹을 것과 옷과 잠잘 곳을 주겠습니다. 선생님에 대한 사랑으로 그렇게 하겠습니다."

"사랑으로, **전적인** 사랑으로, 하느님에 대한 사랑, 그분의 메시아에 대한 사랑, 당신들의 누이에 대한 사랑, 당신들의 이웃에 대한 사랑으로 그렇게 하시오. 이것이야말로 당신들의 핏줄에 주어야 하는 경의와 용서요! 그의 유골을 위한 차디찬 무덤이 아니오. 용서는 평화요. 죄지은 남자의 영을 위한 평화. 그러나 만일 하느님께 대한 당연한 속죄에, 그 죄없는 어린 아이들이 자기의 죄값을 치른다는 것을 아는 괴로움이 합쳐져서 당신들의 누이를 괴롭히게 되면, 당신들의 누이요, 아이들의 어머니인 죽은 여자의 영에게는 아무런 평화도 없는 전혀 피상적인 거짓 용서에 지나지 않을 것이오. 하느님의 자비는 무한하시오. 그러나 죽은 누이에게 평화를 주기 위해 당신들의 자비를 거기에 합치시오."

"오! 그렇게 하겠습니다! 그렇게 하겠습니다! 저희들의 마음은 아무에게도 복종하지 않을 것입니다. 그러나 어느날 저희들 가운데도 지나가시면서, 죽지 않은 씨앗, 나중에도 죽지 않을 씨앗을 뿌리신 라삐이신 선생님께 복종하겠습니다."

"아멘! 저기 아이들이 오오…." 예수께서는 개울가에서 집을 향하여 오는 아이들을 가리키신다. 그리고 아이들을 부르신다….

아이들은 사도들의 손을 놓고 "예수님! 예수님!" 하고 외치며 달려 온다. 그들은 들어와 계단을 올라와 옥상에 이르러서 그들을 바라보고 있는 그 많은 외부 사람 앞에서 겁을 먹고 멈춰 선다.

"루벤아 오너라. 엘리세오 너도, 이사악 너도. 이분들은 너희 어머니의 오빠들인데, 너희들을 데려다가 자기 아이들과 같이 있게 하려고 오신 거다. 주님이 얼마나 착하신지 알겠지? 이분들은 야곱의 마리아의 저 비둘기와 같으시다. 우리는 그저께 제 새끼가 아니고 죽은 형제의 새끼인 어린 새끼 비둘기에게 그 비둘기가 먹이를 먹여 주는 것을 보았지. 주님께서는 너희들을 이분들에게 주셔서 이분들이 너희들을 보살피고, 너희들이 이제는 고아로 있지 않게 해 주신다. 자! 친척 어른들께 인사드려라."

"주님이 아저씨들과 함께 계시기를" 하고 제일 큰 아이가 머뭇거리고 땅을 내려다보며 말한다. 그러니까 더 어린 두 아이도 그렇게 말한다.

"이 아이는 엄마를 닮았고, 또 이 아이도 엄마를 닮았군요. 그러나 이 애는(제일 큰 아이) 꼭 아비를 닮았습니다" 하고 한 친척이 지적한다.

"이거 보시오. 나는 당신이 얼굴 닮은 것 때문에 사랑에 차별을 둘 만큼 불공평하다고는 생각하지 않소" 하고 예수께서 말씀하신다.

"아! 아니올시다. 그건 아닙니다. 저는 지켜보면서… 곰곰 생각하고 있었습니다…. 이 애가 마음도 제 아버지의 마음을 가지지 말았으면 하는 것입니다."

"이 애는 아직 어린 아이요. 이 아이의 순진한 말은 어머니에 대해서 그 어떤 다른 사랑보다도 더 강한 사랑을 나타내오."

"애아버지가 그래도 저희들이 생각했던 것보다 아이들을 낫게 가꾸었군요. 옷도 제대로 입고, 신발도 제대로 신었으니까요. 그 사람이 아마 재산을 모았었나보군요…."

"제 형제들과 저는 예수님이 옷을 주었기 때문에 새 옷을 입고 있어요. 우리는 신발도 없고 겉옷도 없고, 그래서 목동과 똑 같았어요" 하고 큰 아이보다 덜 수줍어하는 둘째 아이가 말한다.

"모든 것을 배상해 드리겠습니다, 선생님" 하고 한 친척이 말한다. 그리고 덧붙인다. "세겜의 요아킴이 시내의 헌금을 가지고 있었습니다. 그러나 거기에 저희들이 돈을 보태겠습니다…."

"아니오, 나는 돈은 원치 않소. 한 가지 약속을 원하오. 내가 도둑들에게서 빼앗아 온 아이들에 대한 사랑의 약속이오. 헌금은… 말라키아, 그것을 당신이 아는 가난한 사람들을 위해 받아서 야곱의 마리아에게도 한 몫을 주시오. 마리아의 집은 매우 가난하니까요."

"선생님이 원하시는 대로 하겠습니다. 이 애들이 착하면 저희가 많이 사랑하겠습니다."

"우리는 착하게 굴겠습니다, 아저씨. 우리 엄마를 다시 만나고, 강을 거슬러 올라가 아브라함의 품에까지 가고, 우리 배의 밧줄을 하느님의 손에서 빼앗지 않아서 마귀의 물흐름에 떠내려가지 않게 하려면, 우리가 착해야 한다는 걸 알아요" 하고 루벤이 단숨에 말한다.

"아니 이 애가 무슨 말을 하는 것입니까?"

"내게서 들은 비유요. 이 애들의 마음을 위로하고, 이 애들의 정신에 행동방침을 주려고 그 비유를 말해 주었소. 아이들은 그것을 기억하고 그들의 모든 행동에 그것을 적용하오. 내가 세겜 사람들과 말하는 동안 아이들과 친숙하게 되시오…."

"선생님, 또 한 말씀만 드리겠습니다. 저희가 도둑들에게 놀랍게 생각한 것은, 그들이 아무 길이나 마음대로 다닐 수가 없고, 또 어린 아이가 하나 있어서 거칠은 골짜기로 해서 오랫동안 걸을 수가 없은 것으로 인해서, 오는 데 그렇게도 시간이 많이 걸린 것을 용서해 주십사고 아이들을 데리고 계신 선생님께 말씀드려 달라고 저희들에게 부탁한 것입니다."

"유다야, 들었느냐?" 하고 예수께서 가리옷 사람에게 말씀하시니,

그는 대꾸를 하지 못한다.

 그런 다음 예수께서는 세겜 사람들과 같이 조금 떨어진 곳으로 가신다. 그들은 여름의 큰 더위가 시작되기 전에 아무리 잠시 동안이라도 세겜을 찾아가시겠다는 약속을 얻어낸다. 그러는 동안 그들은 읍내의 일들을 말씀드리고, 영혼과 육체의 병이 고쳐진 사람들이 어떻게 예수님을 기억하고 있는지를 말씀드린다.

 그 동안 유다와 요한은 아이들을 친척들과 익숙해지게 하는 데 노력한다.

19. 은밀한 교육

　예수께서는 쓸쓸한 길을 걸어가시는 중이다. 예수 앞에는 아이들의 친척들이 가고, 예수 옆에는 세겜 사람들이 간다. 일행이 있는 곳은 인적이 없는 곳으로 도시가 보이지 않는다. 아이들은 나귀들을 타고 가는데, 친척 한 사람이 고삐를 잡고 가며 아이를 지켜본다. 세겜 사람들은 예수 곁에 있으려고 걸어서 가는 편을 택하였기 때문에 사람을 태우지 않은 나귀들은 사람들의 집단보다 앞서 떼를 지어 가며, 새 풀이 돋아 있는 비탈 사이로 아주 좋은 날씨에 짐도 싣지 않은 채 마구간으로 돌아가는 것이 좋아서 이따금씩 아응 아응 하고 운다. 그리고 가끔 새로 나는 풀 속으로 주둥이를 디밀고 한입 맛보고는 재미있는 껑충걸음으로 사람들을 태운 동무들을 쫓아 달려 간다. 그것을 보고 아이들은 웃는다.
　예수께서는 세겜 사람들과 말씀하시거나 그들이 이야기하는 것을 듣거나 하신다. 사마리아 사람들은 선생님을 모신 것이 자랑스러워서 적합한 것 이상으로 꿈을 꾸고 있다는 것이 분명하다. 북쪽으로 가는 여행자들의 왼편에 있는 높은 산들을 가리키며 예수께 다음과 같은 말씀을 드릴 지경이다.
　"보십시오. 에발산과 가리짐산은 평판이 나쁩니다. 그러나 적어도 선생님께는 저 산들이 시온산보다 훨씬 낫습니다. 그리고 저 산을 선택하셔서 그곳에 머무르고자 하시면, 그러니까 선생님이 원하시기만 하면, 전적으로 좋아질 것입니다. 시온은 언제나 예부세파들의 소굴입니다. 그리고 지금의 사람들은 옛날 사람들이 다윗에 대해서 그랬던 것보다 한층 더 적의를 품고 있습니다. 다윗은 폭력을 써서 성채를 점령했습니다만, 선생님은 폭력을 쓰지 않으시니 그곳에서는 결코 지배하지 못하실 것입니다. 절대로 주님, 저희들 가운데 계십시오. 그러면 저희들이 주님을 공경하겠습니다."

예수께서 대답하신다.

"말해 보시오. 만일 내가 당신들을 폭력으로 정복하고자 했다면, 당신들이 나를 사랑했겠소?"

"정말… 그렇게 안 했을 것입니다. 저희들이 선생님을 사랑하는 것은 바로 선생님이 온전히 사랑이시기 때문입니다."

"그러니까 내가 당신들의 마음을 지배하는 것은 이것, 즉 사랑 때문이오?"

"그렇습니다, 선생님. 그러나 저희들이 선생님의 사랑을 받아들였기 때문입니다. 저들, 예루살렘 사람들은 선생님을 사랑하지 않습니다."

"그것은 사실이오. 그들은 나를 사랑하지 않소. 그러나 모두 솜씨 좋은 상인들인 당신들, 말해 보시오. 당신들이 물건을 팔거나 사거나 이익을 얻고자 할 때에 어떤 곳에서 사람들이 당신들을 사랑하지 않는다고 해서 혹 용기를 잃으시오. 그렇지 않고 그런데도 불구하고, 당신들이 버는 돈에 당신들의 물건을 사는 사람들이나 당신들에게 물건을 파는 사람들의 사랑이 안 들어있는 지는 생각하지 않고, 그저 잘 사고 잘 파는 데만 정신을 쏟으면서 흥정을 하시오?"

"저희가 마음을 쓰는 것은 상거래뿐입니다. 저희들과 교섭을 하는 사람들의 사랑이 거기 들어있지 않느냐 하는 것은 저희에게 별로 상관이 없습니다. 흥정이 끝나면 접촉도 끝납니다. 이득은 남아 있습니다…. 다른 것은 가치가 없습니다."

"그러면 나도, 내 아버지의 이익을 위해 일하러 온 나도 그런 것에는 마음을 쓰지 말아야 하오. 아버지의 이익을 위하여 일하는 곳에서 내가 사랑을 만나건 업신여김을 만나건 냉혹을 만나건 그런 것에는 마음을 쓰지 않소. 어떤 상업도시에서 모든 사람에게서 이익을 얻고, 물건을 사고 팔지는 않소. 그러나 다만 한 사람하고만 흥정을 해도 이익을 많이 남기면, 이번 길은 무익하지 않았다고 말하면서 그리로 다시 가고 또 다시 가오. 첫번에 한 사람에게서 밖에 얻지 못한 것을 두번째에는 세 사람에게서, 네번째에는 일곱 사람에게서, 다른 때에는 수십명에게서 얻기 때문이오. 그렇지 않소? 나도 하늘을 얻는 일에 있어서 당신들이 거래를 위해서 하는 것과 같이 하오. 계속 꾸준히 해나가고, 수적으로 얼마 안 되는 것도 큰 것으로 충분한 것으로 생각하오. 구원 받은 영혼 다만 하나도 큰 것이고, 내 피로에 대해서 큰 이득이 되기 때문이오. 그리로 가서 사람의 반발일 수 있는 모든 것을 극복할 때마다 정신의 왕으로서 다만 국민 한 사람만이라도 얻어야 할 때에는, 내 발걸음, 내 고통, 내 피로들을 무익한 것이었다고 말하지 않고, 업신여김과 모욕과 비난을 거룩하고 사랑스럽고 바람직한 것이라고 부르오. 만일 내가 화강암으로 된 요새라는 장애물 앞에서 멈추면, 나는 훌륭한 정복자가 되지 못할 거요."

"그렇지만 그들을 이기시려면 선생님께서는 여러 세기가 필요할 것입니다. 선생님은… 사람이시니 여러 세기를 살지는 못하실 것입니다. 선생님을 받아들이지 않는 곳에서 왜 시간을 허비하십니까?"

"나는 훨씬 덜 오래 살 거요. 그리고 머지 않아 당신들 가운데 있지도 못하게 될 거요. 나는 시작되는 날들과 끝나는 날들의 마일 표석(標石)들처럼 새벽과 해넘어가는 것을 보지 못할 것이고, 다만 그것들을 우주의 아름다움으로만 지켜보며 그것들을 위해 그것들을 만드신 창조주이시며 내 아버지이신 분을 찬미할 거요. 나는 나무들에 꽃이 피는 것과 곡식이 여무는 것을 보지 못할 것이고, 내 나라에 돌아가서는 사랑을 먹고 살겠기 때문에 내 목숨을 보존하기 위하여 땅의 열매가 필요없을 거요. 그런데도 나는 사람의 마음이라는 굳게 잠긴 수많은 요새를 무너뜨리겠소.

산비탈의 샘 아래 있는 저 돌을 살펴보시오. 샘은 매우 약해서, 흐르지 않고, 물을 한 방울씩 한 방울씩 내주오. 산비탈에 쑥 내민 저 돌 위에 여러 세기째 떨어지고 있는 물방울이오. 그리고 돌은 매우 단단하오. 부서지기 쉬운 석회암도 아니고, 부드러운 설화석고(雪花石膏)도 아니고, 매우 단단한 현무암이오. 그런데도 볼록한 덩어리 한가운데에, 그런 형태에도 불구하고 어떻게 조그마한 물거울이 이루어졌는지 보시오. 저 거울은 수련(睡蓮)의 꽃받침보다 더 넓지도 않지만, 파란 하늘을 반사하고 새들의 목을 추기는 데에는 넉넉하오. 볼록한 덩어리에 있는 저 오목한 모양은 혹 사람이 우중충한 돌에 파란 보석을 박아놓고 새들이 먹을 신선한 물 한 컵을 마련하려고 만들어 놓았소? 아니오, 사람은 그것을 상관하지도 않았소. 오랜 세월을 두고 물방울이 끊임 없고 규칙적인 일로 파놓은 저 바위 앞으로 사람들이 지나다닌 수많은 세월이 지나는 동안, 어쩌면 한가운데에 터키옥 빛깔의 액체를 가진 저 검은 빛깔의 현무암을 살펴본 것이 우리가 처음인지도 모르겠소. 우리는 저것의 아름다움을 감상하고, 우리의 눈을 즐겁게 하고 이 근처에 둥지를 트는 새들의 목을 추기게 하기 위하여 그것을 원하신 것에 대하여 영원하신 분을 찬미하오.

그러나 말해 보시오. 혹 저 바위 위에 선반 모양으로 내민 현무암 밑으로 흘러서 그 높이에서 바위로 떨어진 첫번째 물방울이 하늘과 해와 구름과 별들을 반사하는 저 컵을 파 놓았겠소? 아니오. 저 위에서 눈물처럼 솟아 나온 수백 수천만개의 물방울이 하나씩 하나씩, 하나씩 하나씩 차례로 반짝 하면서 떨어져 하프 소리를 내면서 죽어 가며 단단한 물질을 아무 것도 아니라고 할 정도로 미미하게 파 놓았소.

이와 같이 시간을 나타내기 위한 모래 시계의 모래와 같은 규칙적인 움직임으로, 한 시간에 몇 방울, 1경(更) 동안에 몇 방울, 새벽과 해넘이 사이에 몇 방울, 밤과 새벽 사이에 몇 방울, 하루에 몇 방울, 이 안식일에서 다음 안식일까지에 몇 방울, 새달에서 새달까지 몇 방울, 한 니산달에서 다음 니산달까지, 한 세기에서 다음 세기까지 몇 방울, 이렇게 많은 세월을 계속했소. 바위는 저항했고, 물방울은 꾸준히 해 나갔소. 교만하고 따라서 참을성이 없는, 그리고 노력을 별로 지지하지 않는 사람은 처음 몇번 때리고 나서는 큰 망치와 둥근 정을 내동댕이치면서 '이건 팔 수 없는 물건이다' 하고 말했을 거요. 물방울은 팠소. 이것이 물방울이 할 일이었고, 그것 때문에 창조된 것이오. 그래서 물방울은 한 방울씩 한 방울씩 오랜 세월을 두고 흘러서 바위에 구멍을 내기에 이르렀소. 그리고 나서 물방울은 '이제는 내가 파놓은 컵에 물을 채우는 것은 하늘이 생각해서 이슬과 비, 서리와 눈으로 물을 대 줄거다' 하고 말하면서 중단하지를 않았소.

그러나 물방울은 계속 떨어져서 저 혼자서 여름의 더위 때에, 겨울에 추울 때에 이 컵에 물을 채워 놓소. 그러는 동안 심하거나 가는 비가 이 거울을 주름잡히게 하지마는, 이 거울이 이미 가득 차고 유익하고 아름다우니까 저것을 더 아름답게 할 수도 없고, 더 넓게 할 수도 더 깊게 할 수도 없소. 샘은 딸들인 물방울들이 떠나 가서 작은 수반에서 죽는다는 것을 알고 있소. 그러나 그것들을 붙잡아두지 않소. 오히려 물방울들을 희생을 하도록 부추기고, 그렇게 슬픔 속으로 떨어지면서 외롭지 말라고 새로운 자매들을 보내서 죽어가는 물방울이 외롭지 않고, 다른 물방울들을 통해서 영속된다는 것을 보게 하오.

나도 단단한 마음의 요새를 수백 수천번 치고, 내가 세상 마칠 때까지 보낼 내 후계자들을 통해 영속되면서 그 마음들 안에 통로를 만들 것이고, 인간이 있는 곳에는 어디든지 햇빛처럼 들어갈 것이오. 그런 다음 인간들이 빛을 받아들이지 않고, 한없는 노력으로 뚫어 놓은 통로를 막아 버리면, 내 후계자들과 나는 우리 아버지께서 보시기에 잘못이 없을 거요. 만일 그 샘이 바위가 단단한 것을 보고 다른 길을 내서 풀이 난 땅이 있는 더 멀리에 가서 방울방울 떨어졌더라면, 우리가 저 반짝이는 보석을 보았겠는지, 새들이 저 맑은 물의 위안을 얻었겠는지, 당신들 말해 보시오."

"우리는 저걸 보지도 못했을 것입니다, 선생님."

"기껏해야… 여름에도 좀 더 우거진 풀이 샘물이 방울져 떨어지는 곳을 알려주는 정도였을 것입니다."

"혹은… 계속 습기가 차 있으면 뿌리가 썩으니까, 다른 곳보다 풀이 덜 있을 수도 있을 것입니다."

"그리고 진흙이 있구요. 그 이상은 아무 것도 없을 것입니다. 쓸데없는 물방울들이지요."

"당신들이 바로 말했소. 무익하게 또는 적어도 공연히 방울져 떨어지는 것이오. 나도 나를 정의로나 동정으로 받아들일 생각을 가진 마음들이 있는 곳에만 집착하면, 나는 불완전한 일을 할 것이오. 과연 나는 일은 할 것이오. 그것은 맞소. 그러나 피로를 느끼지 않고, 의무와 쾌락 사이의 기분좋은 타협으로 내 **자아**에게 큰 만족까지 주어 가면서 일을 할 것이오. 사랑이 우리를 에워싸고, 우리가 다루어야 할 영혼들이 사랑으로 인해서 온순하게 되는 곳에서 일하는 것은 고통스러운 일이 아니오. 그러나 피로가 없으면 공로도 없고, 쟁취도 별로 하지 못하고 또 벌써 의덕에서 살고 있는 사람들로 만족하기 때문에 이득이 많지 않소. 만일 내가 모든 사람들에게 우선 진리를, 그 다음에는 은총을 되찾게 하려고 힘쓰지 않으면 내가 아닐 거요."

"그런데 선생님은 그 일을 성공하시리라고 생각하십니까? 선생님의 반대자들로 하여금 선생님의 말씀을 받아들이게 하기 위해 이미 하신 것 외에 또 무엇을 더 하실 수 있겠습니까? 아니? 베다니아 사람의 부활까지도 유다인들로 하여금 선생님이 하느님의 메시아라고 말하게 하지 못했으니 말입니다."

"나는 내가 이미 한 것보다 더 위대한 것, 훨씬 더 위대한 것을 해야 할 것이 있소."

"언젭니까, 주님?"

"니산달이 만월이 될 때요. 그 때는 조심하시오."

"하늘에 표가 있겠습니까? 선생님이 나셨을 때에는 빛과 노래와 이상한 별들로 하늘의 소리가 들려 왔다고들 말하는데요."

"사실이오. 빛이 세상에 왔다는 것을 알리기 위해서였소. 그 때 니산달에는 하늘과 땅에 표가 있을 것이고, 어두움과 하늘이 흔들리고 벼락이 우르릉거리고 땅이 갈라지며 지진이 나기 때문에 세상이 끝나는 것 같을 거요. 그러나 그것은 끝이 아닐 것이고, 오히려 반대로 시작일 것이오. 처음 내가 왔을 때에는 하늘이 사람들을 위해 구세주를 낳았소. 그런데 그것은 하느님의 행동이었기 때문에, 그 사건에는 평화가 따랐소. 그런데 니산달에는 땅이 제 의지로 저 자신을 위하여 구속자(救贖者)를 낳을 것인데, 그것은 사람들의 행동일 것이므로, 그 행동에는 평화가 따르지 않을 것이오. 오히려 소름끼치는 경련이 있을 것이오.

그리고 세기와 지옥의 시간의 공포 중에 땅은 하느님의 분노의 불붙은 화살을 맞아 갈라지며, 그의 뜻을 부르짖을 것인데, 너무 취해서 그 결과를 이해하지 못할 것이고, 너무도 사탄에게 꽉 붙잡혀서 그것을 막지도 못할 것이오. 아기를 낳는 미친 여자 모양으로 땅은 저주받았다고 생각하는 열매를 파괴하는 것으로 믿을 것이고, 그렇게 함으로써 오히려 고통과 계략이 그 열매에 더 이상 절대로 미치지 못할 곳으로 들어올리게 된다는 것을 깨닫지 못할 것이오. 나무,

새 나무가 그 순간부터 모든 세월에 걸쳐 온 땅 위에 가지를 뻗을 것이고, 당신들에게 지금 말하고 있는 사람은 사랑으로나 증오로 참 하느님의 아들과 주님의 메시아로 인정받을 것이오. 그리고 그렇다고 고백을 하기를 원치 않고, 내게로 회개하지 않고 그것을 인정할 사람들은 화를 입을 것이오."

"그런 일이 어디서 일어나겠습니까, 주님?"

"예루살렘에서요. 예루살렘이 참으로 하느님의 도성이오."

"그러면 저희들은 그곳에 가 있지 못할 것입니다. 니산달에는 과월절 때문에 저희들이 여기 붙잡혀 있으니까요. 저희들은 **저희** 성전에 충실합니다."

"당신들은 모리아산에도 있지 않고 가리짐산에도 있지 않고, 하느님의 것이기 때문에 보편적인 살아 있는 성전에 충실한 것이 더 나을 거요. 그러나 나는 당신들의 시간을, 즉 당신들이 하느님과 그분의 메시아를 정신과 진리로 사랑할 시간을 기다릴 줄 아오."

"저희들은 선생님이 그리스도시라는 것을 믿습니다. 그래서 선생님을 사랑하는 것입니다."

"사랑하는 것은 과거를 버리고 내 현재에 들어오는 것이오. 당신들은 아직 나를 완전히 사랑하지 못하고 있소."

사마리아 사람들은 조용히 서로 몰래 바라본다. 그러더니 그 중 한 사람이 말한다.

"선생님을 위해서는 선생님께 가기 위해 저희들은 그렇게 할 것입니다. 그러나 저희들은 그렇게 하고싶어도 유다인들이 있는 곳에 들어가지는 못할 것입니다. 선생님도 아시다시피 그들은 저희를 받아들이지 않습니다."

"그리고 당신들도 그들을 받아들이지 않소. 그러나 안심하시오. 머지 않아 두 지방, 두 성전, 반대되는 두 가지 생각이 없어지고, 오직 한 백성, 오직 한 성전, 진리를 원하는 모든 사람을 위한 오직 하나의 믿음이 있을 것이오. 그러니 이제는 당신들을 떠나겠소. 아이들이 이제는 위로를 받았고, 기분전환이 되었소. 그리고 나로서는 밤이 되기 전에 도착하기에는 에프라임에 돌아가는 길이 멀어졌소. 동요하지 마시오. 그렇게 하면 어린 아이들의 주의를 끌지도 모르는데, 아이들이 내가 떠나는 것을 눈치채서는 안 되오. 계속 가시오. 나는 여기서 걸음을 멈추겠소. 주님이 세상의 오솔길과 당신 섭리의 오솔길에서 당신들을 인도하시기를 바라오. 가시오."

예수께서는 산으로 가까이 가셔서 그들이 멀어져가게 하신다. 세겜으로 돌아가는 무리에게서 맨 마지막으로 알아보게 되는 것은 산골길의 적막 속에 퍼지는 어린 아이의 명랑한 웃음소리이다.

20. 데카폴리스와 유다에서 일어나는 일

 이제는 예수를 찾아오는 사람들이 많은 것을 보면, 아마 에프라임 사람들이 자랑을 해서 그랬던지 또는 내가 알지 못하는 동기로 그랬던지, 예수께서 에프라임에 계시다는 소문이 퍼진 모양이다. 찾아오는 사람의 대부분은 병자와 애통하는 사람들이고, 그저 예수를 보기를 원하는 사람들도 있다. 데카폴리스에서 온 한 떼의 순례자들에게 가리옷 사람이 이렇게 말하는 것을 들었기 때문에 그것을 깨달은 것이다.
 "선생님은 여기 계시지 않소. 그러나 요한과 내가 있는데, 이건 마찬가지요. 그러니 당신들이 원하는 것을 말하시오. 그러면 우리가 하겠소."
 "그렇지만 당신들은 선생님이 가르치시는 것을 절대로 가르칠 수가 없어요" 하고 어떤 사람이 반박한다.
 "여보시오, 우리는 제2의 선생님이오. 이것을 늘 기억하시오. 그러나 꼭 선생님의 말씀을 듣겠으면, 안식일 전에 다시 왔다가 나중에 집으로 돌아가시오. 선생님이 이제는 정말 선생님이시오. 선생님이 이제는 떠돌이 모양으로 아무 길에서나 수풀에서나 바위에서 말씀하지 않으시고, 노예처럼 아무 때나 말씀하지 않으시오. 선생님께 어울리는 것처럼 여기서는 안식일에 말씀하시오. 그런데 그것이 잘 하시는 거요! 피로와 사랑으로 기진맥진하신 것이 선생님께 무슨 소용이 있었는지 원!"
 "그러나 그것은 우리의 탓이 아닙니다. 유다인들이…."
 "모두요! 모두! 유다인들도 유다인 아닌 사람들도! 당신들은 모두 같았고, 장차도 모두 같을 거요. 선생님은 당신들에게 모든 것이오. 그런데 당신들은 선생님께 아무 것도 아니오. 선생님은 주시는데, 당신들은 드리지 않소. 거지에게 주는 동냥조차도 드리지 않소."

"그러나 우리는 선생님께 드릴 헌금을 가지고 왔습니다. 당신이 우리를 믿지 않으시면 이걸 보십시오."

 줄곧 잠자코 있었지만 애원하고 꾸짖으며 또는 그보다도 간청하는 눈으로 바라보며 눈에 띄게 괴로워하는 요한은 더 이상 잠자코 있을 수가 없다. 유다가 헌금을 받으려고 벌써 손을 내미는데, 그를 말리려고 동료의 팔에 손을 얹으며 말한다.

 "안 돼, 유다. 이건 안 돼. 자네도 선생님의 명령을 알지." 그리고 온 사람들에게로 몸을 돌리고 말한다.

 "유다가 설명을 잘못 했고, 당신들은 잘못 알아들었어요. 내 동료의 말은 그게 아니었습니다. 선생님이 우리에게 주시는 모든 것 대신에 우리, 나, 내 동료들, 당신들, 이렇게 우리 모두가 드려야 하는 것은 진실한 믿음과 충실한 사랑의 선물입니다. 우리가 팔레스티나를 두루 다닐 때에는 선생님이 당신들의 헌금을 받으셨는데, 그것은 그 헌금이 우리들이 돌아다니는 데 필요했고, 우리가 다니는 길에 많은 거지들이 있었고, 감추어진 불행들이 우리에게 알려졌기 때문입니다.

 그런데 지금 여기서 우리는 아무 것도 필요없습니다. ─이를 위해 섭리를 찬미합시다.─ 그리고 우리는 거지도 만나지 않습니다. 당신들의 헌금을 도로 가져가서, 예수의 이름으로 불행한 사람들에게 주시오. 이것이 우리의 주님이시고 선생님이신 분이 원하시는 것이고, 우리 중에서 도시 이곳 저곳으로 복음을 전하러 가는 사람들에게 선생님이 주시는 명령입니다. 그리고 만일 당신들이 병자들을 데리고 왔다든지 정말 선생님께 말씀을 드릴 필요가 있다든지 하면 말하시오. 선생님의 정신이 주님 안에서 묵상을 할 필요가 절실하기 때문에 기도하시기 위해 홀로 떨어져 계신 선생님을 모시러 가겠습니다."

 유다는 입 속으로 무엇인지 투덜거리기는 하지만 드러내놓고 반대하지는 않는다. 그는 그 일에 대하여 관심을 가지지 않으려는 것처럼 불을 피운 화덕 옆에 가서 앉는다.

 "정말이지…. 우리는 그렇게 큰 필요는 없습니다. 그러나 선생님이 여기 계시다는 것을 알고, 선생님을 뵈려고 강을 건너 왔습니다. 그렇지만 우리가 잘못 했다면…."

 "아닙니다, 형제들. 비록 어렵고 피곤한 일이라도 선생님을 사랑하

20. 데카폴리스와 유다에서 일어나는 일   **249**

고 찾는 것은 나쁜 일이 아닙니다. 그리고 당신들의 착한 뜻은 선생님의 갚음을 받을 것입니다. 내가 가서 당신들이 왔다는 것을 주님께 알리겠습니다. 그러면 틀림없이 오실 겁니다. 그러나 정말 오지 못하시면 선생님의 축복을 가지고 오겠습니다." 그리고 요한은 선생님을 찾아가려고 정원으로 나온다.

"가만 있게! 내가 가겠네" 하고 유다가 명령조로 말하고 일어나서 밖으로 나온다.

요한은 그를 바라보며 아무 반박도 하지 않는다. 그리고 순례자들이 몰려 있는 부엌으로 다시 들어간다. 그러나 이내 그들에게 제안한다.

"선생님을 마중나갈까요?"

"그렇지만 선생님이 원치 않으시면…."

"오! 제발 오해를 중대하게 생각하지 마시오. 당신들은 우리가 여기 와 있는 이유를 틀림없이 알지요. 다른 사람들이 선생님께 이런 신중한 조치를 취하지 않을 수 없게 하는 것이지, 선생님의 마음의 뜻은 아닙니다. 선생님은 여러분 모두에 대해서 항상 같은 감정을 가지고 계십니다."

"우리도 압니다. 명령을 읽은 다음 처음 며칠 동안은 요르단강 건너편과 선생님이 계실 것이라고 그들이 생각하는 베타바라, 베다니아, 펠라, 라못, 갈라앗, 그리고 다른 곳들에서 일련의 수색이 벌어졌습니다. 그리고 유다와 갈릴래아에서도 그랬다는 걸 우리는 압니다. 선생님의 친구들의 집도 매우 감시를 받았습니다. 그것은… 선생님의 친구와 제자도 많지만, 친구와 제자가 아니고, 선생님을 박해함으로 지극히 높으신 분을 섬긴다고 믿는 사람도 많기 때문입니다. 그러더니 수색이 갑자기 중단되고, 선생님이 여기 계시다는 소문이 퍼졌습니다."

"그러나 당신들은 누구에게서 그 말을 알았소?"

"선생님의 제자들에게서요."

"내 동료들이요? 어디서?"

"아닙니다. 당신의 동료 중의 사람은 아무도 아니었습니다. 다른 사람들입니다. 새 제자들인가 봐요. 그들이 선생님과 또 이전 제자들과 함께 있는 것을 본 적이 한번도 없거든요. 또 우리들은 선생님이 알려지지 않은 제자들을 보내서 당신이 어디 계신지를 말하게 하셨다는 걸 이상하게 여겼습니다. 그러다가 그들이 유다인들에게 제자로 알려져 있지 않기 때문에 그렇게 하셨을 거라고도 생각했습니다."

"선생님이 당신들에게 뭐라고 말씀하실는지는 모르겠습니다. 그러나 이제부터는 알려진 제자들의 말만을 믿으라고 말하겠습니다. 조심하시오. 이 나라의 사람은 모두가 세례자가 어떤 일을 당했는지 압니다…."

"내 생각에는…."

"한 여자만의 미움을 받은 요한이 붙잡혀서 죽임을 당했으니, 왕궁에서와 성전에서, 그리고 바리사이파 사람들과 율법학자들과 사제들과 헤로데당 사람들에게서 똑같이 미움을 받으시는 예수님의 경우는 어떻게 되겠습니까? 그러니까 가책을 가지게 되지 않도록 주의를 게을리 하지 마시오…. 그런데 선생님이 저기 오십니다. 마중 나갑시다."

달은 없지만 별빛이 있는 깊은 밤이다. 달의 위치도 보지 못하고 달의 상(相)이 어떤지도 보지 못하기 때문에 시간을 말할 수가 없다. 내가 보는 것은 오직 청명한 밤이라는 것뿐이다. 에프라임 전체가 밤의 어두운 장막 속으로 사라졌다. 개울까지도 하나의 목소리로 사라졌다. 개울까지도 하나의 목소리이지 다른 것이 아니다. 별에서 오는 하나만이 아닌 그 빛조차도 금지하는 개울가의 나무들의 푸른 둥근 천장 아래에서는 개울의 거품도 반짝임도 완전히 사라지고 만다.

밤새 한 마리가 어디에선가 신음한다. 그러다가 산 쪽에서 개울을 따라 집으로 가까이 오는 나뭇잎 살랑거리는 소리와 갈대 부러지는 소리 때문에 새도 소리를 내지 않는다. 그런 다음 흰칠하고 튼튼한 어떤 형태가 개울가에서 집 쪽으로 올라가는 오솔길로 나타난다. 그 형체는 방향을 잡기 위한 것처럼 잠깐 걸음을 멈춘다. 그리고 두 손으로 더듬으며 벽을 스치며 간다. 문을 발견하고 그것을 스치고 지나

처서 여전히 더듬으면서 집모퉁이를 돌아가 정원 입구에까지 온다.
　밤손님은 출입문을 흔들어보더니, 열고, 밀고, 안으로 들어간다. 그는 정원으로 향한 벽을 스치고 지나간다. 그러다가 부엌 문 앞에서 어쩔줄을 몰라 서 있다. 그런 다음 바깥 계단까지 가서 더듬어 가며 올라가서 마지막 디딤판에 앉는다. 어두움 속에 있는 검은 그림자이다. 그러나 저기 동쪽으로는 밤하늘의 빛깔, 거기 박혀 있는 별들 때문에만 그렇다는 것을 알아차리게 되는 검은 베일의 빛깔이 변하기 시작한다. 즉 눈이 그렇다는 것을 느낄 수 있게 되는 빛깔, 즉 거무스름한 회색을 띠게 된다. 그것은 흐릿한 짙은 안개 같은데, 그것은 다가오는 새벽의 첫번 희미한 빛일 뿐이다. 그리고는 날마다 일어나면서도 항상 새로운 돌아오는 빛의 기적이 천천히 펼쳐진다.
　짙은 빛깔의 겉옷에 푹 싸여서 바닥에 쭈그리고 있던 방문자가 움직이고, 팔을 뻗고, 머리를 들고, 겉옷을 약간 뒤로 젖힌다. 마나헨이다. 평범한 사람처럼 두꺼운 밤색 옷과 거기에 어울리는 겉옷을 입었다. 노동자나 여행자가 입는 거칠은 옷감으로 장식이 없고 쇠도 없고 허리띠도 없다. 그는 점점 더 밝아지는 빛이 그의 둘레에 있는 것을 볼 수 있게 하는 하늘을 쳐다본다. 아래에서는 문이 삐걱 소리를 내며 열린다. 마나헨은 집에서 누가 나오는지 보려고 소리를 내지 않고 몸을 기울인다. 예수께서 조심스럽게 문을 다시 닫으시고 층계 쪽으로 오신다. 마나헨은 조금 뒤로 물러나서 예수의 주의를 끌기 위하여 목청을 가다듬는 기침을 한다. 예수께서는 머리를 드시고 계단 한 가운데에서 걸음을 멈추신다.
　"선생님, 저올시다. 마나헨이오. 말씀드릴 것이 있으니까 빨리 오십시오. 선생님을 기다렸습니다…" 하고 속삭이고, 인사를 드리려고 몸을 굽힌다.
　예수께서 계단의 마지막 몇 단을 올라오셔서 "당신에게 평화. 언제 왔소? 어떻게? 왜?" 하고 물으신다.
　"제가 여기 발을 들여놓은 것은 아마 첫닭이 운 직후인 것 같습니다. 그러나 저는 어제 2경(更)부터 저 안쪽 덤불 속에 있었습니다."
　"밤새도록 밖에서!"
　"달리 하는 방법이 없었습니다. 선생님께만 말씀을 드려야 하는 것이었습니다. 저는 오기 위해서 길을 알아야 했고 집을 알아야 했는데, 사람의 눈에 띄지 말아야 했습니다. 그래서 낮에 와서 저기에 숨어 있었습니다. 저는 읍내에 사람들의 움직임이 진정되는 것을 보았습니다. 유다와 요한이 집으로 돌아가는 것을 보았습니다. 요한은 나무를 지고 거의 제 옆으로 지나가기까지 했습니다만, 제가 덤불 속에 잘 숨어 있었기 때문에 저를 보지는 못했습니다. 물건이 보일 만큼 밝은 동안, 저는 작은 노파가 들락날락 하는 것을 보았고, 부엌에서 빛나는 불을 보았고, 이미 황혼이 끝났을 적에 선생님께서 저기서 내려오시는 것을 보았고, 문이 닫히는 것을 보았습니다.

그 때에 저는 초생달빛을 이용해서 와서 길을 조사했습니다. 그리고 정원에 들어오기까지 했습니다. 문은 없는 것보다도 더 못합니다. 저는 선생님들의 목소리를 들었습니다. 그러나 선생님 한분께만 말씀드려야 하는 것이었습니다. 저는 3경에 다시 와서 여기 있기로 하고 다시 떠나갔습니다. 저는 선생님께서 기도하시려고 보통 해 뜨기 전에 일어나신다는 것을 알고 있습니다. 그래서 오늘도 그러시기를 바랐습니다. 이렇게 된 것에 대해서 지극히 높으신 분을 찬미합니다."

"그러나 그렇게도 많은 어려움을 당하면서 나를 보아야 하는 것은 무슨 이유요?"

"선생님, 요셉과 니고데모가 선생님께 말씀을 드리고자 합니다. 그래서 일체의 감시를 교묘히 피해서 그렇게 하려고 생각했습니다. 그들은 몇번 시도를 했습니다. 그러나 베엘제불이 선생님의 원수들을 많이 도와주는 것 같습니다. 그들은 그들 집이 감시를 받지 않는 때가 없었기 때문에 오는 것을 늘 단념해야 했습니다. 니까의 집도 역시 감시를 당하고 있습니다. 그리고 여인은 저보다도 먼저 오기로 되어 있었습니다. 용맹한 여자입니다. 그래서 혼자서 아도민산으로 해서 길을 떠났었습니다. 그러나 미행을 당해서 '피의 치받이' 근처에서 붙잡혔습니다. 그런데 니까는 선생님의 거처를 드러내지 않고, 그가 나귀 위에 가지고 오던 식량의 이유를 대기 위해 이렇게 말했습니다.

'나는 산 위의 동굴에 있는 형제 중의 한 사람에게 올라 가는 거예

20. 데카폴리스와 유다에서 일어나는 일 **253**

요. 하느님을 가르치는 당신들이 가겠다면, 당신들은 거룩한 일을 할 겁니다. 그 형제는 병이 들었고, 하느님이 필요하니까요.' 그리고 이런 대답으로 그들을 떠나가게 설득했습니다. 그러나 감히 이리로 오지는 못하고, 실제로 니까가 동굴에 있다고 말하고 선생님께서 그에게 부탁하셨다는 어떤 사람을 만나러 갔답니다."

"그것은 사실이오. 그러나 니까가 어떻게 이것을 다른 사람들에게 알릴 수 있었소?"

"베다니아에 가서 알렸습니다. 라자로는 그곳에 있지 않습니다. 그러나 누이 동생들은 거기 있습니다. 마리아가 있습니다. 그런데 마리아가 무엇을 무서워할 여자입니까? 마리아는 아마 유딧이 왕을 만나러 가기 위해서 했을 것보다도 아마 더 잘 차려 입고, 사라와 노에미와 함께 공공연하게 성전에 갔습니다. 그런 다음 시온의 그의 저택으로 갔습니다. 그리고 거기서 말해야 할 것을 일러주고 노에미를 요셉의 집으로 보냈습니다. 그리고 유다인들이 교활하게 마리아의 집에 직접 오거나 사람들을 보내서 경의를 표하는 동안 작은 노파 노에미는 허름한 옷을 입고 베짜타의 어르신 집으로 갔습니다. 저희들은 헤로데의 이 관저에서 저 관저로 말을 전속력으로 달리는 것을 보고 아무도 의심하지 않는 방랑자인 저를 이리로 보내서, 금요일에서 안식일에 걸친 밤에 요셉과 니고데모가 한 사람은 아리마태아에서 오고 또 한 사람은 라마에서 해가 지기 전에 와서 고페나에서 만나고, 거기서 선생님을 기다리겠다고 선생님께 말씀 드리기로 의견을 모았습니다. 저는 장소와 길을 압니다. 그래서 저녁에 선생님을 모시러 이리 오겠습니다. 선생님, 저는 믿으실 수 있습니다. 그러나 저만을 믿으십시오. 요셉은 우리가 만나는 것을 아무도 알지 못하게 하라고 부탁합니다. 모든 사람의 이익을 위해서."

"당신의 이익을 위해서라도요, 마나헨?"

"주님… 저는 겁니다. 그러나 저는 요셉처럼 지켜야 할 가족의 재산과 이익이 없습니다."

"그리고 그것은 물질적인 재물은 언제나 짐이 된다고 한 내 말을 확증하는 것이오…. 그러나 우리가 만나는 것을 아무도 알지 못할 것이라고 요셉에게 분명히 말하시오."

"그러면 저는 가도 되겠습니다. 선생님, 해가 떴으니 선생님의 제자들이 일어날지도 모릅니다."

"가시오. 그리고 하느님께서 당신과 함께 계시기를 바라오. 그리고 안식일 밤에 우리가 만날 장소를 당신에게 보여주게 같이 가기까지 하겠소…."

두 사람은 소리없이 내려와서 정원에서 나와 이내 개울가로 내려온다.

21. 유다에서, 특히 예루살렘에서 어떤 일이 일어나는가?

　사람들이 기다리는 곳으로 예수를 인도하기 위하여 마나헨이 가는 길은 매우 어려운 길이다. 잡목림과 수풀 사이로 난 좁고 돌 투성이의 산길이다. 매우 밝은 상현(上弦) 달빛이 나뭇가지 뒤얽힌 것을 어렵게 뚫고 들어오고, 때로는 완전히 사라지기도 한다. 그러면 마나헨이 무기 모양으로 겉옷 속에 어깨에 비스듬히 메고 다니던 햇불을 붙여서 보충한다. 마나헨은 앞서고 예수께서는 뒤따르시며, 이렇게 매우 적막한 밤에 말없이 나아간다. 두세번 수풀 속으로 달려 가는 야생 동물이 발소리 같은 것을 내는 바람에 마나헨이 걸음을 멈추고 엿듣게 되었다. 그러나 그것 말고는 그렇지 않아도 매우 피로하게 하는 걸음을 방해하는 것이 아무 것도 없다.
　"보십시오, 선생님. 저기에 고페나가 있습니다. 이제는 돌아서, 저는 300보를 세겠습니다. 그러면 그 사람들이 해질 때부터 우리를 기다리고 있는 동굴에 이를 것입니다. 길이 멀어 보였습니까? 그래도 우리는 지름길로 해서 왔는데, 그것은 법정 거리를 지키는 것이라고 생각합니다."
　예수께서는 "달리는 할 수가 없었소" 하고 말씀하시려는 듯한 손짓을 하신다.
　마나헨은 걸음을 세는 데 주의를 기울이느라고 이제는 말을 하지 않는다. 이제는 아무 것도 없는 바위로 된 통로를 지나가는데, 그것은 거의 맞닿다시피한 양쪽 산의 절벽 사이로 올라가는 동굴과 비슷하다. 단층이 하도 이상해서 어떤 격변으로 생겨난 단층 같다. 엄청나게 큰 칼로 산덩어리를 꼭대기에서 3분의 1이 착실히 되는 곳을 자른 것 같다. 그 위로 깎아지른 절벽 저쪽으로, 또 엄청나게 크게 파진 곳의 가장자리에 돋아나서 자란 나무들의 요란스러운 움직임

너머로 별들이 빛난다. 그러나 달빛은 여기 이 깊은 구렁에는 내려오지 못한다. 횃불의 연기 나는 빛이 맹금(猛禽)들의 잠을 깨운다. 그놈들은 절벽 가운데에 있는 둥지 가장자리에서 날개를 치면서 운다.

마나헨이 "다 왔습니다!" 하고 말하면서 바위 절벽이 갈라진 곳 안 쪽에 대고 큰 올빼미가 우는 것 같은 소리를 지른다.

안 쪽에서 오는 불그스름한 빛이 또 다른 바위로 된 통로로 나아온다. 그 통로는 그래도 위가 막혔다. 요셉이 불쑥 나타난다. "선생님은?" 그는 조금 뒤에 계신 예수를 보지 못하기 때문에 이렇게 묻는다.

"나 여기 있소. 요셉, 당신에게 평화."

"선생님께 평화. 오십시오! 두 분 오십시오. 저희들은 뱀과 전갈들을 보고 추위도 쫓으려고 불을 피웠습니다. 앞서 가겠습니다."

그는 돌아서서 깊은 산 속의 꼬불꼬불한 오솔길로 해서 불꽃으로 밝혀진 곳으로 그들을 인도한다. 그곳에는 불 옆에 니고데모가 있는데, 불에 노간주나뭇가지들을 얹고 있다.

"니고데모, 당신에게도 평화. 내가 당신들 가운데 왔소. 말하시오."

"선생님, 선생님 오시는 것을 아무도 눈치채지 못했습니까?"

"누가 말이오, 니고데모?"

"아니 선생님의 제자들은 선생님을 모시고 있지 않습니까?"

"나하고 같이 있는 것은 요한과 시몬의 유다요. 다른 사람들은 안식일 다음 날부터 금요일 황혼때까지 복음을 전하오. 그러나 나는 오정에 집을 떠나면서 안식일 다음 날 새벽 전에는 나를 기다리지 말라고 말했소. 그런데 이제는 내가 여러 시간 동안 없는 것에 습관이 되어 있어서, 이 때문에 아무도 의심을 가지게 되지는 않소. 그러니 안심하시오. 우리는 조금도 들킬 염려없이 말할 시간이 넉넉히 있소. 여기는… 장소가 편하구려."

"예. 뱀과 독수리의 소굴이고… 늦봄에서 초여름까지 이들 산에 양떼들이 잔뜩 있을 때에는 도둑들의 소굴이기도 합니다. 그러나 지금은 도둑들이 양의 우리와 대상들을 더 빨리 덮칠 수 있는 다른 곳들을 더 좋아합니다. 선생님을 여기까지 모셔온 것을 죄송스럽게 생각합니다. 그러나 이곳에서는 아무의 주의도 끌지 않고 다른 길로 해서 돌아갈 수가 있습니다. 왜냐하면 선생님에 대한 사랑이 있다고 의심하는 곳에는 최고회의가 주의를 기울이기 때문입니다."

"바로 이 점에 대해서 저는 요셉과 의견을 달리 하고 있습니다. 제 생각에는 지금은 우리가 귀신이 없는 곳에서 귀신을 보는 것 같습니다. 며칠 전부터 일이 많이 진정된 것으로 생각되기까지 합니다" 하고 니고데모가 말한다.

"여보, 당신은 잘못 생각하고 있는 거요. 내가 장담하오. 그들이 이제는 선생님께서 어디 계신지를 알기 때문에 더 이상 선생님을 찾으려고 애쓰지 않는다는 점에서는 일이 진정되었소. 그래서 그들이 이제는 선생님을 감시하지 우리를 감시하지는 않소. 이 때문에 우리가 만난다는 것을 아무에게도 말하지 말라고 당부한 거요. 무엇이든지 … 할 준비가 되어 있는 사람이 있을까봐 그러는 거요" 하고 요셉이 말한다.

"나는 에프라임 사람들이 어떠리라고는 생각하지 않습니다…" 하고 마나헨이 반대한다.

"에프라임 사람들도 사마리아 사람 아무도 어떻다고 생각하지는 않아요. 다만 이쪽에서 하는 것과 달리 하자면…."

"아니오, 요셉. 그 때문이 아니오. 그것은 그 사람들이 당신들이 가지고 있는 사나운 저 뱀을 그들 마음 속에 가지고 있지 않기 때문이오. 그들은 어떤 특권도 박탈당할까봐 겁내지 않소. 그들은 당파나 특권계급의 이익을 옹호할 필요가 없소. 그들은 그들의 조상들이 모독한 분, 그들 자신도 완전한 종교의 테두리 밖에 있음으로 해서 계속 모욕하는 분에게서 용서를 받고 사랑을 받겠다는 본능적인 필요 이외에는 아무 것도 가지지 않았소. 완전한 종교 밖에 있다는 것은, 그들이 교만하고 당신들도 똑같아서, 양쪽을 갈라놓는 원한을 양쪽에서 똑같이 포기할 줄을 알지 못하고, 오직 한 분뿐이신 아버지의 이름으로 손을 내밀 줄을 알지 못하기 때문이오. 또 그리고, 그들에게 착한 뜻이 많이 있다 하더라도 당신들은 용서할 줄을 모르니까, 그 착한 뜻을 부수고 말 거요. 당신들은 일체의 어리석음을 짓밟고 '와서 우리 모두를 당신 표 아래 모아놓아야 할 세기의 왕자가 일어났으니까, 과거는 죽었소' 하고 말할 줄을 모르오. 과연 내가 와서 모아놓고 있소. 그러나 당신들은! 오! 당신들이 보기에는 모아놓을 만한 것이라고 내가 생각하는 것도 항상 저주받아야 할 것이오!"
"선생님, 저희들에 대해서 너무 엄하십니다."
"나는 공정하오. 당신들은 혹 마음 속으로 내 어떤 행동들을 비난하지 않았다고 말할 수 있소? 당신들은 유다인과 갈릴래아 사람들에 대해서나 사마리아 사람들과 이방인들에 대해서나 같은 내 자비를 칭찬한다고 말할 수 있소? 이 후자들과 큰 죄인들에 대해서는, 그들에게 내 자비가 더 필요하기 때문에, 그들에게 대해서 한층 더 큰 자비를 가지는 것을 인정한다고 말할 수 있소? 내 초자연적인 기원과 특히, 이 점에 유의하시오, **당신들이 메시아에 대해서 가지고 있는 개념에 따른** 메시아로서의 내 사명을 나타내기 위하여 내가 과격한 위엄의 행위를 하기를 기대하지 않을 것이라고 말할 수 있소?

정말 진실을 말하시오. 친구의 부활에 대한 당신들의 마음 속 기쁨은 제쳐놓고, 우리 선인(先人)들이 아모레아 사람들과 바산 사람들에 대해서, 그리고 여호수아가 아이와 예리고 사람들에 대해 한 것처럼 아름답고 잔인한 사람으로 베다니아에 오는 것을 그 기쁨보다 더 낫게 생각하지 않았겠소? 또는 한 걸음 더 나아가 여호수아의 나팔 소리가 예리고의 성곽에 대해서 한 것처럼 내 목소리도 돌과 성곽을 내 원수들 위에 무너져내리게 하거나, 역시 여호수아 시대에 베테론의 내리받이에서 일어난 것처럼 큰 돌들을 하늘에서 내 원수들 위에 떨어지게 하거나, 또는 더 최근에 일어난 것과 같이 하늘의 기병들을 불러 금빛 찬란한 옷을 입고, 보병대처럼 창을 들고 공중에서 내달려 오고, 잘 정렬한 기병대의 기병들이 지나가면 양쪽에서 공격하고, 투구를 쓴 군대들이 방패를 흔들고 칼을 빼들고 활을 쏘며 내 원수들에게 공포를 일으키게 하는 것을 더 낫게 여기지 않았겠소?

그렇소, 당신들은 이것을 더 낫게 생각했을 거요. 비록 당신들이 나를 많이 사랑하지만, 당신들의 사랑이 아직 순수하지 못하고, 이 때문에 거룩하지 않은 것을 갈망하면서, 이스라엘 사람들로서의 당신들의 생각, **당신들의 묵은 생각**을 품고 있기 때문이오. 가믈리엘에게나 이스라엘의 가장 보잘 것 없는 사람에게나 똑같이 있는 생각, 대사제에게나 분봉왕에게나 농부에게나 목자에게나 방랑자에게나 디아스포라 사람에게나 똑같이 있는 생각, 즉 정복하는 메시아라는 고정관념이오. 다른 땅에서 다른 세력 아래서 압제를 당하고 있는 사람들의 꿈이오. 이것은 당신들의 탓은 아니오. 순수한 생각, 즉 내 정체에 대하여 하느님께서 주신 것과 같은 생각은 세월이 흐르는 동안에 쓸데없는 잘못된 부분으로 덮이게 되었소. 그래서 고통을 통하여 메시아 사상에 원래의 순수성을 돌려줄 줄 아는 사람이 별로 없소.

그리고 지금은 가믈리엘이 기다리고, 가믈리엘과 더불어 온 이스라엘이 기다리는 표가 주어질 때가 가까웠으므로, 그리고 이제는 내가 완전히 나타날 때가 왔으므로, 사탄은 당신들의 사랑을 더 불완전하게 만들고, 당신들의 생각을 더 변질시키려고 애쓰고 있소. **그의 때가 오고 있소.** 내가 분명히 말하오. 그리고 그 어두움의 시간에는 지금은 눈이 잘 보이는 사람도, 또는 그저 근시안이기만 한 사람들도 완전히 소경이 될 거요. 쓰러진 사람을 메시아로 인정하는 사람은 별로 많지 않고, 아주 적을 거요. 그가 예언자들이 본 것과 같이 쓰러진 바로 그것 때문에 그를 **진짜, 메시아로** 알아볼 사람은 별로 없을 거요. 나는 내 친구들의 이익을 위하여 **내가 모습이 흉하게 되고 세상이 지배하는 시간의 어두움 속에 있을 때에도 내 친구들이 나를 알아보고 나를 볼 수 있도록** 아직 해가 있는 동안에, **나를 보고 나를 알아볼 줄 알기를** 바라오…. 그러나 이제는 당신들이 내게 말하고자 하던 것을 말하시오. 시간이 빨리 지나가서 새벽이 되어 가오. 이것은 당신들을 위해서 하는 말이오. 나는 위험한 만남을 두려워하지 않으니까요."

"이렇습니다. 선생님께 말씀드리려고 한 것은 선생님 계신 곳을 어떤 사람이 말한 모양인데, 그 어떤 사람은 분명히 니고데모도 마나헨도 라자로도 니까도 저도 아니라는 사실입니다. 피신처로 택하신 곳에 대해서 다른 사람 누구와 말씀하셨습니까?"

"아무하고도 말하지 않았소, 요셉."

"확실합니까?"

"확실하오."

"그리고 제자들에게는 말하지 말라는 명령을 주셨습니까?"

"떠나기 전에는 그들에게 장소를 말하지 않았소. 에프라임에 와서는 내 대신 복음을 전하고 기적을 행하라는 명령을 주었소. 그리고 난 그들의 순종을 확신하오."

"그럼… 에프라임에 선생님 혼자 계십니까?"

"아니오. 요한과 시몬의 유다를 데리고 있소. 그 말은 이미 했소. 유다는 내가 그의 생각을 알아채기 때문에 말하는 건데, 시내를 떠난 적이 한번도 없고, 이 시기에는 다른 곳에서 오는 순례자들도 없기 때문에 **그의 경솔로** 내게 해를 끼쳤을 수가 없소."

"그러면… 분명히 베엘제불이 말을 한 것입니다. 최고회의에서는 선생님께서 여기 계신 것을 알고 있으니까요."

"그래서요? 내 행동에 대해서 어떤 반응을 보이고 있소?"

"여러 가지로 반응을 보입니다. 서로 매우 다른 반응들입니다. 어떤 사람들은 당연한 일이라고 말합니다. 그들이 선생님을 성지(聖地)에서 추방했으니, 선생님께는 사마리아로 피신하는 길밖에 남지 않았다는 것입니다. 또 어떤 사람들은 반대로 이것이 선생님의 정체를 알리는 것이라고, 즉 종족으로보다도 훨씬 더 정신으로 사마리아 사람이라고, 그래서 이것만으로도 선생님을 단죄하기에 충분하다고 말합니다. 그리고 모두가 선생님의 입을 다물게 한 것과 군중들에게 선생님을 사마리아인들의 친구라고 지시할 수 있는 것을 기뻐합니다. 그들은 '우리는 싸움에 이겼다. 나머지는 어린애 장난에 지나지 않는다'고 말합니다. 그러나 제발 그것이 사실이 되지 않게 하십시오."

"그것은 사실이 아닐 거요. 그 사람들 마음대로 말하게 내버려두시오. 나를 사랑하는 사람들은 겉으로 드러나는 것 때문에 마음이 어지러워지지는 않을 거요. 바람이 온전히 멎게 내버려두시오. 이것은 땅의 바람이오. 그런 다음에는 하늘의 바람이 올 것이고, 장막이 걷히면서 하느님의 영광이 나타날 거요. 다른 말 할 것이 있소?"

"선생님에 관한 것으로는 없습니다. 경계하십시오, 조심하십시오, 그리고 계신 곳에서 나오지 마십시오. 그리고 선생님께 알려드리겠다는 말씀을 또 드리겠습니다…"

"아니, 필요없소. 있는 곳에 그대로 있으시오. 내게는 머지 않아 여자 제자들이 올 거요. 그리고 이것은 엘리사와 니까에게 말하시오.

만일 오고 싶으면, 다른 여자 제자들과 같이 오라고. 두 자매에게도 그렇게 말하시오. 내가 있는 곳이 이제는 최고회의에 알려졌으니, 최고회의를 **두려워하지 않는** 사람들은 이제 우리 서로의 위안을 위해서 올 수 있소."

"두 자매는 라자로가 돌아올 때까지는 올 수 없습니다. 라자로는 호화찬란하게 떠났고, 그가 먼 곳에 있는 그의 소유지에 갔다는 것을 온 예루살렘이 알고 있습니다. 그리고 언제 돌아올지는 알려지지 않았습니다. 그러나 라자로의 하인이 벌써 나자렛에서 돌아왔는데, 선생님의 어머니께서 이달 말까지는 다른 여자 제자들과 같이 이리 오실 것이라고 말했습니다. 이 말씀도 선생님께 들려야 하는 것이었습니다. 어머님께서는 안녕하시답니다. 알패오의 마리아두요. 하인이 두 분을 만나보았답니다. 그러나 두 분이 좀 늦어지는 것은 요안나도 그분들과 같이 오기를 원하는데, 이달 말이 돼야 올 수 있기 때문이라고 합니다. 그리고 보십시오, 선생님께서 허락하시면, 저희들은 선생님께서 말씀하시는 것처럼 매우 불완전하지마는 충실한 친구로써… 선생님을 도와드리고 싶습니다."

"그럴 필요 없소. 제자들이 매 안식일 전날 그들에게 필요한 것과 에프라임에 남아 있는 우리에게 필요한 것을 가져오오. 다른 것은 필요없소. 일꾼은 제 품삯으로 살아 가오. 그것은 당연한 일이오. 그 나머지는 필요 이상의 것일 거요. 그것은 어떤 불행한 사람들에게 주시오. 이것은 에프라임 사람들에게도 요구한 것이고, 또 내 사도 자신들에게도 요구한 것이오. 나는 사도들에게 돌아올 때에 **동전 한 닢도 여유를** 남기지 말고 현금은 전부 길에서 주고, 1주일 동안 먹을 매우 간소한 음식을 위한 것만 가지고 오라고 요구하오."

"아니, 왜 그렇게 하십니까. 선생님?"

"재물에서 초탈하는 것과, 정신으로서는 내일에 대한 걱정을 억제할 필요를 가르치기 위해서요. 이 때문에, 그리고 선생으로서의 다른 여러 가지 충분한 이유 때문에 자꾸 청하지 말라고 부탁하오."

"선생님 좋으실 대로 하겠습니다. 그러나 선생님을 도와드리지 못하는 것이 섭섭합니다."

"당신들이 나를 도와줄 때가 올 겁니다…. 이거 첫새벽이 밝아 오는 것 아니오?" 하고 예수께서 동쪽으로, 즉 당신이 오신 쪽과 반대 되는 쪽으로 몸을 돌리시고, 멀리 떨어진 곳의 갈라진 틈으로 나타나는 조심스런 희미한 빛을 가리키며 말씀하신다.

"예, 이제 헤어져야 합니다. 저는 제 말을 두고 온 고페나로 돌아갑니다. 니고데모는 이쪽 다른 길로 해서 베롯 쪽으로 내려가서, 안식일이 지난 다음에 그곳에서 라마로 갈 것입니다."

"그럼, 마나헨 당신은?"

"오! 저는 공공연하게 큰 길로 해서 지금 헤로데가 있는 예리고 쪽으로 가겠습니다. 저는 말을 가난한 사람들의 집에 맡겼는데, 그 사람들은 돈 몇푼만 주면, 사마리아 사람으로 알고 있는 저같은 사람을 위해서도 아무 일을 하는 것도 부끄러워하지 않습니다. 그러나 당장은 선생님을 모시고 있겠습니다. 제 배낭에는 2인분의 식사가 있습니다."

"그러면 작별 인사를 합시다. 과월절에 다시 만납시다."

"안 됩니다! 그 위험을 스스로 무릅쓰시려는 것은 아니겠지요!" 하고 요셉과 니고데모가 말한다. "선생님, 그렇게 하지 마십시오."

"당신들은 내게 죄와 비겁을 권하고 있으니, 당신들은 정말 나쁜 친구들이오. 그런 다음 내 행동을 곰곰 생각하면서 나를 사랑할 수 있겠소? 솔직히 말해 보시오. 내가 과월절에 어디에 가서 주님께 경배해야 하겠소? 혹 가리짐산에 가서요? 연례적인 세 큰 명절에 이스라엘의 남자면 누구나 그렇게 해야 하는 것과 같이 나도 예루살렘의 성전에 가서 주님 앞에 나타나야 하지 않겠소? 비록 오늘만 하더라도 당신들의 소원에 응하기 위해서 오늘 저녁 당신들의 소원과 안식일 규칙을 양립시킬 수 있는 곳에서 출발했는데도 ─이것은 여기 있는 마나헨이 증언할 수 있소.─ 벌써 사람들이 내가 안식일을 어긴다고 비난하는 것을 거억하지 못하시오?"

"이 이유로 저희들도 고페나에서 머물렀습니다…. 그리고 어쩔 수 없는 동기로 본의 아니게 위반한 것을 속죄하기 위해 제물을 바치겠습니다. 그러나 선생님은!… 그들이 즉시 볼 텐데요…."

"그들이 보지 못하더라도, 그들이 보도록 내가 하겠소."

"선생님께서 스스로 파멸을 원하시는군요! 그것은 선생님께서 스스로 목숨을 끊으시는 것과 같습니다…."

"아니오, 당신들의 정신은 어두움으로 완전히 둘러싸여 있소. 그것은 내 목숨을 스스로 끊으려는 것과 같은 것이 아니라, 다만 '가거라, 시간이 되었다'고 내게 말씀하시는 내 아버지의 목소리를 따르는 것 뿐이오. 나는 항상 율법과 필요를 일치시키려고 애썼소. 아직 사람들에게 내가 붙잡힐 시간이 안 되었기 때문에 베다니아에서 도망쳐서 에프라임으로 피신해야 한 그 날도 그러했소. 구원의 어린 양은 과월절을 위해서만 제물로 바쳐져야 하오. 내가 율법을 위해서 이렇게 했는데, 내 아버지께 순종하기 위하여 그와 같이 하지 말란 말이요? 자, 자! 그렇게 슬퍼하지 마시오. 내가 모든 민족의 왕으로 선포되기 위하여 오지 않고 왜 왔겠소? '메시아'라는 것이 그런 뜻이니까 말이오. 그렇지요? 맞아요, 그래요. 그런데 그것은 또한 '**구속자**'라는 뜻도 되오. 다만 이 두 단어의 참 뜻이 당신들이 상상하는 것과는 일치하지 않소.

그러나 내가 당신들을 사랑하고 당신들도 나를 사랑하기 때문에 내 강복과 더불어 하늘의 빛살이 당신들에게 내려오기를 간청하면서 당신들에게 강복하오. 당신들의 의덕이 아주 빛나기를 원하기 때문이오. 과연 당신들은 나쁘지는 않지만 당신들도 '묵은 이스라엘'이고, 과거를 떨쳐버리고 새 사람이 되고자하는 영웅적인 의지를 가지지 못했소. 안녕히 가시오, 요셉. 의인이 되시오. 아주 여러 해 동안 내 보호자이셨고, 그분의 주 하느님을 섬기기 위하여 완전히 새로워질 수 있었던 그분처럼 의인이 되시오. 만일 그분이 여기 우리 가운데 계셨더라면, 오! 얼마나 하느님을 완전히 섬기고, 올바르고 올바른 의인이 되도록 당신들에게 가르치시겠소! 그러나 그분이 벌써 아브라함의 품에 가 계신 것은 잘된 일이오!…. 이스라엘의 불의(不義)를 보시지 않도록 말이오.

하느님의 거룩하신 종!…. 새 아브라함이신 그분의 마음은 몹시 아프시겠지만 완전한 의지를 가지고 내게 비겁하라고 권하지 않으시고, 우리가 어떤 고생스러운 일로 괴롭힘을 당할 때면 으레 하시던 말을 내게 하셨을 것입니다. '우리의 정신을 들어올리라. 우리는 하느님의 눈길을 만나고, 우리에게 고통을 주는 것이 사람들이라는 것을 잊게 될 것이다. 그러니까 고생스러운 것을 무엇이든지 지극히 높으신 분께서 우리에게 주시는 것처럼 하자. 그렇게 하면, 우리는 아직 보잘 것 없는 것까지도 거룩하게 할 것이고, 하느님께서 우리를 사랑하실 것이다' 하고. 오! 그분은 이렇게 말씀하셔서 가장 큰 고통을 견디라고 나를 격려하셨을 것입니다…. **그분이 우리의 용기를 돋우어주셨을 것입니다…. 오! 어머니!….**"

예수께서는 안고 계시던 요셉을 놓으시고, 분명히 머지 않아 당하실 당신의 수난과 가엾은 당신 어머니의 고통을 생각하시면서 조용히 고개를 숙이신다…. 그런 다음 고개를 드시고 니고데모를 포옹하시며 말씀하신다.

"당신이 비밀의 제자로 내게 처음으로 왔을 때, 나는 당신에게 하느님의 나라에 들어가고 당신들 안에 하느님의 나라를 가지려면 **당신들의 영이 새로 나야 하고, 세상이 빛을 사랑하는 것보다 당신들이 더 사랑해야 한다**고 말했소. 오늘이 우리가 비밀히 만나는 것이 아마 마지막일 터인데, 오늘 그 말을 당신에게 되풀이 하오. 니고데모, 당신이 그렇게 나라는 빛을 사랑할 수 있고, 내가 왕과 구세주로 당신 안에서 살도록 당신의 영으로 새로 태어나시오. 가시오, 그리고 하느님께서 당신들과 함께 계시기를 바라오."

두 최고회의 의원은 예수께서 오신 쪽과 반대되는 쪽으로 해서 간다. 그들의 발소리가 멀어지자, 그들이 멀어져 가는 것을 보려고 동굴 어귀로 가 있었던 마나헨이 뒤로 돌아와 매우 의미심장한 태도로 말한다.

"이번만은 저 사람들이 안식일의 거리를 어기겠군요! 그래서 어떤 짐승을 하나 제물로 바쳐서 영원하신 분께 대한 빚을 청산하지 않는 동안은 마음이 편하지 못할 것입니다! 저 사람들에게는 공공연하게 자기들이 '**선생님의 사람**'이라고 말해서 그들의 편안함을 제물로 바치는 것이 낫지 않을까요? 그것이 지극히 높으신 분의 뜻에 더 맞지 않을까요?"

"분명히 그럴 거요. 그러나 저들을 비판하지 마시오. 저 사람들은 더디게 부풀어 오르는 반죽이오. 그러나 때가 되어, 저 사람들보다 자기들이 낫다고 생각하는 많은 사람이 주저앉을 때, 저 사람들은 많은 사람에 대항해서 궐기할 거요."

"주님, 제게 대해서 하시는 말씀입니까? 차라리 제 목숨을 거두시더라도, 제가 선생님을 버리게는 하지 마십시오."

"당신은 나를 버리지 않을 거요. 그러나 당신에게는 벌써 저들의 요소와 다른 요소들이 있어 당신이 충실하도록 돕게 될 거요."

"예, 저는… 헤로데 당원입니다. 아니 오히려 헤로데 당원이었습니다. 관연 간부회에서 이탈한 것과 같이, 당이 선생님께 대해 다른 사람들과 같이 비겁하고 불공정한 것을 보고는 당에서도 이탈했습니다. 헤로데 당원이라는 것… 그것은 다른 특권계급들에서 볼 때에는 이교도보다 조금 덜한 것입니다. 저는 저희들이 성인들이라고 말하지 않습니다. 그것은 사실입니다. 어떤 부정한 목적을 위해서 저희들은 부정(不淨)을 저질렀습니다. 저는 지금 아직 선생님의 사람이 되기 전의 예전의 헤로데 당원인 것처럼 말하고 있습니다. 그러니까 저희들은 인간적으로 판단할 때 2중으로 부정합니다. 로마인들과 동맹했으니까 그렇고, 타산적인 목적으로 그렇게 했기 때문에 그렇습니다.

그러나 항상 진실을 말씀하시고, 친구를 잃지 않을까 하는 염려 때문에 그렇게 하기를 그만두지 않으시는 선생님, 말씀해 주십시오. 개인적인 덧없는 승리를 더 얻기… 위해서 로마와 동맹한 저희들과 선생님을 쓰러뜨리기 위해 사탄과 동맹한 바라사이파 사람들, 사제장들, 율법학자들, 사두가이파 사람들 중에서 어느 쪽이 더 부정합니까? 저는 선생님께서도 보시다시피, 헤로데당이 선생님을 반대하는 사람들과 한편이 되는 것을 본 지금 그들과 헤어졌습니다. 그것 때문에 저를 칭찬해 주십사고 말씀드리는 것이 아니라, 제 생각을 말씀드리려고 그러는 것입니다. 그런데 저들은, 바리사이파 사람들과 사제들, 율법학자들과 사두가이파 사람들 말입니다, 저들은 그들과 헤로데 당원들의 이 뜻 밖의 동맹에서 이익을 얻어낸다고 믿고 있습니다! 불쌍한 사람들! 그들은 헤로데 당원이 그렇게 하는 것은 공로를 더 많이 얻기 위해, 따라서 로마인들에게서 더 많은 보호를 얻기 위해서이고, 이 다음… 지금 그들을 결합시키는 원인과 동기가 밝혀지고 끝난 다음에는 지금 그들이 친구들이라고 생각하는 자들을 쓰러뜨리기 위해서라는 것을 알지 못합니다. 모든 것이 거짓말에 근거를 두고 있습니다. 그래서 하도 혐오감이 생겨서 모든 것과 관계를 끊게 되었습니다.

선생님은… 저들을 무섭게 하는 큰 유령이십니다. 저들 **모두를**! 그리고 여러 당파의 수상한 이해관계 노름의 구실이기도 하십니다. 종교적인 동기요? 그들이 선생님을 부르는 것처럼 '하느님을 모독하는 자'에 대한 거룩한 분개요? 이것은 모두가 거짓말입니다! 유일한 동기는 종교의 옹호도 아니고, 지극히 높으신 분을 위한 거룩한 열성도 아니고, **다만 그들의 탐욕스럽고 끝없는 이해관계입니다**. 그들은 부정한 물건들처럼 제게 혐오감을 일으킵니다. 그래서 제가 원하는 것은… 그렇습니다, 제가 원하는 것은 얼마 안 되는 부정하지 않은 사람이 더 대담하게 되었으면 하는 것입니다. 아! 이제는 이중생활을 하는 것이 짐스럽게 여겨집니다! 선생님만을 따르고 싶습니다. 그러나 이렇게 하는 것으로 선생님을 따라 다니는 것보다 더 선생님께 봉사를 합니다. 이것이 제게는 짐스럽게 여겨집니다…. 그러나 선생님께서는 머지 않아… 어떻게 되신다고… 아니, 선생님께서 어린 양이시기 때문에 실제로 제물로 바쳐지실 겁니까? 그것은 비유적인 언어가 아닙니까? 이스라엘의 일생은 상징과 표상 투성인데요…."

"그래서 내 경우에도 그랬으면 좋겠다는 것이지요…. 그러나 내 경우에는 표상이 아니오."

"표상이 아니라구요? 확실합니까? 제가 할 수 있을 것은… 저희들이 여럿이 옛날의 행동을 되풀이 해서 선생님께 메시아로서 기름을 바르고 선생님을 옹호할 수가 있을 것입니다. 한 마디만 하면, 거룩하고 지혜로우신 대사제의 지지자 수천 수만명이 일어날 것입니다. 저는 이제는 선생님의 나라가 순전히 영적인 것임을 알기 때문에 지상의 왕에 대해서는 말하지 않습니다. 그러나 인간적으로 말해서 우리가 절대로 더 강하고 자유롭지는 못할 터이니까, 적어도 타락한 이스라엘을 받쳐 주고 고쳐 주기 위한 선생님의 성덕이 있어야 합니다. 선생님께서도 아시다시피, 아무도 지금의 사제단과 그것을 지지하는 사람들을 사랑하지 않습니다. 주님, 그렇게 할까요? 명령하십시오. 그러면 제가 행동하겠습니다."

21. 유다에서, 특히 예루살렘에서 어떤 일이 일어나는가? **267**

"마나헨, 당신의 생각은 벌써 많이 발전했소. 그러나 지구가 태양에서 떨어져 있는 것만큼이나 아직 목적에서 멀리 떨어져 있소. 나는 사제일 것이오. 그리고 세상 마칠 때까지 내가 생명을 줄 조직체에서 영원히 불멸의 대사제로 있겠소. 그러나 내게는 기쁨의 기름이 발라지지 않을 것이고, 몇명 안 되는 신자들이 원한 폭력적인 행위로 선언되고 옹호되어 조국을 일찌기 그랬던 것보다도 더 견디기 어려운 분열로 몰아넣고 더 예속하게 만들지도 않을 것이오. 그리고 당신은 사람의 손이 그리스도에게 기름을 바를 수 있다고 생각하오? 나 당신에게 분명히 말하지만, 그렇지 않소. 대사제와 메시아에게 기름을 바를 참다운 권위는 나를 보내신 그분의 권위요. 하느님이 아닌 사람은 아무도 하느님께 영원토록 왕중왕이시오 주님들 중의 주님으로서의 기름을 바를 수가 없을 거요."

"그러면 아무 것도? 아무 것도 할 일이 없습니까!? 오! 제게는 정말 고통스러운 일이로군요!"

"모든 것을 할 수 있소. 나를 사랑하는 것이오. 모든 것이 여기에 귀결하오. 예수라는 이름을 가진 인간을 사랑하는 것이 아니라, **실제의 예수**를 사랑하는 것이오. 내가 당신들을 영과 인간성으로 사랑하듯이 나를 인간성과 영으로 사랑해서 인간성을 초월해서 나와 같이 있게 되는 것이오. 이 아름다운 새벽을 보시오. 별들의 조용한 빛은 여기 안에까지 들어오지 못했소. 그러나 태양의 화려한 빛은 들어오오. 나를 올바르게 사랑하는 사람들의 마음 속에도 이런 일이 일어날 거요. 밖으로 나오시오. 인간적인 이해관계의 쉰 목소리가 그 깨끗함을 변질시키지 못하는 산의 고요 속으로 나오시오. 저 위에 저 수리들이 어떻게 넓게 날아 먹이를 찾아 멀어져 가는지를 보시오. 우리 눈에 그 먹이가 보이오? 안 보이오. 그러나 수리들은 보오. 수리의 눈은 우리 눈보다 더 강력하고, 그 놈이 날아다니는 저 높이에서는 더 넓은 지평선을 보고 선택할 수가 있기 때문이오. 나도 당신들이 보지 못하는 것을 보고, 내 정신이 날아다니는 높이에서는 내 감미로운 먹이들을 고를 줄 아오. 독수리와 수리들처럼 잡아먹기 위해서가 아니고, 데려가기 위해서요. 서로 사랑하는 우리는 저 위에 있는 내 아버지의 나라에서 대단히 행복할 것입니다!"

예수께서는 말씀을 하시면서 나오셔서 해가 비치는 동굴 어귀에 앉으신다. 마나헨이 예수 곁에 있는데, 예수께서는 말없이 그를 당신께로 끌어당기시며, 무엇인지 모를 환영을 보시며 미소지으신다…

22. 요나타 벤 우지엘의 이전 제자였다가 예수의 제자가 된 사포림* 사무엘

예수께서 혼자서 아직 동굴 안에 계신다. 불이 빛나며 빛과 열을 주고, 동굴 안에는 탁탁 튀는 소리와 불똥들과 더불어 송진과 나뭇가지 냄새가 심하게 풍긴다. 예수께서는 동굴 안쪽, 마른 나뭇가지를 던져 둔 갈라진 틈으로 물러가셔서 묵상을 하고 계신다. 불꽃은 수풀 속을 달리며 나팔 소리처럼 울리는 동굴 속으로 윙윙거리고 들어오는 바람결에 따라 차례로 펄럭이다가 낮아졌다가 다시 살아나곤 한다. 계속적으로 부는 바람이 아니다. 한창 밀물이 올라올 때의 바다 물결처럼 가라앉았다가 다시 불어나곤 한다. 바람이 세게 불 때에는 예수께서 떠나서 더 큰 굴로 오신 바위로 된 좁은 통로 쪽으로 재와 마른 잎들이 밀려오고, 불꽃이 곁에 있는 땅바닥을 핥을 정도로 기울어졌다가, 바람이 자면 또 다시 튀면서 일어나고, 다음에는 곧게 타기 시작한다. 예수께서는 그것을 상관하지 않으시고, 묵상하신다.

그러다가 바람 소리에 빗소리가 겹친다. 비는 처음에 드문드문 떨어지다가 더 빽빽하게 덤불의 나뭇잎들을 때린다. 참다운 폭풍우로 오솔길들이 요란스러운 급류로 바뀌었다. 그리고 바람은 차차 가라앉았기 때문에 이제는 빗소리가 더 크게 들린다. 폭풍우가 몰아치는 황혼의 매우 희미한 빛과 나무를 대주지 않아서 붉기는 하지만 활활 타지는 않게 된 불빛은 동굴을 겨우 비출까 말까 하고, 구석은 벌써 완전히 어둡다. 우중충한 옷을 입으신 예수께서는 이제 보이지 않으시게 되었다. 예수의 얼굴은 세우고 계신 무릎 위로 숙여 있어서, 얼굴을 드실 때에만 겨우 흰 빛이 어두운 벽 위에 두드러져 보일 뿐이다.

---

* **역주**: 히브리말로 구약시대의 율법학자를 가리키는 말.

동굴 밖 오솔길에서 발소리와 지치도록 피곤한 어떤 사람이 하는 말과 같은 숨찬 말이 들려온다. 그리고 어두운 그림자가 어귀의 빈 공간에 나타나는데, 물이 줄줄 흘러내린다. 그 남자는 왜냐하면 검은 수염이 숱하게 난 남자이니까, "오!" 하는 안도의 소리를 내고 물에 펑 젖은 두건을 땅바닥에 내던지고, 겉옷을 흔들면서 혼잣말을 한다. "흠! 사무엘아, 아무리 흔들어 보았자! 무두질하는 큰 통에 빠진 것 같다! 또 샌들은 어떻구? 강바닥에 가라앉은 작은 배야! 난 살갗까지 펑 젖었단 말이야! 여기 내 머리카락에서 흘러내리는 개울물을 보라구! 수없이 많은 구멍으로 물이 새나오는 뚫어진 빗물받이홈통 같단 말이야. 시작 참 잘 했어! 그 자는 아마 그 자를 보호하는 베엘제불을 제 편으로 가지고 있는 모양이지? 흠! 현상금은 꽤 많지만… 그러나…." 그 사람은 불 옆에 돌 위에 앉는다. 이제는 불꽃이 없고, 다 타버린 나무의 생명의 마지막 흔적인 벌건 깜부기불만이 여러 가지 이상한 형태들을 그려 놓는다. 그 사람을 불을 불어서 다시 일으키려고 해본다. 샌들을 벗고, 진흙 투성이 발을 다른 데 보다 덜 젖은 겉옷 자락으로 닦아 보려고 애쓴다. 그러나 그것은 물을 가지고 닦는 것이나 같다. 그가 애쓰는 것은 발에서 떼어내는 진흙을 겉옷에 묻히는 데 소용될 뿐이다. 그는 혼잣말을 계속한다.

"그 자도 저주받고, 모두 저주받아라! 게다가 난 돈주머니를 잃었어. 물론이지! 내가 목숨을 잃지 않은 것만도 다행이야… '이 길이 가장 확실한 길'이라고 그들은 말했겠다. 그렇구말구! 그러나 그들은 이 길로 다니지는 않는단 말이야! 내가 이 불꽃을 보지 못했더라면! 누가 이 불을 피웠을까? 나같이 불행한 어떤 사람이었겠지. 그 사람은 지금 어디 있을까? 저기 구멍이 하나 있는데… 아마 다른 굴이 하나 있는 모양이지…. 도둑들이 있지 않을까, 어? 그렇지만… 난 참 바보로구먼! 내게 동전 한닢도 없는데 도둑들이 뭘 빼앗아 갈 거야? 하지만 상관없어. 이 불은 보물 이상이야. 나뭇가지가 좀 있어 불을 다시 살릴 수가 있으면 좋겠는데! 그러면 옷을 벗어서 말릴 텐데. 여보시오! 하고 나는 말할 거야. 집에 돌아갈 때까지 이 옷밖엔 없단 말이오! 하고…."

"여보시오, 나뭇가지가 필요하면 여기 있소" 하고 예수께서 당신 계신 자리를 뜨지 않으시고 말씀하신다.

예수께로 등을 돌리고 있던 그 남자는 이 뜻하지 않은 목소리를 듣고 소스라치게 놀라 펄쩍 뛰며 돌아선다. 겁을 집어먹은 것 같다.

"당신은 누구요?" 하고 그 사람은 보려고 눈을 크게 뜨면서 묻는다.

"당신과 같은 길손이오. 내가 불을 피웠소. 그리고 이 불이 당신을 인도하는 데 소용된 것이 기쁘오." 예수께서는 나무를 한아름 안고 와서 불 옆에 내려놓으시며 명령하신다. "재가 모든 것을 덮어버리기 전에 불꽃을 다시 일으키시오. 내게 부시와 부싯깃을 빌려준 친구가 해진 다음에 떠났기 때문에 나는 부싯깃도 부시도 없소." 예수께서는 친절하게 말씀하신다. 그러나 불이 당신을 비추도록 앞으로 나아오지는 않으신다. 오히려 당신 계시던 구석으로 돌아가셔서, 그 어느 때보다도 더 겉옷으로 당신을 감싸고 계신다.

그 동안 그 사람은 불 위에 던진 잎들을 세게 불며, 불꽃이 일 때까지 거기 골몰하여 있다. 그는 점점 더 굵은 가지를 던져서 불꽃이 다시 생기는 것을 보고 웃는다. 예수께서는 당신이 계시던 자리로 돌아가 앉으셔서 그를 살펴보신다.

"이제는 내 옷을 벗어서 말려야 하겠는데. 이렇게 젖어 있는 것보다는 벌거벗고 있는 것이 낫겠소. 그러나 나는 그렇게 할 수가 없소. 언덕이 무너져 내리면서 나는 흙더미와 물 속에 깔렸었소. 아! 이제는 내 꼴이 참 좋게 됐소! 보시오! 옷이 찢어졌소. 저주받을 여행이오! 게다가 안식일까지 어겼다면! 그건 아니오. 해질 때까지 걸음을 멈췄었거든요. 그런 다음… 그런데 이젠 어떻게 한다? 도망을 치자니 내 돈주머니를 놓쳐 버려서, 이제는 그것이 골짜기로 내려갔거나 어딘지 모를 덤불에 걸리거나 했을 테니…."

"여기 내 옷이 있소. 이 옷은 마르고 따뜻하오. 나는 겉옷만 있으면 되오. 입으시오. 나는 건강한 사람이니 염려 마시오."

"그리고 친절하구요. 친절한 친구. 어떻게 고맙다는 인사를 해야 할지 모르겠군요."

"형제처럼 나를 사랑하면 되오."

"당신을 형제처럼 사랑하면 된다구요! 그러나 당신은 내가 누군지 알지 못하는데, 내가 나쁜 사람이라도 내 사랑을 받아들이겠소?"

"당신을 착한 사람이 되게 하려고 받아들일 거요."
 젊은, 예수의 나이쯤 되어 보이는 그 사람은 고개를 숙이고 곰곰 생각한다. 그는 예수의 옷을 손에 들고 있으나 예수를 보지는 못한다. 그는 곰곰 생각하다가 기계적으로 그 옷을 알몸에 입는다. 그 사람은 속옷까지 벗었기 때문이다."
 당신이 계시던 구석으로 돌아가신 예수께서는 그에게 "언제 식사를 했소?" 하고 물으신다.
 "오정에요. 나는 계곡에 있는 마을에서 먹기로 되어 있었소. 그러나 나는 길을 잃었고, 돈주머니와 돈도 잃었소."
 "옛소. 나는 아직 음식 남은 것을 가지고 있소. 내일 내게 쓰이기로 된 것이지만 드시오. 나는 먹지 않는 것이 괴롭지 않소."
 "그러나… 당신이 걸어야 한다면, 기운이 필요할 텐데요…."
 "오! 나는 멀리 가지 않소. 에프라임까지만 가오…."
 "에프라임에요?! 당신 사마리아인이오?"
 "그 때문에 당신 기분이 상하오? 나는 사마리아 사람이 아니오."
 "과연… 당신의 말투는 갈릴래아 사람의 말투요. 당신은 누구요? 왜 얼굴을 드러내지 않소? 당신은 죄를 지었기 때문에 얼굴을 가려야 하는 거요? 나는 당신을 밀고하지 않겠소."
 "나는 벌써 당신에게 말한 것과 같이 길손이오. 내 이름은 당신에게 아무런 의미가 없거나 의미가 너무 많거나 할 거요. 게다가, 이름이 뭐요? 내가 당신의 언 몸을 위해 옷을 주고, 시장한 데 빵을 주고, 특히 당신의 마음에 대해서 내 동정을 줄 때에, 마른 옷과 음식과 애정으로 당신의 기력이 회복되는 것을 느끼기 위해서는 혹 내 이름을 알 필요가 있겠소? 그러나 굳이 내게 이름을 붙여주고 싶으면 나를 '연민'이라고 부르시오. 나는 나를 숨겨야 할 부끄러운 것이 아무 것도 없소. 그러나 그 때문에 당신이 나를 밀고하지 않고 배길 것은 아니오. 왜냐하면 당신 마음 속에는 좋지 않은 의도가 있고, 나쁜 생각은 나쁜 행동을 낳기 때문이오."
 그 사람은 소스라쳐 놀라 예수 가까이 간다. 그러나 예수에게서는 눈밖에 보이지 않고, 그눈 조차도 내려깔린 눈꺼풀로 가려져 있다.
 "드시오, 들어요, 여보. 다른 것 할 것이 아무 것도 없소."

22. 요나타 벤 우지엘의 이전 제자였다가 예수의 제자가 된 사포림 사무엘

그 사람은 불 옆으로 돌아와 말없이 천천히 먹는다. 그는 생각에 잠겨 있다. 예수께서는 당신이 계신 구석에서 몸을 잔뜩 움츠리고 계신다. 뜨거운 불과 예수께서 주신 빵과 구운 고기로 그는 기분이 좋아졌다. 그는 일어나서 기지개를 켜고, 그의 허리띠 구실을 하던 끈을 한 바위 조각에서 누가 언제 안쪽에 박았는지 알 수 없는 녹슨 배목(대가리가 고리진 못)에 걸쳐 매고, 거기에 그의 옷과 겉옷과 두건을 말리려고 널어 놓는다. 그는 샌들을 털고, 나무를 넉넉히 던져서 일으킨 불꽃에 대고 말린다.

예수께서는 조시는 것 같다. 그 남자도 앉아서 곰곰 생각한다. 그러다가 알지 못하는 사람을 바라보려고 몸을 돌린다. 그리고 묻는다.

"주무시오?"

예수께서 대답하신다.

"아니오. 나는 깊이 생각하고 묵상을 하오."

"누구를 위해서요?"

"모든 종류의 모든 불행한 사람을 위해서요. 불행한 사람은 참으로 많소!"

"당신은 속죄하는 사람이오?"

"나는 속죄하는 사람이오. 땅은 거기 사는 약한 사람들에게 사탄을 물리칠 힘을 주기 위하여 속죄를 할 필요가 대단히 많소."

"당신 바른 말 했소. 당신은 라삐같이 말하는구려. 나는 사포림이기 때문에 그걸 환히 알고 있소. 나는 요나타 벤 우지엘 라삐를 모시고 있소. 그분이 제일 아끼는 제자요. 그리고 이제 지극히 높으신 분께서 나를 도와주시면, 내가 그분에게 한층 더 소중한 사람이 될 거요. 내 이름이 온 이스라엘의 찬양을 받을 거요."

예수께서는 아무 대꾸도 하지 않으신다.

그 사람은 조금 있다가 일어나 예수 곁에 와서 앉는다. 그는 머리카락이 거의 말랐기 때문에 손으로 가다듬고 수염도 잘 매만진다.

"이거 보시오. 당신이 에프라임으로 간다고 말했는데, 우연히 가는 거요. 그렇지 않고 그곳에 사는 거요?"

"에프라임에서 사오."

"그러나 당신은 사마리아 사람이 아니라고 말했는데!"

"다시 말하지만, 나는 사마리아 사람은 아니오."

"그런데 그곳에 사는 사람이라면 필시… 이거 보시오. 추방당한 사람, 저주받은 사람인 나자렛의 라삐가 에프라임에 피신하고 있다고 들 말하는데, 그것이 사실이오?"

"사실이오. 주님의 그리스도인 예수가 그곳에 있소."

"그 사람은 주님의 그리스도가 아니오! 거짓말쟁이오! 하느님을 모독하는 사람이오! 마귀요! 그가 모든 우리 불행의 원인이오. 그런데 어떤 사람이 일어나서 그를 쓰러뜨려 백성 전체의 원수를 갚지 않는단 말이오!" 하고 그 사람은 광신적인 증오로 부르짖는다.

"당신이 그렇게도 심한 증오의 말투로 말하는 것을 보면 그 사람이 아마 당신에게 해를 끼쳤나보구려?"

"나한테 해를 끼치지는 않았소. 나는 장막절에 겨우 한번 그 사람을 보았을 뿐이오. 그것도 하도 소란스러운 가운데에서 봤기 때문에 그 사람을 알아 보기가 힘들 것 같소. 그것은 내가 위대한 라삐 요나타 벤 우지엘의 제자로 성전에 결정적으로 자리잡은 지가 얼마 되지 않기 때문이오. 우선… 나는 여러 가지 이유로 그렇게 할 수가 없었고, 다만 라삐께서 집에 계실 때에만 그 발 아래 가서 정의와 교리를 섭취했소. 그러나 당신은… 당신은 내가 나자렛의 라삐를 미워하느냐고 물었는데, 당신의 말에 숨겨진 비난을 나는 느꼈소. 당신은 아마 나자렛 사람 편인 모양이지요?"

"아니오, 그렇지 않소. 그러나 의로운 사람은 누구나 증오를 단죄하오."

"증오가 하느님과 조국의 원수에게로 향할 때에는 거룩한 것이오. 그런데 나자렛의 라삐가 그렇소. 그러니까 그를 반대하고 미워하는 것은 거룩한 일이오."

"사람을 반대하는 거요. 그렇지 않으면 그가 나타내는 사상과 그가 선포하는 교리를 반대하는 거요?"

"다요! 다! 한 가지는 반대하고 한 가지는 너그럽게 봐줄 수는 없는 거요. 그 사람 안에 그의 가르침과 그이 사상이 들어 있는 거요. 모든 것을 쓰러뜨리던가 아무 소용이 없던가 두 가지 중의 한가지요. 누가 어떤 사상을 받아 들이면 그 사상을 나타내는 사람도 받아들이고, 동시에 그의 가르침도 받아들이오. 내가 이것을 아는 것은 내 선생님과 사이에서 그것을 느끼기 때문이오. 선생님의 사상은 내 사상이고, 그 분의 소원은 내게 있어서 하나의 법률이오."

"과연 훌륭한 제자는 그렇게 행동하오. 그렇지만 선생님이 훌륭한 사람인지 알아차릴 줄 알아야 하고, 훌륭한 선생만을 따라야 하오. 과연 어떤 사람에 대한 사랑으로 자기의 영혼을 잃는다는 것은 허용되지 않는 일이오."

"요나타 벤 우지엘은 훌륭한 분이오."

"아니오. 그 사람은 훌륭한 사람이 아니오."

"무슨 말을 하는 거요? 내게 그 말을 하는 거요? 여기 우리 둘뿐이고, 내가 내 선생님의 원수를 갚기 위해 당신을 죽일 수 있을 텐데 말이오? 나는 기운이 세단 말이오? 알겠소?"

"나는 겁나지 않소. 나는 폭력을 무서워하지 않소. 그리고 당신이 나를 친다 하더라도 **내가 저항하지 않으리라는** 것을 알면서도 무서워하지 않는 거요."

"아! 알았소! 당신은 라삐의 제자, '사도'로구려. 그 사람은 자기의 가장 충실한 제자들을 이렇게 부르지요. 그리고 당신은 그에게로 갈 거지요. 당신과 함께 있었던 사람도 당신과 같은 사람 중의 한 사람이었겠지요. 그리고 당신은 당신과 같은 어떤 사람을 기다리고 있는 거지요."

"나는 어떤 사람을 기다리고 있소. 그렇소."

"아마 라삐를 기다리는 거지요?"

"내가 라삐를 기다릴 필요는 없소. 그분은 병을 고치기 위해서 내 말이 필요없는 분이오. 그분은 영혼도 병들지 않았고, 육체도 병들지 않았소. 나는 독을 마시고 정신착란을 일으킨 가엾은 영혼을 고쳐 주기 위해서 기다리고 있소."

"당신, 사도로구려! 과연 그가 최고회의에 의해 유죄 선고를 받은 뒤로는 자기 자신이 복음을 전하러 가는 것이 겁나니까 복음을 전하라고 사도들을 보낸다는 것은 알려진 사실이오. 그렇기 때문에 당신이 그의 가르침을 아는 거요. 모욕을 주는 사람에게 반항하지 말라는 것이 그의 가르침 중의 한 가지지요."

"이것이 그분의 가르침 중의 한 가지요. 왜그런고 하니, 그분은 사랑과 용서와 정의와 온유를 가르치기 때문이오. 그분은 모든 것을 하느님을 통해서 보기 때문에 원수들도 친구들같이 사랑하시오."

"오! 그가 나를 만나면, 내가 바라는 것과 같이 내가 그를 만나면, 그가 나를 사랑하리라고는 생각하지 않소. 그러면 바보일 거요! 그러나 나는 그의 사도인 당신과 말할 수가 없소. 내가 한 말을 한 것을 후회하오. 당신이 그에게 일러바치겠지요."

"그럴 필요는 없소. 그러나 분명히 말하지만, 그분이 당신을 사랑하실 거요. 그리고 당신이 그분을 계략에 빠뜨려, 그를 넘겨주는 사람에게 큰 상급을 약속한 최고회의에 넘겨주려고 에프라임에 가지마는 지금도 **당신을 사랑하고 계시오**."

"당신은… 예언자요. 그렇지 않으면 피톤*의 영을 가졌소? 그가 당신에게 그의 능력을 전해준 거요? 그러면 당신도 저주받은 사람이오? 그런데 나는 당신의 빵을 받아 먹고 당신의 옷을 받아입었소. 당신은 내게 친구였소! '네게 선을 베푼 사람에게 손을 쳐들지 말아라' 하는 말이 있소. 당신은 내게 선을 베풀었소! 내가… 어떤 사람이라는 것을 알았으면 왜? 내가 행동하는 것을 막기 위해서요? 그러나 당신이 내게 빵과 소금과 불과 옷을 주었기 때문에, 그리고 당신에게 해를 끼치면 내가 정의를 어기는 것이 되겠기 때문에 당신은 너그럽게 봐준다 하더라도 당신의 라삐는 너그럽게 봐주지 않겠소. 그 사람은 내가 알지 못하고, 또 그 사람은 내게 선을 베풀지 않고 해를 끼쳤으니까."

"아이고! 불행한 사람! 당신이 헛소리를 하고 있다는 것을 깨닫지 못하오. 당신이 알지 못하는 어떤 사람이 어떻게 당신에게 해를 끼칠 수 있었겠소? 사람을 죽이지 말라는 계명을 지키지 않는 당신이 어떻게 안식일을 지킬 수 있소?"

"나는 사람을 죽이지 않소."

"실제적으로는 죽이지 않소. 그러나 죽이는 사람과 희생자를 죽이

---

* **역주** : Python. 델피에서 신탁을 주었다는 괴사(怪蛇). 파르나스산에서 아폴로에게 죽임을 당했다고 한다(그리이스 신화).

22. 요나타 벤 우지엘의 이전 제자였다가 예수의 제자가 된 사포림 사무엘

는 사람에게 넘겨주는 사람 사이에는 차이가 없소. 당신에게 선을 베푼 사람에게 해를 끼치지 말라고 말하는 사람의 말은 존중하오. 그리고 나서 곧이어 하느님의 말씀은 존중하지 않고, 돈 한 줌을 위해서, 명예 조금, 죄없는 사람을 넘겨줄 줄 알았다는 썩은 명예 조금을 위해서 계략을 써서 범죄를 준비하고 있소!….”

"나는 돈과 명예를 위해서만 그렇게 하지 않고, 야훼의 뜻에 맞고 조국에 유익한 일을 하기 위해서 그렇게 하오. 나는 야헬과 유딧의 행동을 되풀이 하는 거요.” 그는 그 어느 때보다도 더 광신적이다.

"시사라와 홀로페르네스는 우리 조국의 원수들이었소. 그들은 침략자들이었고 잔인했소. 그러나 나자렛의 라삐는 어떠하오? 그분이 무엇을 침략하오? 무엇을 빼앗소? 그분은 가난하고 재물을 원치 않소. 그분은 겸손하고 명예를 원치 않소. 그분은 모든 사람에 대해서 친절하오. 그분의 은혜를 받은 것은 수천명이나 되오. 당신들은 왜 그분을 미워하오? 당신은 왜 그분을 미워하오? 당신의 이웃을 해치는 것은 허용되지 않소. 당신은 최고회의에 봉사하고 있소. 그러나 내세에서 심판을 할 것이 최고회의요, 또는 하느님이시오? 그런데 하느님께서 당신을 어떻게 심판하시겠소? 나는 당신이 그리스도를 죽였을 터이니까 하느님께서 어떻게 심판하시겠느냐고 말하지 않고, 당신이 죄없는 사람을 죽였을 터이니까 하느님께서 어떻게 심판하시겠느냐고 말하는 거요. 당신은 나자렛의 라삐가 그리스도라는 것을 믿지 않소. 그리고 그분이 그리스도가 아니라는 당신의 생각 때문에, 그 죄는 당신에게 지워지지 않을 거요. 하느님께서는 공정하시오. 그래서 완전히 용의주도하게 행해지지 않은 행위를 죄로 인정하지는 않으시오.

그러므로 당신 생각에는 나자렛의 예수가 그리스도가 아니기 때문에 그리스도를 죽였다고 해서 하느님께서 당신을 심판하시지는 않으실 거요. 그러나 하느님께서는 죄없는 사람을 죽인 것 때문에 당신을 책망하실 거요. 당신은 그분이 죄가 없다는 것을 아니까요. 저들은 증오의 말로 당신을 중독이 되게 하고 취하게 했소. 그러나 당신은 그분이 죄가 없다는 것을 깨닫지 못할 정도로 중독이 되고 취하지는 않았소. 그분의 행동이 그분을 변호하오. 당신들의 공포는, 아니 제자인 당신들의 공포보다도 선생들의 공포가 있지도 않은 일들을 염려하고 보는 거요. 그분에게 자리를 **빼앗길까봐** 염려하는 사람들의 공포 말이오. 염려 마시오. 그분은 팔을 벌리고 당신들에게 '형제들이여!' 하고 말하오. 그분은 당신들을 향하여 군대를 보내지 않소. 당신들을 저주하지 않소. 그분은 그저 당신들을 구원하고 싶어하기만 하오. 이스라엘의 가장 보잘 것 없는 사람을 구원하기를 원하는 것처럼, 유력자와 유력자들의 제자들인 당신들도 구원하기를 원하오. 이스라엘의 가장 보잘 것 없는 사람보다, 미움과 사랑이 무엇인지 아직 알지 못하는 어린 아이보다도 당신들을 더 구원하기를 원하오.

당신들은 **알기 때문에, 알면서 죄를 짓기** 때문에 무식쟁이들과 어린 아이들보다 더 구원을 받을 필요가 있기 때문이오. 당신의 인간적인 양심에서 사람들이 집어넣은 사상들을 없애고, 정신착란을 일으키게 하는 독을 깨끗이 씻어내면, 그 양심이 그분이 죄가 있다고 당신에게 말할 수 있소? 말해 보시오! 솔직하시오. 혹 그분이 어느 날 율법을 어기거나 율법을 어기라고 권하는 것을 보았소? 그분이 싸우기를 좋아하고, 탐욕스럽고, 음란하고, 중상을 하고, 무자비한 마음을 가진 것을 본 적이 있소? 말해 보시오! 혹 그분이 최고회의에 대해서 불손한 것을 본 일이 있소? 그분은 최고회의의 결정을 따르기 위하여, 추방당한 사람같이 되어 있소. 그분은 호소를 할 수 있을 거요. 그러면 팔레스티나 전체가 그분을 따라 그분을 미워하는 사람들의 작은 숫자를 향하여 전진할 거요.

그런데 그분은 반대로 제자들에게 평화와 용서를 권하오. 그분은 ─죽은 사람들을 도로 살리고, 소경들이 눈을 뜨게 하고, 마비환자를 움직일 수 있게 하고, 귀머거리들을 듣게 하고, 마귀들린 사람들을 구하는 것과 같이, 하늘도 지옥도 그분의 뜻에 무관심 할 수 없으니까 그러하오만─ 당신의 하느님으로서의 벼락을 쳐서 이렇게 당신의 적들을 제거하실 수 있을 거요. 그런데 그분은 이와 반대로 당신들을 위하여 기도하고, 당신들의 친척들의 병을 고쳐 주고, 당신들의 마음을 고쳐 주고, 당신들에게 **빵과 옷과 불을 주오. 왜냐하면 내가 나자렛의 예수, 그리스도, 그를 최고회의에 넘겨주는 사람에게 약속된 돈과 이스라엘의 해방자라는 명예를 얻기 위하여 당신이 찾고**

있는 그 사람이기 때문이오. 내가 나자렛의 예수 그리스도요. 내가 여기 있소. 그러니 나를 붙잡으시오. 선생과 하느님의 아들로서, 나는 당신에게 선을 베풀어 준 사람에게 손을 들거나 들었거나 한 의무와 죄에서 당신을 풀어 주오."

예수께서는 겉옷에서 머리를 내미시고, 당신을 붙잡아서 결박하라고 하시는 듯이 두 손을 내미신다. 그러나 크시기 때문에 —짧고 거의 몸에 꼭 끼는 속옷과 어깨에서 늘어져 있는 겉옷만을 입고 꼿꼿이 서 계시기 때문에 한층 더 훤칠해 보이시는데, 그분의 물결치는 머리카락에 빛나는 점들을 붙붙여 놓고, 사파이어빛깔의 홍채의 원 속에 있는 넓은 눈동자를 빛나게 하는 불꽃의 움직이는 반사 속에서 당신의 박해자의 얼굴을 똑바로 바라보고 계신데— 하도 위엄이 있고 솔직하시고 겁이 없어서, 당신을 지킬 임무를 띤 군대에 둘러싸여 계신 것보다도 더 경외심을 일으키신다.

그 사람은 놀람으로 인하여 현혹된 것 같고… 마비된 것 같다. 잠시 후에야 비로소 "당신이! 당신이! 당신이!" 하고 중얼거릴 수 있게 된다. 그 사람은 다른 말은 할 줄 모르는 것 같다.

예수께서는 재촉하신다.

"나를 붙잡으라니까요! 더럽고 찢어진 옷을 걸려고 팽팽하게 당겨서 매놓은 쓸데없는 끈을 풀어서 내 손을 묶으시오. 나는 백정을 따라 가는 어린 양처럼 당신을 따라 가겠소. 그리고 당신이 나를 죽음으로 이끌어간다고 해서 당신을 미워하지 않겠소. 내가 당신에게 말했지요. 목적이 행동을 정당화하고 그 행동의 성질을 바꾸오. 당신이 보기에는 내가 이스라엘의 파멸의 원인이므로, 당신은 나를 죽임으로 이스라엘을 구한다고 믿고 있소. 당신이 보기에는 내가 모든 죄악을 지은 죄인이오. 그러니까 악인을 없애는 것으로 당신은 정의를 위해 일하는 것이오. 그러므로 당신은 그가 받은 명령을 집행하는 사형집행인보다 더 죄가 있지 않소. 바로 이곳에서 나를 희생시키기를 원하오? 여기 내 발 앞에는 음식물을 자르는 데 쓴 칼이 있소. 내 이웃에 대한 사랑에 쓰인 칼날이 제물을 바치는 사람의 칼로 변할 수 있소. 내 살은 구은 양고기보다 더 단단하지 않소. 그 양고기는 내 친구가 내 굶주림을 달래라고 남겨 두었던 것을 내 원수인 당신에게 먹으라고 주었소.
 그러나 당신은 로마의 순찰대를 두려워하오? 그들은 죄없는 사람을 죽이는 사람들을 체포하고, 또 우리는 지배받은 사람들이고 그들은 지배자들이기 때문에 우리가 재판권을 행사하게 놔 두지 않소. 그래서 당신은 감히 나를 죽인 다음 죽인 어린 양을 돈을 버는 데 쓰이는 상품 모양으로 어깨에 메고 당신을 보낸 사람들에게로 가지 못하는구려. 그러면 내 시체는 여기 놔 두고, **당신 주인들**에게 가서 알리시오. 당신은 제자가 아니라 **노예**이니까요. 그만큼 당신은 하느님께서 친히 사람들에게 맡기신 생각과 의지의 저 최고의 자유를 포기했소. 그리고 당신은 당신 주인들을 섬기고 있소. 맹종해서 섬기고 있소. 당신은 죄를 짓도록 그들을 섬기고 있소. 그러나 당신은 죄가 없소. 당신은 '중독되었소.' 당신은 내가 기다리던 중독된 영혼이오. 자! 밤과 장소가 범죄를 돕고 있소. 내가 잘못 말했소. 이스라엘의 구속이오! 오! 가엾은 친구! 당신은 모르는 사이에 예언자의 말을 하는구려! 내 죽음은 참으로 구속이 될 거요. 이스라엘뿐 아니라, 온 인류의 구속이 될 거요. 그리고 나는 제물로 바쳐지기 위해서 왔소. 나는 구세주가 되기 위해 제물로 바쳐지기를 갈망하오.
 모든 사람의 구세주. 박식한 요나타 벤 우지엘의 사포림인 당신은 틀림없이 이사야를 알고 있겠지요. 보시오, 고통의 사람이 당신 앞에 있소. 그리고 만일 내가 그렇게 보이지 않으면, 만일 내가 다윗도 본 **뼈가 드러나고 빠져나온** 그 사람같이 보이지 않으면, 만일 내가 이사야가 본 문둥병자같이 보이지 않으면, 그것은 당신들이 내 마음을 보지 못하기 때문이오. 나는 온통 상처 투성이오. 사랑의 결핍, 증오, 냉정, 당신들의 불의가 내게 상처를 입히고 사방에 멍이 들게 했소. 그리고 내 실제의 정체 때문에, 즉 내가 하느님의 말씀이요 그리스도이기 때문에 당신이 나를 업신여길 때 내 얼굴을 가리고 있지 않았소? 그러나 나는 고통에 익숙해진 사람이오! 그리고 당신들은 나를 하느님께 벌을 받은 사람으로 생각하지 않소? 그런데 나는 내 희생으로 당신들을 고쳐주기 위해 나를 희생하기를 원하기 때문에 나 자신을 희생하지 않소? 자! 치시오! 보시오, 나는 무서워하지 않소. 그러니 당신도 무서워해서는 안 되오. 나는 죄없는 사람이고, 하느님의 심판

22. 요나타 벤 우지엘의 이전 제자였다가 예수의 제자가 된 사포림 사무엘

이 두렵지 않기 때문에 무서워하지 않소. 나는 내 목을 당신의 칼에 내미는 것으로 당신들의 이익을 위해 내 시간을 얼마간 앞당겨서 하느님의 뜻이 이루어지도록 하기 때문에 무서워하지 않소.

내가 세상에 났을 때에도 시간이 되기 전에 평화를 당신들에게 주기 위해, 당신들에 대한 사랑으로 시간을 앞당겼소. 그러나 당신들은 내가 느끼는 이 사랑의 고민을 가지고 부정(否定)의 무기를 만들고 있소…. 두려워 마시오! 나는 당신에게 카인의 벌을 부르지 않고, 하느님의 징벌도 부르지 않소. 나는 당신을 위해 기도하오. 나는 당신을 사랑하오. 그 이상 아무 것도 하지 않소. 내가 사람인 당신의 손으로 치기에는 너무 크오? 그렇군요, 그것은 사실이오! 사실 만일 하느님께서 당신을 스스로 사람들의 손에 맡기지 않으시면, 사람이 하느님을 칠 수는 없을 거요. 그러면 내가 당신 앞에 무릎을 꿇겠소. 사람의 아들이 당신 앞에, 당신의 발 앞에 있소. 치시오!"

예수께서는 실제로 무릎을 꿇으시고, 칼을 날을 잡으시고 박해자에게 내미신다. 박해자는 "안 됩니다! 안 됩니다!" 하고 중얼거리면서 물러난다.

"자! 잠깐만 용기를 내시오…. 그러면 당신은 야헬과 유딧보다도 더 유명해질 거요! 보시오. 나는 당신을 위해 기도하오. 이사야가 그 말을 하오. '…그리고 그는 죄인들을 위하여 기도하였다' 하고. 당신 아직 오지 않소? 왜 물러나오? 아! 당신은 하느님이 어떻게 죽는지 보지 못할까봐 걱정하는 모양이구려. 자, 그럼 내가 여기 불 곁으로 오겠소. 제사에는 불이 없는 때가 결코 없소. 불은 제사의 일부분이 되오. 자, 이제는 내가 잘 보이지요." 예수께서는 불 곁에 무릎을 꿇으셨다.

"아니, 저를 보지 마십시오! 저를 보지 마세요! 오! 선생님의 눈길을 보지 않기 위해 어디로 도망해야 합니까?" 하고 그 남자가 말한다.

"누구를? 누구를 당신은 보고 싶지 않은 거요?"

"선생님을… 그리고 제 죄를 정말 제 죄가 제 앞에 있습니다! 어디로, 어디로 도망쳐야 합니까?" 그 사람은 공포에 질렸다.

"여보시오, 내 가슴으로 피해 오시오! 여기 내 품에서는 악몽과 공포가 끝나오 여기는 평화요. 오시오! 와요! 나를 행복하게 하시오!"
예수께서는 일어나셨고 팔을 벌리신다. 두 사람 사이에는 불이 있다.
예수께서는 불꽃의 반사로 빛나신다.

그 사람은 털썩 무릎을 꿇고 얼굴을 가리며 부르짖는다.
"오 하느님, 저를 불쌍히 여겨 주십시오! 제 죄를 지워 없애주십시오! 저는 당신의 그리스도를 치고자 했습니다! 불쌍히 여기십시오! 아! 이와 같은 죄에는 연민이 있을 수가 없습니다! 저는 지옥에 떨어지게 되었습니다!" 그는 얼굴을 땅바닥에 대고 흐느낌으로 몸이 심하게 흔들리며 울고 탄식한다. "불쌍히 여겨 주십시오." 그리고 "저주받은 자들!" 하고 저주를 한다….

예수께서는 불꽃 둘레를 돌아 그에게로 가셔서 몸을 기울여 그의 머리를 만지시며 말씀하신다.
"당신을 타락시킨 사람들을 저주하지 마시오. 그들은 당신에게 가장 큰 행복을, 내가 당신에게 말하는 이 행복을 얻어 주었소. 이렇게, 그리고 내가 이렇게 당신을 내 품에 안는 행복을."

예수께서는 그의 어깨를 붙잡아 일으키시고, 땅바닥에 앉으셔서 가슴에 안으셨다. 그러니까 그 사람은 예수의 무릎 위에 몸을 내맡기면서 덜 격렬하게 그러나 몹시 깨끗하게 하는 울음을 운다! 예수께서는 그의 갈색 머리를 쓰다듬으시며 진정하도록 가만 놔 두신다.

그 사람은 마침내 머리를 들고, 완전히 달라진 얼굴로 탄식한다.
"선생님의 용서를!"

예수께서는 몸을 숙여 그의 이마에 입맞춤 하신다. 그 사람은 예수의 목에 팔을 감고 머리를 예수의 어깨로 기울이고 울면서, 그들이 죄를 짓게 하도록 부추기려고 어떻게 자기에게 암시를 주었는지 이야기한다. 아니 이야기하려고 한다. 그러나 예수께서는 그렇게 못하게 하시며 말씀하신다.

"잠자코 있으시오! 잠자코 있어요! 나는 다 알고 있소. 당신이 들어왔을 때, 나는 당신이 어떤 사람인지, 당신이 무슨 일을 하고자 하는지 알아보았소. 나는 여기를 떠나 도망칠 수 있었을 거요. 그러나 나는 당신을 구원하려고 그대로 있었소. 이제 당신은 구원되었소. 과거는 죽었소. 과거를 되살리지 마시오."

"그러나… 선생님은 그렇게 신뢰하십니까? 그러다가 제가 다시 죄를 지으면요?"

"아니오. 당신은 다시 죄를 짓지 않을 거요. 나는 그것을 아오. 당신은 고쳐졌소."

"그렇습니다, 저는 고쳐졌습니다. 그러나 그 자들은 몹시 교활합니다. 저를 그들에게로 돌려보내지 마십시오."

"그러면 당신은 그들이 있지 않은 어디로 가겠다는 거요?"

"선생님과 같이 에프라임으로요. 선생님이 제 마음을 보시면, 이것은 제가 선생님께 덫을 놓는 것이 아니라, 다만 저를 보호해 주십사고 드리는 청이라는 것을 아실 것입니다."

"나도 그걸 알고 있소, 갑시다. 그러나 미리 알려두지만, 거기에는 최고회의에 매수되고, 그리스도의 배반자인 가리옷의 유다가 있소."

"하느님, 맙소사! 선생님은 그것도 아시는군요?!" 그의 놀람은 극도에 달하였다.

"**나는 무엇이든지 알고 있소.** 그는 내가 알지 못하는 줄로 믿고 있지만, 나는 다 알고 있소. 그리고 당신이 완전히 회개해서 여기 대해서 유다에게도 다른 아무에게도 말하지 않으리라는 것도 알고 있소. 그러나 이것을 생각하시오. 유다가 제 스승을 배반할 수 있으니, 당신을 해치기 위해서 무슨 일인들 할 수 없겠소?"

그 사람은 오랫동안 곰곰 생각하더니 말한다.

"상관없습니다. 선생님이 저를 내쫓지 않으시면, 적어도 얼마 동안은 선생님을 모시고 있겠습니다. 과월절까지, 선생님이 제자들과 함께 모이실 때까지. 저는 제자들과 합쳐지겠습니다. 오! 선생님이 저를 용서하신 것이 참말이면, 저를 내쫓지 마십시오!"

"나는 당신을 내쫓지 않소. 이제는 저 나뭇잎 있는 데로 가서 아침을 기다립시다. 그리고 새벽에 에프라임으로 갑시다. 우리는 우연히 서로 만나서 당신이 우리들 가운데로 왔다고 말합시다. 그것이 사실이니까."

"예, 그것이 사실입니다. 새벽에는 제 옷이 말랐을 테니까 선생님의 옷을 돌려 드리겠습니다…."

"아니오. 그 옷들은 여기 놔 두시오. 하나의 상징이오. 자기의 과거를 벗어 버리고 새 옷을 입는 사람이라는. 옛날 사무엘의 어머니는 기쁨 속에서 이렇게 노래했소. '주님은 죽게도 하시고 살게도 하시며, 죽은 이들의 처소로 데려가기도 하시고, 그곳에서 돌아오게도 하신다'고. 당신은 죽었다가 다시 살아났소. 당신은 죽은 이들의 처소에서 참 생명을 향하여 왔소. 썩은 것이 가득 들어있는 무덤과 접촉했던 옷들은 버리시오. 그리고 사시오! 하느님을 정의로 섬기고, 그분을 영원히 차지한다는 당신의 참 영광을 위하여 사시오."

두 사람은 나뭇잎들이 쌓여 있는 오목한 곳에 가서 앉는다. 그리고 그 남자는 피곤하여 예수의 어깨에 머리를 얹고 잠들었기 때문에 이내 적막이 찾아온다. 예수께서는 또 기도하신다.

…그리고 두 사람이 개울에서 오는 오솔길로 해서 야곱의 마리아의 집 앞에 이르렀을 때는 아름다운 봄날 아침이었다. ―개울은 소나기가 온 다음에 물이 맑아지는 길이고 물이 더 많아져서 더 큰 소리를 내고 흘러 내려가며, 비가 오면 언제나 빛나게 되는 양쪽 기슭 사이로 햇빛에 반짝인다.―

문어귀에 있던 베드로는 소리를 지르며 마주 나온다. 그는 겉옷에 폭 감싸이신 예수를 포옹하려고 뛰어 오며 말한다.

"아이고! 축복받으신 우리 선생님! 선생님은 제게 정말 우울한 안식일을 지나게 하셨습니다! 선생님을 뵙지 않고 떠날 결정을 하지 못하고 있었습니다. 만일 제가 마음이 불안한 채, 선생님의 작별 인사없이 떠났더라면 1주일 내내 어쩔 줄 몰랐을 것입니다!"

예수께서는 겉옷을 입으신 채 그에게 입맞춤 하신다. 베드로는 그의 선생님을 보는 데 하도 골몰하여 선생님과 같이 있는 낯선 사람을 알아차리지 못한다. 그러나 그동안 다른 사람들도 달려 왔고, 가리옷의 유다는 소리를 지른다.

"사무엘, 당신이!"

"그렇소, 나요. 하느님의 나라의 문은 이스라엘의 모든 사람에게 열려 있소. 그래서 들어왔소" 하고 그 사람은 자신있게 대답한다.

유다는 이상야릇하게 잠깐 웃는다. 그러나 아무 말도 대꾸하지 않는다.

22. 요나타 벤 우지엘의 이전 제자였다가 예수의 제자가 된 사포림 사무엘

모두의 주의가 새로 온 사람에게로 쏠리고, 베드로는 묻는다.
"누굽니까?"
"새 제자다. 우리는 우연히 만났다. 아니 그보다도 하느님께서 우리를 서로 만나게 하셨다. 나는 이 사람을 아버지께서 보내시는 사람으로 받아들였다. 또 너희들에게 말하지만, 너희들도 그렇게 해야 한다. 그리고 어떤 사람이 하늘 나라의 일원이 되려고 들어오면 큰 기쁨이니까, 떠나려고 하던 너희들도 배낭을 내려놓고 겉옷을 벗어라. 내일까지 같이 있기로 하자. 그리고 시몬아, 이제는 나를 가게 놔 두어라. 이 사람에게 내 옷을 주어서, 내가 여기 그대로 있으면 아침 공기가 내 몸을 괴롭힐 터이니까 말이다."
"아! 어쩐지! 그렇지만 선생님, 그렇게 하시면 병드실 겁니다."
"저는 그렇게 하지 않으려고 했습니다. 그러나 선생님이 그러라고 하셨습니다" 하고 그 사람이 변명한다.
"그렇다. 물이 넘치는 바람에 쓰러졌었는데, 이 사람의 의지 덕택으로 살아나왔다. 고생스러웠던 순간에서 아무 것도 이 사람의 몸에 남아 있지 않게 하려고, 또 몹시 더러운 옷을 입지 않고 우리에게로 오게 하려고, 찢어지고 더러워진 그의 옷을 우리가 서로 만난 자리에 놔 두게 하고, 내 옷을 입혔다" 하고 예수께서 말씀하시고 가리옷의 유다를 바라보신다. 유다는 처음에 그런 것과 같이, 또 어떤 사람이 하늘 나라의 일원이 되면 대환영을 하는 것이라고 예수께서 말씀하셨을 때 그런 것처럼 이상야릇한 웃음을 웃는다. 그런 다음 예수께서는 옷을 입으러 가시려고 빨리 집 안으로 들어가신다.
다른 사람들은 새로 온 사람에게 평화의 인사를 하기 위하여 다가간다.

23. 갈릴래아와 특히 나자렛에서 어떤 일이 일어나는가?

"그런데 나는 당신들이 어떤 일들을 믿으니 모두 바보들이라고 말하겠습니다. 지체가 잘렸기 때문에 본능의 법칙조차도 알지 못하는 내시들보다도 더 바보고 무식하단 말입니다. 사람들이 여러 도시로 두루 다니면서 선생님의 명령이라고 하면서 저주를 던지고, 또 어떤 사람들은 선생님에게서 올 수 없는, 참 하느님을 걸고 말하지만, 선생님에게서 올 수 없는 명령들을 가져왔습니다! 당신들은 선생님을 알지 못하지만, 나는 압니다. 그런데 나는 선생님이 그렇게 변하셨다고 믿을 수는 없습니다!

그리고 그들이 사방으로 돌아다닌다는 것두요! 당신들은 그들을 선생님의 제자들이라고 말하지요? 그런데 그들이 선생님과 같이 있는 걸 누가 봤습니까? 당신들은 라삐들과 바리사이파 사람들이 선생님의 죄를 말했다고 그러지요? 그런데 선생님의 죄를 본 사람이 누굽니까? 선생님이 음담패설을 하는 것을 들은 적이 한번이라도 있습니까? 선생님이 죄의 상태에 있는 것을 한번이라도 본 적이 있습니까? 그러면요? 또 만일 선생님이 죄인이라면, 하느님께서 선생님께 그렇게 위대한 일을 하게 하시겠습니까? 그러니까 당신들은 바보란 말입니다. 장마당에서 익살광대를 처음으로 보고 그가 나타내는 것을 참말이라고 믿는 시골뜨기처럼 바보, 늦둥이, 무식쟁이란 말입니다. 당신들은 이런 사람들이란 말입니다. 현명하고 총명한 머리를 가진 사람들이 죄없는 사람, 즉 당신들이 동향인으로 가질 자격이 없는 우리 예수님의 **진짜 원수들**인 가짜 제자들의 말에 속아 넘어가는지 보란 말입니다!

쿠자의 요안나가, 헤로데의 집사의 아내인 왕녀 요안나가 마리아의 곁을 떠나는지 보시오! 보시오…. 내가 이 말을 하는 것이 잘하는 것입니까? 그렇구 말구요! 나는 그저 말하느라고 말하는 것이 아니라, 당신들을 설득하려고 말하는 것이니까, 나는 잘 하는 것입니다. 지난 달에 동네에 와서 마리아의 집 앞에 멈추었던 대단히 아름답던 저 마차를 보았습니까? 아십니까? 집처럼 아름다운 포장이 쳐져 있던 그 마차 말입니다. 그런데 누가 그 안에 있다가 내려와서 마리아 앞에 가서 엎드렸는지 아십니까? 테오필로의 라자로, 베다니아의 라자로였습니까? 아시겠어요? 시리아의 최고 행정관이고, 유다 지파 다윗 가문인 에우케리아의 남편 귀족 테오필로의 아들 말입니다. 예수님의 절친한 친구, 이스라엘에서 제일 부자이고, 우리 역사뿐 아니라 온 세계의 역사에 대해서도 이스라엘에서 가장 유식한 사람이고, 로마인들의 친구이고, 모든 가난한 사람의 은인 말입니다.

끝으로 **무덤에 묻힌 지 나흘 후에 다시 살아난 그 사람입니다.** 그 사람이 혹 예수를 버리고 최고회의의 말을 믿었습니까? 그건 선생님은 그를 다시 살려내셨기 때문이라고 당신들은 말합니까? 아닙니다. **예수라는 그리스도가 어떤 사람인지를 알기** 때문입니다. 그리고 그 사람이 마리아에게 와서 무슨 말을 했는지 아십니까? 유다도 자기가 모시고 가게 준비하고 계시라고 말했습니다. 아시겠어요? 라자로 그 사람이 마리아의 하인인 것처럼 말입니다! 내가 이걸 아는 것은 그 사람이 들어 와서 마리아의 방의 초라한 벽돌 바닥에 엎드려 인사를 할 때 내가 거기 있었기 때문입니다. 솔로몬처럼 옷을 입고, 양탄자에 습관이 된 그 사람이 거기 방바닥에 엎드어 우리네 여인의 옷자락에 입맞춤 하면서 이렇게 말했습니다.

'제 주님의 어머니이신 마리아님, 인사드립니다. 어머님의 하인이고 어머님의 아드님의 하인들 중의 제일 낮은 하인인 제가 아드님에 대한 말씀을 드리고 어머님의 명령을 기다리려고 왔습니다' 하고. 아시겠어요? 나는… 하도 감격해서… 그 사람이 나를 '주님 안에서의 형제'라고 부르면서 내게로 인사를 했을 때 한 마디도 말을 할 수 없을 지경이었습니다. 그러나 라자로는 머리가 좋기 때문에 이해했습니다. 그리고 라자로는 하인들을 먼저 보내면서 세포리스에서 기다리라고 하고 요셉의 침대에서 잤습니다. 그 사람은 안티오키아의 자기 땅에 가는 길이었거든요. 그리고 여행의 피로를 덜어 주기 위해서 이달 말께 지나면서 데려갈 테니까 준비하고 있으라고 여자들에게 말했습니다. 그리고 요안나도 그의 마차로 여행자의 무리에 합류해서 가파르나움과 베싸이다의 제자들을 데려갈 것입니다. 그래 이 모든 것이 당신들에게 아무렇게도 생각되지 않습니까?"

마침내 광장 가운데에 있는 집단 한 가운데에서 착한 사라의 알패오는 숨을 돌린다. 그리고 아세르와 이스마엘, 그리고 예수의 두 사촌 시몬과 요셉도 ——시몬은 더 드러내놓고, 요셉은 더 과묵하게— 알패오가 말한 것을 인정하면서 그를 도와준다.

요셉이 말한다.

"예수는 사생아가 아닐세. 예수가 무슨 알릴 필요가 있으면, 여기 친척들이 얼마든지 그 일을 맡을 준비가 되어 있네. 그리고 예수는 라자로같은 충실하고 유력한 제자들을 가지고 있네. 라자로는 다른 사람들이 말하는 것에 대해서는 말이 없었네."

"예수님에게는 우리도 있습니다. 전에는 우리가 나귀몰이였고, 우리 나귀들처럼 바보였습니다. 그러나 지금은 우리들이 선생님의 제자이고 '이렇게 또는 저렇게 해라' 하고 말씀하시면 우리도 그렇게 할 수 있습니다" 하고 이스마엘이 말한다.

"그렇지만 여기 회당 문에 걸려 있는 저 유죄판결문은 최고회의의 사자가 가지고 왔고, 성전의 관인이 찍혀 있습니다" 하고 어떤 사람들이 반박한다.

"사실입니다. 그래서요? 최고회의라는 것이 정말 어떤 것인지 이해할 줄 아는 것으로 온 이스라엘에 알려졌고, 또 이 이유 때문에 보잘 것 없는 사람들로 간주되는 우리가 이 일에서만은 성전이 현명하다고 생각하겠습니까? 대관절 우리가 율법학자, 바리사이파 사람, 사제장들을 알지 못한단 말입니까?" 하고 알패오가 대꾸한다.

"맞아. 알패오의 말이 옳아. 나는 예루살렘에 가서 **진짜** 친구들에게서 어떻게 된 일인지를 알아보기로 결정했네. 그리고 내일 당장 가겠네" 하고 알패오의 요셉이 말한다.

"그리고 거기 남아 계실 겁니까?"

"아닐세. 돌아왔다가 과월절에 다시 갈 걸세. 나는 집에서 멀리 떨어져 있을 수가 없네. 내가 스스로 이런 일을 맡는 것은 피곤한 일이지만, 거기 가는 것은 내 의무일세. 나는 가장이고, 예수가 유다에 가

23. 갈릴래아와 특히 나자렛에서 어떤 일이 일어나는가? **289**

있는 책임은 내게 있네. 내가 예수에게 가라고 재촉했거든…. 사람은 판단을 잘못 하는 수가 있네. 나는 그렇게 하는 것이 예수에게 좋은 일일 것이라고 생각했었네. 그런데 반대로… 하느님께서 나를 용서해 주시기를 바라네! 그러나 나는 적어도 내 권고의 결과를 더 자세히 지켜보고 내 아우의 짐을 덜어주어야 하네" 하고 알패오의 요셉이 느리고 거만한 그의 말투로 말한다.

"전에는 당신이 그렇게 말하지 않았었는데. 그러나 당신도 거물들의 우정에 매혹되었군요. 당신의 눈이 잔뜩 흐려 있소" 하고 어떤 나자렛 사람이 말한다.

"나는 거물들의 우정에 끌리는 것이 아니라, 내 아우의 행동으로 그리 끌려 가는 걸세, 엘리아킴. 내가 잘못 생각했다가 이제 생각을 고치면, 내가 올바른 사람이라는 것을 보이는 걸세. 잘못 생각하는 것은 사람이고, 고집을 부리는 것은 짐승이니까."

"그래 당신은 라자로가 정말 올 거라는 거요? 오! 우린 그 사람을 보고 싶소! 죽었다가 다시 살아난 사람은 어떤지? 그 사람은 놀란 사람처럼 꿈 속을 헤매고 있을 거야. 죽은 이들 있는 데 가 있는 것에 대해서 뭐라고 합디까?" 하고 여러 사람이 사라의 알패오에게 묻는다.

"그 사람도 당신들과 나같이 쾌활하고 날카롭고 조용하오. 저 세상에 대한 말을 하지 않소. 저 세상은 모르는 것 같아요. 그렇지만 자기의 임종은 기억하고 있어요."

"그 사람이 마을에 있을 때 왜 우리에게 알리지 않았소?"

"그렇구 말구요! 당신들이 집으로 우우 몰려 오라구요! 나도 물러 왔어요. 눈치가 좀 있어야지요, 응?"

"그렇지만 그 사람이 돌아올 때 볼 수 없겠소? 우리에게 알려주시오. 당신은 언제나 그런 것처럼 마리아의 집을 지킬 거지요."

"물론이지요! 나는 마리아 곁에 있는 특권을 가졌소. 그렇지만 나는 아무에게도 알리지 않소. 당신들이 직접 행동하시오. 마차는 쉽게 눈에 띄고, 또 나자렛은 안티오키아도 아니고 예루살렘도 아니라, 그렇게 큰 덩어리가 눈에 띄지않고 지나갈 수가 없소. 보초를 서고… 애를 쓰시오. 그러나 그것은 중요한 일이 아니오. 차라리 우리 예수님의 읍내가 예수의 원수들의 말을 믿어서 바보로 통하지 않도록 행동하시오. 믿지 마시오, 믿지 말아요! 예수를 사탄이라고 부르는 사람의 말도 믿지 말고, 예수의 이름으로 반란을 일으키라고 당신들을 부추기는 사람들의 말도 믿지 마시오. 언젠가 그걸 후회하게 될 거요. 이 뒤에 갈릴래아의 나머지 부분 사람들이 계략에 빠져서 사실이 아닌 것을 믿으면, 그 사람들에게는 딱한 일이지만 할 수 없지요. 안녕, 밤이 깊어 가니 나는 가오….” 그리고 그는 예수를 변호한 것을 기뻐하며 간다.

다른 사람들은 남아서 토론한다. 그러나 비록 두 패로 갈라지고, 불행히도 쉽게 믿는 사람의 수가 더 많기는 하지만, 갈릴래아의 다른 도시들이 그렇게 하는 것을 기다려서 흥분하고 중상과 봉기 권유를 받아들이자고 하는 예수의 몇몇 친구들의 견해가 끝내 우세하였다.

갈릴래아의 다른 도시들은 "나자렛보다 더 약아서 지금 당장은 거짓 사자들을 맞대놓고 비웃는다"고 제자 아세르가 말한다.

24. 사마리아와 로마 여자들 사이에는 어떤 일이 일어나는가?

세겜의 주요한 광장이다. 집들의 벽이 만들어낸 네모 반듯한 광장을 따라 두 줄로 늘어서서 빙 돌아가며 일종의 회랑을 만들어 놓고 있는 나무들의 새로 나온 나뭇잎들이 이 광장에 봄의 느낌을 가져다 준다. 햇빛이 플라타너스의 연한 잎들과 희롱하며 땅 위에 빛과 그림자의 수를 놓는다. 광장 한가운데 있는 수반은 햇빛을 받아 은쟁반처럼 반짝인다.

사람들이 여기저기 모여서 말을 하고, 사업 이야기들을 한다. 모두가 누구들이냐고 서로 묻는 것으로 보아 십중팔구 외부 사람들인 몇 사람이 광장으로 들어와 살펴보다가 그들이 만난 첫번째 집단으로 다가 간다. 그들이 인사를 하니 상대편에서는 놀라서 답례를 한다.

그러나 그들이 "우리는 나자렛 선생님의 제자들입니다"하고 말하자 일체의 의혹이 사라진다. 그리고 다른 집단들에게 알리러 가는 사람들도 있다. 그 동안 그대로 남아 있는 사람들은 "선생님이 당신들을 보내셨습니까?"하고 말한다.

"그렇습니다. 매우 은밀한 임무입니다. 선생님은 지금 큰 위험에 처해 계십니다. 이스라엘에서는 이제 아무도 선생님을 사랑하지 않습니다. 그래서 아주 착하신 선생님은 당신들만이라도 선생님께 충실했으면 하고 말씀하십니다."

"그야 우리가 원하는 것이 그것입니다. 우리가 어떻게 해야 합니까? 선생님은 우리에게서 무엇을 원하십니까?"

"오! 선생님은 하느님의 보호를 너무 믿으시기 때문에 사랑만을 원하십니다. 그런데 선생님에 대해서 이스라엘에서 말하는 것을 들으면! 아니 당신들은 사람들이, 선생님이 악마 숭배를 하고 반란을 부추기신다고 비난하는 것을 모릅니까? 이것이 무엇을 의미하는지 압니까? 모든 사람에 대한 로마인들의 보복을 의미하는 것입니다. 그렇지 않아도 몹시 불행한 우리들이 더 한층 타격을 받는다 이겁니다!

그리고 우리 성전의 거룩한 분들에게서는 유죄판결이 나왔지요. 확실히 로마인들은… **당신들의** 이익을 위해서라도 당신들은 선생님이 자신을 지키시도록 설득해야 할 것이고, 당신들이 선생님을 거의, 거의가 아니라 확실히 사람들이 붙잡지 못하게 해서, 그럴 생각이 없으면서도 선생님께 해를 끼치는 일이 없게 해서 선생님을 보호해야 할 것입니다. 선생님께 가리짐산으로 피해가시라고 설득하시오. 선생님이 지금 계신 곳에서도 아직 너무 위험이 많습니다. 그리고 최고회의의 분노와 로마인들의 의심을 가라앉히지 못하십니다. 가리짐산은 분명히 불가침권(不可侵權)을 가지고 있습니다! 선생님께 그 말씀을 드릴 필요는 없습니다. 만일 우리가 그 말씀을 드리면, 선생님은 우리가 비겁한 짓을 권고하기 때문에 우리가 저주받는다고 말씀하실 것입니다. 그러나 그렇지 않습니다. 이것은 사랑입니다. 조심성입니다.

우리는 선생님께 말씀드릴 수 없습니다. 그러나 당신들은! 선생님은 당신들을 사랑하십니다. 선생님은 벌써 다른 지방들보다 당신들의 고장을 택하셨습니다. 그러니까 선생님을 맞아들이기 위해 당신들의 행동을 유기적으로 체계화하시오. 그렇게 하면 적어도 선생님이 당신들을 사랑하시는지 그렇지 않은지 정확히 알게 될 테니까요.

만일 선생님이 당신들의 도움을 거절하시게 된다면, 그것은 선생님이 당신들을 사랑하지 않으신다는 표가 될 것이고, 따라서 선생님이 다른 곳으로 가시는 것이 좋을 것입니다. 우리는 선생님을 사랑하기 때문에 정말이지 괴로운 마음으로 이 말을 하는 것입니다. 선생님이 계신 것은 선생님을 환대하는 사람에게 위험한 일입니다. 그렇지만, 자, 당신들은 모든 사람들보다 나아서 위험은 상관하지 않지요. 그렇지만 당신들이 로마인들의 보복의 위험을 무릅쓴다면 사랑 받는 대신에 그렇게 하는 것이 정당할 것입니다. 우리는 모두의 이익을 위해서 충고하는 것입니다."

"당신들은 말 잘했습니다. 당신들이 말하는 대로 하겠습니다. 선생

24. 사마리아와 로마 여자들 사이에는 어떤 일이 일어나는가?

님을 만나러 가겠습니다….”

"오! 조심하시오! 우리가 이것을 권했다는 것을 선생님이 눈치채지 못하시게 하시오!"

"염려 마시오! 염려 말아요! 요령있게 할 것입니다. 그렇구 말구요! 우리는 사람들이 업신여기는 사마리아 사람들이 그리스도를 보호하는 데 있어서는 유다인과 갈릴래아 사람 백명 천명을 당한다는 것을 보일 것입니다. 오시오. 우리들 집으로 들어갑시다. 주님의 사자들인 당신들, 선생님이 들어오시는 것과 같을 것입니다! 사마리아가 하느님의 봉사자들의 사랑을 받기를 기다리는 것이 아주 오래 전부터입니다!"

그들은 내가 최고회의의 밀정들이라고 불러서 틀리지 않는다고 생각하는 그 사람들을 개선장군처럼 에워싸며 말한다.

"선생님이 며칠 사이에 두번째 제자 집단을 보내시는 걸 보면 우리를 사랑하신다는 것을 알 수 있어. 그리고 첫번 제자들을 잘 대우하길 잘 했어. 우리네 고장 여자였던 저 죽은 여자의 어린 아이들 때문에 선생님께 친절하게 대하는 것이 좋은 일이기도 해! 선생님이 이제는 우리를 아시게 됐어…."

그러면서 그들은 기뻐하며 멀어져간다.

그리고 지나가는 로마 마차들의 행렬이라는 예사롭지 않은 일을 보기 위하여 온 에프라임 사람들이 거리로 쏟아져 나왔다. 수많은 마차와 노예들이 호위하고 군단의 병사들이 앞서 가고 뒤따라 오고 하는 가마들이 있다. 사람들은 잘 알고 있다는 듯한 몸짓을 서로하며 속삭인다. 행렬은 베델과 라마로 가는 갈림길에 와서 두 패로 갈라진다. 병사들이 호위한 마차 한 대와 가마 한 채가 멎었고, 나머지는 길을 계속 간다. 가마의 커튼이 잠시 벌어지면서 희고 여러개의 보석으로 장식된 여자의 손이 노예들의 우두머리에게 가까이 오라는 손짓을 한다. 그 남자는 말없이 복종한다. 그는 말을 듣더니, 구경하는 여자들의 집단으로 다가와서 묻는다.

"나자렛의 라삐가 어디 계시오?"

"이 집에 계십니다. 그렇지만 이 시간에는 보통 개울 근처에 계십니다. 저기 포플라가 있는 곳에 버드나무들 쪽에 작은 섬이 하나 있습니다. 그곳에 계시면서 온종일 기도하십니다."

그 남자는 돌아가서 보고를 한다. 가마는 다시 길을 가기 시작한다. 마차는 있던 곳에 그대로 있다. 병사들은 개울가에까지 가마를 따라 가서 길을 가로막는다. 가마는 물줄기를 따라 작은 섬이 있는 위치에까지 간다. 섬에는 계절이 흘러가는 동안에 나무가 매우 우거졌다. 그것은 뚫고 들어갈 수 없는 푸른 덤불인데, 그 위로 포플라의 줄기와 은빛나는 잎들이 있다. 명령이 내리니 가마가 작은 물줄기를 건너간다. 교군꾼들은 짧은 옷을 입은 채로 개울로 들어간다. 끌라우디아 쁘로꿀라는 해방된 여자노예 한 사람과 같이 가마에서 내려오고, 끌라우디아는 가마를 호위하는 흑인 노예에게 따라 오라는 손짓을 한다. 다른 사람들은 개울가를 돌아온다.

끌라우디아는 두 사람을 따라 오게 하면서 아주 작은 섬 안으로 들어가 가운데 우뚝 솟아 있는 포플라 쪽으로 간다. 키큰 풀들 때문에 발소리가 들리지 않는다. 그 여자는 이렇게 예수께서 나무 밑에 앉아 몰두해 계신 곳에 이른다. 그 여자는 명령적인 손짓으로 신용할 수 있는 두 사람을 있는 곳에 그대로 있게 하고 혼자서 나아가 예수를 부른다.

예수께서는 고개를 드신다. 그리고 여자를 보시고 곧 일어나신다. 여자에게 인사를 하시지마는 그대로 포플라 줄기에 기대 서신 채로 계신다. 놀라움도 그렇게 들어와 방해하는 것을 귀찮아 하시거나 못마땅하게 생각하신다는 표도 보이지 않으신다.

끌라우디아는 인사를 한 다음에 즉시 동기를 설명한다.

"선생님, 어떤 사람들이 제 집에, 아니 그보다도 본시오에게 왔습니다…. 저는 긴 말씀 드리지 않겠습니다. 그러나 제가 선생님을 우러러보는 만큼, 만일 소크라테스가 우리 시대에 살고 있다면 그에게, 또는 부당하게 박해당하는 어떤 덕있는 분에게 말했을 것을 선생님께 말씀드리겠습니다. '저는 권력을 많이 가지고 있지 못합니다만, 제가 할 수 있는 일은 하겠습니다' 하고. 그리고 지금 당장은 선생님을 보호하고, 또 선생님을 강력하게… 하기 위해 제가 편지를 보낼 수 있는 곳에 편지를 보낼 작정입니다. 그럴 자격이 없는 많은 사람이 지금 왕좌에 앉아 있거나 높은 지위에 있습니다…"
 "도미나,* 나는 부인께 명예도 보호도 청하지 않았습니다. 참 하느님께서 부인의 생각에 대해 상주시기를 바랍니다. 그러나 부인의 명예와 보호는 그것을 열렬히 갈망하는 사람들에게 주십시오. 나는 그것을 갈망하지 않습니다."
 "아! 그것입니다! 내가 원하던 것이 그것입니다! 그러면 선생님은 정말로 내가 예감하던 의인이십니다. 그리고 다른 사람들은 선생님을 당치 않게 중상하는 사람들이구요! 그들이 우리를 찾아와서…."
 "도미나, 말씀하실 필요가 없습니다. 나도 압니다."
 "사람들이 말하는 것도 아십니까? 선생님은 죄 때문에 일체의 능력을 잃으셨고, 그 때문에 내쫓겨서 여기 와서 사신다고 말입니다."
 "그것도 압니다. 그리고 이 마지막 사실을 부인은 첫째 사실보다 더 쉽게 믿으셨다는 것도 압니다. 이교도로서의 부인의 정신상태는 어떤 사람의 인간적인 능력이나 인간적인 야비함은 식별할 수 있지만, 부인은 아직 영의 능력이 어떤 것인지는 이해할 수 없기 때문입니다. 부인은… 당신들의 종교에서 끊임없는 모순으로 나타나고, 그들 사이의 불화로 인하여 쉽게 금지의 대상이 될 수 있는 아주 연약한 능력을 가지고 나타나는 당신들의 신들에 대해서 환멸을 느끼고 계십니다. 그리고 참 하느님도 그와 같으실 것으로 생각하고 계십니다. 그러나 그렇지 않습니다. 내가 처음에 문둥병자를 고쳐 주는 것을 보신 그 때에 내가 그러했던 것처럼 지금도 그러합니다. 그리고 내가 완전히 파멸한 것처럼 보일 때에도 그러할 것입니다. 이 사람은 부인의 벙어리 노예이지요?"
 "그렇습니다, 선생님."
 "이리 나아오게 하십시오."
 끌라우디아가 소리를 지르니, 그 사람은 앞으로 나아와 예수와 여주인 사이에 땅바닥에 엎드린다. 가엾은 미개인인 그의 마음은 누구를 더 공경해야 할지를 모른다. 그는 여주인보다 그리스도에게 경의를 더 표해서 벌을 받을까봐 겁을 낸다. 그러나 그럼에도 불구하고,

---

* 역주 : Domina. "부인, 마님"으로 옮길 수 있을 라틴어.

끌라우디아에게 애원하는 눈길을 던지고는, 가이사리아에서 하던 행동을 되풀이하여, 예수의 맨발을 거의 투박한 검은 손으로 잡고, 얼굴을 땅바닥에 갖다대고, 머리 위에 발을 얹어 놓는다.

"도미나, 들어보세요. 부인 생각에는 혼자서 한 나라를 정복하는 것이 더 쉽습니까, 없어진 몸의 일부분을 다시 생겨나게 하는 것이 더 쉽습니까?"

"나라를 정복하는 것입니다, 선생님. 행운은 대담한 사람들을 도와줍니다. 그러나 선생님 말고는 아무도 죽은 사람을 다시 살릴 수 없고, 소경에게 눈을 돌려줄 수도 없습니다."

"그런데 왜 그렇습니까?"

"그것은… 그것은 하느님은 무엇이든지 하실 수 있기 때문입니다."

"그러면 부인 생각에는 내가 하느님입니까?"

"예… 혹은 적어도 하느님께서 선생님과 함께 계십니다."

"하느님께서 악한 사람과 함께 계실 수 있습니까? 나는 참 하느님에 대해 말하는 것이지, 그것이 존재한다는 것은 느끼면서도 그것이 어떤 것인지는 모르면서 찾고, 그래서 자기 영혼의 욕망을 만족시켜주기 위해서 환상들을 만들어내는 사람의 망상인 당신들의 우상들에 대해서 말하는 것이 아닙니다."

"아니라고… 나는 말하겠습니다. 아닙니다. 나는 그렇게 말하지 않겠습니다. 우리의 제관들도 죄를 지으면 그들의 능력을 잃습니다."

"어떤 능력입니까?"

"그야… 하늘의 징조와 희생의 대답과 새들이 날아가는 모양과 새들의 노래를 판독하는 능력이지요. 아시겠어요? 점치는 사람들과 장점(腸占)을 치는 제관들 말입니다."

"압니다, 압니다. 그래서요? 보십시오. 그리고 여보시오, 당신은 고개를 들고, 인간의 잔인한 권력이 하느님의 선물 하나를 없앤 입을 벌리시오. 그리고 완전한 육체를 만들어내신 오직 한 분뿐이신 참 하느님의 뜻으로 사람이 당신에게서 없앤 것을 가지시오."

예수께서는 당신의 흰 손가락을 벙어리의 벌린 입 안으로 넣으신다. 호기심을 가진 해방된 여자 노예가 있던 곳에 그대로 있지 못하고, 보려고 앞으로 나아온다. 끌라우디아는 살펴보려고 몸을 잔뜩 구부리고 있다. 예수께서는 손가락을 빼시며 외치신다.

"말하시오, 그리고 새로 생겨난 몸의 부분을 참 하느님을 찬미하기 위해 쓰시오."

그러니까 뜻 밖에 마치 그 때까지 소리가 없던 나팔이나 악기의 울리는 소리같은 목에서 나오는, 그러나 분명한 외침이 대답한다. "예수!" 하고. 그리고 흑인은 땅에 엎디어 기쁨의 눈물을 흘리며 예수의 발을 핥는다. 고마워하는 개가 할 수 있을 것처럼 정말 핥는다.

"도미나, 내가 내 능력을 잃었습니까? 그렇게 암시하는 사람들에게 이 대답을 주십시오. 그리고 당신은 일어나시오. 그리고 내가 당신을 얼마나 사랑했는지를 생각하고 착하게 사시오. 나는 가이사리아의 그 날부터 당신을 내 마음 속에 품고 있었소. 그리고 당신과 더불어 상품으로 간주되고, 짐승보다도 못한 것으로 간주되는 당신과 같은 모든 사람도. 당신들의 임신으로 인하여 당신들도 사람이고 카이사르와 동등하며, 당신들의 마음의 의지로 인해 어쩌면 카이사르보다 더 나을지도 모르는데 말이오…. 도미나, 이제는 가셔도 됩니다. 다른 말 할 것이 하나도 없습니다."

"아닙니다. 다른 것이 있습니다. 내가 의심했다는 것이 있습니다…. 나도 괴로워 하면서도 사람들이 선생님에 대해서 말하는 것을 거의 믿었다는 것이 있습니다. 그리고 또 나만이 아닙니다. 우리 모두를 용서해 주십시오. 발레리아는 빼고 말입니다. 발레리아는 그의 신념을 항상 지켰고, 그 신념이 점점 더 확고해지기까지 합니다. 그리고 내 선물을 받으십시오. 이 사람입니다. 이 사람이 이제는 말을 하게 되었으니, 더 이상 내게 봉사할 수 없을 것입니다. 그리고 내 돈도."

"아닙니다. 이것도 저것도 받지 않겠습니다."

"그러면 나를 용서하지 않으시는 거로군요!"

"나는 내 정체를 인정하지 않아서 이중으로 죄가 있는 내 민족의 사람들도 용서합니다. 그런데 하느님에 대한 지식을 도무지 가지고 있지 못한 당신들을 용서하지 말아야 하겠습니까? 자, 나는 돈도 사람도 받지 않겠다고 말했습니다만, 지금은 둘 다 받겠다고 말합니다.

그래서 그 돈을 가지고 이 사람을 해방합니다. 나는 이 사람을 사기 때문에 돈을 부인께 돌려드립니다. 이 사람을 사는 것은 이 사람을 다시 자유롭게 해서, 이 사람이 그의 나라로 돌아가서 이 세상에는 모든 사람을 사랑하는 사람이 있고, 그 사람은 그들이 더 불행한 것을 보고 그 만큼 더 사랑한다고 말하게 하려는 것입니다. 돈주머니를 받으십시오."

"아닙니다. 선생님, 그 돈주머니는 선생님의 것입니다. 이 사람도 자유의 몸입니다. 이 사람이 제 것이었는데, 선생님께 드렸습니다. 그런데 선생님께서는 그를 해방하십니다. 그러기 위해서는 돈이 필요 없습니다."

"그러면… 당신 이름이 있소?" 예수께서 그 사람에게 물으신다.

"우리는 이 사람을 놀리느라고 갈리스도라고 부릅니다. 그러나 그가 붙잡혔을 때에는…."

"상관없습니다. 당신 이름을 그대로 두시오. 그리고 당신 정신으로 매우 아름다운 사람이 돼서 그 이름이 **진짜**가 되게 하시오. 가시오! 하느님께서 당신을 구해 주셨으니 행복하시오."

가다니! 흑인은 계속 예수께 입맞춤하며 말한다. "예수! 예수!" 하고. 그리고 다시 예수의 발을 자기 머리에 얹으면서 말한다. "선생님이 오직 내 주인" 하고.

"나는 당신의 참 아버지요. 도미나, 이 사람이 자기 나라로 돌아가게 하는 일을 떠맡으십시오. 돈은 그 일을 위해 쓰시고 남는 것은 이 사람에게 주십시오. 도미나, 안녕히 가십시오. 그리고 다시는 어두움의 목소리를 절대로 받아들이지 마십시오. 의롭게 사시고, 나를 이해할 줄을 아십시오. 안녕, 갈리스도. 안녕, 아줌마."

그리고 예수께서는 회담을 종결지으시고 개울을 껑충 뛰어, 가마가 멎어 있는 반대편으로 건너가셔서 덤불과 버드나무와 갈대들 사이로 들어가신다.

끌라우디아는 교군꾼들을 다시 불러 생각에 잠긴 채 가마에 올라간다. 그러나 끌라우디아는 잠자코 있지만, 해방된 여자 노예와 방금 해방된 노예는 열 사람 몫의 말을 하고, 병사들도 혀가 새로 생겨난 기적을 보고는 조각과 같은 그들의 태도를 잃는다. 끌라우디아는 너무 생각에 깊이 잠겨서 침묵을 명령하지 못한다. 가마 안에 반쯤 누워 베개에 기대고 손으로 머리를 괴고, 아무 소리도 듣지 못한다. 생각에 골몰해 있다. 그 여자는 해방된 여자 노예가 자기와 같이 있지 않고 교군꾼들과 수다를 떨고 있다는 것도 알아차리지 못한다. 그 동안 갈리스도는 병사들과 이야기를 하는데, 병사들은 대열은 그대로 지키고 있지만 침묵은 지키지 않는다. 그렇게 하기에는 흥분이 너무나 크다!

 길을 다시 가기 시작하여 다시 베델과 라마로 가는 갈림길에 이르렀다. 가마는 에프라임을 떠나 행렬의 나머지 사람들과 합류한다.

25. 예수와 얍니아 사람

여러 날이 지났다. 내가 이 말을 하는 것은 지난 여러번 환시 때에는 겨우 한뼘밖에 되지 않던 밀포기의 키가 지난번에 온 비와 그 후에 계속된 좋은 날씨 이후에는 많이 자라서 이삭이 생기려고 하기 때문이다. 가벼운 바람에 아직 여린 밀포기의 대가 물결친다. 가벼운 바람이 가장 이른 과일나무들의 새로 난 잎들을 살랑거리게 하는데, 그 나무들에서는 꽃이 겨우 떨어졌거나 꽃잎들이 아직 휘날리며 떨어지는 가운데, 더럽혀지지 않고 새로운 것은 무엇이든지 그런 것과 같이 아름다운 연하고 반짝이는 연초록색 잎들이 돋아났다.

철이 더 늦은 포도나무들은 아직 잎이 나지 않고 마디들이 드러난 채로 있으나, 얼기설기 얽힌 햇가지들에는 이 줄기에서 저 줄기로 싹들이 벌써 그것을 감싸고 있던 껍질을 부수었고, 아직 벌어지지 않은 채로 있지만 장차 잎이 우거진 가지와 새 덩굴손이 될 것들이 들어 있는 은회색의 솜털을 벌써 보이고 있다. 포도밭의 구불구불한 목질(木質)의 꽃줄장식은 부드러워지면서 새롭게 우아한 모습을 갖추는 것 같다. 벌써 뜨거운 해는 물을 들이고 식물성 방향(芳香)을 증류하는 일을 시작하고, 어제만 해도 아직 창백하던 것을 더 선명하게 물들이는 동안 뜨겁게 하여, 밭고랑과 꽃이 핀 풀밭과 곡식이 자라는 밭과 채소밭과 과수원, 작은 숲과 벽과 말리느라고 넌 빨래에서 여러 가지 조금씩 다른 냄새를 풍겨 오직 하나인 후각(嗅覺)의 교향악을 만들어놓는다. 이 교향악은 여름내내 계속되다가 포도송이가 눌려 포도주로 변하는 양조통 안에서 강한 포도즙 향기 속으로 사라질 것이다.

나뭇잎 속에서 노래하는 새들과 양떼들 속에서 조용히 우는 양들과 숫양들이 하나의 합창을 이룬다. 비탈에는 남자들의 노래와 어린이들의 웃음소리와 여자들의 미소가 있다. 봄이다. 자연도 사랑하고,

사람도 내일이면 그를 더 부유하게 할 자연의 사랑을 즐기고, 이 잔잔한 깨어남 속에 더 강렬하게 불타는 그의 사랑도 즐긴다. 그에게는 아내가 더 사랑받는 것같이 보이고, 아내에게는 남편이 더 큰 보호자로 보이며, 두 사람에게 아이들은 더 사랑스러워 보인다. 지금은 미소요 일손인 아이들이 내일 늙었을 때에는 약해져 가는 노인들에게 역시 미소와 보호가 될 것이다.

예수께서는 산의 기복에 따라 올라가고 내려가고 하는 밭들 사이로 지나가신다. 혼자시다. 마지막 모직옷을 사무엘에게 주셨기 때문에 아마포옷을 입으셨다. 그러나 꽤 선명한 파란 가벼운 겉옷을 입고 계신데, 한 어깨에만 걸치셨고, 그것은 부드럽게 늘어져서 몸에 감겼는데, 그것을 한 팔에 걸쳐 가슴 앞에 들고 계신다. 팔에 걸친 겉옷 자락은 땅으로 기어다니는 아주 가벼운 바람에 조금씩 나부끼고, 예수의 머리 위에서는 햇빛을 받아 머리카락이 반짝인다. 예수께서는 지나가시며, 어린이들이 있는 곳에서는 몸을 굽혀 죄없는 작은 머리들을 쓰다듬어 주시고, 그들의 조그마한 비밀이야기들을 들으시고, 어린이들이 달려와서 무슨 보물이라도 되는 듯이 보여드리는 것을 감탄하며 보신다.

너무 작아서 아직 뛸 적에는 비틀거리는 어린 계집 아이가, 아마 저보다 조금 위인 오빠에게서 물려받은 너무 긴 옷 속에서 갑갑해 하며 온다. 미소가 온통 그의 눈을 빛나게 하고 볼그레한 입술 사이로 작은 앞니를 드러내보인다. 계집 아이는 데이지 꽃다발을 들고 있는데, 몹시 가냘프고 작은 고사리손이 들 수 있을 만큼 큰 꽃다발을 두 손으로 들고, 그 트로피를 들어올리면서 말한다.

"자! 이건 아저씨 거야. 엄마건 나중에 만들 거야. 여기 뽀뽀 해 줘!" 그러면서, 예수께서 칭찬하는 말과 고맙다는 말을 하시면서 꽃다발을 받으셨기 때문에 이제는 아무 것도 없는 작은 손으로 그의 작은 입을 친다. 계집 아이는 머리를 뒤로 젖히고, 거의 균형을 잃을 정도로 신발을 벗은 발뒤꿈치를 쳐들며 그 작은 몸을 예수의 얼굴에까지 올리려고 애를 쓰고 있지만 소용이 없다. 예수께서는 웃으시면서 계집 아이를 안으시고, 큰 나무에 새가 앉아 있듯이 팔 위에 웅크리고 있는 계집 아이와 함께 시내의 맑은 물에 새 천들을 빠는 한 떼의 여인들이 있는 곳으로 가신다. 그 천들은 그 다음 넣어서 햇볕에 희어지게 할 것이다.
　물 위에 몸을 구부리고 있던 여자들이 인사를 하려고 몸을 일으키고, 그 중 한 여자가 미소를 지으면서 말한다.
　"타마르가 선생님을 방해했군요…. 그렇지만 선생님이 지나가시는 것을 보겠다는 은근한 희망을 가지고 새벽부터 거기서 꽃을 따고 있었습니다. 선생님께 먼저 드리려고 했기 때문에 제게는 꽃을 한 송이도 안 주었답니다."
　"이 꽃들은 어린이들처럼 죄가 없고, 또 꽃처럼 죄없는 어린 계집 아이가 주었기 때문에 내게는 왕의 보물보다도 더 소중하오." 그리고 계집 아이에게 입맞춤을 하시면서 땅에 내려놓으시고 인사를 하신다.
　"주님의 은총이 네게 오기를 바란다." 예수께서는 여자들에게 인사하시고 길을 계속하시면서, 밭이나 풀밭에서 인사를 하는 농부들과 목자들에게 답례를 하신다.
　예수께서는 예리고로 가는 방향인 아래쪽으로 가시는 것 같다. 그러나 이내 뒤로 돌아오셔서 에프라임 북쪽에 있는 산들 쪽으로 다시 올라가는 다른 오솔길로 들어서신다. 이곳이 땅에 햇볕이 더 잘 들고 북풍이 막혀서 곡식이 더 아름답게 자랐다. 두 밭 사이로 지나가는 오솔길 한쪽에는 거의 규칙적인 거리를 두고 과일나무들이 있는데, 얼마 안 있어 열매가 될 싹들이 벌써 가지에 진주처럼 다닥다닥 달려 있다.
　북쪽에서 남쪽으로 내려가는 길이 오솔길을 건너지른다. 교차점에 로마인들이 사용하는 저 마일 표석(標石)들 중의 하나가 있는 것으로 보아 꽤 중요한 도표인 모양이다. 표석의 북쪽면에는 "네아폴리"라는 글자가 새겨져 있고 그 이름 ──라틴인 자신들처럼 튼튼한 비명 글씨로 크게 새긴── 아래에는 훨씬 더 작은 글씨로 "세겜"이라는 글자가 화강석에 겨우 새겨져 있다. 서쪽면에는 "실로─예루살렘"이라고 새겨져 있고, 남쪽을 향한 면에는 "예리고"라고 새겨져 있다. 동쪽에는 이름이 없다. 그러나 도시 이름은 없지만 인간의 불행의 이름은 하나 있는 것 같다. 과연, 로마인들이 유지보수하는 모든 도로에 그런 것과 같이 비가 올 때에 물이 흘러내리라고 파놓은 길 옆의 도랑과 마일 표석 사이에 잔뜩 웅크리고 있는 사람이 하나 있는데, 어쩌면 죽었는지도 모르는 넝마와 뼈의 꾸러미와 같다.

예수께서는 봄소나기로 흐드러지게 우거진 길가의 풀 가운데에서 그를 발견하시자 그에게로 몸을 굽히시고 그를 만지시며 부르신다.

"여보시오, 어떻게 된 거요."

신음소리가 대답한다. 그러나 넝마 뭉치가 움직이고, 몸을 돌리더니, 죽은 사람의 얼굴이라고 할 수 있을 해골처럼 마른 얼굴이 나타난다. 피로하고 고통스러워하고 활기없는 두 눈이 자기의 비참한 모습을 내려다보고 있는 사람을 놀라서 쳐다본다. 그는 바싹 마른 손으로 땅을 짚고 앉으려고 애쓴다. 그러나 하도 약해서 예수께서 도와주지 않으시면 일어나 앉을 수가 없을 지경이다.

예수께서는 그를 도와 그의 등을 마일 표석에 기대게 하시고 물으신다.

"무슨 일이오? 병들었소?"

"예." 매우 약한 "예" 소리다.

"그런데 어떻게 그런 상태로 혼자서 길을 떠날 수 있었소? 아무도 없소?"

그 사람은 누가 있다는 표를 한다. 그러나 너무 약해서 대답을 하지 못한다.

예수께서는 주위를 둘러보신다. 밭에 아무도 없다. 정말 인기척이 없는 쓸쓸한 곳이다. 북쪽에는 거의 언덕 꼭대기에 집이 몇 채 있고, 서쪽에는 다른 둥근 언덕을 올라가며 밭이 풀밭과 작은 숲으로 변하는 푸른 비탈에 쉴 새없이 움직이는 염소떼 가운데 목자들이 있다. 예수께서는 다시 그 사람을 내려다보시며 물으신다.

"내가 도와주면 저 마을까지 갈 수 있겠소?"

그 사람은 고개를 젓고, 눈물 두 줄기가 뺨으로 흘러 내린다. 그 사람의 검은 수염으로 그 사람이 아직 젊었다는 것을 알 수 있겠는데, 그의 뺨은 나이 많은 사람처럼 꺼칠꺼칠해 보인다. 그는 있는 힘을 다해서 말한다.

"그들이 저를 내쫓았어요…. 문둥병이 무서워서… 저는 아닌데요

…. 그래서 배가 고파… 죽어갑니다." 그는 허약으로 죽어간다. 그는 손가락 하나를 입 속으로 집어넣더니 푸리끼한 죽 같은 것을 꺼낸다. "보세요…. 저는 낟알을 씹었습니다…. 그러나 아직 풀입니다."

"내가 저 목자를 찾아 가겠소. 뜨뜻한 염소젖을 가져오겠소. 빨리 할 거요." 그러면서 거의 뛰다시피 하여 길 위쪽 200미터쯤 되는 곳에 염소떼가 있는 곳으로 가신다.

예수께서는 목자에게로 가셔서 그에게 말씀을 하시고 사람이 있는 곳을 가리키신다. 목자는 몸을 돌려 바라보고, 예수의 청을 들어주어야 할지 망설이며 결정을 못한다. 그러다가 결정을 한다. 그는 모든 목자가 그런 것처럼 허리에 차고 있던 나무 공기를 떼어내서 한 염소의 젖을 짜 그릇에 가득 채워서 예수께 드린다. 예수께서는 조심조심 비탈을 내려오시고, 목자와 같이 있던 어린이 하나가 따라 온다.

예수께서 다시 굶주린 사람 곁에 오셨다. 그리고 그 사람 옆에 무릎을 꿇으시고, 그를 받쳐 주시려고 한 팔을 그의 어깨 뒤로 돌리시고, 아직 거품이 이는 염소젖이 있는 그릇을 그의 입술에 갖다 대신다. 예수께서는 조금씩 몇 모금을 주시고, 그릇을 땅바닥에 내려놓으시며 말씀하신다.

"지금 당장은 그것으로 넉넉하오. 한꺼번에 전부 먹으면 당신에게 해가 될 거요. 내가 준 염소젖을 당신의 위가 흡수하면서 기운이 나게 놔 두시오."

그 사람은 반대하지 않는다. 그는 눈을 감고 입을 다문다. 어린 아이는 몹시 놀라서 그를 보고 있다.

조금 후에 예수께서는 다시 그에게 그릇을 갖다 대고 더 오랫동안 마시게 하신다. 그리고 멈추는 시간을 점점 더 짧게 하시며 염소젖이 다 없어질 때까지 이렇게 하신다. 예수께서는 공기를 어린 아이에게 돌려주시고 그를 보내신다.

그 사람은 천천히 기운을 차린다. 그는 아직 자신없는 움직임으로 보기 흉하지 않게 되려고 애쓴다. 그는 자기 옆에 풀에 앉으신 예수를 쳐다보며 감사의 미소를 짓는다. 그리고 사과한다.

"선생님께 시간을 허비하시게 하는군요."

"괴로워하지 마시오! 형제들을 사랑하는 데 쓰는 시간은 절대로 허비하는 시간이 아니오. 당신이 좀 나아지거든, 이야기 합시다."
 "나아졌습니다. 팔다리가 다시 따뜻해지고 눈이… 저는 여기서 죽는 줄 알았습니다…. 가엾은 제 아이들! 저는 일체의 희망을 잃었었습니다…. 지금까지는 희망을 그렇게도 많이 가졌었는데요!…. 선생님이 오지 않으셨더라면, 저는 죽었을 것입니다…. 이렇게… 길바닥에서…."
 "그것은 사실 매우 슬픈 일이었을 거요. 그러나 지극히 높으신 분께서 당신 아들을 굽어보시고 도와주셨소! 좀 쉬시오."
 그 사람은 잠시 동안 하라는 대로 한다. 그리고 눈을 다시 뜨고 말한다.
 "저는 다시 살아나는 것 같습니다. 오! 에프라임에 갈 수 있었으면 좋겠는데!"
 "왜요? 당신을 기다리는 사람이 있소? 당신 그곳 사람이오?"
 "아닙니다. 저는 큰 바다 근처 얍니아 평야 사람입니다. 그러나 해안을 끼고서 갈릴래아의 가이사리아까지 갔습니다. 그런 다음 나자렛에 갔습니다. 저는 여기에(그러면서 배를 친다) 병이 있으니까요. 이 병을 아무도 고쳐주지 못했고, 이 병 때문에 밭일을 할 수가 없습니다. 그런데 저는 아이 다섯이 있는 홀아비입니다…. 우리 고장의 ―저는 가자에서 태어났습니다.― 펠리시테인 아버지와 시로―페니키아 사람인 어머니에게서 난 어떤 사람, 갈릴래아의 라삐를 따라 다니던 우리 고장의 어떤 사람이 다른 사람 하나와 같이 우리들에게 와서 그 라삐 이야기를 했습니다. 저도 그 사람의 말을 들었습니다. 그리고 제가 몹시 병이 중하다는 것을 느꼈을 때 이렇게 말했습니다. '나는 시리아 사람이고 펠리시테 사람이어서 이스라엘 사람들이 보기에는 쓰레기 같은 사람이다. 그러나 헤르마스테아는 갈릴래아의 라삐가 능력도 있고 친절도 하다고 말하더라. 그런데 나는 그의 말을 믿는다. 그래서 그분을 찾아가겠다' 하고. 그리고 더 나은 계절이 되자마자 아이들은 저희 외할머니에게 맡기고, 병이 많은 재산을 먹어치웠기 때문에 제가 가지고 있던 얼마 안 되는 재산을 모아 가지고 라삐를 찾아왔습니다.
 그러나 여행 중에는, 특히 아무 것이나 다 먹지 못할 때에는 돈이 빨리 떨어집니다…. 그리고 아파서 걸음을 걸을 수 없어서 여관에 머물러 있을 때에는요. 세포리스에서는 제가 쓸 돈과 라삐에게 드려야 할 것을 드릴 만한 돈이 없기 때문에 제 나귀를 팔았습니다. 제가 생각하기로는 병을 고치기만 하면, 길을 가면서 무엇이든지 먹고, 오래지 않아 집으로 돌아가서 내 밭과 다른 사람들의 밭에서 일을 해서 제 처지를 회복할 수 있으리라는 것이었습니다…. 그러나 라삐는 나자렛에 계시지 않고 가파르나움에도 안 계십니다. 라삐의 어머니께서 제게 말씀해 주셨습니다. '라삐는 유다에 있어요. 세포리스의 요셉의 집에서나 베짜타에서나 게쎄마니에서 찾아보아요. 그 사람들이 라삐가 어디 있는지 말해 줄 수 있을 겁니다' 하고. 그래서 걸어서 뒤돌아 왔습니다. 병은 커지고 돈은 줄어들었습니다. 예루살렘으로 가 보라고 사람들이 그래서 갔었는데, 거기서 사람들은 만났지만 라삐는 만나지 못했습니다.

그 사람은 이렇게 말했습니다. '오! 오래 전에 쫓겨났소. 그 사람은 최고회의의 저주를 받았소. 그 사람은 도망쳤기 때문에 어디 있는지 모르오' 하고. 저는… 죽었구나 하고 느꼈습니다…. 오늘처럼이오. 오늘보다 더 하기까지 했습니다. 시내와 시골로 가서 백명이나 되는 사람에게 물어보았습니다. 아는 사람이 아무도 없었습니다. 어떤 사람들은 저와 같이 울었습니다. 저를 때리는 사람도 여럿 있었습니다. 그러다가 성전 담 밖에서 구걸을 하기 시작한 어느 날 바라사이파 사람 둘이 '이제는 나자렛의 예수가 에프라임에 있는 것을 알았으니…' 하고 말하는 것을 들었습니다. 저는 시간을 허비하지 않고, 이렇게 약한 대로 얻어먹으면서, 옷은 점점 더 찢어지고, 병은 점점 더해 가면서 여기까지 왔습니다. 그런데 길을 잘 알지 못하기 때문에 잘못 들었습니다…. 오늘은 저기 저 마을에서 옵니다.

저는 이틀 전부터 야생 회향(茴香)밖에 먹지 못하고, 풀상추와 여물지 않은 낟알밖에는 씹지 못했습니다. 그 사람들은 제 얼굴이 창백하기 때문에 저를 문둥병자로 알고 돌을 던져 쫓았습니다. 저는 그저 빵만 달라고 청하고 에프라임으로 가는 길만 가리켜 달라고 했었습니다…. 저는 여기서 쓰러졌습니다…. 그렇지만 에프라임에 가고 싶습니다. 저는 목적지에 아주 가까이 왔는데요! 제가 목적지에 다다르지 못할 수가 있겠습니까? 저는 라삐를 믿습니다. 저는 이스라엘 사람이 아닙니다. 그렇지만 헤르마스테아도 이스라엘 사람이 아닌데도 라삐를 사랑하고 있었습니다. 이스라엘의 하느님께서 저를 낳은 분들의 죄를 보복하시려고 당신의 손을 제게 무겁게 느끼게 하실 수가 있습니까?"

"참 하느님은 사람들의 아버지이시고 공평하시지만 인자하시오. 하느님께서는 믿음을 가진 사람에게 상을 주시고, 죄없는 사람들에게 그들의 죄가 아닌 잘못을 갚게 하시지는 않소. 그러나 라삐의 거처를 알 수 없다는 말을 들었을 때 당신은 왜 오늘보다도 더 죽는 줄로 느꼈다고 말했소?"

"그것은 제가 '라삐를 찾기도 전에 잃었구나'하고 말했기 때문입니다."

"아! 당신의 건강 때문에!"

"아닙니다. 그것 때문만은 아닙니다. 그뿐이 아니라, 헤르마스테아가 라삐에 대해서 무슨 말을 했는데, 내가 라삐를 알게 되었더라면 더 이상 쓰레기같은 인간이 아니게 될 것같이 생각되었기 때문입니다."

"그러면 당신은 그분이 메시아라고 믿는 거요?"

"그렇게 믿습니다. 메시아가 무엇인지는 잘 알지 못합니다만 나자렛의 라삐가 하느님의 아들이라는 것은 믿습니다."

예수께서는 "그런데 만일 나자렛의 라삐가 하느님의 아들이면, 할례를 받지 않은 당신의 청을 들어주리라고 확신하오?" 하고 물으실 때 아주 환한 미소를 지으신다.

"헤르마스테아가 그렇게 말했으니까 저는 확신합니다. 헤르마스테아는 이렇게 말했습니다. '그분은 모든 사람의 구세주이시네. 그분에게는 히브리인이냐 우상숭배자냐 하는 것은 문제가 아니고, 다만 구원해야 할 인간들만이 문제가 되는 걸세. 주 하느님께서는 이것을 위해서 그분을 보내셨으니까' 하고. 여러 사람이 비웃었습니다. 그러나 저는 믿었습니다. 내가 그분께 '예수님, 저를 불쌍히 여겨주십시오' 하고 말할 수 있으면, 그분은 제 청을 들어주실 것입니다. 오! 선생님이 에프라임 분이시면 저를 그분께 데려다 주십시오. 어쩌면 그분의 제자 중의 한분이신지도….”
  예수께서는 점점 더 미소하시며 그에게 권하신다.
  "당신을 고쳐 달라고 내게 청해 보시오….”
  “여보세요, 선생님은 친절하십니다. 선생님 곁에는 평화가 많이 있습니다. 그렇습니다. 선생님은… 라삐 바로 그분처럼 친절하십니다. 그리고 틀림없이 라삐께서 선생님께 기적을 행하는 능력을 주셨을 것입니다. 선생님이 이렇게 친절하신 걸 보면 그분의 제자들 중의 한 사람일 수밖에 없습니다. 자기들을 라삐의 제자라고 말하는 사람들은 모두가 친절한 것을 보았습니다. 그렇지만 선생님이 육체는 고칠 수 있다 해도 영혼은 고치지 못하신다 말하더라도 선생님께 모욕이 된다고 생각하지 마십시오. 저는 헤르마스테아가 그렇게 된 것처럼 영혼도 고쳐지기를 바랍니다. 의인이 되기를… 그런데 이것은 라삐만이 하실 수 있습니다. 저는 병자인 것 외에 죄인이기도 합니다. 저는 어느 날 육체가 죽고, 영혼도 육체와 같이 죽는 것을 보기 위해서 제 육체의 병이 고쳐지는 것을 보고 싶지는 않습니다. 헤르마스테아는 라삐는 영혼의 생명이시고, 그분을 믿는 영혼은 하느님의 나라에서 영원히 산다고 말했습니다. 저를 라삐에게 데려다 주십시오. 친절을 베풀어 주세요? 왜 웃으십니까? 혹 제가 헌금을 한푼도 할 수 없으면서 병고치기를 원하니 뻔뻔스럽다고 생각하시는 겁니까? 그러나 병만 나으면, 저는 아직 밭일을 할 수 있습니다. 저는 아주 훌륭한 과일들을 가지고 있습니다. 라삐께서 과일을 거두는 계절에 오시면, 라삐께서 원하시는 만큼 오랫동안 환대하며 갚아드리겠습니다.”
  “라삐가 돈을 받는다고 누가 말했소? 헤르마스테아가?”
  “아닙니다. 오히려 헤르마스테아는 라삐께서 가난한 사람들을 사랑하시고, 그들을 제일 먼저 구제해 주신다고 말했습니다. 그러나 모든 의사들에 대해서 그렇게 하는 것이고 또… 요컨대 모든 사람에 대해서 그렇게 하는 것입니다.”
  “그러나 라삐의 경우는 그렇지 않소. 내가 장담하오. 그리고 당신에게 분명히 말하지만, 당신의 믿음을 여기서 기적을 청할 정도까지 이르게 하고, 그것이 가능하다고 믿을 정도까지 이르게 하면, 당신이 기적을 얻게 될 거요.”

"참말입니까?…. 확실합니까? 물론 선생님이 라삐의 제자 중의 한 분이시면, 거짓말을 할 수도 없고, 잘못 생각하실 수도 없지요. 그리고 비록 라삐를 뵙지 못하는 것이 섭섭하긴 하지만… 선생님께 복종하겠습니다…. 라삐는 그렇게 박해를 당하시니까 아마… 사람들이 당신을 보는 것을 원치 않으시겠지요…. 이제는 아무도 믿지 않게 되신 거지요. 라삐의 생각이 옳습니다. 그렇지만 우리가 그분의 파멸이 되지는 않을 것입니다. 그것은 진짜 히브리인들일 것입니다…. 그렇지만 좋습니다. 저는 여기서 (그러면서 매우 어렵게 무릎을 꿇는다) '하느님의 아들 예수님, 저를 불쌍히 여겨 주십시오' 하고 말합니다."

"그러면 당신의 믿음이 받아 마땅한 것처럼 되기를 바라오" 하고 예수께서 병에 명령하시는 손짓을 하시면서 말씀하신다.

그 사람은 일종의 현기증을 느낀다. 즉 뜻하지 않은 빛을 받는다. 그는 깨닫는다. ─그의 지능이 열리는 것으로 그랬는지 육체적인 감각으로 그랬는지, 또는 동시에 두 가지 모두로 그랬는지는 모르겠다. ─ 자기 앞에 있는 사람이 누구인지를 깨닫고 하도 날카로운 소리를 지르는 바람에, 아마 보려고 길 쪽으로 내려온 목자가 걸음을 재촉할 지경이다.

그 사람은 얼굴을 풀 속에 묻고 땅에 엎디어 있다. 그래서 목자는 지팡이로 그를 가리키며 말한다.

"죽었습니까? 어떤 사람이 볼장 다 보았으면 염소젖 말고 다른 것이 필요합니다." 그러면서 머리를 흔든다.

그 사람은 그 말을 듣고 튼튼하고 건강한 몸으로 벌떡 일어난다. 그리고 외친다.

"죽었다구요? 나는 병이 고쳐졌습니다! 나는 다시 살아났습니다. 이분이 그렇게 하셨습니다. 나는 이제 배도 고프지 않고, 병으로 아프지도 않습니다. 나는 내가 결혼하던 날과 같습니다! 오! 복되신 예수님! 그런데 제가 어떻게 선생님을 더 일찍 알아뵙지 못했습니까?! 선생님의 연민을 보고 선생님의 이름을 알았어야 했는데! 선생님 곁에서 느끼던 평화로! 저는 바보였습니다. 이 불쌍한 종을 용서하십시오!" 그러면서 다시 땅에 엎드리며 경배한다.

목자는 염소들을 놔 두고 껑충껑충 뛰면서 작은 마을 쪽으로 달려

간다.
　예수께서는 병이 고쳐진 사람 옆에 앉으셔서 말씀하신다.
　"당신은 헤르마스테아에 대해서 죽은 사람 이야기를 하듯 했소. 그러니까 당신은 그의 최후를 아는 거요. 나는 당신에게서 한 가지만 요구하오. 당신이 나와 같이 에프라임으로 가서 나와 함께 있는 어떤 사람에게 그의 최후를 이야기하라는 거요. 그런 다음 당신을 예리고에 있는 여자 제자에게 보내서 그 여자가 당신의 돌아가는 여행을 도와주게 하겠소."
　"선생님이 원하시면 가겠습니다. 그러나 건강하게 된 지금은 제가 길에서 죽을까봐 걱정하지는 않습니다. 풀을 먹고서도 살 수 있겠고, 또 제가 재산을 쓴 것은 방탕하게 쓴 것이 아니라 올바른 목적을 위해서 쓴 것이기 때문에 구걸을 하는 것도 부끄럽지 않습니다."
　"당신이 그렇게 하기를 내가 원하오. 그 여자 제자에게 당신이 나를 보았는데 내가 그 여자 제자를 여기서 기다린다고, 이제부터는 그 여자가 올 수 있고, 아무도 그를 귀찮게 굴지 않을 것이라고 말하시오. 그렇게 말할 수 있겠소?"
　"그렇게 말할 수 있겠습니다. 아! 저들이 왜 선생님을 미워할까요. 이렇게 친절하신 선생님을?"
　"그들 가운데 많은 사람이 그렇게 하라고 그들을 부추기는 정신을 가지고 있기 때문이오. 갑시다."
　예수께서는 에프라임을 향하여 길을 떠나시고, 그 사람은 예수를 자신있게 따라 온다. 몹시 야윈 것만이 그가 병들었다는 것과 과거에 부자유를 겪었다는 것을 생각케 한다.
　그러는 동안 작은 마을에서 많은 사람이 내려오면서 손짓을 한다. 그들은 예수를 부르며 걸음을 멈추시라고 말한다. 그러나 예수께서는 그들의 말을 귀담아 듣지 않으시고, 오히려 더 빨리 걸으신다. 그러니까 그들은 예수를 따라 온다….
　예수께서 다시 에프라임 근처에 오셨다. 곧 해가 지게 되었기 때문에 집으로 돌아갈 준비를 하고 있는 농부들이 예수와 같이 있는 사람을 바라보면서 예수께 인사를 한다.
　어떤 오솔길에서 가리옷의 유다가 갑자기 튀어나온다. 그는 선생님을 보고 깜짝 놀라 펄쩍뛴다. 그러나 예수께서는 조금도 놀람을 나타내지 않으신다. 다만 그 사람에게 말씀하신다. "내 제자 중의 한 사람이오. 이 사람에게 헤르마스테아 이야기를 해 주시오."

"어! 간단합니다. 그 사람은 우리 고장에 남아 있으려고 동료와 헤어지고자 한 다음에도 지칠 줄 모르고 그리스도를 전했습니다. 그 사람은 우리 모두가 선생님을 알 필요가 있다고 말하고, 선생님을 그의 고향에 알리고 싶고, 선생님의 이름을 가장 작은 모든 마을에 알린 다음에는 선생님께로 돌아올 것이라고 말했습니다. 그 사람은 속죄하는 사람처럼 살았습니다. 어떤 사람이 동정해서 빵을 주면 선생님의 이름으로 그 사람에게 축복했습니다. 누가 그에게 돌을 던져도 역시 축복을 하며 물러가서 야생의 열매들과 바위에서 뜯어내거나 모래에서 끌어내는 연체동물들을 먹고 살았습니다. 여러 사람이 그를 '미치광이' 취급을 했지만, 사실은 아무도 그를 미워하지 않았습니다.

어느 날 그가 길에서 죽어 있는 것이 발견되었습니다. 바로 제 마을 근처, 유다로 들어가는 길, 거의 국경에서였습니다. 그 사람이 무엇으로 죽었는지는 도무지 알 길이 없었습니다. 그러나 메시아를 전하는 것을 원치 않는 어떤 사람에게 죽임을 당했다고들 수군수군 말합니다. 그 사람 머리에 깊은 상처가 있었습니다. 말이 그를 쓰러뜨렸다는 말도 있지만 저는 믿지 않습니다. 그 사람은 먼지 속에 누워 있으면서 미소를 띠고 있었습니다. 그렇습니다. 그 사람은 엘룰달의 가장 맑은 밤의 마지막 별들과 아침의 떠오르는 해를 보고 미소짓고 있는 것 같았습니다. 그 사람은 새벽에 야채를 가지고 시내로 가던 야채 장수들에게 발견되었는데, 이 사람들이 제 오이를 가지러 들렀을 때에 제게 말했습니다. 달려 가 보았더니, 그 사람은 아주 평화롭게 누워 있었습니다."

"들었느냐?" 하고 예수께서 유다에게 물으신다.

"들었습니다. 그러나 선생님은 그에게 선생님께 봉사하고 오래 살 거라고 말씀하지 않으셨습니까?"

"내가 정확히 그렇게 말하지는 않았다. 지나간 세월로 네 생각이 가려졌구나. 그러나 그가 전교지방에서 복음을 전하는 것으로 혹 내게 봉사를 하지 않았느냐? 그가 오래 살지 않았느냐? 하느님께 봉사하다가 죽는 사람의 그 쟁취보다 더 긴 수명이 어떤 것이냐? 길고 영광스러운 수명이?"

유다는 내 마음에 몹시 거슬리는 그 야릇한 웃음을 웃으며 아무 말도 대꾸하지 않는다.

그러는 동안 작은 마을의 사람들이 에프라임 사람 여럿과 만나서 예수를 가리키며 자기들끼리 말한다.

예수께서 유다에게 명령하신다.

"이 사람을 집으로 데리고 가서 음식을 마저 먹여라. 이 사람은 벌써 시작되는 안식일이 지난 다음에 떠날 것이다."

유다는 순종한다. 그리고 예수께서는 혼자 남으셔서, 이삭이 생기기 시작한 밀대를 살펴보시려고 몸을 굽히시며 천천히 걸어가신다.

에프라임 사람들이 예수께 묻는다.

"밀이 훌륭하지요?"

"훌륭하오. 그러나 다른 지방의 밀과 다를 것이 없소."

"물론이지요, 선생님. 어느 거나 다 밀이니까요! 그러니 같을 수밖에 없지요."

"그렇소? 그러면 밀은 사람들보다 낫소. 과연, 밀은 제대로 씨를 뿌리기만 하면, 유다에서나 갈릴래아에서나 또는 큰 바다를 끼고 있는 평야에서나 같은 열매를 맺소. 이와 반대로 사람들은 같은 열매를 맺지 않소. 또 땅도 사람들보다 낫소. 땅에 씨를 맡기기만 하면, 땅은 그 씨앗이 사마리아에서 왔든지 갈릴래아에서 왔든지 차별을 하지 않고 씨를 친절하게 대하기 때문이오."

"맞습니다. 그렇지만 왜 땅과 밀이 사람들보다 낫다고 말씀하십니까?"

"왜냐구요?…. 조금 전에 어떤 사람이 어떤 마을의 이 집 저 집의 문전에서 불쌍히 여겨서 빵을 하나 달라고 청했소. 그런데 사람들은 그를 유다의 어떤 곳에서 온 줄 알고 내쫓았소. 돌팔매와 '문둥병자'라는 외침으로 내쫓았는데, 문둥병자라는 이름은 그 사람이 야위였기 때문에 붙인 이름이었지만, 그가 떠나온 고장 때문에 그렇게 부른 것이었소. 그래서 그 사람은 길에서 굶어 죽을 뻔했소. 그러므로 그 마을 사람들, 내게 질문을 하라고 당신들을 보냈고 기적을 받은 사람을 보려고 내가 머무르고 있는 집에 오고 싶어하는 그 사람들은 밀과 땅보다 더 나쁘오. 그것은 비록 내가 오래 전부터 그들에게 영향을 끼치고 있지만, 그들은 유다인도 사마리아인도 아닌 저 사람, 나를 한번도 본 적이 없고 내 말을 들은 적도 없지만, 내 제자들 중 한 사람의 말을 받아들여 나를 알지 못하면서 나를 믿은 저 사람이 맺은 것과 같은 열매를 맺을 줄 몰랐기 때문이오.

그리고 그들이 이 땅들보다도 더 나쁜 것은 그 사람이 다른 씨에서 왔다고 해서 배척했기 때문이오. 이제는 기진맥진한 사람의 굶주림을 만족시킬 줄 몰랐던 그들이 그들의 호기심의 욕구를 만족시키려고 오고 싶어하오. 선생님은 쓸데없는 그 호기심을 만족시키지 않을 것이라고 그들에게 말하시오. 그리고 그것이 없이는 당신들이 **절대로** 나를 따를 수 없을 중요한 사랑의 법칙을 모두 배우시오. 당신들의 영혼을 구해 줄 것은 내게 대한 사랑, 오직 이것만이 아니고, 내 가르침에 대한 사랑도 있어야 하오. 그런데 내 가르침은 인종이나 재산의 구별없는 형제적인 사랑을 가르치오. 그러므로 내 마음을 몹시 슬프게 한 냉혹한 마음을 가졌던 그들은 돌아가라고 하시오. 그리고 내가 그들을 사랑하기를 바라면 뉘우치라고 하시오.

당신들 모두가 기억해야 할 것은, 내가 인자하고 공정하기도 하고, 차별을 두지 않고 당신들을 갈릴래아 사람들과 유다 사람들만큼 사랑하지만, 이로 인해서 당신들이 마음에 드는 사람들이 되었다고 교만해져서는 안 되고, 내 질책을 두려워하지 않고 악을 행해도 좋다는 허락이 되어서는 안 된다는 것이기 때문이오. 나는 내 친척들이거나 내 사도들이거나 다른 어떤 사람에게 대해서나 정의가 원하는 것에 따라 칭찬도 하고 비난도 하오. 그리고 내 꾸지람에는 사랑이 들어 있소. 내가 그렇게 하는 것은 정의를 실천한 사람에게 어느 날 상을 줄 수 있도록 사람들의 마음에 정의가 있기를 원하기 때문이오. 그들에게 가서 이것을 알리시오. 그리고 이 교훈이 모든 사람에게서 열매를 맺기를 바라오."

예수께서는 겉옷을 잘 여미시고, 질문자들을 놓아두시고 **빨리** 에프라임 쪽으로 향하신다. 그들은 매우 당황해하며 동정심을 가지지 않았던 작은 마을 사람들에게 선생님의 말씀을 되풀이 하려고 간다.

26. 예수와 사무엘과 유다와 요한

역시 예수께서 에프라임 서쪽에 있는 우거진 수풀 속을 생각에 깊이 잠기신 채 혼자서 천천히 가신다. 개울에서는 물이 흘러 내려가는 소리가 올라오고, 나무들에서는 새들의 노래가 내려온다. 봄날의 강한 햇빛은 얼기설기한 가지들 사이로 퍼지고, 흐드러지게 우거진 풀을 밟는 발걸음은 조용하다. 햇살은 푸른 풀 위에 움직이는 둥근 양탄자와 황금빛 줄무늬를 그려 놓고, 아직 이슬에 젖어 있는 어떤 꽃은 주위는 온통 그늘인데 둥그런 빛살을 정면으로 받아, 그 꽃잎들이 보석인 것처럼 반짝인다.

예수께서는 발코니처럼 공중에 쑥 내민 낭떠러지를 향하여 올라가신다. 발코니에는 어마어마하게 큰 참나무 한 그루가 우뚝 솟아 있고, 검은 딸기나무나 찔레나무의 낭창낭창한 가지들과 담쟁이와 인동덩굴들이 늘어져 있는데, 그것들은 돋아난 곳이 그것들의 풍성한 생활력을 발휘하기에는 너무 좁아 뻗거나 의지할 데가 없어서 헝클어지고 풀어진 머리채 모양으로 공중으로 축 늘어져, 무엇인가에 달라붙겠다는 희망을 가지고 뻗고 있다.

예수께서는 깎아지른 곳의 높이까지 올라가셔서 덤불이 엉킨 것을 헤치시며 가장 앞으로 내민 끝부분을 향하여 가신다. 새 한 떼가 놀란 소리를 지르고 날개 스치는 소리를 내며 다른 데로 날아간다. 예수께서는 걸음을 멈추시고, 당신보다 먼저 그리로 올라온 사람을 살펴보신다. 그 사람은 낭떠러지 거의 끝에 풀 위에 배를 깔고, 팔꿈치를 땅에 대고, 두 손으로 얼굴을 감싸고 엎디어 예루살렘으로 허공을 바라보고 있다. 그는 요나타 벤 우지엘의 이전 제자 사무엘이다. 그는 생각에 잠겨 있고, 한숨을 쉬며 머리를 흔든다….

예수께서는 그의 주위를 끄시려고 나뭇가지를 흔드신다. 그러나 그 시도가 헛된 것을 보시고 풀 속에서 돌 하나를 주워서 오솔길 아래로 굴려 내려보내신다. 비탈에서 튀어오르는 돌 소리에 젊은이는 움직이며, 놀라서 뒤돌아보고 말한다.

"거기 누가 있소?"

"사무엘, 나요. 당신이 내가 가장 좋아하는 기도의 장소 중의 하나에 나보다 앞장서서 왔소" 하고 예수께서 오솔길 끝에 있는 참나무의 굵은 줄기 뒤에서 나타나시며 말씀하시는데, 그 때 막 그곳에 도착하신 것처럼 하신다.

"아이고! 선생님! 죄송합니다…. 그러나 즉시 자리를 내드리겠습니다" 하고 밑에 깔려고 벗었던 겉옷을 집으면서 급히 일어나며 말한다.

"아니오. 왜? 두 사람이 있을 만한 자리가 있는데. 이곳은 외따로 떨어져 있어 고적하고, 허공에 매달려 있고, 햇빛이 잘 들고 지평선이 탁 트여 있어 매우 아름답소! 왜 이 자리를 뜨려고 하오?"

"그야… 선생님이 기도하시게 하려구요…."

"그런데 우리가 함께 기도할 수 없소? 혹은 우리가 서로 이야기하고, 우리의 정신을 하느님께로 올리면서… 그리고 사람들과 그들의 결점을 잊고, 우리의 아버지이고, 착한 뜻을 가지고 당신을 찾고 사랑하는 모든 사람의 인자하신 아버지이신 하느님을 생각하면서 묵상까지도 할 수 없소?"

사무엘은 예수께서 "그리고 사람들과 그들의 결점을 잊고…" 라고 말씀하실 때 놀라는 몸짓을 한다. 그러나 대꾸는 하지 않고 돌아와 앉는다.

예수께서는 그의 곁에 풀에 앉으셔서 말씀하신다.

"여기 앉으시오, 그리고 같이 있읍시다. 오늘은 지평선이 얼마나 맑은지 보시오. 우리가 독수리 같은 눈을 가졌더라면, 예루살렘을 왕관처럼 둘러싸고 있는 산꼭대기들에 마을들이 희게 나타나는 것을 볼 수 있을 거요. 그리고 어쩌면 우리의 마음을 설레게 할 보석같이 공중에서 반짝이는 한 점, 즉 하느님의 집의 황금빛 둥근 지붕들을 볼 거요…. 보시오. 저기에 베델이 있소. 그 집들이 희게 나타나는 것이 보이오. 그리고 저기 베델 저쪽에는 베롯이 있소. 옛날에 그곳과 그 인근 지방에 살던 사람들의 간교가 얼마나 치밀했소! 그러나 비록 속임수가 절대로 좋은 무기일 수는 없지만, 그 간교에서 좋은 결과가 나왔소. 그 간교로 인하여 그들이 하느님을 섬기게 되었기 때문에 좋은 결과가 나왔다는 거요. 인간적인 명예가 많고 가치가 있고, 거룩함을 가까이하는 것은 보잘 것 없고 알려지지 않은 것이라 하더라도, 거룩함을 가까이 할 수 있기 위하여 항상 인간적인 명예를 잃는 것이 좋소, 안 그렇소?"

"그렇습니다, 선생님. 선생님이 바른 말씀을 하셨습니다. 제게도 그런 일이 일어났습니다."

"그러나 변화로 인해 당신이 행복해야 할 텐데도 당신은 침울하오. 당신은 침울하고, 괴로워하고, 외따로 떨어져 있고, 당신이 떠나온 곳을 바라보곤 하오. 당신은 새장의 창살 속에 갇혀서 그 놈이 좋아하던 곳을 몹시 동경하며 바라보는 붙잡힌 새와 같소. 당신더러 그렇게 하지 말라고 말하지는 않소. 당신은 자유요, 당신은 가도 되오. 그리고…."

"주님, 유다가 혹 제게 대해서 나쁘게 말해서 그렇게 말씀하시는 것입니까?"

"아니오. 유다가 내게는 말하지 않았소. **내게는 말하지 않았소. 그러나 당신에게는 말했소**. 그리고 그 때문에 당신은 침울하고, 그 때문에 낙담해서 외따로 떨어져 있는 거요."

"주님, 아무도 말씀드리지 않았는데도 이런 일들을 아시면, 선생님을 떠나고 싶은 욕망으로나 제가 회개한 것을 후회해서나, 과거에 대한 향수로… 또는 사람들이 무섭거나 사람들이 제가 암시하고자 하는 그들의 벌에 대한 그 공포로 인해서 제가 침울한 것이 아니라는 것도 아실 것입니다. 제가 저쪽을 바라보고 있었던 것은 사실입니다. 저는 예루살렘 쪽을 바라보고 있었습니다. 그러나 그리로 돌아가고자 하는 욕망으로 그런 것은 아닙니다. 제가 전에 있던 것처럼 돌아가고 싶어하는 것은 아니라는 말씀입니다. 왜냐하면 하느님의 집에 들어가서 지극히 높으신 분께 경배하기를 좋아하는 이스라엘 사람으로 그곳에 돌아가고자 하는 욕망은 확실히 가지고 있습니다. 우리 모두가 그런 것처럼. 그리고 선생님이 제게 그것을 나무라실 수 있다고는 생각하지 않습니다."

26. 예수와 사무엘과 유다와 요한 **317**

 "내가 누구보다도 먼저, 내 두 가지 본성으로 그 제단을 갈망하오. 그리고 그 제단이 그래야 마땅한 것처럼 거룩함으로 둘러싸여 있기를 바라오. 하느님의 아들로서는 하느님께 영광이 되는 것은 무엇이든지 내게 대단히 기분좋은 목소리가 되고, 사람의 아들, 이스라엘 사람, 따라서 율법의 아들로서의 나는 성전과 제단을 이스라엘의 가장 신성한 장소로, 우리 인성이 거룩한 것에 가까이 가고, 하느님의 옥좌를 둘러싸고 있는 분위기의 향기에 젖을 수 있는 곳이라고 생각하오. 사무엘, 나는 율법을 폐지하지 않소. 율법은 내 아버지께서 주신 것이기 때문에 내게도 신성한 것이오. 나는 율법을 완성하고 거기에 새 부분을 첨가하오. 하느님의 아들로서 나는 그렇게 할 수가 있소. 이를 위하여 아버지께서 나를 보내셨소. 나는 내 교회의 영적인 성전을 세우러 왔는데, 이 성전은 사람들도 마귀들도 능가하지 못할 것이오.
 그러나 율법의 십계판은 이 성전에서 상석에 있을 것이오. 그것은 그것이 영원하고 완전하고 나무랄 데 없는 것이기 때문이오. 그 간결함 속에 하느님의 눈에 의인이 되기 위하여 해야 할 모든 것을 내포하고 있는 이 십계판에 포함된 '이러이러한 죄를 짓지 말아라' 하는 것은 내 말로 폐지되지 않소. 오히려 나도 당신들에게 이 십계명을 말하고 있소. 다만 나는 이 십계명을 **완전히** 지키라고, 즉 그것들을 어기는 사람들에 대한 하느님의 분노를 무서워해서가 아니라, 아버지이신 당신들의 하느님께 대한 사랑으로 지키라고 말하오. 나는 아들인 당신들의 손을 당신들의 아버지의 손에 놓으려고 왔소. 이 손들이 서로 떨어진 지가 몇 세기나 되었소! 벌도 갈라 놓고 죄도 갈라 놓았소. 구속자가 오게 되면, 죄가 없어질 거요. 방벽이 무너지고, 당신들은 다시 하느님의 아들이 되오."
 "맞습니다. 선생님은 인자하시고 항상 용기를 돋우어 주십니다. 그리고 아십니다. 그러니까 제 고민을 말씀드리지는 않겠습니다. 다만 선생님께 여쭙겠는데, 왜 사람들이 그다지도 타락하고 그다지도 미치고 그다지도 어리석습니까? 어떻게 무슨 방법을 가졌기에 그렇게까지 악마처럼 악을 권할 수가 있습니까? 그리고 우리들은 어떻게 현실을 보지 못하고 그들의 거짓말을 믿을 정도로 눈이 어둡습니까?

그리고 우리가 어떻게 그런 마귀가 될 수 있습니까? 그리고 선생님 곁에 있으면서 그대로 마귀로 있을 수가 있습니까? 저는 저기를 바라보면서 생각하고 있었습니다…. 예, 그곳에서 나와 이스라엘의 아들들의 마음을 어지럽게 하는 수많은 시냇물같은 독을 생각하고 있었습니다. 어떻게 라삐들의 지혜가 사람들을 오류로 끌어들이기 위해서 사실들을 왜곡하는 그렇게도 많은 사악과 결합할 수 있는지 의아하게 생각했습니다. 저는 특히 그것을 생각했습니다. 그것은…." 격분하여 말하였던 사무엘이 말을 멈추고 고개를 떨어뜨린다.

예수께서 그의 말을 끝맺으신다.

"…그것은 내 사도인 유다가 그렇고, 나와 내 주위에 있거나 당신이 온 것과 같이 내게 오는 사람들에게 고통을 주기 때문이오. 나도 아오. 유다는 당신을 여기서 떠나가게 하려고 애쓰고, 당신에게 암시를 주고 당신을 비웃소…."

"그리고 저 하나에게만 그러지도 않습니다. 그렇습니다. 그는 정의 안에 있는 제 기쁨을 잡쳐 놓았습니다. 그는 얼마나 교묘하게 제 기쁨을 잡쳐 놓는지, 저는 여기에 선생님과 제게 대한 배반자로 있는 것처럼 생각하게 됩니다. 제게 대해서 그렇다는 것은 제가 선생님을 파멸시키는 원인이 될 터인데, 더 나아졌다는 착각을 하고 있기 때문입니다. 사실 저는 아직 저 자신을 잘 알지 못합니다…. 그래서 성전 사람들을 만나면 제 결심을 포기하고… 어떻게 할지도 모릅니다…. 오! 만일 제가 그 때에 그렇게 했더라면 선생님이 어떤 분인지를 알지 못한다는 구실을 가졌을 것입니다. 선생님에 대해서는 저를 저주받은 사람이 되게 하려고 사람들이 제게 말하는 것을 알고 있었으니까요.

그러나 만일 제가 지금 그렇게 하면! 하느님의 아들을 배반할 자가 받을 저주는 어떤 것이겠습니까! 저는 여기서… 생각에 잠겨 있었습니다. 그것은 사실입니다. 저 자신과 그들에게서 저를 구하기 위해 어디로 도망칠까 하고 생각했습니다. 저는 디아스포라의 사람들과 합류하기 위해 먼 데로 도망칠 생각을 했었습니다…. 멀리로, 마귀가 저로 하여금 죄를 짓지 못하게 막기 위해 먼 데로… 선생님의 사도가 저를 믿지 않는 것은 옳은 일입니다. 그 사람은 우두머리들을 알아서 우리 모두를 알고 있기 때문에 저를 압니다…. 그래서 그가 저를 의심하는 것은 옳은 일입니다. '그러나 당신은 선생님이 우리에게 우리가 약할 것이라고 말씀하신다는 걸 모르지요? 깊이 생각해 보시오. 사도들이고 선생님과 오래 전부터 같이 있는 우리에게 그렇게 말씀하신단 말이오. 그런데 방금 온 당신, 그것도 우리 모두를 벌벌 떨게 하는 시기에 겨우 도착한 당신이, 묵은 이스라엘에 의해서 그렇게 중독된 당신이 당신을 의롭게 지킬 힘이 있을 것이라고 생각하오?' 하고 그가 말할 때에는 그의 말이 옳습니다." 그 사람은 낙망해서 고개를 떨어뜨린다.

"사람의 아들들이 얼마나 많은 슬픔을 자기 자신들에게 주는지! 정말로 사탄은 사람의 아들들에게 완전히 공포를 주어, 그들을 구해 주려고 마주 오는 기쁨에서 그들을 갈라놓기 위해 이 경향을 이용할 줄을 아오. 정신의 우울, 내일에 대한 공포, 걱정 따위는 항상 사람이 그의 적대자의 손에 들려주는 무기들이오. 이 적대자는 사람이 스스로 만들어내는 환상들을 가지고도 사람을 무섭게 하고, 또 정말이지 사탄과 결합해서 형제들에게 겁을 주도록 사탄을 돕는 다른 사람들도 있소. 그러나 젊은이, 하늘에 아버지께서 한분 계시지 않소? 바위에 벌어진 이 틈에 이 풀포기를 마련해 주시는 아버지 ─이 틈에는 부식토가 차 있는데, 반들반들한 돌 위로 흘러가던 이슬의 축축한 기운이 이 작은 고랑에 모이도록 배치되어 있어서, 풀포기가 살아서 이 조그마한 꽃을 피울 수 있게 하오. 그런데 이 작은 꽃의 아름다움은 저 위에서 빛나고 있는 태양보다 덜 놀라운 것이 아니오. 둘 다 창조주의 완전한 작품이오.── 그 아버지께서 바위에 돋아난 이 풀포기를 보살펴 주시는데, 당신을 섬기기를 단호하게 원하는 당신 아들들 중의 한 사람을 보살피실 수 없겠소? 오! 정말이지 하느님께서는 사람의 '착한' 욕망을 실망시키지 않으시오. 하느님께서 친히 당신들 마음에 그 욕망들을 일으키시기 때문이오. 선견지명이 있고 지혜로우신 하느님께서 당신 아들들의 소원을 돕기 위한 상황을 조성하시고, 그뿐 아니라, 불완전한 길로 나아가면서 당신을 공경하고자 하는 욕망을 바로잡고 완성하여, 올바른 길을 따라 가면서 당신을 공경하고자 하는 욕망으로 이끌어 가기 위한 상황을 조성하시오. 당신은 이런 사람들 중에 들어있었소. 당신은 나를 박해함으로 하느님을 공경한다고 믿고 있었고, 그렇게 하기를 원했고, 그렇게 한다고 확신하고 있었소. 아버지께서는 당신 마음 속에는 하느님께 대한 증오가 없고, 다만 저들이 하느님의 원수이고 영혼들을 타락시키는 사람이라고 말한 그 사람을 세상에서 없앰으로 하느님을 찬양하겠다는 갈망이 있음을 보셨소. 그러므로 아버지께서는 당신의 주님을 찬미하겠다는 당신의 욕망을 들어 주시기 위한 상황을 조성하셨소. 그래서 당신은 우리 가운데 오게 된 거요. 그런데 하느님께서 당신을 이리 데려오신 지금 당신을 버리실 수 있다고 생각할 수 있소? **당신이 하느님을 버리는 때에만** 악의 힘이 당신을 지배할 수 있을 거요."

"저는 하느님을 버리기를 원치 않습니다. 제 뜻은 진실합니다!" 하고 그 사람이 언명한다.

"그러면 무엇 때문에 걱정하오? 한 사람의 말 때문이오. 그 사람이 마음대로 말하게 내버려두시오. **그 사람은 자기의 생각으로 생각하오**. 그런데 사람의 생각은 항상 불완전하오. 그러나 거기에 대비하겠소."

"저는 선생님이 그를 질책하시기는 바라지 않습니다. 제가 죄를 짓지 않으리라는 보장만 선생님이 제게 주시면 됩니다."

"당신에게 그걸 보장하오. 당신이 그런 일을 당하기를 **원치 않기 때문에** 당신은 아무 일도 당하지 않을 거요. 젊은이, 알겠소? 당신의 영혼을 그리스도께 대한 증오에서 지키고, 이 증오에 대한 벌을 면하기 위해 디아스포라나 이 세상의 끝까지 간다해도 소용이 없을 거요. 이스라엘의 많은 사람이 물질적으로는 죄로 더러워지지 않을 거요. 그러나 내게 사형선고를 내리고 그 선고를 집행할 사람들보다 죄가 덜하지 않을 거요. 당신은 이미 모든 것이 이 목적을 위하여 준비되어 있다는 것을 알고 있기 때문에 이 일에 대해서 당신과 말할 수 있소. 당신은 내게 대해서 가장 악착스러운 사람들의 이름과 생각을 알고 있소. '유다는 모든 우두머리를 알기 때문에 우리 모두를 압니다' 하고 당신은 말했소. 그러나 당신들이 가장 큰 유성들 앞에 있는 작은 별들과 같기 때문에, 유다가 아랫사람들인 당신들도 안다지만, 당신들도 사람들이 일을 하고 있다는 것, 어떻게 일하고 누가 일하는

26. 예수와 사무엘과 유다와 요한   **321**

가 하는 것, 어떤 음모를 꾸미고 있고, 어떤 방법들을 연구하고 있는가 하는 것을 똑같이 알고 있소…. 그러니까 당신과는 말할 수 있소. 다른 사람들과는 말을 할 수 없을 거요…. 내가 어떤 고통을 당할 수 있고, 무엇을 동정할 수 있는지를 다른 사람들은 알지 못하오….”

"선생님, 그러나 그것을 아시면서 어떻게 그렇게… 누가 오솔길로 올라오지?" 사무엘은 보려고 일어나다가 외친다. "유다가!"

"그렇소, 나요. 선생님이 이리로 올라 오셨다는 말을 들었는데, 오히려 당신을 만나는구려. 그럼 당신의 생각에 잠겨 있도록 나는 돌아가겠소." 그러면서 코웃음 친다. 그 웃음은 하도 진실성이 없어서 올빼미의 우는 소리만큼이나 음산하다.

"나도 여기 있다. 마을에서 나를 찾느냐?" 하고 예수께서 사무엘의 뒤에서 나타나시면서 말씀하신다.

"오! 선생님이! 그러면 사무엘, 당신은 좋은 동반자와 같이 있었소! 선생님도 그러시구요…."

"그러나 정의를 받아들이는 사람과 같이 있는 것은 언제나 좋은 동반자를 가지는 것이다. 그러면 너는 나와 같이 있으려고 나를 찾고 있었던 것이로구나. 오너라. 너 앉을 자리가 있다. 요한이 너와 같이 왔더라면 요한의 자리도 있었을 것이다."

"요한은 저 아래에서 다른 순례자들을 돌보고 있습니다."

"순례자들이 있으면, 그럼 내가 가야겠구나."

"아닙니다, 그 사람들은 내일까지 하루 종일 있는 답니다. 요한은 그들이 머무를 수 있도록 우리 침대들에 자리잡아 주고 있는 중입니다. 요한은 그렇게 하는 걸 기뻐합니다. 하긴 그 사람은 무슨 일에나 기뻐합니다. 선생님과 그 사람은 정말 닮으셨습니다. 저는 선생님네가 어떻게 해서 항상 행복하신지, 그리고 가장… 슬픈 일을 당하셔도 어떻게 항상 기뻐하시는지 모르겠습니다."

"당신이 왔을 때 내가 마침 그 질문을 하려던 참이었소."

"아! 그래요! 그러면 당신도 자신을 행복하다고 느끼지 못하는 것이로구려. 그리고 다른 사람들이 우리의 처지보다도 한층 더… 어려운 처지에서 행복할 수 있다는 것을 이상하게 여기는 것이로구려."

"나는 불행하지 않소. 내게 대해서 말하는 것이 아니라, 당신의 미래를 환히 알고 계시면서도 아무 것에 대해서도 불안해 하지 않으시는 선생님의 침착성이 어떤 근원에서 오는가 하고 의아하게 생각하는 거요."

"그야 천상적인 근원에서 오는 거지요! 그건 당연하오! 선생님은 하느님이시니까! 당신은 혹 그것을 의심하오? 하느님께서 고통을 당하실 수 있소? 선생님은 고통을 초월해 계시오. 아버지의 사랑이 선생님께는 취하게 하는 술과… 같은 것이오. 그리고 취하게 하는 술이 선생님께 있어서는 당신의 행동이 세상의 구원이라는… 확신이오. 또 그리고… 선생님이 보잘 것 없는 사람들이 가지는 육체적인 반응을 가지실 수 있소? 그것은 상식에 어긋나는 생각이오. 죄없는 아담이 어떤 종류의 고통을 느끼지 않았고, 또 무죄한 채로 그대로 있었으면 절대로 고통을 느끼지 않았을 터인데, 더할 수 없이 죄없고, 어떻게 부를지 모르겠소. 하느님이시니까 창조되지 않으셨고, 부모가 계시니까 창조되신 인간이신… 오! 선생님, 미래의 사람들에게는 풀 수 없는 얼마나 많은 '왜'가 있겠습니까! 그런 인간이신 예수님이. 아담이 죄가 없었기 때문에 고통이 면제되었는데, 예수님이 고통을 당하셔야 한다고 혹 생각할 수 있겠소?"

예수께서는 고개를 숙이고 계신다. 다시 풀 위에 앉으셨다. 머리카락이 얼굴을 가렸다. 그래서 나는 예수의 표정을 보지 못한다.

역시 서 있는 유다 앞에 서 있는 사무엘은 대꾸한다.

"그러나 선생님은 구속자가 되셔야 하니, **실제로** 고통을 당하셔야 하오. 당신은 다윗과 이사야를 기억하지 못하오?"

"그들을 기억하고 말구요! 그들을 기억하고 말구요! 그러나 그들은 구속자의 얼굴을 보면서도, 구속자가… 뭐랄까, 고문을 당하면서도 고통을 느끼지 않기 위해서 받았을 무형의 도움은 보지 못했던 거요."

"그래 그게 어떤 도움이오? 인간은 그의 의덕의 완전도에 따라 고통을 사랑하거나 인종(忍從)으로 참아받을 수 있을 거요. 그렇지만 언제나 고통을 느낄 거요. 그렇지 않으면… 만일 고통을 느끼지 않는다면… 그것은 고통이 아닐 거요."

"예수님은 하느님의 아들이시오."

"그러나 유령은 아니시오! 진짜 육체요! 육체는 고문을 당하면 고통을 느끼오. 선생님은 참다운 사람이시오! 사람의 생각은 만일 그가 모욕을 당하고, 경멸의 대상이 되면 고통을 당하오."

"선생님의 하느님과의 결합은 선생님에게서 이런 인간적인 것을 제거하오."

예수께서 얼굴을 드시고 말씀하신다.

"유다야, 나 분명히 네게 말한다마는, 나는 누구나와 마찬가지로, 누구보다도 더 고통을 당한다. 그리고 고통을 당할 것이다. 그러나 그럼에도 불구하고 나는 하느님의 뜻을 그들의 유일한 신부처럼 선택했기 때문에 세상의 슬픔에서 해방된 사람들의 거룩하고 영적인 큰 행복으로 행복할 수 있다. 내가 그렇게 될 수 있는 것은 사람들이 상상하는 것과 같은 큰 행복과 큰 행복에 대한 불안에 관한 인간적인 개념을 내가 초월했기 때문이다. 나는 사람이 큰 행복을 이루는 것이라고 생각하는 것을 추구하지 않는다. 그러지 않고, 사람이 큰 행복이라고 생각하고 추구하는 것과 반대되는 바로 그것을 내 기쁨으로 생각한다. 사람이 무거운 짐과 고통으로 생각해서 피하고 업신여기는 것이 내게는 가장 기분좋은 것을 나타낸다. 나는 현재를 바라보지 않는다. 나는 현재가 영원 안에 만들어놓을 수 있는 결과를 생각한다. 내 삽화는 끝나지만 그 결과는 지속된다. 내 고통은 끝나지마는 그 고통의 가치는 끝이 없다.

그리고 세상에서 사람들이 '행복하다'고 부르는 것의 한 시간을 가지고, 여러 해나 여러 달 동안 추구한 끝에 도달한 그 한 시간을 가지고 내가 어떻게 하겠느냐? 그 뒤 그 한 시간이 기쁨으로서 나와 더불어 영원 속으로 갈 수 없게 될 때에는, 내가 사랑하는 사람들에게 그것을 나누어주지 못하고 나 혼자서만 그것을 누리게 되었을 때에는, 그것을 가지고 내가 어떻게 하겠느냐 말이다."

"아니, 만일 선생님이 성공을 거두시면, 선생님의 큰 행복의 일부분이 선생님을 따르는 저희들에게 돌아올 것입니다!" 하고 유다가 외친다.

"너희들에게? 그런데 내 고통이 기쁨을 줄 과거와 현재와 미래의 수많은 무리와 비교하면, 너희들이 무엇이냐? 나는 세상의 큰 행복

훨씬 저 너머를 본다. 나는 내 눈길을 저 너머로, 초자연적인 것으로 보낸다. 나는 내 **고통이 수많은 사람들을 위하여 영원한 기쁨으로 변하는 것을** 본다. 나는 고통을 완전한 행복에 도달하기 위한 가장 큰 힘으로 생각하고 받아들인다. 그 완전한 행복이란 이웃에게 기쁨을 주기 위하여 고통을 당하기까지 그를 사랑하는 행복이다. 그를 위하여 죽기까지 사랑하는 행복이다."

"저는 그 큰 행복을 이해하지 못하겠습니다" 하고 유다가 잘라 말한다.

"너는 아직 지혜롭지 못하다. 지혜로우면 그것을 이해할 것이다."

"그럼 요한은 지혜롭습니까? 그는 저보다도 더 무식한데요!"

"인간적으로는 그렇다. 그러나 그는 사랑의 지식을 가지고 있다."

"좋습니다. 그러나 저는 사랑이 몽둥이를 몽둥이가 아니게 하고, 돌을 돌이 아니게 하고, 그것들이 때리는 몸이 고통을 당하지 않게 한다고는 생각하지 않습니다. 선생님은 고통이 선생님께는 사랑이기 때문에 선생님께 소중하다고 항상 말씀하십니다. 그러나 선생님이 실제로 붙잡히셔서 고문을 당하게 되었을 때에도 ─그러나 그것이 가능하다면 말입니다.─ 선생님이 아직 그 생각을 가지고 계실지 모르겠습니다. 선생님이 고통을 피하실 수 있는 동안에 그것을 생각하십시오. 그 고통은 무서울 것입니다. 아시겠어요? 만일 사람들이 선생님을 잡을 수 있으면… 오! 그들은 선생님께 사정을 두지 않을 것입니다!"

예수께서 그를 바라보신다. 예수께서는 매우 창백하시다. 크게 뜨신 눈은 유다의 얼굴 너머로 당신을 기다리고 있는 모든 고문을 보시는 것 같다. 그러나 슬픔 가운데에서도 예수의 눈은 지극히 부드러우시고 특히 차분하시다. 마음이 편안한 죄없는 사람의 맑은 두 눈이다. 예수께서 대답하신다.

"나도 안다. 네가 알지 못하는 것까지도 안다. 그러나 나는 하느님의 자비를 바란다. 죄인들에게도 자비로우신 하느님께서 내게도 자비를 베푸실 것이다. 나는 하느님께 고통을 받지 않게 해 주시기를 청하지 않고, **고통을 당할 줄 알게 해주시기를** 청한다. 그러면 이제는 가자. 사무엘, 당신은 우리보다 좀 앞서 가서 우리가 곧 마을에 갈 것이라고 요한에게 알리시오."

사무엘은 머리를 숙이고 나서 빨리 간다.

예수께서 내려오기 시작하신다. 오솔길은 하도 좁아서 두 사람이 앞서거니 뒤서거니 하며 내려올 수밖에 없다. 그러나 그렇다고 해서 유다가 말을 하지 못하지는 않는다.

"선생님, 저 사람을 너무 믿으십니다. 제가 저 사람의 정체를 말씀 드렸지요. 저 사람은 요나타의 제자들 중에서 제일 흥분한 사람이고 제일 흥분하기 쉬운 사람입니다. 어떻든 이제는 너무 늦었습니다. 선생님은 저 사람의 손에 걸려드셨습니다. 저 사람은 선생님을 정탐하러 온 밀정입니다. 그런데 선생님도 그렇고, 다른 사람들은 선생님보다도 더, 저를 밀정이라고 생각하신 것이 한두번이 아닙니다. 저는 밀정이 아닙니다."

예수께서는 걸음을 멈추시고 돌아보신다. 예수의 얼굴과 사도를 똑바로 들여다보시는 예수의 눈길에는 고통과 위엄이 섞이어 있다. 예수께서 말씀하신다.

"그렇다, 너는 밀정이 아니다. **너는 마귀다**. 너는 하느님에게서 떼어놓기 위하여 유혹하고 속이는 특권을 뱀에게서 **빼앗아** 가졌다. 네 행동은 돌도 몽둥이도 아니지만, 돌이나 몽둥이로 때리는 것보다 더 상처를 입힌다. 오! 나의 소름끼치는 고통 중에, 고통받는 사람에게 고통을 당하게 하는 것으로서 네 행동보다 더한 것이 없을 것이다."

예수께서는 소름끼치는 일을 보지 않으시려는 듯이 두 손으로 얼굴을 가리신다. 그런 다음 오솔길로 해서 빨리 내려오기 시작하신다.

유다가 뒤에서 외친다.

"선생님! 선생님! 왜 저를 괴롭히십니까? 저 속이는 사람이 분명히 선생님께 중상을 했군요…. 제 말씀을 들으십시오, 선생님!"

예수께서는 그의 말에 귀를 기울이지 않으시고 내리받이를 뛰어서, 날다시피 내려오신다. 그리고 인사를 하는 나무꾼들과 목자들 곁을 멈추지 않고 지나가신다. 예수께서 지나가시며 인사하신다. 그러나 걸음을 멈추지는 않으신다. 유다는 체념하고 입을 다문다….

그들이 거의 아래에 내려왔을 때 요한과 마주친다. 요한은 그의 조용한 미소로 빛나는 맑은 얼굴로 그들을 향하여 올라오는 중이다. 요한은 봉방(蜂房)을 빨아먹으면서 재잘거리는 어린 아이의 손을 잡고 있다.

"선생님, 제가 왔습니다! 그 사람들은 필립보의 가이사리아 사람들입니다. 그 사람들은 선생님이 여기 계시다는 것을 알고 왔답니다. 그렇지만 이상한 일입니다! 아무도 말한 사람이 없는데, 선생님이 여기 계신 걸 다들 아니 말입니다! 지금은 그 사람들이 쉽니다. 매우 피로했습니다. 저는 디나에게 가서 양젖과 꿀을 얻어 왔습니다. 병자가 한 사람 있으니까요. 병자는 제 침대에 뉘었습니다. 저는 무섭지 않습니다. 그리고 어린 안나가 저와 같이 오겠다고 했습니다. 선생님, 이 애를 만지지 마십시오. 사방이 꿀 투성이입니다." 그러면서 옷에 꿀방울이 많이 묻고 손가락 자국이 있는 그 착한 요한은 웃는다. 그는 반쯤 빨아 먹은 봉방을 예수께 드리러 가려고 하면서 "오세요. 선생님 드릴게 많이 있어요!" 하고 외치는 어린 아이를 뒤에 붙들어 두려고 애쓴다.

"그렇습니다. 디나의 집에서는 봉방을 떼내는 중입니다. 저는 그것을 알고 있었습니다. 그의 벌들이 분봉한 지가 얼마 안 되거든요" 하고 요한이 설명한다.

그들은 다시 길을 떠나 첫번째 집에 이르렀는데, 그곳에서는 무슨 이유로 그러는지는 정확히 모르지만 양봉가들이 사용하는 북이 아직 울리고 있다. 벌의 무리들이 ―그것들은 이상하게 생긴 커다란 포도송이 같다.― 어떤 나뭇가지들에 매달려 있는데, 사람들이 그것들을 새 벌통으로 가져가려고 딴다. 더 멀리서는 벌써 자리를 잡은 벌통들이 나오는데, 끊임없이 윙윙거리는 벌들이 그리로 들어간다.

남자들이 인사를 하고, 한 여자가 매우 아름다운 봉방들을 가지고 뛰어 와서 예수께 드린다.

"왜 이것들을 가지지 않고 주시오? 요한에게도 벌써 줬으면서…."

"아이고! 제 벌들이 아주 풍성한 수확을 주었습니다. 좀 드려도 저는 곤란하지 않습니다. 그렇지만 새 분봉들에 강복해 주십시오. 보세요. 저 사람들은 마지막 분봉을 거두는 중입니다. 올에는 벌통을 곱절이나 더 많이 얻었습니다."

예수께서 벌들의 작은 도시로 가셔서 일을 중단하지 않는 일벌들이 윙윙거리는 가운데 손을 들어 한 통 한 통 강복하신다.

"벌들은 모두 기뻐하고 또 흥분해 있습니다. 새 집이니까…" 하고 한 남자가 말한다.

"그리고 새 결혼식이고, 정말 혼인잔치를 준비하는 여자들 같아요" 하고 다른 남자가 말한다.

"맞아요, 그러나 여자들은 일하는 것보다 수다를 더 떨지요. 그러나 벌들은 반대로 말없이 일합니다. 그리고 혼인잔칫날에도 일을 합니다. 이 놈들은 저희들의 나라를 만들고 거기에 저희들의 재산을 갖다 놓으려고 끊임없이 일합니다" 하고 또 한 사람이 말한다.

"덕행을 위하여 항상 일하는 것은 허용되는 일이고, 의무이기까지 하오. 이익을 위해서 끊임없이 일하는 것은 그렇지 않소. 그렇게 할 수 있는 사람은 하느님의 날에는 그분을 공경해야 할 하느님이 한 분 계시다는 것을 알지 못하는 사람들뿐이오. 말없이 일하는 것은 공로인데, 이것은 모든 사람이 벌들에게서 배워야 할 겁니다. 거룩한 일들은 말없는 가운데에서만 거룩하게 행해지니까요. 당신들도 의덕에 있어서 당신들의 벌들과 같이 지칠 줄 모르고 말없는 사람이 되시오. 하느님께서 보시고, 하느님께서 갚아주시오. 당신들에게 평화" 하고 예수께서 말씀하신다. 그리고 사도들하고만 계시게 되자 말씀하신다.

"그리고 특히 하느님의 일꾼들에게 나는 벌들을 본보기로 추천한다. 벌들은 꾸준한 일로 건전한 꽃부리에서 따서 저희들 안에서 형성된 꿀을 벌통의 은밀한 속에 갖다 놓는다. 벌들이 얼마나 착한 뜻을 가지고 황금빛 점같이 이 꽃에서 저 꽃으로 날아 다니고, 그리고 나서는 진액들을 지니고 들어와서 은밀한 방 안에서 꿀을 정성들여 만들어내는지, 그 놈들의 피로가 피로같이 보이지도 않는다. 그 놈들을 본받을 줄 알아야 할 것이다. 참다운 덕행의 진액을 줄 수 있는 가르침과 교리와 건전한 우정들을 고르고 나서, 활발하게 거두어들인 것에서, 마치 건전한 많은 성분에서 끌어낸 꿀과 같은 덕행과 정의를 만들어내기 위하여 외따로 떨어져 있을 줄을 알아야 하는데, 착한 뜻을 가지는 것을 잊지 말아야 한다. 착한 뜻이 없으면 여기저기서 따온 진액이 아무 짝에도 소용되지 않는다.

우리가 보고 들은 좋은 것에 대해서 마음 속으로 겸손하게 묵상할 줄 알아야 하는데, 일벌들 곁에 여왕벌들이 있어도, 즉 묵상하는 사람 곁에 그보다 더 의로운 어떤 사람이 있어도 새암을 하지 말아야 한다. 벌통 안에는 일벌이나 여왕벌이나 모든 벌이 필요하다. 모두가 여왕벌이라도 불행할 것이고, 모두가 일벌이라도 불행할 것이다. 벌들은 이 놈 저 놈 다 죽을 것이다. 일벌들이 없으면 여왕벌들이 먹을 것이 없어서 생식을 못할 것이고, 여왕벌들이 생식을 하지 못하면 일벌들이 존재하지 못하게 될 것이기 때문이다.

또 여왕벌들을 새암하지 말아야 할 것이다. 여왕벌들도 피로가 있고 고통이 있는 것이다. 여왕벌들은 오직 한번 결혼하느라고 날 때에 한번만 태양을 볼 뿐이다. 그전과 그후에는 다만 그리고 항상 벌통의 호박색 벽 사이에 갇혀 있는 것이다. 각자가 의무를 가지고 있고, 각 의무는 선택이며, 각 선택은 명예가 되는 외에 짐이 되는 것이다. 그리고 일벌들은 이득없이 날아 다니거나 병들고 독있는 꽃 위로 위험하게 날아 다니느라고 시간을 허비하지 않는다. 벌들은 모험을 하지 않고, 그들의 임무에 불복종하지 않으며, 그것을 위하여 그 놈들이 창조된 목적에 거역하지 않는다. 오! 기묘한 작은 생물들! 사람들에게 얼마나 많은 가르침이 되느냐!…."

예수께서는 입을 다무시고 명상에 잠기신다. 유다는 갑자기 어딘지 모를 곳에 가야 하는 것이 생각나서 뛰어서 간다. 예수와 요한만 남아 있다. 요한은 눈치채지지 않게 예수를 쳐다본다. 주의깊고, 다정스러우면서도 고민하는 눈길이다. 예수께서 머리를 들고 조금 돌리셔서 당신을 유심히 살펴보는 귀염둥이의 눈길과 마주치신다. 예수의 얼굴이 환해지고, 그를 당신에게로 끌어당기신다.

요한은 이렇게 안겨서 걸으면서 묻는다.

"유다가 선생님께 또 다른 고통을 드렸지요? 또 사무엘의 마음도 흔들어 놓았을 것입니다."

"왜? 네게 그 말을 했느냐?"

"아닙니다. 그러나 저는 알았습니다. 그 사람은 이렇게만 말했습니다. '일반적으로 정말 착한 분 곁에 있으면 착하게 되네. 그렇지만 유다는 선생님과 같이 사는 것이 3년째나 되지만 착하지 않아. 유다는 깊이 타락해서 그리스도의 착하심이 그 안으로 뚫고 들어오질 못해. 그 만큼 그의 안에는 사악이 꽉 차 있단 말이야' 하고요. 저는 무슨 말을 할지 몰랐습니다…. 그것이 사실이니까요…. 그러나 유다가 왜 그렇습니까? 그 사람이 언젠가 변할 수가 있을까요? 그렇지만… 저희들은 모두가 같은 교훈을 받았고… 그가 저희들 가운데 왔을 때에 저희들보다 더 나쁘지도 않았는데요…."

"내 요한! 내 귀여운 아이!" 예수께서는 그의 넓고 깨끗한 이마에 입맞춤하시고, 금빛으로 가볍게 올려지는 그의 머리카락에 대고 속삭이신다.

"자기들 안에 있는 선을 파괴하기 위해서 사는 것 같은 사람들이 있다. 너는 어부이니까 회오리바람이 찍어누를 때에 돛이 어떻게 하는지 알지. 돛이 하도 물 위로 기울어져서 배를 뒤집어엎어 배에 대해 위험하게 되기까지 한다. 그래서 때로는 돛을 내리고 날개없이 둥지로 돌아와야 한다. 회오리바람에 휘말린 돛은 날개가 아니라 바닥짐이 되어서 배를 구원으로 데려가지 않고, 물밑으로, 죽음으로 끌어가기 때문이다. 그러나 짧은 시간 동안만이라도 회오리바람의 사나운 입김이 가라앉기만 하면 돛은 즉시 다시 날개가 되어서 빨리 항구를 향해 달려 구원으로 이끌어 간다. 많은 영혼의 경우도 이와 같다. 격정의 회오리바람이 가라앉기만 하면, 낮게 내려졌던 영혼…. 말하자면 좋지 않은 것 속에 가라앉았던 영혼이 다시 선을 향한 갈망을 가지기 시작한다."

"그렇습니다, 선생님. 그러나 그건 그렇고… 말씀해 주십시오…. 유다가 언젠가 선생님의 항구에 이르겠습니까?"

"오! 내게 가장 소중한 사람 중의 하나의 미래를 바라보게 하지 말아라. 내 앞에는 그들을 위해서는 내 고통이 무익할 수백만 영혼의 미래가 있다!…. 내 앞에는 세상의 **모든** 오물이 있다…. 구역질 때문에 내 속이 뒤집힌다. 강물처럼 세상을 덮고 있는 저 부정한 것들이 마구 끓어 넘치는 데서 오는 구역질 말이다. 그 부정한 것들은 여러 가지로 다르기는 하지만 완전에 대해서는 항상 소름끼치는 모습으로 세상 마칠 때까지 땅을 뒤덮을 것이다. 나로 하여금 그것을 바라보게 하지 말아라! 타락을 모르는 샘에서 목마름을 가라앉히고 기운을 회복하게 놔 두고, 내 평화인 너만을 바라보면서 너무나 많은 벌레가 뀐 썩은 것을 잊어버리게 놔 두어라!" 그러면서 그의 눈을 똑바로 들여다보고, 동정이요 다정스러운 사도의 맑은 눈에 그윽한 눈길을 보내시면서 또 다시 입맞춤을 하신다.

두 사람은 집 안으로 들어온다. 부엌에는 작은 노파에게 불 피우는 수고를 덜어주려고 나무를 꺾는 사무엘이 있다.

예수께서 여인에게 물으신다.

"순례자들은 잡니까?"

"그런 것 같습니다. 아무 소리도 들리지 않습니다. 이제는 말과 나귀들에게 물을 갖다 주겠습니다. 그 놈들은 헛간에 있습니다."

"할머니, 제가 할게요. 그보다도 라켈의 집엘 가세요. 신선한 치즈를 주겠다고 제게 약속했습니다. 안식일에 돈을 주겠단다고 말씀하세요" 하고 요한이 물이 가득 찬 물통 두개를 들면서 말한다.

예수와 사무엘만이 남았다. 예수께서는 불 위로 몸을 숙이고 불꽃을 일으키려고 불고 있는 그 사람 곁으로 가셔서 어깨에 손을 얹으시고 말씀하신다.

"유다가 저 위에서 우리 이야기를 중단했소…. 내가 당신에게 말하고자 하는 것은 안식일 다음 날 당신을 사도들과 같이 보내겠다는 것이오. 아마 그걸 낫게 생각하겠지요…."

"고맙습니다, 선생님. 선생님 곁을 떠나는 것이 섭섭합니다마는, 사도들에게서도 또 선생님을 발견합니다. 그리고 유다에게서 멀리 떨어져 있는 것을 더 낫게 생각합니다. 예, 그것을 감히 청하지 못하고 있었습니다…."

"좋소. 그렇게 결정되었소. 그리고 나와 같이 그 사람을 동정하시오. 그리고 거기 대해서는 베드로에게도 아무에게도 말하지 마시오…."

"저는 입을 다물 줄 압니다. 선생님!"

"그후에는 제자들이 올 거요. 헤르마와 스테파노와 이사악이 있소. 두 현인과 한 의인, 그리고 다른 사람도 아주 많이 있소. 당신은 참 형제들 가운데에서 마음 편하게 있을 거요."

"예, 선생님. 선생님은 이해하시고 구제해 주십니다. 선생님은 정말

인자하신 선생님이십니다." 그러면서 예수의 손에 입맞춤하기 위하여 몸을 구부린다.

27. 어머니와 제자들의 에프라임 도착

야곱의 마리아의 집에서는, 겨우 새벽이 되었는데 벌써 사람들이 일어났다. 보통때 같으면 전도하러 나가 있을 사도들도 있는 것을 보면, 안식일인 것 같다. 불과 뜨거운 물을 많이 준비하고, 마리아가 밀가루를 체로 치고 빵을 만들기 위하여 반죽 하는 일을 도와준다. 작은 노파는 소녀가 흥분하는 것처럼 몹시 흥분하였고, 부지런히 일을 하면서 이 사람 저 사람에게 묻는다.

"정말 오늘이요? 그리고 다른 방들은 준비가 됐어요? 여자들이 일곱명이 되지 않는다는게 확실해요?"

어린 양 한 마리를 구울 준비를 하느라고 가죽을 벗기고 있는 베드로가 모두를 대신하여 대답한다.

"안식일 전에 여기 오기로 되어 있었는데, 아마 여자들이 아직 준비가 되어 있지 않아서 늦어진 모양입니다. 그러나 오늘은 틀림없이 올 겁니다. 아! 난 참 기쁩니다! 선생님은 나가셨습니까? 아마 마중을 나가셨나보죠…."

"응, 중부 사마리아 길 쪽으로 가시려고 요한과 사무엘을 데리고 나가셨어" 하고 끓는 물을 가득 채운 물병을 가지고 나오는 바르톨로메오가 대답한다.

"그러면 여자들이 온다는 걸 확실히 알 수 있어. 선생님은 언제나 무엇이든지 다 아시니까" 하고 안드레아가 주장한다.

"난 자네가 왜 그렇게 웃는지 알고 싶구먼. 내 아우가 말하는 것에서 우스운 것이 뭐가 있나?" 하고 베드로가 한 구석에서 아무 것도 하지 않고 있는 유다의 빈정거리는 웃음을 알아보고 묻는다.

"자네 아우가 나를 웃게 하는게 아닐세, 자네들이 모두 기뻐하니 나도 기뻐할 수 있고, 그래서 이유없이도 웃을 수가 있는 걸세."

베드로는 그가 어떻게 생각하는지를 나타내면서 그를 바라본다.

27. 어머니와 제자들의 에프라임 도착

그러나 그의 일을 하려고 돌아간다.

"됐어! 나는 꽃핀 나뭇가지를 찾아내고야 말겠어. 이건 내가 원하던 것처럼 편도나무 가지가 아니야. 하지만 아주머니는 편도나무 꽃이 지면 다른 가지들을 꺾으시니까, 내가 꺾어 온 나뭇가지로 만족하실 거야" 하고 타대오가 돌아오면서 말한다. 그는 수풀에 갔던 것처럼 이슬방울을 떨어뜨리면서 꽃핀 나뭇가지를 한 아름 안고 있다. 부엌을 비추고 아름답게 하는 이슬에 젖은 흰 빛깔의 기적이다.

"오! 아름다운데! 그걸 어디서 얻었나?"

"노에미의 집에서. 나는 노에미네 과수원이 늦어지게 하는 북풍 때문에 늦된다는 것을 알고 있었네. 그래서 거길 올라갔었네."

"그래서 자네는 수풀 속에 있는 나무 같구먼. 이슬 방울이 자네 머리카락에서 반짝이고 자네 옷을 적셨네."

"오솔길이 비가 온 것처럼 젖어 있었어. 벌써 아름다운 계절에 내리는 풍성한 이슬들이야." 타대오는 꽃을 가지고 간다. 그리고 조금 후에 꽃 꽂는 것을 도와달라고 아우를 부른다.

"내가 갈게. 이 일은 내가 잘 안단 말이야. 할머니, 목이 긴 항아리 없습니까. 할 수 있으면 붉은 흙으로 만든 거요?" 하고 토마가 말한다.

"당신이 찾는 거 있어요. 또 다른 꽃병들도 있어요. 명절날… 우리 아이들 결혼식이나 다른 중요한 동기에 쓰던 것들이지요. 이 비스킷을 화덕에 넣게 조금만 기다려 주면, 제일 아름다운 것들이 있는 궤를 가서 열어 줄께요…. 아! 불행한 일을 하도 많이 당한 뒤라 이제는 별로 많지 않아요! 그렇지만… 기억을 더듬고… 괴로워하기 위해서 몇개는 남겨 두었어요. 왜냐하면 그것들이 기쁜 기념물이기도 하지만, 이제는 끝난 것을 생각하게 하기 때문에 눈물을 흘리게도 해요."

"그러면 아무도 그걸 청하지 않는 것이 더 나을 뻔했군요. 나는 노베에서 일어난 것처럼 되지 않았으면 합니다. 잔뜩 준비했는데 허사가 된다든지…" 하고 가리옷 사람이 말한다.

"한 떼의 제자들이 우리에게 알렸다는데두요?! 그 사람들이 잠꼬대를 했단 말이오? 그 사람들이 라자로와 말했답니다. 라자로가 일부러 그 사람들을 먼저 보냈대요. 그 사람들은 어머니가 라자로의 마차로, 그리고 라자로와 여자 제자들이 안식일 전에 이곳에 온다고 알리러 왔었어요…."

"우선은 그 여자들이 안 왔거든요…."

"그 사람을 본 당신들 말해 주시오. 그 사람이 무섭지 않던가요?" 하고 작은 노파는 비스킷을 화덕으로 가져가라고 제베대오의 야고보와 안드레아에게 맡긴 다음 앞치마로 손을 닦으면서 묻는다.

"무섭냐구요? 왜요?"

"어! 죽었다가 다시 살아난 사람이니!" 노파는 매우 흥분해 있다.

"안심하세요, 할머니. 모든 점이 우리와 같아요" 하고 알패오의 야고보가 노파의 용기를 돋우어 주느라고 말한다.

"그보다도 에프라임 사람 모두가 이리 몰려 와서 우리를 귀찮게 하지 않게 다른 여자들과 수다를 떨지 마세요" 하고 가리옷 사람이 명령조로 말한다.

"나는 당신들이 여기 온 뒤로 시내 사람들에게도 순례자들에게도 조심성없는 말을 한번도 한 일이 없어요. 나는 아는 체해서 선생님을 귀찮게 하고 선생님께 해를 끼치기보다는 차라리 바보로 보이는 것을 더 좋아했어요. 그리고 오늘도 잠자코 있을 줄 알 거예요. 토마, 이리 오시오…." 그러면서 노파는 감추어둔 보물을 가지러 나간다.

"노파는 부활한 사람을 보게 된다는 걸 생각하고 겁을 내고 있구먼" 하고 가리옷 사람이 빈정거리는 웃음을 웃으며 말한다.

"그런건 할머니 한 사람만이 아니야. 제자들에게 들은 말인데, 나자렛 사람들도 아주 흥분했었고, 가나와 티베리아에서도 그랬다네. 나흘 동안이나 무덤에 있다가 다시 살아난 사람은 봄날에 데이지처럼 그렇게 흔히 있는게 아닐세. 우리도 그 사람이 무덤에서 나왔을 때 매우 창백해졌었네! 그렇지만 자넨 거기서 이러쿵저러쿵 입방아를 찧고 있는 대신 일을 할 수 없겠나? 모두들 일을 하고, 아직 할 일이 태산 같은데 말이야… 오늘 할 수 있는 일이니 시장에 가서 필요한 물건이나 사 오게나. 우리가 마련한 것은 여자들이 오는 지금은 넉넉지 못하네. 그런데 우리는 물건을 사려고 시내로 다시 갈 시간이 없었네. 해가 져서 우리가 있던 곳에 꼼짝 못하고 발이 묶였을 걸세."
 유다는 잘 정돈된 부엌으로 들어오는 마태오를 불러서 함께 나간다.
 아주 정장을 한 열성당원도 부엌으로 다시 들어오면서 말한다.
 "저 토마 말이야! 정말 예술가야. 아무 것도 아닌 걸 가지고 방을 혼인 잔치 하는 방처럼 꾸며 놓았단 말이야. 가서들 보게."
 그가 하던 일을 마저 끝마쳐 가는 베드로를 빼놓고는 모두가 보려고 뛰어 간다. 베드로가 말한다.
 "나는 여자들이 빨리 왔으면 좋겠네. 아마 마륵지암도 올 거야. 한 달 있으면 과월절이거든. 틀림없이 그 애는 벌써 가파르나움이나 베싸이다에서 떠났을 거야."
 "나는 마리아 어머님이 오시는 것이 기쁘네, 선생님 때문에. 어머님은 그 누구보다도 선생님의 용기를 돋우어 주실 걸세. 그런데 선생님께는 그게 필요하단 말이야" 하고 열성당원이 대답한다.
 "대단히 필요해. 그러나 요한도 침울한 걸 눈치챘나? 물어보았지만 소용없었네. 그 사람은 그렇게 온유하면서도 우리 모두보다 더 꿋꿋해서, 아무 말도 하지 않으려고 하면, 그 사람에게 말을 하게 할 수 있는 것이 아무 것도 없네. 그렇지만 그 사람은 무엇인가 알고 있는 것이 확실해. 선생님의 그림자라고 할 수 있을 만큼 선생님을 늘 따라 다니거든. 선생님을 늘 쳐다본단 말이야. 그리고 누가 살펴보는 것을 느끼지 않을 때에는 ─그런 때에는 호랑이라도 온순하게 할 미소로 우리의 눈길에 대답하니까 말이야.─ 그러니까 누가 살펴본다고 느끼지 않을 때는 말이야. 그 사람의 얼굴이 침울해도 몹시 침울하게 된단 말이야. 자네가 물어보도록 해보게. 그 사람은 자네를 사랑하고, 자네가 나보다 더 조심성 있다는 걸 알고 있으니까…."
 "오! 그건 그렇지 않아. 자네가 우리 모두에게 조심성의 본보기가 됐네. 자네를 이제는 이전 시몬으로 알아볼 수 없게 됐어. 자네는 정말이지 그 단단함과 속이 꽉 들어찬 힘으로 우리 모두를 지탱해 주는 바위란 말일세."
 "아니, 제발! 그런 말 하지 말게! 나는 보잘 것 없는 사람일세. 확실히… 여러 해 동안 선생님을 모시고 있노라면, 조금은 선생님 같이 되지. 조금… 아주 조금 말이야. 그렇지만 벌써 처음보다는 대단히 달라졌네. 우리 모두가 그래…. 아니야, 불행히도 모두는 아니야. 유다는 늘 그대로야. '고운 내'에서나 여기서나…."

"그리고 그가 제발 항상 같은 사람으로 있었으면 좋겠네."

"뭐라구? 그게 무슨 말인가?"

"요나의 시몬, 아무 것도 아니기도 하고, 모두 다이기도 하네. 만일 선생님이 내 말을 들으셨더라면, '판단하지 말라'고 말씀하셨을 걸세. 그러나 이것은 판단하는 것이 아니라, **염려하는 걸세**. 나는 유다가 '고운 내'에서보다 더 나빠지지 않았나 하고 염려하는 걸세."

"그가 아직 그 때와 같다 하더라도 확실히 그는 더 나빠진 걸세. 그가 더 나빠졌다는 것은 그가 변해서 의덕이 자랐어야 할 텐데, 반대로 여전히 같은 사람이기 때문일세. 그러니까 그 사람은 그 때 가지고 있지 않던 정신적인 게으름의 죄를 가지고 있는 걸세. 왜그런고하니, 처음 한동안 그가… 분별없긴 했지만, 착한 뜻은 잔뜩 가지고 있었기 때문이야…. 이거 보게, 선생님이 사무엘을 우리와 같이 보내시고, 니산달 초승에 모든 제자를 모을 수 있는 대로 많이 예리고에 모으기로 결정하신 것을 어떻게 생각하나? 선생님이 처음에 그 사람이 여기 남아 있을 거라고 말씀하셨고… 또 당신이 어디 계신지 말하는 것을 금하셨었는데 말이야. 무언지 수상해…."

"아닐세. 나는 사실을 명백히 논리적으로 보네. 이제는 누가 어떻게 퍼뜨렸는지 모르지만, 선생님이 여기 계시다는 소식이 팔레스티나 전체에 알려졌네. 자네는 케데스에서 엔갓디까지, 요빠에서 보즈라에 이르기까지의 순례자들과 제자들이 여기 온 걸 알지. 따라서 비밀을 더 오래 지키는 것이 쓸데없게 되었네. 게다가 과월절이 다가오는데, 선생님이 예루살렘에 돌아가시는 데 제자들을 데리고 가시기를 원하시는 것이 분명하네. 자네도 들었지만, 최고회의는 선생님을 패배자라고 말하고, 제자들을 모두 잃으셨다고 말하네. 그런데 선생님은 거느리고 성 안으로 들어가시는 것으로 최고회의에 대답하신단 말이야…."

"시몬, 나는 겁이 나네! 몹시 겁이 난단 말이야…. 자네도 들었지, 응! 모두가 헤로데 당원들까지도 힘을 합해서 선생님께 대항한단 말이야….”
"어! 그렇구 말구! 하느님께서 우리를 도와주셨으면!….”
"그런데 사무엘은 왜 우리와 같이 보내시나?"
"그에게 전도를 준비시키시려는 거지. 나는 불안해 할 이유를 보지 못하겠네…. 누가 문을 두드리네! 틀림없이 여자 제자들일 거야!….”
베드로는 피투성이의 앞치마를 벗어 던지고, 집대문으로 달려 간 열성당원을 뛰어서 따라 간다. 집 안에 있는 사람들이 여러 문으로 해서 나오면서 모두 외친다. "저기 온다! 저기 온다!”
그러나 문이 열리자, 그들이 엘리사와 니까 앞에서 어떻게나 눈에 띄게 실망하는지 두 제자가 이렇게 물어볼 지경이다.
"아니, 혹 무슨 일이 있었나요?"
"아닙니다! 아니예요! 그러나 우리는 어머님과 갈릴래아의 여자 제자들인 줄… 알았거든요…" 하고 베드로가 말한다.
"아! 그래서 형제들은 시무룩 하고 있었군요! 그렇지만 우리는 반대로 형제들을 보고, 또 마리아가 곧 도착한다는 걸 알고 매우 기뻐하고 있어요" 하고 엘리사가 말한다.
"시무룩한건 아닙니다…. 기대가 어긋났다 이거지요! 그러나 오십시오! 들어오세요! 우리 착한 자매들에게 평화" 하고 타대오가 모든 사람을 대표하여 인사한다.
"또 형제들에게도. 선생님이 여기 안 계신가요?"
"선생님은 요한과 함께 어머님 마중을 나가셨습니다. 어머님은 라자로의 마차를 타고 세겜길로 오신다는 걸 우리는 압니다" 하고 열성당원이 설명한다.
안드레아가 엘리사의 나귀 새끼를 보살피는 동안 여자들은 집 안으로 들어온다. 니까는 걸어서 왔다. 여자들은 예루살렘에서 무슨 일이 일어나는지 이야기하고, 친구들과 제자들과… 안날리아와 마리아와 마르타, 그리고 노베의 늙은 요한, 요셉과 니고데모, 그리고 다른 많은 사람들의 소식을 묻는다. 가리옷의 유다가 없기 때문에 마음놓고 공공연하게 말할 수 있다.
노베 시절에 가리옷 사람과 접촉이 있어서 이제는 그를 잘 알고, 드러내놓고 말하는 것처럼 "그를 하느님께 대한 사랑으로만 사랑한다고"까지 하는 나이 많고 경험이 풍부한 엘리사는 유다가 어떤 변덕으로 다른 사람들과 떨어져서 집에 있는지 알아보기까지 한다. 그리고 물건을 사러 밖에 나갔다는 것을 알고서야 비로소 자기가 아는 것에 대하여 말한다.
 "예루살렘에는 모든 것이 조용한 것 **같고**, 이제는 잘 알려진 제자들에게 질문도 하지 않게 되었는데, 빌라도가 최고회의 위원들에게 언성을 높여서, 팔레스티나에서 재판권을 행사하는 직책은 자기에게 있다는 것을 상기시키면서 그들이 재판권을 행사하는 것을 그만두라고 말했기 때문에 그런 일이 일어났다고 수근수근 말한다"는 것이었다.
 "그렇지만 이런 말도 있어요" 하고 니까가 지적한다. "─그리고 이것은 바로 마나헨이 말하는 것이고, 마나헨과 함께 다른 사람들도 말하는 것이고, 특히 한 여자가 말하는 것입니다. 이 말을 하는 것은 발레리아이니까요.── 나라를 어지럽게 하고 그에게 난처한 일을 당하게 할 수 있는 그 반란들에 정말 지친 빌라도가 예수가 자기를 왕으로 선포하는 것을 목표로 하고 있다고 유다인들이 끈질기게 암시하는 바람에 충격을 받았고, 그래서 백부장들의 일치하고 유리한 보고들이 없었더라면, 그리고 특히 그의 아내의 영향력이 없었더라면, 귀찮은 일을 더 이상 당하지 않기 위해서 아마 귀양보내는 것으로 그리스도를 벌하고야 말 것이라고 말입니다."
 "설상가상이로구먼! 그리고 빌라도는 능히 그렇게 할 수 있어! 할 수 있구 말구! 그것은 로마인들로서는 가장 가벼운 벌이고, 채찍질 다음으로 가장 많이 쓰는 벌이야. 아니 생각들 해보게! 예수님 혼자 어딘지 모르는 곳으로 가시고, 우리는 이리저리 흩어지고…" 하고 열성당원이 말한다.
 "그래! 흩어진다고! 자네가 그 말을 하는 거야. 나는, 그들이 나는 흩어놓지 못할 거야. 나는 선생님을 따라갈 거야…" 하고 베드로가 말한다.
 "오! 시몬! 자넨 그들이 자네가 그렇게 하게 내버려두리라는 착각을 할 수가 있나? 그들은 자네를 죄수 모양으로 묶어서 저희들 마음 내키는 데로, 갤리선이나 그들의 감옥 중의 하나로 데려갈 걸세. 그러면 자넨 자네 선생님을 더 이상 **따라** 가지 못하게 되네" 하고 바르톨로메오가 말한다. 베드로는 어쩔 줄을 모르고 낙담하여 머리카락을 엉큰다.

"라자로에게 말하세. 라자로는 공공연하게 빌라도를 보러 갈 거야. 빌라도는 틀림없이 라자로를 기꺼이 볼 걸세. 이방인들은 이상한 사람들을 보기를 좋아하니까…" 하고 열성당원이 말한다.

"라자로는 떠나기 전에 벌써 거기 갔을 걸세. 그러니까 빌라도가 그를 또 보려고 하지는 않을 걸세!" 하고 베드로가 기가 죽어서 말한다.

"그러면 테오필로의 아들 자격으로 갈 걸세. 혹은 동생 마리아와 함께 로마 귀부인들을 찾아가든지. 마리아가… 그렇지, 요컨대 마리아가 죄녀였을 적에 그 여자들이 친구였거든…."

"발레리아는 남편이 이혼한 다음에 개종자가 되었다는 걸 아세요? 그 여자는 정말로 개종을 했어요. 의인의 생활을 해서 우리 중의 많은 사람에게 본보기가 된답니다. 발레리아는 그의 노예들을 해방했고, 모두에게 참 하느님을 가르쳐요. 그 여자는 시온에 집을 한 채 샀었지만, 그러나 끌라우디아가 온 지금은 자기 집으로 돌아갔어요…."

"그럼!…."

"아니예요" 하고 니까가 말한다. "발레리아는 저보고 '요안나가 오면, 요안나와 같이 가겠어요. 그러나 지금은 끌라우디아를 설득하고 싶어요' 하고 말했어요…. 끌라우디아는 그리스도에 대한 그의 믿음의 한계를 넘게 되지 못하는 것 같아요. 끌라우디아의 생각에는 선생님이 한 현인입니다. 그 이상 아무 것도 아니예요…. 예루살렘으로 오기 전에, 사람들이 퍼뜨린 소문에 어느 정도 마음에 혼란을 일으켜 반신반의하면서 '그분은 우리네 철학자들 같은 분인데, 그분의 언행이 일치하지 않으니까 가장 훌륭한 철학자들 중에도 들지 못하는 분이야' 하고 말했다나 봐요. 그리고 그런… 그런… 요컨대 전에 버렸던 일들을 서슴지 않고 하게 되었다고 합니다."

"내 그럴 줄 알았어! 이교도들의 영혼! 흠! 착한 영혼이 하나쯤 있을 수 있지만… 그러나 다른 사람들은!… 쓰레기야! 쓰레기!" 하고 바르톨로메오가 격언조로 말한다.

"그럼 요셉은요?" 하고 타대오가 묻는다.

"어느 요셉이요? 세포리스의 요셉이요? 그 사람 겁이 많아요! 아! 당신의 형님 요셉이 있지요. 왔다가 이내 떠나 갔어요. 그렇지만 베다니아에 다시 들러서 두 자매에게 어떻게 해서든지 선생님이 예루살렘 시내로 가셔서 그곳에 머무르시는 것을 막으라고 말했어요. 내가 거기에 있어서 들었어요. 이렇게 해서는 나는 세포리스의 요셉이 귀찮은 일을 많이 당했고, 그래서 지금은 매우 겁을 내고 있다는 걸 알게 됐어요. 당신 형님은 그에게 성전에서 음모 꾸미는 것을 알려 달라는 책임을 지웠어요. 세포리스의 요셉은 처젠지 처제의 딸인지 하고 결혼한 사람으로 성전에서 일하는 그 인척을 통해서 그걸 알 수 있어요" 하고 엘리사가 말한다.

"겁이 많기도 하구먼! 이제는 예루살렘에 갈 때에 나는 내 아우를 안나에게 보내겠어. 나도 그 늙은 여우를 잘 알고 있으니까, 나도 갈 수 있을 거야. 그러나 요한은 더 솜씨있게 행동할 줄 안단 말이야. 그리고 전에 우리가 그 늙은 늑대를 어린 양인 줄로 생각하고 그의 말을 잘 들었을 때, 그는 요한을 매우 사랑했었단 말이야! 난 요한을 보내겠어. 요한은 모욕까지도 반항하지 않고 참아견딜 줄 알 거야. 나는… 만일 그가 선생님을 저주한다든지, 또는 내가 선생님을 따르기 때문에 저주받을 놈이라고 말하기만 하더라도 달려들어 멱살을 잡고 물을 비게 해야 할 그물처럼 비틀 거야. 나는 그의 안에 가지고 있는 음험한 영혼을 내놓게 할 거야! 그 자가 성전의 모든 병정과 사제들에 둘러싸여 있더라도!"

"오! 선생님이 자네가 그렇게 말하는 걸 들으시면!" 하고 안드레아가 눈살을 찌푸리며 말한다.

"선생님이 여기 안 계시니까 이런 말을 하는 걸세!"

"자네 말이 옳으네. 그렇게 하기를 원할 사람이 자네 혼자만이 아닐세. 나도 그러고 싶네" 하고 베드로가 말한다.

"나도, 그리고 안나에 대해서뿐이 아니야" 하고 타대오가 말한다.

"오! 그 일이라면, 나는… 여러 사람에게 봉사할 걸세. 나는 길다란 명단을 가지고 있네…. 가파르나움의 저 해골바가지 같은 세 사람

―바리사이파 사람 시몬은 어지간히 착해보이니까 그 사람은 빼놓네.― 에스드렐론의 저 늑대 두 마리, 가나니아의 저 늙은 해골바가지, 그리고… 학살, 예루살렘에 학살을 하는데, 제일 먼저 엘키아. 나는 저 모든 교활한 자들이 망을 보고 있는 것을 그대로 보고 견딜 수가 없단 말이야!" 베드로는 몹시 화가 났다.

침착하게 말하지만, 그의 냉랭한 침착 속에서도 베드로만큼이나 화가 난 것보다도 더 무시무시한 타대오가 말한다.

"그러면 나는 자넬 도와줄 걸세. 그러나… 나는 아마 우선 아주 가까이에 있는 교활한 자들을 없애버릴 거야."

"누굴? 사무엘을?"

"아니야, 아니야! 사무엘 혼자만이 우리 가까이에 있지 않아. 어떤 얼굴을 보이면서, 그들이 보이는 얼굴과 다른 영혼을 가지고 있는 사람이 아주 많아! 나는 그들을 절대로 놓치지 않고 있어. 나는 행동하기 전에 확실히 알기를 바라네. 하지만 확실히 알고 나면! 다윗의 피는 뜨겁고, 갈릴래아의 피도 뜨겁네. 나는 이 두 가지 피를 부계와 모계를 통해서 가지고 있네."

"오! 내게 그걸 말해 주기만 하면 되네. 어! 내가 자넬 도와줄 걸세…" 하고 베드로가 말한다.

"아니야. 피의 복수는 친척에게만 관계되는 걸세. 내게 관계되는 일이야."

"이거 보시오! 이거 봐요! 그렇게들 말하지 말아요! 선생님이 가르치시는 것은 그것이 아니에요. 당신들은 어린 양의 어린 양들 같지 않고, 성난 새끼 사자들 같아요! 그 많은 복수의 정신을 버리세요. 다윗 시대는 오래 전에 지나갔어요! 피와 동태복수법(同態復讐法)은 그리스도에 의해서 폐지되었어요. 그리스도는 변함없는 십계명은 보존하지만, 모세의 엄격한 다른 법률들은 그리스도께서 폐지하십니다.

모세에게서는 우리 예수님에 의해서 '하느님을 온 힘을 기울여 사랑하고, 이웃을 우리 자신같이 사랑하고, 우리를 모욕하는 사람들을 용서하고, 우리를 미워하는 사람에게 사랑을 주라'는 당신의 가장 큰 계명으로 요약되고 완성된 연민과 인정과 정의의 계명들이 남아 있어요. 오! 여자인 내가 감히 내 형제들에게, 그리고 나보다 나이가 많은 사람들에게 가르친 것을 용서하세요! 그러나 나는 늙은 어미예요. 그런데 어머니는 언제나 말을 할 수 있어요. 여러분, 내 말을 믿어요! 만일 당신들이 원수들에 대한 미움과 원수 갚겠다는 욕망을 가지고 당신들 안에 사탄을 불러들이면, 당신들을 타락시키기 위해서 당신들에게 들어갈 거예요. 사탄은 힘이 아니에요. 정말이에요. 힘은 하느님이세요. 사탄은 약함이고, 무거운 짐이고, 무기력이에요.

만일 당신들이 증오와 복수로 당신 자신들을 묶어 놓았으면, 손가락 하나도 움직일 수가 없을 터인데, 원수들에 대항해서뿐 아니라 고민하시는 우리 예수님께 애무를 드리기 위해서도 그럴 거예요. 그래요, 내 아들들, 모두 내 아들들! 내 연배이거나 어쩌면 나보다 나이가 더 많을지도 모르는 당신들도. 당신들을 사랑하는 여인, 당신들 모두를 아들들처럼 사랑함으로 어머니가 되는 기쁨을 다시 찾은 한 어미에게는 모두가 자식들이예요. 사랑하는 아들을 다시, 그것도 영원히 잃은 것 때문에 나를 다시 고민하게 하지 말아요.

왜냐하면 만일 당신들이 증오나 죄악 속에서 죽으면, 당신들은 영원히 죽는 것이고, 우리는 저 위에서 우리의 공동의 사랑인 예수 둘레에 기쁨 속에 서로 모이지 못하게 될 거니까요. 당신들에게 애원하는 내게, 가엾은 여인이고 가엾은 어미인 내게 그런 생각을 다시는 절대로 하지 않겠다고 여기서 즉시 약속하세요. 오! 당신들의 얼굴까지도 보기 흉하게 됐어요. 당신들은 내가 모르는 사람들 같고, 딴 사람들이 된 것 같아요! 원한으로 당신들이 얼마나 보기흉하게 되는지 몰라요! 당신들이 그렇게도 유순했었는데! 아니, 도대체 무슨 일이 있는 거예요? 이거 보세요! 마리아도 당신들에게 같은 말을 할 거예요. 마리아는 마리아이니까 더 힘있게 말할 거예요.

그렇지만 마리아는 모든 고통을 다 겪지 않는 것이 더 나아요…. 아이고! 불쌍한 어머니! 아니 무슨 일이 일어나는 거예요? 도대체 나는 정말 어두움의 때가 벌써 다 왔다고 믿어야 하겠어요? 모든 사람을 삼켜버릴 시간, 사탄이 거룩하신 분만 빼놓고 모든 사람 안에 왕이 되어서, 당신들을 비겁하고 맹세를 어기는 사람, 그가 그런 것처럼 잔인한 사람이 되게 해서 성인들까지도, 당신들까지도 타락시킬 시간이 됐다고 믿어야 하겠어요? 오! 이제까지는 나는 항상 희망을 가졌었어요! 나는 항상 이렇게 말했어요. '사람들이 그리스도를 능가하지는 못할 것이라'고. 그러나 지금은! 지금은 처음으로 두려워하고 벌벌 떨어요! 아다르달의 이 맑은 하늘에 루치펠이라는 이름을 가진 큰 어두움이 길게 뻗고 침범해서, 당신들 모두를 어둠 속으로 쳐넣고, 독을 비오듯 쏟아지게 해서 당신들을 병들게 하는 것을 보아요. 아이고! 무서워요!" 벌써 얼마 전부터 조용히 울고 있던 엘리사는 앉아 있는 옆에 있는 식탁에 머리를 대고, 몸을 내맡긴 채 비통하게 흐느낀다.

사도들은 서로 쳐다본다. 그리고 몹시 슬퍼서 엘리사를 위로하려고 애쓴다. 그러나 엘리사는 그들의 위안을 받아들이지 않고 말한다.

"한 가지, 꼭 한 가지만이 내게는 가치가 있어요. 당신들의 약속이오. 당신들의 이익을 위해서요! 예수님이 당신의 많은 고통 중에서 제일 큰 고통, 즉 예수님이 지극히 사랑하시는 당신들이 지옥가는 것을 보는 고통을 보지 않기 위해서 말이예요."

"아무렴요, 엘리사. 엘리사가 그러라고 하면! 울지 마세요. 아주머니! 그러겠다고 약속합니다. 이거 보세요. 우리는 아무에게도 손가락 하나 대지 않겠습니다. 우리는 보지 않기 위해 눈을 들지도 않겠습니다. 울지 마세요! 울지 마세요! 우리를 모욕하는 사람들을 용서하겠습니다. 우리를 미워하는 사람들을 사랑하겠습니다. 자! 울지 마세요!"

엘리사는 눈물이 반짝이는 주름이 잡힌 얼굴을 들며 말한다.

"기억들 해요. 당신들은 내게 약속했어요! 약속을 되풀이 하세요!"

"아주머니께 약속합니다."

"내 사랑하는 아들들! 이제는 당신들이 내 마음에 들어요! 당신들이 다시 착해진 것을 발견했어요. 이제는 내 고민이 끝났고, 그 쓰디쓴 누룩이 있은 후에 당신들이 다시 깨끗해졌으니, 마리아를 맞이할 준비를 합시다. 어떻게 해야 하지요?" 엘리사는 눈물을 마저 닦으면서 말한다.

"정말… 우리는 남자들처럼 했었지만, 야곱의 마리아가 우리를 도와주었습니다. 사마리아 여자이지만 매우 친절합니다. 이제 보실 겁니다. 부엌에서 빵을 지켜보고 있습니다. 혼자 몸입니다. 아이들은 죽거나 소홀히 하거나 하고, 재산은 다 없어졌습니다. 그렇지만 할머니는 원한을 품고 있지 않습니다…."

"아! 봐요! 이교도들, 사마리아인들 가운데에서도 용서할 줄 아는 사람이 있다는 걸 알겠지요? 그리고 아들을 용서해야 하는 것이 얼마나 무서운 일이겠는지 아시오!…. 죄인이 되기보다는 오히려 죽었으면 하는 거지요! 아! 유다가 여기 있지 않다는 것이 확실해요?"

"그가 새가 되지 않았으면 여기 있을 수가 없습니다. 창문들은 열려 있지만, 문들은 이것만 빼놓고는 잠겨 있으니까요."

"그러면… 시몬의 마리아가 친척과 함께 예루살렘에 왔었어요. 성전에 제물을 바치러 왔었는데, 그리고 나서 우리에게 왔었어요. 고통받는 사람 같았어요. 어떻게나 괴로워하는지! 그의 아들에 대해서 아무 것도 알지 못하느냐고 내게 물었고, 모든 여자에게 물었어요. 그 사람이 선생님과 같이 있는지, 항상 같이 있었는지."

"그 여자가 무슨 일이지요?" 하고 안드레아가 놀라서 묻는다.

"아들 때문이지. 자네 생각에는 이것으로 충분치 않은 것 같은가?" 하고 타대오가 묻는다.

"내가 그를 위로해 주었지요. 우리와 같이 성전에 또 가겠다고 했어요. 우리는 모두 일치해서 기도하려고 성전엘 갔지요…. 그리고 여전히 괴로워하며 다시 떠나 갔어요. 나는 그에게 이렇게 말했어요. '우리와 함께 있으면, 얼마 안 있어 우리는 선생님을 만나러 가요. 당신 아들이 선생님 곁에 있습니다' 하고. 그 여자는 예수께서 여기 계신 것을 벌써 알고 있더군요. 이 사실은 팔레스티나의 끝에까지 알려졌어요. 그 여자는 이렇게 말했어요. '안 돼요, 안 돼! 선생님은 나더러 봄에 예루살렘에 오지 말라고 하셨어요. 나는 순종합니다. 그렇지만 선생님이 돌아오시는 시기 전에 성전에 오고 싶었습니다. 내게는 하느님이 몹시 필요해요' 하고. 그리고 이상한 말을 했어요…. 이렇게 말했어요. '나는 죄가 없어요. 그렇지만 내 안에 지옥을 가지고 있고, 거기에서 몹시 괴로움을 당합니다' 하고…. 우리는 오랫동안 물어보았지만 그 여자는 그 이상 말하려고 하지 않았어요. 그의 고통도, 예수님이 금지한 이유도. 우리에게 예수나 유다에게 아무 말도 하지 말라고 부탁했어요."
"불쌍한 여인! 그러면 여기서 과월절을 지내지 못하겠군요."
"오지 않을 거예요."
"만일 예수께서 그것을 요구하셨으면, 이유가 있어서 그러실 거야
…. 자네들 들었지, 응! 예수님이 여기 계시다는 걸 정말 어디서나
다 알고 있네!" 하고 베드로가 말한다.
"그래요. 그리고 그 말을 하는 사람은 예수의 이름으로 모이라고
호소하는데, 어떤 사람들은 '폭군들에 대해' 봉기하기 위해서라고 말
하고, 어떤 사람들은 선생님의 정체가 드러났다는 것을 알기 때문에
여기 와 계시다고 말했어요…."
"항상 같은 이유들! 그들은 사방에 밀사들을 보내느라고 성전의
재산을 다 썼을 거야" 하고 안드레아가 평한다.
문 두드리는 소리가 들린다.
"왔다!" 하고 말하면서 그들은 문을 열러 뛰어 간다.
그렇기는 커녕, 그것은 물건을 사 가지고 오는 유다이다. 마태오가
그를 따라 온다. 유다는 엘리사와 니까를 보고 인사를 하며 묻는다.
"두 분뿐이십니까?"
"우리들뿐이오. 마리아는 아직 오지 않았소."
"마리아 어머님은 남쪽 지방에서 오지 않으시니까 아주머니들과
같이 오실 수가 없지요. 저는 아나스타시카가 없느냐고 물은 겁니
다."
"없어요. 벳수르에 남아 있어요."
"왜요? 아나스타시카도 제자인데. 우리가 과월절을 지내러 여기서
예루살렘으로 간다는 것을 모르세요. 아나스타시카가 여기 왔어야
할 텐데. 만일 여자 제자들이 완전하지 않고 또 충실하지 않으면, 누
가 그렇게 되겠어요? 모두가 선생님을 버렸다는 지어낸 이야기를 뒤
엎기 위해서 누가 선생님을 호위하겠어요?"
"오! 그 일이라면! 보잘 것 없는 여자 하나가 빈 자리들을 채우지
는 못할 거요! 장미꽃은 가시들 사이와 울타리를 둘러친 정원에 잘
있어요. 내가 아나스타시카의 어머니 노릇을 하는데, 내가 그렇게 하
라고 했어요."

"그러면 과월절에 오지 않을 겁니까?"

"오지 않을 거예요."

"그럼 두 사람!" 하고 베드로가 외친다.

"무슨 말을 하는 거야? 둘이라니 누구누구야?" 하고 항상 의심많은 유다가 묻는다.

"아무 것도 아니야! 아무 것도! 세는 거야. 셀 수 있는 건 얼마든지 있지 않아? 예를 들어, 가죽을 벗긴 내 어린 양에 와서 앉는 파리들 …까지도 말이야."

야곱의 마리아가 들어오고, 그 뒤에 화덕에서 꺼낸 빵들을 가지고 사무엘과 요한이 따라 들어온다. 엘리사가 여인에게 인사하고 니까도 인사한다. 그리고 엘리사는 즉시 여인의 마음을 편하게 하려고 다정스러운 말을 한다.

"마리아, 할머니는 고통으로 자매인 사람들 가운데 계십니다. 저는 남편과 아들들을 잃었기 때문에 혼자구요. 이 사람도 과부입니다. 그러므로 우리는 서로 사랑할 겁니다. 울어본 사람만이 이해하니까요."

그러나 그 동안 베드로가 요한에게 말한다.

"대관절 자네가 어떻게 여기 있나? 그럼 선생님은?"

"어머님과 같이 마차 위에 계시지."

"그런데 그 말을 안 했었나?"

"말할 여유를 자네가 주질 않았네. 여자들이 전부 오네. 그러나 자네들은 나자렛의 마리아 어머님이 얼마나 변하셨는지 보게 될 걸세! 여러 달 늙으신 것 같아. 라자로가 말하는데, 예수님이 이곳에 피신해 계시다는 말씀을 드렸더니 어머님은 몹시 괴로워하시더라네."

"그 얼간이가 왜 그 말을 어머니에게 했지? 그 사람이 죽기 전에는 똑똑했었는데. 그러나 아마 무덤 속에서 그 사람의 뇌가 박살이 났다가 재건이 되지 못한 모양이지. 죽고 나면 탈이 없을 수가 없지!…" 하고 가리옷의 유다가 빈정거리고 업신여기는 태도로 말한다.

"절대로 그렇지 않소. 말을 하려거든 알고 나서 하시오. 베다니아의 라자로는 벌써 길을 오고 있는 중에 어머님께 그 말씀을 드렸소. 그것은 라자로가 이 길로 들어서는 것을 보고 어머님이 이상히 여기셨기 때문이오" 하고 사무엘이 엄하게 말한다.
 "그래. 라자로가 처음 나자렛에 들렀을 때는 그저 '한 달 후에 아드님 계신 곳으로 모시고 가겠습니다' 하고만 말씀드렸었네. 그리고 떠날 때에도 '우리는 에프라임으로 갑니다' 하고 말씀드리지 않았어. 그러나…" 하고 요한이 말한다.
 "예수님이 여기 계시다는 건 다들 아는데, 어머니 혼자만 모르고 계셨단 말이야?" 하고 유다가 동료의 말을 가로막으며 여전히 무례하게 묻는다.
 "어머님은 알고 계셨지. 그 말을 들으셨어. 그렇지만 가지가지 거짓말이 강물처럼 진흙을 나르며 흐르고 있었기 때문에 아무 소식도 진짜로 받아들이지 않으셨던 거야. 어머님은 묵묵히 기도 속에 쇠약해지고 계셨던 거야. 그러나 여행을 시작했을 때, 라자로가 나자렛 사람들과 가나와 세포리스와 갈릴래아의 베들레헴의 모든 사람에게 방향을 알지 못하게 하려고 강을 끼고 가는 길로 들어섰기 때문에…."
 "아! 노에미도 마르타와 아우레아와 같이 오나?" 하고 토마가 묻는다.
 "아니야, 그 여자들은 예수님에게서 금지령을 받았어. 이사악이 갈릴래아에 돌아갈 때에 그 명령을 가져갔어."
 "그러면… 이 여자들도 작년과 같이 우리와 함께 있지 못하겠구먼."
 "우리와 함께 있지 못할 거야."
 "또 셋!"
 "우리 아내들과 딸들도 오지 못할 거야. 선생님이 갈릴래아를 떠나시기 전에 그들에게 그 말씀을 하셨어. 아니 그보다도 그 말씀을 되풀이 하셨어. 왜그러냐하면 내 딸 마리안나가 지난 과월절에 벌써 예수님이 그 말씀을 하셨다는 말을 내게 했거든."
 "그러나… 좋아! 적어도 요안나와 살로메와 알패오의 마리아는 오겠지?"
 "응, 그리고 수산나도."
 "그리고 틀림없이 마륵지암도… 아니, 이게 무슨 소리야?"

"마차들이야! 마차들! 그리고 자기들이 졌다고 인정하지 않고 라자로를 따라 온 모든 나자렛 사람들과… 가나 사람들….” 이렇게 대답하며 요한은 다른 사람들과 뛰어서 멀어져 간다.

열린 대문으로 요란스러운 광경이 눈 앞에 나타난다. 당신 아들 곁에 앉으신 성모님과 여자 제자들과 라자로와 자기 마차에 마리아와 마티아, 에스테르와 다른 하인들과 충실한 요나타와 같이 있는 요안나 외에 많은 사람이 온다. 아는 얼굴도 있고, 모르는 얼굴도 있고 나자렛과 가나와 티베리아와 나임과 엔도르 사람들이다. 그리고 여행 중에 소식을 들은 모든 마을과 다른 마을들의 사마리아인들이다. 그들은 마차들 앞으로 달려들어 나오고자 하는 사람들과 들어가고자 하는 사람들의 통행을 막는다.

"아니, 저 사람들은 뭘 하려는 거야? 저 사람은 왜 온 거야? 어떻게 알았지?”

"어! 나자렛 사람들은 망을 보고 있었어. 라자로가 저녁에 와서 아침에 떠나려고 했는데, 밤 동안에 그들은 이웃의 도시에 달려 갔었어. 또 가나 사람들도 그렇게 했어. 라자로가 수산나를 데려오고 요안나를 만나려고 거기 들렀었거든. 그래서 예수를 보고 라자로를 보려고 따라 오기도 하고 앞서 오기도 한 거야. 또 사마리아 사람들도 알고 그들과 합류한 거야. 그래서 저렇게 모두 온 거야…” 하고 요한이 설명한다.

"이거 보게! 자넨 선생님이 호위하는 사람들이 없을까 봐 걱정을 했는데, 저만 하면 넉넉해 보이지 않나?” 하고 필립보가 가리옷 사람에게 말한다.

"저 사람들은 라자로를 보러 온 거야…”

"저 사람들이 라자로를 보았으니까 떠나갈 수도 있었을 걸세. 그러나 반대로 여기까지 그대로 남아 있었네. 이건 선생님 때문에 오는 사람들이 그래도 있다는 표네.”

"됐어. 쓸데없는 토론을 그만 하세. 오히려 그보다도 저분들을 빼내서 들어오시게 하도록 힘쓰세. 이 사람들, 가세! 운동 좀 다시 해 보세! 우리가 선생님께 길을 트느라고 팔꿈치를 놀리지 않은 것이 아주 오래 됐단 말이야!” 그러면서 베드로가 제일 먼저 나아가며, 경

27. 어머니와 제자들의 에프라임 도착   **349**

우에 따라 호기심을 가지고, 충성스럽게, 또는 수다스럽게 지껄이며 호산나를 외치는 군중을 헤쳐 길을 내기 시작한다. 베드로는 다른 사도들과 또 군중 속에 흩어져 있으면서 사도들 있는 데로 오려고 애쓰는 많은 제자들의 도움으로 그렇게 하고 나서, 여자들이 집 안으로 피해 들어올 수 있도록, 그리고 예수와 라자로도 그렇게 할 수 있도록 빈 공간이 유지되도록 한다. 그런 다음 맨 나중에 빠져 나와서 대문을 닫는다. 그는 대문을 빗장과 막대기로 걸고, 다른 사도들을 보내서 정원 쪽도 걸게 한다.

"오! 마침내! 복되신 마리아 어머님께 평화! 마침내 어머님을 다시 뵙게 되는군요! 이제는 어머님이 우리와 같이 계시니까 모든 것이 기분좋습니다!" 하고 베드로가 성모님께 인사를 드리느라고 땅바닥에까지 몸을 굽히며 절한다. 슬프고 창백하고 피로한 얼굴, 벌써 애통하시는 어머니의 얼굴을 가지신 마리아이시다.

"그렇네. 이제는 내가 예수 곁에 있으니까 모든 것이 덜 고통스럽네."

"제가 진실만을 말씀드린다고 잘라 말씀드렸었지요!" 하고 라자로가 말한다.

"당신 말이 맞아요…. 그렇지만 내 아들이 이곳에 있다는 것을 알았을 때는 내 눈에는 해가 흐려지고, 평화가 모두 사라졌어요…. 나는 깨달았어요…. 오!" 성모님의 창백한 뺨에 다른 눈물이 또 흘러내린다.

"울지 마세요, 어머니! 울지 마세요! 저는 여기 이 선량한 사람들 가운데, 어머니이신 다른 마리아 곁에 있었습니다…." 예수께서는 어머니를 조용한 정원 쪽으로 향한 방으로 인도하신다. 모두가 두 분을 따라 간다.

라자로가 사과한다. "어머님이 길을 알고 계셨는데, 제가 왜 이 길로 돌아가는지를 이해하지 못하셨기 때문에 말씀드릴 수밖에 없었습니다. 어머님은 선생님께서 저와 함께 베다니아에 계신 줄로 생각하고 계셨습니다…. 또 세겜에서는 어떤 사람이 '우리도 선생님이 계신 에프라임으로 갑니다' 하고 외치기까지 했습니다. 아무런 변명도 있을 수가 없었습니다…. 저는 또 밤에 엉뚱한 길로 해서 떠나서 다른 사람들을 앞질러 오기를 바랐었습니다. 어림도 없는 일이었습니다! 저 사람들이 사방에서 지키고 있다가 한 떼가 저를 따라 오는 동안 또 한 떼는 근처에 가서 알리곤 했습니다."

야곱의 마리아가 양젖과 꿀과 버터와 갓 구워낸 빵을 가지고 와서 우선 성모님께 드린다. 노파는 조금은 호기심을 가지고, 조금은 무서워하며 라자로를 밑에서 슬쩍 올려다본다. 그리고 라자로에게 양젖을 주다가 그의 손을 스쳤을 때 노파의 손이 흔들리고, 라자로가 다른 사람 모두와 같이 비스킷을 먹는 것을 보았을 때 그의 입은 "오!" 소리를 억제하지 못한다.

라자로가 제일 먼저 그것을 보고 웃으면서, 명문가 출신의 모든 사람이 그런 것처럼 상냥하고 세련되고 자신만만하게 말한다.

"그렇습니다. 할머니, 저는 할머니처럼 무엇이든지 먹고, 또 할머니의 빵과 양젖을 좋아합니다. 그리고 제가 시장기를 느끼는 것처럼 피로도 느끼니까 할머니의 침대가 틀림없이 제 마음에 들 것입니다." 그리고 모든 사람을 돌아보며 말한다.

"제가 살과 뼈를 가지고 있는지, 체온이 있고 숨을 쉬는지 느끼기 위해서 핑계도 없이 저를 만져보는 사람이 많습니다. 이것이 약간 귀찮은 일입니다. 그래서 제 임무만 끝나면 베다니아로 돌아가겠습니다. 선생님, 제가 선생님 곁에 있으면 너무나 많은 정신산만을 일으킬 것입니다. 저는 시리아에까지 가서 빛나는 선생님의 능력을 증언했습니다. 이제는 제가 사라지겠습니다. 선생님 혼자만이 기적의 하늘에서, 하느님의 하늘에서 그리고 사람들이 있는 앞에서 빛나셔야 합니다."

성모님은 그 동안 작은 노파에게 말씀하신다.

"할머니는 제 아들에게 친절하셨습니다. 아들이 제게 그 말을 얼마나 했는지 모릅니다. 할머니께 감사한다는 말씀을 드리게 입맞춤 하게 해 주세요. 할머니께 갚아드리기 위해서는 제 사랑밖에 아무 것도 없어요. 저도 가난합니다…. 그리고 제 아들은 하느님의 것이고 그의 사명의 것이기 때문에, 이제는 제가 아들이 없다고 말할 수도 있습니다…. 그리고 하느님께서 원하시는 것은 모두가 거룩하고 올바른 것이니까, 항상 그렇게 되기를 바랍니다."

성모님은 상냥하시다. 그러나 벌써 얼마나 낙심하시는가!…. 모든 사도가 성모님을 동정의 눈으로 바라보느라고, 밖에서 시위를 하고 있는 사람들을 잊어버리고, 먼 곳에 살고 있는 친척들의 안부를 묻는 것을 잊고 있을 정도이다.

그러나 예수께서 말씀하신다.

"나는 옥상에 올라가서 사람들을 보내고, 그들에게 강복을 주겠다." 그러니까 베드로가 퍼뜩 정신이 들며 말한다.

"그런데 마륵지암은 어디 있습니까? 제자들은 모두 보이는데, 그 애는 보이지 않는군요."

"마륵지암은 여기 오지 않았네" 하고 야고보와 요한의 어머니 살로메가 대답한다.

"마륵지암은 오지 않았어요? 왜요? 병이 들었나요?"

"아닐세. 잘 있네. 자네 댁네도 잘 있고, 그렇지만 마륵지암은 오지 않았네. 폴피레아가 떠나 보내질 않았네."

"바보같은 여편네! 한달 있으면 과월절이고, 그 애는 과월절을 지내러 와야 할 텐데! 지금부터 오게 해서 아들에게 이 기쁨을 주고 내게도 기쁨을 줄 수 있었을 텐데. 그렇지만 그 여편네는 양보다도 더 느리게 이해하고 또…."

"요한과 요나의 시몬, 그리고 라자로 당신과 열성당원 시몬, 나를 따라 오너라. 너희들 모두는 사람들을 보내서 그들과 제자들을 갈라놓을 때까지 그대로 여기 있어라" 하고 예수께서 명령하시고, 네 사람과 같이 나가시면서 문을 닫으신다.

예수께서는 복도와 부엌을 지나 정원으로 나가시는데, 투덜거리는 베드로와 다른 사람들이 따라 간다. 그러나 옥상에 발을 들여놓으시기 전에 계단에서 걸음을 멈추시고 돌아서시어 베드로의 어깨에 손을 얹으시니, 베드로가 불만스러운 얼굴을 든다.

"시몬 베드로야, 내 말을 잘 듣고 폴피레아를 비난하고 책망하는 일을 그만두어라. 폴피레아는 죄가 없다. 내 명령에 순종하는 것이다. 내가 장막절 전에 마륵지암을 유다에 보내지 말라고 그에게 명령했다…."

"그렇지만 과월절은요, 주님?"

"네가 제대로 말했다. 나는 주님이다. 그래서 주님으로서 나는 무엇이든지 명령할 수 있다. 내가 하는 명령은 어느 것이든지 옳은 것이니까. 따라서 소심증으로 인해서 불안해하지 말아라. 민수기에 있는 말을 기억하느냐? '만일 너희 민족의 어떤 사람이 죽은 사람 때문에 부정하거나 멀리 여행을 하고 있으면, 주의 과월절을 둘째달 열 나흗날 저녁 무렵에 지내야 한다.'"

"그렇지만 마륵지암은 부정하지 않습니다. 적어도 저는 폴피레아가 마침 지금 죽을 생각을 하지 않기를 바라구요. 마륵지암은 여행도 하고 있지 않습니다…" 하고 베드로가 반박한다.

"상관없다. **내가 그렇게 되기를 원한다**. 죽은 사람보다도 더 부정하게 만드는 것들이 있는 것이다. 마륵지암… 나는 마륵지암이 부정을 타기를 원치 않는다. 베드로야, 내가 하는 대로 내버려두어라. 나는 안다. 네 아내와 마륵지암이 순종할 줄 아는 것처럼 너도 순종할 줄 알아라. 우리는 둘째달 열 나흗날에 그와 함께 제2의 과월절을 지낼 것이다. 그리고 그 때에는 우리가 몹시 행복할 것이다. 네게 약속한다."

베드로는 "체념합시다" 하고 말하려는 것 같은 몸짓을 한다. 그러나 반대하는 말을 한 마디도 하지 않는다.

열성당원이 이렇게 지적한다.

"과월절에 예루살렘 도성에 있지 않을 사람들의 수를 세는 것을 계속하지 않는 것이 낫겠네!"

"이젠 셀 마음이 없어졌네. 이 모든 것이 내게 어떤 감명을 주네…. 오한을…. 다른 사람들이 알 수 있을 거야?"

"아니다. 내가 일부러 너희들을 따로 데리고 나왔다."

"그러면… 나는 라자로에게 개인적으로 할 말이 있소."

"말해 보시오. 내가 대답할 수 있는 일이면 대답하겠소" 하고 라자로가 말한다.

"오! 당신이 대답하지 않아도 상관없어요. 나로서는 당신이 빌라도를 만나러가서 ─이건 당신의 친구 시몬의 생각이오.─ 이렇게 이런 얘기 저런 얘기하면서 그가 예수님에 대해서 좋게든 나쁘게든 어떻게 하려고 생각하는지를 당신에게 말하게 하기만 하면 되니까요

…. 아시겠지요…. 능란하게… 별별 말들을 하니까 말이오!…."
 "예루살렘에 도착하는 대로 그렇게 하겠소. 나는 예리고로 해서 베다니아에 가기보다는 오히려 베델과 라마로 해서 가서 시온에 있는 내 집에 머무르겠소. 그리고 빌라도를 보러 가겠소. 베드로, 나는 능란하고 솔직할 터이니 안심하시오."
 "그런데 당신은 공연히 시간을 허비할 거요. 빌라도는 ——당신은 사람으로서 그를 알지만, 나는 하느님으로서 그를 알고 있소.— 폭풍우를 피해 보려고 폭풍우와 반대되는 쪽으로 휘는 갈대에 지나지 않소. 그는 언제나 그 순간에 자기가 말하는 것을 하기를 원하고 또 한다고 확신하기 때문에 결코 진실성이 없지는 않소. 그러나 그 순간이 지나면, 다른 쪽에서 오는 폭풍우의 날카로운 소리의 결로 잊어버리오. —오! 그것은 그의 약속과 그의 뜻을 어기는 것이 아니오.— **그가 전에 원하던 것을 잊어버리오, 그뿐이오.** 그가 그것을 잊어버리는 것은 그의 의지보다 더 강한 의지의 소리가 다른 소리가 거기에 넣었던 모든 생각을 잊어버리게 하고, 불어서 날려보내는 것처럼 없애버리고, 그의 마음 속에 새 생각들을 넣어주기 때문이오.
 또 그리고, 자기가 원하는 것을 안해 주면 갈라서겠다고 위협하는 아내의 목소리를 비롯해서 ——그런데 아내와 갈리지기만 하면, 사람들이 그 카이사르가 자기들보다도 더 비열하다고 확신하면서도 말하는 것처럼 '신성한' 카이사르에게서 받는 그의 모든 힘과 일체의 보호가 끝장이오.— 수많은 목소리를 가진 모든 폭풍우를 초월해서… 그러나 그들은 사람 안에서 사상을 볼 줄 알고, 또 사상은 그것을 나타내는 사람을 무효화하기까지 하오. 또 사상에 대해서는 그것이 부정(不淨)하다고 말할 수 없소. 시민은 누구나 조국을 사랑하오. 그리고 그가 조국을 사랑하고, 조국이 승리하기를 원하는 것은 옳은 일이오…. 그런데 카이사르는 조국이오…. 그러니까… 하찮은 인간도 그가 나타내는 세상 덕택으로 위대하게 되는… 것이오….
 그러나 나는 카이사르에 대해서 말하려던 것이 아니라, 빌라도에 대해서 말하려고 했소! 그러니까 내가 말하던 것은 그의 아내의 목소리에서 군중들의 목소리에 이르기까지 모든 목소리 위에 그의 **자아**의 목소리가 있다는 것이었소. 오! 그 목소리는 기가 막힌 목소리요! 소인(小人)의 작은 **자아**, 탐욕스러운 사람의 탐욕스러운 **자아**, 교만한 사람의 교만한 **자아**의 목소리요. 이 빈약함, 이 탐욕, 이 교만이 위대하게 되기 위해 통치하기를 **원하고**, 돈을 많이 가지기 위해 통치하기를 원하고, 복종으로 굽실거리는 국민의 무리를 지배할 수 있기 위하여 통치하기를 원하오. 굽실거리는 밑에 증오가 은밀히 진행되고 있소.

그러나 빌라도라고 불리는 작은 카이사르, 우리의 작은 카이사르는 그것을 보지 못하오…. 그는 복종하는 체하고 그의 앞에서 벌벌 떠는 체하거나 실제로 그렇게 하는 굽은 등마루들밖에는 보지 못하오. 그리고 **자아**의 이 휘몰아치는 목소리 때문에 그는 무엇이든지 할 기분으로 있소. **무엇이든지** 말이오. 그가 계속 본시오 빌라도이고, 총독이고, 카이사르의 봉사자이고, 제국의 수많은 지방 중의 하나의 통치자로 있기만 하면, 이 모든 것 때문에 지금은 나를 옹호하는 사람일지라도 내일은 내 재판관이 될 것이고, **그것도 냉혹한 재판관**이 될 것이오. 사람의 생각은 항상 유동적이오. 그리고 그 사람이 본시오 빌라도라고 불리는 사람인 때에는 더할 나위 없이 유동적이오. 그러나 라자로 당신은 베드로를 만족시켜 주어도 되오…. 그것이 그를 위로하게 된다면 말이오…."

"위로하지는 못할 것입니다. 그러나… 저를 더 침착하게 할 것입니다…."

"그러면 우리의 착한 베드로를 만족시키게 빌라도를 만나러 가시오."

"가겠습니다, 선생님. 그러나 선생님께서는 어떤 역사가나 철학자도 할 수 없었을 만큼 총독을 생생하게 표현하셨습니다. 완전합니다!"

"나는 역시 마찬가지로 어떤 사람이든지 그의 모습과 성격을 묘사할 수 있을 거요. 그러나 소란을 많이 피우는 저 사람들을 만나러 갑시다."

예수께서는 마지막 몇개의 단을 올라 가셔서 나타나신다.

"갈릴래아와 사마리아 사람, 내 제자들, 그리고 나를 따르는 여러분. 여러분의 사랑과 나를 공경하고자 하는 소원, 그리고 내 어머니와 내 친구의 마차를 호위해서 그들에게 경의를 표하고자 한 소원으로 나는 여러분의 생각이 어떠한지를 압니다. 여러분의 생각인 이 생각 때문에 그저 여러분에게 강복할 뿐입니다. 그러나 여러분의 집으로 돌아가서 여러분의 일을 돌보시오. 갈릴래아의 여러분, 가서 집에 남아 있는 사람들에게 나자렛의 예수가 그분들에게 강복한다고 말해 주시오. 갈릴래아의 여러분, 내가 과월절 전의 안식일 다음 날 예루살렘에 들어갈 터이니, 과월절에 그곳에서 만납시다. 사마리아의 여러분, 여러분도 돌아가시오. 그리고 내게 대한 여러분의 사랑을 세상의 길에서 나를 따르고 찾는 데 한정하지 말고, 영의 길에서 나를 따르고 찾을 줄 아시오. 가시오. 그리고 빛이 여러분 안에서 빛나기를 바랍니다. 선생의 제자들은 신자들에게서 갈라져서 에프라임에 남아 내 지시를 받도록 하시오. 가시오. 순종하시오."

"선생님의 말씀이 옳아. 우리가 선생님을 방해하네. 선생님은 어머니와 함께 계시고 싶어하셔!" 하고 제자들과 나자렛 사람들이 외친다.

"우리도 떠나겠어요. 그러나 그전에 선생님의 약속을 원합니다. 과월절 전에 세겜에 오시겠다는 약속을. 세겜에! 세겜에!"

"세겜에 가겠습니다. 가시오. 나는 과월절을 지내러 예루살렘에 올라가기 전에 가겠습니다."

"예루살렘에는 가지 마세요! 가지 마세요! 우리와 같이 계십시오! 우리와 같이! 우리가 선생님을 지키겠습니다! 우리는 선생님을 왕과 대사제를 삼겠습니다! 그들은 선생님을 미워합니다! 우리는 선생님을 사랑합니다! 유다인들을 타도하자! 예수 만세!"

"조용하시오! 그렇게 소란을 피우지 마시오! 내 어머니는 나를 저주하는 목소리보다도 더 내게 해를 끼칠 수 있는 그 외침 때문에 고통을 당하십니다. 아직 내 때가 되지 않았습니다. 가시오. 내가 세겜에 들르겠습니다. 그러나 내가 인간적인 야비한 비열로, 그리고 내 아버지의 뜻을 어기는 독성적(瀆聖的)인 반항으로 참 하느님을 흠숭할 수 있는 유일한 성전에서 그분을 흠숭함으로써 이스라엘 사람으로서의 내 의무를 지키는 일을 하지 않을 수 있다고, 또 위대한 예언자들의 말과 그들이 본 진실에 따라 보편적인 왕으로 기름바름을 받을 예루살렘이 아닌 다른 곳에서 왕관을 받음으로 메시아로서의 내 의무를 다하지 않을 수 있으리라는 생각을 여러분의 마음에서 없애 시오."

"타도하자! 모세 이후에는 다른 예언자가 없습니다! 선생은 몽상 가요."

"그럼 당신들도 그렇습니다. 당신들은 혹 자유롭습니까? 그렇지 않습니다. 세겜을 뭐라고 부릅니까? 세겜의 새 이름은 무엇입니까? 그리고 세겜의 경우와 마찬가지로 사마리아와 유다와 갈릴래아의 다른 많은 도시도 그렇습니다. 그것은 로마의 석궁(石弓)이 우리를 모두 같은 수준에 올려놓기 때문입니다. 세겜이 혹 세겜이라고 불립니까? 아닙니다. 네아폴리스라고 불립니다. 베츠칸이 쉬토폴리스라고 불리고, 또 다른 많은 도시가 로마인들의 뜻에 의해서나 로마인들에게 아부하는 봉신(封臣)들의 뜻에 의해서 지배나 아부로 강요된 이름을 가지게 된 것과 같이 말입니다. 그런데 당신들은, 당신들 각자는 도시보다 더 나은 사람, 우리 지배자들보다 더 나은 사람, 하느님보다 더 나은 사람이 되기를 원하는 것입니까? 아닙니다. 모든 사람의 구원을 위해서 정해진 것을 바꿀 수 있는 것은 아무 것도 없습니다. 나는 바른 길을 갑니다. 당신들도 나와 함께 영원한 나라에 들어가고 싶으면 나를 따르시오."

예수께서 물러나려고 하시는 참이다. 그러나 사마리아 사람들이 하도 소란을 피우는 바람에 갈릴래아 사람들이 반항하게 되었고, 동시에 집 안에 있던 사람들이 집 밖의 정원으로, 그리고는 계단으로, 옥상으로 달려 오게 되었다. 제일 먼저 예수 뒤에 성모님의 창백하고 슬프고 걱정스러운 얼굴이 나타나고, 어머니는 예수를 안고, 저 아래에서 올라오는 욕설에서 예수를 지키려는 듯이 가슴에 꼭 죄신다.

"당신은 우리를 배반했소! 당신은 우리를 사랑한다고 믿게 하려고 우리 고장에 피신해 와서는 우리를 업신여기는구려! 우리는 당신 탓으로 한층 더 업신여김을 받게 됐소!" 운운.

여자 제자들과 사도들도 예수께로 가까이 오고, 마지막으로 겁을 집어먹은 야곱의 마리아가 온다. 아래에서 들려오는 외침이 이 소란의 근원을, 오래 되었지만 확실한 근원을 설명한다.

"왜 당신은 제자들을 우리에게 보내서 당신이 박해당하고 있다는 것을 말하게 했소?"

"나는 아무도 보내지 않았소. 저기 세겜 사람들이 있는데, 앞으로 나아오시오. 내가 산에서 어느 날 무슨 말을 했소?"

"맞습니다. 선생님은 모든 사람에게 새 시대가 오지 않은 동안은 성전에서 흠숭하는 사람일 수밖에 없다고 말씀하셨어요. 선생님, 저희들은 죄가 없습니다. 정말입니다. 저 사람들은 가짜 사자(使者)들에게 속았습니다."

"나도 압니다. 그러나 이제는 가시오. 그래도 세겜에는 가겠습니다. 나는 아무도 무섭지 않습니다. 그러나 이제는 당신 자신들과 당신들 혈족에 해를 끼치지 않도록 가시오. 저기 길을 내려오는 병사들의 갑옷이 해에 반짝이는 것이 보입니까? 틀림없이 그들은 이렇게 많은 수행원을 보고, 당신들을 거리를 두고 멀리서 따라 온 겁니다. 그들은 수풀 속에서 기다리고 있었습니다. 이제는 당신의 고함소리에 그들이 끌려오는 것입니다. 당신들의 이익을 위해서 떠나시오."

실제로 멀리, 산으로 올라가는 큰 길, 예수께서 굶주린 사람을 만나신 큰 길에 움직이는 빛이 반짝이며 전전하는 것이 보인다. 사람들은 천천히 흩어진다. 에프라임 사람들과 갈릴래아 사람들과 제자들이 남아 있다.

"에프라임의 여러분도 집으로 돌아가고, 갈릴래아 분들도 떠나시오. 당신들을 사랑하는 사람의 말을 들으시오!"

그들도 간다. 제자들밖에 남지 않았는데, 예수께서는 그들을 집 안과 정원으로 들어오게 하라고 명령하신다. 베드로가 다른 사람들과 같이 대문을 열려고 내려간다.

가리옷의 유다는 내려가지 않는다. 그는 웃고 있다! 그는 웃으면서 말한다.

"이제 선생님은 '착한 사마리아 사람들'이 선생님을 얼마나 미워하는지 보시게 될 겁니다! 나라를 건설하신다고 선생님은 돌들을 흩뜨리시는데, 어떤 건축물에서 흩어진 돌들은 타격을 가하는 무기가 됩니다. 선생님은 저들을 업신여기셨습니다! 그래서 저들은 그것을 잊지 않을 것입니다."

"나를 미워하라고 해라. 그들의 증오가 무서워서 내 의무를 행하는 것을 피하지는 않겠다. 어머니, 오십시오. 제자들을 떠나보내기 전에 그들이 무엇을 해야 할지를 말해 주러 가십시다." 그러면서 집 안으로 들어가시기 위하여 성모님과 라자로 사이에서 계단을 내려오신다. 집 안에는 에프라임에 온 제자들이 가득 차 있다. 예수께서는 그들에게 사방으로 흩어져 그들의 모든 동료들에게 니산달 초승에 예리고로 가서 당신이 도착하실 때까지 기다리라고 알리라는 명령을 주시고, 그들이 지나가는 곳의 주민들에게는 당신이 에프라임을 떠나실 것이니, 당신을 과월절에 예루살렘에서 찾으라고 말하라고 하신다.

그런 다음 그들을 세 사람씩의 집단으로 나누어서 이사악과 헤르마와 스테파노와 새 제자 사무엘에게 맡기신다. 스테파노는 새 제자에게 이렇게 인사한다.

"자네를 빛 속에서 보는 기쁨이 모든 것이 선생님께 돌이 되는 것을 보는 내 고민을 덮어 주네."

그리고 헤르마도 역시 "자네는 사람을 떠나 하느님을 찾아왔네. 그래서 지금은 하느님께서 정말 자네와 함께 계시네."

이사악은 겸손하고 조심성 있게 이렇게만 말한다. "평화가 형제와 함께 있기를."

에프라임 사람들이 드리려고 생각하는 빵과 양젖을 드리고 나자 제자들도 떠나고, 마침내 조용해졌다…. 그러나 어린 양을 요리하는 동안, 예수께서는 아직도 일을 하신다. 라자로에게로 가셔서 말씀하신다. "나하고 개울가로 갑시다."

라자로는 평소와 같이 재빨리 순종한다.

두 분은 집에서 200미터쯤 벗어난다. 라자로는 예수께서 말씀하시기를 기다리면서 잠자코 있다. 그러니까 예수께서 말씀하신다.

"당신에게 말하고 싶었던 것은 이런 것이오. 당신도 보다시피 내 어머니는 매우 의기소침하시오. 당신의 누이동생들을 이리 보내시오. 사실은 나는 모든 사도들과 여자 제자들을 데리고 세겜 쪽으로 갈 작정이오. 그러나 곧 이어서 내가 얼마 동안 예리고에 머무르면서 여자 제자들은 베다니아로 먼저 보내겠소. 나는 여기서는 아직 감히 여자들을 데리고 있을 수 있지만, 다른 곳에서는 그렇게 하지 못하오…."

"선생님! 선생님께서는 정말 염려를 하시는 것이로군요…. 오! 그렇다면, 왜 저를 다시 살려내셨습니까?"

"친구를 한 사람 가지기 위해서요."

"오!!! 만일 그 때문이라면, 제가 여기 있습니다. 만일 제 우정으로 선생님의 용기를 돋우어 드릴 수만 있다면, 어떤 고통도 아무 것도 아닙니다."

"나도 아오. 그리고 이 때문에 당신을 가장 완전한 친구로 이용하고 있고, 장차도 이용하겠소."

"제가 실제로 빌라도를 만나러 가야 합니까?"

"당신이 원하면 가시오. 그러나 베드로를 위해서이지. 나를 위해서는 아니오."

"선생님께 알려 드리겠습니다…. 언제 이곳을 떠나십니까?"

"1주일 후에 내가 가고자하는 곳에 갔다가 곧 이어 과월절 전에 당신 집에 가려면 시간이 빠듯하겠소. 예루살렘의 소란 속에 잠기기 전에 평화의 오아시스인 베다니아에서 다시 힘을 얻기 위해서 말이오."

"선생님, 최고회의는 고소거리가 없기 때문에 고소거리들을 만들어내서 선생님으로 하여금 영원히 도망치지 않을 수 없게 하기로 단단히 결정했다는 것을 아십니까? 저는 이것을 프톨레마이스에서 우연히 만난 최고회의 위원 요한에게서 들어서 압니다. 그 사람은 머지 않아 나게 된 새 아들 때문에 기뻐하고 있었습니다. 요한은 제게 이렇게 말했습니다. '나는 최고회의의 그 결정 때문에 괴로워합니다. 나는 아들이기를 바라는 아기의 할례에 선생님께서 참석하시기를 바랐었기 때문입니다. 아기는 타무즈달 초순에 나게 됩니다. 그러나 그 때까지 선생님께서 아직 우리들 가운데 계실는지요? 또 내가 바라는 것은… 어린 엠마누엘이, 이 이름이 내 생각을 당신에게 말해 줍니다만, 세상에 태어날 때에 강복을 주시게 선생님을 모셨으면 하는 것입니다. 왜냐하면 매우 행복할 내 아들은 우리가 그렇게 해야 하는 것처럼 믿기 위해서 투쟁할 필요가 없겠기 때문입니다. 그 애는 메시아

시대에 자랄 터이니까 메시아의 사상을 받아들이는 것이 그 애로서는 쉬울 것입니다.' 요한은 선생님께서 약속되신 분이시라고 믿게 된 것입니다."

"그리고 그 많은 다른 사람 가운데에 그 한 사람이 다른 사람들이 하지 않는 것에 대해서 내게 배상을 해 주오. 라자로, 여기서 조용한 가운데 작별인사를 합시다. 그리고 모든 것에 대해서 감사하오. 당신은 참다운 친구요. 당신과 같은 사람이 열명만 있으면, 그래도 이 많은 증오 가운데에서 사는 것이 즐거울 거요…."

"주님, 이제는 어머님을 모시고 계십니다. 어머님은 라자로 열명 백명 몫을 하십니다. 그러나 선생님께 필요할지도 모르는 것이 어떤 것이든, 제가 할 수 있는 것이면, 제가 마련해 드리겠다는 것을 기억하십시오. 명령만 내리십시오. 그러면 모든 일에 선생님의 하인이 되겠습니다. 저는 선생님을 사랑하는 다른 사람들처럼 지혜롭지도 못하고 거룩하지도 못할 것입니다. 그러나 요한을 빼놓고는 저보다 더 충실한 다른 사람을 얻어만나지 못하실 것입니다. 이렇게 말한다고 제가 교만하다고는 생각하지 않습니다. 그리고 이제까지 선생님에 대해 말했으니, 신디카에 대해 말씀드리겠습니다. 신디카를 보았습니다. 신디카는 선생님을 따라 다닐 수 있은 그리이스 여자만이 그럴 수 있는 것처럼 활동적이고 지혜롭습니다. 신디카는 멀리 떨어져 있는 것을 괴로워합니다. 그러나 선생님의 길을 준비하는 것이 기쁘다고 말합니다. 죽기 전에 선생님을 뵙기를 바란다고 합니다."

"틀림없이 나를 볼 거요. 나는 의인들의 소망을 절대로 저버리지 않소."

"신디카는 여러 원주지에서 온 소녀들이 많이 다니는 작은 학교를 가지고 있습니다. 그러나 저녁에는 혼혈이어서 아무 종교도 가지고 있지 않은 가엾은 소녀 몇명을 데리고 선생님께 대한 것을 가르칩니다. 제가 '왜 개종자가 되지 않아요? 그렇게 하면 많은 도움이 될 텐데' 하고 말했더니, 신디카는 이렇게 대답했습니다. '저는 이스라엘의 제단에 몸바치고 싶지 않고, 하느님을 기다리는 빈 제단에 몸바치기를 원합니다. 저는 그 제단들이 내 주님을 받도록 준비합니다. 그리고 주님의 나라가 세워지면, 저는 조국으로 돌아가겠습니다. 그래서 그리이스의 하늘 아래서 선생들을 위해 사람들의 마음을 준비하는 데 제 생애를 다 쓰겠습니다. 이것이 제 꿈입니다. 그러나 만일 제가 그전에 병으로나 박해로 죽으면 역시 기꺼이 가겠습니다. 그것은 제가 제 일을 다 했다는 표이고, 당신을 처음 만났을 때부터 사랑한 여종을 당신께로 부르시는 표이니까요' 하고."

"그것은 사실이오. 신디카는 처음 만났을 때부터 실제로 나를 사랑했소."

"저는 선생님께서 얼마나 고통을 당하시는지 말하지 않으려고 했습니다. 그러나 안티오키아는 조개껍질 모양으로 넓은 로마 제국의 모든 소문이 울려 퍼집니다. 그러니까 여기서 일어나는 일에 대한 소문도 퍼집니다. 그래서 신디카는 선생님의 고통을 잘 알고 있고, 그것 때문에 멀리 떨어져 있는 것을 더 괴로워합니다. 신디카는 제게 돈을 주려고 했습니다. 그러나 저는 그 돈을 소녀들을 위해서 쓰라고 말하면서 거절했습니다. 다만 신디카가 보통 길이의 곱절이 되는 비단으로 짠 두건은 받아왔습니다. 선생님의 어머님께서 가지고 계십니다.

신디카는 선생님의 이야기와 자기 이야기와 엔도르의 요한의 이야기를 실로 그려 넣고자 했습니다. 그런데 어떻게 했는지 아십니까? 네모꼴 둘레로 빙 돌아가며, 한 떼의 하이에나에 대항해서 비둘기 두 마리를 보호하는 어린 양을 짜 넣어서 그렇게 했습니다. 비둘기 중의 한 마리는 두 날개가 부러졌고, 또 한 마리는 결박되어 있던 사슬을 끊었습니다. 그리고 이야기는 번갈아가며 계속되다가, 마침내 날개가 부러진 비둘기는 하늘 높이 날아 올라가고, 또 한 마리의 비둘기는 자발적으로 포로가 되어 어린 양의 발 앞에 있습니다. 그리이스의 조각가들이 신전의 꽃줄장식이나 그들의 죽은 이들의 묘석에 대리석으로 새겨 놓거나 또는 화가들이 꽃병에 그려 넣는 저 이야기들 중의 한 가지 같습니다. 신디카는 제 하인 중의 한 사람을 시켜서 그것을 선생님께 보내 드리려고 했는데, 제가 가지고 왔습니다."

"훌륭한 여자 제자에게서 오는 것이니까, 그 두건을 내가 쓰겠소. 집으로 갑시다. 언제 떠날 생각이오?"

"말들을 쉬게 하기 위해 내일 새벽에 떠날 생각입니다. 그리고 예루살렘까지는 멀지 않고 가서 빌라도를 만나겠습니다. 만일 제가 빌라도에게 말할 수 있게 되면 그의 대답을 마리아를 통해서 보내 드리겠습니다."

　두 분은 별로 중요하지 않은 일에 대하여 말하면서 천천히 집 안으로 다시 들어온다.

28. 가리옷의 유다는 도둑이다

예수께서 여자 제자들과 사도 두 사람과 같이 에프라임 뒤에 있는 산의 첫번째 기복 중의 하나에 계신다. 요안나는 아이들도 에스테르도 데리고 있지 않다. 그들을 요나타와 함께 벌써 예루살렘으로 보낸 것으로 생각한다. 예수의 어머니 외에 글레오파의 마리아, 마리아 살로메, 요안나, 엘리사, 니까 그리고 수산나만이 있다. 라자로의 두 자매는 아직 없다.

엘리사와 니까는 틀림없이 저 아래에서 반짝인 시내에서 빨았거나 저기 있는 개울에서 햇볕이 잘 드는 이 둔덕으로 가져왔을 옷들을 개키고 있는 중이다. 그런데 니까가 옷 중의 하나를 들여다보고 나서 글레오파의 마리아에게 가져오면서 말한다.

"이 옷도 형님의 아들이 단을 뜯어 놓았어요."

알패오의 마리아는 옷을 받아 그의 곁에 풀 위에 놓아둔 옷들 곁에 놓는다.

모든 여자 제자들은 사도들이 혼자 있는 여러 달 동안에 생긴 찢어진 곳을 꿰매고 고치는 일에 골몰하고 있다. 마른 다른 옷들을 가지고 가까이 오는 엘리사가 말한다.

"석달 전부터 사정을 아는 여자 하나도 당신들과 같이 있지 않았다는 걸 잘 알겠어요. 선생님의 옷을 빼놓고는 제대로 된 옷이 하나도 없어요 선생님은 그대신 옷이 두 벌밖에 없구요. 지금 입고 계신 것과 오늘 빤 것 하고."

"선생님은 모두 다른 사람들에게 주셨습니다. 선생님은 더 이상 아무 것도 가지지 않으려는 열광에 붙잡히신 것 같았어요. 벌써 여러 날 전부터 아마포옷을 입고 계십니다" 하고 유다가 말한다.

"다행히 어머님이 새 옷들을 가져올 생각을 했어요. 주홍빛 물감을 들인 저 옷은 정말 매우 아름다워요. 예수에게는 이것이 필요했어요.

그렇게 아마포옷을 입고 있는 것이 썩 잘 어울리지만 말이야. 예수는 정말 백합꽃 같아"하고 알패오의 마리아가 말한다.
"대단히 큰 백합꽃입니다. 아주머니!"하고 유다가 빈정거린다.
"그렇지만 틀림없이 자네나 요한도 그렇지 못한 것처럼 깨끗한 백합일세. 자네도 아마포옷을 입고 있지만, 정말이지 자네는 백합꽃 같지는 않네!"하고 알패오의 마리아가 솔직하게 대꾸한다.
"저는 머리카락도 살갗도 갈색입니다. 그래서 저는 다릅니다."
"아니야, 그래서 그런게 아니야. 순백(純白)을 자네는 겉에 가지고 있지만, 예수는 마음 속에 가지고 있기 때문이야. 그 순백이 예수의 눈결과 미소와 말에서 풍겨 나오고 있어. 맞아. 아! 우리 예수와 같이 여기 있으니까 정말 좋다." 그러면서 착한 마리아는 늙고 일을 많이 한 여인의 윤기 잃은 손 하나를 예수의 무릎에 올려놓는다. 예수께서는 그 성실한 손을 쓰다듬으신다.
어떤 옷을 들여다보고 있던 마리아 살로메가 부르짖는다.
"이건 찢어진 것보다 더하다! 아이고! 얘야! 누가 구멍을 이렇게 막았니?" 그리고 눈살을 찌푸리며 일종의 쭈글쭈글한… 배꼽같은 것을 동료들에게 보인다. 쭈글쭈글한 배꼽이 천 위로 툭 튀어나온 가락지가 되었는데, 그것은 여자를 질겁하게 할 수 있을 바느질 몇 땀으로 얽어매 놓았다. 이상하게 수선한 것이 진앙(震央)이 되어, 거기에서 일련의 주름이 부챗살처럼 옷의 어깨 쪽으로 번져 나간다. 수선을 한 장본인인 요한을 비롯해서 모두 웃는데, 요한이 설명한다.
"찢어진 걸 그대로 둘 수가 없었어요. 그래서 틀어막았지요."
"알겠다. 내 신세가 가련하군! 알겠다! 그렇지만 야곱의 마리아더러 꿰매 달라고 할 수 없었니?"
"할머니는 가엾게도 거의 장님이예요! 게다가… 불운하게도 그건 찢어진게 아니었어요! 진짜 구멍이었어요. 옷이 제가 지고 있던 나뭇단에 걸려 있었는데, 어깨에서 나뭇단을 내려놓는데 옷조각이 같이 묻어 왔어요. 그래서 이렇게 고쳤어요!"
"얘야, 그렇게 해서 옷을 망쳐 버렸다. 내게 필요한 건…." 살로메는 옷을 살펴보고는 머리를 저으면서 말한다. "나는 단을 뜯을 수 있으리라고 생각했었는데, 단이 없어졌구먼…."

28. 가리옷의 유다는 도둑이다

"내가 노베에서 그걸 뜯었어요. 접은 데가 끊어져 있었거든요. 그렇지만 내가 떼어낸 조각을 당신 아들에게 주었는데…" 하고 엘리사가 설명한다.

"그랬어요. 그렇지만 전 그걸 가지고 제 배낭 끈을 만들었어요…."

"불쌍도 하지! 우리가 이 사람들 곁에 있는게 정말 필요해요!" 하고 누구의 것인지 모를 옷을 고치시는 성모님이 말씀하신다.

"그렇지만 여기에는 헝겊이 있어야 하겠는데요. 보세요. 바늘 땀이 빙 돌아가면서 찢어놓고 말았어요. 그래서 그렇지 않아도 큰 화가 회복될 수 없게 되고 말았어요. 없어진 천을 대신할 만한 것을 찾아낼 수 있으면… 몰라도. 그렇게 되면… 아직 눈에 띄긴 하겠지만… 그래도 그럭저럭 쓸 수는 있을건데…."

"아주머니는 내게 어떤 비유를 생각나게 했습니다…" 하고 예수께서 말씀하시는데, 유다가 동시에 말한다.

"제 배낭 속에 이 빛깔과 같은 천 조각이 있는 걸로 생각합니다. 그것은 어떤 옷이 너무 바래서 제가 입지 못하겠기에 어떤 작은 사람에게 준 옷에서 남은 헝겊입니다. 그 사람이 저보다 어떻게나 작은지 거의 손바닥 너비 둘이나 잘라내야 했습니다. 기다리시면 가지러 가겠습니다. 그렇지만 먼저 비유를 듣고 싶습니다."

"하느님께서 자네에게 강복하시기를. 자네도 듣게. 그 동안 나는 야고보의 옷의 끈을 바로잡겠네. 전부 닳아 버렸어."

"선생님, 말씀하십시오. 그런 다음 마리아 살로메 아주머니를 기쁘게 해 드리겠습니다."

"말하겠다. 나는 영혼을 옷감에 비유합니다. 영혼이 불어넣어졌을 때에는 새 것이고 찢어진 데가 없습니다. 영혼은 원죄를 가지고 있기는 합니다. 그러나 그 구성에 상처가 없고 다른 흠도 없고 소모된 곳도 없습니다. 그러다가 세월이 지남에 따라서, 그리고 영혼이 받아들이는 악습 때문에 낡아져서 잘라지기까지 하고, 무분별로 인해서 흠이 생기고, 무질서로 인해서 찢어집니다. 그런데 영혼이 찢어졌을 때에는 서투르게 기우면 더 많이 찢어지는 원인이 되니까 그렇게 깁지 말고, 거기 생긴 못 쓰게 된 곳을 할 수 있는 대로 빨리 사라지게 하기 위해서 참을성 있게 오래 완전하게 기워야 합니다. 그리고 천이 너무 찢어졌거나, 한 조각이 없어질 정도로 찢어지기까지 했으면, 못 쓰게 된 것을 자기 자신이 없애겠다고 교만하게 고집하지 말고, 우리가 알기에 영혼을 다시 온전하게 하실 수 있는 그분을 찾아가야 합니다. 그분께는 무엇이든지 하는 것이 허락되고, 그분은 무엇이든지 하실 수가 있기 때문입니다. 나는 내 아버지이신 하느님과 구세주인 나에 대해서 말하는 것입니다.

그러나 사람의 교오는 너무나 커서, 그의 영혼의 못 쓰게 된 곳이 크면 클수록 더욱 더 불완전한 방법으로 그것을 기우려고 애씁니다. 그런데 이것은 점점 더 큰 결함을 만들어냅니다. 여러분은 찢어진 곳이 여전히 보일 것이라고 반박하실지도 모릅니다. 마리아 살로메 아주머니도 그 말을 하셨습니다. 그렇습니다. **어떤 영혼이 입은 상처들은 항상 보일 것입니다. 그러나 영혼은 싸움을 합니다. 따라서 상처를 입게 됩니다. 영혼을 둘러싸고 있는 원수가 너무도 많으니까요.**

그러나 승리를 얻기 위하여 싸우다가 입은 수많은 상처의 표가 되는 상처자국 투성이인 사람을 보고 '저 사람은 부정하다'고 말할 사람은 아무도 없습니다. 오히려 이렇게 말할 것입니다. '저 사람은 영웅이다. 저것들은 피로 물든 그의 능력의 자국이다' 하고. 그리고 어떤 병사가 영광스러운 상처가 부끄러워서 치료 받기를 거부하는 것을 절대로 보지 못할 것입니다. 오히려 그는 거룩한 자부심으로 의사를 찾아가서 말할 것입니다. '보십시오. 저는 싸워서 이겼습니다. 보시다시피 저는 몸을 아끼지 않았습니다. 이제는 제가 다른 싸움을 해서 다른 승리를 거둘 준비가 되기 위해서 저를 고쳐 주십시오' 하고. 이와 반대로, 파렴치한 악습으로 그에게 생긴 부정한 병의 헌데를 가진 사람은 부모와 친구들과 의사들 앞에서까지도 그의 헌데를 부끄러워하고, 또 때로는 하도 완전히 어리석어서 그것들을 감추고 있다가 마침내 고약한 냄새로 그것이 알려지게 됩니다. 그러나 그 때는 이미 고치기가 너무 늦었습니다.

겸손한 사람들은 항상 솔직합니다. 또 용감한 사람들이야말로 싸우다가 입은 상처를 부끄러워할 필요는 없습니다. 교만한 사람들은 언제나 거짓말쟁이고 비겁합니다. 그들의 교만 때문에 그들은 그들을 고치실 수 있는 분께로 가서 '아버지 저는 죄를 지었습니다. 그러나 아버지께서 원하시면 저를 고치실 수 있습니다' 하고 말하고자 하지 않기 때문에 죽음에 이르게 됩니다. 최초의 잘못을 고백할 필요가 없다는 그들의 교만 때문에 죽음에 이르는 영혼이 많습니다. 그러면 그 영혼들에게도 때가 너무 늦은 것입니다. 그 영혼들은 하느님의 자비가 아무리 심하고 넓게 퍼진 괴저(壞疽)보다 더 능력있고 더 넓어서 무엇이든지 고칠 수 있다는 것을 생각하지 않습니다. 그러지 않고, 교만한 사람들의 영혼은 그들이 구원의 방법을 어느 것이나 다 무시했다는 것을 알아차렸을 때는, 하느님을 모시고 있지 않기 때문에 실망에 빠져, '이제는 너무 늦었다'고 말하면서 스스로 **최후의 죽음**, 즉 지옥 가는 죽음을 택합니다. 그러면 유다야, 이제는 헝겊을 가지러 가라…."

"가겠습니다. 그러나 그 비유는 제 마음에 들지 않았습니다. 저는 알아듣지 못했습니다."

"아니, 그 비유는 아주 명쾌한데! 하찮은 여자인 나도 알아들었네!" 하고 마리아 살로메가 말한다.

"그렇지만 저는 못 알아들었습니다. 전에는 선생님이 더 아름다운 비유를 말씀하셨는데, 지금은… 벌이니… 헝겊이니… 이름이 바뀌는 도시니… 영혼들은 배니… 하는 **하도 시시하고 하도 불명료한** 비유를 말씀하셔서 제 마음에 들지도 않고 알아듣지도 못합니다. 하지만 헝겊을 가지러 가기는 하겠습니다. 왜냐하면 그것이 필요하기는 하지만, 그 옷은 여전히 못 입게 된 옷일 터이니까요." 이렇게 말하면서 유다는 일어나서 간다.

마리아는 유다가 말하는 동안 일감 위로 점점 더 머리를 숙이고 있었다. 이와 반대로 요안나는 머리를 들고 분개한 태도로 조심성 없는 사람을 똑바로 바라보았다. 엘리사도 머리를 들었다. 그러나 이내 마리아를 본받았고, 니까도 그렇게 하였다. 수산나는 깜짝 놀라 그의 큰 눈을 크게 뜨고 사도를 보지 않고 예수를 쳐다보았다. 마치 예수께서 왜 반응을 보이지 않으시는지 의아하게 생각하는 듯한 태도였다. 어떤 여자 제자도 무슨 말을 하거나 몸짓을 하거나 하지 않았다. 그러나 더 서민적인 마리아 살로메와 알패오의 마리아는 머리를 흔들며 서로 바라보고, 유다가 떠나자마자 마리아 살로메가 말한다.

"저 사람이야말로 머리가 잘못 됐구먼!"

"그래요, 그렇기 때문에 못 알아듣는 거예요. 그리고 예수가 저 사람의 머리를 바로잡아 줄 수 있을는지도 모르겠어요. 만일 내 아들이 저러면, 그 머리를 완전히 부수어 버리겠어요. 그래요. 그 애의 머리가 의인의 머리가 되도록 그렇게 한 것처럼 그 애의 머리를 부수어 버리고 말고요. 칼자국이 있는 얼굴을 가지는 것이 그런 마음을 가지는 것보다 더 나으니까요" 하고 알패오의 마리아가 말한다.

"아주머니, 너그럽게 보아 주세요. 나자렛과 같은 도시에서 성실한 가정에서 자란 아주머니의 아이들과 저 사람을 비교하실 수는 없습니다."

"그의 어머니는 착해요. 그의 아버지도 나쁘지 않았다는 말을 들었어요" 하고 알패오의 마리아가 대꾸한다.

"그렇습니다. 그러나 그분의 마음에는 자존심이 없지 않았습니다. 그래서 아들을 너무 일찍 어머니에게서 멀리 떨어지게 했고, 아들을 예루살렘으로 보냄으로 그가 아들에게 주었던 윤리적인 유전적 성격을 발달시키는 데 아버지도 역시 이바지했습니다. 이것을 말하는 것은 슬픈 일이지만, 확실히 성전은 유전성 교만이 줄어들 수 있는 장소가 아닙니다…" 하고 예수께서 말씀하신다.

"명예로운 자리면, 예루살렘의 어떤 자리도 교만과 그 밖의 어떤 결점도 줄이기에 적합한 곳이 아니예요" 하고 요안나가 한숨을 쉬며 말한다. 그리고 덧붙인다. "예리고이거나 필립보의 가이사리아이거나 티베리아이거나 다른 가이사리아에서이거나 다른 어떤 명예로운 자리에서도 마찬가지예요…" 그러면서 필요 이상으로 얼굴을 일감 위로 숙이면서 빨리 꿰맨다.

"라자로의 마리아는 권위는 있지만 교만하지는 않아요" 하고 니까가 지적한다.

"지금은 그렇지요. 그러나 전에는 부모형제와는 반대로 매우 거만했어요. 부모형제는 그렇지 않았는데" 하고 요안나가 대답한다.

"자매들이 언제 올건가?" 하고 마리아 살로메가 묻는다.

"우리가 사흘 후에는 떠나야 한다면 곧 오겠지요."

"그럼 일을 빨리 합시다. 모두 끝마칠 시간이 있을까 말까 해요"

하고 알패오의 마리아가 그들이 일하는 것을 재촉하려고 말한다.

"라자로 때문에 오는 것이 늦어졌어요. 그렇지만 어머님의 피로가 많이 덜어졌으니까 잘된 일이었어요" 하고 수산나가 말한다.

"그렇지만 마리아는 그렇게 먼 길을 걸을 수 있다고 느껴요? 그렇게도 창백하고 지쳤는데!" 하고 알패오의 마리아는 성모님의 무릎에 손을 얹고 근심스럽게 쳐다보면서 말한다.

"저는 병들지 않았으니, 분명히 걸을 수 있어요."

"어머니, 병들지는 않으셨지만 몹시 괴로워하고 계십니다. 제가 어머니를 처음 뵈었을 때같이 어머니를 다시 뵙기 위해서라면, 제 목숨을 몇 십년이라도 드리고, 모든 고통을 즐겨 받겠습니다" 하고 요한이 성모님을 동정의 눈으로 쳐다보며 말한다.

"그러나 요한아, 네 사랑이 벌써 약이다. 나는 너희들이 내 아들을 얼마나 사랑하는지를 보면, 내 마음이 가라앉는 것을 느낀다. 내 고통에는 내 아들이 사랑받지 못하는 것을 보는 것 외에 다른 원인이 없기 때문이다. 정말 다른 원인이 없다. 여기서는 내 아들 곁에, 아주 충실한 너희들 가운데 있으니, 기운이 다시 소생한다. 그러나 확실히 … 지난 몇 달 동안은… 나자렛에 혼자 있으면서… 예수가 벌써 몹시 고민하고, 벌써 몹시 박해를 받으며 떠나는 것을 본 다음… 그 모든 소문을 들으니… 오! 얼마나 괴로웠는지! 그렇지만 예수 곁에서는 내가 보고 '적어도 내 예수 곁에 그를 위로하고 다른 말들을 들리지 않게 하는 말을 해 주는 어미가 있다'고 말한다. 그리고 이스라엘에서 사랑이 모두 죽지는 않았다는 것을 본다. 그래 평화를 누린다. 평화를 조금, 많이는 아니다…. 그것은…." 성모님은 더 말씀을 못하신다. 요한에게 말씀하시려 드셨던 얼굴을 숙이신다. 그래서 말없는 감격으로 붉어지는 이마의 윗쪽밖에는 보이지 않는다…. 그리고 눈물 두 방울이 기우고 계신 옷 위에서 반짝인다.

예수께서는 한숨을 쉬시고, 당신 자리에서 일어나 어머니 발 앞에 가서 앉으신다. 거기서 머리를 성모님의 무릎에 갖다 대시고, 옷감을 들고 계신 손에 입맞춤하신다. 그리고는 쉬는 어린 아이처럼 그렇게 그대로 계신다. 성모님은 아들에게 상처를 입히지 않으려고 바늘을 천에서 빼신다. 그리고 당신 무릎 위에 숙여져 있는 예수의 머리에 오른손을 얹으시고, 얼굴을 들어 하늘을 쳐다보신다. 입술은 움직이지 않지만 틀림없이 기도하신다. 성모님의 태도 전체가 기도하신다는 것을 드러낸다. 그리고 몸을 굽혀 아들의 드러난 관자놀이 곁의 머리카락에 입맞춤하신다.

다른 여자들은 말이 없다. 그러다가 마침내 마리아 살로메가 말한다. "아니, 유다가 늦는군요! 해가 져 가는데! 그러면 나는 잘 보이지 않을 텐데!"

"아마 어떤 사람에게 붙잡힌 모양입니다" 하고 요한이 대답하고, "빨리 서두르라고 가서 말할까요?" 하고 어머니에게 묻는다.

"그렇게 하는게 좋을 거다. 만일 그 사람이 형겊을 찾아내지 못하면, 더구나 여름도 오고 하니 소매를 줄이려고 하니까 말이다. 그리고 가을에 입을 건 다른 옷을 한 벌 마련해 주마. 이 옷은 가을엔 못 입을 테니까. 그래서 잘라 낸 천으로 여기서 그럭저럭 입을 수 있게 해 주마. 고기잡이 하러 가는 데에는 아직 쓸만할 거다. 오순절 후에는 너희들이 틀림없이 갈릴래아로 다시 올 테지…."

"그 때에는 갑니다" 하고 요한이 말한다. 그리고 여전히 친절하게 다른 여인들에게 묻는다. "벌써 준비가 된 옷들이 있습니까? 제가 집으로 가져갈 테니까요. 있으면 제게 주세요. 돌아오실 때 짐이 덜 무거울 거니까요."

여자들은 벌써 고친 것을 모아서 요한에게 주고, 요한은 가려고 돌아선다. 그러나 야곱의 마리아가 뛰어 오는 것을 보고 갑자기 걸음을 멈춘다.

착한 작은 노파는 애쓰며 걸어 오고, 늙은 몸으로 할 수 있는 만큼 빨리 오며 요한에게 외친다.

"선생님이 여기 계셔요?"

"예. 왜 그러세요, 할머니?"

노파는 계속 뛰어 오면서 말한다.

"아다가 좋지 않아요…. 그래서 남편이 예수님을 모셔다가 아내를 위로하고 싶어해요…. 그렇지만 저 사마리아 사람들이… 그렇게도 못 되게 군 뒤라 감히 부르지를 못해요…. 그래서 내가 그에게 말했지요. '자넨 아직 선생님을 알지 못하는구먼. 내가 모시러 가겠네….

선생님은… 안 된다고 말씀하진 않으실 걸세' 하고." 작은 노파는 뛰어 온 것과 치받이 때문에 몹시 헐떡인다.

"더 뛰어 오지 마세요. 제가 할머니와 같이 가겠습니다. 아니 그보다도 제가 할머니보다 앞서 가겠습니다. 저희들을 천천히 따라 오세요. 할머니는 연세가 많으니까 그렇게 뛰시면 안 됩니다" 하고 예수께서 노파에게 말씀하신다. 그리고 당신 어머니와 여자 제자들에게 말씀하신다. "저는 마을에 남아 있겠습니다. 평화가 여러분께."

예수께서는 요한의 팔을 잡고 그와 함께 빨리 내려오신다. 숨을 돌린 노파는 물어보는 여자들에게 "흠! 선생님만이 그 여자를 구해내실 수 있습니다. 그렇지 않으면 그 여자는 라켈처럼 죽을 겁니다. 벌써 몸이 싸늘해지고 기운을 잃고, 벌써 고통의 경련 중에 몸부림치고 있어요" 하고 대답한 다음 두 사람을 따라 가려고 한다.

그러나 여자들이 노파를 붙잡으며 말한다.

"아니, 뜨거운 벽돌을 허리 아래 대보지 않았어요?"

"아니예요! 할 수 있는 대로 뜨거운 향료를 섞은 포도주에 적신 모직천으로 싸 주는게 더 나아요."

"나는 야고보 때에 기름을 바른 다음 뜨거운 벽돌을 갖다 댔는데, 그게 효과가 좋았어요."

"물을 많이 마시게 하세요."

"서서 몇 걸음만 걸을 수 있었으면, 그 동안에 허리를 세게 문질러 주면 될 텐데."

어머니인 여자들, 즉 니까와 수산나, 그리고 당신의 아들을 낳으실 때 어떤 여자나 다 당하는 고통을 당하지 않으신 성모님을 **빼놓은** 모든 여자가 이 방법 저 방법을 권한다.

"모든 걸! 모든 것을 다 해 보았어요. 그렇지만 그 여자의 허리는 너무 피로했어요. 열한번째 아이거든요! 그러나 이제는 가겠어요. 숨을 돌렸으니까요. 그 어머니를 위해 기도해 주세요! 선생님이 그 여자에게 가실 때까지 지극히 높으신 분이 그 여자를 살려 두시기를 바랍니다." 그러면서 혼자 사는 착한 그 가엾은 노파는 종종걸음을 치며 간다.

그 동안 예수께서는 해가 내리쬐는 시내를 향하여 빨리 내려가신다. 예수께서는 당신들이 머무르시는 곳과 반대되는 쪽으로 해서 시내로 들어가신다. 즉 야곱의 마리아의 집은 남동쪽에 있는데 에프라임의 서북쪽으로 해서 들어가신다. 당신을 붙잡아 두려고하는 사람들과 말씀하시느라고 걸음을 멈추지 않으시고 빨리 걸으신다. 예수께서는 그들에게 인사하시고 멀어져 가신다.

어떤 사람이 지적한다. "선생님은 우리에게 화가 나셨어. 다른 마을 사람들이 잘못 했어. 선생님이 잘 하시는 거야."

"아니야. 야노에의 집에 가시는 거야. 야노에의 아내가 열한번째 아이를 낳는데 죽어간단 말이야."

"가엾은 아이들! 그래서 선생님이 거기 가시는 거야. 말할 수 없이 친절하려고 모욕을 당하시고도 은혜를 많이 베푸시거든."

"그렇지만 야노에는 선생님을 모욕하지 않았네! 우리 중의 아무도 선생님을 모욕하지 않았어!"

"그렇지만 그 사람들도 역시 사마리아인 사람들인걸."

"선생님은 공정하셔서 구별할 줄 아셔. 기적을 보러 가세."

"우린 들어가지 못할 거야. 아기를 낳아야 하는 여인인걸."

"그렇지만 우리는 아이 우는 소리를 들을 텐데, 그게 기적의 목소릴 걸세."

그들은 예수를 따라 잡으려고 뛰어 간다. 다른 사람들도 보려고 그들과 같이 간다.

예수께서는 닥쳐올 불행으로 슬픔에 잠겨 있는 집에 이르신다. 열 아이는 —제일 큰 아이는 눈물을 흘리고 있는 계집 아이인데, 역시 눈물을 흘리고 있는 어린 동생들이 그 소녀에게 바싹 다가서 있다. — 활짝 열린 대문 옆 출입구 한 구석에 서 있다. 수다스러운 여자들이 왔다 갔다 하고, 수근거리고, 벽돌을 깐 바닥을 뛰어 다니는 맨발 소리가 들린다.

어떤 여자가 예수를 보고 외친다.

"야노에! 희망을 가져요! 선생님이 오셨어요!" 그러면서 김이 나는 물병을 가지고 뛰어서 간다.

남자 한 사람이 달려 오더니 땅에 엎드린다. 그는 한 가지 몸짓밖에 하지 않는다. 그리고 말한다.

"저는 믿습니다. 저것들을 보셔서 불쌍히 여겨 주십시오." 그러면서 그의 아이들을 가리킨다.

"일어나시오, 그리고 용기를 내시오. 지극히 높으신 분은 믿음을 가진 사람을 도와주시고, 슬퍼하는 당신 자녀들을 불쌍히 여기시오."

"아이고! 선생님, 오십시오! 오세요. 그 사람은 벌써 꺼멓게 됐습니다. 경련으로 숨이 막힙니다. 숨이 끊어지다시피 됐습니다. 오십시오!" 그렇지 않아도 분별을 잃은 남자는 어떤 수다스러운 여자가 "야노에, 달려 가요! 아다가 죽어 가요!" 하고 부르는 소리를 듣고는 완전히 분별을 잃고, "자, 믿음을 가지시오!" 하고 말씀하시는 예수의 말에는 귀를 기울이지도 않고, 죽어 가는 아내가 있는 방으로 예수를 빨리, 빨리, 빨리 가시게 하려고 밀고 끌고 한다.

그 불쌍한 사람이 믿음은 가지고 있다. 그러나 그가 가지지 못한 것은 그 말씀의 뜻을, 벌써 그에게 기적의 확신을 주는 숨은 뜻을 이해할 수 있는 힘이다. 그래서 예수께서는 여인이 있는 방으로 들어가시기 위하여 밀리고 끌리고 하며 계단을 올라가신다. 그러나 예수께서는 열려 있는 문으로 핏기가 가시고, 납빛깔이 되다시피 하고, 벌써 축 늘어져 임종의 모습이 된 얼굴을 볼 수 있는 3미터 가량 떨어진 계단의 층계참에서 걸음을 멈추신다. 여자들은 이제 아무 시도도 하지 않는다. 여자들은 여인을 턱까지 덮어 주고 들여다보고 있다. 그들은 최후를 기다리며 꼼짝 하지 않고 있다.

예수께서는 두 팔을 펴시고 "내가 원한다!" 하고 외치신다. 그리고 떠나시려고 돌아서신다.

남편과 수다스러운 여자들과 모여 있는 구경꾼들은 아마 예수께서 더 놀랄만한 일을 하셔서 아이를 즉시 낳게 하시기를 바랐었기 때문에 실망하였다. 그러나 예수께서는 그들 사이를 헤치고 그들 앞을 지나가시며 그들을 똑바로 바라보시고 말씀하신다.

"의심하지 마시오. 믿음을 좀 더 가지시오. 조금만 기다리시오. 여인은 분만의 쓰디쓴 의무를 치러야 합니다. 그러나 건강합니다." 그러면서 어리둥절한 그들을 남겨두신 채 계단을 내려오신다. 거리로 나오실 때 겁에 질려 있는 열 아이에게 지나가시면서

"무서워하지 말아라! 엄마가 살아났다" 하고 말씀하시고, 걱정하는

작은 얼굴들을 손으로 쓰다듬어 주신다. 그 때에 큰 외침소리가 집 안에 울려 퍼지고 거리에까지 이른다. 그곳에는 야곱의 마리아도 도착하였었는데, 그 소리가 죽음을 알리는 외침인 줄 알고 "하느님, 맙소사!" 하고 부르짖는다.

"염려 마세요, 할머니! 그리고 빨리 가 보세요! 아기가 나는 것을 보실 것입니다. 기운이 고통과 더불어 돌아왔습니다. 그러나 곧 기쁨이 올 것입니다."

예수께서는 요한과 같이 떠나 가신다. 그러나 모두가 기적이 행하여지는지 보기를 원하기 때문에 아무도 예수를 따라 오지 않고, 또 선생님이 아라를 살려내러 가셨다는 소문이 퍼졌기 때문에 다른 사람들이 달려 오기까지 한다. 이렇게 해서 예수께서는 거리를 용케 빠져 나오셔서 무사히 어떤 집에 다다르실 수 있었다. 그 집 안으로 들어가시면서 "유다야! 유다야!" 하고 부르신다. 아무도 대답하지 않는다.

"저 위에 올라갔나 봅니다, 선생님. 우리도 집으로 갈 수 있습니다. 여기에 유다와 시몬과 선생님의 사촌 야고보의 옷을 두고, 시몬 베드로와 안드레아와 토마와 필립보의 옷은 안나의 집에 갖다 두겠습니다."

그리고 그렇게 한다. 그래서 나는 여자 제자들에게 자리를 내주기 위하여 사도들이, 전부는 아니더라도 적어도 일부분은 다른 집들로 갔다는 것을 알게 되었다.

이제는 옷을 다 내려놓고 서로 이야기를 하면서 야곱의 마리아의 집으로 가서, 그저 밀어 놓기만 한 정원의 작은 문으로 해서 들어간다. 집 안은 조용하고 비었다. 요한은 물이 가득 찬 항아리 하나가 땅에 놓여 있는 것을 보고, 아마 여인을 도와달라고 누가 부르기 전에 작은 노파가 그곳에 내려놓았나보다고 생각하고, 그것을 들고 닫혀 있는 어떤 방으로 간다. 예수께서는 겉옷을 벗어 입구에 있는 궤 위에 내려 놓으시기 전에 항상 그러시는 것처럼 정성들여 개키시느라고 지체하신다. 요한은 문을 열고 거의 공포에 질려 "아!" 소리를 지른다. 그는 항아리를 떨어뜨리고 몸을 작게 하고, 사라지고, 보지 않기 위하여 몸을 구부리면서 두 손으로 눈을 가린다. 방 안에서는 방바닥에 쏟아지며 울리는 큰 소리가 들려 온다.

예수께서는 벌써 문에 와 계신다. 예수께서 오시는 것보다 내가 묘사하는 데 시간이 더 걸렸다. 예수께서는 "가세요! 가세요!"하고 신음하는 요한을 홱 밀어내시고, 빙싯 열려 있는 문을 열고 들어가신다. 그것은 여자들이 온 다음부터 식사를 하는 방이다. 그곳에는 쇠를 씌운 옛날 궤 두개가 있는데, 바로 문 맞은편에 있는 그 중 하나 앞에 유다가 창백한 얼굴을 하고 있다. 그의 눈은 분노와 동시에 공포로 번득이고 두 손에는 돈주머니가 들려 있다. 금고는 열려 있고 … 방바닥에는 돈이 흩어져 있고, 다른 돈들은 궤 가장자리에 열려서 반쯤 누워 있는 돈주머니에서 방으로 미끄러져 내리고 있다. 모든 것이 무슨 일이 일어나고 있는지 의심의 여지없이 증언하고 있다. 유다는 집으로 들어와서 궤를 열고 도둑질을 한 것이다. 도둑질을 하고 있는 중이었다.

아무도 말이 없다. 아무도 움직이지 않는다. 그러나 모두가 소리를 지르고 서로 달려드는 것보다 더 고통스러운 장면이다. 세계의 조상(彫像)이다. 마귀인 유다, 심판관이신 예수, 동료의 비열한 행동이 드러남으로 인하여 공포에 사로잡힌 요한.

돈주머니를 쥐고 있는 유다의 손이 떨려서 흔들리고, 돈주머니 안에 있는 돈들에서 둔한 소리가 들려 온다.

요한은 벌벌 떨고 있다. 그리고 두 손으로 입을 꽉 틀어막고 있는데도 이가 딱딱 마주치고, 놀란 눈은 유다보다는 예수를 더 쳐다보고 있다.

예수께서는 몸을 떨지 않으신다. 냉냉하게 서 계신데, 어떻게나 몸이 뻣뻣한지 꼭 얼음과 같으시다.

마침내 예수께서 한 걸음을 옮기시고 손짓을 한번 하시고 말 한 마디를 하신다. 유다를 향하여 한 걸음을 옮기시고, 요한에게 물러가라는 표를 하기 위한 손짓을 하시고, "가라!" 하는 한 마디를 하신다.

그러나 요한은 겁이 나서 신음한다.

"안 됩니다! 안 됩니다! 저를 쫓아내지 마십시오. 여기 있게 해 주십시오. 저는 아무 말도 하지 않겠습니다…. 그렇지만 여기 선생님과 같이 있게 내버려두십시오."

"가거라! 걱정 말아라! 문들을 닫아라…. 그리고 누가 오면… 아무라도… 내 어머니라도… 여기 오게 놔 두지 말아라. 가라! 순종해라!"

"주님!…." 요한이 어떻게나 애원을 하고 기가 죽었는지 죄지은 사람이 요한인 것 같다.

"가라니까 그러는구나. 아무 일도 없을 것이다. 가거라!" 그러면서 예수께서는 쓰다듬는 손짓으로 귀염둥이의 머리에 손을 얹으시는 것으로 당신의 명령을 완화하신다. 그런데 이제는 그 손이 떨리는 것이 보인다. 요한은 떨리는 것을 느끼는 그 손을 잡고, 많은 것을 말하는 흐느낌과 더불어 그 손에 입맞춤 하고, 나간다. 예수께서는 문을 닫으시고 빗장을 지르신다. 그리고 유다를 바라보시려고 몸을 돌리신다. 그렇게도 뻔뻔스러운 그가 감히 말 한 마디도 몸짓 하나도 하지 못하는 것을 보면 유다가 몹시 기가 죽어 있음이 틀림없다.

예수께서는 방 한가운데를 차지하고 있는 식탁 둘레를 돌아 유다 앞으로 곧장 가신다. 빨리 가시는지 천천히 가시는지 모르겠다. 나는 예수의 얼굴이 너무 무서워서 시간을 잴 수가 없다. 나는 예수의 눈을 보고, 요한과 같이 겁을 낸다. 유다 자신도 겁이 나서, 궤와 활짝 열린 창문 사이에 멈추어 있다. 창문으로는 넘어가는 해의 붉은 빛이 모두 예수께로 쏟아져 들어온다. 예수의 눈은 무섭다! 예수께서는 말씀을 한 마디도 하지 않으신다. 그러나 유다의 옷의 허리띠에서 일종의 갈고리가 비죽 나와 있는 것을 보시자 무서운 반응을 보이신다. 주먹을 불끈 쥐고 도둑을 때리시려는 듯이 팔을 쳐드시고, 입은 "저주받은!"이라는 말마디를 시작하신다. 그러나 자제하신다. 떨어지려고 하던 팔을 멈추시고, 말을 처음 세 글자에서 끊으신다. 그리고 자제하시기 위하여 온 몸이 떨리는 노력을 하시고, 쥔 주먹을 펴시고, 유다가 손에 들고 있는 돈주머니 높이까지 팔을 내려 그것을 잡아채서 방바닥에 내뜨리시고, 돈주머니와 돈을 발로 짓밟으시고, 억제하시지마는 무시무시한 분노로 그것들을 흩어 놓으시며 목소리를 죽여 말씀하신다.

"멀리 물러가라! 사탄의 쓰레기! 저주받은 황금! 지옥의 침! 뱀의

독! 멀리 물러가라!"

예수께서 그를 저주할 뻔한 것을 보고 소리를 죽이며 부르짖었던 유다가 이제는 반응을 보이지 않는다. 그러나 닫힌 문 저쪽에서는 예수께서 방바닥에 돈주머니를 던지실 때 다른 부르짖음이 울렸다. 요한의 이 부르짖음이 도둑을 몹시 화나게 하고, 그에게 악마와 같은 뻔뻔스러움을 돌려준다. 유다는 그로 인하여 화가 몹시 났다. 그는 거의 예수께로 달려들다시피하며 부르짖는다.

"선생님은 제게 창피를 주려고 저를 염탐하게 하셨군요. 입을 다물 줄도 몰라서 모두들 앞에서 제게 창피를 줄 바보같은 녀석을 시켜서 염탐을 하게 했단 말입니다! 아니, 선생님의 원하신 것 바로 이거지요. 게다가… 그래요! 저도 그걸 원합니다. 그걸 원해요! 선생님으로 하여금 저를 쫓아내게 하는 것을! 선생님으로 하여금 저를 저주하게 하는 것을! 저를 저주하게! 저를 저주하게! 저는 쫓겨나기 위해 별별짓을 다 했습니다." 그는 성으로 인하여 목이 쉬었고, 마귀처럼 난폭하다. 그는 목을 조르는 것이 있는 것처럼 헐떡인다.

예수께서는 낮으나 무서운 목소리로 "도둑놈! 도둑놈! 도둑놈!" 하고 그에게 되풀이 하신다. 그리고 이렇게 끝맺으신다. "오늘은 도둑놈, 내일은 살인자. 바라빠와 같이 그보다도 더 고약하게." 예수께서는 유다가 하는 모든 말에 대하여 이 말씀을 그의 얼굴에 대고 말씀하신다. ─이제는 두 사람이 매우 가까이 있기 때문이다.

유다는 숨을 돌리고 대답한다.

"그렇습니다. 도둑놈입니다. 그런데 선생님 탓으로 그렇게 된 겁니다. 제가 하는 모든 나쁜 짓은 선생님 탓인데, 선생님은 싫증도 내지 않고 저를 멸망시키려고 하십니다. 선생님은 모든 사람을 사랑하시고 모두를 명예롭게 하십니다. 선생님은 죄인들을 받아들이시고, 창녀들도 역겹게 여기지 않으시고, 도둑놈들과 고리대금업자들과 자캐오의 난봉꾼들을 친구로 취급하십니다. 선생님은 성전의 밀정을 메시아처럼 받아들이십니다. 선생님은 정말 어리석기도 하군요! 그리고 우리에게 무식쟁이를 우두머리로, 염세리(塩稅吏)를 회계원으로 주시고, 바보를 비밀이야기 상대를 삼으십니다. 그러면서 제게는 피천 한닢 주는 것도 벌벌 떨고, 제게는 돈을 남겨 주지 않으시고, 노젓는 사람 자리 곁에 붙들려 있는 죄수처럼 저를 곁에 두십니다.
　선생님은 우리더러, 우리라고 말했지만 사실은 **저를 말하는 겁니다. 저만이 순례자들의 헌금을 받아도 안 된다고** 하셨습니다. 아무에게서도 돈을 받지 말라고 명령하신 것은 제가 돈을 만지지 못하게 하려는 것이었습니다. 선생님은 저를 미워하시니까요. 그럼, **저도 선생님을 미워합니다!** 선생님은 조금 전에 저를 치지도 못하고 저주도 하지 못하셨지요. 선생님의 저주는 저를 잿더미를 만들었을 겁니다. 왜 저주를 하지 않았습니까? 나는 선생님이 그렇게도 무능하고 그다지도 약한 끝장이 난 사람, 패배한 사람인 것을 보기보다는 저주당하는 것을 더 낫게 생각했을 겁니다…"
　"입 다물어라!"
　"아닙니다! 선생님은 요한이 들을까봐 겁내십니까? 그가 마침내 선생님이 어떤 사람인지를 깨닫고 선생님을 버릴까봐 겁내십니까? 아! 선생님이 그걸 무서워하시는군요. 영웅인 체하는 선생님이! 그렇습니다. 선생님은 그걸 무서워하십니다! 선생님은 저를 두려워하십니다. 선생님은 두려워하십니다! 그 때문에 저를 저주하질 못하셨습니다. 그 때문에 저를 미워하시면서 사랑을 가장하십니다! 제게 아부하려고! 제가 조용히 있게 하려고! 선생님은 제가 힘이라는 걸 아십니다! **제가 힘이라는 것**을 아십니다. 선생님을 미워하고 이길 힘이라는 것을! 저는 **모든 것을** 바치면서 죽을 때까지 선생님을 따르겠다고 선생님께 약속했고, **모든 것을** 바쳤습니다.
　그리고 선생님의 시간까지, 제 시간까지 선생님 곁에 그대로 있을 겁니다. 저주하고 내쫓을 줄을 모르는 훌륭한 왕! 뜬 구름같은 왕! 우상같은 왕! 어리석은 왕! 거짓말쟁이! 선생님 자신의 운명을 배반하는 사람. 선생님은 우리가 처음 만날 때부터 항상 저를 미워하셨습니다. 선생님은 저를 이해할 줄을 몰랐습니다. 선생님은 스스로 현명하다고 생각하시지만 선생님은 바보입니다. 제가 좋은 길을 가르쳐 드렸습니다. 그러나 선생님은… 오! 선생님은 깨끗한 분이시지요! 선생님은 사람이지만 하느님이기도 하신 인간이시지요. 그래서 영리한 사람의 충고를 업신여기시지요. 선생님은 처음 순간부터 잘못 생각하셨고, 지금도 잘못 생각하십니다. 선생님은… 선생님은… 아!"

쏟아져 나오던 말이 갑자기 멎고, 그 다음에는 그 많은 부르짖음 다음에 음울한 침묵이 오고, 그 많은 몸짓 다음에 음울한 부동상태가 뒤따른다. 무슨 일이 일어나는지 말을 하지 못하고 쓰기만 하고 있는 동안에, 유다는 먹이를 노리다가 덮칠 준비를 갖추고 그 먹이에 가까이 다가가는 사나운 개와 같이, 그렇다. 그와 같이 몸을 구부리고, 바라볼 수가 없을 그런 얼굴을 하고. 주먹을 꽉 쥐고, 팔꿈치를 몸에 꼭 붙이고, 정말 덮치려는 듯이 예수께로 다가갔다. 예수께서는 조금도 공포를 나타내지 않으시고, 유다에게 등을 돌리기까지 하신다. 그는 달려들어 예수의 목을 덮칠 수가 있을 터인데, 그렇게 하지는 못한다. 예수께서는 몸을 돌려 문을 여시고, 요한이 정말 갔는지 복도를 바라보신다. 복도에는 아무도 없고, 요한이 정원으로 나간 다음 정원으로 향한 문을 닫았기 때문에 거의 어둡다. 그러나 예수께서는 문을 도로 닫으시고 빗장을 지르시고 문에 기대셔서, 몸짓도 하지 않으시고, 말씀도 없이 유다의 격노가 가라앉기를 기다리신다.

나는 이렇게 말할 자격은 없다. 그러나 유다의 입을 통하여 사탄 자신이 말하였다고, 그것은 이미 범죄 직전에 가 있고, 이미 자기 자신의 의지로, 지옥에 떨어지게 된 타락한 사도를 사탄이 명백히 지배하는 순간이라고 말한다해도 틀린 말이 아닐 것이라고 생각한다. 그렇게 많이 쏟아져 나오던 말이 딱 멎고 사도를 얼빠진 사람같이 있게 내버려두는 그 방식까지도 예수의 공생활 3년 동안에 보아 온 마귀들린 다른 광경들을 상기시킨다.

문에 기대셔서 우중충한 나무에 아주 희게 두드러져 보이는 예수께서는 꼼짝하지 않고 계신다. 다만 예수의 눈만이 사도에게로 고통과 열정의 강한 시선을 보내신다. 눈이 기도한다고 말할 수 있다면, 예수께서 불행한 그를 바라보시는 동안 그분의 눈이 기도한다고 말하겠다. 과연 몹시 비탄에 잠긴 그 눈에서 나오는 것은 자제뿐이 아니라, 기도의 열성이기도 하다. 그리고 유다의 폭백(暴白)이 끝나갈 무렵에 예수께서 몸에 꼭 대고 계시던 팔을 벌리신다. 그러나 유다를 만지기 위하여 벌리시지도 않고, 그를 향하여 무슨 몸짓을 하기 위하여 벌리시지도 않고, 하늘을 향하여 벌리시지도 않는다. 팔을 수평으로 벌리셔서, 우중충한 나무와 불그스름한 벽 앞에 십자가에 매달리신 분의 자세를 취하신다. 그 때에 유다의 입에서는 마지막 말들이 느려지고 "아" 하는 소리가 나오며 그의 변설이 중단된다.

예수께서는 팔을 벌리신 채로 그대로 계시며 여전히 그 고통스럽고 기도하는 눈길로 사도를 바라보신다. 유다는 정신착란에서 깨어나는 사람처럼 손을 자기 이마에, 땀이 흐르는 자기 얼굴에 갖다대고 … 곰곰 생각한다. 그리고 모든 것을 생각해내고 방바닥에 쓰러진다. 우는지 울지 않는지도 모르겠다. 틀림없이 마치 기운이 없는 것같이 방바닥에 주저앉는다.

예수께서는 눈길과 팔을 내리시고, 낮기는 하지만 분명한 목소리로 그에게 말씀하신다.

"그래서? 내가 너를 미워하느냐? 나는 너를 발로 찰 수 있을 것이고, 너를 '벌레'로 취급해서 발로 으깰 수도 있을 것이고, 너로 하여금 정신착란을 일으키게 하는 힘에서 너를 구해낸 것과 같이 너를 저주할 수도 있을 것이다. 내가 너를 저주할 수 없는 것을 너는 약함으로 생각했다. 오! 그것은 약함이 아니다! 내가 구세주이기 때문이다. 그런데 구세주는 저주할 수가 없다. 구세주는 구원할 수 있고, 구원하기를 원한다…. 너는 이렇게 말했다. '저는 힘입니다. 선생님을 미워하고 이길 힘입니다' 하고. 나도 힘이다. 그리고 **유일한 힘이기도 하**다. 그러나 내 힘은 증오가 아니라, 사랑이다.

그런데 사랑은 미워하지 않고 저주하지 않는다, **절대로**. 힘은 또한 너와 나 사이, 네 안에 있는 사탄과 나 사이의 싸움 같은 싸움에서도 승리를 거두고, 방금 내가 구원하는 표, 루치펠이 볼 수 없는 타우(T)가 되어 그렇게 한 것과 같이 네게서 네 지배자를 영원히 없앨 수도 있을 것이다.

구세주는 또한 머지 않아 있을 불신하고 살인하는 이스라엘에 대한 싸움, 세상과 구속으로 인하여 지게 될 사탄에 대한 싸움에 이길 것과 같이 이 싸움에 이길 것과 같이 이 싸움들에서 승리를 거둘 수도 있을 것이다. 구세주는 또한 저 마지막 싸움, 긴 세월을 세는 자가 볼 때에는 멀고, 시간을 영원과 비교해서 재는 분이 볼 때에는 가까운 그 마지막 싸움에서 이길 것과 같이 이 싸움들에서 이길 수도 있을 것이다.

그러나 내 아버지의 완전한 법칙을 어기는 것이 무슨 소용이 있겠느냐? 그것이 정의이겠느냐? 그것이 공로이겠느냐? 아니다. 정의도 없고 공로도 없을 것이다. 죄지을 수 있는 자유를 **빼앗기지** 않았을 다른 죄있는 사람들에 대하여 공평하지 못할 것이다. 그들은 마지막 날에 그들이 단죄된 이유를 내게 묻고, 너 하나만에 대한 내 불공평을 내게 비난할 수 있을 것이다. 너와 같은 죄를 지어서 자기들 자신의 의지로 자기들을 마귀에게 내맡기고, 하느님을 모독하고, 그들의 부모를 몹시 괴롭히고, 살인자, 도둑, 거짓말쟁이, 간통자, 음란한 자, 독성자(瀆聖者), 그리고 마침내 가까운 장래의 어느 날 그리스도를 육체적으로 죽이거나, 미래에 그들의 마음 속에서 그리스도를 죽임으로 하느님을 죽이는 자가 될 사람이 수만 수십만이 되고, 수만 수십만의 70배가 될 것이다.

그런데 내가 어린 양과 염소를 갈라놓고 어린 양들에게는 강복하고 염소들은 저주하러 올 때 ─그렇다, **염소들은 저주하러** 올 것이다. 저주하러, 왜냐하면 그 때에는 구속이 없고, 영광이나 단죄만이 있을 것이기 때문이다.─ 그들이 죽어서 사심판(私審判)을 받을 때에 이미 저주한 다음 다시 저주하러 올 때에, 모두가 내게 말할 수 있을 것이다. 과연 사람은, 내가 수백번 수천번 말하는 것을 들어서 너도 알겠지마는, 그의 목숨이 붙어 있는 동안, 그가 마지막 숨을 쉴 때까지 구원을 받을 수 있다. 영혼과 하느님 사이에 모든 말이 오가고, 영혼이 용서를 청하여 사죄(赦罪)를 얻는 데에는 한 순간으로, 천분의 1분으로도 넉넉하다….

그러나 모두가, 지옥에 가는 모든 사람이 내게 이렇게 말할 수 있을 것이다. '당신은 왜 유다에 대해서 한 것과 같이 우리도 선에 붙잡아매놓지 않았습니까?' 하고. 그리고 그들의 말이 옳은 말일 것이다. 그것은 사람은 누구나 똑같이 자연적인 것과 초자연적인 것, 즉 육체와 영혼을 가지고 태어나기 때문이다. 그리고 육체는 사람들에게서 나기 때문에 날 때에 더 튼튼하거나 덜 튼튼할 수 있고, 더 건강하거나 덜 건강할 수 있는데, 영혼은 하느님께 창조되기 때문에 모든 사람에게 똑같고, 같은 특성들과 하느님의 같은 선물들을 가지고 난다. 요한의 영혼과 ─세례자 요한을 말하는 것이다.─ 네 영혼 사이에는 **육체에 불어 넣어질 때에는** 차이가 없었다. 그러나 네게 분명히 말하지만, 적어도 본죄(本罪)에 관해서는 나를 전하는 **모든 사람**이 그래야 마땅할 것처럼, 그리스도의 예고자가 흠이 없게 하기 위하여 은총이 그를 미리 거룩하게 하지 않았다 하더라도, 그의 영혼은 네 영혼과 달랐을 것이고, 다르게 **되었을** 것이다. 아니 그보다도 네 영혼이 그의 영혼과 다르게 되었을 것이다. 과연 그는 그의 영혼을 신선한 무죄 속에 보존했을 것이고, 너희들이 의로운 사람이기를 바라시는 하느님의 뜻을 도와드리고, 거저 받은 선물들을 점점 더 영웅적인 것이 되는 완전으로 발달시킴으로써 그의 영혼을 점점 더 의덕으로 꾸미기까지 했을 것이다.

이와 반대로 너는… 너는 네 영혼을 황폐하게 했고, 하느님께서 그에게 주셨던 선물들을 흩어버렸다. 너는 네 자유의지를 어떻게 했느냐? 네 지능을 어떻게 했느냐? 너는 네 정신이 가졌던 자유를 네 정신에 그대로 보존하였느냐? 너는 네 정신의 지능을 영리하게 썼느냐? 그렇지 않다. 너는 내게 순종하기를 원치 않는다. 사람인 나에게 순종하기를 원치 않는다는 말이 아니라, 하느님인 나에게도 순종하기를 원치 않는다는 말이다. 그리고 사탄에게 복종하였다. 너는 네 생각의 이해력과 네 정신의 자유를 어두움을 이해하는 데 사용하였다. 자발적으로 네 앞에는 선과 악이 놓였었는데, 너는 악을 택하였다. 또 네 앞에는 선만이, 즉 **내가** 있기까지 하였었다. 네 영혼의 변화를 지켜보시고, 그 변화를 알기까지 하시던 ―영원하신 생각은 시간이 존재한 뒤로부터 일어나는 것을 무엇이든지 다 아시니까.― 네 영원하신 창조주께서 네가 도랑에 있는 수초보다도 더 약하다는 것을 아시기 때문에 너를 선 앞에, 오직 선 앞에만 갖다 놓으셨다.

너는 내가 너를 미워한다고 부르짖었다. 그런데 나는 아버지와 사랑과 더불어 하나이기 때문에, 여기에서도 하늘에서와 같이 하나이기 때문에 ―내게 두 가지 본성(本性)이 있고, 그리스도는 인성으로, 또 그의 승리로 인간적인 한계에서 해방되지 않는 동안은 이 순간에 에프라임에 있고 다른 곳에는 있을 수가 없지만, 하느님으로서, **하느님의 말씀**으로서는, 내 천주성이 항상 어디에나 다 있고 전능하기 때문에, 나는 땅에도 있고 하늘에도 있다.― 그러니까 내가 아버지와 성령과 하나이기 때문에, 네가 내게 대해서 한 비난은 **한분이시요 세위이신 하느님께 대해서 한 것이다.** 너를 **사랑으로** 창조하신 저 하느님 아버지께, 너를 구원하기 위하여 사람이 된 이 하느님 아들에게, **사랑으로** 네게 착한 욕망을 주시기 위하여 네게 수없이 많이 말씀하신 하느님 성령께 한 것이다. 너를 그렇게까지 사랑하시고, 네게 나를 보는 시간을 주시고자 하셔서 너를 세상에 대한 소경이 되게 하시고, 내 말을 듣는 능력을 네게 주시기 위하여 세상에 대한 귀머거리가 되게 하심으로 너를 내 길로 데려오신 저 한분이시요 세위이신 하느님께 말이다.

그런데 너는!… 그런데 너는!… 나를 보고 내 말을 듣고 난 다음, **그것이 유일한 영광의 길이라는** 것을 네 지능으로 깨닫고 자유롭게 선으로 온 다음, 너는 선을 물리치고 너를 **자유롭게** 악에 내맡겼다. 그러나 네가 자유의사로 그것을 원했고, 너를 구렁텅이에서 끌어내려고 네게 내미는 내 손을 네가 점점 거칠게 뿌리쳤고, 격정과 악의 성난 바다로 깊숙이 빠져 들어가려고 네가 점점 더 항구에서 멀어졌는데, 네가 내게, 나를 낳으신 그분께 너를 구원해 보려고 나를 사람으로 형성하신 그분께, 우리가 너를 미워했다고 말할 수 있느냐?

너는 내가 네 불행을 원한다고 비난하였다…. 병든 어린 아이도 의사와 어머니가 그의 이익을 위하여 그러는 것이지만 쓴 약은 먹이고, 단 것들은 거절하는 것을 비난한다. 사탄이 하도 네 눈을 멀게 하고 너를 미치게 해서 내가 너를 위해서 취한 대비책들의 참 성격을 이해하지 못하게 되었고, 너를 고치기 위한 네 선생, 네 구세주, 네 친구의 선견지명이 있는 배려를 악의라고, 너를 파멸시키려는 욕망이라고 부를 수 있게까지 되었다. 내가 너를 내 곁에 붙잡아두었다…. 내가 네 손에서 돈을 빼앗았다. 내가 네게 너를 미치게 하는 이 저주받은 금속을 만지지 못하게 막았다….

그러나 너는 이것이 가시지 않는 목마름을 일으키고, 핏속에 죽음으로 이끌어 가는 열정과 열렬한 욕망을 일으키는 저 마력을 가진 음료의 하나라는 것을 너는 알지 못하고, 깨닫지 못하느냐? 나는 네 생각을 환히 들여다보고 있는데, 너는 나를 이렇게 비난한다. '그러면 왜 그렇게도 오랫동안 돈을 맡아 가지고 있는 사람으로 봐 두셨습니까?' 하고. 왜냐고? 만일 내가 더 일찍 네게 돈을 만지지 못하게 했더라면, 네가 더 일찍 매수되었을 것이고, 더 일찍 도둑질을 했을 것이다. 그래도 너는 별로 훔칠 수가 없었기 때문에 너를 팔았다…. 그러나 나는 네 자유를 강제하지 않고 너를 말리려 시도해야 **하였다.** 황금은 네 파멸이다. 황금 때문에 너는 음란하게 되었고 배반자가 되었다….''

"보십시오! 선생님은 사무엘의 말을 믿으셨습니다! 저는 그렇지 않습니다…."

말씀이 절대로 격렬한 어조를 띠거나 징벌을 예고하는 투는 아니었지만 점점 더 흥분한 어조가 되었던 예수께서는 뜻하지 않은 지배의, 격노라고도 말할 수 있을 소리를 외치신다. 그 말을 하려고 일어났던 유다의 얼굴을 쏘아보시며, 그를 "입닥쳐라!" 하는 말씀으로 내리누르신다. 그 말씀은 벼락치는 소리같다.

유다는 다시 발꿈치를 괴고 앉아서 입을 열지 않는다.

침묵이 흐른다. 그 동안 예수께서는 눈에 띄는 노력으로 당신 인성에 조용한 태도를, 당신 안에 있는 천주성의 것을 그것만으로도 증언할 정도로 강력한 자제력을 도로 주신다. 예수께서는 목소리가 엄하고 설득력 있고 매료하는 때에도 다정하고 부드러운 보통 때의 당신 목소리로 말씀을 다시 시작하신다…. 그 목소리에 반항할 수 있는 것은 마귀들밖에 없다.

"네 행동을 아는 데 있어서 내게는 사무엘이나 어느 누구가 말해 줄 필요가 없다. 그러나 불행한 사람아! 네가 누구 앞에 있는지 아느냐? 하기는! 너는 내 비유를 알아듣지 못한다고 말했지. 너는 내 말을 알아듣지 못하게 되었다. 가엾고 불행한 사람! 너는 이제 네 자신도 이해하지 못하게 되었다. 선과 악도 이해하지 못하게 되었다. 여러 가지로 네가 몸을 내맡긴 사탄이, 네게 내미는 모든 유혹을 받아들여 따라 간 사탄이 너를 바보를 만들었다.

그러나 전에는 네가 나를 이해했었다! 너는 나의 정체를 믿고 있었다! 그리고 이 추억이 네 안에서 사라지지 않았다. 그런데 너는 하느님의 아들이, 하느님이 어떤 사람의 생각과 행동을 아는 데 다른 사람의 말이 필요하다고 믿을 수 있느냐? 너는 내가 하느님이라는 것을 믿지 않을 정도로 타락하지는 않았다. 그리고 여기에 네 가장 큰 잘못이 있는 것이다. 내가 그렇다는 것을 네가 믿는다는 것은 내 분노에 대해서 네가 느끼는 공포가 이를 증명한다. 너는 사람과 싸우지 않고, 하느님과 싸운다는 것을 느낀다. 그래서 벌벌 떤다. 네가 벌벌 떠는 것은 카인인 네가 하느님을 당신 자신의 원수를 갚고, 죄없는 사람들의 원수를 갚아 주시는 분으로 밖에는 보지 못하고 상상하지 못하기 때문이다.

너는 고레와 다탄과 아비론과 그들의 일당이 당한 것과 같은 일을 당할까봐 겁을 내고 있다. 그런데도 내가 누구인지를 알면서 내게 대항해서 싸우고 있다. 나는 네게 '저주받은 자야!' 하고 말해야 할 것이다. 그러나 그 때에는 내가 구세주가 아닐 것이다…. 너는 내가 너를 내쫓기를 바란다. 그렇게 되기 위해 별별 짓을 다 한다고 네가 말했다. 네가 나와 헤어지기 위해서 죄를 지을 필요가 없기 때문에 그 이유는 네 행동들을 정당화하지 못한다. 너는 그렇게 해도 된다고 내가 네게 말하였다. 네가 어느 개끗한 날 아침에 돼지들의 진흙탕이나 음탕한 암원숭이의 잠자리짚에 떨어지려고 지옥에서 나온 것같이 거짓말과 음란함으로 더러워져 가지고 내게로 돌아왔던 노베에서부터 그 말을 네게 하고 있다. 그 때 나는 내 정신뿐 아니라 창자까지도 뒤집어놓는 구역질을 멎게 하기 위해 너를 몹시 더러운 걸레 모양으로 샌들코로 밀어버리지 않기 위해 내 감정을 억제해야 했다.

나는 이 말을 너를 받아들이기 전에도, 이곳에 오기 전에도 해 주었다. 그 때 나는 **정말로 너를 위해서, 너만을 위해서** 그 말을 한 것이다. 그러나 너는 항상 남아 있기를 원했다. 네 파멸을 위해서. **나의 가장 큰 고통거리인** 너! 그러나 장차 올 많은 사람의 선봉(先鋒)인 이단자인 너는 내가 고통을 초월한다고 생각하고 또 그렇게 말한다. 그렇지 않다. 내가 초월하는 것은 다만 죄와 무지(無知) 뿐이다. 나는 하느님이기 때문에 죄를 초월하고, 원죄로 상처를 입지 않은 영혼 안에는 무지가 있을 수 없기 때문에 무지를 초월하는 것이다. 그러나 나는 사람으로서, 오직 하나인 사람으로서, 죄인인 아담의 죄를 속죄하기 위하여 온 구속자인 아담으로서, 또 만일 사람이 창조된 그 상태에, 즉 **죄없는** 상태에 그대로 있었더라면 어떠 하였을까 하는 것을 보이기 위하여 네게 말하는 것이다.
 그 아담에게 주신 하느님의 선물들 가운데에는, 하느님과의 일치가 전능하신 아버지의 빛을 축복받은 아들 안에 부어 주었기 때문에 혹 손상되지 않은 지능과 매우 큰 지식이 있지 않았느냐? 새 아담인 **나는 나 자신의 의지로** 죄를 초월한다…. 오래 전 어느 날 너는 내가 유혹을 당했다는 것을 이상히 생각하고, 내가 유혹에 절대로 지지 않았느냐고 물었다. 그것을 기억하느냐? 그리고 나는 네게 대답을 했다…. 그렇다, 네게 대답할 수 있는 대로 대답했다…. 너는 그 때부터 그런 사람이었기 때문이다…. 너는 하도 타락한 사람이어서 그리스도의 덕행의 매우 값진 진주들을 네 눈 앞에 놓는 것이 쓸데없을 지경이었던 것이다. 너는 그 가치를 알지 못했을 것이고… 그것들이 이례적으로 크기 때문에… 너는 그것들을… 조약돌로 생각했을 것이다. 광야에서도 네게 이 말을 되풀이 하면서 게쎄마니아로 가면서 네게 말해 주었던 말들의 뜻을 대답해 주었다.
 그 질문을 되풀이 한 사람이 요한이었더라면, 또는 열성당원 시몬이기만 했더라도 나는 다르게 대답했을 것이다. 요한은 순결해서, 악의가 가득 차 있는 네가 하던 것처럼 악의를 가지고 질문을 하지 않았을 것이기 때문이고… 또 시몬은 나이먹은 현인이고 요한처럼 인생을 모르지도 않으며, 자기의 자아에 혼란을 느끼지 않고 어떤 사건이든지 바라볼 줄을 아는 지혜에 이르렀기 때문이다. 그러나 그들은 내게 유혹에 넘어간 적이 없느냐고, 가장 일반적인 유혹, 즉 이 유혹에 진 적이 없느냐고 묻지 않았다. 요한의 때묻지 않은 순결에는 음란의 기억이 없기 때문이고, 시몬의 명상적인 정신에는 내게서 순결이 빛나는 것을 보는 매우 큰 빛이 있기 때문이다.
 그런데 너는 물었고… 나는 할 수 있는 대로 대답했다. 즉 절대로 솔직성과 떨어져서는 안 되는 그 조심성을 가지고 말이다. 조심성과 솔직성은 하느님의 눈으로 보실 때 둘 다 거룩한 것이다. 이 조심성은 왕의 비밀을 감추기 위하여 지성소와 백성 사이에 친 3중의 휘장과 같은 것이다. 이 조심성은 말을 듣는 사람에 따라서, 그의 이해하는 지적 능력과 정신적인 순결성과 그의 올바름에 따라 말을 조절하는 것이다. 어떤 진리들은 더럽혀진 사람들에게 말하면, 존경의 대상이 되지 않고 조소의 대상이 되기 때문이다….
 네가 이 모든 말을 기억하는지 모르겠다. 나는 그것들을 기억하고 있다. 그래서 너와 나 둘이 심연의 가장자리에 있는 이 시간에 네게 되풀이해 주는 것이다. 왜그런고 하니… 그러나 그것을 말할 필요가 없다. 나는 광야에서 내 첫번째 설명이 가라앉힐 수 없었던 '질문'에 대답해서 그 말을 했었다.
 '선생님은「메시아」라고 해서 절대로 자기가 인간을 초월한다고 느끼지는 않았다. 오히려 자기가 사람이라는 것을 알고, 죄만 빼놓고는 모든 점으로 사람이기를 원했다. 선생이 되려면 먼저 생도였어야 한다. 나는 하느님으로서는 모든 것을 알고 있었다. 하느님으로서의 내 지능은 나로 하여금 사람의 투쟁까지도 지적(知的)인 능력으로 정신적으로 이해하게 할 수 있었다. 그러나 어느 날 내 가엾은 친구들이 내게 이렇게 말할 수 있었을 것이다. 〈자네는 사람이라는 것이 어떤 것인지, 관능과 격정을 가졌다는 것이 무슨 뜻인지 알지 못하네〉하고. 그 비난은 정당했을 것이다. 내가 여기 온 것은 내 사명을 위한 준비를 하기 위해서 뿐이 아니라, 유혹에 대한 준비를 하기 위해서이기도 하다. 사람은 내게 대해서 힘이 없기 때문에 사탄의 유혹이다. 내가 혼자서 하느님과 일치해 있던 것이 끝날 무렵에 사탄이 왔고, 나는 내가 육체의 약함, 즉 굶주림, 피로, 목마름, 추위 따위를 면할 수 없는 **진짜** 육체를 가진 사람이라는 것을 느꼈다. 나는 그의 욕구들을 가진 육체를 느꼈고, 그의 격정을 가진 정신을 느꼈다. 그리고 내 의지로 좋지 않은 격정들은 생길 때부터 억제했지만 거룩한 열정은 자라게 놔 두었다.'
 이 말들이 기억나느냐? 또 첫번째에 너에게, 너에게만 이런 말도 했다. '인생은 거룩한 선물이다. 그러므로 거룩하게 사랑해야 한다. 인생은 영원이라는 목적에 사용되는 수단이다' 하고. 나는 이렇게 말했다. '그러니 인생이 존속하고 정신이 정복하는 것을 돕는 데 소용되는 것을 인생에 주도록 하자. 육체에 대하여는 육욕의 절제, 정신에 대하여는 정신의 욕망의 절제, 마음에 대하여는 인간성에 속하는 모든 격정의 절제를 도와주고, 하늘의 열정을 향한, 즉 하느님과 이웃에 대한 사랑, 하느님과 이웃에 봉사하겠다는 의지, 하느님의 목소

리에 대한 순종, 선과 덕행에 있어서의 용맹을 도와주도록 하자.'

그리고 그 때 너는 내게 이렇게 말했다. 즉 나는 거룩하니까 그렇게 할 수 있지만, 너는 생명력이 가득 찬 젊은 사람이기 때문에 그렇게 할 수 없다고. 마치 젊음과 원기가 방탕에 대한 구실이 되는 것처럼, 마치 관능의 유혹을 면하는 사람들은 타는 듯한 음욕을 가진 네가 생각하는 그것을 나이나 허약함으로 인하여 할 수 없게 된 늙은이나 병자밖에는 없는 것처럼! 그 때 나는 네게 대꾸할 수 있었을 것이다. 그러나 그것들을 알아들을 만한 상태에 있지 않았다. 지금도 알아들을 상태에 있지 않다. 그러나 지금은 건강한 사람도 자진해서 마귀와 관능의 유혹을 받아들이지 않으면 순결할 수 있다고 내가 말하면, 적어도 네가 쉽게 믿지 않는 웃음을 짓지는 못한다.

순결은 정신적인 감정이고, 육체에 영향을 미치고, 육체를 온전히 사로잡아, 높이 올리고, 향기롭게 하고, 보호하는 감정의 움직임이다. 순결이 가득 차 있는 사람에게는 좋지 않은 다른 충동이 들어갈 자리가 없다. 타락은 그의 안에 들어가지 못한다. 타락이 들어갈 자리가 없는 것이다. 또 그리고 타락은 밖에서 들어가는 것이 아니다. 타락은 밖에서 안으로 뚫고 들어가는 움직임이 아니라, 안에서, 마음에서, 생각에서 나와 육체라는 껍질을 뚫고 들어가는 움직임이다. 그렇기 때문에 나는 모든 형태의 타락이 마음에서 나온다고 말했다. 어떤 간통도, 어떤 음란도, 어떤 관능적인 죄도 외부에 근원이 있는 것은 없고, 타락해서, 그것이 보는 모든 것에 자극적인 모습을 띠게 하는 생각의 활동에서 온다.

모든 사람이 눈이 있어 볼 수가 있다. 그러면 열 남자가 어떤 여자를 보면서도 자기들과 같은 인간으로 바라보고, 창조의 아름다운 작품이라고까지 생각하며 무관심하게 보며, 그로 인해서 그들 안에 음란한 유혹이나 상상이 일어나는 것을 느끼지 않는데, 어떻게 해서 그 여자가 열한번째 남자의 마음은 흔들어놓고 비열한 욕망을 가지도록 하게 되느냐? 그것은 그 열한번째 남자는 그의 마음과 생각을 타락시켜서 열 남자가 자매를 보는 그곳에서 여자를 보기 때문이다. 그러나 그 때에 이 말은 네게 하지 않으면서, 내가 바로 사람들을 위해서 왔지 천사들을 위해서 오지는 않았다는 말은 했다. 나는 사람들에게 하느님처럼 살도록 가르쳐서 그들에게 하느님의 아들의 왕권을 돌려 주려고 왔다. 유다야, 하느님은 음란에서 벗어나 계신다. 그러나 나는 사람도 음란을 벗어날 수 있다는 것을 너희에게 보이고자 하였다. 나는 사람들이 내가 가르치는 대로 살 수 있다는 것을 너희들에게 보이고자 하였다. 그것을 너희들에게 보여주기 위하여, 사람의 유혹을 당하고, 그를 가르친 다음 그에게 '나처럼 해라' 하고 말할 수 있도록 **진짜** 육체를 취해야 하였다.

  그리고 너는 내게 유혹을 당했으니 죄를 지었느냐고 물었다. 그것이 생각나느냐? 네게는 말씀에게는 유혹이 어울리지 않고, 또 사람이 죄를 짓지 않을 수는 없는 것으로 생각되었기 때문에, 내가 유혹을 당하면서도 유혹에 빠지지 않았다는 것을 네가 이해하지 못했으므로, 나는 모든 사람이 유혹을 당할 수 있지만, 죄인이 되기를 원하는 사람만이 죄인이 된다고 대답했었다. 너는 몹시 놀랐고 믿지를 않고 이렇게 계속 묻기까지 했다. '선생님은 죄를 지으신 적이 없습니까?!' 하고. 그 때에는 네가 쉽게 믿지 않을 수가 있었다. 우리가 서로 안 지가 얼마 안 되었으니까. 팔레스티나에는 그들이 가르치는 것이 그들의 생활과 정반대가 되는 라삐가 수두룩하다. 그러나 지금은 내가 죄를 짓지 않았다는 것을, 죄를 짓지 않는다는 것을 네가 안다. 사람들 가운데 살면서 사람과 사탄에 둘러싸여 있는 건강하고 씩씩한 사람에게 향한 가장 맹렬한 유혹도 내 마음을 흔들어 죄를 짓게까지 하지는 못한다는 것을 너는 안다.

  그러나 반대로, **어떤 유혹도 그것을 물리치면 물리칠수록 마귀가 나를 이기기 위하여 점점 더 격렬하게 하기 때문에 그 독기가 더해졌지만, 더 큰 승리가 되는 것**이었다. 그리고 내 의지를 흔들지도 못하고 스쳐서 상처를 입히지 못하지만 내 주위를 맴도는 회오리바람인 음란에 대해서만 그런 것이 아니다. 유다야, **유혹에 동의하지 않는 곳에는 죄가 없다. 행위는 하지 않으면서도 유혹을 받아들이고, 유혹에 머무르는 곳에는 벌써 죄가 있다. 그것은 소죄(小罪)일 것이다. 그러나 벌써 너희들 안에 그것이 준비하는 사죄(死罪)를 향하여 가는 것이다.** 유혹을 받아들여 생각으로 거기에 머무르며, 마음 속으로 죄의 과정을 지켜보는 것은 너희들 자신을 약하게 하는 것이기 때문이다. 사탄이 그것을 안다. 그렇기 때문에 타격 중의 하나가 안으로 뚫고 들어가 작용하기를 항상 바라며 타격을 되풀이 해보는 것이다…. 그 다음에는… 유혹을 당하는 사람이 죄인으로 변하기가 쉬울 것이다.

그 때 너는 이해하지 못하였다. 이해할 수가 없었다. 이제는 네가 이해할 수 있다. 이제는 네가 알아들어도 그 때보다 공로가 덜하다. 그러나 내가 네게 말한 이 말들을 너를 위하여 되풀이 한다. 그것은 물리친 유혹이 가라앉지 않는 사람은 너이지 내가 아니기 때문이다. 유혹이 가라앉지 않은 것은 네가 그것을 완전히 물리치지 않기 때문이다. 너는 행위를 끝마치지는 않는다. 그러나 그 생각을 은밀히 품고 있다. 오늘은 이렇고, 내일은… 내일은 네가 진짜 죄에 떨어질 것이다. 그렇기 때문에 그 때 내가 유혹에 대하여 아버지의 도움을 청하라고 네게 가르쳤고, 유혹에 빠지지 말게 해 주시기를 아버지께 청하라고 가르쳤다. 하느님의 아들인 내가, 벌써 사탄을 이긴 내가 아버지의 도움을 청하였다. 나는 겸손하기 때문이다. 너는 그렇지 않다. 너는 아버지께 구원을, 보호를 청하지 않았다. 너는 교만하다. 그렇기 때문에 빠져 들어간다…. 이 모든 것을 기억하느냐?

그리고 네가 지금은 사람으로서의 모든 반응을 가진 참 사람인 나, 하느님으로서의 모든 반응을 가진 참 하느님인 내게 있어서, 네가 이런 것을, 즉 음란하고, 거짓말쟁이이고, 도둑이고, 배반자이고, 살인자인 것을 보는 것이 어떤지를 이해할 수 있느냐? 너를 내 곁에 있도록 참느라고 내가 얼마나 노력을 해야 하는지 아느냐? 네게 대한 내 임무를 다하기 위하여 지금처럼 자제하는 것이 얼마나 힘드는지 아느냐? 네가 곁쇠질을 해서 돈을 훔치는 데 골몰하는 도둑인 것을 보고, 네가 배반자인 것을, 배반자 이상인 것을 알고는 어떤 사람이라도 네 멱살을 잡았을 것이다…. 그런데 나는 네게 말을 했다. 아직 동정을 가지고 보아라. 지금은 여름도 아니고, 창문으로는 저녁의 시원한 바람이 들어온다. 그런데도 나는 가장 힘든 일을 해서 피로한 것처럼 땀을 흘리고 있다. 그러나 너는 네가 내게 얼마나 고통을 주는지 알아차리느냐? 네가 어떤 사람인지를? 나더러 너를 내쫓으라고 하느냐? 안 된다, 절대로 안 된다. 어떤 사람이 물에 빠져 죽어 가는

데, 그대로 놓아두는 사람은 살인자이다.
 너는 너를 끌어당기는 두 힘 사이에 있다. 사탄과 나. 그러나 만일 내가 너를 놓아버리면, 네게는 사탄밖에 없을 것이다. 그러면 어떻게 너 자신을 구하겠느냐? 그런데도 너는 나를 떠날 것이다…. **너는 이미 정신으로 나를 떠났다**…. 그런데, 그럼에도 불구하고 나는 유다의 번데기를, 나를 사랑할 의지가 없는 네 육체를, 선에 대해서 기력이 없는 네 육체를 데리고 있다. 나는 네가 **네 전체로** 죄를 짓기 위하여 이 아무 것도 아닌 껍질도 네 정신에 합치려고 그것을 요구하지 않는 한 그것을 간수한다…. 유다야!…. 내게 말을 하지 않느냐, 유다야! 네 선생에게 할 말이 한 마디도 없느냐? 내게 청할 것이 하나도 없느냐? 나는 네가 '용서하십시오!' 라는 말을 하라고 요구하지는 않는다. 나는 너를 많이 용서했지만, 효과가 없었다. 나는 이 말이 네 입술에서는 소리에 지나지 않는다는 것을 안다. 그것은 뉘우치는 정신의 충동이 아니다.
 나는 네 마음의 움직임을 보고 싶다. 너는 욕망이 없어졌을 정도로 죽었느냐? 말해라! 내가 두려우냐? 오! 네가 나를 두려워했으면! 그렇게라도 했으면! 그러나 너는 나를 두려워하지 않는다. 만일 네가 나를 두려워한다면, 우리가 유혹과 죄에 대해서 말한 오래전 그 날 내가 네게 말해 준 말을 할 것이다. '나 네게 분명히 말한다마는, 죄 중에서 제일 큰 죄를 지은 다음에라도, 죄지은 사람이 참된 뉘우침을 가지고 하느님의 발 앞에 달려 가서, 신뢰를 가지고 실망하지 않고 속죄하기 위하여 몸을 바치며 울면서 용서해 주시기를 간청하면, 하느님께서 그 죄를 용서해 주실 것이고, 죄지은 사람은 속죄로 아직 그의 영을 구할 것이다' 하고. 유다야! 네가 나는 두려워하지 않는다 하더라도, 나는 아직 너를 사랑한다. 내 무한한 사랑에 너는 이 시간에 아무 것도 청할 것이 없느냐?"
 "없습니다. 혹은 적어도 한 가지, 요한에게 말하지 말라고 명하시는 것입니다. 만일 제가 동료들 가운데에서 치욕으로 있으면 어떻게 속죄를 할 수 있단 말씀입니까?" 그는 이 말을 거만하게 한다.
 그러니까 예수께서 대답하신다.
 "그래 너는 그렇게 말하느냐? 요한은 말하지 않을 것이다. 그러나 적어도 너는, 이것은 내가 네게 요구하는 것이다마는, 네 파멸이 조금도 들여다보이지 않도록 하여라. 이 돈들을 주워서 요안나의 돈주머니에 도로 넣어라…. 나는 네가 궤를 여는 데 쓴 쇠를 가지고… 궤를 잠그도록 하겠다…."

그리고 유다가 사방으로 굴러 간 돈을 마지 못해 줍는 동안, 예수께서는 지치신 것처럼 열린 금고에 기대 계신다. 방 안에는 빛이 약해진다. 그러나 흩어진 돈들을 긁어 모으느라고 몸을 구부린 사도를 바라보시면서 예수께서 소리없이 우시는 것을 보지 못하게 할 정도로 어둡지는 않다.

유다는 끝냈다. 그는 금고로 가서 크고 무거운 요안나의 돈주머니를 들어 돈들을 집어넣고 졸라매고 말한다. "여기 있습니다!" 그리고는 비켜 선다.

예수께서는 손을 뻗어 유다가 만든 불완전한 갈고리를 집어, 떨리는 손으로 걸쇠장치를 움직이게 하여 금고를 잠그신다. 그리고 쇠를 무릎에 대고 V자 형태로 구부리신 다음, 발로 형태를 마저 일그러뜨려 쓸 수 없게 하시고, 그것을 집어 품에 감추신다. 그렇게 하시는 동안 눈물이 아마포옷에 떨어진다.

유다가 마침내 후회하는 충동을 느낀다. 두 손으로 얼굴을 가리고 흐느껴 울며 말한다.

"저주받을 나야! 나는 세상의 치욕이야!"

"너는 영원히 불행한 사람이다! 그런데 네가 원하면 아직 행복할 수 있다는 것을 생각하니!"

"아무도 도무지 알지 못할 것이라고 맹세해 주세요, 맹세를…. 그러면 저는 제 죄를 갚겠다고 선생님께 맹세합니다" 하고 유다가 부르짖는다.

"'저는 제 죄를 갚겠습니다' 하고 말하지 말아라. 너는 그렇게 할 수 없다. **나만이 네 죄를 갚을 수 있다.** 전에 네 입술로 말하던 자는 나에 의해서만 패배할 수 있다. 내게 겸손의 말을 하여라. '주님, 저를 구해 주십시오!' 하고 그러면 내가 너를 지배하는 자에게서 구해 주겠다. 나는 이 말을 내 어머니의 입맞춤보다도 더 기다리고 있다는 것을 깨닫지 못하느냐?"

유다는 울고 또 운다. 그러나 이 말을 하지는 않는다.
"자! 여기서 나가 옥상으로 올라가라. 너 가고 싶은 데로 가라. 그러나 떠들썩하지 말아라. 가라! 가! 내가 지키고 있을 터이니까 아무도 너를 발견하지 못할 것이다. 내일부터는 네가 돈을 보관하여라. 이제는 모든 것이 무익하게 되었다."
유다는 대꾸하지 않고 나간다. 혼자 남으신 예수께서는 식탁 곁에 의자에 털썩 앉으셔서, 식탁 위에 포개놓은 팔에 얼굴을 대시고 괴로워하는 눈물을 흘리신다.
몇 분 후에 요한이 조용히 들어와서 한동안 문지방에 서 있다. 그는 송장처럼 창백하다. 그리고 예수께로 달려 가 껴안으며 애원한다.
"울지 마십시오, 선생님! 울지 마세요! 저는 저 불행한 사람을 대신해서도 선생님을 사랑합니다…."
요한은 예수를 일으키고 포옹하고 그의 하느님의 눈물을 마신다. 그리고 이번에는 자신도 운다. 예수께서 그를 껴안으신다. 그리고 두 금발 머리는 서로 마주 대고, 눈물과 입맞춤을 교환한다.
그러나 예수께서는 곧 자제하시고 말씀하신다.
"요한아, 내게 대한 사랑으로 이것을 모두 잊어라. 명령이다."
"예, 주님. 그렇게 하도록 애쓰겠습니다. 그러나 선생님은 이제 그만 괴로워하십시오…. 아! 얼마나 괴로운 일입니까! 그리고 주님, 그 사람은 제게 죄를 짓게 했습니다. 저는 거짓말을 했습니다. 여자 제자들이 돌아왔기 때문에 거짓말을 해야 했습니다. 아닙니다. 우선 그 여자의 집사람들이 왔습니다. 그 사람들은 선생님을 찬미하려고 선생님을 찾았습니다. 사내아이가 지장 없이 났답니다. 저는 선생님이 산으로 돌아가셨다고 말했습니다…. 그런 다음 여자들이 왔습니다. 그래서 다시 거짓말을 시작해서 선생님이 나가셨는데, 아마 사내 아이가 난 집으로 가셨나보다고 말했습니다…. 다른 말은 할 말을 하나도 찾아내지 못했습니다. 저는 너무도 정신이 멍해 있었습니다! 선생님의 어머니는 제가 운 것을 보시고 '요한아, 웬일이냐?' 하고 물으셨습니다. 매우 불안해하셨습니다…. 어머니는 아시는 것 같았습니다. 저는 세번째 거짓말을 했습니다. '그 여인 때문에 감격했습니다…' 하고. 죄인 옆에 있는 것이 어떤 것으로 이끌려 갈 수 있습니까! 거짓말로…. 예수님, 제 죄를 사해 주십시오."
 "안심해라. 이 시간의 네 기억을 지워 버려라. 아무 것도. 아무 일도 없었다…. 꿈이었다…."
 "그러나 선생님의 고통은! 오! 선생님이 얼마나 모습이 변했는지요! 이 말씀을, 이 말씀만 해 주십시오. 유다가 뉘우치기라도 했습니까?"
 "그런데 누가 유다를 이해할 수 있느냐, 이 사람아?"
 "저희 중에는 아무도 이해 못합니다. 그러나 선생님은 이해하십니다."
 예수께서는 그저 피곤한 얼굴에 말없이 흐르는 새로운 눈물로만 대답하신다.
 "아! 그 사람은 뉘우치지 않았군요!…." 요한은 공포심을 느낀다.
 "지금 어디 있느냐? 그를 보았느냐?"
 "예. 그는 옥상으로 올라가서 누가 있는지 살펴보았습니다. 그리고 무화과나무 아래 앉아서 괴로워하고 있는 저밖에 없는 것을 보고는 뛰어 내려와 정원의 쪽문으로 해서 나갔습니다. 그래서 제가 왔습니다…."
 "잘 했다. 여기 흐트러진 의자들을 정돈하자. 그리고 항아리를 치워라. 흔적이 남지 않게 하자…."
 "그 사람이 선생님과 싸웠습니까?"
 "아니다, 요한아. 아니다!"
 "선생님은 너무 혼란에 빠지셔서 여기 그대로 계시면 안 됩니다. 어머니께서 알아차리실 것입니다…. 그리고 슬퍼하실 것입니다."
 "네 말이 맞았다. 나가자…. 옆집 여자에게 열쇠를 주어라. 나는 너보다 먼저 산 쪽으로 개울가로 가겠다…."
 예수께서는 나가시고, 요한은 남아서 모든 것을 정돈한다. 그리고 요한도 나간다. 열쇠를 옆집의 여인에게 주고, 사람들의 눈에 띄지 않으려고 뛰어서 개울가 잡목림 사이로 도망친다.
 집에서 100미터쯤 되는 곳에 예수께서는 바위에 앉아 계신다. 사도의 발소리에 돌아다보신다. 예수의 얼굴은 저녁의 빛 속에 하얗게 보인다. 요한은 예수 바로 곁에 땅바닥에 앉아서 예수의 무릎에 머리를 없고, 얼굴을 들어 쳐다본다. 그리고 예수의 뺨에는 아직 눈물이 있는 것을 본다.

"오! 이제는 괴로워하지 마세요! 이제는 괴로워하지 마세요. 선생님! 저는 선생님이 괴로워하시는 것을 볼 수가 없습니다."

"그런데 이것을 괴로워하지 않을 수 있느냐? 내 가장 큰 고통! 요한아, 이것을 기억해라. **이것이 영원히 내 가장 큰 고통일 것이다!** 너는 아직 모든 것을 이해할 수는 없다…. 내 가장 큰 고통…." 예수께서는 괴로움에 시달려 계신다. 요한은 예수를 위로해 드릴 수 없는 것이 몹시 슬퍼서 예수의 허리를 꼭 껴안는다.

예수께서는 머리를 드시고, 눈물을 참느라고 감고 계시던 눈을 뜨고 말씀하신다.

"죄지은 사람과 너와 나 이렇게 우리 세 사람만이 알고 있다는 것을 기억해라. 그리고 다른 사람은 아무도 알아서는 안 된다."

"아무도 제 입으로는 알지 못할 것입니다. 그러나 그가 어떻게 그렇게 할 수 있었습니까? 우리 공동의 돈에서 훔치는 한은… 그러나 그 돈을!… 저는 그것을 보았을 때 미치는 줄 알았습니다…. 소름끼치는 일입니다!"

"잊어버리라고 말했는데."

"노력합니다, 선생님. 그러나 너무 소름끼치는 일입니다…."

"그래, 소름끼치는 일이다. 오! 요한아, 요한아!" 그러면서 예수께서는 귀염둥이를 안으시고 그의 어깨에 머리를 기울이시고, 당신의 모든 고통 때문에 눈물을 흘리신다. 이 덤불 속에 **빨리** 내려오는 어두움은 포옹하고 있는 두 사람을 어두움 속에 사라지게 한다.

29. 과월절 전의 사마리아 여행. 에프라임에서 실로에

"선생님, 저희들이 선생님을 따라 가게 허락하십시오. 귀찮게 해 드리지는 않겠습니다" 하고 야곱의 마리아의 집 앞에 모인 많은 에프라임 사람이 간청하면서 말한다. 야곱의 마리아는 활짝 열린 대문틀에 기대서 눈물을 펑펑 쏟고 있다.

예수께서는 당신의 열두 사도들 가운데 계시고, 좀 떨어진 곳에는 성모님을 둘러싸고 요안나, 니까, 수산나, 엘리사, 마리아와 마르타, 살로메와 알패오의 마리아가 모여 있다. 남자도 여자도 모두 여행을 하기 위한 옷차림으로, 옷을 약간 치켜 올려 허리에 매어 발을 더 자유롭게 하였고, 꽤 걷기 힘든 길을 가야 할 때에 하는 것처럼 새 샌들을 신고, 발목에 뿐 아니라 다리 아랫부분까지 가죽끈으로 얼기설기 맸다. 남자들은 여자들의 배낭까지 가졌다.

사람들은 예수에게서 당신을 따라 갈 허락을 얻으려고 간청하고 있는데, 어린 아이들은 얼굴을 쳐들고 팔들을 들고 외친다.

"뽀뽀 해 줘요! 안아 주세요! 다시 오세요, 예수님! 빨리 다시 와서 아름다운 비유를 많이 얘기 해 주세요! 우리 정원의 장미를 뒀다가 선생님에게 드리겠어요! 과일들을 먹지 않고 뒀다가 선생님한테 드리겠어요! 돌아오세요, 예수님! 우리 양은 새끼를 낳을 텐데, 어린 양을 드리겠어요. 선생님 그 양털로 내 옷 같은 옷을 해 입으세요…. 선생님이 다시 오면 엄마가 햇밀로 만드는 비스킷을 드리겠어요…."

어린이들은 새들처럼 그들의 큰 친구 둘레에서 짹짹거리고 옷을 잡아당기고, 팔로 기어 올라가 보려고 허리띠에 매달려서, 다정스럽지만 못 살게 군다. 그래서 늘 입맞춤 해 주어야 할 작은 얼굴이 새록새록 나타나기 때문에 예수께서 어른들에게 대답을 못하시게 된다.

"아니, 저리들 가라! 그만 해 둬라! 선생님을 가만 놔 둬라! 아주

29. 과월절 전의 사마리아 여행. 에프라임에서 실로에 *397*

머니들, 아이들을 데려가세요!" 하고 아침의 이 이른 시간에 빨리 길을 떠나려고 하는 사도들이 외친다.

"아니다. 가만 놔 두어라. 내게는 이것이 새벽의 신선한 기운보다 더 신선한 즐거움이다. 아이들 하는 대로, 내가 하는 대로 내버려두어라. 타산과 불안이 없는 이 사랑으로 내가 위안을 받게 내버려두어라" 하고 예수께서 아주 어린 친구들을 변호하시며 말씀하신다. 그들 위에 지금 하시는 것처럼 팔을 벌리시니, 예수의 넓은 겉옷이 내려앉으면서 그들을 파란 날개 밑에 보호한다. 어린이들은 어미 날개 밑에 들어 있는 병아리들처럼 이 따뜻하고 파란 희미한 빛 속에서 행복스럽게 조용히 서로 바싹 다가선다.

예수께서는 마침내 어른들에게 말씀하실 수 있다.

"올 수 있다고 생각하면 오시오."

"그래 누가 저희를 못하게 합니까, 선생님? 저희들은 저희 고장에 있습니다!"

"곡식과 포도밭과 과수원들에는 당신들의 일이 모두 필요하고, 양들은 털깎기와 짝짓기의 계절이고, 지난 계절에 벌써 짝짓기를 한 양들은 새끼를 낳을 터이고, 건초를 만들 계절이고…."

"상관 없습니다, 선생님. 털깎기와 양들의 짝짓기는 노인들만 있으면 되고, 새끼 낳는 것과 건초 말리는 것은 어린 아이들과 여자들만으로도 넉넉합니다. 과수원과 포도밭들은 기다려도 됩니다! 낟알이 벌써 이삭 안에서 단단해지고 있지만, 벨 때까지는 아직 시간이 있습니다. 그리고 이제부터는 포도나무와 올리브나무와 과일나무들이 그 수많은 결합의 열매를 햇볕을 받아 부풀리기만 하면 됩니다. 저희들은 열매를 딸 때까지는 그것들을 위해 아무 것도 할 수가 없습니다. 마치 누룩이 반죽을 부풀리기 전에는 빵을 만드는 데 아무 일도 할 수 없는 주부와 같습니다. 해논 과일들의 누룩입니다. 전에는 바람이 나뭇가지를 따라 꽃들의 결혼을 위해 작용한 것처럼, 이제는 태양이 작용합니다…. 또 그리고… 혹 어떤 작은 포도송이나 어떤 열매가 못쓰게 된다 하더라도, 메싹이나 가라지가 어떤 밀이삭을 말라죽게 한다 하더라도, 선생님의 말씀을 잃는 것에 비하면 여전히 작은 손해일 것입니다!" 하고 마을에서 매우 존경받는 것을 내가 항상 보아 온 노인이 말한다.

"할아버지, 말씀 잘 하셨습니다. 그러면 떠납시다. 야곱의 마리아 할머니, 할머니는 제게 착한 어머니 노릇을 해 주셨으니 감사하고 강복합니다. 울지 마세요! 좋은 일을 했을 때에는 울어서는 안 됩니다."

"아! 저는 선생님을 잃고, 다시는 뵙지 못하게 되었습니다!"

"우리는 틀림없이 또 서로 만나게 됩니다."

"이리 다시 오십니까, 주님?" 하고 여인은 눈물을 흘리는 가운데 미소를 지으며 묻는다. "언제요?"

"여기로는 지금처럼 다시 오지 않겠습니다…."

"그러면 가엾은 늙은이인 제가 세상의 길로 해서 선생님을 찾아갈 수가 없는데, 대관절 어디서 다시 서로 만나게 됩니까?"

"할머니, 하늘에서요. 유다인에게나 사마리아인에게나 자리가 마련되어 있고, 정신과 진리로 나를 사랑할 사람들에게 자리가 마련되어 있는 우리 아버지의 집에서요. 할머니는 내가 참 하느님의 아들이라고 믿고 있으니까 벌써 정신과 진리로 나를 사랑하십니다…."

"아이고! 선생님을 믿고 말고요! 그러나 저희들에게는 희망이 없습니다. 선생님만이 저희들을 차별없이 사랑하시니까요."

"내가 가고나면, 이 사람들이(사도들을 가리키신다) 제 대신 올 것입니다. 그리고 저를 기억해서, 참다운 유일한 목자의 양떼에 들어오겠다고 청하는 사람이 누구인지를 묻지 않을 것입니다."

"주님, 저는 늙었습니다. 주님은 젊고 든든하시니 어머님이 오랫동안 주님을 모시고 있을 것이고, 주님을 사랑하고 주님의 백성의 사람들인 사람들이 주님을 모실 것입니다…. 복되신 주님의 어머니, 왜 우십니까?" 하고 노파는 동정녀이신 어머님의 눈에서 눈물이 떨어지는 것을 보고 놀라서 묻는다.

"저는 제 고통밖에 가진 것이 없어요…. 할머니, 안녕히 계셔요. 제 아들에게 해 주신 모든 것 때문에 하느님께서 할머니께 강복하시기를 바랍니다. 그리고 할머니의 고통이 크지만, 세상에는 제 고통보다 더 큰 고통이 없고, 나중에도 없으리라는 것을 기억하세요. 절대로 없으리라는 것을! 고통스러운 나자렛의 마리아를 기억하세요…. 안녕히 계십시오!" 성모님은 집의 어귀에서 작은 노파를 포옹하신 다음 울면서 그에게서 떨어지셔서 여자들 가운데에서 요한을 곁에 데리고 길을 떠나신다.

  요한은 늘 하는 대로 몸을 조금 구부리고 말씀을 드리는 분을 쳐다보기 위하여 얼굴을 들고 말한다.

  "그렇게 울지 마세요, 어머니. 많은 사람이 어머니의 예수를 미워하지만 사랑하는 사람도 많이 있습니다. 어머니, 지금과 오는 세월 내내 온 몸을 다해 어머니의 예수를 사랑할 사람들을 생각하시면서 마음을 달래십시오." 그러면서 성모님은 눈물에 가려 눈이 보이지 않기 때문에 좁은 길의 돌들에 부딪히지 않으시도록 인도하고 팔꿈치 근처를 잡아 부축해 드리는 성모님만을 위해서 거의 속삭이다시피 가만히 말을 끝맺는다.

  "모든 어머니가 그들의 아들이 사랑받는 것을 보지는 못할 것입니다…. 몹시 괴로워하며 '내가 왜 저 애를 뱄을까?' 하고 부르짖을 어머니들이 있을 것입니다."

  성모님과 요한이 여자 제자들보다 조금 뒤떨어져서 둘이서만 있기 때문에 예수께서 두 사람을 따라 오셨다. 알패오의 야고보가 예수와 함께 있다. 다른 사람들은 뒤에 떼를 지어 있는데, 맨 앞에 가는 여자들이 그런 것과 같이 생각에 잠겨 있고 침울하다. 맨 뒤에는 많은 에프라임 사람들이 떼지어 오며 자기들끼리 떠든다.

  "이별은 언제나 슬픈 것입니다, 어머니. 특히 끝나는 어떤 것은 더 완전한 어떤 것의 시작이라는 것을 알지 못할 때에는 더 그렇습니다. 이것은 죄의 슬픈 결과이고, 이것은 용서 이후에까지도 남아 있을 것입니다. 그러나 사람들은 하느님을 친구로 모시고 있을 것이기 때문에 그것을 더 용맹하게 견딜 것입니다."

  "네 말이 옳다, 예수야. 그러나 하느님께서 있을 수 있는 중에서 가장 온정이 넘치는 친구이면서도 맛보게 놔 두시는 고통이 있다. 내게는 하느님께서 온정에 넘치는 친구이시다. 오! 하느님은 인자하시다! 지극히 인자하시다. 나는 야고보와 요한과 다른 어떤 사람도 내 눈물을 보고 눈살을 찌푸리기를 원치 않는다. 하느님은 인자하시다. 가엾은 마리아에게 항상 인자하셨다. 나는 생각할 줄 알게 된 때부터 날마다 그렇게 생각했다. 그리고 지금은… 지금 매 시간, 매 순간 그렇게 생각한다. 나는 고통에 짓눌리게 되는 데 따라서 점점 더 그렇게 생각한다…. 하느님은 인자하시다. 하느님은 너를 내게 주셨다. 다정스럽고 거룩하고, 아들로서만도 여자의 어떤 고통도 보상할 능력이 있는 아들을…. 하느님께서는 사람이 된 당신 말씀의 어머니의 지위에 올려진 보잘 것 없는 처녀인 내게 너를 주셨다…. 그리고 오 흠숭하는 주님, 너를 '아들'이라고 부르는 이 기쁨은 너무도 큰 것이어서, 만일 내가 네가 가르치는 것과 같이 완전하면 어떤 고통 때문에도 눈물이 내 속눈썹에서 떨어져서는 안 될 것이다.

그러나 아들아, 나는 보잘 것 없는 여인이다! 그리고 너는 내 아들이다…. 그런데… 자기 아들이 미움받고 있는 것을 알 때에 울지 않을 수 있는 어머니가 누구겠느냐? 그런데 그 어머니는 그것을 알고 있다…. 아들아, 네 종을 도와다오…. 내가 강하다고 생각하고 있을 때 분명히 내 안에는 자존심이 있었다…. 그러나 그 때는… 시간이 아직 멀리 떨어져 있었다…. 그러나 지금은 시간이 여기 와 있다…. 나는 그 시간을 느낀다…. 내 하느님, 예수야, 나를 도와다오! 하느님께서 내가 이렇게 고통 당하게 버려두시는 것은 틀림없이 내게 대해서 인자의 목적이 있어서 그러시는 것이다. 만일 하느님께서 원하시면, 나로 하여금 지금 일어나는 일 때문에만 고통을 당하게 하실 수 있을 것이기 때문이다…. 그러나 하느님께서는 너를 내 태 중에서 이렇게 형성하셨다!…. 마치… 네가 어떻게 형성되었는지 말하려면 비교할 것이 없다…. 그러나 하느님께서는 내가 고통을 당하기를 원하신다…. 그리고 나는 그로 인하여 하느님은 찬미받으시기를 바란다…. 항상. 그러나 예수 너는 나를 도와다오. 너희 모두… 모두… 나를 도와다오. 내가 목을 축이는 바닷물은 너무도 쓰니까 말이다…."

"우리 넷이서 기도하십시다. 어머니, 저희 마음을 다해서 어머니를 사랑하는 저희들입니다. 여기 어머니의 아들과 어머니를 그들의 어머니이신 것처럼 사랑하는 요한과 야고보가 있습니다…. 하늘에 계신 우리 아버지…." 그러면서 예수께서는 소리를 죽여 당신을 따라 하는 세 목소리의 작은 합창단을 인도하시면서 주의 기도를 다 외시는데, "아버지의 뜻이 이루어지소서."… "우리를 유혹에 빠지지 말게 하소서."와 같은 어떤 대목에는 힘을 많이 주신다. 그리고 말씀하신다.

"보십시오. 아버지께서는 당신의 뜻이 우리 인간으로서의 약함은 할 수 없을 것이라고 생각하는 그런 것일지라도 그것을 행하도록 우리를 도와주실 것이고, 당신이 덜 인자하시다고 생각하는 유혹에 우리가 빠지지 않게 하실 것입니다. 우리가 매우 쓴 잔을 마시는 동안 아버지께서는 당신의 천사를 보내셔서 쓴 것을 마신 우리의 입술을 천상의 위안으로 닦아 주시겠기 때문입니다."

예수께서는 당신 눈물을 당신 가슴 속으로 도로 들여보내시려고 용맹히 싸우신 어머니의 손을 잡으신다. 두 분 곁에는 성모님 가까이에 요한이 있고, 예수 가까이에는 알패오의 야고보가 있는데, 두 사도는 두 분을 감격하여 바라본다.

여자 제자들은 성모님이 우시는 소리와 네 사람이 기도하는 소리를 들으면서 가끔 돌아다 보았으나, 네 사람에게로 오는 것을 삼갔다. 뒤에서는 사도들이 서로 물었다. "아니, 어머님이 왜 저렇게 우실까?" 하고. 사도들이라고 말했지만, 가리옷의 유다를 빼놓은 모든 사도를 말하는 것이다. 유다는 무엇을 매우 골똘히 생각하며 거의 침울하게 조금 떨어져서 걸어간다. 그래서 토마가 그것을 눈치채고 다른 사람들에게 말한다.

"그런데 유다가 왜 저 모양이지? 꼭 죽으러 가는 사람 같으니 말이야!"

"유다에 돌아가는 것이 아마 무서운 모양이지" 하고 마태오가 대답한다.

"나는… 돈에 대해서 선생님이 자네에게 무슨 말씀을 하셨나?" 하고 열성당원이 묻는다.

"특별한 건 아무 것도 없었어. 선생님은 '우리는 이제 처음 상황으로 돌아간다. 유다가 회계를 맡고, 너희들은 회사를 나누어주는 사람들이 되는 것이다. 지출에 대해서는 제자들이 보조하겠다고 한다' 하고 말씀하셨네. 내게는 그게 참말같이 생각되지 않았네! 나는 돈을 너무 많이 주물러서 이젠 돈에 대해서 반감을 가지게 되었네."

"그런데 여자 제자들이 우리를 잘 보살펴 주네. 이렇게 잘 만든 이 샌들들 말이야. 산길을 걷는 것 같지도 않네. 이것들이 값이 얼마나 나가는지 누가 아나?" 하고 베드로가 새 샌들을 신은 자기 발을 내려다보면서 말한다. 새 샌들은 발뒤꿈치와 발끝을 보호하고, 가는 가죽끈으로 발목을 받쳐 준다.

"이건 마르타가 생각한 거야. 그의 부유하고 용의 주도한 손이 보여. 다른 때에도 이렇게 매기는 했지만, 그 끈들은 고문이었어. 신바닥은 잃지 않았지만, 다리의 피부는 잃었었지…" 하고 안드레아가 말한다.

"그리고 손가락과 발뒤꿈치에 상처를 입기도 했었지…. 그렇기 때문에 우리를 따라 오는 사람은 늘 이렇게 신고 다녔어!" 하고 베드로가 가리옷의 유다를 가리키며 말한다.

길은 올라간다. 산꼭대기를 향하여 올라간다. 뒤를 돌아보면, 에프라임이 햇빛을 받아 아주 하얗게 보이고, 앞으로 나아가는 사람들에 비하면 벌써 아래쪽에 있는 것같이 보인다….

그리고 사도들은 이곳에서는 매우 가파른 오솔길을 넘어가는 것을 도와주려고 여자 제자들과 섞인다. 그리고 뒤에 처져 있던 바르톨로메오가 에프라임 사람들에게 "여보시오, 당신들은 우리에게 어려운 길을 가리켜 주었구려" 하고 말하기까지 한다.

"그렇습니다. 그러나 이 수풀만 지나면, 눈 깜짝 할 사이에 실로에 가는 편한 길이 있습니다. 그러면 당신들은 다른 길로 해서 밤에 도착하는 대신에 그곳에서 여러 시간을 쉴 수가 있을 것입니다" 하고 어떤 사람이 대답한다.

"자네 말이 옳아. 길이 힘들면 힘들수록 목적지에는 더 빨리 가게 되네."

"당신 선생님이 그걸 아십니다. 그래서 몸을 아끼지 않으십니다. 아! 우리는 잊지 못할 것입니다!…. 특히 최근에는 우리 고장의 어떤 사람들이 그렇게도 부정하게 당신을 모욕하는 것을 들으신 후에도 많은 은혜를 우리에게 베푸신 것을. 선생님만이 인자하십니다. 그래서 당신을 미워하는 사람들에게까지도 은혜를 베푸십니다."

"당신들은 선생님을 미워하지 않았습니다."

"우리는 미워하지 않았습니다. 그러나 우리가 미워하지 않는 다른 사람이 얼마든지 많이 있지만, 우리는 까닭없이 미움을 받습니다."

"당신들도 선생님이 하시는 것과 같이 두려워하지 말고 행하시오. 그러면 당신들은…."

"그러면 당신들은 또 왜 그렇게 하지 않습니까? 피장파장입니다. 우리는 이쪽에, 당신들은 저쪽에, 한가운데에는 공동의 잘못으로 세워진 산이 있습니다. 저 위에는 우리 공동의 하느님이 계시고. 그러나 왜 당신들도 우리도 저 위에 하느님의 발 아래 서로 가까이 있기 위해서 비탈을 올라가지 않습니까?"

바르톨로메오는 비난을 이해한다. 바르톨로메오는 부정할 수 없는 덕행을 가지고 있으면서도, 이스라엘 사람이라는 매우 강한 고정관념을 가지고 있고 이스라엘이 아닌 모든 것에 대하여는 준엄하기 때문에 그 비난은 정당한 것이었다. 그는 직접 대답하지 않고 말머리를 돌려서 말한다.

"올라갈 필요가 없습니다. 하느님께서 우리 가운데 내려오셨습니다. 그러니까 따라 가기만 하면 됩니다."

"선생님을 따라 가는 것, 맞습니다. 우리는 그렇게 하고 싶습니다. 그렇지만 만일 우리가 선생님과 함께 유다에 들어가면, 아마도 선생님께 해를 끼치게 되지 않을까요? 당신도 사람들이 선생님을 무엇 때문에 비난하고, 우리를 무엇 때문에 비난하는지 아시지요. 사마리아인이라고 비난하는 것입니다. 그것은 마귀라고 말하는 것과 같은 것이지요."

바르톨로메오는 한숨을 쉬고는 "날더러 오라고 부르는군요…" 하고 말하면서 그들을 내버려두고 걸음을 재촉한다.

에프라임 사람들은 그가 가는 것을 바라보다가 그 중 한 사람이 중얼거린다. "아! 저 사람은 선생님 같지 않아! 우리는 선생님을 잃는 것으로 정말 많은 것을 잃네!" 그러면서 낙심하였다는 몸짓을 한다.

"엘리야, 선생님이 어제 저녁 회당장에게 돈을 듬뿍 가지고 오셔서 야곱의 마리아에게 그 돈을 주어서 굶주림에 시달리지 않게 하라고 부탁하신 걸 아나?"

"나는 모르는데. 그런데 왜 야곱의 마리아에게 직접 주지 않으셨나?"

"작은 노파가 고맙다는 인사를 못하게 하시느라고 그러신 거야. 노파는 아직 모르고 있네. 내가 아는 것은 동생이 팔려고 하는 요한의 땅을 사 주는 것이 좋을지 또는 돈을 조금씩 주는 것이 좋을지 선생님이 내게 의견을 물으시느라고 그 말씀을 하셨기 때문이야. 나는 땅을 사 주라고 권했네. 그러면 낟알과 기름과 포도주를 넉넉히 얻게 돼서 굶주리지 않고 살 테니까. 그런데 돈은… 그건…."

"그렇지만, 그럼 정말 많은 돈이겠는데?" 하고 또 한 사람이 말한다.

"그래. 우리 회당장은 읍내와 시골의 다른 가난한 사람들에게 주라는 돈도 많이 받았네. '그 사람들도 새로운 시대를 맞아들이기 위해 과월절을 지낼 수 있도록'이라고 선생님은 말씀하셨네."

"'새해'에라고 말씀하셨겠지."

"아니야. '새로운 시대'라고 말씀하셨어. 그래서 회당장이 그 돈을 과월절 전에는 쓰지 않을 걸세."

"오! 그게 무슨 뜻이었을까?" 하고 여러 사람이 묻는다.

"무슨 뜻인지는 나도 모르네. 아무도 그걸 몰라. 선생님이 사랑하시는 요한도 모르고, 제자들의 우두머리인 요나의 시몬도 모르네. 그 사람들에게 물었더니 요한은 얼굴이 하얘지고, 요나의 시몬은 알아맞히려고 애쓰는 사람처럼 생각에 잠겨 있었네."

"그럼 가리옷의 유다는? 그 사람은 그들 중에서 어쩌면 그 두 사람보다도 더 중요한 사람인지도 모르는데. 그 사람은 자기가 무엇이든지 다 안다고 말하거든. 그 사람한테 가서 물어보세. 그 사람은 자기가 아는 것을 말하기를 좋아하거든."

그들은 처음에와 같이 아직 혼자 떨어져 가는 유다에게도 다가가기 시작한다. 다른 사람들은 돌아가는 길로 들어서서 비탈의 우거진 녹음 속에 삼켜진 것 같기 때문에 유다는 이제 오솔길에 혼자 있다.

"여보시오, 유다. 선생은 새로운 시대를 맞이하기 위해 과월절에 큰 잔치를 하고자 하신다는데. 그게 무슨 뜻입니까?"

"나는 모릅니다. 내가 혹 선생님의 생각을 알기라도 합니까? 당신들을 몹시 사랑하시는 선생님께 여쭈어보시구려." 그러면서 그들을

29. 과월절 전의 사마리아 여행. 에프라임에서 실로에

실망시킨 채 걸음을 재촉한다.

"저 사람도 선생님은 아니야. 선생님 같은 동정심을 가진 사람은 아무도 없어…" 하고 그들은 머리를 흔들면서 말한다.

"그런데, 우리가 저 사람들을 따라 가는 건가? 선생님을 따라 가는 거지! 그리고 우리가 이렇게 하는게 잘하는 일이야. 가세. 선생님이 유다에 가시기 전에, 그게 무슨 뜻인지 선생님의 입으로 알 수 있을지 누가 아나?"

그러면서 그들은 다른 사람들을 따라 가려고 걸음을 재촉한다. 다른 사람들은 수백년 된 떡갈나무 수풀 그늘에서 쉬고 있는데, 그들의 눈 아래로는 팔레스티나의 가장 아름다운 전경(全景) 중의 하나가 펼쳐진다.

30. 실로에서. 좋지 않은 권고를 받은 사람들

예수께서는 나뭇가지가 덮인 광장 가운데에서 말씀하신다. 겨우 지기 시작한 해는 엄청나게 큰 플라타너스의 새 잎들 사이로 새들어오는 푸른빛을 띤 노란빛으로 광장을 비춘다. 넓은 광장 위에 곱고 값진 휘장을 쳐서, 그것이 햇빛을 막지 않고 새들어오게 하는 것 같다.

예수께서 말씀하신다.

"잘 들으시오. 옛날에 위대한 왕이 있었는데, 그분이 자기 나라의 한 부분의 올바름을 시험하려고 가장 사랑하는 아들을 그리로 보내면서 말했습니다. '가서 모든 곳을 두루 다니며 내 이름으로 좋은 일을 하고, 내게 대한 것을 가르쳐 주어서 나를 알게 하고, 나를 사랑하게 하여라. 네게 전권을 준다. 그리고 네가 하는 일은 무엇이든지 잘 하는 일일 것이다.'

왕자는 아버지의 축복을 받은 다음, 아버지가 보내는 곳으로 가서, 그의 몇몇 시종(侍從)과 친구들과 더불어 아버지의 나라의 그 부분을 꾸준히 돌아다니기 시작했습니다. 그런데 그 지방은 일련의 불행한 사건으로 인해서 정신적으로 서로 적대하는 몇개의 편으로 갈라져 있었습니다. 편들은 제각기 자기들을 위해서 큰 소리를 지르고, 왕에게 집요한 탄원을 보내서 자기들이 가장 착하고 가장 충실하며, 다른 편들은 신의가 없고 벌을 받아 마땅하다고 말했습니다. 그러므로 왕자는 그들이 속해 있는 도시에 따라서 기분이 다른 시민들을 상대하게 되었습니다.

그런데 그 시민들은 두 가지 점이 서로 같았습니다. 첫번째 점은 제각기 자기들이 다른 사람들보다 낫다고 믿는 것이었고, 두번째 점은 원수인 이웃 도시의 평판을 왕 앞에서 떨어뜨려서 그 도시를 멸망시키고자 하는 것이었습니다. 왕자는 공정하고 현명했기 때문에 많은 자비를 가지고 그 지방의 이 편 저 편에 정의를 가르쳐서 서로 친하게 되고 아버지의 사랑을 받게 하려고 시도했습니다. 그리고 왕자는 착한 사람이었기 때문에 비록 느리기는 했지만 그렇게 하는 데 성공했습니다. 그것은 으레 그렇게 되는 것과 같이 그 지방의 여러 편 하나하나에서 곧은 마음을 가진 사람들만이 왕자의 충고를 따랐기 때문입니다. 이 말을 하는 것이 옳은 일이지만, 오히려 그곳에는 지혜와 착한 뜻이 덜 있다고 사람들이 업신여기면서 말하는 곳에서 왕자는 그의 말을 듣고 진리 안에서 더 지혜롭게 되고자 하는 욕망을 더 많이 발견하는 것이었습니다. 그 때에 이웃 지방 사람들은 이렇게 말했습니다.

'만일 우리가 왕의 특별한 호의를 얻도록 힘쓰지 않으면, 호의가 모두 우리가 업신여기는 자들에게 갈 것이다. 우리가 미워하는 자들에게 가서 혼란을 일으키자. 그런데 왕의 아들에게 경의를 표하기 위해서 우리도 마음을 돌려 증오를 버린 체하면서 가자.'

그리고 그들은 갔습니다. 그들은 친구라는 명목으로 경쟁상대인 지방의 여러 도시에 흩어져서 거짓 친절로, 왕자에게 점점 더 많은 경의를 표하고, 따라서 부왕에게도 경의를 점점 더 표하기 위하여 해야 할 일들을 권고했습니다. 부왕에게도 경의를 표하는 것이 된다는 것은, 아버지가 보낸 아들에게 표하는 경의는 항상 아들을 보낸 아버지에게도 드리는 경의가 되기 때문입니다. 그러나 그 사람들은 왕의 아들을 존경하지 않았고, 오히려 그를 백성과 왕 자신에게까지도 보기 싫은 사람이 되게 하고자 할 정도로 몹시 미워하고 있었습니다. 그들의 거짓 친절이 얼마나 교활하고, 그들의 충고를 어떻게나 훌륭한 것으로 보이도록 소개할 줄 알았던지, 이웃 지방의 많은 사람이 나쁜 것을 좋은 것으로 받아들여, 그들이 가고 있던 올바른 길을 버리고, 옳지 않은 길을 가게 되었습니다. 그래서 왕의 아들은 그의 사명이 많은 사람에 대해서 실패했다는 것을 확인했습니다.

이제는 여러분, 말해 보시오. 하느님의 눈에 누가 가장 큰 죄인이었습니까? 조언자들의 죄는 어떤 것이고, 그들의 조언을 들은 사람들의 죄는 어떤 것입니까? 또 여러분에게 묻겠는데, 왕은 누구에 대해서 가장 엄했겠습니까? 여러분은 대답을 못하겠습니까? 그러면 내가 여러분에게 말하겠습니다.

왕의 눈으로 볼 때 가장 큰 죄인은 한층 더 깊은 무식의 어두움 속으로 밀어넣고자 하던 자기 자신의 이웃에 대한 **증오로**, 왕의 아들을 왕과 백성들의 눈에 능력이 없는 사람으로 보이게 해서 그의 사명에서 벗어나게 하고자 하던 왕의 아들에 대한 **증오로**, 아들에게 주는 사랑은 아버지에게도 주는 사랑이고, 또 마찬가지로 아들에 대한 증오는 아버지에 대한 증오이기 때문에 왕 자신에 대한 **증오로** 그 자신의 이웃을 악으로 끌어넣은 그 사람이었습니다.

그러므로 악을 권고한다는 것을 완전히 알면서 나쁜 권고를 하던 사람들의 죄는 거짓말의 죄 외에 증오의 죄, 계획적인 증오의 죄였고, 그 권고를 좋은 것으로 생각하고 받아들인 사람들의 죄는 다만 어리석음의 죄뿐이었습니다. 그러나 여러분도 잘 알다시피 지능을 갖춘 사람은 자기 행동에 대해서 책임이 있지만, 병이나 다른 원인으로 바보스런 사람은 개인적으로 책임이 없고, 그 대신으로 부모가 책임이 있습니다. 그렇기 때문에 성년에 이르지 않은 어린이는 책임이 있는 것으로 간주되지 않고, 아버지가 아들의 행동에 대해서 책임을 집니다. 이런 이유로 인자한 왕은 지능을 갖춘 나쁜 조언자들에 대하여는 엄하였고, 이들이 속였던 사람들에 대하여는 관대해서, 왕의 아들에게 직접 물어서 그에게서 정말 해야 할 일을 알기 전에 이러저러한 백성의 한 사람의 말을 믿은 것을 나무라기만 했습니다. 아버지의 뜻을 실제로 아는 사람은 다만 아버지의 아들뿐이었기 때문입니다.

실로의 여러분, 비유는 이렇습니다. 실로는 세월이 흐르는 동안 여러번, 하느님에게서나 사람들에게서나 사탄에게서 여러 가지 다른 성질의 권고를 받았습니다. 어떤 권고들은 그것을 좋은 권고로 받아들이거나, 나쁜 권고인 것으로 알아보고 나서 그것들을 물리쳤을 때는 좋게 번영했습니다. 그리고 다른 권고들은 그것이 거룩한데 받아들이지 않았거나, 나쁜 것이었는데 받아들였을 때에는 나쁘게 번영했습니다.

과연 사람은 저 훌륭한 의지의 자유를 가지고 있어서, 선이나 악을 자유로 원할 수 있고, 또 선과 악을 분간할 수 있는 지능이라는 다른 훌륭한 선물을 가지고 있습니다. 그러므로 권고 자체보다도 그것을 받아들이는 모양에 따라서 상이나 벌을 받을 수 있습니다. 악한 사람들이 그들의 이웃을 파멸시키기 위해서 그를 유혹하는 것을 아무도 막을 수 없지만, 아무 것도 선한 사람들로 하여금 유혹을 물리치고 선에 충실한 채로 있지 못하게 막을 수가 없습니다.

같은 권고가 열 사람에게는 해를 끼치고, 다른 열 사람에게는 이익이 될 수 있습니다. 권고를 따르는 사람이 자신에게 해를 끼치면, 그것을 따르지 않는 사람은 자기 영혼에 유익하기 때문입니다. 그러므로 아무도 '그 사람들이 우리에게 그렇게 하라고 말했다'고 말해서는 안 됩니다. 오히려 각자가 솔직하게 '내가 하기를 원했다'고 말해야 합니다. 그러면 여러분은 적어도 솔직한 사람들에게 주는 용서는 받을 것입니다. 그리고 여러분이 받는 권고가 좋은지 어떤지 분명히 알지 못할 때에는 그것을 받아들여서 실천에 옮기기 전에 묵상하시오. 착한 뜻을 가진 사람들에게 당신의 빛을 절대로 거절하지 않으시는 지극히 높으신 분께 구원을 빌면서 묵상하시오. 그리고 하느님께 비추심을 받은 여러분의 양심이 작고 눈에 잘 띄지 않는 점, 그러나 정의의 행위에는 있을 수 없을 그런 점을 다만 하나라도 보게 되거든, 그 때에는 '이것은 순수하지 않은 정의니까 나는 하지 않겠다'고 말하시오.

오! 정말 잘 들어 두시오. 자기의 지능과 자유의지를 잘 쓰고, 사물의 진리를 보기 위하여 주님께 비는 사람은 유혹에 의해서 파멸하지 않을 것입니다. 그것은 하늘에 계신 아버지께서 세상과 사탄의 모든 계략에도 불구하고 선을 향하도록 그를 도와주실 것이기 때문입니다.

엘카나의 안나를 기억하고 엘리의 아들들을 기억하시오. 안나의 빛나는 천사는 그에게 만일 주님이 아이를 배게 해 주시면 서원을 하라고 권고했었습니다. 사제 엘리는 아들들에게 다시 정의를 행하고 주님께 죄짓는 일을 계속하지 말라고 권했습니다. 그러나 사람이 우둔함으로 인하여, 영에게 말하는 주님의 천사는 영적이고 (육체적인 감각기능에) 느낄 수 없는 말보다는 다른 사람의 말을 알아듣기가 더 쉽지마는, 엘카나의 안나는 착하고 주님 앞에서 곧게 살았기 때문에 권고를 받아들였고, 그래서 예언자를 낳았습니다. 그런데 엘리의 아들들은 악하고 하느님을 멀리 떠나 있었기 때문에 아버지의 충고를 받아들이지 않아서, 하느님의 벌을 받아 변사(變死) 했습니다.

  권고들은 두 가지 가치를 가지고 있습니다. 하나는 그것들이 나온 근원의 가치인데, 그것은 헤아릴 수 없는 결과를 가져올 수 있기 때문에 벌써 큰 것입니다. 그리고 또 하나는 권고가 주어지는 마음의 가치입니다. 권고들이 주어지는 마음이 권고에 주는 가치는 헤아릴 수 없는 것일 뿐 아니라, 변하지 않는 것입니다. 왜냐하면, 마음이 착해서 좋은 권고를 따르면, 그는 그 권고에 올바른 행위의 가치를 주고, 만일 권고를 따르지 않으면, 권고에서 가치의 둘째 부분을 없애버려서, 그 권고는 권고로 남아 있고 **행동이 되지 않기** 때문입니다. 즉 권고를 하는 사람에게만 공로가 되기 때문입니다. 그리고 권고가 나쁜 것인데, 그것을 실천에 옮기라고 아첨과 공포로 헛되이 유혹당한 착한 마음이 받아들이지 않으면, 그 권고는 악에 대한 승리와 선에 충실함으로 당하는 고통의 가치를 얻고, 이렇게 해서 하늘나라에 큰 보물을 준비합니다.

  따라서 여러분의 마음이 다른 사람들에 의해서 유혹을 당하면, 하느님의 빛 속으로 들어가 그 권고가 좋은 말일 수 있는지 묵상하시오. 그래서, 유혹은 허락하시지만 여러분의 파멸은 원치 않으시는 하느님의 도움으로 그것이 좋은 일이 아니라는 것을 알아차리면, 여러분 자신과 여러분을 유혹하는 사람에게 이렇게 말할 줄 아시오. '안돼. 나는 내 주님께 계속 충실할 것이다. 그리고 이 충실로 내 과거의 죄들이 사해지고, 나라의 문 가까운 밖이 아니라, 그 경계 안쪽에 다시 들어가게 되기를 바란다. 지극히 높으신 분께서는 당신 아들을 나를 위해서도 보내셔서 나를 영원한 구원으로 인도하게 하셨기 때문이다.'

  가시오. 어떤 사람에게 내가 필요하면, 여러분은 내가 밤에 내가 어디서 쉬는지 아십니다. 주님께서 여러분을 비추어 주시기를 바랍니다."

31. 레보나에서. 나쁜 권고를 받은 사람들. 다시 권고의 가치에 대하여

　일행은 레보나에 들어갈 참이다. 도시는 매우 중요하지도 않고 아름다워 보이지도 않는다. 그러나 그 대신 사람이 매우 많이 다니는 도시이다. 갈릴래아, 이두레아, 가울라니티다, 트라코니티다, 아우라니티다, 데카폴리스 등지에서 과월절을 지내려고 예루살렘으로 올라가는 여행자의 무리들이 벌써 움직이고 있기 때문이다. 레보나는 대상 통로에 있는 것 같다. 아니 그보다도 이 위에 말한 지방들과 지중해에서 팔레스티나 동쪽 산맥으로 가는 길과 또 북쪽에서 오는 길들이 이곳에서 예루살렘으로 가는 큰 길과 만나는 대상 도로의 요소인 것 같다. 사람들이 이리로 지나가기를 좋아하는 것은 이 길이 로마 병사들에 의하여 매우 엄중히 경계되어 있고 따라서 도둑들과의 달갑지 않은 만남의 위험을 피할 수 있다고 느끼는 사실에서 오는 것 같다. 내 생각은 이렇지만, 이 선택이 혹 다른 원인이나 역사적 또는 신성한 추억에서 오는지도 모르겠다. 나는 자세한 사정은 모르겠다.
　시간이 알맞기 때문에 ──나는 해를 보고 아침 여덟시쯤이라고 생각하였다.── 여행자의 무리들은 목소리와 외치는 소리와 나귀 울음소리와 방울 소리, 수레의 바퀴 소리들이 몹시 소란스러운 가운데 움직이기 시작한다. 여자들은 아이들을 부르고, 남자들은 짐승들을 재촉하고, 물건을 파는 사람들은 그들의 상품을 사라고 하고, 사마리아 장사꾼들과 덜 히브리인다운 …사람들 사이에, 즉 이교적인 성분과 더 많이 섞여 있기 때문에 별로 비타협적이 아닌 데카폴리스와 다른 지방들의 히브리인들 사이에 흥정이 벌어지고, 어떤 불행한 사마리아인인 장사꾼이 어떤 유태교 옹호자에게 그의 상품을 권하면 거만하고 거의 모욕적인 거절을 당하곤 한다. 그들은 마귀 자신을 가까이 한 것처럼 하도 저주를 외치는 바람에… 모욕을 당한 사마리아 사람들에게 매우 격렬한 반발을 일으킨다. 그래서 로마 병사들이 거기 있어 제대로 경계를 하지 않으면, 그 결과로 싸움이 벌어질 것이다.

예수께서는 이 혼란한 가운데를 걸어가신다. 예수 둘레에는 사도들이 있고, 뒤에는 여자 제자들이 있고, 그 뒤로는 실로 사람들로 인하여 숫자가 많이 불어난 에프라임 사람들이 따라 온다.

선생님보다 앞서 가는 사람들 사이에 속삭임이 있다. 그 속삭임은 선생님을 보는 사람들에게서 더 멀리 있어 선생님을 아직 보지 못하는 사람들에게로 퍼진다. 더 큰 속삭임이 예수를 뒤따라 온다. 그래서 여러 사람이 무슨 일이 일어나는지 보기 위하여 그들의 출발을 연기한다.

그들은 서로 묻는다.

"뭐라구요? 선생님이 점점 더 유다에서 멀어진다구요? 뭐라구요? 이제는 사마리아에서 전도를 한다구요?"

갈릴래아의 억양이 있는 어떤 목소리가 말한다.

"거룩한 분들이 선생님을 쫓아냈답니다. 그래서 선생님은 거룩하지 않은 사람들을 거룩하게 하려고 그 사람들을 상대해서 유다인들을 부끄럽게 하는 거랍니다."

신 독액보다도 더 신랄한 대답이 나온다.

"그 사람은 제 소굴과 그의 마귀와 같은 말을 듣는 사람들을 찾아낸 거지요."

다른 목소리가 말한다.

"의인을 죽이는 사람들, 입닥치시오! 그 박해는 두고두고 가장 추악한 이름을 당신들에게 낙인처럼 새겨놓을 것입니다. 당신들은 데카폴리스의 우리들보다 세 배는 더 타락했소."

어떤 날카로운 늙은이의 목소리가 말한다.

"하도 의로워서 명절 중의 명절을 지내려고 성전을 피하는 거요. 아! 아! 아!"

어떤 에프라임 사람이 화가 나서 얼굴을 붉히며 말한다.

"그건 사실이 아닙니다. 늙은 배반자, 당신은 거짓말을 하는 겁니다! 선생님은 지금 과월절을 지내러 가시는 겁니다."

수염이 난 율법학자가 업신여기는 투로 말한다.

31. 레보나에서. 나쁜 권고를 받은 사람들 다시 권고의 가치에 대하여

"가리짐산*에 가는 길로 해서 간단 말이지요."
"아니오. 모리아산*으로 가는 길로 해서 가시오. 선생님은 사랑할 줄 아시기 때문에 우리에게 강복하러 오셨다가, 당신들의 증오를 향해서 가시는 거요. 저주받은 사람들!"
"사마리아인, 입닥치시오."
"당신이야말로 입을 다물어야 하오. 악마!"
"반란을 일으키는 사람은 징역 갈 거요. 본시오 빌라도의 명령이오. 그걸 기억하고 해산하시오" 하고 로마 장교 한 사람이 명하며, 벌써 완력에 호소하고 있는 사람들을 갈라놓기 위하여 자기에게 딸린 병사들을 움직이게 한다. 그것은 그리스도 시대의 팔레스티나에서 걸핏하면 일어나는 저 수많은 지방적이거나 종교적인 싸움 중의 하나였다.

사람들은 흩어진다. 그러나 아무도 가지는 않는다. 그들은 나귀들을 마구간으로 끌고 가거나, 예수께서 가신 곳으로 끌고 간다. 여자와 아이들은 안장에서 내려 남편이나 아버지를 따라 가거나, 남편이나 아버지의 기분으로 "마귀가 말하는 것을 듣지 말라"는 명령이 내려지면 끼리끼리 모여서 떠든다. 그러나 호의적이거나 적대적이거나 그저 호기심만 가진 남자들은 예수께서 가신 곳으로 뛰어 간다. 그리고 뛰어 가면서, 호의적인 사람들이 적의를 품은 사람들과 같이 가거나 호의적인 사람들끼리 가거나 그저 구경꾼들끼리 가거나 하는 데 따라서 서로 좋지 않은 눈으로 바라보거나 이 뜻하지 않은 기쁨으로 서로 격려하거나 말을 물어보거나 한다.

예수께서는 광장에서, 으레 있는 나무 그늘이 진 샘 곁에서 걸음을 멈추시고 샘의 축축한 담 앞에 자리를 잡으신다. 여기는 샘이 작은 회랑으로 덮여 있고, 회랑은 한쪽만 열려 있다. 그것은 샘이라기보다는 오히려 우물이다. 엔 로젤의 우물과 비슷하다.

예수께서는 안고 있는 어린 사내 아이를 당신께 내보이는 어떤 여자와 말씀 하시는 중이다. 예수께서 동의하시고, 어린 아이의 머리에

---

* 역주 : 사마리아의 신전이 있는 산.
* 역주 : 예루살렘의 성전이 있는 산.

손을 얹으시는 것이 보인다. 그리고 곧 이어서 어머니가 그의 아이를 쳐들며 외치는 것이 보인다.

"말라키아, 말라키아, 어디 있어요? 우리 아들이 이젠 불구가 아니예요." 그러면서 여자가 기쁨의 함성을 지르니, 군중의 호산나 소리도 거기에 합쳐지는데, 어떤 남자가 사람들을 헤치고 와서 주님 앞에 몸을 구부린다.

사람들은 이러쿵저러쿵 말을 한다. 대부분이 어머니들인 여자들은 이 특별한 배려를 받은 여자와 같이 기뻐한다. 제일 멀리 있는 사람들은 무슨 일이 일어났는지 아는 사람들과 합치기 위하여 호산나 소리를 지르고 나서 "아니 그런데 무슨 일이 일어난 거요?" 하고 묻는다.

"어린 꼽추였소. 어떻게나 심한 꼽춘지 서 있기가 어려울 정도였소. 어떻게 몸이 구부러졌던지 키가 이만 했었소. 꼭 이만 했었소. 사실은 일곱살인데 세살 먹은 것같이 보였었소. 이제는 보시오! 키가 다른 아이들 모두와 같고, 종려나무처럼 꼿꼿하오. 저 아이가 사람들이 보라고 또 저도 보려고 샘의 낮은 담이 얼마나 잘 기어 올라가는지 보시오. 그리고 얼마나 기쁘게 웃는지!"

어떤 갈릴래아 사람이 허리띠에 넓은 매듭 여러개가 있는 어떤 사람을 ──그 사람을 라삐라고 불러도 틀리지 않는다고 생각한다.── 돌아보며 말한다.

"여보시오! 당신은 어떻게 생각하시오? 이것도 마귀의 짓이오? 정말이지 마귀가 이렇게 해서 많은 불행을 없애고 사람들을 행복하게 하고 하느님을 찬미하게 하면, 가장 훌륭한 하느님의 봉사자라고 말해야 할 거요!"

"하느님을 모독하는 자, 입닥치시오!"

"라삐, 나는 하느님을 모독하지 않소. 내가 보는 것을 설명하는 거요. 나자렛의 라삐의 하시는 일은 우리에게 평화를 주고 하느님께서 인자하시다는 확신을 주는데, 왜 당신들의 거룩함은 우리에게 무거운 짐과 불행들만을 가져다주고, 우리 입술에 지극히 높으신 분에 대한 비난과 불신의 말을 담아주는 거요?"

라삐는 대답을 하지 않고 그곳을 떠나가서 그의 다른 친구들과 떠든다. 그들 중의 한 사람이 일행에서 떨어져 사람들을 헤치고 예수 앞으로 가서, 먼저 인사도 하지 않고 이렇게 질문한다.
"당신은 무엇을 할 생각이오?"
"내 말을 청하는 사람들에게 말을 할 생각이오" 하고 예수께서 그를 똑바로 들여다보시면서 업신여기지 않고, 그러나 겁도 내지 않으시며 대답하신다.
"당신은 그렇게 해서는 안 되오. 최고회의가 그렇게 하는 것을 승락하지 않소."
"이것은 지극히 높으신 분의 뜻이오. 최고회의는 그분의 종이어야 할 거요."
"당신은 선고를 받았소. 당신도 그걸 알고 있소. 잠자코 있으시오. 그렇지 않으면…."
"내 이름은 말씀이오. 그러니까 말씀은 말을 하오."
"사마리아인들에게… 만일 정말로 당신이 주장하는 그 사람이면, 사마리아인들에게 당신의 말을 주지는 않을 거요."
"나는 유다인들과 사마리아 사람들에게와 같이 갈릴래아 사람들에게도 내 말을 주었고 또 주겠소. 예수의 눈으로 볼 때에는 차이가 없기 때문이오."
"당신이 감히 하겠으면, 어디 유다에서 당신 말을 주도록 해 보시오!…."
"정말이지, 내 말을 주겠소. 나를 기다리시오. 당신은 엘르아잘 벤 파르타가 아니요? 그렇지요? 그러면 당신은 분명히 나보다 먼저 가믈리엘을 보겠지요. 그분이 기다리는 대답을 내가 21년 후에 그분에게도 주겠다고 내 이름으로 말해 주시오. 알아들었소? 잘 기억하시오. 그분에게도 그분이 기다리는 대답을 21년 후에 내가 주겠다고 말이오. 안녕히 가시오."
"어디서? 어디서 말하겠다는 거요? 어디에서 위대한 가믈리엘 선생에게 대답하겠다는 거요? 그분은 틀림없이 유다의 가말라를 따라서 예루살렘에 들어갔을 거요. 그러나 아직 가말라에 있다 해도 당신은 그분에게 말하지 못할 거요."
"어디에서 말하겠느냐구요? 그래 율법학자들과 이스라엘의 라삐들이 어디에 모이오?"

"성전에서? 당신이 성전에서? 그래 당신이 감히? 아니, 당신은 알지 못하는구려…."

"당신들이 나를 미워한다는 것을? 나도 알고 있소. 내 아버지께 미움을 받지 않기만 하면 되오. 얼마 안 있어 성전은 내 말 때문에 전율할 거요." 그리고 당신의 말 상대자는 상관하지 않으시고, 서로 대립하는 흐름으로 나뉘어 흥분하며 교란자들에 대하여 시위를 하는 사람들에게 침묵을 명하려고 팔을 벌리신다.

갑자기 잠잠해지고, 예수께서는 이렇게 잠잠해진 가운데에서 말씀하신다.

"실로에서 나는 나쁜 조언자들과 어떤 권고를 가지고 실제로 선이나 악을 행할 수 있는 것에 대해서 말했습니다. 이제 레보나의 주민들만이 아니라 팔레스티나의 여러 군데에서 온 여러분에게 이 비유를 말하겠습니다. 이 비유를 '나쁜 권고를 받은 사람들의 비유'라고 부릅시다.

잘 들으시오. 옛날에 한 부족을 이룰 정도로 자손이 많은 가족이 있었습니다. 많은 자식들이 결혼해서 처음에 있던 가정 둘레에 많은 자녀를 둔 다른 가정을 많이 만들었습니다. 이번에는 이 손자들이 결혼해서 다른 많은 가정을 이루었습니다. 그래서 늙은 아버지는 말하자면 작은 왕국의 우두머리가 되었고, 그 나라의 왕이 되었습니다. 가정에는 으레 그런 것과 같이 많은 자식들과 손자들 가운데에는 여러 가지 다른 성격이 있었습니다. 착하고 의로운 사람들도 있고, 교만하고 옳지 못한 사람들도 있었습니다. 자기들의 처지에 만족한 사람들이 있는가 하면, 자기들의 몫이 형제나 친척의 몫보다 더 작아 보이기 때문에 새암하는 사람들도 있었습니다. 그리고 가장 나쁜 사람 곁에 모든 사람 중에서 가장 착한 사람이 있었습니다. 그리고 자연 제일 착한 사람이 그 큰 가족 전체 중에서 아버지에게 가장 다정스럽게 사랑받았습니다.

그래서 으레 그렇게 되는 것처럼, 나쁜 사람과 그와 많이 비슷한 사람들은 자기들도 가장 착한 사람 같이 되었으면 사랑을 받을 수 있었으리라는 것을 깊이 생각하지 않고, 그가 가장 사랑을 많이 받기

31. 레보나에서. 나쁜 권고를 받은 사람들 다시 권고의 가치에 대하여   *417*

때문에 그를 미워했습니다. 그리고 착한 아들에게는 아버지가 그의 생각을 털어놓아 모두에게 말하게 했는데, 착한 다른 사람들은 그의 말을 따랐습니다. 이렇게 해서 그 큰 가족이 세 부분으로 나뉘었습니다. 착한 사람들의 부분과 악한 사람들의 부분, 그리고 그 두 부분 사이에는 착한 아들 쪽으로 마음이 끌리는 것을 느끼지마는, 악한 아들과 그의 추종자들을 무서워하는 우유부단한 사람들의 셋째 부분이 있었습니다. 이 셋째 부분의 사람들은 처음 두 부분의 사람들 사이에서 눈치를 보며, 이 편이나 저 편을 따르기로 결단을 내릴 줄을 몰랐습니다. 그러자 늙은 아버지는 이 우유부단을 보고, 가장 사랑하는 아들에게 말했습니다.

'지금까지 너는 특히 네 말을 사랑하는 사람들과 네 말을 사랑하지 않는 사람들을 위해서 네 말을 썼다. 전자들은 나를 점점 더 올바르게 사랑하기 위해 그 말을 청했기 때문에 그랬고, 후자들은 정의 쪽으로 다시 데려와야 할 어리석은 사람들이기 때문에 그랬다. 그러나 지금 너도 보다시피 저 어리석은 자들이 네 말을 받아들이지 않고 행실을 고치지 않을 뿐 아니라, 내 소원을 그들에게 전하는 네게 대한 첫번째 불의에 좋은 길을 택하기를 힘차게 원할 줄을 모르는 자들을 나쁜 권고로 타락시키는 불의를 덧붙인다. 그러므로 그들에게 가서, 내가 어떤 사람이라는 것과 네가 어떤 사람이라는 것을 그들에게 말하고, 나와 너와 더불어 같이 있기 위하여는 무엇을 해야 하는지를 말해 주어라.'

항상 순종하는 아들은 아버지가 원하는 대로 가서, 날마다 어떤 마음을 끌었습니다. 이렇게 해서 아버지는 누가 진짜 반역하는 아들들인지를 알게 되었고, 그들을 엄한 눈으로 바라보았습니다. 그러나 아버지이기 때문에, 그리고 참을성과 사랑과 착한 아들들의 본보기로 그들을 자기에게로 끌어당기기를 원하기 때문에 그들을 나무라지는 않았습니다.

그러나 나쁜 아들들은 자기들끼리만 있는 것을 보고 말했습니다. '이렇게 해서 우리가 반역자라는 것이 너무나 분명히 드러났다. 전에는 저들이 우리를 착하지도 않고 악하지도 않은 자들과 혼동했었다. 그런데 지금은 너희들이 보다시피 모두가 사랑받는 아들 뒤에 따라

간다. 행동하고, 그의 업적을 부수어야 한다. 생각을 고친 체하면서, 가장 착한 자들 중에서 가장 우둔한 자들과 겨우 회개한 자들에게로 가자. 그리고 사랑받는 아들이 아버지를 섬기는 체하지만, 사실은 나중에 아버지에게 반항하기 위해서 같은 편을 만드는 것이라는 소문을 퍼뜨리자. 또는 아들과 그의 지지자들이 너무나 성공을 거두어 부왕으로서의 자기의 영광을 가리기 때문에 아버지가 아들과 그 지지자들을 제거할 생각을 가지고 있다고, 따라서 사랑받았으면서도 배반을 당한 아들을 옹호하기 위하여, 그를 우리들 가운데 붙잡아 두어 배반이 그를 기다리고 있는 아버지의 집에서 멀리 떨어져 있게 해야 한다고 말하자' 하고.

그래서 그들이 갔는데, 어떻게나 교묘하고 교활하게 그들의 의견과 충고를 퍼뜨렸던지 많은 사람이 계략에 걸려들었는데, 특히 회개한 지 얼마 안 되는 사람들이 그러했습니다. 이 사람들에게는 악한 권고자들이 이런 나쁜 권고를 하는 것이었습니다.

'아들이 너희들을 얼마나 사랑하는지 생각해 보아라. 그는 아버지 곁이나 적어도 그의 착한 형제들 가운데 그대로 있는 것보다 너희들 가운데로 오는 것을 더 낫게 생각했다. 그는 너희들을 세상 물정을 모르는 사람, 그 때문에 모든 사람들의 조소거리가 되는 사람이라는 너희들의 비천함에서 다시 일으켜 세울 만큼 많은 일을 했다. 너희들에 대한 이 특별한 사랑 때문에 너희들은 그를 옹호할 의무가 있고, 너희들이 설득하는 말이 충분하지 못하면 억지로라도 너희들의 진영에 붙잡아 두기까지 할 의무가 있다. 그렇지 않으면, 반란을 일으켜 그를 너희들의 지도자와 왕으로 선포하고 부당한 아버지와 아버지와 같이 부당한 그의 아들들을 공격하라' 하고.

어떤 사람들은 망설이며 지적했습니다.

'그러나 아들은 우리더러 자기와 같이 아버지를 공경하러 가자고 말했고, 우리에게 강복과 용서를 얻어 주었는데' 하고.

이 사람들에게 나쁜 권고자들은 이렇게 말했습니다.

'믿지 말아라. 그는 너희들에게 모든 진리를 말하지 않았고, 아버지도 너희들에게 모든 진리를 보여주지 않았다. 아들이 그렇게 한 것은 아버지가 그를 배반하리라는 것을 느끼고, 보호와 피신처를 어디에서 얻을 수 있을지 알기 위해 너희들의 마음을 시험하고자 했기 때문이다. 그러나 어쩌면… 아들은 매우 착하니까! 어쩌면 곧 이어서 아버지를 의심한 것을 뉘우치고, 아버지에게로 돌아가려고 할지도 모른다. 그가 그렇게 하게 놔 두지 말아라' 하고. 그러니까 많은 사람이 약속했습니다. '그렇게 하게 놔 두지 않겠어요.' 그리고는 사랑받는 아들을 붙잡아둘 수 있는 계획들을 하면서 열을 올렸습니다.

나쁜 권고자들이 '우리가 너희들을 도와 복된 아들을 구하게 하겠다'고 말하는 동안, 그들의 눈에는 거짓이고 잔인한 빛이 가득한 것을 이들은 눈치채지 못했고, 어떤 사람이 그들의 교활한 말에 찬동할 때마다 눈을 끔벅하고 만족을 나타내면서 '저들은 함정에 빠졌다! 우리는 성공할 것이다' 하고 속삭이는 것을 알아차리지 못했습니다. 그리고는 나쁜 권고자들이 갔습니다. 그들은 다른 여러 군데로 돌아다니면서, 아버지를 미워하거나 적어도 아버지에게 확실한 사랑을 주지 않던 사람들과 함께 아버지와 대립하는 나라를 세우기 위해 아버지의 땅에서 나온 사랑받던 아들의 배반을 보게 될 것이라는 소문을 퍼뜨렸습니다. 그리고 나쁜 권고의 암시를 받은 사람들은 그 동안 어떻게 해야 사랑받는 아들을 세상 사람들의 눈살 찌푸리게 할 반란의 죄로 끌어들일까 하고 음모를 꾸몄습니다.

그들 중에서 가장 현명한 사람들만이, 즉 의인의 말을 받아들이기를 갈망하는 땅에 떨어졌기 때문에 그 말이 더 깊숙이 뚫고 들어가 그 속에 뿌리를 내렸던 사람들만이 깊이 생각한 다음 이렇게 말했습니다.

'안 된다. 그렇게 하는 것은 좋지 않다. 그것은 아버지와 아들과 우리에게 대해서까지도 악의의 행위이다. 우리는 아버지와 아들의 정의와 지혜를 안다. 비록 우리가 불행하게 그것을 항상 따르지는 않았지만, 그것을 알기는 한다. 항상 공공연하게 아버지와 정의를 반대하고, 아버지의 사랑을 받는 아들도 반대한 사람들의 권고가 복된 아들이 우리에게 준 권고들보다 더 올바를 수 있다고 생각해서는 안 된다.' 그리고 그들은 악한 권고자들의 권고를 따르지 않았습니다. 오히려 반대로 사랑과 고통으로 아들이 가야 하는 곳으로 가게 내버려두고, 다만 사랑의 표를 보이며 그들의 밭의 경계에까지 그를 배웅하고, 그에게 이렇게 약속하는 데 그쳤습니다.

'당신은 가고, 우리는 남아 있습니다. 그러나 당신의 말은 우리 안에 남아 있고, 이제부터 우리는 아버지께서 원하시는 것을 하겠습니다. 안심하고 떠나세요. 당신은 우리를 발견했던 상태에서 우리를 영원히 꺼내 주었습니다. 이제 우리는 올바른 길에 놓였으니, 아버지의 집에 가서 아버지의 축복을 받게 될 때까지 그 길로 전진할 줄을 알겠습니다.'

이와 반대로 어떤 사람들은 나쁜 권고에 동의해서 사랑받는 아들을 유혹하고, 그가 자기 의무를 다하겠다고 고집했기 때문에 그를 바보라고 웃음거리를 만들어서 죄를 지었습니다.

이제는 여러분에게 묻겠습니다. '왜 같은 권고가 다르게 작용했습니까?' 여러분이 대답을 안 하십니까? 그러면 실로에서 말한 것처럼 내가 말해 주겠습니다. 그것은 권고가 받아들여지거나 받아들여지지 않는 데 따라서 가치를 얻거나 무효가 되거나 하기 때문입니다. 어떤 사람이 나쁜 권고로 유혹을 당하는 것은 쓸데없는 일입니다. 그 사람이 죄짓기를 원치 않으면 죄를 짓지 않을 것입니다. 그리고 나쁜 사람들의 암시를 들을 수 없었다고 해서 벌을 받지는 않을 것입니다. 하느님께서 공정하시기 때문에 그 사람은 벌을 받지 않을 것이니, 하느님께서는 행해지지 않은 죄는 벌하지 않으십니다. 그가 그를 유혹하는 악의 말을 어쩔 수 없이 들은 다음, 그 권고의 성질과 출처를 깊이 생각하기 위하여 그의 지능을 쓰지 않고, 그 권고를 실천에 옮겨야만 벌을 받을 것입니다.

그는 '그 권고를 좋은 것으로 생각했습니다' 하고 핑계를 댈 수가 없을 것입니다. 혹 하느님께서 불복종이나 불복종으로 이끌어가는 것에 찬성하시거나 동의하실 수가 있기라도 합니까? 당신의 율법에, 당신의 말씀에 반대되는 것에 하느님께서 강복하실 수가 있습니까? 나 분명히 말하지만 그렇지 않습니다. 또 분명히 말합니다만, 하느님의 율법을 어기기보다는 차라리 죽을 줄을 알아야 합니다. 여러분에게 주어진 권고를 실천에 옮기기를 원할 줄을 아느냐 혹은 원치 않을 줄을 아느냐 하는 데 대해서 여러분을 올바른 사람이 되게 하기 위하여 세겜에서 또 말하겠습니다. 가시오."

31. 레보나에서. 나쁜 권고를 받은 사람들 다시 권고의 가치에 대하여

사람들은 이러쿵저러쿵 평들을 하면서 간다.

"자네 들었나? 선생님은 저 사람들이 우리에게 무슨 말을 했는지 알고 계시네! 그래서 우리에게 올바른 의지를 가지라고 강조하신 거야" 하고 한 사마리아 사람이 말한다.

"맞아. 거기 있던 유다인들과 율법학자들이 얼마나 낭패하는지 보았나?"

"그래, 그들은 끝나는 것도 기다리지 않고 가버렸어."

"고약한 험구가들! 그렇지만… 선생님은 당신이 어떻게 할 생각이라는 것을 말씀하시는데, 그건 잘못이야. 난처한 일들을 장만하시는 거야. 에발산 사람들과 가리짐산 사람들은 몹시 흥분했었네!…."

"나는… 환상을 품은 일이 절대로 없었네. 라삐는 라삐시네. 이렇게 말하는 것은 다 말하는 걸세. 라삐가 예루살렘의 성전으로 올라가지 않아서 죄를 지으실 수 있나?"

"선생님은 돌아가시게 될 거야. 두고 보게!… 그러면 끝장일 거야!…."

"누구의 끝장이란 말인가? 선생님의? 우리의? 또는… 유다인들의?"

"선생님 말이지. 선생님이 돌아가시면!"

"여보시오, 당신은 어리석기도 하오. 나는 에프라임 사람이오. 나는 선생님을 잘 아오. 나는 선생님 곁에서 옹근 두 달을, 두 달도 더 살았소. 선생님은 늘 우리와 말씀을 하셨소. 그것은 고통이기는 하겠지만… 그 분에게도 우리에게도 끝장은 아닐 겁니다. 성인 중의 성인은 죽어서 끝장이 날 수 없소. 우리도 이렇게 끝장이 날 수 없소. 나는 … 무식쟁이오. 그렇지만 유다인들이 나라가 끝났다고 믿을 때 그 나라가 오리라는 것을 느끼고 있소…. 그리고 끝장이 날 것은 유다인들이오…."

"당신은 제자들이 선생님의 원수를 갚을 거라고 생각하오? 반란? 학살? 그럼 로마인들은?…."

"오! 제자들도 인간적인 복수도 학살도 필요없소. 지극히 높으신 분께서 그들을 이기실 겁니다. 그분은 그보다 훨씬 덜한 일 때문에 여러 세기 동안 우리를 벌하셨소! 당신의 그리스도를 괴롭힌 죄 때문에 그들을 벌하지 않으시리라고 생각하시오?"

"그들이 지는 걸 보았으면! 아!"
"당신의 마음은 선생님이 원하시는 것과 같지 않소. 선생님은 당신의 원수들을 위해 기도하시오…."
"나는… 내일 선생님을 따라 가겠소. 선생님이 세겜에서 말씀하시는 것을 듣고 싶소."
"나도 역시."
"나도…."
많은 레보나 사람들이 같은 생각을 가지고 있다. 그래서 에프라임과 실로 사람들과 형제같이 친하게 되면서, 다음 날 출발을 위하여 준비하러 간다.

32. 세겜에서

아주 아름답게 꾸며진 세겜이 저기 있다. 시내에는 사마리아 신전으로 가는 사마리아 사람들과 예루살렘의 성전으로 가는 모든 지방의 순례자가 가득 차 있다. 세겜은 서쪽으로 내려다보고 있는 가리짐 산의 동쪽 비탈에 펼쳐지고 있으므로 해가 환히 내리비추고 있다. 도시가 흰 것 만큼이나 산은 완전히 초록빛으로 뒤덮여 있다.

그 동북 쪽에는 에발산이 있는데, 보기에 더 황량하고 도시에 북풍을 막아 주는 것 같다. 이곳은 산에서 내려오는 물줄기들로 풍부하게 되어 땅이 기름지다. 그 물줄기들은 아름다운 두 강으로 나누어지는데, 수많은 냇물을 받으며 요르단강으로 내려간다. 찬란한 비옥함이 정원들의 담밖으로, 야채밭의 울타리 밖으로 넘쳐 나온다. 집마다 푸르름과 꽃과 작은 열매들이 부풀어 오르고 있는 나뭇가지들로 꽃줄 장식으로 꾸며지듯이 꾸며져 있다.

지형 때문에 잘 보이는 주변으로 눈을 돌리면, 보이는 것은 다만 올리브밭과 포도밭과 과수원들의 푸른 빛과 밭들의 황금색 뿐이다. 밭들은 날이 갈수록 곡식 포기의 청록색을 더 벗고 밀짚과 여문 밀 이삭의 연한 노란색을 띠게 되는데, 해와 바람이 그것들을 감싸고 구부러지게 하면서 거의 백금 빛깔이 되게 한다.

정말 낟알들은 예수께서 말씀하시는 것과 같이 "황금빛이 되어간다." 낟알들은 날 때에 "희어진" 다음, 자라서 이삭이 패는 동안에는 값진 보석 같은 푸른색이 되었다가 이제는 정말 황금색이다. 해가 그것들이 생명을 가지도록 준비한 다음 지금은 죽음으로 갈 준비를 시킨다. 그래서 해를 언제 더 찬양해야 할지 알 수 없다. 낟알들을 제물로 바칠 준비를 시키는 지금 더 찬미해야 할지, 또는 낟알이 싹을 트게 하기 위해서 밭고랑을 자애롭게 따뜻하게 하고, 방금 돋아난 줄기의 연한 빛깔에 기운과 약속이 가득한 아름다운 초록빛을 칠할 때에 더 찬양해야 할지를 말이다.

시내에 들어오셔서 사마리아 여인을 만나셨던 곳을 가리키시고, 오래 된 그 대화를 암시하시면서 여기에 대한 말씀을 하신 예수께서, 몹시 슬퍼하시는 성모님 곁에서 벌써 위로자로서의 그의 위치를 차지한 요한을 빼놓은 모든 사도들에게 말씀하신다.

"내가 그 때 말한 것이 지금 실현되지 않느냐? 우리는 알려지지 않은 채 외따로 떨어져서 여기에 들어왔었다. 지금은 보아라! 그 씨에서 많은 수확물이 나왔다. 그리고 이 수확물은 더 많아질 것이고, 너희들이 그것을 거두어 들일 것이다. 또 다른 수확하는 사람들이 너희들보다 더 많이 거두어 들일 것이다…."

"그럼 주님은요?" 하고 필립보가 묻는다.

"나는 내 예고자가 씨뿌린 곳에서 거두었고, 그 다음에는 너희가 거두어 들이도록 씨를 뿌렸고, 내가 너희에게 준 씨를 너희가 뿌리게 하였다. 그러나 요한이 자기가 씨뿌린 것을 거두지 못한 것과 마찬가지로, 나도 이것을 거두어 들이지는 못할 것이다. 우리는…."

"무엇입니까, 주님?" 하고 알패오의 유다가 불안해하며 묻는다.

"희생들이다. 밭을 기름지게 하기 위하여는 땀이 필요하다. **그러나 마음들을 기름지게 하기 위하여는 희생이 필요하다. 일어나서, 일하고, 죽는다.** 우리들 뒤에 누가 우리의 뒤를 이어 일어나고, 일하고, 죽는다…. 그리고 우리의 죽음으로 물준 것을 거두어 들이는 사람이 있는 것이다."

"아! 안 됩니다! 주님, 그런 말씀하지 마십시오!" 하고 제베대오의 야고보가 부르짖는다.

"그런데 내 제자가 되기 전에 요한의 제자였던 네가 그 말을 하느냐? 너는 네 첫번째 선생님의 말씀을 기억하지 못하느냐? '저분은 커져야 하고 나는 작아져야 한다.' 요한은 **다른 사람들에게 의덕을 주기 위하여 죽는 것의 아름다움과 올바름을** 이해했었다. 나는 그보다 못하지는 않겠다."

"그러나 선생님은 선생님, 즉 하느님이십니다! 요한은 사람이었습니다."

"나는 구세주이다. 하느님으로서, 나는 사람보다 더 완전해야 한다. 사람인 요한이 참 태양을 떠오르게 하기 위하여 작아질 줄을 알았으니, 나는 내 태양의 빛을 비겁이라는 구름으로 가려서는 안 된다. 나는 내게 대한 맑은 추억을 너희들에게 남겨 주어야 한다. 너희들이 앞으로 나아가기 위하여. 세상이 그리스도의 사상으로 자라기 위하여. 그리스도는 떠나 그가 떠나온 곳으로 돌아갈 것이다. 그리고 거기에서 너희들의 일을 지켜보고, 너희들의 상급이 될 너희들의 자리를 준비하면서 너희들을 사랑할 것이다. 그러나 그리스도교는 남아 있고, 그리스도교는 내가 떠남으로 커질 것이고… 세상과 세상의 생활에 애착을 가지지 않고, 요한과 예수와 같이 떠나고… 살게 하기 위하여 죽을 줄을 알 모든 사람의 떠남으로 커질 것이다."

"그러면 사람들이 선생님을 죽이는 것을 옳다고 생각하십니까?…" 하고 가리옷 사람이 괴로워하는 듯이 묻는다.

"나는 사람들이 나를 죽이는 것을 옳다고 생각하지는 않는다. 내가 옳다고 생각하는 것은 내 희생이 가져올 것을 위하여 죽는 것이다. 살인은 그것을 저지르는 사람에게는 언제나 살인일 것이다. 죽임을 당하는 사람에게 있어서는 그 살인의 가치와 모습이 다른 것일지라도 말이다."

"그게 무슨 뜻입니까?"

"내 말은 교전 중에 있는 병사나 재판관에게 복종해야 하는 사형 집행인이나 도둑에 대항해서 자신을 방위하는 사람처럼 명령을 받거나 강요되기 때문에 살인을 하는 사람은 양심적으로 도무지 죄가 없거나 자기와 같은 사람 중의 하나를 죽였다는 상대적인 죄밖에 없지마는, 명령을 받지도 않고 강요되지도 않았으면서 죄없는 사람을 죽이거나 그를 죽이는 데 협력하면, 카인과 같은 소름끼치는 얼굴을 하고 하느님 앞에 간다는 뜻이다."

"아니, 우리 다른 이야기 좀 할 수 없겠나? 선생님은 이걸 괴로워하시고, 자네는 괴롭힘을 당하는 사람과 같은 눈을 하고 있고, 선생님은 임종을 당하시는 것 같고, 어머님이 들으시면 우시네. 어머님은 벌써 베일 뒤에서 많이 우신단 말이야! 할 이야기가 얼마든지 있는데!…. 오! 저기 온다! 유력자들이 오고 있네. 이렇게 되면 두 사람이 입을 다물게 되겠지. 여러분에게 평화! 여러분에게 평화!" 조금 앞서 가다가 말을 하느라고 돌아섰던 베드로가 예수께로 오는 장중한 세겜 사람들의 빽빽한 무리 앞에서 인사를 하기 위하여 몸을 구부린다.

"선생님께 평화. 지난번에 선생님을 모신 집들이 선생님을 받아들이려고 하고, 다른 많은 집들도 여자 제자들과 선생님과 함께 있는 사람들을 위해 역시 준비를 갖추고 있습니다. 최근에나 처음에 선생님의 은혜를 받은 사람들이 곧 올 것입니다. 한 여자만이 빠질 것입니다. 그 여자는 속죄의 생활을 하기 위해서 이 고장을 떠났기 때문입니다. 그 여자가 그렇게 말했고, 저도 그 말을 믿습니다. 과연 어떤 여자가 사랑하던 모든 것을 떨쳐버리고, 죄를 물리치고 재산을 가난한 사람들에게 주고 하면, 그것은 정말로 그 여자가 새 생활을 하겠다는 표입니다. 그러나 그 여자가 어디 있는지는 말씀드릴 수 없습니다. 그 여자가 세겜을 떠난 후 그 여자를 본 사람이 아무도 없습니다. 저희들 중의 어떤 사람이 피알레산 근처 어느 마을에서 하녀 노릇을 하는 것을 본 것 같다고 합니다. 또 한 사람은 베르사베아에서 옷을 비참하게 입은 그 여자를 알아보았다고 잘라 말합니다. 그러나 그 사람들의 단언은 확실성이 없습니다. 그의 이름으로 불렀더니, 대답을 하지 않았다고 하고, 그 여자가 어떤 곳에서는 요안나라고 부르는 데 대답하고, 또 한 곳에서는 아가르라고 부르는 데 대답하더랍니다."

"그 여자가 자신의 죄를 갚았다는 것 말고 다른 것은 알 필요가 없소. 다른 것을 아는 것은 모두 헛된 일이고, 알려고 탐색하는 것은 모두가 조심성 없는 호기심이오. 당신들의 동향인을 그의 은밀한 평화 속에 그대로 두고, 다만 그 여자가 빈축을 사는 일을 하지 않게 된 것만을 기뻐하시오. 주님의 천사들이 그 여자가 어디에 있는지를 알아 그 여자에게 필요한 유일한 도움, 그의 영혼에 해를 끼칠 수 없을 유일한 도움을 줄 것입니다… 피로한 여자들에게 자비를 베풀어 집으로 데려가시오. 내일 당신들에게 말하겠소. 오늘은 당신들 모두의 말을 듣고, 병자들을 받아들이겠소."

"저희들과 같이 오래 계시지 않으십니까? 안식일을 여기서 지내지 않으실 겁니까?"

"아니오. 안식일은 다른 곳에서 기도하며 지내겠소."
"저희들은 선생님을 오랫동안 모시기를 바랐었는데요…."
"나는 명절을 지내러 유다에 돌아갈 시간이 있을까 말까 하오. 사도들과 여자들은 만일 그들이 원하면 안식일 저녁까지 당신들에게 남겨 두겠소. 그렇게 서로 바라보지 마시오. 당신들도 알다시피 나는 우리 주 하느님을 그 누구보다도 공경해야 하오. 과연 내가 어떤 사람이라고 해서 지극히 높으신 분의 율법에 충실해야 하는 것이 면제되지는 않소."

그들은 집들을 향하여 가서, 집 하나에 여자 제자 두사람과 사도 한 사람씩 들어간다. 알패오의 마리아와 수산나는 알패오의 야고보와 같이, 마르타와 마리아는 열성당원과 같이, 엘리사와 니까는 바르톨로메오와 같이, 살로메와 요안나는 제베대오의 야고보와 같이 들어 간다. 그리고 토마, 필립보, 가리옷의 유다와 마태오가 떼를 지어 한 집으로 들어가고, 베드로와 안드레아가 다른 집으로 들어간다. 예수께서는 알패오의 유다와 같이, 요한은 예수의 어머니 마리아와 같이 줄곧 동향인들을 대표해서 말한 사람의 집으로 들어가신다. 예수를 따르는 사람들과 벌써 예루살렘으로 올라 가다가 여행을 중단하고 예수를 따라 온 다른 순례자들과 에프라임과 실로와 레보나 사람들은 숙소를 찾아 시내로 흩어진다.

33. 의인이 권고에 붙여주는 가치

　세겜의 제일 큰 광장에는 거짓말 같다고 할 수 있을 정도로 사람이 꽉 들어찼다. 시내 전체가 여기 몰려 나온 것 같고, 이웃 시골과 이웃 마을 사람들도 여기 온 것 같다. 세겜 사람들은 첫날 오후에 사방으로 흩어져서 알린 모양이어서, 건강한 사람과 병자, 죄인과 죄없는 사람, 모두가 달려 왔다. 광장이 꽉 차고 옥상까지 꽉 차자, 사람들은 광장에 그늘을 드리우고 있는 나무들에까지 올라갔다.
　단을 넷을 쌓아 높이 올라앉은 집에 기대서 예수를 위하여 빈 자리로 남겨 놓은 곳을 향하여 맨 첫줄에는 예수께서 도둑들에게서 구해내신 세 어린이와 그들의 친척들이 있다. 그 세 어린이가 어떻게 애타게 그들의 구원자를 보고 싶어하는지! 어떤 외침에도 예수를 찾느라고 돌아다본다. 그리고 집의 문이 열리면서 벙긋이 열린 문으로 예수께서 나타나시자 세 어린이는 "예수님! 예수님! 예수님!" 하고 부르며 나는 듯이 달려가, 예수께서 내려오셔서 안아 주시기를 기다리지도 않고 높은 단들을 올라간다. 예수께서는 몸을 굽혀 그들을 안아 주신 다음 그들을 번쩍 안아 올리신다. 죄없는 꽃들의 살아 있는 꽃다발이다. 그리고 그 작은 얼굴에 입맞춤하시니, 그들도 예수께 입맞춤한다.
　사람들 가운데에서는 감격의 속삭임이 들려 오고, 어떤 목소리가 크게 말한다.
　"우리 죄없는 어린이들에게 입맞춤을 해줄 줄 아는 사람은 선생님밖에 없어."
　또 다른 목소리들이 이렇게 말한다.
　"선생님이 저 아이들을 얼마나 사랑하시는지 봐요. 저 아이들을 도둑들에게서 구해 주시고, 배불리 먹이고 옷을 주신 다음 집을 주셨어요. 그리고 이제는 당신이 낳은 아들들인 것처럼 입맞춤을 하셔요."

어린이들을 당신 바로 곁에, 제일 높은 단에 내려놓으신 예수께서는 누가 하는지 알 수 없는 이 마지막 말에 대답하시는 것으로 모든 사람에게 대답하신다.

"사실 이 어린이들은 내게 있어서 내가 낳은 아들들보다 더 소중합니다. 나는 이 어린이들의 영혼으로 보아서 아버지이고, 이 영혼은 내게 속해 있는데, 지나가는 현세에서가 아니라, 그대로 남아 있는 영원 동안에 내게 속해 있기 때문입니다. 사람들 하나하나가 죽음에서 나오기 위해 생명인 내게서 생명을 얻어낸다고 말할 수 있었으면 좋겠습니다! 내가 처음 여러분에게 왔을 때 그렇게 하라고 권고했습니다. 그런데 여러분은 그렇게 하기로 결심하는 데 시간이 많다고 생각했습니다. 한 여자만이 그 부름을 따르는 데 열의를 보여 생명의 길을 걸어 갔습니다. 여러분 가운데에서 가장 죄 많은 여자였습니다. 어쩌면 그 여자가 자기가 죽은 것을 느낀 바로 그 때문에, **자기가 죄 속에서 썩어 죽은 것을 보았기** 때문에, 죽음에서 서둘러 나왔는지 모릅니다.

그런데 여러분은 여러분이 죽은 것을 느끼지 못하고 보지 못합니다. 그래서 그 여자와 같은 열의가 없습니다. 그러나 어떤 병자가 죽기를 기다려서 생명을 주는 약을 먹습니까? 죽은 사람에게는 수의와 향료, 그리고 썩었다가 먼지가 되기 위해 쉬고 있을 무덤밖에는 필요한 것이 없습니다. 여러분이 두려움과 놀람으로 커진 눈으로 바라보는 라자로의 썩은 육체가 현명한 목적 때문에 영원하신 분의 개입으로 건강을 회복했지마는, 이 때문에 아무도 '지극히 높으신 분께서 내 영혼도 살려 주시겠지' 하고 말하면서 영의 죽음에 이를 유혹을 당해서는 안 되기 때문입니다. 여러분의 주 하느님을 시험하지 마시오. 여러분이 생명을 찾아와야 합니다.

이제 더 기다릴 시간이 없습니다. 포도를 따서 짤 참입니다. 여러분에게 주어질 은총의 포도주를 받기 위하여 여러분의 정신을 준비하시오. 여러분은 큰 잔치에 참석해야 할 때에 그렇게 하지 않습니까? 여러분은 잔치에 가기 전에 조심성 있는 절식으로 미각을 가다듬고 위를 가운차게 만들어 음식을 음미하고 식욕을 일으키게 함으로써 맛있는 음식과 고급 포도주를 받아들이도록 여러분의 위를 준비하지 않습니까? 또 빚은 지 얼마 안 되는 포도주를 시험하기 위해서 포도 재배인도 그렇게 하지 않습니까? 그는 새 포도주를 시음하고자 하는 날은 그의 미각(味覺)을 버려놓지 않습니다. 그렇게 하지 않는 것은 결점과 장점을 정확히 알아차려서 결점은 고치고 장점은 더 향상시켜 그의 상품을 잘 팔기를 원하기 때문입니다. 그러나 연회에 초대받은 사람이 음식과 포도주를 더 즐겁게 맛보기 위하여 이렇게 하고, 포도밭 주인이 그의 포도주를 제 값에 팔기 위하여, 또는 결점 때문에 사는 사람에게서 거부당할 포도주를 팔 수 있게 만들기 위해서 이렇게 하는데, 사람은 그의 영을 위하여 이렇게 하고, 하늘을 맛보고, 하늘에 들어갈 수 있게 그 보물을 얻기 위하여 이렇게 해야 하지 않겠습니까?

내 충고를 들으시오. 그렇습니다, 이 충고는 들으시오. 이것은 좋은 충고입니다. 이것은 사람들이 헛되이 나쁜 권고를 한 의인의 올바른 충고이고, 여러분을 여러분이 받은 나쁜 권고들의 결과에서 구해내기를 원하는 그 의인의 올바른 충고입니다. 내가 의로운 것처럼 의로운 사람이 되시오. 그리고 여러분에게 주어진 권고에 올바른 가치를 붙여줄 줄 아시오. 만일 여러분이 의롭게 될 줄을 알면, 여러분은 그 권고들에 올바른 가치를 붙여줄 것입니다.

비유를 하나 들으시오. 이 비유는 내가 실로와 레보나에서 말한 일련의 비유를 마감하는 것으로 역시 주고 받는 권고에 대해서 말하는 것입니다.

어떤 왕이 그의 나라를 시찰하라고 사랑하는 아들을 보냈습니다. 그 나라는 매우 넓기 때문에 많은 도(道)로 나뉘어져 있었습니다. 그 도민들은 그들의 왕에 대해서 서로 다른 인식을 가지고 있었습니다. 어떤 도의 사람들은 왕을 썩잘 알고 있어서 자기들이 왕의 마음에 드는 사람들이라고 생각하고, 그 때문에 그만 교만해지고 말았습니다. 이 사람들의 말을 들으면, 완전한 사람들은 그들밖에 없고, 왕과 왕이 무엇을 원하는지를 아는 사람도 그들밖에 없었습니다. 어떤 도의 사람들은 왕을 알았지마는 그렇다고 해서 자기들을 영리한 사람이라고 생각하지 않고, 왕을 점점 더 잘 알려고 힘썼습니다.

또 어떤 도의 사람들은 왕을 알고는 있었지만, 나라의 법전이 아닌 어떤 특별한 법전을 만들어 가졌기 때문에, 왕을 그들 나름대로 사랑했습니다. 참다운 법전에서, 그들은 그들의 마음에 드는 것을 채택했는데, 그것도 그들의 마음에 드는 정도에 따라서 채택했고, 그 얼마 안 되는 것까지도 다른 나라들에서 빌어 온 다른 법률들이나 자기 자신들이 만들어 가진 좋지 않은 법들과 섞어서 약화되었습니다. 그렇습니다. **좋지 않은 법들**이었습니다. 또 어떤 도의 사람들은 그들의 왕을 더 몰랐고, 왕이 있다는 것만을 알고 그 밖에는 아무 것도 알지 못하는 어떤 도들도 있었습니다. 그러나 그들이 믿는 그 얼마 안 되는 것까지도 꾸며낸 이야기라고 생각하기까지 했습니다.

왕의 아들은 아버지의 나라를 시찰하러 가서, 여기서는 교만을 고쳐 주고, 저기서는 비천하게 되었던 사람들을 일으키고, 다른 곳에서는 잘못된 생각들을 바로잡아 주고, 더 멀리 가서는 순수하던 법률에서 불순한 요소들을 없애라고 설득하고, 여기서는 결함을 보충하도록 가르치고, 저기서는 누구나가 그의 국민이 그 실제의 왕에 대한 최소한의 지식과 믿음을 주려고 애씀으로써, 서로 다른 여러 지방에 왕에 대한 정확한 지식을 주려고 했습니다. 그러나 이 왕자는 모든 사람에게 첫째가 되는 교훈은 중대한 부분에 있어서나 별로 중요하지 않은 일에 있어서는 규칙에 맞는 정의의 본보기라고 생각했습니다. 그리고 그는 완전했기 때문에 착한 뜻을 가진 사람들은 왕의 아들의 행동과 말을 따르기 때문에 점점 더 착해지는 것이었습니다. 그것은 왕자의 말과 행동이 서로 모순되지 않고 완전히 일치해서 오직 하나를 이루기 때문이었습니다.

그러나 법전의 문면(文面)을 오직 글자 그대로는 알고 있기 때문에 자기들을 완전하다고 생각하고 있었지만 법전의 정신은 가지고 있지 않았던 도의 사람들은 왕의 아들이 하는 것과 그가 하라고 권하는 것을 지키게 되면, 그들의 법전의 문면을 알고 있지만, 왕의 법률의 정신은 가지고 있지 못하다는 것이 너무나 분명히 드러나고, 따라서 그렇게 되면 그들의 위선이 탄로나리라는 것을 알게 되었습니다. 그래서 그들의 정체를 드러나게 하는 것을 없앨 생각을 했습니다. 그리고 그렇게 하기 위하여 두 가지 길을 택했습니다. 하나는 왕의 아들에 대한 것이고, 또 하나는 그의 지지자들에 대한 것이었습니다. 왕의 아들에 대해서는 나쁜 권고와 박해를, 그의 지지자들에 대해서는 나쁜 권고들과 협박을 쓰기로 했습니다.

나쁜 권고가 되는 것은 아주 많습니다. 친절한 관심을 가지는 체하면서 '당신에게 해를 끼칠 수 있는 이 일을 하지 마시오' 하고 말하는 것도 나쁜 권고이고, 타락시키기를 원하는 사람에게 그의 사명을 어기도록 설득하기 위해서 그를 박해하는 것도 나쁜 권고입니다. 지지자들에게 '박해받는 의인을 어떻게 해서든지 무슨 수단을 써서라도 옹호하시오' 하고 말하는 것도 나쁜 권고이고, 지지자들에게 '그를 보호하면, 당신들은 우리의 분개에 부딪힐 것이오' 하고 말하는 것도 나쁜 권고입니다.

그러나 나는 여기서 왕의 아들의 지지자들에게 주는 권고들에 대해서 말하는 것이 아니라, 왕의 아들에게 주었거나 주라고 시킨 권고에 대해서 말하는 것입니다.

거짓 친절로, 얼굴이 창백하게 될 정도의 증오로, 또는 그들이 봉사를 한다고 믿게 하면서 실제로는 해를 끼치도록 부추기는 아무 것도 모르는 매개물들의 입을 통해서 말입니다.

왕의 아들은 그 권고들을 들었습니다. 그는 귀와 눈이 있고, 지능과 심정도 있었습니다. 그러므로 그는 그것들을 듣지 않고, 보지 않고, 알아 듣지 못하고, 판단하지 않을 수가 없었습니다. 그러나 왕의 아들은 무엇보다도 의인의 올바른 정신을 가지고 있어서, 아버지의 국민들에게 나쁜 본보기를 주고, 아버지께는 무한한 고통을 드려서 죄를 짓게 하려고 의식적으로나 무의식적으로 그에게 주는 어떤 권고에 대해서도 이렇게 대답했습니다.

'안 된다. 나는 내 아버지께서 원하시는 것을 한다. 나는 아버지의 법률을 지킨다. 왕의 아들이라고 해서 법률을 지키는 데 있어서 왕의 국민들 중의 가장 충실한 사람이 되는 것이 면제되지는 않는다. 나를 미워하고, 내게 겁을 주려고 하는 너희들은 아무 것도 내게 법을 어기게 하지는 못하리라는 것을 알아라. 나를 사랑하고 나를 구하고자 하는 너희들은 내가 너희들의 착한 의향 때문에 너희에게 축복한다는 것을 알아라. 그러나 너희들의 사랑도, 그리고 너희들이 자칭〈지혜로운 자〉들이라고 말하는 사람들보다 내게 더 충실하기 때문에 너희에 대해서 가지는 내 사랑도 내 아버지께 드려야 하는 사랑이라는 가장 큰 사랑에 대한 내 의무에 있어서 나를 올바르지 못한 사람을 만들어서는 안 된다는 것도 알아라' 하고.

자, 여러분, 비유는 이런 것입니다. 그리고 이 비유는 하도 분명해서 여러분 중의 아무라도 다 알아들을 수 있었습니다. 그리고 올바른 정신을 가진 사람들에게서는 다만 한 목소리밖에 들릴 수 없습니다. '그분은 어떤 인간적인 권고도 오류의 길로 끌어들일 수 없으니까 정말로 의인이다' 하고.

그렇습니다. 세겜의 여러분, 나를 잘못된 길로 끌어들일 수 있는 것은 아무 것도 없습니다. 만일 내가 잘못된 생각에 빠지면 그것은 불행일 것입니다! 내게도 여러분에게도 불행일 것입니다. 나는 여러분의 구세주가 되지 못하고, 여러분에게 배반자가 될 것이고, 여러분이 나를 미워하는 것이 옳은 일일 것입니다. 그러나 나는 그렇게 하지 않겠습니다. 나는 여러분이 암시를 받아들이고 정의에 어긋나는 대책들을 생각했다고 나무라지는 않습니다. 여러분은 사랑의 정신으로 그렇게 했기 때문에 여러분은 죄가 없습니다.

그러나 여러분에게 처음과 끝에 한 말을 또 하겠습니다. 그래서 이렇게 말하겠습니다. 여러분은 내 정신의 아들들이기 때문에 여러분이 내가 낳은 자식들인 것보다도 내게 더 소중합니다, 하고. 여러분의 정신을 내가 생명으로 데려왔는데, 나는 한층 더 그렇게 하겠습니다. 여러분이 마음 속에 가진 생각 때문에 내가 여러분에게 강복한다는 것을 아시오. 그리고 이것이 내게 대한 여러분의 추억이 되기를 바랍니다. 그러나 참 하느님을 공경하는 것만을 원해서 의덕으로 자라시오. 하느님께 대해서는 다른 어떤 피조물에도 주어서는 안 되는 절대적인 사랑을 가져야 합니다. 내가 여러분에게 본보기를 주는 이 완전한 의덕으로 오시오. 자기 자신의 안락이라는 이기주의와 원수와 죽음에 대한 공포를 발로 짓밟는 의덕, 하느님의 뜻을 행하기 위하여 모든 것을 짓밟는 의덕으로.

여러분의 정신을 준비하시오. 은총의 새벽이 밝아 오고, 은총의 잔치가 차려지고 있습니다. 여러분의 영혼과 진리로 오기를 원하는 사람들의 영혼은 그들의 결혼식, 그들의 해방, 그들의 구속(救贖) 직전에 있습니다. 의덕으로 정의의 명절을 준비하시오."

예수께서는 아이들 곁에 있는 아이들의 친척들에게 집으로 함께 들어가자는 손짓을 하시고, 처음에 그러신 것처럼 세 어린이를 안으시고 물러가신다.

광장에서는 매우 다른 논평들이 서로 엇갈린다. 가장 좋은 사람들은 말한다.

"선생님의 말씀이 옳아 우리는 가짜 사자들에게 배신당했어."

별로 좋지 않은 사람들은 말한다.

"하지만, 그렇다면 그 사람이 우리를 치켜 올리지 말아야 했을 걸세. 저 사람은 우리를 훨씬 더 미움받게 한단 말이야. 저 사람은 우리를 속였어. 저 사람은 진짜 유다인이야."

"당신들은 그렇게 말해선 안 돼. 우리 중의 가난한 사람들은 저분의 도움을 받았고, 우리 병자들은 저분의 능력을 체험했고, 우리의 고아들은 저분의 친절을 체험했네. 우리는 저분이 우리를 즐겁게 하려고 죄를 짓는다고 주장할 수는 없어."

"저 사람은 우리를 미움받게 해서 우리를 미워했기 때문에 벌써 죄를 지었어…."

"그런데 누구한테 미움을 받게 했다는 건가?"

"모든 사람에게서. 저 사람은 우리를 속였어. 그래, 우리를 속였단 말이야."

여러 가지 의견이 광장에 꽉 찼다. 그러나 그 의견들이 예수께서 유력자들과 어린이들과 어린이들의 친척들과 같이 계신 집안의 평화를 깨뜨리지는 못한다.

"그는 반대를 받는 돌이 될 것입니다" 하고 말한 예언적인 말이 다시 한번 입증되었다.

34. 예수께서 에논으로 가신다

예수께서 혼자 계신다. 세겜을 내려다 보는 산비탈에 난 엄청나게 큰 참나무 아래에 앉으셔서 묵상을 하신다. 아침의 처음 햇살을 받아 분홍빛을 띤 흰 빛깔의 도시는 저 아래에 있는데, 이 산의 가장 낮은 비탈들 위에 펼쳐져 있다. 위에서 내려다보면 큰 아이가 비스듬한 푸른 풀밭에 나무쌓기놀이인 큰 장난감 한 줌을 쏟아 놓은 것 같다.

도시를 감도는 두 시내는 시의 외곽에 파란 반원을 그려 놓는다. 그러다가 그 중 하나는 흰 집들 사이로 노래하고 반짝이며 들어왔다가 나가서 푸르름 사이로 흘러 무성한 올리브나무들과 과수원들 사이로 나타났다 사라졌다 하면서 요르단강 쪽으로 흘러간다. 또 한 시내는 더 얌전하게 성곽 밖에 남아서, 말하자면 성곽을 핥고, 기름진 채소밭들에 물을 대 준 다음, 토끼풀이 그 두상화(頭狀花)로 붉게 물들인 풀밭에서 풀을 뜯는 양떼들에게 물을 먹여 주러 간다.

예수 앞에는 넓은 지평선이 펼쳐진다. 점점 더 낮아지는 야산들의 기복이 있은 다음에는 요르단강의 푸른 계곡이 축소판으로 보이고, 그 너머로는 요르단강 건너편의 산들이 보이는데, 그 산들은 동북쪽으로 아우라니티데스의 특색있는 꼭대기들에 이어진다. 이 산들 뒤에서 떠오른 해는 하늘의 청록색 베일 위에 수평으로 펼쳐 놓은 석장의 가벼운 사(紗)와 같이 이상한 세 덩어리의 구름을 비춘다. 그러니까 길고 좁은 세 구름 덩어리의 가벼운 사(紗)는 값진 어떤 산호들과 같은 오렌지색이 도는 분홍빛을 띠었다. 하늘은 매우 아름다운 이 얇은 격자 무늬로 가려진 것 같다.

예수께서는 생각에 깊이 잠기신 채 그 쪽을 뚫어지게, 아니 그보다도 그냥 바라보신다. 그것을 보시는지도 알 수 없다. 팔꿈치를 무릎에 대시고 손은 오목한 손바닥으로 턱을 괴시고, 바라보시고, 생각하시고, 묵상하신다. 예수의 머리 위에서는 새들이 즐겁고 요란스럽게 날아 돌아다닌다.
 예수께서는 아침 햇빛을 받으며 점점 더 잠이 깨는 세겜 쪽을 내려다보신다. 처음에는 홀로 전체의 경치에 활기를 불어넣어 주던 목자와 양떼들에 이제는 여행자들의 무리와 가축들의 방울 소리가 섞이고, 나귀들의 방울 소리와 사람들의 목소리와 발소리와 말소리가 섞인다. 바람이 잠을 깨는 시내와 밤의 휴식을 끝내는 사람들의 웅성거리는 소리를 파도 모양으로 예수께로 가져온다.
 예수께서 일어나신다. 한숨을 지으며 당신이 계시던 조용한 자리를 떠나 지름길로 해서 빨리 시내 쪽으로 내려오신다. 예수께서는 야채 재배자들의 무리와 여행자들의 무리들 가운데로 들어오신다. 야채 재배자들은 물건을 내리느라고 분주하고, 여행자들은 길을 떠나기 전에 물건을 사느라고 서두른다. 장마당 한 구석에서는 벌써 사도들과 여자 제자들이 모여서 기다리고 있고, 그들 둘레에는 에프라임과 실로와 레보나 사람들과 세겜 사람들이 많이 기다리고 있다.
 예수께서 그들에게로 가시어 인사를 하신 다음, 사마리아 사람들에게 말씀하신다.
 "그럼 이제는 작별합시다. 집으로들 돌아가시오. 내 말을 기억하시오. 그리고 의덕으로 자라시오." 그리고 가리옷의 유다에게로 몸을 돌리시고 말씀하신다. "내가 말한 대로 모든 곳의 가난한 사람들에게 돈을 주었느냐?"
 "에프라임 사람들은 빼놓고 주었습니다. 그 사람들은 벌써 받았으니까요."
 "그러면 가시오. 가난한 사람 누구나가 도움을 받게 하시오."
 "그 사람들 대신으로 선생님을 찬미합니다."
 "여자 제자들을 찬미하시오. 내게 돈을 준 것은 그들입니다. 가시오. 평화가 여러분과 함께 있기를 바랍니다."
 그들은 슬퍼하며 마지 못해 간다. 그러나 그들은 순종한다.
 예수께서는 사도들과 여자 제자들과 함께 남아 계신다. 그리고 그들에게 말씀하신다.
 "나는 에논에 간다. 세례자가 있던 곳에 경의를 표하고 싶다. 그런 다음 계곡의 길로 내려오겠다. 그 길이 여자들에게는 더 편리하다."

"오히려 사마리아 길로 가는 것이 더 낫지 않을까요?" 하고 가리옷 사람이 묻는다.

"우리가 도둑들의 소굴 근처의 길로 간다 해도 도둑들을 무서워할 필요가 없다. 나와 같이 갈 사람은 오너라. 에논에 가고 싶은 생각이 없는 사람은 안식일 다음 날까지 여기 남아 있어라. 그날 나는 테르사에 갈 터이니까, 여기 남아 있는 사람은 그곳으로 나를 찾아오너라."

"저는 정말… 남아 있었으면 더 좋겠습니다. 저는 건강이 썩 좋지 않습니다. 저는 피로했습니다" 하고 가리옷 사람이 말한다.

"그건 분명하네. 자넨 병자 같네. 안색이 어둡고, 기분이 침울하고, 살갗까지 어두워. 나는 얼마 전부터 자넬 살펴보네…" 하고 베드로가 말한다.

"그렇지만 나더러 아프냐고 묻는 사람은 아무도 없네. 그래도…."

"그렇게 했으면 자네가 좋아했겠나? 자네가 무엇을 좋아하는지 나는 도무지 알 수가 없네. 그렇지만 자네가 그걸 좋아한다면 지금 묻겠네. 그리고 자넬 간호하기 위해서 자네와 같이 남아 있을 생각이네…" 하고 베드로가 참을성있게 대답한다.

"아니야, 아니야! 그저 피곤한 것뿐이야. 가게, 가! 나는 있는 데 그대로 있을 테니까."

"나도 남아 있겠어요. 나는 늙었으니까. 쉬면서 당신의 어머니 노릇을 하겠어요" 하고 엘리사가 느닷없이 말한다.

"남아 있어요? 당신이 말하기는…" 하고 살로메가 가로막는다.

"다들 가면 나도 여기 남아 있기 싫어서 갈 거예요. 그렇지만 유다가 남는다니까…."

"하지만 그렇다면 저도 가겠어요. 아주머니가 저 때문에 희생하는 것을 저는 원치 않습니다. 아주머니는 틀림없이 세례자의 은신처에 가시는 것이 좋겠지요…."

"나는 벳수르 사람이지만, 선생님이 나신 동굴을 보러 베들레헴에 갈 필요를 한번도 느끼지 않았어요. 선생님이 안 계시고 난 다음에나 갈 겁니다. 내가 요한이 있던 곳을 몹시 보고 싶어할는지 생각해 보시오…. 그러나 나는 사랑이 순례보다 더 가치가 있다고 확신하기 때문에 사랑을 베풀기를 원해요."

"아주머니는 선생님을 비난하시는 겁니다. 그걸 알아차리지 못하세요?"

"나는 내 경우를 말하는 거예요. 선생님은 거기 가시는데, 잘 하시는 거예요. 선생님이시니까. 나는 늙어서 고통 때문에 호기심이 모두 없어졌고, 그리스도께 대한 사랑 때문에 그분께 봉사하는 일이 아닌 모든 것에 대한 욕망을 잃었어요."

"그럼 아주머니에게는 저를 염탐하는 것이 그리스도께 봉사하시는 것이로군요."

"당신은 비난을 받아 마땅한 일을 하나요? 해로운 일을 하는 사람을 염탐하는 거지요. 그렇지만 이거 봐요. 나는 아무도 염탐한 일이 없어요. 나는 뱀과 같이 간교한 자들의 부류에 속하지 않아요. 그래서 나는 배반하지를 않아요."

"저도 그렇습니다."

"당신의 이익을 위해서 제발 그랬으면 좋겠어요. 그러나 내가 여기 남아서 쉬는 것이 왜 당신에게 그렇게 불쾌감을 주는지 이해할 수가 없군요."

그 때까지 잠자코 이 말다툼에 놀란 다른 사람들 가운데 계시던 예수께서 약간 기울이고 계시던 고개를 드시고 말씀하신다.

"네가 가진 욕망을 더군다나 여자도 가질 수 있고, 더욱이 나이먹은 여자는 가질 수가 있다. 두 사람 다 안식일 다음 날 새벽까지 여기 남아 있다가 나 있는 데로 오너라. 그리고 우선 그 날에 먹을 필요한 것들이나 가서 사 오너라. 가라, 빨리 다녀 오너라."

유다는 마지 못해 음식물을 사러 간다. 안드레아가 그를 따라 가려고 한다. 그러나 예수께서 그의 팔을 잡으시며 말씀하신다.

"여기 있어라. 유다가 혼자서 할 수 있다." 예수께서는 대단히 엄하시다.

엘리사는 예수를 쳐다보다가 가까이 가서 말씀드린다.

"선생님, 제가 선생님 마음에 들지 않는 일을 했으면 용서해 주십시오."

"아주머니에게는 용서할 것이 없습니다. 그보다도 아주머니가 저 사람이 마치 아들인 것처럼 용서하십시오."

"저는 그런 감정을 가지고 그 사람 옆에 남아 있는 것입니다…. 그 사람은 반대로 생각하지만요…. 선생님은 이해하시지요…."

"예, 그리고 그 때문에 아주머니께 감사합니다. 그리고 분명히 말합니다만, 제가 있었던 곳들이 내가 여러분 가운데 있지 않게 될 때에는 필요한 일이 될 것입니다…. 여러분의 정신에 위안이 되는 필요한 일이요. 지금 당장은 여러분의 예수의 소원을 대접하기 위해서 일 뿐입니다. 그리고 아주머니는 무모한 정신을 가진 사람을 보호하기 위하여 스스로를 희생하시니, 제 소원 중의 하나를 이해하신 것입니다…."

사도들은 서로 바로본다…. 여자 제자들도 그렇게 한다. 성모님만이 베일을 푹 쓰신 채 계시면서 어떤 사람과 눈길을 맞추기 위하여 머리를 쳐들지 않으신다. 재판을 하는 여왕처럼 서 있는 막달라의 마리아는 물건 파는 사람들 가운데로 돌아다니는 유다에게서 잠시도 눈을 떼지 않았는데, 성난 눈길과 꽉 다문 입에는 경멸하는 주름살이 잡혀 있다. 그의 표정이 말을 하는 것보다도 더 많은 것을 말한다….

유다가 돌아온다. 그는 사 온 것을 동료들에게 준다. 그리고 산 물건들을 가져오는 데 사용한 겉옷을 바로잡는다. 그런 다음 예수께 돈 주머니를 드리는 시늉을 한다.

예수께서 그것을 손으로 밀어내신다.

"필요없다. 동냥 주는 일에 대해서는 아직 마리아가 있다. 여기서는 네가 자비를 베풀어야 한다. 요새는 예루살렘 쪽으로 가려고 사방에서 내려오는 거지들이 많이 있다. 하느님께 대하여는 우리가 **모두** 그분의 자비와 **빵**을 구걸하는 거지들이라는 것을 기억하고 편견없이 사랑을 가지고 주어라…. 잘 있어라. 엘리사 아주머니, 안녕히 계셔요. 평화가 당신들과 함께 있기를." 그리고 유다에게 인사를 할 기회를 주지 않으신 채 당신 곁에 있는 길로 결연한 걸음으로 걸어 가시기 위하여 빨리 돌아서신다….

모두가 말없이 예수를 따른다. 일행은 매우 아름다운 벌판으로 해서 동북쪽을 향하여 가기 위하여 시내에서 나간다.

35. 에논에서. 어린 베냐민

집 몇 채에 지나지 않는 에논은 북쪽으로 더 높은 곳에 있다. 이곳은 세례자가 있던 곳이다. 우거진 초목에 둘러싸인 동굴이다. 얼마 떨어지지 않은 곳에서 샘물들이 졸졸 흘러 내리다가 물이 많은 개울이 되어 요르단강 쪽으로 흘러간다.

예수께서 동굴 밖에 앉아 계신다. 재종형에게 인사를 하실 때 계셨던 그곳이다. 예수 혼자 계신다. 여명이 겨우 동녘 하늘을 붉게 물들이고, 수풀들이 잠이 깬 새들의 지저귐과 더불어 잠에서 깨어난다. 나귀 울음소리가 공기를 흔든다. 오솔길 위에 종종걸음 소리가 들린다. 젊은이가 인도하는 염소 한 떼가 지나가는데, 젊은이는 어떻게 할까 하고 결정을 하지 못한 채 잠시 걸음을 멈추고 예수를 바라본다. 그러다가 간다. 그러나 조금 있다가 돌아온다. 새끼 염소 한 마리가 그곳에서 보아 버릇하지 않던 사람이 긴 손을 내밀어 꽃박하 줄기를 하나 주면서 영리한 그의 머리를 쓰다듬는 것을 살펴보느라고 그곳에서 걸음을 멈추었기 때문이었다. 목동은 어안이 벙벙해서 서 있다. 그는 새끼 염소를 그 자리에서 떠나게 해야 할지, 또는 그 새끼 염소가 겁없이 당신 발 앞에 와서 쭈그리고 무릎에 머리를 얹는 것을 기뻐하시는 것처럼 예수께서 웃으면서 쓰다듬어 주시는 것을 그냥 두어야 할지를 모른다. 다른 염소들도 뒤로 돌아와서 여기저기 작은 꽃들이 피어있는 풀을 뜯어 먹는다.

목동이 묻는다. "염소젖을 좀 드릴까요? 말 안 듣는 염소 두 마리는 아직 젖을 짜지 못했습니다. 그 놈들은 배불리 먹지 않았을 때는 젖을 짜는 사람을 뿔로 받습니다. 그 놈들은 저희 주인과 같습니다. 주인은 이익을 잔뜩 남기지 않으면 저희들을 몽둥이로 때립니다."

"너는 하인 목동이냐?"

"저는 고아입니다. 저는 혼자이고 하인입니다. 주인은 제 친척입니다. 제 외할머니의 자매의 남편이니까요. 라켈 할머니가 있는 동안은… 그렇지만 라켈 할머니는 몇 달 전에 세상을 떠났습니다. 그래서 저는 매우 불행합니다…. 저를 데려가 주세요! 저는 아무 것도 아닌 것을 살아 버릇했습니다…. 저는 선생님의 하인이 되겠습니다…. 임금으로는 빵만 조금 주시면 됩니다. 여기서도 아무 것도 받지 못합니다. 주인이 제 임금을 주면 저는 떠날 것입니다. 그러나 주인은 이렇게 말합니다. '여기 네 돈이 있다. 그렇지만 너를 입히고 먹이고 하기 위해서 그 돈은 내가 보관한다.' 저를 입힌다구요!…. 보시지요? 저를 먹여 준다구요!…. 저를 보세요…. 그리고 이것은 매맞은 자국들입니다…. 이것이 제가 어제 먹은 빵입니다…." 그는 매우 야윈 팔과 어깨에 멍든 것들을 보인다.

"네가 뭘 했었는데?"

"아무 것도 안 했어요. 선생님의 동무들, 아니 제자들이 하늘 나라 이야기를 하고 있어서 제가 듣고 있었습니다. 그 날은 안식일이었습니다. 제가 일을 하지 않더라도 게으름뱅이는 아니었어요. 안식일이었으니까요…. 그런데 주인은 저를 때렸습니다. 어떻게나 심하게 때렸는지 이제는 주인과 같이 있고 싶지 않을 지경입니다. 저를 데려가세요. 그렇지 않으면 도망치겠습니다…. 저는 오늘 아침에 일부러 여기 왔어요. 저는 말하기가 겁이 났었습니다. 그렇지만 선생님이 친절하셔서, 말을 하는 겁니다."

"그럼 염소떼는 어떡하구? 물론 염소떼를 데리고 도망치려는 것은 아니겠지…."

"…염소 우리로 데려다 주겠습니다…. 주인은 조금만 있으면, 작은 숲으로 나무를 자르러 갑니다…. 저는 염소떼를 도로 데려다 주고 도망치겠습니다. 오! 저를 데려다 주세요!"

"그러나 내가 누군지 아느냐?"

"선생님은 그리스도이십니다! 하늘 나라의 왕. 선생님을 따르는 사람은 저 세상에서 아주 행복하게 됩니다. 저는 여기서 기쁨이라고는 누려 본 일이 없습니다…. 그러나 저를 물리치지 마세요…. 제가 하늘 나라에서 기쁨을 누리게…." 그는 새끼 염소 곁에 예수의 발 앞에 엎드려서 운다.
"네가 어떻게 나를 그렇게 잘 아느냐? 혹 내가 말하는 것을 들은 적이 있느냐?"
"아닙니다. 저는 어제부터 선생님이 세례자가 있던 곳에 계시다는 것을 압니다. 그렇지만 에논으로는 선생님의 제자들이 가끔 지나갑니다. 그분들이 말하는 것을 들었습니다. 그분들 이름은 마티아, 요한, 시메온인데, 선생님 전에 세례자가 그분들의 선생이었기 때문에 여기를 자주 왔습니다. 그리고 이사악도…. 이사악을 보면 아버지 어머니를 다시 보는 것 같았습니다. 이사악은 저를 주인에게서 **빼앗아** 가고자해서 돈을 주기까지 했습니다. 그러나 주인은! 예, 돈은 받았지요. 그렇지만 그런 다음 저를 주지 않고 선생님의 제자를 비웃었습니다."
"너는 아는 것이 많구나. 그러나 내가 어디로 가는지 아느냐?"
"예루살렘으로 가시지요. 그렇지만 제 얼굴에는 제가 에논 사람이라는 것이 쓰여 있지는 않습니다."
"나는 더 멀리 간다. 머지 않아 나는 아주 간다. 너를 데려갈 수가 없다."
"선생님이 할 수 있는 얼마 안 되는 시간이라도 저를 데려가 주세요."
"그 다음에는?"
"그 다음에는… 울겠습니다. 그렇지만, 사람들이 이 세상에서 주지 못하는 기쁨을 하느님께서 착한 뜻을 가진 사람들에게 하늘에서 주신다고 불쌍한 아이에게 처음으로 말해 준 요한의 제자들과 같이 가겠습니다. 저는 그 기쁨을 가지기 위해서 매를 아주 많이 맞았고, 그 평화를 주십사고 하느님께 청하기 위해서 그렇게도 배를 곯았습니다. 선생님은 제가 착한 뜻을 가지고 있다는 것을 아시지요…. 그렇지만 이제는 선생님이 저를 물리치시면 희망을 다시는 가질 수 없을 거예요…." 그는 입술보다는 눈물이 글썽한 눈으로 더 예수께 애원하며 조용히 운다.
"나는 네 몸값을 치를 만한 돈이 없고, 또 네 주인이 동의할는지도 모르겠다."

"그렇지만 제 몸값은 벌써 치렀습니다. 증인들도 있어요. 엘리 할아버지, 레위 할아버지, 요나 아저씨가 보았고, 그 사람을 비난했어요. 그런데 그분들이 에논의 제일 유력자들입니다. 아시겠어요?"
"그렇다면!… 가자. 일어나서 가자."
"어디루요?"
"네 주인한테."
"무서워요! 혼자 가세요. 주인은 저기 저 산에서 나무들을 자르고 있어요. 저는 여기서 기다리겠어요."
"무서워하지 말아라. 봐라, 내 제자들이 온다. 우리는 주인에 비해서 수가 굉장히 많다. 그가 네게 해를 끼치지 못할 것이다. 일어나거라. 에논에 가서 그 증인 세 사람을 찾아 가지고 네 주인을 만나러 가자. 내 손을 잡아라. 그 후에는 너를 네가 아는 제자들에게 맡기겠다. 이름이 뭐냐?"
"베냐민이요."
"나는 그 이름을 가진 어린 친구가 둘이 또 있다. 네가 셋째가 될 거다."
"친구라구요? 그건 너무 합니다! 저는 하인입니다."
"지극히 높으신 주님의 하인이다. 나자렛의 예수에 대해서는 네가 친구다. 가자. 염소떼를 모아라, 그리고 떠나자."
예수께서 일어나신다. 그리고 목동이 염소들을 모으고, 말 안 듣는 염소들을 돌아가는 길로 모는 동안, 예수께서는 오솔길로 오면서 예수 쪽을 바라보는 사도들에게 빨리 오라는 손짓을 하신다. 그들은 걸음을 재촉한다. 그러나 이제는 염소떼가 길로 들어섰으므로, 예수께서는 목동의 손을 잡은 채 사도들을 향하여 가신다….
"주님! 주님이 이젠 새끼 염소들의 목자가 되셨습니까? 정말이지 사마리아는 염소라고 불릴 수 있습니다. 그러나 주님은…."
"그러나 나는 착한 목자이고, 새끼 염소들을 어린 양으로 바꾸기도 한다. 그리고 어린이들은 모두가 어린 양들인데, 이 아이는 어린이를 겨우 면했을 뿐이다."
"그 아이는 혹 어제 그 사람이 그렇게도 무지막지하게 데리고 간 아이가 아닙니까?" 하고 마태오가 그를 살펴보면서 말한다.

"그 아이인 것 같다. 너였었느냐?"

"저였습니다."

"아이고! 가엾은 총각! 네 아버지는 틀림없이 너를 사랑하지 않는다!" 하고 베드로가 말한다.

"제 주인이에요. 저는 하느님 말고 다른 아버지가 없어요."

"그렇다. 요한의 제자들이 이 아이의 무지를 가르치고 그 마음에 용기를 불어넣어 주었다. 그리고 마침 좋은 때에 모든 사람의 아버지께서 우리를 만나게 해 주셨다. 에논에 가서 세 증인을 데리고 이 애 주인을 만나러 가자…" 하고 예수께서 말씀하신다.

"아이를 넘겨 받으려구요? 그런데 돈이 어디 있습니까? 마리아는 가지고 있던 돈을 마지막 한 푼까지 다 주었는 걸요…" 하고 베드로가 지적한다.

"돈은 필요없다. 이 아이는 노예가 아니다. 그리고 주인에게서 이 아이를 받으려고 벌써 돈을 치렀다. 아이가 불쌍해서 이사악이 돈을 주었단다."

"그런데 이사악은 왜 아이를 받지 못했습니까?"

"하느님과 이웃을 우롱하는 사람이 많아서 그렇다. 저기 내 어머니께서 여자들과 같이 오신다. 가서 더 가지 마시라고 말씀드려라."

제베대오의 야고보와 안드레아가 영양과 같이 경쾌하게 뛰어서 간다. 예수께서 어머니와 여자 제자들을 향하여 걸음을 재촉하여 그들에게까지 이르셨는데, 그 때에는 여자들이 벌써 알고 아이를 동정의 눈으로 살펴본다.

일행은 빨리 에논 쪽으로 돌아와서 시내로 들어간다. 그들은 소년에게 인도되어 엘리의 집으로 간다. 나이 때문에 눈이 흐려졌지만 아직 원기 왕성한 노인이다. 젊었을 때에는 틀림없이 지방의 참나무처럼 튼튼하였을 것이다.

"엘리 할아버지, 나자렛의 선생님이 저를 데려가신대요. 만일…."

"너를 데려가신다고? 그보다 더 큰 친절은 베풀지 못하실 거다. 네가 여기 그대로 있으면 나쁘게 되고 말 거다. 불의가 너무 오래 계속되면 마음이 냉혹하게 되는 법이다. **그런데 불의가 너무 심하다.** 나자렛의 선생님을 만났느냐? 지극히 높으신 분은 그러니까 네 울음을 들어 주시는 거로구나. 네 울음이 사마리아의 어린이에게서 오는 것이라도. 그러니까 네 나이 덕택으로 어떤 구속에서도 해방되어서, 아무 것에 방해도 받지 않고, 아버지나 어머니의 뜻으로도 만류되지 않고 진리를 따를 수 있게 된 너는 행복하다. 그렇게 여러 해 동안 별로 생각되던 것이 이제는 하느님의 섭리로 그렇게 된 것 같구나. 하느님은 인자하시다. 그러나 내게 무슨 볼 일이 있어서 여길 왔니? 내 축복을 청하려고? 이곳의 어른으로 축복을 주마."

"할아버지의 축복은 저도 원합니다. 할아버지는 친절하시니까요. 또 그리고 할아버지가 레위 할아버지와 요나 아저씨와 함께 선생님하고 같이 제 주인을 만나러 가셔서 다른 돈을 요구하지 못하게 해주십사고 청하러 왔어요."

"그렇지만 선생님이 어디 계시니? 나는 늙어서 눈이 잘 보이질 않는다. 그래서 잘 아는 사람들밖에는 알아보질 못한다. 나는 선생님을 알지 못한다."

"여기 계셔요. 할아버지 앞에 계셔요."

"여기에? 아이고! 하느님!" 노인은 일어나서 예수께 절을 하며 말한다.

"눈이 어두운 늙은 것을 용서해 주십시오. 이스라엘에는 의인이 한 분밖에 안 계신데, 그 의인이 선생님이시니까 선생님께 인사를 드립니다. 가십시다. 레위는 제 집 정원의 포도주 양조통 옆에 있고, 요나는 치즈를 만들고 있습니다."

노인이 일어난다. 비록 나이로 인하여 등이 굽었지만 예수만큼 키가 크다. 그는 벽을 더듬고, 지팡이로 길의 장애물들을 피하면서 걷기 시작한다.

평화로 그에게 인사를 하신 예수께서는 불완전한 세 단으로 인하여 반소경에게는 길이 위험하게 된 곳에서는 노인을 도와주신다. 길을 떠나시기 전에 예수께서는 여자 제자들에게 그곳에서 기다리라고 말씀하셨었다. 그 동안 베냐민은 염소 우리로 간다.

노인이 말한다.

"선생님은 친절하십니다. 그러나 알렉산데르는 탐욕스러운 사람입니다. 늑대 같은 사람입니다. 그 사람이 어떻게 할지 모르겠습니다

"…. 그러나 저는 만일 알렉산데르가 돈을 또 달라고 하면 베냐민을 위해 필요한 돈을 선생님께 드릴 수 있을 만큼은 돈이 있습니다. 제 아이들은 돈이 필요없습니다. 저는 죽을 때가 가까웠습니다. 그리고 저 세상에서는 돈이 소용없습니다. 인정을 베푸는 행위, 예, 이것이 가치가 있습니다…."

"왜 더 일찍 그런 일을 하지 않으셨습니까?"

"선생님, 저를 나무라지 마십시오. 저는 그 아이에게 먹을 것을 주고, 범죄자가 되지 않도록 격려를 했습니다. 알렉산데르는 멧비둘기를 사납게 만들 수 있을 사람입니다. 그러나 저는 아이를 그에게서 빼앗아 올 수 없었고, 아무도 그렇게 할 수가 없었습니다. 선생님은… 멀리 가시지요. 그러나 저희들은… 여기 남아 있는데, 그의 복수가 무섭습니다. 어느 날 알렉산데르가 술이 취해서 아이를 죽도록 때렸기 때문에 에논의 어떤 사람이 개입했습니다. 그랬더니 알렉산데르가 어떻게 했는지 모르지만 그 사람의 양떼를 독살하는 데 성공했습니다."

"잘못 생각하는 것 아닙니까?"

"아닙니다. 그 사람은 여러 달을 기다렸습니다. 겨울에 양들이 우리에 갇혀 있을 때 수반의 물에 독약을 넣었습니다. 양들이 물을 먹고 퉁퉁 부어서 모두 죽었습니다. 여기 사는 저희들은 모두 목자들이라 알아차렸습니다…. 확실히 알기 위해서 그 양고기를 개에게 먹였더니, 개가 죽었습니다. 그리고 알렉산데르가 울타리 안으로 몰래 들어오는 것을 본 사람이 있었습니다…. 오! 그 사람은 악당입니다! 저희들은 그를 무서워합니다. 포악하고 저녁에는 늘 술이 취해 있고, 집안 식구들 모두에게도 무자비했습니다. 이제 식구들은 모두 죽었으니까 저 소년을 몹시 괴롭힙니다."

"그럼 오지 마십시오. 만일…."

"오! 아닙니다. 저는 가겠습니다. 진실을 말해야 합니다. 다 왔습니다. 망치소리가 들립니다. 레위입니다." 그러면서 울타리 옆에서 큰 소리로 부른다. "레위! 레위!"

첫번 노인보다는 덜 늙은 노인이 짧은 옷차림으로 망치를 손에 든 채 밖으로 나온다.

"여보게 무슨 일인가?"

"내 곁에 갈릴래아의 라삐께서 계시네. 베냐민을 데리러 오셨어. 알렉산데르가 수풀에 있으니까, 가서 그가 그 제자에게서 벌써 돈을 받았다는 걸 증언하세."

"가겠네. 라삐는 친절하시단 말을 늘 들었었는데, 이제는 그 말을 믿겠네. 선생님께 평화!" 그는 망치를 내려놓고, 누구에게 말하는지 모르지만 기다리라고 말하고, 엘리와 예수와 같이 간다.

일행은 곧 요나의 양의 우리에 이르렀다. 그들은 요나를 불러서 설명한다….

"저도 가지요. 너는" 하고 사환에게 명령한다. "일을 계속해라." 그는 수건으로 손을 닦고, 수건을 곡괭이 위에 던지고, 레위와 엘리와 동시에 예수께 인사를 한 후에 예수를 따라 간다.

예수께서는 그 동안 노인과 말씀을 하신다.

"할아버지는 의인이십니다. 하느님께서 평화를 주실 것입니다."

"그러기를 바랍니다. 주님은 공정하십니다. 제가 사마리아에 태어난 것은 제 탓이 아닙니다…."

"할아버지 탓이 아닙니다. 저 세상에서는 의인들에게 국경이 없습니다. 죄만이 하늘과 구렁 사이에 경계선을 만들어 놓습니다."

"사실입니다. 선생님을 보았으면 좋겠군요! 선생님의 목소리는 부드럽고 늙은 소경을 인도하시는 선생님의 손도 부드럽습니다. 부드럽고 힘셉니다. 지극히 사랑하는 제 손자의 손인 것같이 생각됩니다. 저와 같이 엘리라고 하는데, 제 아들 요셉의 아들입니다. 선생님의 모습이 선생님의 손과 같으면, 선생님을 보는 사람은 매우 행복할 것입니다."

"저를 보는 것보다는 제 말을 듣는 것이 더 낫습니다. 그것이 정신을 더 거룩하게 합니다."

"맞습니다. 저는 선생님에 대해서 말하는 사람들의 말을 듣습니다. 그러나 그들이 지나가는 일이 드뭅니다…. 그런데 저게 나무 줄기를 찍는 도끼 소리가 아닙니까?"

"맞습니다."

"그러면… 알렉산데르가 이 근처에 있습니다…. 부르십시오."

"예, 할아버지와 다른 분들은 여기 그대로 계십시오. 제가 혼자 할 수 있으면 여러분을 부르지 않겠습니다. 제가 부르지 않으면 모습을 드러내지 마십시오." 예수께서 앞으로 나아가셔서 큰 소리로 부르신다.

"누가 나를 찾는 거요? 당신은 누구요?" 하고 옆모습이 딱딱하고, 가슴과 팔다리가 씨름꾼 같은 매우 튼튼한 나이 든 사람이 말한다. 그 손으로 치면 몽둥이로 사정없이 치는 것과 같을 것이 틀림없다.

"당신을 아는 미지의 사람이오. 내 것을 찾으러 왔소."

"당신 것? 아! 하! 내 수풀에 당신 것이 무엇이 있소?"

"수풀에는 아무 것도 없소. 그러나 당신 집에는 베냐민이 있소."

"당신 미쳤구려! 베냐민은 내 하인이오."

"그리고 당신 친척이기도 하오. 그런데 당신은 그 아이의 간수요. 내 사자 중의 한 사람이 어린이를 데려가려고 당신이 요구하는 돈을 당신에게 주었소. 그런데 당신은 돈을 받고 아이는 그대로 데리고 있소. 평화로운 사람인 내 사자는 항쟁하지 않았소. 나는 정의의 이름으로 왔소."

"당신의 사자가 돈을 먹은 모양이구려. 나는 아무 것도 받지 않았소. 그래서 베냐민을 데리고 있소. 나는 베냐민을 몹시 사랑하오."

"아니오, 당신은 그 아이를 미워하오. 당신이 사랑하는 것은 그 아이에게 아무 것도 주지 않는 이익이오. 거짓말하지 마시오. 하느님께서는 거짓말쟁이들을 벌하시오."

"나는 돈을 받지 않았소. 만일 당신이 내 하인과 말을 했다면, 그 애는 거짓말쟁이라는 것을 아시오. 그리고 그 녀석이 나를 중상하니까 때려 주겠소. 잘 가시오!" 그는 예수께 등을 돌리고 가려고 한다.

"알렉산데르, 하느님께서 여기 계시다는 것에 주의하시오. 하느님의 인자에 도전하지 마시오."

"하느님! 하느님이 내 이익을 보호하는 일을 떠맡기라도 했단 말이오? 내 이익을 지킬 사람은 나뿐이고, 내가 그 책임을 지고 있소."

"당신이 그러다간 혼날 줄 아시오."

"아니, 당신은 누구요, 이 보잘 것 없는 갈릴래아 사람? 어떻게 감히 나를 꾸짖는 거요? 나는 당신을 알지 못하오."

"당신은 나를 아오. 나는 갈릴래아의 라삐요, 그리고…."

"아! 그래요! 그래서 내게 겁을 준다고 생각하는 거요? 나는 하느님도 베엘제불도 무서워하지 않는데, 당신을 무서워하라는 거요? 미치광이를? 가시오, 가! 내가 일을 하게 내버려두시오. 가라니까. 나를 바라보지 마시오. 당신 눈이 내게 겁을 줄 수 있다고 생각하는 거요? 뭘 보고자하는 거요?"

"당신의 죄는 내가 **모두** 알고 있으니까, 당신의 죄는 보지 않소. 당신의 죄는 **모두** 알고 있소. 아무도 알지 못하는 죄까지도, 그러나 이 시간이 하느님의 자비가 당신에게 뉘우치라고 주시는 마지막 시간이라는 것도 깨닫지 못하는지 보고자하는 거요. 나는 가책이 일어나서 당신의 돌같이 단단한 마음을 쪼개지 않나 보고자하는 거요. 그리고…."

손에 도끼를 들고 있던 그 사람은 예수를 향하여 도끼를 던진다. 예수께서 재빨리 몸을 숙이신다. 도끼는 예수의 머리 위에 호(弧)를 그리며 날아 가서 어린 참나무를 친다. 참나무는 뚝 잘라져서 잎이 흔들리는 요란한 소리와 놀라서 날아가는 새들의 날개치는 소리와 더불어 넘어진다.

별로 떨어지지 않은 곳에 숨어 있던 세 사람은 예수께서도 맞지 않으셨나 염려하여 소리를 지르며 나오고, 앞이 보이지 않는 사람은 이렇게 외친다.

"아이고! 눈이 보였으면! 선생님이 정말 상처가 없는지 보았으면! 영원하신 하느님, 오직 그것만을 보게 눈이 보였으면!" 그리고 다른 사람들이 확인하는 것은 들은 체도 하지 않고 지팡이를 잃었기 때문에 더듬더듬 나아간다. 그리고 예수의 몸이 어떤 부위에서 피가 나지 않는지 알아보려고 예수를 만지고자하면서 탄식한다.

"밝은 빛 한 줄기만, 그랬다가 다시 어두움이 왔으면. 그러나 겨우 장애물들이나 짐작할 수 있게 하는 이 보자기없이 보았으면, 보았으면…."

"할아버지, 저는 아무 일도 없습니다. 만져 보세요" 하고 예수께서 노인을 만지시고, 노인이 당신을 만지게 하면서 말씀하신다.

그 동안 다른 사람들은 난폭한 사람에게 심한 말을 하고 그의 매와 거짓말을 비난한다. 이제는 도끼가 없으므로 그 사람은 단도를 꺼내 들고, 하느님을 모독하는 말을 하고, 소경 노인을 비웃고, 다른 사람들을 위협하면서 치려고 나아오는데, 정말 성난 맹수와 같다.
그러나 그는 비틀거리고, 걸음을 멈추고, 단도를 떨어뜨리고, 눈을 비비고, 눈을 떴다 감았다 하더니, 무서운 소리를 지른다.
"눈이 안 보인다! 도와주시오! 내 눈이… 어둠이… 누가 나를 구해주겠소?" 다른 사람들도 몹시 놀라서 소리를 지른다. 그리고 그를 조롱하기까지 한다.
"하느님께서 자네 말을 들으셨네."
과연 그의 모독하는 말 가운데에는 이런 말도 있었다.
"만일 내가 거짓말을 하고 죄를 지었으면 하느님이 내 눈을 멀게 하라고 하시오. 그리고 나는 차라리 소경이 됐으면 됐지, 나자렛의 미치광이에게 경배는 하지 않겠소! 당신들에 관해서는 내가 복수를 하겠고, 베냐민은 이 작은 나무처럼 부수어버리겠소…."
그래서 그들이 그를 비웃는다.
"이제는 복수를 해 보게…."
"저 사람같이 되지 마시오. 미워하지 마세요" 하고 예수께서 충고하신다. 그리고 예수를 보호하는 것 외에 다른 것은 아무 것도 걱정하지 않는 노인을 어루만지신다. 그리고 노인을 안심시키기 위하여 그에게 말씀하신다.
"얼굴을 드시고, 보세요!"
기적이 일어난다. 저기 포악한 사람에게는 어두움이 있는 것과 같이, 여기 의인에게는 빛이 있다. 그리고 생명력이 강한 나무들 아래에서 매우 행복한 다른 외침이 올라온다.
"눈이 보인다! 내 눈이! 빛이! 선생님, 찬미받으십시오!"
그러면서 노인은 새로운 생명으로 빛나는 눈으로 예수를 뚫어지게 쳐다본다. 그러다가 땅에 엎드려 예수의 발에 입맞춤한다.
"우리 둘이 가십시다. 당신들 두 분은 이 불행한 사람을 에논으로 다시 데려다 주세요. 그리고 불쌍히 여기십시오. 하느님께서 벌써 그 사람을 벌하셨으니까요. 그리고 하느님으로 족합니다. 사람은 어떤 불행에 대해서도 친절해야 합니다."

"아이와 양들과 수풀과 집과 돈을 가지시오. 그러나 시력을 돌려주시오. 나는 이런 채로 있을 수가 없습니다."

"나는 할 수 없소. 나는 그것으로 당신이 죄를 지은 모든 것을 당신에게 남겨 놓소. 이 죄없는 어린 아이는 벌써 고통을 당했기 때문에 이 아이는 내가 데려가오. 어두움 속에서 당신의 영혼이 빛을 받아들일 수 있기를 바라오."

예수께서는 레위와 요나에게 인사하시고, 노인과 함께 빨리 내려오신다. 노인은 다시 젊어진 것 같다. 그리고 첫번째 집들이 있는 데 이르러서 그의 기쁨을 외친다…. 에논 전체가 흥분한다….

예수께서는 군중을 헤치시고, 사도들 곁에 있는 목동을 찾아가셔서 말씀하신다.

"이리 오너라! 가자, 사람들이 우리를 테르사에서 기다리고 있으니까."

"자유입니까? 자유? 선생님과 같이요? 아이고! 저는 그렇게 믿지는 못했습니다! 엘리 할아버지께 인사 드립니다. 그런데 다른 분들은요?" 소년은 흥분하였다….

엘리는 목동을 포옹하고 축복을 하며 말한다.

"그리고 불행한 사람을 용서해라."

"왜요? 용서는 하겠습니다. 예. 그렇지만 왜 불행한 사람입니까?"

"그 사람은 주님을 모독하는 말을 했기 때문에 그의 눈에 빛이 꺼졌다. 우리 중의 아무도 이제는 그를 무서워하지 않아도 된다. 그 사람은 어두움 속에 있고 불구가 되었다. 하느님의 무서운 능력이다! …." 이와 같이 팔을 올리고 하늘을 쳐다보면서 그가 본 것을 생각하는 노인은 영감을 받은 예언자와 같다.

예수께서는 노인에게 인사하시고, 흥분한 작은 군중을 헤치신다. 예수께서 떠나시는데, 그 뒤에는 사도들과 여자 제자들이 가고, 여자들의 인사를 받으며 베냐민도 간다. 여자들은 주님의 귀염둥이에게 그들의 애정의 표시를 주고자한다. 과일 한개, 돈주머니 하나, 빵 한개, 옷 한 벌, 당장 가지고 있는 것을 준다. 그러니까 베냐민은 기뻐하며 그들에게 인사하고 감사하며 말한다.

"언제나 제게 친절한 아주머니들! 기억하겠어요. 아주머니들을 위해 기도하겠어요. 아주머니들의 아들들을 주님께 바치세요. 주님과 함께 있는 것은 기분좋습니다. 주님은 생명이십니다. 안녕히들 계세요! 안녕!"

일행은 에논을 통과하였다. 그들은 요르단강을 향하여 내려간다. 요르단강 계곡의 평야를 향하여, 아직 알지 못하는 새 사건들을 향하여….

그러나 소년은 돌아다 보지 않는다. 그는 이러쿵저러쿵 말을 하지 않는다. 생각하지 않는다. 한숨을 쉬지 않는다. 그는 미소짓고 있다. 그는 저기 맨 앞에 가시는 예수를, 양떼가 뒤따르는, 지금은 보잘 것 없는 아이인 자기도 들어 있는 양떼가 따라 가는 참 목자를 바라본다…. 그러다가 느닷없이 큰 소리로 노래를 부른다.

사도들은 빙그레 웃으면서 말한다.

"총각이 행복하구먼."

여자들도 미소를 지으며 말한다.

"갇혀 있던 새가 자유와 제 둥지를 찾았어."

예수께서도 그를 보시려고 몸을 돌리시며 미소를 지으신다. 그리고 예수의 미소는 언제나 그런 것과 같이 모든 것을 더 빛나게 하는 것 같다. 예수께서는 소년을 부르시며 말씀하신다.

"하느님의 어린 새끼양, 이리 오너라. 네게 아름다운 노래를 가르쳐 주고 싶구나." 그러시면서 시편의 노래를 시작하시니, 다른 사람들도 따라 부른다.

"주님은 나의 목자, 아쉬운 것 없도다. 흐드러진 풀밭에 이 몸 갖다 주셨네" 운운. 예수의 매우 아름다운 목소리는 다른 모든 목소리를, 가장 훌륭한 목소리들도 압도한다. 그만큼 그 목소리는 당신의 기쁨을 강력하게 나타낸다.

"마리아, 당신의 아들이 행복하군요" 하고 알패오의 마리아가 말한다.

"그래요. 예수가 행복해요. 아직 어떤 기쁨을 누려요…."

"성과가 없는 여행이 하나도 없어요. 선생님은 은총을 널리 베풀면서 지나가십니다. 그래서 정말 구세주를 만나는 사람이 항상 있습니다. 갈릴래아의 베들레헴의 그 날 저녁을 기억하세요?" 하고 막달라의 마리아가 묻는다.

"그래. 그러나 그 문둥병자들과 그 소경은 기억하고 싶지 않다…"

"어머니는 항상 용서하실 거예요. 몹시 착하시니까! 그렇지만 정의도 필요해요" 하고 마리아 살로메가 지적한다.

"정의도 필요해요. 그렇지만 우리에게는 다행스럽게도 자비가 더 커요" 하고 또 막달라의 마리아가 말한다.

"당신은 그렇게 말할 수 있어요. 그렇지만 어머님은…" 하고 요안나가 대답한다.

"어머님은 용서만을 원하셔요. 비록 당신에게는 용서가 필요없지만요. 그렇지요, 어머님?"

"나는 용서만을 원한다. 그렇다. 그것만을 원해. 악하다는 것은 벌써 무서운 고통일 거다…" 성모님은 이 말씀을 하시면서 한숨 지으신다.

"어머님은 모든 사람을, 정말 모든 사람을 용서하실 겁니까? 그렇지만 그렇게 하는 것이 올바른 일일까요? 악을 고집하고, 용서를 무능이라고 비웃으면서 일체의 용서를 막는 사람들이 있어요" 하고 마르타가 말한다.

"나는 용서할 것이다. 나로서는 용서할 거야. 어리석어서가 아니라, 나는 어떤 영혼이던지 많이든 적게든 착한 어린 아이로 보기 때문이다. 아들같이 말이다… 어머니는 항상 용서한다… 비록 '정의는 정당한 벌을 요구한다'고 말하지만. 오! 한 어머니가 나쁜 아들에게 착한 새 마음을 낳아 주기 위해서 죽어야 한다면, 그 어머니가 그렇게 하지 않을 것으로 생각하느냐? 그러나 그렇게 될 수는 없다. 도움을 일체 거부하는 마음들이 있다…. 그런데 연민은 그들에게도 용서를 주어야 한다고 생각한다. 왜냐하면 그들이 마음에 가지고 있는 짐, 즉 그들의 죄의 짐과 하느님의 엄격의 짐이 그렇지 않아도 너무 크기 때문이다…. 오! 죄지은 사람들을 용서하고, 또 용서하자…. 그리고 하느님께서 우리의 절대적인 용서를 받아들이셔서 그들의 빚을 가볍게 해 주셨으면 좋겠다…"

"그렇지만 마리아는 왜 항상 울어요? 이들이 기쁜 시간을 보내고 있는 지금도!" 하고 알패오의 마리아가 한탄한다.

"죄 지은 사람이 뉘우치지 않았기 때문에 그것은 온전한 기쁨이 아니었어요. 예수는 구속할 수 있을 때에만 완전히 기쁜 거예요…."
 도무지 말이 없던 니까가 왜 느닷없이 "조금 있으면 우리가 다시 가리옷의 유다와 같이 있게 되겠군요" 하고 말하는지 모르겠다.
 여자들은 이 단순한 말이 이상한 일이라도 되는 것처럼, 그 말 뒤에 무엇인지 모를 큰 일이 숨어 있는 것처럼 서로 바라본다. 그러나 아무도 말은 하지 않는다.
 예수께서 매우 아름다운 올리브밭에서 걸음을 멈추셨다. 모두가 멎는다. 예수께서 음식에 강복하시고 노느매기를 하신 다음 나누어 주신다.
 베냐민은 사람들에게서 받은 것을 들여다보며 정돈한다. 너무 길거나 넓은 옷, 맞지 않는 샌들, 아직 겉껍질이 벗겨지지 않은 편도(扁桃), 끝물 호두, 작은 치즈 덩어리, 쭈글쭈글한 사과 몇개, 식칼 하나. 그는 그의 보물을 보며 흐뭇해 한다. 먹을 것을 다른 사람들에게 주고자 한다. 그리고 옷을 개키면서 "과월절에는 제일 좋은 옷을 입겠다" 하고 말한다.
 알패오의 마리아가 약속한다.
 "베다니아에서 모두 정리해 주마. 우선은 내 놓아라. 테르사에는 옷을 새롭게 손질할 물이 있을 거고, 좀 더 가면, 몸에 맞게 줄일 실이 있을 거다. 그리고 샌들은… 어떻게 할지 모르겠다."
 "발에 맞으면 어떤 거지를 만나든지 그 거지에게 주고, 테르사에서 새 샌들 한 켤레를 사지요 뭐" 하고 막달라의 마리아가 태연하게 말한다.
 "얘야, 무슨 돈으로 사니?" 하고 마르타가 묻는다.
 "아! 그렇군! 우린 남은 돈이 한 푼도 없지…. 그렇지만 유다는 돈이 있어…. 저런 신발을 신고서는 베냐민이 먼 길을 갈 수 없어. 또 그리고 가엾은 아이! 이 애 영혼은 큰 기쁨을 얻었지만, 이 애의 인간성도 미소를 가져야 해…. 어떤 물건들은 기쁨을 주거든."
 젊고 기분이 좋은 수산나가 웃으면서 마리아에게 말한다.
 "새 샌들 한 켤레가 그런 걸 생전 신어 보지 못한 사람을 기쁘게 한다는 걸 경험으로 아는 것처럼 말하는구먼!"

"맞아. 그렇지만 사실 비를 맞아 흠뻑 젖었을 때 마른 옷과 옷이 한 벌밖에 없을 때 시원한 옷 한 벌이 얼마나 기쁘게 하는지를 알기 때문이야. 나는 기억해…." 그리고 머리를 성모님의 어깨 위로 기울이며 말한다.

"어머니, 기억하시지요?" 그러면서 성모님을 다정스럽게 껴안는다.

예수께서는 저녁이 되기 전에 테르사에 가기 위하여 출발을 명령하신다.

"사정을 알지 못하는 두 사람은 걱정을 하고 있을 것이다."

"저희들이 먼저 가서 선생님이 오신다고 그들에게 말할까요?" 하고 알패오의 야고보가 제의한다.

"그래, 요한과 야고보와 사촌 유다만 빼놓고 모두 가거라. 이제는 테르사가 멀지 않다…. 자 가거라. 유다와 엘리사를 찾아라. 그리고 많이 지체했고 또 여자들을 데리고 있어서 거기서 밤을 지내는 것이 좋을 터이니까 동시에 우리들이 있을 자리도 준비하여라…. 그 동안 우리는 너희들을 따라 가겠다. 첫번 집들이 있는 곳에서 너희를 만날 수 있도록 하여라…."

여덟 사도는 빨리 가고, 예수께서는 더 천천히 그들을 따라 가신다.

36. 예수께서 사마리아 사람들에게서 배척 당하시다

테르사는 하도 우거진 올리브 재배지로 둘러싸여 있어서, 아주 가까이 가서야 도시가 그곳에 있다는 것을 알아차리게 될 지경이다. 굉장히 기름진 텃밭의 울타리가 집들에 대하여 바람을 막아 주는 마지막 차폐물(遮蔽物)이 된다. 정원에는 풀상추, 양상추, 야채, 오이나 호박의 어린 모, 과일나무, 덩굴을 올린 정자들이 서로 농담(濃淡)이 다른 푸른 빛을 섞고, 얽히게 한다. 꽃들은 열매를 약속하고, 작은 열매들은 즐거움을 약속한다. 포도나무의 작은 꽃들과 더 철이 이른 올리브나무들의 꽃은 어지간히 센 작은 바람이 지나가도 비오듯이 떨어져서 땅에 희고 푸른 눈을 뿌린다.

물은 말랐지만 아직 바닥은 축축한 수로 근처에 난 갈대와 버드나무들이 장막처럼 되어 있는 뒤에서 다가오는 사람들의 발소리를 듣고 조금 전에 앞서 보낸 여덟명의 사도가 나타난다. 그들은 눈에 띄게 불안하고 몹시 슬퍼하며 멈추라는 손짓을 한다. 그들은 앞으로 뛰어 나온다. 소리를 지르지 않아도 그들의 말을 들을 수 있을 만큼 넉넉히 가까이 왔을 때 그들은 말한다.

"가세요! 가세요! 뒤로 들판으로 가세요. 시내로는 들어갈 수가 없습니다. 자칫하면 그들이 우리에게 돌을 던질 것입니다. 저 작은 숲 속으로 비켜 나세요. 그러면 말을 하겠습니다…." 그들은 예수와 세 사도와 소년과 여자들을 물이 마른 수로 바닥의 뒤로 밀고 가며 사람들의 눈에 띄지 않게 그곳을 벗어나려고 초조해하며 말한다.

"우리가 여기 있는 것이 사람들의 눈에 띄어서는 안 됩니다. 가십시다! 가요!"

예수와 알패오의 유다와 제베대오의 두 아들이 무슨 일이 있었는지 알아보려고 하나 소용이 없고, "아니 그런데 시몬의 유다는? 엘리사는?" 하고 말해도 소용없다.

여덟 사람은 아무 말도 들으려고 하지 않는다. 나무 줄기와 수초들이 어지럽게 널려 있는 가운데로, 골풀에 발이 찢어지고, 버드나무 가지와 갈대에 얼굴을 맞고, 바닥의 개흙에 미끄러지며, 풀에 매달리고, 기슭에 기대고 하며, 진흙투성이가 되어 뒤에 여덟 사람에게 밀려 이렇게 그곳을 빠져나온다. 여덟 사람은 테르사에서 누가 그들의 뒤를 밟아 나오지 않는지 보려고 거의 머리를 뒤로 돌린 채 걷는다. 그러나 길에는 황혼을 시작하는 해와 이리저리 헤매는 마른 개 한마리밖에 없다.

마침내 일행은 어떤 소유지의 경계가 되는 가시덤불 근처에 왔다. 가시덤불 뒤에는 아마(亞麻)밭이 하나 있는데, 파란 하늘색의 꽃이 나오기 시작하는 키가 큰 아마 줄기들이 바람에 흔들리고 있다.

"저기 저 안으로 가십시다. 앉아 있으면 아무의 눈에도 띄지 않을 것입니다. 그리고 밤이 되면 떠나지요…" 하고 베드로가 땀을 훔치며 말한다.

"어디로?" 하고 알패오의 유다가 묻는다. "우리는 여자들을 데리고 있단 말이야."

"아무 데로나 가지 뭐. 게다가 풀밭엔 건초를 만들려고 벤 풀이 잔뜩 있어서, 침대 노릇을 할 거야. 여자들을 위해서는 우리 겉옷으로 천막을 만들어 주고, 우리는 밤을 새우세."

"그래. 사람의 눈에 띄지 않고 새벽에 요르단강 쪽으로 내려가기만 하면 돼. 선생님, 사마리아 길로 오고자 하지 않으신 선생님의 생각이 옳았습니다. 가난한 사람들인 우리로서는 사마리아 사람들보다 도둑이 더 낫습니다!…" 하고 바르톨로메오가 아직 숨을 몹시 헐떡이며 말한다.

"그렇지만 요컨대 무슨 일이 있는 건가? 유다가 무슨…" 하고 타대오가 말한다.

토마가 그의 말을 막는다.

"유다는 틀림없이 맞았을 걸세. 나는 엘리사의 일로 유감스럽게 생각하네…."

"자넨 유다를 봤나?"

"나는 못 봤어. 그러나 예언자 노릇을 하기는 쉬운 일일세. 만일 유다가 선생님의 사도라고 말했으면 틀림없이 맞았을 것입니다. 선생님, 그들은 선생님을 받아들이려고 하지 않습니다."
 "그렇습니다. 그들은 모두가 선생님에 대해서 반감을 가졌습니다."
 "그들은 진짜 사마리아인들입니다."
 그들은 모두 한꺼번에 말한다. 예수께서는 모두에게 침묵을 명령하시고 말씀하신다.
 "한 사람만이 말해라. 제일 침착한 열성당원 시몬이 말하여라."
 "주님, 간단합니다. 저희가 시내에 들어갔는데, 저희가 누구인지 그들이 알지 못하는 동안은, 저희를 그저 지나가는 순례자로 생각한 동안은 아무도 성가시게 굴지 않았습니다. 그러나 붉은 옷을 입고 붉은 줄과 흰 줄이 있는 어깨걸이를 한 갈색 머리의 젊고 키가 큰 남자가, 검은 머리보다는 흰 머리가 더 많고, 회색 옷을 입은 나이 들고 마른 여자와 같이 시내에 들어왔었는지, 그리고 갈릴래아의 선생님과 그 일행을 찾았느냐고 물었습니다. ─물을 수밖에 없었습니다.─ 그랬더니 그들이 즉시 화를 냈습니다… 아마 선생님에 대해서 말하지 말아야 했나 봅니다. 저희들이 분명히 잘못 했습니다… 그러나 다른 곳에서는 어디서나 그렇게도 환영을 받았던 터이라… 무슨 일이 있었는지 알지 못하겠습니다!…. 사흘 전만 하더라도 선생님께 그렇게도 경의를 표하던 그 사람들이 입이 험한 사람들 같았습니다! …."
 타대오가 그의 말을 막는다.
 "유다인들이 한 일이야…."
 "나는 그렇게 생각하지 않네. 그들이 우리에게 한 비난과 그들의 위협 때문에 나는 그렇게 생각하지 않아. 내 생각에는… 아니 오히려 내가 확신하기로는, 우리가 확신하기로는, 사마리아 사람들의 분노의 원인은 예수께서 그들의 보호 제안을 받아들이지 않으신 데 있다는 것일세. 그들은 이렇게 외쳤어.
 '가시오! 가! 당신들과 당신들의 선생! 당신들의 선생은 모리아산에서 예배하고자 한다고 말했소. 그리 가서 죽으라고 하시오. 그와 그의 제자들이 모두, 우리들 사이에는 우리를 친구로 생각하지 않고, 하인으로만 생각하는 사람들이 있을 자리는 없소. 우리는 이득으로 벌충이 되지 않으면 다른 난처한 일은 원치 않소. 갈릴래아 선생에게 는 빵 대신 돌을 던질 것이고, 그를 맞아들이기 위해 집의 문을 열기 보다는 개들을 풀어 놓겠소.'

그들은 이렇게 말하고, 더 많은 말을 했어. 그리고 유다가 어떻게 되었는지라도 알려고 계속 물었더니, 그들은 우리를 때리려고 돌을 집어들고, 실제로 개들을 끌어 놓았어. 그리고 자기들끼리 외쳤어. '성문마다 지키세. 그리고 그가 오면 복수하세' 하고. 우리는 도망쳤네. 한 여인이 —나쁜 사람들 가운데에도 언제나 누군가 착한 사람이 있는 법이야.— 우리를 그의 집 정원으로 밀어넣고, 거기서 야채밭들 사이의 오솔길로 해서 수로까지 데려다 주었네. 안식일 전에 물을 댔기 때문에 수로에는 물이 없었고, 그 여자는 우리를 거기에 숨어 있게 했네. 그런 다음 우리에게 유다의 소식을 알아다 주겠다고 약속했네. 그러나 그 여자는 다신 오지 않았어. 하지만 여기서 그 여자를 기다리세. 우리를 수로에서 만나지 못하면 이리로 오겠다고 말했으니까."

이러쿵저러쿵 말들이 많다. 어떤 사람들은 계속 유다인들을 비난한다. 어떤 사람들은 예수께 가벼운 비난을, 이런 말로 감싼 비난을 한다.

"선생님은 세겜에서 너무 분명히 말씀하시고 떠나셨습니다. 지난 사흘 동안에 그들은 착각을 하는 것은 쓸데없는 일이고, 자기들을 만족시켜 주지 않는 사람을 위하여 손해를 보는 것은 쓸데없는 일이라고 결정한 겁니다…. 그래서 선생님을 내쫓는 겁니다…."

예수께서 대답하신다.

"나는 진실을 말한 것과 내 의무를 행하는 것을 후회하지 않는다. 지금은 그들이 이해하지 못한다. 얼마 안 있어 그들은 내 정의를 깨달을 것이고, 내가 내 정의를 존중하지 않았던 것보다는 더 나를 존경할 것이다. 내 정의는 내가 그들에 대해서 가지는 사랑보다 더 큰 것이다."

"저기 온다! 그 여자가 길에 있어. 용감하게도 사람들이 볼 수 있게 하네…" 하고 안드레아가 말한다.

"우리를 배신하지 않을까, 응?" 하고 바르톨로메오가 의심쩍게 말한다.

"여자 혼잔데!"

"사람들이 수로에 숨어서 여자를 따라 오는지도 모르지…."

그러나 바구니를 머리에 이고 오는 그 여자는 길을 계속하여 예수와 사도들이 기다리는 아마밭을 지나고 나서 오솔길로 들어서서 사라졌다가… 그를 기다리고 있는 사람들의 뒤에서 느닷없이 다시 나타난다. 그들은 풀이 바삭거리는 소리를 듣고 놀라다시피 하며 돌아다 본다.

여자는 자기가 아는 여덟 사람에게 말한다.

"자 왔습니다! 오래 기다리시게 한 것을 용서하세요…. 사람들이 따라 오는 것이 싫어서 그랬습니다. 저는 어머니한테 간다고 말했습니다…. 저는 압니다…. 그래서 여기 요기하실 것을 가지고 왔습니다. 선생님은… 어느 분이십니까? 경의를 표하고 싶습니다."

"선생님은 여기 계십니다."

바구니를 내려놓은 여자는 땅에 엎드리며 말한다.

"제 동향인들의 죄를 용서하십시오. 그 사람들을 부추기는 사람들이 없었더라면… 그러나 그 사람들은 선생님의 거절에 대해서 많은 사람들에게 영향을 미쳤습니다…."

"아주머니, 나는 원한을 품지 않소. 일어나시오, 그리고 말하시오. 내 사도와 그와 같이 있던 여자의 소식을 아시오?"

"예, 개처럼 내쫓겨서 다른 쪽 시외에서 밤이 되기를 기다리고 있습니다. 그 사람들은 선생님을 찾으러 에논 쪽으로 돌아오려고 했습니다. 그들은 동료들이 여기 있다는 것을 알고 이리로 오려고 했습니다. 저는 안 된다고, 그렇게 하지 말라고 말했습니다. 가만히 있으라고, 내가 여러분을 그들에게 데려다 주겠다고 말했습니다. 그 사실 황혼이 되면 곧 그렇게 하겠습니다. 다행스러운 우연으로 제 남편이 집에 없어서 마음대로 집을 떠날 수 있습니다. 여러분을 평야지방에 시집간 자매 중 하나의 집으로 인도하겠습니다. 여러분이 누구라고 말하지 말고 거기서 주무십시오. 메롯 때문이 아니라 그와 같이 있는 남자들 때문에 그러는 것입니다. 그 사람들은 사마리아 사람들이 아니라, 여기 와서 자리잡은 데카폴리스 사람들입니다. 그러나 그게 더 낫습니다…."

"하느님께서 당신에게 갚아 주시기를 바라오. 두 제자가 상처를 입었소?"

"남자는 조금 입었지만, 여자는 조금도 입지 않았습니다. 그리고 지극히 높으신 분께서 그 여자를 틀림없이 보호하셨습니다. 주민들이 돌을 집었을 때 그 여자는 용감하게 자기 몸으로 아들을 보호했으니까요. 아이고! 정말 용맹한 부인이었습니다! 그 여자는 이렇게 외쳤습니다. '당신들을 모욕하지 않은 사람을 이렇게 치는 거요? 그리고 당신들은 이 사람을 보호하는 어머니인 나를 존중하지 않소? 아이를 낳은 여자를 존경하지 않는 당신들은 모두 어머니가 없소? 당신들은 늑대에게서 났소. 그렇지 않으면 진흙과 두엄으로 만들어졌소?'

그러면서 남자를 보호하기 위해 겉옷을 펴든 채 공격자들을 바라보았습니다. 그리고 그 동안 물러나면서 남자를 시외로 밀어냈습니다…. 그리고 지금도 이렇게 말하면서 그를 위로합니다. '오 내 유다, 지극히 높으신 분께서 선생님을 위해서 흘린 이 피를 자네 마음을 위한 향유가 되게 하시기를 바라네' 하고. 그러나 남자는 별로 다치지를 않았습니다. 남자는 아마 아픈 것보다는 겁을 더 냈을 것입니다.

그러나 이제는 들고 잡수세요. 여자들을 위하여는 갓 짠 양젖과 치즈를 곁들인 빵과 과일들이 있습니다. 고기는 익힐 수가 없었습니다. 그러느라면 너무 늦었을 겁니다. 저녁 어둠이 내려오는 동안 잡수세요. 그런 다음 안전한 길로 해서 두 사람을 데리러 가고, 그 다음에는 메롯의 집으로 갑시다."

"하느님께서 당신에게 또 갚아 주시기를 바라오" 하고 예수께서 말씀하시고, 음식을 봉헌하시고 나누어주시며, 멀리 떨어져 있는 사람들을 위하여 두 몫을 따로 남겨 놓으신다.

"아닙니다, 아니예요. 저는 그분들을 생각해서 옷속에 달걀과 **빵**, 그리고 상처에 쓸 포도주와 기름을 조금 갖다 주었습니다. 제가 길을 감시하는 동안 드세요…."

그들은 먹는다. 그런 남자들은 몹시 분개하고, 여자들은 압도되어기신(氣神)없다. 막달라의 마리아를 빼놓고는 모두 그렇다. 다른 여자들을 무섭게 하고 그들의 기를 꺾는 것이 마리아에게는 언제나 그의 신경과 용기를 자극하는 결과를 나타낸다. 눈에서는 적의를 가진 도시를 향하여 불꽃이 튀어 나온다. 다만 원한을 가지지 말라고 벌써 말씀하신 예수님이 계시기 때문에 경멸하는 말을 자제한다. 말도 할 수 없고 행동도 할 수 없으므로, 마리아는 그의 분노를 죄없는 빵에다 쏟아부어 어떻게나 의미심장하게 물어뜯는지 열성당원이 빙그레 웃으면서 이렇게 말하는 것을 참을 수가 없었다.

"테르사 사람들이 네 손에 걸려들지 않은게 다행이다! 마리아야, 너는 사슬이 풀린 맹수 같구나!"

"저는 맹수예요. 바로 보셨어요. 그리고 하느님의 눈에는 제가 속죄하기 위해서 이제까지 한 모든 것보다도 저들이 당해 마땅한 것처럼 저리로 들어가는 것을 제가 자제하는 것이 더 공로가 많아요."

"용감하다, 마리아야! 하느님께서는 저들의 죄보다 더 큰 죄들을 네게 용서해 주셨다."

"맞습니다. 저들은 제 하느님이신 선생님을 한번, 그것도 남의 암시를 받아서 모욕했습니다. 그런데 저는… 수없이 많이… 제 자의로 그랬습니다…. 그러니 저는 강경할 수도 없고 거만할 수도 없습니다…." 마리아는 눈을 내리뜨고 빵을 내려다본다. 그 빵에는 눈물 두 방울이 떨어진다.

마르타가 그의 무릎에 손을 얹으면서 낮은 목소리로 말한다.

"하느님께서는 너를 용서하셨다. 더 이상 괴로워하지 말아라…. 네가 얻은 것을 기억해라. 우리 오빠…."

"나는 괴로워하는게 아니야. 이건 감사고, 감격이야…. 그리고 내가 그렇게도 많이 받은 그 자비를 나는 아직 가지지 못했다는 것을 확인하는 거야…. 선생님, 용서하세요!" 하고 그의 눈부신 눈을 들어 쳐다보면서 말한다. 그 눈에는 겸손으로 인하여 부드러운 기운이 돌아왔다.

"마음이 겸손한 사람에게는 절대로 용서를 거절하지 않는 것이다, 마리아야."

저녁이 내려오면서 섬세한 보라빛 색조로 물들인다. 조금 떨어진 물건들은 혼동된다. 그 우아한 줄기를 볼 수 있던 아마(亞麻)도 이제는 어두운 덩어리와 섞여 버린다. 나뭇잎 사이에 있는 새들도 소리가 없다. 첫번 별이 빛난다. 첫번째 매미가 울음소리를 공중에 울려 퍼뜨린다. 저녁이 되었다.

"이젠 가도 됩니다. 여기 밭 가운데에 있으면, 아무도 우릴 보지 못할 것입니다. 안심하고 오십시오. 저는 배신하지 않습니다. 저는 이익을 얻으려고 이렇게 하는 것이 아닙니다. 저는 다만 하늘에 불쌍히 여기심만을 청합니다. 우리는 모두 불쌍히 여김을 받을 필요가 있으니까요." 하고 그 여자가 한숨을 쉬며 말한다.

일행은 일어나서 그 여자를 따라 간다. 그들은 벌써 어두워진 밭과 정원들 가운데로 해서 테르사에서 멀찍이 지나간다. 그러나 길이 시작되는 지점에 불을 둘러싸고 있는 사람들이 보이지 않을 만큼 멀리 떨어지지는 않았다….

"저 사람들이 우리들의 동정을 살피고 있는데…" 하고 마태오가 말한다.

"저주 받은 자들!" 하고 필립보가 입 속으로 중얼거린다.

베드로는 말은 하지 않는다. 그러나 호소를 하는 것인지 말없는 항의를 하는 것인지 두 팔을 하늘을 향하여 흔든다.

그러나 다른 사람들보다 조금 앞서 가며 그곳에서 끊임없이 서로 말을 주고 받은 제베대오의 야고보와 요한이 가던 길을 돌아와서 말한다.

"선생님, 혹 선생님의 완전한 사랑 때문에 벌을 이용하기를 원치 않으신다면, 저희들이 그렇게 할까요? 하늘의 불더러 내려와서 저 사람들을 불살라 버리라고 말할까요? 저희가 믿음을 가지고 청하는 것은 무엇이든지 할 수 있다고 말씀하셨지요, 그리고…."

피곤하신 것처럼 몸을 좀 구부리고 걸으시던 예수께서 갑자기 몸을 일으키시고, 달빛에 반짝이는 두 눈으로 그들을 무섭게 노려보신다. 두 사람은 두 눈길에 겁을 집어먹고 말없이 뒤로 물러 선다. 예수께서는 여전히 그렇게 그들을 노려보시며 말씀하신다.

"너희들은 너희가 무슨 정신을 가지고 있는지 알지 못하는구나. 사람의 아들은 영혼들을 지옥에 떨어뜨리려고 오지 않고 구원하려고 왔다. 내가 너희들에게 말한 것을 기억하지 못하느냐? 좋은 씨앗과 가라지의 비유에서 나는 이렇게 말했다.

'지금 당장은 좋은 씨앗과 가라지를 함께 자라게 내버려두어라. 지금 그것들을 갈라놓으려 하다가는 가라지와 함께 좋은 곡식까지 뽑아버릴 위험이 있기 때문이다. 그러니까 그것들을 추수 때까지 그냥 두어라. 추수 때에 나는 추수하는 사람들에게 이제는 가라지를 주워서 묶어 태우고, 좋은 낟알은 내 곡식광에 넣어라 하고 말할 것이다.' 예수께서는 당신께 대한 사랑으로 일어났던 분노 때문에 테르사 사람들을 벌하기를 청하였다가 지금은 당신 앞에서 고개를 숙이고 있는 그 두 사람에 대한 분개를 벌써 가라앉히셨다. 예수께서는 그들의 팔꿈치를 한 사람은 오른쪽에 또 한 사람은 왼쪽에 이렇게 잡으신다. 그리고 그들을 이렇게 데리고 다시 길을 걷기 시작하시며, 당신이 걸음을 멈추셨을 때 주위로 바싹 다가왔던 모든 사람에게 말씀하신다.

"정말 잘 들어두어라. 추수할 때가 가까웠다, 내 첫번째 추수가. 그리고 많은 사람에게는 두번째 추수가 없을 것이다. 그러나 ―이 때문에 지극히 높으신 분을 찬미하자.― 내 시대에 좋은 낟알의 이삭이 될 줄을 몰랐던 어떤 사람들은 과월절의 희생의 정화(淨化) 후에 새로운 영혼을 가지고 다시 날 것이다. 그 날까지 나는 아무에게도 악착스럽게 굴지 않을 것이다…. 그 뒤에는 정의가 발동할 것이다…."

"과월절 후입니까?" 하고 베드로가 묻는다.

"아니다, 때가 지난 다음에 말이다. 나는 지금의 이 사람들에 대해서 말하는 것이 아니고, 장차 올 긴 세월을 내다보는 것이다. 밭에 수확물이 끊임없이 새로워지고 추수하는 일이 되풀이 되는 것과 같이 사람도 끊임없이 새로워진다. 그리고 나는 장래에 올 사람들이 좋은 낟알이 될 수 있는 데 필요한 것을 남겨 놓겠다. 만일 그들이 좋은 낟알이 되기를 원치 않으면, 세상 마칠 때에 내 천사들이 가라지를 좋은 낟알과 갈라놓을 것이다. 그 때는 하느님만의 영원한 날일 것이다. 지금 당장은 세상에서는 하느님과 사탄의 날이다. 하느님께서는 선의 씨를 뿌리시는데, 사탄은 하느님께서 뿌리신 씨 사이에 그의 저주의 가라지, 죄의 기회와 타락의 씨를 뿌리고, 죄악과 죄의 기회를 나게 하는 씨를 뿌린다. 왜냐하면 여기 저 사람들에게 한 것과 같이 하느님을 거스려서 사람들을 부추길 사람들이 항상 있을 것이기 때문이다. 그런데 사실 저 사람들은 그들을 악으로 부추기는 사람들보다 죄가 덜하다."

"선생님, 해마다 과월절에는 저희들이 정화를 하지만 항상 이전 상태 그대로 있습니다. 혹 올에는 다르겠습니까?" 하고 마태오가 묻는다.

"매우 다를 것이다."

"왜요? 설명해 주십시오."

"내일… 내일이나 또는 길을 가고 있을 때, 그리고 시몬의 유다가 우리와 같이 있을 때 말해 주마."

"오! 그렇게 해 주십시오. 선생님이 그 말씀을 해 주시면, 저희들이 더 나은 사람이 될 것입니다…. 우선은 저희를 용서해 주십시오, 예수님" 하고 요한이 말한다.

"나는 너희들을 너희 진짜 이름으로 불렀다. 그러나 천둥은 해를 끼치지 않는다. 그래, 벼락은 사람을 죽일 수 있다. 그러나 천둥은 자주 벼락을 예고한다. 자기 정신에서 사랑을 거스르는 일체의 무질서를 없애지 않는 사람에게 이런 일이 일어난다. 오늘은 그가 벌을 할 수 있기 위하여 묻는다. 내일은 묻지 않고 벌한다. 모레는 이유없이 벌한다. 내려가기는 쉬운 것이다…. 그래서 너희더러 너희 이웃에 대한 어떠한 마음의 냉혹도 없애버리라고 말하는 것이다. 내가 하는 대로 하여라, 그러면 너희들은 잘못하지 않는다는 자신을 가질 것이다. 내가 나를 괴롭히는 사람에 대해서 복수를 하는 것을 혹 본 적이 있느냐?"

"없습니다. 선생님은…."

"선생님, 선생님, 엘리사와 제가 여기 왔습니다. 오! 선생님, 선생님 때문에 얼마나 걱정을 했는데요! 그리고 죽을까봐 얼마나 겁이 났는지요…" 하고 가리옷의 유다가 줄지어 서 있는 포도나무 뒤에서 갑자기 튀어나와 예수께로 뛰어 오면서 말한다. 이마에는 붕대가 감겨 있다. 엘리사는 더 침착하게 그를 따라 온다.

"고통을 당했느냐? 죽을까봐 걱정을 했느냐? 생명이 네게 그렇게 소중하단 말이냐?" 하고 예수께서 당신을 껴안고 울고 있는 유다에게서 빠져나오시며 물으신다.

"생명이 아니라, 하느님이 무서웠습니다. 선생님의 용서를 받지 못하고 죽는다는 것… 저는 끊임없이 선생님께 죄를 짓습니다. 저는 모든 사람의 마음을 상하게 합니다. 아주머니까지도… 그런데 아주머니는 제게 어머니 노릇을 하며 대답했습니다. 저는 죄지은 사람이라고 느꼈고, 죽음이 무서웠습니다…."

"오! 유익한 두려움, 그것이 너를 거룩하게 할 수 있다면! 그러나 나는 너를 항상 용서한다. 그것은 너도 알고 있다. 네가 뉘우칠 뜻만 가지고 있으면 넉넉한 것이다. 그럼 아주머니는 용서하셨습니까?"

"이 사람은 흥분한 큰 어린 아이와 같습니다. 저는 관대할 줄을 압니다."

"엘리사 아주머니는 용감하셨습니다. 나도 그걸 압니다."

"만일 아주머니가 거기 있지 않았더라면! 선생님을 제가 다시 보게 되었을지 모르겠습니다!"

"그러니까 아주머니가 네 곁에 남아 있은 것은 미움으로가 아니라 사랑으로 그랬다는 것을 알겠구나…. 아주머니, 다치신 데는 없습니까?"

"아닙니다, 선생님. 돌들이 제 주위에 떨어지면서도 제게 상처를 입히지는 않았습니다. 그러나 선생님을 생각하면서 제 마음은 몹시 괴로웠습니다…."

"이제는 다 끝난 일입니다. 우리를 안전한 집으로 데려다 주겠다는 여인을 따라 갑시다."

일행은 달이 비추는 작은 길로 해서 다시 걷기 시작한다…. 그 작은 길은 동쪽으로 간다.

예수께서는 가리옷 사람의 팔을 잡으시고, 그와 함께 앞장을 서서 가신다. 그러면서 그에게 조용히 말씀하신다. 예수께서는 하느님의 심판에 대한 지나간 공포로 흔들린 그의 마음에 영향을 끼치려고 애쓰신다.

"유다야, 죽기가 얼마나 쉬운 것인지 알겠지. 죽음은 우리 주위에서 항상 망을 보고 있다. 우리가 생명이 가득 차 있을 때에는 대수롭지 않은 것으로 생각되는 것이 죽음이 우리 곁을 스치고 지나갈 때에는 얼마나 중요한, 무시무시할 정도로 중요한 것이 되는지 알겠지. 그러나 거룩한 생활을 하면 임박한 하느님의 심판에 대한 심한 공포를 무시할 수 있는데, 왜 그런 공포를 가지고 그런 공포를 만들어내서, 죽을 때에 자기 앞에서 그런 공포들을 만나려고 하느냐 말이다. 조용한 죽음을 맞이하기 위해서 의인으로 살만한 가치가 있다고 생각되지 않느냐? 내 친구 유다야, 하느님의 자애로우신 자비가 네 마음에 호소가 되라고 그 사건을 허락하셨다. 유다야, 네게는 아직 시간이 있다…. 죽게 될 네 선생님에게 네가 선으로 돌아온 것을 아는 큰 기쁨, 대단히 큰 기쁨을 왜 주려고 하지 않느냐?"

"그러나 저를 또 용서하실 수 있습니까, 예수님?"

"너를 용서할 수가 없으면, 네게 이렇게 말할 수 있겠느냐? 너는 아직도 나를 정말 별로 알지 못하는구나! 나는 너를 안다. 나는 네가 굉장히 큰 문어에게 붙잡힌 사람 같다는 것을 안다. 그러나 만일 네가 원하면 아직도 해방될 수 있을 것이다. 오! 너는 틀림없이 **고통**을 당할 것이다. 너를 죄고 해치는 그 사슬에서 억지로 빠져나오는 것은 고통스러울 것이다. 그러나 그 뒤에는 얼마나 큰 **기쁨**이 오겠느냐, 유다야! 너는 네게 암시를 주는 사람들에게 저항할 힘이 없을까봐 염려하느냐? 나는 과월절 의식을 지키지 않은 죄를 미리 네게 사해 줄 수 있다…. 너는 병자이다. 병자들에게는 과월절이 의무적인 것이 아니다. 너는 문둥병자와 같다. 문둥병자들은 문둥병을 가지고 있는 동안은 예루살렘에 올라가지 못한다. 유다야, 네 정신과 같은 **더러운 정신을 가지고 주님 앞에 나타나는 것은 주님을 공경하는 것이 아니라 모욕하는 것임을 믿어라.** 먼저 해야 할 것은…."

"그러면 왜 저를 깨끗하게 하지 않으시고, 저를 고쳐 주지 않으십니까?" 하고 유다는 벌써 냉혹하게 되고 완강하게 반항하며 묻는다.

"내가 너를 고쳐 주지 않는다고! 어떤 사람이 병이 있으면, 원할 줄을 모르는 아주 어린 아이나 바보가 아닌 다음에는 자기가 스스로 병이 나으려고 애를 쓴다…."

"저를 그런 사람으로 취급하십시오. 저를 바보로 취급하시고, 저 자신이 모르는 사이에 선생님이 직접 마련해 주십시오."
 "너는 원할 수가 있기 때문에 그것은 옳지 않을 것이다. 너는 네게 좋은 것이 무엇이고 나쁜 것이 무엇인지를 안다. 그러니까 **병이 고쳐진 사람으로 있겠다는 네 뜻이 없는데** 내가 너를 고쳐 주는 것은 아무 소용이 없을 것이다."
 "그 의지도 제게 주십시오."
 "그 의지를 달라고? 그러면 착한 뜻을 네게 강제로 가지게 하란 말이지? 그러면 네 자유 의사는 어떡하고? 그러면 네 자유 의사는 어떻게 되겠느냐? 인간으로서의, 자유가 있는 인간으로서의 네 **자아**는 어떻게 되겠느냐? 음몽마녀(淫夢魔女)?"
 "제가 사탄의 음몽마녀인 것처럼, 하느님의 음몽마녀도 될 수 있을 것입니다."
 "유다야, 너는 참으로 내게 상처를 입히는구나! 내 마음을 얼마나 꿰뚫느냐! 그러나 네가 내게 하는 것은 용서해 준다…. 사탄의 음몽마녀라고 네가 말했지. 나는 그런 무서운 말은 하지 않았었다…."
 "그러나 그것이 사실이고, 또 선생님이 사람의 마음 속을 아신다는 것이 사실이라면 선생님도 그것을 알고 계실 터이니까 그렇게 생각은 하시지요. 그렇다면 선생님은 제가 이제는 자유롭지 못하다는 것을 아십니다…. 사탄이 저를 붙잡았습니다. 그리고…."
 "아니다. 사탄이 네게 가까이 와서 너를 유혹하고 시험했는데, 네가 그를 맞아들였다. 처음에 **사탄의 어떤 유혹에 대한 동의가 없으면** 마귀들림은 없는 것이다. 마음들을 지키기 위하여 쳐놓은 창살 사이로 뱀이 대가리를 슬그머니 넣지만 사람이 그 놈의 마음을 호리는 모습을 감상하고, 그 놈의 말을 듣고, 그놈을 따르기 위하여 통로를 넓혀 주지 않으면 들어오지는 못할 것이다. 그 때에야 비로소 사람이 음몽마녀가 되고 마귀들린 사람이 되지만, 그가 그것을 원하기 때문에 그렇게 되는 것이다. 하느님께서도 당신의 자애로운 사랑의 지극히 다정스러운 빛을 하늘에서 쏘아 내려보내시고, 하느님의 빛이 우리 안에 뚫고 들어온다. 아니 그보다도, 무엇이든지 하실 수 있는 하느님께서 사람들의 마음에 내려오신다. 그것은 하느님의 권리이다.
 그런데 자기가 마귀의 종이 되고 음몽마녀가 된다는 것을 아는 사람이 왜 하느님의 종, 아니 하느님의 아들이 될 줄은 알지 못하느냐? 왜 지극히 거룩하신 그의 아버지는 내쫓느냐? 대답하지 않느냐? 네가 왜 사탄을 하느님보다 더 낫게 여겼는지, 왜 사탄을 원했는지 말하지 않느냐? 그러나 아직도 네가 구원을 받을 시간은 있을 것이다! 너는 내가 죽음을 향하여 간다는 것을 너는 안다. 너만큼 그것을 아는 사람은 아무도 없다…. 나는 죽는 것을 거부하지 않는다. 나는 간다. 내 죽음이 많은 사람에게 생명이 되겠기 때문에 나는 죽음을 향하여 간다. 너는 왜 이 사람들 축에 들기를 원치 않느냐? 내 친구, 내 가엾은 병든 친구야, 너를 위해서만은 내 죽음이 무익할 것이란 말이냐?"

"선생님의 죽음은 아주 많은 사람에게 무익한 것입니다, 환상을 품지 마십시오. 선생님은 여기서 멀리 도망해 가서 사시면서 인생을 즐기고, 선생님의 교리를 가르치시는 것이 나을 것입니다. 선생님의 가르침은 훌륭한 것이니까요. 그러나 선생님 자신을 희생하지 않으시는 것이 나을 것입니다."

"내 교리를 가르치라니! 그러나 만일 내가 가르치는 것과 반대되는 것을 내가 행하면, 내가 이제 무슨 진실한 것 무엇을 가르치겠느냐? 만일 내가 하느님의 뜻에 순종하라고 가르치면서 나는 하느님의 뜻을 행하지 않으면, 내가 무슨 선생이겠느냐? 사람을 사랑하라고 가르치고 나서 내가 사람을 사랑하지 않으면? 육체와 세상을 초탈하라고 가르치고 나서 내가 육체와 세상의 명예를 사랑하며, 사람들의 눈살을 찌푸리게 하는 일을 하지 말라고 가르치고 나서, 내가 사람들뿐 아니라 천사들까지도 눈살을 찌푸리게 하는 일을 하면? 사탄이 내 정신을 흐리게 하기 위하여 너를 통하여 에프라임에서 말을 했고, 또 여러번 말하고 행동한 것과 같이, 지금도 사탄이 너를 통하여 말을 하는 것이다.

네 덕택으로 행한 사탄의 이 모든 행동을 나는 알아본다. 그런데도 나는 너를 미워하지 않았고, 네게 대해 권태를 느끼지 않고, 다만 고통을, 무한한 고통을 느꼈을 뿐이다. 그의 아들을 죽음으로 데려가는 병의 진전을 지켜보는 어머니와 같이, 나는 네 안에서 악의 진전을 지켜보았다. 아들을 위하여 약을 구할 수만 있다면 아무 것도 아까워하지 않는 아버지처럼, 나는 너를 구하기 위하여 아무 것도 아끼지 않았고, 불쾌감과 분개와 고통과 실의를 극복하였다. 세상의 어떤 능력에도 환멸을 느끼고, 아들의 생명을 얻기 위하여 하늘에 구원을 요청하는 비탄에 잠긴 아버지 어머니와 같이, 너를 구해 낼 기적을, 네 발 밑에서 벌써 입을 벌리고 있는 구렁텅이 가장자리에서 너를 구해 내고 또 구해 낼 기적을 간청하기 위하여 탄식했고, 지금도 탄식한다.

유다야, 나를 보아라! 얼마 안 있어 내 피가 사람들의 죄를 위해 흐를 것이다. 내게는 피가 한 방울도 남지 않을 것이다. 땅과 돌과 풀과 나를 박해하는 사람들과 내 사람들의 옷이 내 피를 마실 것이고… 나무와 쇠와 밧줄과 나바카의 가시들이 내 피를 마실 것이고… 구원을 기다리는 영들이 내 피를 마실 것이다…. 그런데 너만이 내 피를 마시기를 원치 않느냐? 나는 너만을 위해서 내가 가진 피를 모두 바칠 것이다. 너는 내 친구이다. 친구를 위하여는 얼마나 기꺼이 죽느냐! 친구를 구하기 위하여! '나는 죽는다. 그러나 내가 목숨을 주는 친구 안에서 나는 계속 살아 있을 것이다' 하고 말한다. 사라진 뒤에도 그들의 후손 안에서 계속 살고 있는 어머니와 아버지와 같이.

유다야, 내가 간절히 부탁한다! 내 죽음을 앞둔 오늘 나는 다른 것은 아무 것도 청하지 않는다. 사형선고 받은 사람에게는 재판관들까지도, 원수들까지도 마지막 은혜를 베풀고, 마지막 소원을 들어준다. 나는 네게 지옥에 가지 말라고 부탁한다. 나는 이것을 하늘에 보다도 오히려 너에게, 네 의지에 청한다…. 네 어머니를 생각하여라, 유다야. 이 다음에 네 어머니가 어떻게 되시겠느냐? 네 가문의 이름이 어떻게 되겠느냐? 네 자존심은 지금 그 어느 때보다도 더 강한데, 너를 네 불명예에서 지켜 주기 위하여 네 자존심에 호소한다. 유다야, 네 명예를 떨어뜨리지 말아라.

곰곰 생각해 보아라. 만일 네가 네 죄에 그대로 머물러 있으면, 해가 지나고 세기가 바뀌어도, 왕국과 제국이 무너지고, 별이 빛을 잃고, 땅의 형태가 변하여도, 너는 여전히 유다일 것이다. 카인이 언제까지나 카인인 것과 같이. 세상은 끝이 있을 것이고, 남는 것은 다만 천당과 지옥뿐일 것이다. 만일 네가 뉘우치지 않으면, 다시 살아나서 영혼과 육체가 영원히 함께 받아들여져서, 그들이 마땅히 있어야 할 곳인 천당과 지옥에서 너는 언제나 저주 받은 사람, 가장 큰 죄인인 유다로 있을 것이다. 나는 영들을 해방하러 임보에 내려갈 것이고, 그들을 떼지어 연옥에서 끌어낼 것이다. 그런데 너는… 나는 나 있는 곳으로 너를 끌어 가지 못할 것이다….

유다야, 나는 죽을 것인데, 기쁘게 죽으러 가겠다. 그것은 내가 수천 수만년 전부터 기다리던 시간, 즉 사람들을 그들의 아버지와 다시 결합시킬 때가 왔기 때문이다. 내가 다시 결합시키지 못할 사람들이 많을 것이다. 그러나 내가 죽으면서 볼 구원받은 사람들의 수로 인하여, 그렇게도 많은 사람들을 위하여는 내가 쓸데없이 죽는다는 애를 끊는 듯한 괴로움에서 위로를 받을 것이다. 그러나 내가 네게 말하는 것인데, 내 사도이고 내 친구인 너를 내 죽음이 무익할 그 사람들 가운데 있는 것을 보는 것은 무서운 일일 것이다. 그 몰인정한 고통을 내게 주지 말아라! **유다야, 나는 너를 구원하기를 원한다. 너를 구원하기를.**

보아라. 우리는 강으로 내려가고 있다. 내일 새벽 모두들 아직 자고 있을 때에 우리 둘이 강을 건너, 너는 보즈라나 아르벨라나 아에라나 너 가고 싶은 데로 가거라. 너는 제자들의 집을 알지. 보즈라에서는 요아킴과 내가 병을 고쳐준 문둥병자였던 마리아를 찾아가라. 내가 그들에게 보내는 편지를 써 주마. 네 건강 때문에 다른 분위기 속에서 조용히 쉬는 것이 필요하다고 말하겠다. 네 정신이 병들었고, 또 예루살렘의 분위기는 네게 치명적일 터이니까. 불행히도 이 말은 진실이다. 그러나 그들은 네 육체에 대한 말인 줄로 알 것이다. 내가 너를 데리러 갈 때까지 그곳에 머물러 있어라. 네 동료들은 내가 생각하마…. 그러나 예루살렘에는 오지 말아라. 알겠느냐? 여자들은 그 중에서 가장 용감한 사람들과 어머니 된 권리로 자기 아들들 곁에 있어야 할 사람들을 빼놓고는 오지 말라고 하였다."

"제 어머니두요?"

"그렇다. 마리아는 예루살렘에 오지 않을 것이다…."

"어머니도 사도의 어머니인데요. 그리고 선생님을 항상 공경했는데요."

"그렇다, 나를 완전한 정의로 사랑하시는 네 어머니도 다른 여인들과 같이 내 곁에 계실 권리가 있을 것이다. 그러나 바로 그렇기 때문에 네 어머니는 예루살렘에 오지 않으실 것이다. 내가 오시지 말라고 말했고, 네 어머니는 순종할 줄을 아시니까."

"왜 제 어머니는 예루살렘에 오면 안 됩니까? 선생님의 사촌들의 어머니와 제베대오의 아들들의 어머니와 제 어머니가 무엇이 다릅니까?"

"너 때문이다. 그런데 너는 내가 왜 이 말을 네게 하는지 안다. 그러나 만일 네가 내 말을 들어서 보즈라로 가면, 내가 네 어머니께 통지하고 모시고 오게 해서, 그렇게도 착한 네 어머니로 하여금 네 병을 고치는 것을 도우시게 하겠다. 정말이다, 우리만이 너를 한없이 사랑한다. 하늘에서 너를 사랑하시는 분이 세 분이시다. 즉 아버지와 아들과 성령이시다. 그 분들은 너를 주시하셨고, 너를 가지고 구속(救贖)의 보석을 만들고, 지옥에서 빼앗아 낸 가장 큰 희생물을 만드시려고 네 결정을 기다리신다. 그리고 이 세상에도 세 사람이 있으니, 네 어머니와 내 어머니와 나다. 우리를 기쁘게 해 다오, 유다야! 하늘의 우리와 땅의 우리, 참다운 사랑으로 너를 사랑하는 이들을."

"선생님의 말씀이 맞습니다. 저를 사랑하는 분은 세 분밖에 없습니다. 다른 사람들은… 그렇지 않습니다."

"우리 같지는 않다. 그러나 그들도 널 많이 사랑한다. 엘리사가 너를 지켰다. 다른 사람들은 너 때문에 걱정을 하고 있었다. 네가 떠나갔을 때 모두가 마음 속으로 너를 생각했고 입에 네 이름을 올렸다. 너는 너를 둘러싸고 있는 사랑 전부를 알지 못한다. 너를 압제하는 자가 그것을 네게 숨기는 것이다. 그러나 내 말을 믿어라."

"선생님의 말씀을 믿고, 선생님께 만족을 드리도록 애쓰겠습니다. 그러나 저는 저 자신의 힘으로 행동하고자 합니다. 제가 스스로 잘못했으니, 제 스스로의 힘으로 병을 고쳐야 합니다."

"스스로의 힘으로 행동하실 수 있는 분은 하느님뿐이시다. 그 생각은 교만이다. 교만에는 또 사탄이 들어 있다. 겸손하여라. 유다야. 네게 우정을 주는 이 손을 잡아라. 너를 보호하기 위하여 벌어지는 이 가슴으로 피해 들어오너라. 여기 나와 같이 있으면, 사탄이 너를 해치지 못할 것이다."

"선싱님과 같이 있으려고 해보았습니다…. 그런데 점점 더 내려갔습니다…. 쓸데없는 일입니다!"

"그런 말하지 말아라! 그런 말하지 말아! 낙담을 물리쳐라. 하느님께서는 무엇이든지 하실 수 있다. 하느님께 바싹 다가가라. 유다야! 유다야!"

"잠자코 계셔요! 다른 사람들에게 들리지 않게…."

"너는 다른 사람들은 걱정하고 네 영은 걱정하지 않느냐 불행한 유다야!…."

예수께서는 이제 말씀을 하지 않으신다. 그러나 몇 미터 앞서 가던 그 여자가 올리브나무 숲 속에 갑자기 나타나 집으로 들어갈 때까지 계속 사도의 곁에 계신다. 그 때에 예수께서 제자에게 말씀하신다.

"오늘 밤 나는 자지 않겠다. 너를 위해 기도하면서 너를 기다리고 있겠다. 하느님께서 네 마음에 말씀하시기를 바란다. 그러면 너는 하느님의 말씀에 귀를 기울여라…. 나는 지금 있는 곳에 그대로 있으면서 새벽까지 기도를 하겠다…. 이것을 기억하여라."

유다는 대답하지 않는다. 다른 사도들이 왔고, 여자들도 왔다. 그리고 모두가 함께 사마리아 여인이 돌아오기를 기다리고 있다. 여인은 이내 돌아온다. 그 여자는 자기와 비슷한 다른 여자 한 사람과 같이 오는데, 이 여자는 이렇게 말하면서 인사한다.

"지금 당장은 올리브밭에서 일하는 농부들이 벌써 와 있기 때문에 방은 많지 않습니다. 그러나 짚이 많이 있는 큰 곡간이 있습니다. 여자들 있을 자리는 있습니다. 오세요."

"가거라들! 나는 여기 있으면서 기도하겠다. 평화가 너희 모두와 함께 있기를" 하고 예수께서 말씀하신다. 그리고 다른 사람들이 가는 동안 당신 어머니를 붙드시고 말씀하신다.

"어머니, 저는 남아서 유다를 위해 기도하겠습니다. 어머니도 저를 도와주십시오…."

"아들아, 도와주마. 아마 그의 마음에 의지가 다시 생기는 것이냐?"

"아닙니다, 어머니. 그러나 그런 것처럼… 해야 합니다. 하늘은 무엇이든지 다 할 수 있습니다, 어머니!"

"그러나 그리고 나는 아직 환상을 가질 수 있지만, 아들아, 너는 착각을 하지 않는다. 내 거룩한 아들아, 너는 알고 있다! 그러나 나는 항상 너를 본 받겠다. 내 사랑아, 가거라. 그리고 안심해라! 그가 너를 피하기 때문에 네가 그에게 말을 하지 못하더라도 내가 데려오도록 애쓰겠다. 다만 지극히 거룩하신 아버지께서 내 고통을 들어주시기만 바란다…. 예수야, 내가 너와 함께 기도하게 그냥 두겠느냐? 우리 함께 기도하자. 그러면 그만큼 너와 단 둘이 있는 시간이 많아질 것이다…."

"어머니, 계세요. 여기서 기다리고 있겠습니다."

성모님은 빨리 가셨다가 빨리 돌아오신다. 두 분은 올리브나무 밑에 당신들의 배낭을 깔고 앉으신다. 아주 고요한 가운데 별로 떨어져 있지 않은 강물 흐르는 소리가 들려 오고, 밤의 깊은 적막 속에 매미 소리는 더 힘찬 것 같다. 그리고 밤꾀꼬리들의 노래가 들려오고, 올빼미가 웃는 것 같은 소리를 내고, 작은 수리부엉이가 운다. 별들이 창공에서 천천히 움직이는데, 이제는 달이 져서 별들을 가리지 않기 때문에 그것들이 여왕과 같은 존재가 되었다. 그러다가 수탉 한 마리가 그 떨리는 소리로 조용한 공기를 흔들어 놓는다. 훨씬 멀리 떨어진 곳에서 그 수탉에 화답하는 다른 수탉의 소리가 겨우 들려온다. 그런 다음 아주 가까이에 있는 집의 기와에서 집 둘레에 있는 포석(鋪石) 위에 떨어지는 물방울의 아르페지오로 다시 적요가 깨진다. 그리고는 나뭇잎들이 밤의 습기를 터는 것처럼 나뭇잎 속에서 다시 살랑거리는 소리가 들리고, 잠이 깬 새의 따로 떨어진 소리가 하나 들리고, 동시에 하늘에 변화가 일어나며 빛이 돌아온다. 새벽이다. 그런데 유다는 오지 않았다….

예수께서는 우중충한 올리브나무 곁에 백합같이 흰 당신 어머니를 바라보시며 말씀하신다.

"어머니, 우리는 기도했습니다. 우리의 기도를 하느님께서는 쓰실 것입니다…."

"그렇다, 아들아. 너는 죽은 사람처럼 창백하구나. 하늘의 문과 하

36. 예수께서 사마리아 사람들에게 배척 당하시다 *475*

느님의 명령에 압박을 가하느라고 네 생명력은 정말 오늘 밤 동안에 모두 새어 나갔구나!"

"어머니도 창백하십니다. 어머니는 매우 피로하십니다."

"네 고통 때문에 내 고통도 크다." 집의 문이 조심스럽게 열린다…. 예수께서 소스라치신다. 그러나 그것은 소리를 내지 않고 나오는, 일행을 인도한 여자일 뿐이다. 예수께서는 한숨을 쉬신다.

"저는 잘못 보았기를 바랐습니다!"

여인은 빈 바구니를 들고 나아오다가 예수를 보고는 인사를 하고 길을 계속 하려고 한다. 그러나 예수께서 여인을 부르셔서 말씀하신다.

"주님께서 모든 것에 대해서 아주머니께 갚아 주시기를 바랍니다. 나는 그래도 원하기는 합니다만 가진 것이 아무 것도 없습니다."

"선생님, 저는 아무 것도 원치 않습니다. 아무 보상도 바라지 않습니다. 그러나 제가 돈은 원치 않지만, 제가 바라는 것이 하나 있습니다. 그리고 그것은 선생님이 주실 수 있습니다!"

"무엇입니까, 아주머니?"

"제 남편의 마음이 변하기를 바라는 것입니다. 그런데 선생님은 정말 하느님의 성인이시기 때문에 그렇게 하실 수 있습니다."

"안심하고 가시오. 아주머니가 청하는 대로 될 것입니다."

여인은 매우 음산할 것이 틀림없는 그의 집을 향하여 빨리 간다. 성모님이 말씀하신다.

"또 한 사람 불행한 여자로구나. 그래서 저 여자가 착한 거로구나!…"

건초 저장소에서 부스스한 베드로의 머리가 나타나고, 그 뒤에는 요한의 환한 얼굴, 또 그 다음에는 타대오의 근엄한 얼굴과 열성당원의 갈색을 띤 얼굴과 어린 베냐민의 야윈 얼굴이 나타난다…. 모두 깼다. 집에서는 모든 여자 중에서 제일 먼저 막달라의 마리아가 나오고, 그 뒤에 니카, 그리고 다른 여자들이 나온다. 여자들이 모두 모였고, 그들에게 숙소를 제공한 여자가 아직 거품이 일고 있는 양젖 한 들통을 가져온다. 그 때에 가리옷 사람이 나타난다. 이제는 붕대를 감지 않았다. 그러나 그가 맞은 것으로 생긴 멍이 이마의 반을 물들였고, 눈은 보라빛 도는 원 속에서 한층 더 어두운 빛을 띠었다. 예수께서 그를 바라보신다. 유다도 예수를 쳐다본다. 그리고 머리를 딴 데로 돌린다.

예수께서 그에게 말씀하신다.

"여인이 우리에게 공급할 수 있는 것을 사라. 우리는 먼저 갈 터이니, 우리를 따라 오너라."

그리고 실제로 예수께서는 여인에게 인사를 하신 다음 떠나신다. 모두가 예수를 따라 간다.

37. 부자 청년과의 만남

또 다른 4월의 매우 아름다운 아침이다. 땅과 하늘이 그 아름다움을 전부 펼쳐 놓는다. 사람들은 빛과 노래와 향기를 들이마신다. 그만큼 대기에는 밝음과 즐겁고 다정스러운 목소리와 향기가 가득 차 있다. 밤 사이에 소나기가 한차례 온 모양이어서 길에 먼지를 내려앉게 하고 길을 어둡게 하였지만 질게는 하지 않았고, 나무 줄기와 잎들을 씻어서 밝고 깨끗하게 되어, 지금은 산에서 예리고를 알리는 평야 쪽으로 내려오는 기분좋은 산들바람을 맞아 흔들리고 있다.

요르단강안에서 강 건너편에서 건너온 사람들이나, 도로표지가 알리는 것과 같이 직접 예리고와 도코로 가는 이 길로 오느라고 강을 끼고 난 길을 따라서 온 사람들이 끊임없이 올라온다. 그리고 관례의 의식을 위하여 사방에서 예루살렘으로 가는 많은 히브리인들에게 다른 여러 곳에서 오는 상인들과 제물로 바쳐질 어린 양들을 몰고 오는 목자들이 섞인다. 어린 양들은 그들의 운명을 알지 못한 채 매애 매애 울고 있다.

예수를 알아보고 인사하는 사람이 여럿 있다. 베레아와 데카폴리스와 더 먼 곳에서 오는 히브리인들이다. 가이사리아파네아드에서 오는 한 떼도 있다. 또 비교적 유목 생활을 하며 그들의 양떼를 따라 다니느라고 직접 만났거나 제자들이 그들에게 전하여 준 선생님에 대하여 조금 알고 있는 목자들도 있다.

그 중 한 사람이 꿇어 엎드리며 말한다.

"이 어린 양을 선생님께 드려도 되겠습니까?"

"그 어린 양을 없애지 마시오. 그것이 당신의 벌이인데."

"오! 이건 제 감사의 표시입니다. 선생님은 저를 기억하지 못하시지만, 저는 기억합니다. 저는 선생님이 아주 많은 병자를 고쳐 주실 때에 고쳐 주신 사람 중의 한 사람입니다. 선생님은 제 넓적다리 뼈를 튼튼하게 해 주셨습니다. 그 뼈는 아무도 고치지를 못해서 저는 불구가 되었었습니다. 선생님께 제일 아름다운 어린 양, 이 놈을 기꺼이 드립니다. 연회에 쓰시라고. 번제물을 위해서는 선생님이 비용을 들이셔야 한다는 걸 저도 압니다. 그러나 연회를 위해서는! 선생님은 제게 많은 것을 주셨습니다. 선생님, 받으십시오."

"그렇구 말구요, 받으십시오. 그렇게 하면 우리가 돈을 절약하게 될 것입니다. 아니 그보다도 먹을 가능성이 있게 될 것입니다. 너무 돈을 헤푸게 써서 저는 이제 돈이 없으니까요" 하고 가리옷 사람이 말한다.

"헤푸게 썼다고? 그렇지만 세겜에서부터 우린 동전 한 푼 쓰지 않았는데!" 하고 마태오가 말한다.

"어떻든 나는 돈이 떨어졌어. 남아 있던 것은 메로드에서 주었단 말이야."

"여보시오, 내 말 들으시오" 하고 예수께서 유다의 설명을 끝내기 위하여 목자에게 말씀하신다. "지금 당장은 내가 예루살렘에 가지 않소. 그래서 어린 양을 데리고 갈 수가 없소. 그렇지 않으면 당신의 선물이 내게 기분좋은 것임을 보이기 위해서 받을 거요."

"그렇지만 나중에는 예루살렘에 가시겠지요. 명절을 지내시러 거기에 머무르시겠지요. 쉬실 데가 있겠지요. 어딘지 말씀해 주시면 선생님의 친구들에게 맡기겠습니다…."

"나는 그런 것이 아무 것도 없소…. 그러나 노베에는 나이 많고 가난한 친구가 하나 있소. 내 말을 잘 들으시오. 과월절 안식일 다음 날 새벽에 노베에 가서, 노베의 노인 요한에게 ─누구나 다 당신에게 그분을 일러 줄 거요.─ 이렇게 말하시오. '이 어린 양은 할아버지의 친구 나자렛의 예수가 보내는 것인데, 그리스도의 참된 친구들에게는 이 날의 기쁨보다 더 큰 기쁨이 없으니까 이 날 즐거운 잔치를 하시라고 그런답니다' 하고. 그렇게 하겠소?"

"선생님이 원하시면, 그렇게 하겠습니다."

"그러면 나를 기쁘게 할 거요 안식일 다음 날 전에는 안 되오. 이것을 잘 기억하시오. 이제는 가시오. 그리고 평화가 당신과 함께 있기를 바라오. 오는 세월에 당신 마음을 이 평화 속에 잘 간직하시오.

이것도 기억하시오. 그리고 계속해서 내 진리를 믿으시오. 안녕."

사람들은 대화를 들으려고 가까이 와서, 목자가 양떼를 다시 움직이게 하여 그들을 흩어지지 않을 수 없게 하였을 때에야 비로소 흩어졌다. 예수께서는 양떼가 만들어놓은 공간을 이용하시기 위하여 그 뒤를 따라 가신다.

사람들이 이러쿵저러쿵 이야기를 한다. "아니, 그럼 선생님이 정말 예루살렘에 가시는 건가? 그렇지만 선생님께 대한 벽보가 있다는 걸 알지 못하시나?"

"이거봐! 그렇지만 율법의 아들이 과월절을 지내러 주님 앞에 나타나는 것은 아무도 막을 수 없어. 선생님이 무슨 공공연한 죄라두 지었단 말인가? 아니야. 만일 그랬더라면, 총독이 바라빠처럼 선생님을 가두었을 거야."

또 어떤 사람들은 이렇게 말한다.

"자네 들었나? 선생님은 예루살렘에는 몸을 의지할 곳도 친구도 없다고 그러셨어. 모두가 선생님을 버렸단 말인가? 다시 살아난 사람까지도? 거 훌륭한 감사로구먼!"

"입닥쳐! 저 두 여자는 라자로의 동생들이야. 나는 막달라의 시골서 와서 저 여자들을 잘 알아. 누이동생들이 선생님과 함께 있는 것은 라자로의 집안이 충실하다는 표야."

"선생님은 아마 감히 예루살렘 시내에 들어가지 못하시는가 보구먼."

"잘 하시는 거지."

"시외에 계셔도 하느님께서 용서해 주실 거야."

"성전에 올라가지 못하신다 해도 선생님의 죄는 아니야."

"선생님의 조심성은 지혜야. 선생님이 붙잡히게 되면, 선생님의 때가 오기 전에 모든 것이 끝장일 거니까."

"틀림없이 선생님이 우리의 왕이라고 선언할 준비가 덜 됐어. 그래서 붙잡히기를 원치 않는 거야."

"사람들이 말하는 걸 들으면, 선생님이 에프라임에 있는 줄로 생각들 하고 있는 동안에, 선생님은 사방으로 다니고 유목하는 사람들에게까지 가서 지지자들과 군인들을 모집하고 보호를 구했다는구먼."

"누가 그런 말을 해 주었나?"

"그건 늘 듣는 거짓말이야. 선생님은 거룩한 왕이지. 군대의 왕이 아니란 말이야."

"어쩌면 선생님은 보충 과월절을 지낼지도 모르지. 그 때에는 사람들의 눈에 띄지 않고 지나다니기가 더 쉬우니까. 명절이 지난 다음에는 최고회의가 해산되고, 최고회의 의원들은 수확 때문에 그들의 집으로 간단 말이야. 오순절까지는 최고회의가 다시 열리지 않는단 말이야."

"그런데 최고회의 의원들이 떠나고나면 누가 선생님에게 해를 끼칠 거란 말인가? 그 자들이 비열한 인간들이란 말이야."

"흠! 선생님이 그렇게 조심성을 많이 쓰실 거라구? 그건 너무 인간적인 일이야. 선생님은 인간 이상이셔. 그러니까 비열한 조심성은 쓰지 않으셔."

"비열하다구? 왜? 자기 사명을 위해 자기를 아끼는 사람을 비열한 인간으로 취급할 수는 없어."

"그건 역시 비열한 거야. 어떤 사명도 하느님보다는 못하니까. 사실 하느님께 대한 예배는 다른 어떤 것보다도 항상 우선권을 가져야 하는 거야."

이 말들이 이 입에서 저 입으로 건너간다. 예수께서는 이 말들을 듣지 못하시는 체하신다.

알패오의 유다가 여자들을 기다리느라고 걸음을 멈춘다. 그리고 여자들이 이르렀을 때에 ──여자들은 소년과 함께 서른 걸음가량 뒤처져 있었다.── 니까에게 말한다. "우리가 떠난 다음에 세겜에서 돈을 많이 주었어요?"

"왜요?"

"유다는 동전 한 푼 남지 않았다니까요. 베냐민아, 네 샌들은 오지 않게 됐다. 그것은 운명이다. 테르사에는 우리가 들어가지도 못했다. 그리고 들어갈 수 있었다 해도 우리는 돈이 없어서 아무 것도 사지 못했을 것이다…. 너는 그럭하고 예루살렘에 들어가야 할 거다…."

"그전에 베다니아가 있어요" 하고 마르타가 미소지으면서 말한다.

"그리고 그전에 예리고와 내 집이 있구요" 하고 니까가 역시 빙그레 웃으면서 말한다.

"그리고 그 모든 것보다 먼저 제가 있어요. 저는 약속했으니까. 약속을 지킬 겁니다. 이것이야말로 경험을 쌓는 여행이에요! 저는 가진 것이 한 드라크마도 없다는 것이 어떤 것인지를 알았고, 필요에 의해서 어떤 물건을 팔아야 하는 것이 어떤 것인지를 알았어요" 하고 막달라의 마리아가 말한다.

"그런데 마리아야, 보석을 지니고 다니지 않는데, 무얼 팔겠다는 거니?" 하고 마르타가 동생에게 묻는다.

"은으로 만든 내 큰 머리핀들, 많이 있거든. 그렇지만 이 쓸데없는 무게를 고정시키는 데는 쇠핀으로도 넉넉해. 이것들을 팔겠어. 예리고에는 이런 물건 사는 사람이 얼마든지 있어. 그리고 오늘은 장날이고, 또 이번 명절 때문에 내일도 또 항상 장날이야."

"그렇지만 애야!"

"뭐라구? 언니 내가 은으로 만든 내 머리핀을 팔아야 할 만큼 가난하다고 사람들이 믿을 수 있으리라는 걸 생각하고 눈살을 찌푸리는 거야? 오! 그런 일로 늘 언니의 눈살을 찌푸리게 했으면 좋겠어! 내가 필요없이 남의 악습과 내 악습을 만족시키느라고 내 몸을 팔던 때는 더 나빴어."

"아니, 입닥치지 못해! 아직 알지 못하는 소년이 있는데!"

"이 애는 아직 알지 못하고 있어. 어쩌면 내가 죄녀였다는 걸 아직 알지 못할지도 몰라. 그렇지만 내일은 내가 이제는 죄녀가 아니기 때문에 나를 미워하는 사람들의 입으로 그걸 알게 될 거야. 그리고 틀림없이, 내 죄가 아무리 크기는 했어도 가지지 않았던 세세한 사항까지 곁들여서 알게 될 거야. 그러니까 이 애가 그걸 나한테서 들어서 알고, 이 애를 거두어 주신 주님이 얼마나 큰 일을 하실 수 있는지 보는 편이 더 나아. 죄녀를 뉘우치는 사람이 되게 하시고, 죽은 사람을 다시 살아나게 하셨다는 걸. 영으로 죽었던 나를 다시 살려내시고, 육체로 죽었던 오빠를 다시 살려내셔서 산 사람 둘을 만들어 놓으셨다는 걸. 왜냐하면, 베냐민아, 선생님이 우리에게 이렇게 해 주셨기 때문이다. 이걸 항상 기억하고, 네 온 마음을 기울여 선생님을 사랑해라. 선생님은 정말 하느님의 아들이시니까."

길가에 장애물이 하나 있어, 예수의 걸음을 멈추게 하였다. 그래서 사도들과 여자들이 예수를 따라 왔다. 예수께서 말씀하신다.

"너희들은 앞서 예리고로 가거라. 그리고 들어가고 싶으면 들어가라. 나는 이 사람과 같이 도코로 간다. 해질 무렵에는 너희들 있는 데로 가마."

"오! 왜 저희들을 떠나 보내십니까? 저희들은 피곤하지 않습니다" 하고 모든 여자가 항의한다.

"그것은 너희들이, 적어도 몇 사람은 그 동안, 내가 내일 니까의 집에 갈 것이라고 제자들에게 알리라고 그러는 것이다."

"그렇다면 주님, 가겠습니다. 엘리사, 오세요. 그리고 요안나 자네, 수산나 자네, 그리고 마르타도 오고, 필요한 모든 것을 준비합시다" 하고 니까가 말한다.

"그럼 소년과 저는, 물건 사러 가겠습니다. 선생님, 저희들에게 강복하시고, 빨리 오십시오. 어머님은 여기 계실 겁니까?"

"응, 아들과 같이 있겠다."

서로 헤어진다. 예수와는 마리아 세 사람만 남아 있다. 예수의 어머니와 성모님의 동서 글레오파의 마리아, 그리고 마리아 살로메이다.

예수께서는 예리고로 가는 길을 버리시고 도코로 가는 덜 중요한 길로 들어서신다. 그 길에 들어서신 지가 얼마 안 되는데 어디서 오는지 알 수 없는 여행자의 무리에서 ——틀림없이 먼 데서 오는 부유한 여행자의 무리이다. 여자들은 낙타를 타고 있는데, 혹 있는 등에 고정시켜서 흔들리고 있는 가마 안에 들어 있다. 남자들은 성미가 급한 말이나 다른 낙타들을 타고 있다.—— 어떤 청년 한 사람이 떨어지더니, 그의 낙타를 무릎을 꿇게 하고 안장에서 미끄러져 내려와 예수께로 간다. 하인 한 사람이 달려 와서 그의 짐승의 고삐를 잡아준다.

청년은 예수 앞에 무릎을 꿇고 엎드려서 큰 절로 인사를 한 다음 말한다.

"저는 가나타의 필립보입니다. 참된 이스라엘 사람들의 아들이고, 참된 이스라엘 사람으로 남아 있는 사람입니다. 제 아버지가 세상을 떠나실 때까지는 가믈리엘 선생님의 제자였는데, 아버지가 돌아가셔서 아버지의 장사를 맡게 되었습니다. 저는 선생님의 말씀을 여러번 들었습니다. 저는 선생님의 행동을 알고, 선생님의 나라를 자기 안에 만드는 사람이 차지할 것이라고 약속하시는 그 영원한 생명을 얻기 위해 더 나은 생활을 갈망합니다. 착하신 선생님, 말씀해 주십시오. 영원한 생명을 얻으려면 제가 어떻게 해야 하겠습니까?"

"왜 나를 착한 선생이라고 부르오? 착하신 분은 오직 하느님 한 분뿐이시오."

"선생님은 하느님의 아들이시고, 선생님의 아버지와 같이 착하십니다. 오! 제가 어떻게 해야 할지 말씀해 주십시오."

"영원한 생명에 들어가려면 계명들을 지키시오."

"어떤 계명들 말씀입니까, 주님? 오래 전부터 있는 계명들입니까, 선생님의 계명들입니까?"

"오래 전부터 있는 계명들에는 내 계명들이 벌써 들어있소. 내 계명들은 오래 전부터 있는 계명들을 바꾸지 않소. 계명들은 항상 이러하오. 오직 한 분뿐이신 참 하느님을 참된 사랑으로 흠숭하고, 예배의 규칙을 지키고, 사람을 죽이지 말고, 도둑질을 하지 말고, 간음을 하지 말고, 거짓 증언을 하지 말고, 아버지 어머니를 공경하고, 이웃에게 해를 끼치지 말고, 오히려 이웃을 당신 자신을 사랑하듯이 사랑하라는 것이오. 이렇게 하면 당신은 영원한 생명을 얻을 것이오."

"선생님, 이 모든 것은 어릴 때부터 지켜 왔습니다."

예수께서는 다정스러운 눈으로 그를 바라보시며 조용히 말씀하신다. "그런데 그것이 당신에게는 아직 넉넉지 못하다고 생각되오?"

"그렇습니다, 선생님. 우리들 안에서와 내세에서 하느님의 나라는 대단히 중요한 것입니다. 그것은 저희들에게 주어지는 하느님의 무한한 선물입니다. 저는 당신을 주시는 전체이신 분, 무한하시고 완전하신 분과 비교해서 의무인 것은 모두가 별것이 아닌 것으로 느낍니다. 하느님의 나라는 지옥에 가지 않고 하느님의 뜻에 맞는 사람이 되기 위하여 지키라고 명령된 것들보다 더 훌륭한 것들로 얻어야 한다고 생각합니다."

"당신 말이 옳소. 그런데 완전한 사람이 되는 데에는 당신에게 아직 부족한 것이 하나 있소. 만일 하늘에 계신 우리 아버지께서 원하시는 것과 같이 완전하기를 원하면, 가진 것을 팔아 가난한 사람들에게 주시오. 그러면 세상의 가난한 사람들에게 당신의 보물을 주신 아버지께 사랑을 받게 할 보물을 하늘에 가지게 될 거요. 그런 다음 와서 나를 따르시오."

청년은 슬퍼하며 생각에 잠겼다가 몸을 일으키며 말한다. "선생님의 권고를 기억하겠습니다…." 그리고 아주 침울하게 떠나 간다.

유다는 빈정거리는 웃음을 지으며 중얼거린다. "돈을 좋아하는 건 나만이 아니로구먼!"

예수께서 몸을 돌려 그를 바라보신다…. 그런 다음 다른 열한 얼굴을 바라보시고 나서 한숨지으신다.

"부자가 하늘 나라에 들어가는 것이 얼마나 어려운 일이냐! 하늘 나라의 문은 좁고, 길은 가파르다. 그래서 재물의 큰 짐을 진 사람들은 그 문으로 들어가기 위하여 그 가파른 길을 지나갈 수가 없다! 저 위에 들어가기 위하여는 비물질적인 덕행이라는 보물만이 있어야 하고, 세상의 물건과 덧없는 것들에 대한 애착인 것은 모두 떠날 줄 알아야 한다." 예수께서는 매우 서글퍼하신다.

사도들은 서로 은밀히 바라본다….

예수께서는 떠나 가는 부자 청년의 대상을 바라보시며 다시 말씀을 이으신다.

"잘들 들어 두어라. 부자가 하느님의 나라에 들어가기보다는 낙타가 바늘귀로 지나가는 것이 더 쉽다."

"아니, 그럼 누가 구원을 받을 수 있겠습니까? 빈곤은 남의 것에 대한 새암과 남의 것을 별로 존중하지 않는 것과 섭리에 대한 불신 때문에 죄인이 되게 하는 일이 자주 있습니다…. 그리고 재산은 완전의 방해가 되구요…. 그러면? 누가 구원을 받을 수 있습니까?"

예수께서 그들을 바라보시고 말씀하신다.

"하느님께서는 모든 것이 가능하니까, 사람들에게는 불가능한 것이 하느님께서는 가능하다. 사람이 착한 뜻으로 그의 주님을 도와드리기만 하면 된다. 그런데 자기가 받을 권고를 받아들이고, 재물에서 해방되도록 힘쓰는 것은 착한 뜻이다. **하느님을 따르기 위하여 모든 것에서 해방되는 것이다.** 사람의 참된 자유란 이런 것이기 때문이다.

마음에 속삭이시는 하느님의 말씀과 하느님의 계명을 따르고 자기 자신과 세속과 체면의 노예, 따라서 사탄의 노예가 되지 않는 것이다. 하느님께서 사람에게 주신 찬란한 자유의지를 다만 선만을 자유롭게 사랑하고, 그래서 아주 빛나고 자유롭고 지극히 행복한 영원한 생명을 얻기 위하여만 쓰는 것이다. 만일 자기 자신의 생명에 도움을 주기 위하여는 하느님께 반항해야 한다면 자기 자신의 생명의 노예도 되어서는 안 된다. 내가 이 말은 너희들에 해 주었다. '내게 대한 사랑과 하느님을 섬기기 위하여 자기 목숨을 잃는 사람은 그것을 영원히 살릴 것이다' 하고."

"알겠습니다! 저희들은 선생님을 따르기 위해서 모든 것을, 가장 합법적인 것까지도 버렸습니다. 그러면 저희들은 어떻게 되겠습니까? 그러면 선생님의 나라에 들어가겠습니까?" 하고 베드로가 묻는다.

"진정으로 진정으로 너희들에게 말한다마는, 이렇게 나를 따랐거나 따를 사람들은 ──게으름과 지금까지 지은 죄를 속죄할 시간은 언제나 있고, 사람들이 세상에 있는 한, 그리고 지은 죄를 속죄할 수 있는 날들이 앞으로 있는 한 항상 시간이 있기 때문이다.── 그러나 나를 따를 사람들은 나와 같이 내 나라에 있을 것이다. 너희들에게 분명히 말하지만, 재생의 길에서 나를 따른 너희들은 옥좌에 앉아, 자기 영광의 옥좌에 앉아 있을 사람의 아들과 더불어 땅의 지파(支派)들을 심판할 것이다. 또 분명히 말하지만, 내 이름을 사랑하여 집과 밭과 아버지, 어머니, 형제, 아내, 아이들과 자매들을 떠나서 기쁜 소식을 전하고 나를 계승한 사람으로 현세에서 백배로 받지 않고, 장차 올 세상에서 영원한 생명을 얻지 못하는 사람이 아무도 없을 것이다."

"그렇지만 만일 저희가 모든 것을 잃으면, 어떻게 저희가 가진 것을 100배로 늘릴 수 있겠습니까?" 하고 가리옷 사람이 묻는다.

"되풀이 해 말한다마는, 사람들에게는 불가능한 것은 하느님께는 가능하다. 그리고 하느님께서는 세상의 사람으로서 하느님의 아들이 될 줄 안 사람, 즉 영적인 사람이 될 줄을 안 사람들에게는 백배를 주실 것이다. 그들은 여기에서와 저 세상에서 참 기쁨을 누릴 것이다. 또 나는 이런 말도 하겠다. 첫째 같은 사람들, 그리고 모든 사람보다 많이 받았기 때문에 첫째가 되어야 할 사람 모두가 그렇지는 않다. 그리고 남보기에는 내 제자도 아니고 선택된 민족에 딸린 사람도 아니기 때문에 꼴찌 같아 보이는 사람들, 꼴찌보다도 못한 사람 같아 보이는 사람 모두가 꼴찌는 아닐 것이다. 정말이지 첫째 중의 많은 사람이 꼴찌가 될 것이고, 꼴찌 중의 많은 사람, 맨 꼴찌 중의 많은 사람이 첫째가 될 것이다…. 그러나 저기 도코가 보인다. 가리옷의 유다와 열성당원 시몬을 빼놓고는 모두 앞서 가거라. 내가 필요할지도 모르는 사람들에게 가서 내가 간다는 것을 알려라."

그리고 예수께서는 붙들어 두신 두 사람과 같이 몇 미터 거리를 두고 따라 오는 세 분의 마리아와 합치시려고 기다리신다.

38. 수난에 대한 세번째 예언. 제베대오의 아들들과 그 어머니

　새벽이 하늘을 겨우 비추어서 아직 걸음을 걷기가 어려운 때에 예수께서 아직 잠들어 있는 도코를 떠나신다. 그들이 조심스럽게 걸어가기 때문에 물론 발소리가 들리지는 않는다. 그리고 사람들은 아직 문을 잠근 집 안에서 자고 있다. 시내에서 들판으로 나오기 전에는 아무도 말을 하지 않는다. 들판은 약한 빛 속에서 천천히 잠이 깨고, 이슬이 맺힌 뒤라 아주 싱싱하다.
　그 때에 가리옷 사람이 말한다. "쓸데없는 길이었고, 쉬지도 못했고, 여기까지 오지 않는 것이 나았을 거야."
　"우리가 만난 얼마 안 되는 사람들이 우리를 홀대하지는 않았네! 그 사람들은 우리 말을 듣고 병자들을 데리러 시골로 가고 하느라고 잠을 설쳤네. 그래서 정말 오기를 잘 했었네. 과연 병이나 다른 일로 인해서 예루살렘에서 주님을 보기를 바라지 못하던 사람들이 여기서 선생님을 뵈었고, 건강이나 다른 은혜로 위로를 받았네. 다른 사람들은 우리가 알다시피 벌써 예루살렘에 갔네. 할 수만 있으면 명절 며칠 전에 그리로 가는 것이 우리네 관습이니까" 하고 알패오의 야고보가 부드럽게 말한다. 그는 가장 기분이 좋은 때에도 항상 과격하고 독선적인 가리옷의 유다와는 반대로 항상 온유하기 때문이다.
　"우리도 예루살렘에 가는 바로 그 때문에 여기 오는 건 쓸데없는 일이었단 말이야…. 그들이 예루살렘에서 우리 말을 듣고 우리를 보고 했을 거란 말이야…."
　"그렇지만 여자들과 병자들은 그러지 못해" 하고 알패오의 야고보를 도우려는 바르톨로메오가 그의 말을 막으며 대꾸한다.
　유다는 못들은 체하고, 이야기하던 것을 계속하는 것처럼 말한다.
　"적어도 나는 우리가 예루살렘에 간다고 생각해. 목자와의 이야기

가 있은 후 지금은 거기 대해 확신을 가지지 못하게 됐지만 말이야
….”
"예루살렘엘 가지 않으면, 그럼 어디로 간단 말인가?" 하고 베드로가 묻는다.
"체! 난 모르겠어. 몇 달 전부터 우리가 하는 모든 것이 하도 비현실적이고, 양식(良識)이나 정의로도 예측할 수 있는 것과 모든 것이 하도 반대가 돼서….”
"이거봐! 아니, 나는 자네가 도코에서 양젖을 마시는 걸 봤는데, 자넨 술취한 사람처럼 말하는구먼! 정의에 어긋나는 일들을 자넨 어디서 본다는 건가?" 하고 제베대오의 야고보가 별로 마음이 놓이지 않는 눈을 하고 묻는다. 그리고 더 말한다. "의인에 대한 비난은 그만해 두게! 그만 하면 됐다는 걸 알겠나? 자넨 선생님을 비난할 권리가 없어. 선생님은 완전하시니까 아무도 그럴 권리는 없어. 그런데 우리는… 우리 중엔 아무도 완전한 사람이 없어. 그리고 자넨 모든 사람보다도 덜 완전해.”
"그러구 말고! 만일 자네가 병이 들었으면, 병을 치료하게 그렇지만 자네의 논쟁으로 우릴 귀찮게 하진 말게. 자네가 머리가 돈 사람이면, 선생님이 저기 계시니, 병을 고쳐 주십사고 말씀드리게. 그리고 이 이야기는 집어치우세!" 하고 토마가 더 이상 참을 수가 없게 되어 말한다.
과연 예수께서는 알패오의 유다와 요한과 함께 뒤에 처져 계시는데, 이들은 어슴푸레한 데에서 걷는 데 습관이 덜 되어서, 어려운 오솔길로 걷는 것을 힘들어하는 여자들을 도와준다. 그 오솔길은 우거진 올리브밭 사이로 나 있기 때문에 훨씬 더 어둡다. 그리고 예수께서는 끊임없이 여자들과 말씀하시며 더 앞쪽에서 일어나는 일에는 관심을 기울이시지 않는다. 그러나 예수와 같이 있는 사람들은 그 말들을 듣는다. 사실 말은 그곳까지 오기가 어렵지만, 그 어조로 보아 부드러운 말들이 아니고 벌써 말다툼의 기미를 풍긴다는 것이 느껴진다. 타대오와 요한 두 사도는 서로 쳐다본다…. 그러나 말은 하지 않는다.
그들은 예수와 성모님을 쳐다본다. 그러나 성모님은 겉옷으로 하도 꼭 감싸고 계셔서 말하자면 얼굴이 보이지 않을 정도이고, 예수께

서는 듣지 못하신 것 같다. 그분들은 베냐민과 그의 장래에 대하여 말씀하시고, 가파르나움에 자리잡고 지스칼라의 어린 아이뿐 아니라 가파르나움의 여인의 어린 아이들에게도 다정한 어머니 노릇을 하는 아펙의 과부 사라에 대하여도 말씀하신다. 이 가파르나움의 여인은 재혼한 뒤에 전남편과의 사이에서 난 아이들을 사랑하지 않았는데, 그 뒤에 "하도 불행하게 죽어서, 그의 죽음에서는 정말 하느님의 손길을 보게 된다"고 살로메가 말한다. 그러나 이야기가 끝나자, 예수께서는 유다 타대오와 함께 앞으로 사도들 있는 데로 가셨는데, 떠나시기 전에 요한에게 이렇게 말씀하신다.

"요한아, 너는 있고 싶으면 남아 있어라. 나는 불안해하는 사람에게 대답하고, 화해를 시키겠다."

그러나 요한은 여자들과 같이 몇 걸음 더 걷고 나서, 이제는 오솔길이 더 트여서 더 밝게 되었으므로, 뛰어서 예수 계신 곳으로 간다. 그 때는 마침 예수께서 이런 말씀을 하고 계셨다. "유다야, 안심하여라. 우리가 비현실적인 것은 한번도 한 일이 없는 것과 같이, 장차도 비현실적인 것은 아무 것도 하지 않을 것이다. 지금도 우리는 예견할 수 있는 것과 반대되는 것은 아무 것도 하지 않는다. 지금은 병이나 매우 중대한 다른 일로 인하여 그렇게 할 수 없게 되지 않은 참다운 이스라엘 사람은 누구나 성전에 올라가는 때라는 것은 미리 내다볼 수 있는 일이다. 그런데 우리는 성전으로 올라간다."

"그렇지만 다는 아닙니다. 마특지암은 성전에 오지 않을 거란 말을 들었습니다. 그 애가 혹 병이라도 걸렸습니까? 무슨 이유로 오지 않는 것입니까? 그 애를 사마리아 사람으로 대체할 수 있다고 생각하십니까?" 유다의 말투는 참을 수가 없다….

베드로가 중얼거린다. "오 조십성아, 나도 사람이니, 내 혀를 묶어다오!" 그러면서 더 이상 말을 하지 않으려고 입술을 꽉 다문다. 약간 소의 눈과 같은 그의 눈은 감동시키는 눈길을 띠고 있다. 그만큼 그의 눈에서는 사람이 그의 분개를 억제하기 위하여 하는 노력과 유다가 그런 투로 말하는 것을 듣는 슬픔이 분명히 드러난다.

예수께서 계시기 때문에 모든 사람은 말을 하지 않고, 예수께서만 정말 더없이 침착하게 말씀하신다.

"여자들이 듣지 못하도록 조금 앞으로들 오너라. 며칠 전부터 너희들에게 할 말이 있다. 나는 그것을 테르사의 들판에서 너희에게 약속하였다. 그러나 나는 너희 모두가, 여자들은 말고 너희 모두가 그 말을 듣기를 원하였다. 여자들은 그들의 보잘 것 없는 평화 속에 내버려두자…. 내가 말하려는 것 안에, 마륵지암이 우리와 같이 있지 않고, 가리옷의 유다 네 어머니도, 필립보, 네 딸들도, 갈릴래아의 여자 제자들과 그 처녀가 우리와 같이 있지 않을 이유도 들어있을 것이다. 모두가 견디어낼 수 없는 것들이 있다.

선생인 나는 내 제자들에게 좋은 것과 그들이 견디어낼 수 있거나 견디어낼 수 없는 것이 어떤 것인지를 안다. 너희들까지도 시련을 견디어낼 만한 힘이 없다. 그러니까 시련을 당하게 되지 않는 것은 너희들에게 큰 은총일 것이다. 그러나 너희들은 나를 계승해야 하고, 나중에 약한 사람들에게 자비롭게 되기 위하여 너희가 얼마나 약한지를 알아야 한다. 그러므로 너희들은 나와 함께 3년을 지낸 뒤에 너희들이 어떤 사람인지, 어떤 사람으로 그대로 있는지, 나와 함께 3년을 지내고 난 다음에 너희들이 어떻게 되었는지 그 정도를 가르쳐줄 저 무서운 시련에서 제외될 수가 없을 것이다.

너희들은 열두 사람이다. 너희들은 거의 동시에 내게로 왔다. 내가 야고보와 요한과 안드레아를 만난 날부터 가리옷의 유다, 네가 우리 가운데 받아들여진 날까지, 또 내 사촌 야고보 너와 마태오 네가 내게 온 날에 이르기까지 며칠 안 되는 그 날의 수효가 너희들 사이에 교양에 있어서 그다지도 큰 차이가 나는 것을 정당화할 수는 없다. 너희들은 모두, 유식한 바르톨로메오 너까지도, 내 사촌 너희까지도 내 가르침에 있어서의 교양이 어떤 것인가 하는 데 비하여는 매우 미완성이었고, 절대적으로 미완성이었다. 또 너희들 가운데 묶은 이스라엘의 교리에 있어서 다른 사람들의 교양보다 더 나은 너희들의 교양까지도 나를 따라 형성되는 데에는 장애가 되었다.

그러나 너희들 중에 아무도 너희 모두를 어떤 유일한 지점으로 데려가는 데 필요했을 만큼의 길을 간 사람이 없었다. 너희들 중의 한 사람만이 그 점에 이르렀다. 어떤 사람들은 거기에 가까이 갔고, 어떤 사람들은 더 떨어져 있고, 어떤 사람들은 매우 뒤에 처져 있고,

어떤 사람들은… 그렇다, 이 말도 해야겠다. 앞으로 나아가지 않고 뒷걸음질쳤다. 서로 바라보지 말아라! 너희들 중에서 누가 첫째이고 누가 꼴찌인지 찾지 말아라. 어쩌면 자기가 첫째라고 믿거나 다른 사람들이 그를 첫째라고 생각하는 사람이 자기 자신을 시험해야 하는지도 모른다. 자기가 꼴찌라고 생각하는 사람의 교양이 오래지 않아 하늘의 별처럼 빛날 것이다. 그러므로 다시 한번 말하지만 판단하지 말아라. 사실들이 그 명백함으로 판단할 것이다. 지금으로서는 너희들이 알아듣지 못한다. 그러나 머지 않아 너희들이 내 말을 기억할 것이고, 그 말들을 이해할 것이다."

"언젭니까? 선생님은 금년의 과월절 정화가 왜 다른지 말씀해 주시겠다고, 설명해 주시겠다고 약속하셨는데, 그것을 한번도 말씀해 주지 않으십니다" 하고 안드레아가 한탄한다.

"내가 너희들에게 말하고자 한 것이 그것에 대한 것이다. 내가 너희들에게 하려고 하는 이 말들과 다른 말들이 오직 한 가지 일에 근원이 있는 오직 한 가지 일이기 때문이다. 자, 이제 우리는 과월절을 지내러 예루살렘에 올라갈 터인데, 예언자들이 사람의 아들에 관하여 말한 모든 것이 그곳에서 이루어질 것이다. 정말로, 예언자들이 본 것과 같이, 이미 에집트의 히브리인들에게 내려진 명령에서 말하는 것과 같이, 사막에서 모세에게 명령된 것과 같이, 하느님의 어린 양이 제물로 바쳐질 것이고, 그의 피가 사람들의 마음의 문틀을 씻을 것이며, 제물로 바쳐진 어린 양의 피를 사랑으로 그들 위에 바르고 있을 사람들은 하느님의 천사가 치지 않고 지나갈 것이다.

제물로 바쳐진 어린 양은 금속으로 만든 값진 뱀처럼 가로 놓인 막대기에 얹혀 높이 쳐들려, 지옥의 뱀에게 상처를 입은 사람들에게 표가 될 것이고, 그를 사랑으로 쳐다보는 사람들에게 구원이 될 것이다. 사람의 아들인 너희들의 선생 예수는 대사제들과 율법학자들과 원로들의 손에 넘겨질 것이고, 이들은 그에게 사형 선고를 내리고, 이방인들에게 넘겨 주어 업신여김을 받게 할 것이다. 그래서 그는 뺨을 맞고, 매를 맞고, 침투성이가 될 것이며, 더러운 걸레처럼 길로 끌려 갈 것이다. 그리고 이방인들은 그에게 매질을 하고 가시관을 씌운 다음, 예루살렘에 모여서 도둑의 죽음 대신에 그의 죽음을 요구하는 히브리인 군중의 뜻에 따라, 악당들을 위하여 마련된 십자가의 죽음의 선고를 내릴 것이다. 그래서 그는 그렇게 죽음을 당할 것이다.

그러나 예언서의 표들에서 말하는 것과 같이 사흘 후에는 다시 살아날 것이다. 이것이 너희를 기다리고 있는 시련이며, 너희들의 교양의 정도를 보여줄 시련이다. 나 너희에게 분명히 말한다마는, 너희들이 이스라엘에 속하지 않은 모든 사람을 업신여길 수 있을 만큼, 또 우리 민족의 많은 사람까지도 업신여길 수 있을 만큼 너희들 자신을 완전하다고 생각하는 너희들에게 진정으로 말한다마는, 내 양떼의 선택된 부분인 너희들이 목자가 잡히면 공포에 사로잡혀 흩어져서, 사방에서 나를 잡을 늑대들이 너희들에게로 몸을 굴리는 것처럼 도망칠 것이다. 그러나 나 너희들에게 분명히 말하지만, 두려워하지 말아라. 그들은 너희 머리카락 한 오라기도 건드리지 않을 것이다. 내가 사나운 늑대들을 만족시키는 데 충분할 것이다…."

사도들은 예수께서 말씀하시는 데 따라 우박처럼 쏟아지는 돌을 맞는 사람들 같다. 그들은 예수께서 말씀하시는 데 따라서 몸을 점점 더 구부리기까지 한다. 그리고 예수께서 "그리고 내가 너희들에게 말하는 것이 이제는 곧 닥쳐올 것이다. 그 때가 오기 전에 시간이 있던 다른 때들과는 같지 않다. 이번에는 때가 되었다. 내가 모든 사람의 구원을 위하여 원수들의 손에 넘겨져서 제물로 바쳐질 터인데, 저 꽃망울이 꽃이 핀 다음에 아직 꽃잎을 잃지 않았을 때에 나는 벌써 죽어 있을 것이다" 하고 말씀을 끝내실 때에, 어떤 사람들은 손으로 얼굴을 가리고, 어떤 사람들은 상처를 입은 것처럼 신음한다. 가리옷 사람은 얼굴이 창백하다. 문자 그대로 납빛이다….

제일 먼저 다시 침착해진 사람은 토마이다. 그는 이렇게 부르짖는다. "저희가 선생님을 보호하거나 선생님과 함께 죽거나 해서, 저희가 선생님의 완전을 따라 갔고 선생님에 대한 저희 사랑이 완전하다는 것을 보일 터이니까 선생님은 그런 일을 당하지 않으실 것입니다."

예수께서는 말없이 그를 바라보신다.

바르톨로메오가 오랫동안 곰곰 생각하고 나서 말한다. "선생님은 넘겨지실 것이라고 말씀하셨습니다…. 그러나 누가 선생님을 원수의 손에 넘길 수 있습니까? 예언서에는 그런 말이 없습니다. 그런 말이 없어요. 선생님의 친구 중의 한 사람, 선생님의 제자 중에 한 사람, 선생님을 따르는 사람들 중의 한 사람이, 모든 사람 중의 꼴찌 되는 사람까지라도 선생님을 미워하는 사람들에게 선생님을 넘겨준다는 것은 너무나 소름끼치는 일일 것입니다. 아닙니다! 선생님의 말씀을 다만 한번만이라도 사랑을 가지고 들은 사람이면 그런 죄를 저지를 수는 없습니다. 그들은 사람이지, 야수나 사탄이 아닙니다…. 주님, 그렇지 않습니다. 그리고 선생님을 미워하는 사람들까지도 그렇게 하지는 못할 것입니다…. 그들은 백성을 무서워합니다. 그런데 백성은 모두가 선생님을 둘러싸고 있습니다!"

예수께서는 나타나엘도 바라보시며 말씀은 하지 않으신다.

베드로와 열성당원은 끊임없이 말을 주고 받는다. 제베대오의 야고보는 동생이 침착하게 있는 것을 보고 비난의 말을 그에게 하니 요한은 대답한다. "나는 이 일을 석달 전부터 알고 있기 때문야." 그러면서 눈물 두 줄기가 얼굴을 흘러내린다.

알패오의 아들들은 마태오와 말을 하고 있는데, 마태오는 낙담이 되어 머리를 내젓는다.

안드레아는 가리옷 사람에게 말한다.

"자네는 성전에 아는 사람이 그렇게도 많으니…."

"요한은 안나를 직접 알고 있어" 하고 유다는 대꾸하고 이렇게 말을 끝맺는다. "그렇지만 뭘 어떻게 할 수 있겠어? 그렇게 정해져 있으면, 사람의 말이 어떻게 할 수 있단 말인가?"

"자넨 정말 그렇게 생각하나?" 하고 토마와 안드레아가 함께 묻는다.

"아니야. 난 아무렇게도 생각하지 않아. 그건 쓸데없는 근심이야. 바르톨로메오가 그 말을 제대로 했어. 온 백성이 예수님을 둘러싸고 있을 거야. 우리가 만나는 사람들을 통해서 벌써 그걸 알 수 있어. 그래서 승리가 될 거야. 그렇게 될 테니 두고 보게" 하고 가리옷의 유다가 말한다.

"그렇지만 그럼 왜 선생님은…" 하고 여자들을 기다리느라고 걸음을 멈추신 예수를 가리키며 안드레아가 말한다.

"왜 그런 말씀을 하시느냐구? 그것은 선생님이 감명을 받으셨기 때문이고… 우리를 시험하고자 하시기 때문이야. 그러나 아무 일도 없을 거야. 게다가 내가 가서…."

"오! 그래. 가서 알아보게" 하고 안드레아가 애원한다.

예수께서 당신 어머니와 알패오의 마리아 사이에서 다시 그들을 따라 오셨기 때문에 그들은 입을 다문다.

성모님은 당신의 동서가 어디서 땄는지 씨앗들을 보이며 과월절이 지난 다음에 바로 성모님이 몹시 아끼시는 작은 동굴 곁에 뿌리고자 한다고 말하기 때문에 힘없는 미소를 지으신다.

"당신이 어렸을 때에 나는 당신이 그 고사리같은 손에 늘 이 꽃들을 가지고 있는 것을 보았어요. 나는 그 꽃들을 당신이 온 것을 나타내는 꽃이라고 불렀어요. 과연 당신이 났을 때 당신 집 정원에는 그 꽃이 만발해 있었고, 그 날 저녁 온 나자렛 사람들이 요아킴의 딸을 보려고 달려 왔을 때 그 작은 별과 같은 꽃 포기들은 하늘에서 내려 온 비와 서쪽에서부터 그 꽃을 비추는 마지막 햇살 때문에 꼭 금강석과 같았어요. 그리고 당신 이름이 '별'이었기 때문에, 모든 사람이 그 반짝이는 숱한 작은 별들을 보면서 말했지요. '요아킴의 어린 딸을 환영하느라고 꽃들이 치장을 했고, 별들이 하늘을 떠나니 〈별〉곁으로 왔다'고. 그리고 모두가 당신 아버지의 추측과 기쁨을 좋아하며 미소를 지었어요.

그리고 내 남편의 동생 요셉은 '별들과 물방울들. 아기는 정말 마리아야!' 하고 말했어요. 당신이 요셉의 별이 되기로 되어 있었다고 그 때 누가 말할 수 있었겠어요? 요셉이 당신 남편이 되기로 선택되어서 예루살렘에서 돌아왔을 때는 어땠구요? 하늘과 요아킴과 안나의 딸인 당신과 그의 약혼에서 오는 영광이 컸기 때문에 온 나자렛이 요셉을 환대하기를 원했고, 모두가 그를 연회에 초대하려고 했어요. 그러나 온화하지만 굳은 의지를 가진 요셉은 향연을 일체 거절해서 모든 사람을 놀라게 했어요. 사실 명예로운 결합을 하기로 된 사람, 그것도 지극히 높으신 분의 그와 같은 명령으로 그렇게 된 사람으로 자기의 영혼과 육체와 가문의 행복을 축하하지 않는 사람이 어떤 사람이겠어요? 그러나 요셉은 이렇게 말했어요. '큰 선택에는

38. 수난에 대한 세번째 예언. 제베대오의 아들과 그 어머니

큰 준비가 있어야 합니다.' 그러면서 엄밀한 의미의 금욕 외에, 말과 음식도 절제했어요.

요셉은 이렇게 그 기간을 일과 기도로 지냈어요. 일로 기도하는 것이 가능하다면, 나는 그의 망치질 하나하나, 끌 자국 하나하나가 기도가 되었다고 생각하니까요. 요셉의 얼굴은 황홀한 것 같았어요. 나는 집을 정리하고, 당신 어머니가 남기고 가신 홑이불과 그 밖의 모든 것으로 시간이 흘러 누렇게 된 것들을 빨려고 가곤 했었는데, 정원과 집이 조금도 되는 대로 내버려지지 않았던 것처럼 다시 아름답게 하느라고 요셉이 정원과 집에서 일하는 동안 바라보곤 했고, 말도 걸었어요…. 그러나 요셉은 무슨 생각에 몰두해 있는 것 같았어요. 미소를 짓곤 했지요. 그렇지만 내게나 다른 사람들에게 미소를 짓는 것이 아니라 그의 생각에 미소를 짓고 있는 것이었어요.

그런데 그의 생각은 혼인을 앞둔 어떤 남자나 다 하는 그런 생각이 아니었어요. 이런 생각은 유해(有害)하고 육체적인 기쁨의 미소이지요…. 그런데 요셉은… 보이지 않는 하느님의 천사들에게 미소를 보내고, 그들과 말을 하고, 그들에게 조언을 청하는 것 같았어요…. 오! 나는 천사들이 요셉에게 당신을 어떻게 대우할지를 일러주었다고 확신해요! 왜냐하면 나자렛 전체가 다시 놀란 일이고, 내 알패오 쪽에서는 거의 분개한 일이지만, 요셉은 할 수 있는 대로 오랫동안 결혼식을 늦추었지요. 그래서 그가 어떻게 갑작스럽게 정해진 날짜보다 앞서 결심을 했는지를 절대로 이해하질 못했어요. 그리고 또 당신이 아기를 가졌을 때에도 나자렛이 요셉의 겉으로 잘 드러내지 않는 기쁨에 얼마나 놀랐는지요!….

그러나 우리 야고보도 약간 그래요. 그리고 점점 더 요셉처럼 돼가요. 내가 그 애를 잘 관찰하는 지금 —왠지 모르지만, 우리가 에프라임에 온 뒤로 그 애는 아주 변한 것같이 보여요.— 나는 그 애를 그렇게 봐요…. 꼭 요셉과 같다구요. 마리아, 지금도 우리를 보려고 돌아보는 저 애를 보세요. 당신의 남편 요셉에게서 늘 볼 수 있던 무엇에 골똘한 태도를 저 애도 가지고 있지 않아요? 저 애도 서글픈 것인지 가냘픈 것인지 말할 수 없는 그런 미소를 짓고 있어요. 저 애가 바라보는데, 요셉이 그렇게 자주 가졌던 것과 같은, 우리 너머로 먼

곳을 바라보는 눈길을 가지고 있어요.
 알패오가 어떻게 요셉을 놀렸는지 생각나요? 알패오는 '자넨 아직도 피라미드를 보는 건가?' 하고 말하곤 했지요. 그러면 요셉은 참을성 있게 그의 생각을 마음 속에 간직하면서 말없이 머리를 흔들곤 했지요. 항상 말수가 적었어요. 그러나 당신이 헤브론에서 돌아온 뒤에는! 그가 전에 그렇게 했었고, 또 모두가 그렇게 하는 것처럼 샘에 혼자 오지도 않게 되었어요. 당신과 같이 있거나 일을 하곤 했지요. 그리고 안식일에 회당에 가거나 볼 일 때문에 다른 곳에 가는 것 말고는, 그 몇 달 동안 요셉이 여기저기 돌아다니는 것을 보았다고 아무도 말할 수 없어요….
 그리고 당신들은 떠났지요…. 대학살이 있은 다음 당신들의 소식을 도무지 알 수가 없어서 얼마나 불안했는지요! 알패오는 베들레헴까지 갔었어요…. '떠났습니다' 하고 사람들은 말했대요. 그렇지만 죄 없는 피로 아직 붉게 물들어 있고, 폐허에서는 아직 연기가 나고, 또 그 피가 흐른 것이 당신들 때문이었다고 사람들이 당신들을 비난하던 도시에서 사람들이 당신들을 극도로 미워하는데, 어떻게 믿겠어요? 그래서 알패오는 헤브론에 갔었고, 그 다음에는 즈가리야가 근무 중이었기 때문에 성전엘 갔었어요. 엘리사벳은 알패오에게 눈물밖에 주지 못했고, 즈가리야는 위로의 말밖에 주지 못했지요. 즈가리야와 엘리사벳은 요한 때문에 몹시 불안해서 또 다시 잔인한 행위가 있을까봐 염려해서 그를 감추고 그 때문에 벌벌 떨고 있더랍니다. 당신들에 대해서는 그들이 아무 것도 알지 못했고, 즈가리야는 알패오에게 이렇게 말했대요. '그들이 죽었으면, 그들이 흘린 피는 내 책임이오. 내가 그들에게 베들레헴에 남아 있으라고 설득했으니까.' 내 마리아! 내 예수! 예수가 태어난 다음의 과월절엔 예수가 그렇게도 잘 생긴 것을 사람들이 보았었는데! 그런데 아무 소식도 듣지 못하니. 그렇게도 오랫동안! 그렇지만 왜 도무지 소식을 보내지 않았어요?"
 "잠자코 있는 것이 더 나았기 때문이지요. 우리가 있던 곳에는 마리아와 요셉 같은 사람이 많이 있었어요. 그래서 평범한 부부로 통하는 것이 더 나았어요" 하고 성모님이 조용히 말씀하신다. 그리고 나서 한숨을 쉬며 말씀하신다. "그런데 그것은 슬픈 가운데에도 아직

38. 수난에 대한 세번째 예언. 제베대오의 아들과 그 어머니 **497**

행복한 나날이었어요. 불행은 아직 아주 멀리 떨어져 있었거든요! 우리에게 인간적으로 필요한 것은 아주 많이 부족했지만, 내 아들아, 우리 정신은 너를 가진 기쁨을 실컷 누렸으니까!"

"지금도 마리아, 당신은 당신 아들이 있지요. 요셉이 없기는 하지만! 그렇지만 예수가 여기 있고, 어른이 된 그의 완전한 사랑을 가지고 있어요" 하고 알패오의 마리아가 지적한다.

성모님은 머리를 들고 당신의 예수를 쳐다보신다. 성모님의 눈길은 그 입술에 감도는 가벼운 미소에도 불구하고 그분의 애를 끊는 듯한 괴로움을 나타낸다. 그러나 말은 한 마디도 덧붙이지 않으신다.

사도들은 그들을 기다리느라고 걸음을 멈추고 모두 함께 모였다. 그들의 어머니와 같이 모두의 뒤에 처져 있던 야고보와 요한도 함께 모였다. 그들이 걸음을 쉬고, 어떤 사람들은 빵을 조금 먹는 동안 야고보와 요한의 어머니는 예수께 가까이 와서 그 앞에 꿇어 엎드린다. 예수께서는 서둘러 다시 길을 가기 시작하시려고 앉지도 않으셨다.

예수께서는 야고보와 요한의 어머니가 당신께 무엇을 청하기를 원한다는 것이 분명하기 때문에 "아주머니, 무슨 일입니까? 말씀하세요" 하고 물으신다.

"선생님이 말씀하시는 대로 가시기 전에 한 가지 은혜를 베풀어 주십시오."

"그래 어떤 은혜입니까?"

"선생님을 위해 모든 것을 버린 제 두 아들이 선생님이 선생님의 나라의 영광 중에 앉아 계실 때, 하나는 선생님의 오른쪽에 또 하나는 선생님의 왼쪽에 앉으라고 명령하시는 은혜입니다."

예수께서는 여인을 바라보시고 나서 두 사도를 바라보시며 말씀하신다.

"너희가 어제의 내 약속을 잘못 해석하고, 이 생각을 너희 어머니께 권해 드렸구나. 너희가 버린 것에 대한 100배의 갚음을 너희는 세상의 나라에서 받지 못할 것이다. 그러면 너희도 욕심이 많고 어리석게 되는 것이냐? 그러나 너희가 그런 것이 아니라, 벌써 늦어진 어두움으로 오염한 황혼과 예루살렘의 더러워진 공기가 가까워지면서 너희를 타락시키고 너희 눈을 어둡게 하는 것이다…. 나는 너희가 무엇을 청하는지 너희 자신이 알지 못한다고 말하겠다! 혹 내가 마실 잔을 너희도 마실 수 있겠느냐?"

"마실 수 있습니다, 주님."

"내 잔의 쓴 맛이 어떤 것인지 너희가 이해하지 못했는데, 어떻게 그렇게 말할 수 있느냐? 모든 고통에서 오는 인간으로서의 내 쓰라림은 내가 어제 너희에게 묘사한 쓰라림만이 아닐 것이다. 내가 너희들에게 묘사해 준다 해도 너희들이 이해할 수 있는 상태에 있지 않을 고통들이 있을 것이다…. 하기는 그렇지, 비록 너희가 그들이 청하는 것이 얼마나 중요한지를 알지 못하는 두 어린 아이 같기는 하지만, 너희는 올바른 두 사람이고 나를 사랑하기 때문에 물론 내 잔을 **조금** 마시기는 할 것이다. 그러나 내 오른편이나 왼편에 앉는 것을 너희에게 허락하는 것은 내게 달려 있는 것이 아니다. 그것은 아버지께서 마련하신 사람들에게 주시는 것이다."

다른 사도들은 예수께서 아직 말씀을 하고 계신 동안 제베대오의 아들들과 그들의 어머니의 청을 호되게 비난한다. 베드로는 요한에게 "자네도! 자네를 이전의 요한으로 알아볼 수 없게 되었네" 하고 말한다.

그리고 가리옷 사람은 그의 악마같은 미소를 지으며 말한다. "정말 첫째가 꼴찌가 되는구먼. 기막힌 것을 발견하는 때야…." 그러면서 억지웃음을 짓는다.

"우리가 혹 명예를 위해서 우리 선생님을 따랐나?" 하고 필립보가 비난하는 말투로 말한다.

토마는 반대로 그 두 사람을 변호하기 위하여 살로메를 비난하며 말한다. "왜 아주머니는 아들들에게 모욕을 당하게 하십니까? 이 사람들이 그렇게 하지 않았으면 곰곰 생각하시고, 그렇게 하지 못하도록 막으셔야 했어요."

"사실이야. 우리 어머니는 그렇게 하지 않으셨을 거야" 하고 타대오가 말한다. 바르톨로메오는 말은 하지 않는다. 그러나 그의 얼굴은 비난을 분명히 나타낸다.

열성당원 시몬은 분개를 가라앉히기 위하여 "우리는 모두 잘못 할

38. 수난에 대한 세번째 예언. 제베대오의 아들과 그 어머니

수가 있네" 하고 말한다.

마태오와 안드레아와 알패오의 야고보는 말은 하지 않지만, 요한의 아름다운 완전을 손상시키는 이 작은 사건을 분명히 괴로워한다.

예수께서는 침묵을 명령하시기 위하여 손짓을 하시고 말씀하신다.

"아니 뭐라고? 한 잘못에서 많은 잘못이 나올 참이냐? 분개한 비난을 표하는 너희들도 죄를 짓고 있다는 것을 깨닫지 못하느냐? 너희 두 형제를 가만 놔 두어라. 내 비난으로 충분하다. 이들이 창피스러워하는 것이 분명하고, 이들의 뉘우침은 겸손하고 진실하다. 너희들은 서로 사랑해야 하고, 서로 부축해 주어야 한다. 정말이지 너희들 중의 아무도 아직 완전하지 못하기 때문이다. 너희들은 세상과 세상에 속해 있는 사람들을 본받아서는 안 된다. 세상에서는 너희들이 알다시피 나라의 우두머리들이 사람들을 지배하고, 권력자들이 우두머리의 이름으로 그들의 권위를 나라에 행사한다.

그러나 너희들사이에서는 그래서는 안 된다. 너희들은 사람들이나 너희 동료들을 지배하겠다는 야망을 가져서는 안 된다. 오히려 너희들 중에서 더 훌륭하게 되기를 원하는 사람은 너희들의 종이 되어야 하고, 첫째가 되기를 원하는 사람은 너희들의 선생이 말한 것과 같이 모든 사람의 하인이 되어야 한다. 내가 혹 압제하고 지배하려고 왔느냐? 섬김을 받으려고 왔느냐? 아니다, 정말 그렇지 않다. 나는 봉사하려고 왔다. 그리고 사람의 아들이 섬김을 받으려고 오지 않고, 봉사하고 많은 사람을 구속하기 위하여 목숨을 바치려고 온 것과 같이, 만일 너희들도 나같이 되기를 원하면, 이렇게 할 줄 알아야 한다. 이제는 가거라. 그리고 내가 너희와 의좋게 지내는 것과 같이 너희들끼리도 의좋게 지내라."

예수께서 말씀하신다.

"'…너희들도 분명히 내 잔을 **조금** 마실 것이다' 하는 점을 단단히 표해라. 여러 번역에는 '내 잔을'이라고 하였다. 나는 '**내 잔을 조금**'이라고 말했지 '내 잔을'이라고는 말하지 않았다. 아무 사람도 내 잔을 마실 수는 없었을 것이다. 구속자인 나만이 내 잔을 완전히 마실 수 있었다. 내 제자들과 나를 본받는 사람들과 나를 사랑하는 사람들에게는 내가 마신 **그 잔에서** 하느님의 특별한 사랑이 그들에게 마시기를 허락하시는 한 방울, 한 모금, 또는 여러 모금을 마시는 것이 허락될 것이다. 그러나 절대로 아무도 내가 마신 것과 같이 그 잔을 완전히 마시지는 못할 것이다. 그러므로 '내 잔을' 이라고 말하지 않고 '**내 잔을 조금**'이라고 말하는 것이 옳다.

39. 베다니아에 가기 전에 예리고에

　벌써 예리고의 집들의 흰 벽과 종려 나무들이 도자기나 에나멜 같은 짙은 파란색 하늘 아래 모습을 나타내는데, 그 때 가지들이 헝클어진 위성류(渭城柳)와 감각이 예민한 미모사와 긴 가시가 돋친 산사나무와, 또 예리고 뒤에 있는 험한 산에서 거기에 쏟아진 것 같은 다른 나무들로 이루어진 작은 숲 근처에서 예수께서 마나헨이 인도하는 꽤 많은 제자의 무리와 서로 만나신다. 그들은 기다리는 것 같고, 또 사실 기다린다. 과연 그들은 선생님께 인사를 한 다음 그 말을 하고, 예리고에 도착하시는 것이 온 하룻밤이 늦었기 때문에 다른 제자들은 알기 위하여 다른 여러 길에 흩어져 있다고 덧붙였다.
　"저는 이 사람들과 같이 여기 왔습니다. 그리고 선생님께서 라자로의 집에 안전하게 계시다는 것을 알기까지는 선생님을 떠나지 않겠습니다" 하고 마나헨이 말한다.
　"왜요? 무슨 위험이 있습니까?…" 하고 유다 타대오가 묻는다.
　"당신들은 유다에 와 있습니다…. 명령은 당신들도 알고 있지요. 그리고 증오도. 따라서 모든 것을 염려해야 합니다" 하고 마나헨이 대답한다. 그리고 예수께로 몸을 돌리고 설명한다. "그들이 선생님을 붙잡지 않았으면 선생님께서 이리로 지나가실 것이라고 생각할 수 있었기 때문에 저는 가장 용맹한 사람들을 데리고 왔습니다. 그리고 저희들은 제자로서의 저희들의 능력을 믿기 때문에 나쁜 사람들에게 겁을 주고 선생님을 존중하게 할 수 있다고 생각했습니다."
　과연 그는 가믈리엘의 이전 제자들과 사제 요한과 안티오키아의 니콜라이와 에페소의 요한과, 태도가 일반 사람들보다 더 품위 있는 한창 나이의 원기있는 다른 사람들을 데리고 있다. 이 사람들은 내가 알지 못하는 사람들이다. 그 중의 몇 사람은 마나헨이 빨리 소개하고, 다른 사람들은 소개하지 않는다. 그들은 팔레스티나의 여러 지방에서 온 사람들인데, 그들 중에는 헤로데 필립보의 궁중 사람들도 있다. 이렇게 하여 이스라엘의 가장 오래된 가문들의 이들이 바람에 미모사의 잎들이 떨고, 산사나무의 새싹들이 구부러지는 헝클어진 작은 숲 근처의 길에 울려 퍼진다.

"갑시다. 니까의 집에는 여자들과 같이 아무도 없소?"

"목자들이 있습니다. 요안나의 예루살렘 저택에서 그를 기다리고 있는 요나타를 빼놓고는 모두 있습니다. 그러나 선생님의 제자의 수는 엄청나게 많이 늘어났습니다. 어제는 예리고에서 기다리는 제자가 500명 가량이었습니다. 그래서 헤로데의 하인들이 그 사실로 인해 놀라서 주인에게 그 일을 보고했습니다. 그리고 헤로데는 떨어야 할지 엄중히 다스려야 할지를 알지 못했습니다. 그러나 그는 요한의 기억에 사로잡혀서 이제는 감히 어떤 예언자에게도 손을 대지 못합니다…."

"좋습니다. 이것은 선생님께 해롭지는 않을 것입니다!" 하고 베드로는 기쁘게 손을 비비면서 외친다.

"그러나 그 사람은 가장 중요성이 덜한 사람입니다. 그 사람은 누구나가 마음대로 조종할 수 있는 우상입니다. 그리고 그를 쥐고 있는 사람은 그를 조종할 줄 압니다."

"그런데 누가 그를 쥐고 있습니까? 아마 빌라도이겠지요?" 하고 바르톨로메오가 묻는다.

"빌라로는 행동하는 데 헤로데가 필요치 않습니다. 헤로데는 하인입니다. 권력자들은 하인들에게 문의하지 않습니다" 하고 마나헨이 대답한다.

"그러면 누구입니까?" 하고 바르톨로메오가 묻는다.

"성전입니다" 하고 마나헨과 같이 있는 어떤 사람이 자신있게 말한다.

"그러나 성전이 보기에 헤로데는 저주받은 사람인데요. 그의 죄가…."

"바르톨로메오, 당신은 당신의 지식과 나이에도 불구하고 매우 순진하시군요! 아니, 성전이 그의 목적을 달성하기 위해 많은 것을, 너무나 많은 것을 묵과한다는 것을 모르십니까? 그렇기 때문에 성전이 이제는 존재할 자격이 없어졌습니다" 하고 마나헨은 극도로 업신여기는 몸짓을 하며 말한다.

"당신도 이스라엘 사람이니, 그렇게 말해서는 안 됩니다. 우리에게는 성전은 언제나 성전입니다" 하고 바르톨로메오가 마나헨에게 주의를 주기 위하여 말한다.

"아닙니다. 성전은 성전이었던 것의 시체입니다. 그리고 시체는 죽은 지가 얼마 지난 것일 때에는 더러운 썩은 시체가 됩니다. 그 때문에 하느님께서 살아 있는 성전을 보내셔서, 우리가 주님 앞에 꿇어 엎드려도 그것이 부정한 무언극이 되지 않을 수 있게 하셨습니다."

"입 다무시오!" 하고 마나헨과 함께 있던 사람이 그에게 속삭인다. 마나헨이 너무 분명하게 말하기 때문이다. 그 사람은 소개받지 않은 사람들 중의 한 사람이고 몸을 완전히 감싸고 있는 사람이다.

"내 마음이 이렇게 말하고 있으면 왜 내가 입을 다물어야 하겠소? 당신은 내가 말하는 것이 선생님께 해가 될 수 있다고 생각하오? 그렇다면 잠자코 있겠소. 다른 이유로는 잠자코 있지 않겠소. 그들이 나를 단죄한다 하더라도 나는 '내가 이렇게 생각하는 것이니 나 아닌 사람들은 벌하지 마시오' 하고 말할 수 있을 거요."

"마나헨의 말이 맞습니다. 겁이 나서 말을 안 하는 것은 이것으로 충분합니다. 지금은 각자가 찬성이냐 반대냐의 의사를 분명히 표시하고, 자기 마음에 있는 것을 말할 때입니다. 나도 예수 안에서의 형제인 당신과 같이 생각합니다. 그리고 이것이 우리에게 죽음을 가져올 수 있다면 우리는 진리를 계속 증명하면서 함께 죽을 것입니다" 하고 스테파노가 격렬하게 말한다.

"조심하시오, 조심해!" 하고 바르톨로메오가 권고한다. "성전은 언제나 성전입니다. 성전이 쇠퇴하기는 할 것입니다. 확실히 완전하지는 못하지요. 그러나 성전은… 성전은… 하느님 다음으로는 대사제와 최고회의보다 더 위대한 사람이 아무도 없고, 그보다 더 큰 힘이 없습니다…. 그들은 하느님을 대리합니다. 그런데 우리는 그들이 대리하는 것을 보아서는 안 됩니다. 선생님, 제 생각이 혹 틀렸습니까?"

"네 생각은 틀리지 않다. 어떤 조직이든지 그 기원을 관찰할 줄 알아야 한다. 이 경우에는 영원하신 아버지께서 성전과 계급, 의식과 당신을 대리하기 위한 사람들의 권한을 설정하셨다. 그러므로 아버지께 판단을 맡길 줄 알아야 한다. 아버지께서는 언제 어떻게 개입하셔야 할지를 아신다. 어떻게 부패가 퍼져서 모든 사람을 타락시키고 하느님에 대해서 의심하게 하지 않도록 마련하실지를 아신다…. 그래서 이 점에 있어서는 마나헨이 내가 이 시간에 온 이유를 봄으로써 올바르게 볼 줄을 알았다.

바르톨로메오야, 요컨대 네 보수주의를 마나헨의 혁신적인 정신으로 완화해서 척도(尺度)가 올바르고, 따라서 판단하는 방식이 완전하게 되도록 해야 한다. 지나침은 어느 것이나 항상 손해를 입힌다. 지나친 일을 하는 사람에게나 지나친 일을 당하는 사람에게나 그것을 보고 눈살을 찌푸리는 사람에게나 모두 손해를 입히고, 또 성실한 영혼이 아니면 형제들을 밀고하기 위하여 형제들에게 불리하게 그것을 사용함으로써 손해를 입힌다. 그러나 그것은 카인의 행동이고, 어두움의 행위이기 때문에 빛의 아들들은 그렇게 하지 않을 것이다."

매우 날카로운 그의 검은 눈이나 겨우 보일 정도로 겉옷으로 폭 감싸인 채 마나헨에게 말을 너무 많이하지 말라고 경고한 사람이 예수 곁에 무릎을 꿇고 예수의 손을 잡으며 말한다. "선생님은 착하십니다. 오 하느님의 말씀, 저는 이 말씀을 너무 늦게 알았습니다! 그러나 제가 원했을 것처럼, 제가 **지금** 원하는 것처럼, 선생님을 오래 섬기기에는 그렇지 못하다 하더라도 선생님께서 마땅히 받으셔야 할 만큼 사랑하기에는 그래도 아직 늦지 않게 알았습니다."

"하느님의 시간으로는 절대로 너무 늦었다는 것은 없습니다. 그 시간은 적당한 때에 옵니다. 그리고 하느님께서는 당신의 뜻대로 진리에 봉사하기에 필요한 시간을 주십니다."

"아니, 그런데 저 사람은 누구지?" 하고 사도들이 서로 묻고 제자들에게도 묻는다. 그러나 쓸데없는 일이다. 그가 누구인지를 아무도 알지 못하고, 혹 안다 하더라도 말하기를 원치 않는다.

"선생님, 저 사람은 누구입니까?" 하고 베드로가 여자들은 뒤에 따라오게 하고 제자들은 앞세우고 곁에는 당신 사촌을 두시고 빙 둘러 사도들에 있는 가운데 집단의 한가운데에서 걸어 가시는 예수께 가까이 올 수 있었을 때 묻는다.

"시몬아, 한 영혼이다. 그 이상이 아무 것도 아니다."

"그렇지만… 누군지도 알지 못하시면서 그 사람을 믿으십니까?"

"나는 그가 누구인지 안다. 그 사람의 마음도 알고."

"아! 알겠습니다! '고운 내'의 그 베일을 쓴 여자와 같은 사람이로군요…. 다른 말씀을 여쭈어보지 않겠습니다…." 그러면서 예수께서 야고보의 곁을 떠나 그를 당신 곁에 있게 하시기 때문에 베드로는 기뻐한다.

일행이 이제는 예리고에 이르렀다. 성문에서 군중이 호산나를 외치며 나오는 바람에 예수께서는 예리고의 반대편 시외에 있는 니까의 집에 가시려고 시내를 건너질러 나아가시기가 어렵다. 사람들은 예수께 말씀해 주시기를 간청한다. 어린 아이들에 대한 예수의 사랑에 기대를 걸고 아기들을 들어올려 넘어 갈 수 없는 산 울타리를 만든다. 사람들은 이렇게 외친다. "선생님은 말씀하셔도 됩니다. 그 사람은 벌써 예루살렘으로 도망쳤습니다." 그러면서 사람들은 지금은 닫혀 있는 헤로데의 훌륭한 궁전을 손가락으로 가리킨다.

마나헨이 확인한다. "그것은 사실입니다. 헤로데는 밤에 소리를 내지 않고 떠났습니다. 겁이 난 것입니다."

그러나 아무 것도 예수의 걸음을 멈추게는 하지 못한다. 예수께서는 말씀하신다. "조용하시오! 조용히! 걱정이나 고통이 있는 사람들은 니까의 집으로 오시오. 내 말을 듣고 싶어하는 사람들은 예루살렘으로 오시오. 나는 여기서는 여러분과 마찬가지로 길손입니다. 아버지의 집에서 말하겠습니다. 조용하시오! 조용히, 그리고 강복을 받으시오! 조용하시오!"

이것은 벌써 하나의 작은 개선으로, 이제는 아주 임박한 예루살렘 입성의 서막이다.

자캐오가 보이지 않는 것이 이상하다. 그러나 마침내 니까의 소유지 경계에 목자들과 여자 제자들과 함께 친구들 가운데 서 있는 것이 보인다. 모두가 예수께로 마주 달려와서 꿇어 엎드리고 호위한다. 예수께서는 그들에게 강복하시며 과수원으로 들어가셔서 당신을 환대할 집을 향하여 가신다.

40. 예수께서 알지 못하는 제자들에게 말씀하신다

많은 사람이 건초가 햇볕에 마르고 있는 니까의 풀밭에 모여 있다. 육중하고 포장을 씌운 마차 두 대가 이 풀밭 근처에서 기다리고 있다. 나는 여자 제자들을 모두 데려와서 선생님이 떠나보내고 강복하시는 것을 보고 마차들이 왜 기다리는지를 알았다. 성모님도 다른 제자들과 에논의 소년과 같이 가신다. 그리고 많은 제자들이 마차 양쪽에 와서 마차들이 소들의 느린 걸음으로 움직이기 시작할 때에 그들도 출발한다. 풀밭에는 사도들과 자캐오와 그의 친구들과, 얼굴이 알려지기를 원치 않는 것처럼 겉옷으로 폭 감싸고 있는 사람들의 작은 집단이 있다.

예수께서는 천천히 풀밭 가운데로 되돌아오셔서, 벌써 반쯤 말라 오래지 않아 건초 창고로 가져갈 건초 더미에 앉으신다. 예수께서는 생각에 잠겨 계시고, 모든 사람이 이 정신 집중을 존중하여 예수에게서 좀 떨어져서 서로 구별되는 세 집단을 이루고 있다.

예수의 묵상은 계속되고 기다림도 계속된다. 햇볕은 점점 더 세어져서 풀밭을 내리쬐고, 풀밭에서는 건초 마르는 냄새가 몹시 풍긴다. 기다리는 사람들은 풀밭 가장자리, 과수원의 마지막 나무들이 시원한 그늘을 드리우는 곳으로 피해 간다.

예수께서는 벌써 뜨거운 햇볕 아래 혼자 계신데, 흰 아마포 옷을 입으시고, 가벼운 비단으로 만든 흰 두건을 쓰셔서 아주 하얗게 보이신다. 두건은 산들바람이 지나갈 때에 가볍게 움직인다. 그것은 아마 신디카가 짠 두건인 것 같다. 이웃 외양간에서는 느리고 애처로운 소 우는 소리가 들려 오고, 과수원의 나뭇가지들과 타작마당에서는 새새끼들의 짹짹거리는 소리가 들려온다. 깃이 없는 새들과 버릇없는 병아리들이다. 그것은 봄마다 새로워지면서 계속되는 생명이다. 비둘기들은 공중에서 자신있게 조용히 날아 돌아다니다가 처마 밑에 있는 둥지로 돌아온다. 니까의 집과 이웃한 집에서인지 어떤 밭에서인지 모르겠는데, 자장가를 부르는 여자의 목소리가 들려오고, 처음에는 날카롭고 양 새끼가 매애매애하는 것처럼 떨리던 어린 아이의 작은 목소리가 작아지다가 잠잠해진다….

예수께서 곰곰 생각하신다. 여전히 햇볕은 개의치 않으신 채 아직도 생각에 잠겨 계신다. 나는 혹독한 추위와 더위에 대한 복되신 예수님의 뛰어난 저항력을 여러번 눈여겨 보았다. 나는 예수께서 더위와 추위를 몹시 느끼시면서도 극기의 정신으로 불평없이 참아 견디시는지, 또는 맹위를 떨치는 자연의 힘을 제어하시는 것과 같이 지나친 추위나 더위도 억누르시는지 도무지 알 수가 없었다. 모르겠다. 내가 아는 것은 소나기를 맞아 옷이 흠뻑 젖었거나 삼복더위에 땀을 줄줄 흘리시면서도, 추위나 더위 때문에 귀찮아하는 몸을 하시는 것을 한번 알아차리지 못하였고, 사람이 보통 심한 더위나 추위에 대하여 취하는 예방 조치를 취하시는 것을 한번도 보지 못하였다.

　　나는 어느 날 팔레스티나에서는 사람들이 맨머리로 있는 일이 없고, 따라서 예수의 금발 머리가 햇빛에 반짝인다고 말할 때 내가 잘못 표현한다는 지적을 받았다. 팔레스티나에서는 맨머리로 다닐 수 없는 것이 사실인지도 모르겠다. 나는 팔레스티나에 가 본 적이 없어서 알지 못한다. 내가 아는 것은 예수께서는 보통, 머리에 아무 것도 쓰지 않고 다니셨다는 것이다. 그리고 혹 걷기 시작하실 때에 두건을 쓰고 계셔도, 그것을 견디어내지 못하시는 것처럼 이내 벗어서 손에 드시고, 주로 얼굴에서 먼지와 땀을 씻는 데 쓰셨다. 비가 오면 당신의 겉옷자락 하나를 머리 위로 올리신다. 해가 있으면, 특히 길을 가시는 때에는 햇빛을 막기 위하여 단속적인 것이라도 그늘을 찾으신다. 그러나 오늘과 같이 가벼운 베일을 머리에 쓰고 계신 것은 드문 일이다.

　　어떤 사람들은 이 지적을 쓸데없는 것으로 생각할지도 모른다. 그러나 이것도 내가 보는 것의 일부를 이루는 것이다. 그래서 예수께서 생각하시는 동안 이 말을 하는 것이다.

"그렇지만 선생님이 이렇게 오랫동안 여기 머무르는 것은 선생님께 해가 될 것입니다!" 하고 사도의 무리에도 자캐오의 집단에도 속하지 않은 어떤 사람이 외친다.

"선생님의 제자들에게 가서 그 말을 합시다…. 또 그리고… 나는 … 너무 지체하고 싶지는 않아요" 하고 어떤 사람이 대답한다.

"암! 그렇구 말구요. 아도민산은 밤에는 별로 안전하지 않거든요…." 그들은 사도들 가까이에 가서 그들과 말을 한다.

"좋습니다. 내가 가서 당신들이 떠나고 싶어한다고 그들에게 말하지요."

"아니, 그게 아닙니다. 우리는 저녁 전에 적어도 엔세매스에 갔으면 좋겠다는 말입니다."

유다는 빈정거리는 웃음을 지으면서 간다. 그는 선생님께로 몸을 구부리고 말한다.

"저 사람들은 햇볕이 선생님께 해를 끼칠 수도 있기 때문이라고 말합니다만 ―그러나 사실은 그들이 사람들의 눈에 너무 띄는 것이 그들에게 해를 끼칠 수도 있기 때문입니다.― 그러나 유다인들은 돌려보내시기를 바랍니다."

"가마…. 내가 생각한 것은… 그들의 말이 옳다." 그러면서 예수께서 일어나신다.

"저만 빼놓고는 모두가…" 하고 가리옷 사람이 투덜거린다.

"나는 당신들 모두에게 떠나가라고 벌써 말했습니다. 어제 내가 당신들에게 그 말을 했어요. 나는 예루살렘에 가서나 말하겠습니다…."

"그것은 사실입니다. 그러나 저희가 선생님께 말씀드리고 싶어서 그러는 것입니다. 저희가… 선생님께 개별적으로 말씀드릴 수 있겠습니까?"

"이 사람들을 만족시켜 주십시오. 이 사람들은 우리를 특히 저를 무서워합니다" 하고 가리옷의 유다가 또 교활한 미소를 지으면서 말한다.

"우리는 아무도 무서워하지 않습니다. 만일 우리가 원하면, 우리의 안전을 위해서 어떻게 해야 할지를 알 것입니다. 그러나 팔레스티나에서 아직 모든 사람이 비겁하지는 않습니다. 우리들은 다윗의 용사들의 후손들이니까, 당신이 만일 노예가 아니고 아직 업신여김을 받는 사람이 아니면, 우리 선조에 대해 경의를 표해야 할 것입니다. 그분들은 제일 먼저 거룩한 왕의 편을 들었고, 제일 먼저 마카베오 형제들의 편을 들었습니다. 그리고 지금도 다윗의 후손께 경의를 표하고 조언을 드리는 데에 제일 앞장을 섭니다. 선생님께서는 위대하시지만, 아무리 위대한 사람이라도 인생의 결정적인 시간에는 친구가 필요할 수도 있으니까요." 하고 겉옷과 두건을 포함한 옷이 온통 아마포로 되어 있고 그의 준엄한 얼굴을 별로 드러내지 않은 어떤 사람이 격렬하게 대답한다.

"선생님은 우리를 친구로 가지고 계십니다. 우리는 3년 전부터 선생님의 벗입니다. 당신들이…."

"우리는 선생님을 알지 못했었습니다. 우리는 너무도 여러번 거짓 메시아들에게 속아서 자기가 메시아라고 단언하는 사람을 쉽게 믿지 않게 되었습니다. 그러나 최근에 있었던 일로 진상을 알게 되었습니다. 선생님이 하시는 일은 하느님에게서 오는 것입니다. 그래서 우리는 선생님을 하느님의 아들이라고 부르는 것입니다."

"그러면서 당신들은 선생님께 당신들이 필요하다고 생각하십니까?"

"하느님의 아들로서는 필요없습니다. 그러나 사람으로는 필요합니다. 선생님께서는 사람이 되려고 오셨는데, 사람에게는 항상 그의 형제인 사람들이 필요합니다. 그런데 당신은 왜 겁을 냅니까? 왜 우리가 선생님께 말씀드리는 것을 원치 않습니까? 대답해 보시오."

"내가요? 말하시오! 말해요! 죄인들의 말은 의인들의 말보다 더 잘 들으십니다."

"유다야! 나는 그런 말들이 네 입술에는 불같은 것이리라고 생각했었는데! 네 선생이 비판하지 않는 곳에서 어떻게 네가 감히 비판을 하느냐? '만일 너희들의 죄가 진홍색 같으면 눈같이 희어질 것이고, 너희들의 죄가 연지벌레같이 새빨가면 양털처럼 희어질 것이다'라는 말이 있다."

"그러나 선생님은 모르시지만, 이들 중에는…."

"입 다물어라! 당신들, 말하시오."

"주님, 저희들은 이것을 압니다. 선생님에 대한 고발이 준비되어 있습니다. 선생님께서 율법과 안식일을 어기시고, 사마리아인들을 우리들보다 더 사랑하시고, 세리들과 창녀들을 변호하시고, 베엘제불과 다른 어둠의 세력과 진짜 마술의 힘을 빌고 성전을 미워하고 성전의 파괴를 원하신다고 비난합니다."

"그만 하시오. 누구나 비난을 할 수 있습니다. 비난을 증명하기는 더 어려운 일입니다."

"그러나 그들은 자기들 가운데 그 비난을 뒷받침하는 사람들을 가지고 있습니다. 선생님께서는 혹 그들 가운데 의인들이 있다고 생각하십니까?"

"나는 수형자(受刑者)의 표상인 욥의 말로 당신들에게 대답하겠습니다. 그런데 그 수형자는 나입니다. '내가 당신들을 의인으로 생각하다니 그것은 당치도 않습니다. 그러나 나는 끝까지 내 무죄를 주장하겠고, 내가 시작한 변호를 단념하지 않겠습니다. 그것은 내 일생 동안 내 마음이 아무 것도 내게 비난하지 않기 때문입니다.' 자 보시오, 나는 거짓말쟁이도 할 수 있는 거짓말로 나 자신을 변호하지 않기 때문에 온 이스라엘이 증언할 수 있기 때문입니다. 내가 항상 율법을 존중하라고, 더 존중하라고까지도 가르쳤고, 율법에 대한 순종을 완전하게 하였고, 내가 안식일을 어기지 않았다는 것을 온 이스라엘이 증언할 수 있습니다…. 당신은 무슨 말을 하려고 하십니까? 말하시오! 당신은 어떤 몸짓을 하다가 멈추었습니다. 말하시오!"

수수께끼 같은 작은 집단에서 어떤 사람이 말한다.

"주님, 최고회의의 마지막 회의에서 주님께 대한 고발장을 읽었습니다. 그것은 주님이 계시던 사마리아의 에프라임에서 온 것이었는데, 그 고발장은 주님이 여러번 안식일을 어기셨다고 말하는 것이었습니다. 그리고…."

"나는 또 욥과 함께 당신에게 대답하겠습니다. '그런데 위선자가 인색으로 가로채더라도 하느님께서 그의 영혼을 구해내지 않으시면 그의 희망은 어떤 것입니까?' 어떤 얼굴을 꾸미고, 그 외양 속에 다른 마음을 가지고, 내 이익을 원치 않기 때문에 약탈을 저지르기를 원하는 사람은 벌써 지옥의 길을 걸어가고 있으며, 그에게는 돈이 있는 것과 명예를 바라는 것과, 거룩한 명령을 배반하지 않기 위하여 내가 원하지 않은 곳에 올라가기를 꿈꾸는 것이 쓸데없을 것입니다.

그러나 혹 우리가 그 사람을 위하여 기도하는 것 아닌 다른 일로 그에 대해 관심을 가지겠습니까?"

"그러나 최고회의는 '보시오, 이것이 그에 대한 사마리아인들의 사랑이오! 그들은 우리의 애호를 얻기 위해서 그를 고발합니다' 하고 말하면서 선생님을 웃음거리를 만들었습니다."

"그런데 당신들은 그 글을 쓴 것이 사마리아 사람의 손이라고 확신합니까?"

"아닙니다. 그러나 사마리아가 요즈음에는 선생님을 냉혹하게 대했습니다…."

"최고회의가 보낸 사람들이 사마리아를 뒤흔들었고 터무니없는 바람을 불러일으키기 위하여 거짓 충고로 선동했기 때문입니다. 하기는 그 터무니없는 바람을 내가 부수어야 했습니다. 그뿐 아니라 에프라임과 유다에 대하여 이런 말이 있습니다. ─하기는 은혜를 잊고 위협 앞에 굴복하는 사람의 마음은 항상 변하는 것이기 때문에 어떤 곳에 대하여도 이 말을 할 수가 있습니다.─ '너희들의 친절은 아침 구름과 같고, 아침에 증발되는 이슬과 같다.' 그러나 그렇다고 해서 죄없는 사람을 고발하는 사람들이 사마리아 사람이라는 것이 증명되지는 않습니다. 그릇된 사랑이 그들을 내게로 내몰았습니다. 그러나 그것은 정신착란을 일으킨 사랑입니다. 다른 어떤 증거가 내가 사마리아 사람들을 더 사랑한다는 비난을 증명합니까?"

"선생님께서 사마리아 사람들을 너무나 사랑하시기 때문에 '유다야, 들어라' 하고 말씀하시는 대신에 항상 '이스라엘아, 들어라' 하고 말씀하신다고 비난합니다. 그리고 선생님께서 유다를 비난하실 수 없다고…."

"정말입니까? 라삐들의 지혜가 여기서 빗나가는 것입니까? 그래 나는 예레미야가 말하는 것처럼 그 때문에 유다가 구원을 받을 다윗에게서 나온 싹이 아닙니까? 그 때에 예언자는 유다가, 특히 유다가 구원을 받을 필요가 있으리라는 것을 예견합니다. 그리고 그 싹은 주님이라 우리의 의인이라 불릴 것이다. 그것은 '다윗에게는 이스라엘의 가문의 옥좌에 앉는 후손이 절대로 없지 않을 것이라고 주님께서 말씀하시기 때문이다' 라고 역시 예언자가 말합니다. 그럼 뭡니까?

예언자가 잘못 생각했단 말입니까? 그가 혹 취해 있었단 말입니까? 무엇에 취해 있었겠습니까? 속죄로 취해 있었지, 다른 것으로 취해 있지는 않았습니다. 왜냐하면 아무도 나를 비난하기 위하여 예레미야가 놀기 좋아하는 사람이었다고 주장할 수는 없겠기 때문입니다.

그런데 예레미야는 다윗의 싹이 유다를 구원하고 이스라엘의 왕좌에 앉을 것이라고 말합니다. 그러니까 그의 빛 때문에 예언자는 유다보다는 오히려 이스라엘이 선택될 것이고, 왕이 이스라엘 쪽으로 갈 것이며, 유다는 구원을 얻기만 하는 것도 은총일 것임을 보는 것 같습니다. 그러면 나라가 이스라엘 왕국이라 불릴 것입니까? 아닙니다. 그리스도의 왕국일 것입니다. 다른 예언자의 말대로 한 달 동안에 ─아니 한 달 동안에라니요?─ 하루도 안 걸려서 세 명의 거짓 목자들을 심판하고 단죄하고, 또 그들의 영혼의 문을 닫고, 표상(表象)으로서의 나는 갈망하면서 실제의 나는 사랑할 줄 몰랐기 때문에 그들에게 내 영혼의 문을 닫은 다음, 갈라진 부분을 다시 모아 주님 안에서 재건하는 그리스도의 왕국일 것입니다.

그런데 나를 보내시고 내게 두개의 회초리를 주신 분이, 잔인한 자들에게는 은총이 잃어지고, 재앙이 하늘에서 오지 않고 세상에서 오도록 하기 위하여 회초리를 둘 다 부러뜨리셨습니다. 사실 사람들이 사람들에게 주는 재앙보다 더 혹독한 재앙은 아무 것도 없습니다. 이렇게 될 것입니다. 오! 이렇게 되고 말고요! 내가 매를 맞을 것이고, 양들은 3분의 2가 흩어질 것입니다. 3분의 1만이, 언제나 3분의 1만이 구원을 받고 끝까지 항구할 것입니다. 그리고 이 3분의 1은 내가 제일 먼저 지나가는 불로 지나가서 은과 금같이 정화되고 단련될 것이고, '너희들은 내 백성이다' 하는 말을 들을 것이며, 그들은 내게 '우리의 주님이십니다' 하고 말할 것입니다. 그리고 소름끼치는 행위의 값이고 파렴치한 품삯인 30 데나리우스*를 받았을 사람이 있을 것입니다.

그리고 그 은화들은 나온 곳으로 다시 들어갈 수는 없을 것입니다. 죄 없는 사람의 피와 가장 견딜 수 없는 실망에 괴롭힘을 당하는

---

* 역주 : Denarius, Denarii, 고대 로마시대의 은화.

사람의 땀으로 더럽혀진 그 돈을 보고 돌들이 무서워서 소리를 치겠기 때문입니다. 그래서 그 돈은 옛말에 있는 것과 같이 바빌론의 노예들에게서 외국인들을 위한 밭을 사는 데 쓰일 것입니다. 오! 외국인들을 위한 밭! 그 외국인들이 누구인지 아십니까? 유다와 이스라엘 사람들, 머지 않아, 그리고 오랜 세월 두고두고 조국이 없을 그 사람들입니다. 그리고 그들의 땅이었던 땅까지도 그들을 받아들이기를 원치 않을 것입니다. 그들이 생명을 물리치고자 했기 때문에 그들이 죽은 다음에도 땅이 스스로 그들을 토해낼 것입니다. 무한히 소름 끼치는 일!…."

예수께서는 지치신 듯이 입을 다무시고 머리를 기울이신다. 그런 다음 고개를 드시고 눈길을 휘 둘러 거기 있는 사람들, 사도들과 은밀한 제자들과 친구들과 같이 있는 자캐오를 보신다. 그리고 악몽에서 깨어나신 것처럼 한숨을 쉬신다. 예수께서는 또 말씀하신다.

"당신들이 무슨 다른 말을 또 하셨지요? 아! 내가 세리들과 창녀들을 사랑한다고 사람들이 비난한다는 말을 했지요. 그것은 사실입니다. 그들은 병자들이고 죽어가는 사람들입니다. 생명인 나는 나를 생명으로 그들에게 줍니다. 자유를 되찾아 내 양떼에 들어온 당신들, 이리 오시오" 하고 자캐오와 그의 친구들에게 명령하신다.

"와서 내 명령을 들으시오. 나는 당신들보다 더 결백한 많은 사람에게 '예루살렘에 오지 마시오' 하고 말했습니다. 그러나 당신들에게는 '오시오' 하고 말합니다. 이것이 불공평한 것으로 보일 수도 있을 것입니다…."

"사실 불공평합니다" 하고 가리옷 사람이 말을 막는다.

예수께서는 듣지 못하신 것같이 하신다. 그래서 자캐오와 그의 친구들에게 계속 말씀하신다.

"그러나 당신들에게는 이렇게 말합니다. 당신들이야말로 당신들의 착한 뜻이 능하신 분의 도움을 받고 이제부터는 은총 안에서 자유로이 자라기 위하여 다른 나무들보다 이슬이 더 필요한 나무들이기 때문에 오시오. 다른 일들에 대하여는… 혼동할 수 없을 표로 하늘 자체가 대답할 것입니다. 정말로 살아 있는 성전은 무너뜨려졌다가 사흘만에 다시 세워져서 영원히 남아 있을 수 있을 것입니다. 그러나

혼들리기만 해서 이겼다고 믿을 죽은 성전은 죽어서 다시는 일어나지 못할 것입니다. 가시오! 그리고 두려워하지 마시오. 속죄를 하면서 내 날을 기다리시오. 그러면 내 날의 여명이 당신들을 결정적으로 빛으로 인도할 것입니다" 하고 겉옷으로 감싸고 있는 사람들에게 말씀하신다. 그런 다음 자캐오에게도 이렇게 말씀하신다.

"그리고 당신들도 가시오. 그러나 지금은 가지 마시오. 안식일 다음 날 새벽에 예루살렘에 있도록 하시오. 의인들 곁에 나는 다시 일으켜진 사람들이 있기를 바랍니다. 그리스도의 왕국에는 착한 뜻을 가진 사람의 수효만큼 자리가 수없이 많으니까요." 그리고는 잎이 우거지고 그늘이 진 과수원을 거쳐 니까의 집을 향하여 가신다.

작은 오솔길이 땅이 푸르른 가운데 누르스름한 리본을 던져 놓은 것 같은데 암탉 한 마리가 꼬꼬댁거리며 그 길을 건너가고 금빛깔의 병아리들이 따라 간다. 어미닭은 그렇게도 많은 사람을 보고 떨면서 더 크게 꼬꼬댁거리고, 새끼들에게 함정이 있을까봐 염려하여 몸을 웅크리고, 새끼들을 보호하려고 날개를 편다. 그러니까 병아리들은 짹짹거리면서 뛰어 와 어미의 깃속으로 들어가 숨고, 안전하게 되었을 때에야 짹짹거리는 것을 그쳐서 이제는 없는 것처럼 보인다….

예수께서 걸음을 멈추시고 그 암탉을 보시는데… 눈에서 눈물이 떨어진다.

"선생님이 우신다! 왜 우실까? 선생님이 우셔!" 하고 사도, 제자, 구원을 받은 죄인들, 이렇게 모두가 속삭인다. 그리고 베드로는 요한에게 "왜 우시는지 선생님께 여쭈어보게" 하고 말한다.

그러니까 요한은 늘 하는 태도로 존경심으로 몸을 약간 구부리고 밑에서 예수를 올려다보며 묻는다.

"주님, 왜 우십니까? 혹 사람들이 주님께 말씀드린 것이나 주님이 그전에 말씀하신 것 때문입니까?"

예수께서는 몸을 흔드신다. 그리고 서글픈 미소를 지으시고 계속 다정하게 병아리들을 보호하는 암탉을 가리키시면서 말씀하신다.

"아버지와 하나인 나도 에제키엘이 말한 것과 같이 헐벗고 부끄러운 예루살렘을 보았다. 그리고 나는 보고 그 곁으로 지나갔는데, 때가, 즉 내 사랑의 때가 오자 나는 예루살렘 위에 내 겉옷을 펴서 그

헐벗은 몸을 가려주었다. 나는 예루살렘의 아버지 노릇을 한 다음 여왕을 삼으려고 했고, 어미닭이 새끼들에게 하는 것 모양으로 보호하고자 하였다…. 그러나 암탉의 새끼들은 어미가 그들을 돌보는 것을 고맙게 여기고 그 날개 밑으로 피해 들어가는데, 예루살렘은 내 겉옷을 밀어낸다…. 그러나 나는 내 사랑의 의도를 그래도 가지고 있을 것이다…. 나는… 그 다음에는 내 아버지께서 당신 뜻대로 행하실 것이다." 그러면서 예수께서는 암탉을 불안에 빠뜨리지 않기 위하여 풀밭으로 내려가 지나가시는데, 눈물은 아직도 슬퍼하는 창백한 얼굴로 흘러 내린다.

　모든 사람이 예수께서 하시는 대로 하며 따라 가고, 니까의 집 어귀에 이르기까지 이야기를 한다. 거기서 예수께서 사도들만을 데리고 들어가시고, 다른 사람들은 볼 일을 보러 간다….

41. 예리고의 두 소경

그 새하얀 빛깔에 여명의 최초의 분홍으로 겨우 변화를 일으키는 새벽이다. 시원한 시골의 고요는 잠이 깬 새들의 떨리는 노래 소리로 점점 더 사라진다.

예수께서 제일 먼저 니까의 집에서 나오셔서 문을 살그머니 밀어 닫으시고 초록빛으로 뒤덮인 과수원으로 향하신다. 그곳에서는 깨새들이 맑은 음으로 연거푸 노래를 하고, 티티새들이 피리소리와 같은 노래를 부른다.

그러나 예수께서 미처 과수원에 아직 이르지 못하셨는데, 그곳에서 네 사람이 나와서 예수께로 향하여 온다. 어제 알지 못하는 사람들의 집단에 있으면서 도무지 얼굴을 드러내지 않았던 사람들 중의 네 사람이다. 그들은 땅에 닿게 무릎을 꿇고 엎드리고, 예수께서 당신이 늘 하시는 평화의 인사를 하신 다음 "일어나시오! 내게 무엇을 부탁하십니까?" 하고 명령하고 질문하시자, 일어나서 베두인 사람들처럼 얼굴을 가리고 있던 겉옷과 두건을 뒤로 젖힌다.

나는 사베아에 관한 환시에서 본 아비아의 율법학자 요엘의 창백하고 야윈 얼굴을 알아보겠다. 다른 사람들은 자기 소개를 할 때까지 모르는 사람들이다.

"저는 아스몬가의 마타티아의 친구들인 진짜 앗시데아 사람들의 맏째 베테론의 유다입니다."

"저 엘리엘과 유다의 베들레헴의 제 아우 엘카나이온데, 선생님의 여자 제자 요안나의 오라비들입니다. 저희에게는 선생님의 제자라는 것보다 더 큰 칭호는 없습니다. 선생님께서 강하실 때에는 없다가 선생님께서 박해를 받으시는 지금 여기 왔습니다."

"저는 아주 오랫동안 눈이 멀었었으나 지금은 빛에 눈이 떠진 아비아의 요엘입니다."

"나는 당신들을 벌써 떠나보냈었는데요. 내게서 무엇을 원하십니까?"

"선생님께 이런 말씀을 드리려고… 저희들이 얼굴을 가지고 있는 것은 선생님때문이 아니라…" 하고 엘리엘이 말한다.

"자, 말들 하시오!"

"아니… 요엘, 당신이 말하시오. 당신이 사정을 가장 잘 알고 있으니까…"

"주님… 제가 아는 것은 너무나… 소름끼치는 일이어서… 제가 말하려고 하는 것을 흙덩어리까지도 알지 못하고 듣지 못했으면 합니다…"

"흙덩어리들은 정말로 떨 것입니다. 그러나 나는 당신이 말하고자 하는 것을 알고 있기 때문에 떨지 않겠습니다. 그대로 말하시오…"

"선생님께서 그것을 알고 계시면… 제 입술이 그 소름끼치는 일을 말함으로 떨지 않게 허락해 주십시오. 이것은 선생님께서 안다고 말씀하시면서 거짓말을 하시고, 알기 위해 저더러 말하라고 하신다고 생각해서가 아니라, 정말이지…"

"그렇습니다. 그것은 주님을 향하여 소리높이 외치는 일이니까요. 그러나 내가 사람들의 마음을 안다는 것을 모든 사람에게 설득하기 위하여 그것을 말하겠습니다. 최고회의 의원으로 진리에 매료된 당신은 하도 엄청나서 당신 혼자서는 감당할 수가 없는 어떤 일을 알아냈습니다. 그래서 당신은 다만 착한 정신만을 가지고 있는 참 유다인들인 이 사람들에게 의견을 물으려고 이들을 찾아갔습니다. 당신이 한 일이 비록 아무 소용도 없는 것이기는 하지만, 그것은 잘 한 일입니다.

앗시데아 사람의 마지막 사람은 참된 해방자에게 봉사하기 위하여 선조들이 한 일을 되풀이 할 준비가 되어 있는데, 그런 사람은 그 하나만이 아닙니다. 그의 친척 바르젤라이도 그렇게 할 것이고, 또 많은 사람이 그와 힘을 합할 것입니다. 그리고, 요안나의 오빠들은 조국에 대한 사랑 외에 나와 그들의 누이에 대한 사랑으로 그와 함께 할 것입니다. 그러나 나는 창과 검을 가지고 승리를 거두지는 않겠습니다. 진리를 완전히 파악하시오. 내 승리는 하늘의 것일 것입니다.

당신은 여느 때보다도 더 창백해지고 핏기가 없어지는데, 당신은 누가 내게 대한 증언을 했는지를 알지요. 그 증언들이 그 정신에 있어서는 거짓이지만, 단어들의 실재성(實在性)에서는 참된 것입니다.

사실 내 시간이 아직 되지 않았기 때문에 도망할 수밖에 없었을 때와 죄없는 어린 아이들을 도둑들에게서 빼앗아냈을 때 나는 안식일을 어겼습니다. 나는 다윗이 지성소에 바쳐진 빵을 먹은 것을 필요가 정당화한 것과 같이 필요가 행위를 정당화한다고 말할 수 있을 것입니다. 사실 나는 사마리아로 피신했습니다. 비록 내 때가 되었을 때 그들 곁에 남아서 대사제로 있어 달라는 사마리아인들의 제의를 받고서, 그렇게 하는 것은 나를 원수들에게 넘겨주는 것이었는데도 율법에 충실하기 위하여 명예와 안전을 거부하기는 했어도 말입니다. 그들을 죄에서 벗어나게 할 정도로 죄인들과 죄녀들을 사랑하는 것은 사실입니다. 내가 성전의 붕괴를 예고하는 것도 사실입니다. 비록 내 말이 예언자들의 말에 대한 메시아의 확인에 지나지 않지만 말입니다.

이런 비난과 다른 비난들을 제공하고, 기적까지도 비난 거리를 삼으며, 나를 죄에 끌어넣어 보기 위하여, 그래서 첫번째 비난들에 다른 비난들을 덧붙일 수 있기 위하여 세상의 온갖 것을 다 사용한 그 사람은 내 친구 중의 하나입니다. 이것도 내 어머니를 통하여 내 조상인 예언자 왕이 말했습니다. '내 빵을 먹던 자가 나를 향하여 발뒤꿈치를 들었다.' 나는 그것을 압니다. 나는 그가 죄를 저지르는 것을 막을 수가 없습니다. ──이제는… 그의 의지가 죽음에 넘겨졌는데, 하느님께서는 사람의 자유를 강제하지 않으십니다.── 그러나 적어도… 오! 적어도 소름끼치는 일을 행한 데 대한 애를 끊는 듯한 괴로움으로 그 사람이 뉘우쳐서 하느님의 발 앞에 엎드렸으면 합니다…. 이를 위해서는 내가 두번 죽을 것입니다.

그렇기 때문에 베테론의 유다, 당신이 어제 마나헨에게 잠자코 있으라고 경고했습니다. 그것은 배반자가 거기 있어서 선생과 동시에 제자에게도 해를 끼칠 수 있었기 때문이었습니다. 아닙니다. 다만 선생만이 해쳐질 것입니다. 두려워 마시오. 나 때문에 당신들이 고통과 불행을 당하지는 않을 것입니다. 오히려 한 민족 전체의 죄 때문에 당신들은 **모두가** 예언자들이 말한 것을 가질 것입니다.

 불행하고 불행한 내 조국! 내가 지금 강복하고 또 구원하기를 원하는 불행한 주민들과 어린이들, 그들은 비록 죄가 없지마는 어른이 되어서는 가장 큰 불행의 해를 겪을 것입니다. 꽃이 피어 아름답고 푸르르고 신기한 양탄자처럼 화려하고, 에덴동산처럼 기름진 당신들의 땅을 보시오…. 이 땅의 아름다움을 마음 속에 새겨 두시오, 그리고… 내가 떠나온 곳으로 돌아간 다음에는… 도망하시오. 지옥의 욕심쟁이 모양으로 붕괴의 황폐가 이곳에 퍼지고, 고모라에서보다도 더, 소돔에서보다도 더 쓰러뜨리고, 무너뜨리고, 메마르게 하고, 태우고 하기 전에 할 수 있는 대로 도망하시오…. 그렇습니다, **빠른 죽음**만이 있었던 고모라와 소돔보다도 더 할 것입니다. 여기는… 요엘, 사베아를 기억하십니까? 사베아는 하느님의 아들을 받아들이지 않은 하느님의 백성의 장래에 대하여 마지막으로 예언을 했습니다."

 그 네 사람은 얼이 빠진 것 같다. 미래에 대한 공포로 그들은 말을 하지 못한다. 이윽고 엘리엘이 말한다.

 "선생님께서 저희들에게 무엇을 권하십니까?"

 "그렇습니다. 떠나시오. 여기에는 아브라함의 아들들을 붙들어놓을 만한 가치가 있는 것이 아무 것도 없게 될 것입니다. 그뿐 아니라, 특히 유력자들인 당신들은 가만 놔두지 않을 것입니다…. 포로가 된 권력자들은 승리자의 승리를 더욱 아름답게 합니다. 새로운 불멸의 새 성전이 땅을 채울 것이고, 어떤 마음이 나를 사랑하는 곳에는 어디에나 내가 있을 터이니까 나를 찾는 사람은 누구나 나를 차지할 것입니다. 가시오. 당신들의 아내와 자녀와 노인들을 멀리 보내시오…. 당신들이 내게 구원과 도움을 주시니, 나도 당신들에게 도망하라고 충고하고, 이 권고로 당신들을 도와줍니다…. 이 충고를 업신여기지 마시오."

 "그러나 이제부터… 로마가 우리를 더 이상 어떻게 해칠 수 있습니까? 그들이 우리를 지배하고 있는데요. 그리고 그들의 지배가 엄격하기는 하지만, 로마가 집들과 도시들을 재건한 것도 사실이고, 또…."

 "정말이지, 이것을 아시오. 정말이지 예루살렘의 돌 하나도 성한 대로 있지 않을 것입니다. 불과 파성추(破城槌)와 석궁(石弓)과 투창들이 모든 집을 쓰러뜨리고 뒤죽박죽으로 만들고 뒤엎어놓을 것이고 성도(聖都)는 동굴이 될 것인데, 성도만이 그렇게 되지는 않을 것입니다. 우리의 조국인 이 조국이 동굴이 될 것입니다. 예언자들이 말하는 것과 같이 야생 당나귀들과 여귀(女鬼)들의 목장이 될 것인데, 그것도 한 해나 여러 해, 또는 여러 세기 동안이 아니라, **영원히** 그렇게 될 것입니다. 황야, 불타버린 땅, 불모지… 이것이 이 땅의 운명입니다! 싸움터, 고문을 하는 곳, 재건의 꿈은 항상 냉혹한 단죄로 깨어지고, 부활의 시도는 생겨날 때부터 소멸할 것입니다. 이것이 구세주를 배척하고 죄있는 사람들 위에는 불이 되는 이슬을 원한 땅의 운명입니다."

"그러면 다시는… 다시는 영영 이스라엘 왕국이 없을 것입니까? 저희들은 저희들이 꿈꾸던 그런 사람이 결코 되지 못할 것입니까?" 하고 세 유다인 유력자가 안타까운 목소리로 묻는다. 율법학자 요엘은 운다….

"당신들은 고갱이가 병으로 파괴된 늙은 나무를 살펴본 적이 있습니까? 여러 해 동안 그 나무는 겨우 살아 갑니다, 꽃도 피지 않고 열매도 맺지 못할 정도로 그저 겨우 살아가기만 합니다. 힘이 다한 가지에 돋아난 드문드문한 잎들만이 수액이 아직 조금 올라온다는 것을 나타냅니다…. 그러다가 어느 해 4월에 그 나무에 기적적으로 꽃이 피고 많은 잎이 뒤덮입니다. 많은 세월을 두고 열매도 얻지 못하면서 그 나무를 돌본 주인은 그것을 기뻐합니다. 그는 나무의 병이 나았다고, 그래서 그렇게 오랫동안 기진맥진했다가 다시 무성하게 된다고 생각하고 기뻐합니다…. 오! 그것은 속임수입니다! 그토록 흐드러지게 생명이 넘친 다음 갑자기 죽음이 오는 것입니다. 꽃이 떨어지고, 벌써 가지에 맺혀서 많은 수확을 약속하는 것 같던 작은 열매들이 떨어지고, 밑둥이 썩은 나무가 뜻 밖의 소리를 내며 땅에 쓰러집니다.

이스라엘이 이렇게 될 것입니다. 여러 세기 동안 열매를 맺지 못하고 흩어져서 겨우 살아가다가 묵은 줄기에 다시 모여 재건되는 것 같이 보일 것입니다. 흩어진 민족이 마침내 다시 모일 것입니다. 다시 모여 용서를 받을 것입니다. 그렇습니다. **하느님께서는 그 시간을 기다려 세기의 흐름을 멈추실 것입니다.** 그 때에는 이미 세월이 없어지고 영원이 있을 것입니다. 그렇게 많은 세월이 지난 다음에 용서를 받아, 그리스도의 영지가 된 마지막 이스라엘의 덧없는 개화(開花)를 이루고, 세상의 모든 민족과 동시에 구속되어 죽을 사람들은 지극히 행복할 것이고, 그들 가운데에서 내 존재를 알 뿐 아니라, 내 율법을 구원과 생명의 율법으로 받아들였을 사람들도 그들과 함께 지극히 행복할 것입니다. 내 사도들의 목소리가 들립니다. 그들이 오기 전에 가시오…."

"주님, 저희가 알려지지 않은 채로 있으려고 하는 것은 비겁해서 그런 것이 아니라, 주님께 봉사하기 위해서이고, 주님께 봉사할 수 있기 위해서입니다. 만일 저희들이, 특히 제가 주님을 찾아왔다는 것이 알려지면 저희들은 토의에서 제외될 것입니다…" 하고 요엘이 말한다.

"알겠습니다. 그러나 배반자가 꾀바르다는 것에 주의하시오. 특히 당신 요엘은 조심하시오."

"오! 그들은 저를 죽일 것입니다! 주님의 죽음보다는 제가 죽는 것을 더 낫게 생각하겠습니다! 그래서 주님이 말씀하시는 날들을 보지 않았으면 좋겠습니다! 주님, 제게 강복을 주셔서 굳세게 해 주십시오…."

"한 분이시고 세 위이신 하느님의 이름과 착한 뜻을 가진 사람들을 위한 구원이 되기 위하여 사람이 된 말씀의 이름으로 당신들 모두에게 강복합니다." 예수께서는 큰 몸짓으로 집단적인 강복을 주시고, 그런 다음 당신 발 앞에서 머리를 숙이고 있는 각자에게 손을 얹으신다.

그런 다음 그들은 일어나서 다시 얼굴을 가리고, 과수원의 나무들과, 배나무들을 사과나무들과 갈라놓고 사과나무들을 다른 나무들과 갈라놓는 뽕나무들 사이로 몸을 숨긴다. 아주 때맞추어 그렇게 하였으니, 열두 사도가 길을 떠나기 위하여 선생님을 찾아 집에서 떼지어 나오고 있기 때문이다.

그리고 베드로가 말한다.

"집 앞, 시내 쪽으로는 사람들의 한 떼가 있어 선생님이 기도를 하시게 방해하지 못하게 그들을 붙드느라고 혼났습니다. 그들은 선생님을 따라 오려고 합니다. 선생님이 떠나보내신 사람들은 아무도 떠나지 않았습니다. 오히려 많은 사람이 되돌아왔고, 다른 사람도 많이 왔습니다. 그 사람들에게 야단쳤습니다."

"왜? 그들이 나를 따라 오게 가만 두어라! 모든 사람이 그랬으면 좋겠다! 가자!" 그러면서 예수께서는 요한이 드리는 겉옷을 단정하게 입으신 다음 제자들의 앞장을 서서 집으로 다시 오셔서 집을 끼고 돌아, 베다니아로 가는 길에 들어서신다. 그리고 큰 소리로 시편 하나를 노래하기 시작하신다.

사람들은 진짜 군중을 이루고, 남자들이 맨 앞에, 그 뒤로는 여자들과 아이들이 예수를 따라 오며 같이 노래한다….

도시는 그것을 둘러싼 푸르름과 더불어 멀어져 간다. 길에는 많은 여행자들이 다니고 있다. 길가에서는 수많은 거지들이 군중을 감동시켜 동냥을 많이 얻으려고 소리높이 하소연을 한다. 불구자, 손이 없는 사람, 소경들…. 어느 때 어느 나라에나 축제가 있어 사람들이 몰려드는 곳이면 으레 모이기 마련인 흔히 볼 수 있는 비참한 사람들이다.

그런데 소경들은 지나가는 그분을 보지 못하지마는, 다른 사람들은 보고, 가난한 사람들에 대한 선생님의 착한 마음씨를 알기 때문에 예수의 주의를 끌기 위하여 여느 때보다도 더 크게 외친다. 그러나 기적은 청하지 않고, 다만 동냥만 청하는데, 그것은 유다가 준다.

형편이 넉넉한 한 여자가 타고 가던 나귀를 길이 두 갈래로 갈라지는 곳에 그림자를 드리우고 있는 튼튼한 나무 곁에서 멈추고 예수를 기다리고 있다. 예수께서 가까이 가시자 나귀에서 미끄러져 내려, 완전히 축 늘어진 작은 어린 아이를 안고 있기 때문에 어렵게 땅에 엎드린다. 여자는 아무 말도 하지 않고 어린 아이를 쳐든다. 애통하는 그의 얼굴에서 그의 눈이 기원한다. 그러나 예수께서는 울타리를 이룬 사람들에 둘러싸여 계셔서 길가에 무릎을 꿇고 있는 가엾은 어머니를 보지 못하신다. 슬퍼하는 어머니와 같이 온 것으로 보이는 한 남자와 한 여자가 그 어머니에게 말한다.

"우리에게는 아무 것도 없습니다" 하고 남자가 머리를 흔들면서 말한다. 그러니까 여자는
"주인 마님, 선생님이 마님을 보지 못하셨습니다. 믿음을 가지고 선생님을 부르세요. 그러면 청을 들어주실 겁니다" 하고 말한다.
어머니는 그의 말을 들어 노래 소리와 발소리를 누르기 위하여 큰 소리로 외친다.
"주님, 저를 불쌍히 여겨 주십시오!"
벌써 몇 미터쯤 앞으로 가신 예수께서 걸음을 멈추시고 돌아서서 외친 사람을 찾으신다. 그러니까 하녀는
"마님, 선생님이 마님을 찾으십니다. 그러니 일어나서 샌생님을 가서 만나세요. 그러면 파비아가 나을 것입니다." 그러면서 아이 어머니를 부축하여 일으켜서 주님께로 데리고 온다. 주님께서는 말씀하신다.
"나를 부른 사람은 내게로 오시오. 지금은 자비를 바랄 줄 아는 사람에게는 자비의 때입니다."
두 여자가 군중을 헤치며 나아가는데, 하녀는 아이 어머니에게 길을 터 주느라고 앞서 가고, 그 뒤에는 아이 어머니가 오고, 이렇게 하여 그 여자들이 예수에게까지 거의 이르렀는데, 그 때 한 목소리가 외친다.
"잃어버렸던 내 팔! 보시오! 항상 능하시고 거룩하신 우리의 참 메시아, 다윗의 후손, 찬미받으십시오!"
여러 사람이 뒤돌아서고, 군중이 섞이고, 예수를 둘러싸고 서로 반대되는 방향으로 많은 사람이 움직이기 때문에 야단법석이 벌어진다. 모두가 알려고 하고 보려고 한다…. 오른 팔을 깃대처럼 흔들고 있는 어떤 노인에게 사람들이 물어보니 노인은 대답한다.
"이 팔이 움직이지를 않았습니다. 그런데 나는 선생님의 겉옷 자락을 잡아서 팔을 덮는 데 성공했습니다. 그랬더니 불과 생명같은 것이 죽은 팔 쪽으로 흘렀습니다. 그랬더니 보시오. 선생님의 옷을 만지기만 했는데도 오른 팔이 왼팔 같이 되었습니다."
그러는 동안 예수께서는 여자에게 물으신다.
"무엇을 원하시오?"

여인은 그의 아이를 내밀면서 말한다.

"이 아이도 살 권리가 있습니다. 이 애는 죄가 없습니다. 이 애는 이곳에서나 저곳에서 나기를 바라지 않았고, 이런 피를 받거나 저런 피를 받아 나기를 청하지 않았습니다. 죄가 있는 것은 저입니다. 벌은 제가 받아야 하지 이 애가 받을 것이 아닙니다."

"하느님의 자비가 사람들의 자비보다 더 크기를 바라시오?"

"주님, 그렇기를 바랍니다. 저는 믿습니다. 제 아이와 저를 위해서요. 주님이 제 아이에게 생각과 움직임을 돌려주시기를 바랍니다. 주님은 생명이시라고들 말합니다…." 그러면서 그 여자는 운다.

"나는 생명이오. 그리고 나를 믿는 사람은 정신과 팔다리의 생명을 얻을 것이오. 내가 원하오!" 예수께서 이 말들을 큰 소리로 외치셨다. 그리고 이제는 꼼짝 못하고 있는 어린 아이에게로 손을 내리신다. 그 어린 아이는 몸을 한번 떨고 미소를 짓고 "엄마!" 하고 말 한 마디를 한다.

"이 애가 움직여요! 웃어요! 말을 했어요! 파비우스! 주인 마님!" 두 여자는 기적의 과정을 지켜보고, 그것을 큰 소리로 알렸고, 아이 아버지를 불렀다. 그 사람은 사람들을 헤치고 여자들에게로 오니, 여자들은 벌써 예수의 발 앞에서 눈물을 흘리고 있고, 하녀는 "선생님은 모든 사람을 불쌍히 여기신다고 제가 말씀드렸지요" 하고 말하고, 아이 어머니는 "이제는 제 죄도 용서해 주십시오" 하고 말한다.

"하늘은 당신에게 베푸신 은총으로 당신의 잘못이 용서받았다는 것을 당신에게 보여주지 않소? 일어나시오. 그리고 당신 딸과 당신이 택한 남자와 같이 새 생활을 해 나가시오. 가시오! 평화가 당신에게, 어린 딸 너에게, 충실한 이스라엘 여자인 당신에게 있기를. 당신에게는 하느님께 대한 당신의 충성과 당신이 봉사하고 당신의 마음으로 율법을 가까이 하며 살도록 한 가정의 딸에 대한 충실 때문에 큰 평화가 있기를 바라오. 그리고 사람의 아들에 대하여 다른 많은 이스라엘 사람들보다 더 경의를 표한 사람인 당신에게도 평화가 있기 바라오."

군중이 노인을 떠나서 마비되고 바보였던 계집 아이에 대한 새 기적에 관심을 보이는 동안 예수께서는 작별인사를 하신다. 계집 아이는 아마 뇌막염으로 인하여 마비가 되고 바보가 되었던 모양이어서, 이제는 그가 아는 몇 마디 단어만을 말하면서 기쁘게 뛰논다. 그 단어들은 아마 그 아이가 병들기 전에 알던 것인데, 다시 깨어난 그의 정신에 있는 그대로 찾아낸 것이다.
 "아빠, 엄마, 엘리사. 아름다운 해! 꽃들!…."
 예수께서 떠나시려는 몸짓을 하신다. 그러나 이제는 지나친 네거리, 기적을 얻은 사람들이 거기 남겨 놓은 나귀들 곁에서 다른 부르짖음들이 히브리인들의 독특한 가락으로 구슬프게 울려온다.
 "예수님, 주님! 다윗의 후손, 저를 불쌍히 여겨 주십시오!" 그리고 다시 군중의 외치는 소리를 누르기 위하여 더 크게 "조용하시오. 선생님을 가시게 놔두시오. 갈길은 멀고 해는 점점 더 뜨겁게 내리쬐오. 더워지기 전에 선생님은 야산 위에 가셔야 하오" 하고 말하는 소리가 들린다. 그러나 그들은 다시 외친다.
 "예수님, 주님, 다윗의 후손, 저를 불쌍히 여겨 주십시오."
 예수께서 다시 걸음을 멈추시고 말씀하신다.
 "가서 소리 지르는 사람들을 이리로 데려 오시오."
 자원자들이 간다. 그들은 두 소경에게 가서 말한다.
 "오시오. 선생님이 당신들을 동정하시오. 선생님이 당신들의 청을 들어주려고 하시니까 일어나시오. 선생님이 당신 이름으로 당신들을 부르라고 우리를 보내셨소." 그러면서 두 소경을 군중 사이로 해서 인도하려고 한다.
 그러나 한 사람은 인도하는 대로 끌려 가지만, 더 젊고 아마 더 믿는 또 한 사람은 자원자들의 소원을 앞질러서, 그의 지팡이를 앞으로 내밀고, 빛을 찾기 위하여 쳐든 얼굴에 소경들 특유의 미소와 태도를 보이며, 혼자서 앞으로 나아온다…. 그런데 그의 걸음이 어떻게나 빠르고 확실한지 그의 천사가 그를 인도하는 것 같다. 그가 제일 먼저 예수 앞에 이르니, 예수께서는 그를 멎게 하시며 말씀하신다.
 "내가 당신에게 어떻게 해 주기를 바라오?"
 "선생님, 눈이 보이게 해 주십시오. 주님, 제 눈과 제 동무의 눈이 떠지게 해 주십시오." 그리고 다른 소경도 왔으므로 사람들은 그를 동무 곁에 무릎을 꿇게 한다.

예수께서는 쳐든 그들의 얼굴 위에 두 손을 드시고 말씀하신다.

"당신들이 청하는 대로 되기를 원하오. 가시오! 당신들의 믿음이 당신들을 구했소!"

예수께서 손을 떼시니 두 마디의 외침이 소경들의 입술에서 나온다.

"우리엘, 난 눈이 보여!"

"나도 눈이 보여, 바르티메오!"

그리고 둘이 함께 "주님의 이름으로 오신 분, 찬미받으십시오! 이분을 보내신 분, 찬미받으십시오! 하느님께 영광! 다윗의 후손께 호산나" 하고 외치며, 두 사람 다 엎드려 땅에 얼굴을 대고 예수의 발에 입맞춤 한다. 그런 다음 두 소경은 일어나고, 우리엘이라고 하는 사람은 "주님, 제 부모께 가서 저를 보이고 나서 돌아와 주님을 따르겠습니다" 하고 말한다. 그러나 바르티메오는 이렇게 말한다.

"저는 주님을 떠나지 않겠습니다. 저는 사람을 보내서 부모님께 알려 드리겠습니다. 그것은 역시 기쁨일 것입니다. 그러나 제가 주님을 떠난다는 것은 안 될 말입니다. 주님은 제게 눈을 보게 해 주셨으니, 저는 제 목숨을 주님께 바칩니다. 주님의 종들 중의 마지막 종의 소원을 불쌍히 여겨 주십시오."

"와서 나를 따르시오. 착한 뜻은 모든 신분을 똑같게 하오, 그리고 주님을 가장 잘 섬길 줄 아는 사람만이 가장 위대하오."

예수께서는 군중이 호산나를 외치는 가운데 다시 걸음을 걷기 시작하시는데, 바르티메오도 군중 속에 섞여 다른 사람들과 같이 호산나를 외치며 말한다.

"나는 빵을 얻으러 왔었는데, 주님을 만났습니다. 저는 가난했었는데, 이제는 거룩하신 왕의 종이 되었습니다. 주님과 주님의 메시아께 영광."

42. 예수께서 베다니아에 이르시다

일행이 베다니아의 첫번째 집들에 이르렀을 때에는 나뭇잎들과 풀밭의 풀에서 이슬이 다 증발한 후였고, 해가 아직도 하늘을 향하여 올라가고 있는 것으로 보아, 그들은 예리고에서 베다니아로 오는 중간에서 멈추었던 모양이다.

그곳 농부들은 농기구를 내 던지고 예수 둘레로 달려온다. 예수께서는 농부들이 간청하는 대로 사람들과 초목에 강복하시며 지나가신다. 여자들과 어린이들은 아직 은빛도는 잔털이 덮인 초록색 껍데기 속에 들어 있는 편도들과 꽃이 늦게 피는 과일나무들의 마지막 꽃들을 가지고 뛰어온다. 그러나 나는 예루살렘 지방에는 아마 고도(高度)인지, 유다에서 가장 높은 산들에서 불어 오는 바람 때문인지, 또는 다른 어떤 이유 때문인지, 혹은 다른 품종 때문인지 파란 풀밭 위에 가벼운 구름처럼 매달려 있는 흰색과 분홍색의 뭉치들을 이루고 있는 과일나무가 아직 많은 것을 깨닫는다. 높은 나무줄기들 아래에는 울퉁불퉁한 포도덩굴에 끈으로 잡아맨 포도나무의 연한 잎들이 값진 에메랄드 빛깔의 큰 나비들처럼 펄럭이고 있다.

예수께서는 들판이 벌써 작은 도시로 변하는 곳을 표하는 샘에서 걸음을 멈추시고 거의 온 베다니아 사람들의 경의를 받으신다. 그 때에 라자로가 누이동생들과 같이 달려 와서 그들의 주님 앞에 꿇어 엎드린다. 마리아가 선생님을 떠난 것이 이틀 남짓밖에 되지 않지만, 선생님을 뵙지 못한 것이 수백년이나 되는 듯이 샌들 속에 있는 먼지 투성이의 예수의 발에 끊임없이 입맞춤한다.

"주님, 오십시오. 집에서 주님이 계시는 기쁨을 누리기 위해 주님을 기다리고 있습니다" 하고 라자로가 사람들이 그렇게 할 수 있도록 해 주는 대로 천천히 걸어가는 동안 예수 곁으로 오면서 말한다. 과연 사람들은 예수 둘레로 밀려들고, 어린이들은 예수의 옷에 매달리기도 하고, 예수를 향하여 돌아서서 머리를 들고 앞서 걸어 가기도 하여 다른 사람들에게 부딪치기도 하고 다른 사람들이 그들에 부딪치게도 한다. 그래서 예수께서 먼저 그 다음에는 라자로와 사도들이 더 빨리 전진하기 위하여 제일 작은 아이들을 안는다.

열성당원 시몬의 집으로 통하는 출입로가 있는 곳에는 성모님이 동서와 살로메와 수산나와 같이 계신다. 예수께서는 어머니께 인사를 드리기 위하여 걸음을 멈추셨다가 활짝 열려 있는 넓은 대문에까지 계속 가신다. 그곳에는 막시민과 사라와 마르첼라가 있고, 그들 뒤에는 집 안의 하인들을 비롯하여 농부들에 이르기까지 집의 수많은 하인들이 모두 있다. 모두가 잘 정렬하여 있고, 모두가 기뻐하며, 기쁨으로 흥분하여 있는데, 그 기쁨은 호산나라는 외침과 두건과 베일을 흔드는 것으로 나타난다.

꽃들과 미르타*와 월계수의 잎들과 장미꽃잎과 재스민 꽃잎들을 던지는데, 그 꽃잎들은 그 화려한 꽃부리가 해에 반짝이거나 갈색 흙 위에 흰 별들처럼 흩어진다. 뜯어진 꽃잎과 발에 밟히는 향기가 있는 나뭇잎들이 냄새가 햇볕에 뜨거워진 땅에서 올라온다. 예수께서는 이 향기로운 양탄자 위로 지나가신다.

땅을 내려다보며 예수를 따라 오는 막달라의 마리아는 한 걸음마다 몸을 구부린다. 그래서 곡식단을 묶는 사람을 따라 가는 이삭 줍는 여자 같다. 그것은 예수께서 밟으신 나뭇잎과 꽃부리, 심지어는 뜯어진 꽃잎까지도 줍기 위해서이다.

막시민은 큰 대문을 닫아 손님들을 조용히 있게 할 수 있기 위하여 벌써 준비한 맛있는 것들을 어린이들에게 주게 한다. 그것은 어린이들을 주님에게서 떼어놓고, 일제히 하는 항의를 유발하지 않고 그들을 떠나보내는 편리한 방식이다. 하인들은 명령을 이행하여 흰색과 갈색의 편도를 곁들인 작은 비스킷이 가득한 바구니들을 밖에 길로 가져간다.

꼬마들이 그리로 모이는 동안 다른 하인들은 어른들을 밀어내는데, 그 중에는 아직 자캐오와 네 사람, 요엘, 유다, 엘리엘, 엘카나가

---

* 역주 : 지중해 연안의 상록관목으로 꽃이 매우 향기로움.

있다. 그들과 같이 다른 사람들도 있는데, 그들은 돌풍처럼 휘몰아치는 바람이 길에서 일으키는 먼지와 벌써 뜨거워진 햇볕 때문에 얼굴을 모두 가리고 있어서 누구인지 알 수가 없다.

그러나 벌써 매우 앞서 가시던 예수께서 돌아서시며 말씀하신다.

"기다리시오! 어떤 사람에게 무슨 말을 해야 하겠습니다." 그리고 요안나의 오빠들에게 가셔서 그들을 따로 불러 가지고 말씀하신다.

"요안나에게 가서 같이 있는 여자들과 오펠의 여자 제자 안날리아와 같이 나를 만나러 오라고 일러주기 부탁합니다. 내일 오라고 일러주시오. 내일 해가 지면 안식일인데, 나는 안식일을 베다니아의 친구들과 지내고자 하니까요. 평안히 가시오."

"그렇게 말하겠습니다, 주님. 그러면 요안나가 올 것입니다."

예수께서는 그들을 보내시고 요엘에게로 가신다.

"요셉과 니고데모에게 내가 왔다고 말하고, 안식일 다음 날 내가 시내로 들어갈 것이라고 말하시오."

"오! 조심하십시오, 주님!" 하고 착한 율법학자가 몹시 불안해하며 말한다.

"가시오, 그리고 용기를 가지시오. 정의를 따르고 내 진리를 믿는 사람은 떨어서는 안 됩니다. 오히려 옛날 약속의 실현이 왔으니까 기뻐해야 합니다."

"아! 저는 예루살렘에서 도망치겠습니다, 주님. 주님이 보시고 아시다시피 저는 허약한 체질입니다. 그리고 이 때문에 업신여김을 받습니다. 저는 그런… 그런… 일을 보지 못할 것입니다…."

"당신의 천사가 당신을 인도할 것입니다. 평안히 가시오."

"주님을… 주님을 또 뵐 수 있을까요, 주님?"

"물론 당신이 나를 또 보고 말고요. 그러나 우선은 나를 다시 보기 전에, 당신의 사랑이 고통의 시간에 내게 많은 기쁨을 주었다는 것을 생각하시오."

요엘은 예수께서 그의 어깨에 얹으신 손을 잡아 입술에 꼭 갖다 댄다. 그의 두건의 엷은 천을 통하여 입맞춤과 눈물이 예수의 손으로 내려온다. 그리고 그는 떠나 간다. 예수께서는 자캐오를 만나러 가신다.

"당신 친구들은 어디 있소?"

"그들은 샘에 그대로 있습니다, 주님. 거기 그대로 있으라고 제가 말했습니다."

"그들에게로 가서 그들과 함께 가장 오래되고 가장 충실한 제자들이 있는 벳파제로 가시오. 그들의 우두머리 이사악에게 그들이 시내 사방으로 퍼져서 모든 제자의 무리들에게 안식일 다음 날 아침, 내가 아침 아홉시쯤에 벳파제로 해서 예루살렘에 들어가 공식적으로 성전에 올라갈 것이라고 알리라고 하시오. 이 통지는 **제자들만을 위한** 것이라고 이사악에게 말하시오. 그는 내 말뜻을 알아들을 것이오."

"저도 알아듣습니다, 선생님. 유다인들이 선생님의 입성을 방해하지 못하게 그들을 기습하고자 하시는 거지요."

"그렇소, 이행하시오. 당신에게 내가 주는 것은 신임해서 주는 책임이라는 것을 기억하시오. 라자로를 쓰지 않고 당신을 쓰오."

"그리고 이것은 제게 대한 주님의 인자가 얼마나 한이 없는지를 말해 줍니다. 주님, 고맙습니다." 그는 선생님의 손에 입맞춤하고 간다.

예수께서 막 주인들에게로 돌아가시려고 하신다. 그러나 하인들에게 밖으로 밀려서 마지막 사람들이 나오고 있는 대문에서 한 청년이 떨어져 나와 달려 와서 예수의 발 앞에 엎드리며 베일에 조금도 가려지지 않은 얼굴을 쳐들고 "선생님, 강복을 주십시오! 저를 알아 보십니까?" 하고 외친다.

"그렇소, 당신은 지스칼라 근처에서 나를 마중 나온 가믈리엘의 제자로, 바르나바라고도 하는 요셉이오."

"그런데 저는 여러 날째 선생님을 따릅니다. 저는 선생님께서 계시지 않은 그 기간에 라삐와 같이 가서 니산달까지 두루마리들을 공부하려고 남아 있었던 지스칼라에서 오는 길에 실로에 있었습니다. 저는 선생님께서 말씀하실 때에 실로에 있었습니다. 그리고 선생님을 따라 레보나와 세겜으로 갔었습니다. 그리고 예리고에서 선생님을 기다렸습니다. 그것은 선생님께서…." 그는 말하지 않아야 하는 무슨 말을 한 것을 알아차린 듯이 갑작스레 말을 중단한다.

예수께서는 부드럽게 미소지으시며 말씀하신다.

"진실은 진실을 말하는 입술에서 맹렬하게 쏟아져 나와 조심성이 입 앞에 세워 놓은 둑을 넘어오는 일이 흔히 있소. 그러나 내가 당신의 생각을 마저 말하겠소…. '당신은 세겜에 남아 있던 가리옷의 유다를 통해서 내가 제자들을 다시 만나서 그들에게 명령을 주기 위해 예리고로 가리라는 것을 알았기 때문이었소.' 그래서 사람들의 눈에 띄는 것이나 시간을 낭비하는 것이나 당신의 선생 가믈리엘의 곁에 있지 못하는 따위는 걱정하지 않고 그리로 가서 나를 기다렸소."

"가믈리엘 선생님은 제가 선생님을 따라 다니느라고 늦어졌다는 것을 아시면 저를 나무라지 않으실 것입니다. 가믈리엘 선생께는 선생님의 말씀을 선물로 가져가겠습니다…."

"오! 가믈리엘 라삐에게는 말이 필요없소. 그 분은 이스라엘의 지혜로운 라삐요!"

"그렇습니다. 다른 어떤 라삐도 그분에게는 옛날 것은 아무 것도 가르칠 수 없습니다. 아무 것두요. 그분은 옛날 것을 모두 알고 계시니까요. 그러나 선생님께서는 가르치실 수 있습니다. 선생님께서는 새로운 것에 대한 싱싱한 생명이 가득한 새로운 말씀들을 가지고 계시니까요. 선생님의 말씀은 봄의 수액(樹液)과 같습니다. 라삐 가믈리엘이 이렇게 말씀하십니다. 그리고 이제부터는 여러 세기에 걸친 먼지가 뒤덮이고, 따라서 말라붙고 불투명해진 지혜들이, 선생님께서 그것들을 설명하실 때는 다시 살아나고 빛나게 된다고 덧붙여 말씀하셨습니다. 오! 라삐에게 선생님의 말씀을 갖다 드리겠습니다."

"또 내 인사도 갖다 드리시오. 그분에게 마음과 지능과 눈과 귀를 열라고 말하시오. 그리고 그분이 20여년 전에 한 질문이 대답을 들을 것이라고 말하시오. 가시오! 하느님께서 당신과 함께 계시기를 바라오."

청년은 다시 몸을 굽혀 선생님의 발에 입맞춤 하고 떠난다.

하인들은 마침내 대문을 닫을 수 있고, 예수께서는 친구들 있는 데로 가실 수 있다.

"나는 내일 여자 제자들을 이리 오라고 서슴지 않고 초청했소" 하고 예수께서 라자로 곁으로 가셔서 그의 어깨에 한 팔을 얹으시며 말씀하신다.

"주님, 잘 하셨습니다. 아시다시피 제 집은 주님의 것입니다. 주님의 어머니께서는 시몬의 집에 거처하기를 더 원하셔서 어머니의 희망을 존중했습니다. 그러나 주님은 제 집에 머무르시기를 바랍니다."

"그러지요. 하긴… 다른 집도 당신의 집이기는 하지만, 나와 내 친구들에 대한 당신의 최초의 후한 인심 중의 하나였소. 여보, 내가 얼마나 많이 이용했는지 모르오!"

"그리고 지혜로우신 선생님, 비록 이 말이 틀린 말이기는 하지만 오랫동안 더 이용하실 수 있기를 바랍니다. 제가 **선생님께** 후한 인심을 쓰는 것이 아닙니다. **제가 선생님에게서 받으니까요**. 저는 선생님께 빚진 사람입니다. 그리고 선생님께서 제게 주신 보물들 앞에 선생님을 위해 동전 한 닢을 놓는다 해도, 제 보잘 것 없는 선물이 선생님의 보물들에 비하면 도대체 그게 무엇입니까? '주어라, 그러면 받을 것이다' 하고 선생님은 말씀하셨지요. '됫박을 꾹꾹 눌러서 너희 품에 쏟아부을 것이고, 너희가 준 것의 100곱절을 받을 것이다.' 이렇게 말씀하셨지요. 저는 선생님께 아직 아무 것도 드리지 않았을 때 100곱절의 100곱절을 받았습니다. 오! 저는 우리의 첫번 만남을 기억합니다! 세라핌*들조차도 가까이 갈 자격이 없는 주님이시오 하느님이신 선생님께서 제 슬픔 속에 여기 들어박혀 있던… 외롭고 고민하는 제게로 오셨습니다. 요셉과 니고데모와 산 사람의 무덤 속에서도 끊임없이 저를 사랑한 제 충실한 벗 시몬을 빼놓고는 모든 사람이 피하던 라자로라는 사람에게로 오셨습니다…. 선생님께서 선생님을 뵙는 제 기쁨이 세상의 멸시라는 지독한 흙탕물이 튀겨짐으로 흐려지기를 원치 않으셨습니다…. 우리의 첫번 만남! 그 때 선생님께서 하신 말씀을 모두 말씀드릴 수 있을 것입니다. 제가 선생님을 뵌 적이 없을 때 제가 선생님께 무엇을 드렸기에 선생님에게서 즉시 100곱절의 100곱절을 받았습니까?"

"지극히 높으신 우리 아버지께 드린 당신의 기도요. 라자로, **우리의 아버지**. 내 아버지요, 당신의 아버지. 말씀과 사람으로서의 내 아버지. 사람으로서의 당신의 아버지께. 당신이 그렇게도 많은 믿음을

---

* 역주 : 치품(熾品) 천사.

42. 예수께서 베다니아에 이르시다

가지고 기도할 때에, 당신은 벌써 당신 전부를 내게 주지 않았소? 그러니까 당신은 의당 그래야 할 것처럼 당신이 내게 준 것에 대해 내가 100곱절을 주었다는 것을 알 거요."

"선생님이시며 주님, 주님의 인자는 무한합니다. 주님은 주님의 종들이 자기네들이 그렇다는 것을 아직 알기도 전에 주님의 생각이 당신의 종이라고 아시는 사람들에게 미리 하느님다운 너그러움으로 상을 주십니다."

"내 종들이 아니라, 내 친구들이오. 정말이지 내 아버지의 뜻을 행하고 아버지께서 보내신 진리를 따르는 사람들은 내 친구들이지, 내 하인들이 아니오. 그보다도 더하오. 그들은 내가 제일 먼저 행한 것처럼 아버지의 뜻을 행하는 내 형제들이오. 그러므로 내가 하는 대로 하는 사람은 내 친구요. 친구만이 그의 친구가 하는 일을 자발적으로 하니까요."

"주님, 주님과 저 사이가 항상 그러하기를 바랍니다. 언제 예루살렘에 가십니까?"

"안식일 다음 날 아침이오."

"저도 가겠습니다."

"안 되오. 당신은 나와 같이 오지 마시오. 내가 당신에게 말하겠소. 당신에게 부탁할 다른 일들이 있소…."

"선생님의 명령대로 하겠습니다. 저도 선생님께 청할 것이 있습니다…."

"이야기 합시다."

"우리끼리 안식일을 지내는 것을 더 원하십니까, 그렇지 않으면 공동의 친구들을 초청해도 되겠습니까?"

"초대를 하지 말라고 부탁하겠고. 나는 그 시간을 생각이나 형식의 거리낌없이 당신들만의 조심스럽고 조용한 우정 속에서 지내고 싶은 마음이 간절하오. 몹시 소중해서, 그들 가운데 있으면 자기 집에 있는 것처럼 느껴지는 친구들 가운데에 있는 사람의 아득한 자유 속에서 말이오."

"주님이 원하시는 대로 하겠습니다. 또 그리고… 제가 바라던 것도 그것입니다. 그러나 제 친구들에 대해 이기주의인 것같이 생각되었었습니다. 우정의 면에서는 오직 한 분뿐인 친구이신 선생님보다 모두 못한 사람들입니다만 그래도 역시 소중한 친구들입니다. 그러나 선생님의 뜻이 그러시다면… 주님은 아마 피곤하시거나 걱정이 있는 가보군요….” 라자로는 그의 친구요 선생님인 분에게 말보다는 눈길로 더 물어본다. 예수께서는 약간 서글프고 약간 생각에 잠긴 눈빛으로, 그리고 입술에 감도는 엷은 미소로만 대답하실 뿐, 달리 대답을 하지 않으신다.

두 분은 분수가 노래하는 수반 곁에 홀로 있었다. 다른 사람들은 모두 집 안으로 들어가서, 그곳에서는 사람들의 목소리와 식기 소리가 들려온다….

막달라의 마리아는 바람에 가볍게 흔들리는 두꺼운 커튼으로 가려진 문 밖으로 그의 금발 머리를 두세번 내민다. 바람이 점점 더 세게 불고, 하늘은 점점 더 어두운 들쑥날쑥한 구름으로 뒤덮인다.

라자로는 고개를 쳐들고 하늘을 살펴본다.

"아마 소나기가 한 줄기 올 모양입니다" 하고 그는 말한다. 그리고 덧 붙인다.

"그러면 올에는 매우 늦은 완고한 눈들을 트게 하는 데 도움이 될 것입니다…. 아마 늦추위 때문에 눈들이 더디 트는 모양입니다. 제 편도나무들도 피해를 입어서 열매가 많이 버려졌습니다. 요셉은 재판소 성문 밖에 있는 그의 과수원이 금년에는 완전히 열매를 맺지 못하는 것 같다고 말했습니다. 나무들이 마치 주술(呪術)에 걸린 것처럼 눈들을 꼭 붙들어 놓고 있다고 합니다. 그가 그 나무들을 그대로 두어야 할지 땔나무로 팔아야 할지 망설일 정도라고 합니다. 아무 것도 없답니다. 꽃 한 송이도. 지금도 테벳달에 있던 그대로 있답니다. 단단하고 빽빽한 눈의 꼭대기가 계속 부풀어 오르기만 한다는군요. 하긴 그곳에는 북풍이 심하게 몰아치고, 지난 겨울에는 바람이 많이 불기도 했습니다. 키드론개울 건너에 있는 제 과수원도 망쳐진 열매들이 있습니다. 그러나 요셉의 과수원의 현상은 하도 이상해서 봄에 깨어나려고 하지 않는 그곳을 많은 사람이 보러 갈 지경입니다."

예수께서는 빙그레 웃으신다….

"웃으십니까? 왜요?"

"사람이라는 그 영원한 어린 아이들의 어린애같음 때문이오. 그들은 무엇이든지 이상한 것에 매혹되오…. 그러나 과수원에는 꽃이 필 것입니다. 제 때에."

"그 때는 이미 지났습니다, 주님. 대관절 니산달에 어떤 한 군데에 몰려 있는 나무 무더기들이 꽃이 피지 않았다는 것을 보이는 때가 언제입니까? 언제까지 기다려야 그곳이 그렇게 되고 제 때가 되겠습니까?"

"그 나무들이 꽃이 피어서 하느님의 영광을 나타내야 할 때에."

"아! 알겠습니다! 주님이 요셉에 대한 사랑으로 그곳에 가셔서 강복하시려는 것이로군요. 그러면 꽃이 피어서 새로운 기적으로 하느님과 그분의 메시아의 새로운 영광을 나타낼 것입니다! 확실히 그렇습니다! 주님이 그곳에 가시지요. 제가 요셉을 보면 그 말을 해주어도 되겠습니까?"

"만일 당신이 그 말을 해야 한다고 생각한다면… 그렇소, 나는 그곳에 가겠소…."

"어느 날입니까, 주님? 저도 가고 싶습니다."

"당신도 영원한 어린 아이요?" 예수께서는 친구의 호기심을 보고 친절하게 머리를 끄덕이시며 더 환히 웃으신다. 라자로는 외친다.

"오! 주님을 기쁘게 해 드려서 저는 행복합니다. 오래 전부터 보지 못하게 되었던 미소로 환해진 주님의 얼굴을 다시 뵙게 되는군요! 그러면… 저도 가는 것입니까?"

"안 되오, 라자로. 과월절 전 금요일에는 당신이 여기 있는 것이 내게 필요하오."

"오! 그러나 과월절 전 금요일에는 과월절에만 전념하는데요! 선생님은… 왜 사람들이 비난할 일을 하고자 하십니까? 그곳에는 다른 날 가십시오…."

"나는 그곳에 바로 과월절 전 금요일에 갈 수밖에 없소. 그러나 옛날의 과월절 준비가 아닌 일들을 할 사람은 나 혼자만이 아닐 거요. 이스라엘에서 가장 엄격한 사람들까지도, 엘키아, 도라, 시몬, 사독, 이스마엘 같은 사람들도, 가야파와 안나에 이르기까지도 아주 새로운 일을 할 것입니다…"
"도대체 이스라엘이 미치광이가 되는 것입니까?"
"당신이 바로 말했소."
"그러나 선생님은… 오! 비가 옵니다. 선생님, 집 안으로 들어가십시다…. 저는… 걱정이 됩니다…. 제게 설명을 해 주지 않으시겠습니까?…."
"설명해 주겠소. 당신을 떠나기 전에 말해 주겠소…. 당신 누이동생이 우리가 비 맞을까봐 걱정이 돼서 두꺼운 천을 가지고 달려 오고 있소…. 오! 마르타! 항상 조심성 있고 부지런하구나. 그러나 비가 많이 오지 않는다."
"사랑하는 내 누이! 아니 그보다도 내 누이들… 이제는 이 애들이 둘 다, 마리아도 마르타와 같이 악의라고는 조금도 모르는 정다운 소녀들과 같습니다. 그리고 마리아가 그저께 예리고에서 돌아왔을 때 어깨로 흘러내린 많아늘인 머리하고 정말 소녀 같아 보였습니다. 어떤 소년에게 샌들을 사 주려고 그 애의 머리핀을 팔았었는데, 쇠로 만든 머리핀은 너무 낫긋낫긋해서 그 애의 머리를 제 자리에 고정시키게 되지 못했기 때문입니다. 그 애는 마차에서 내릴 때에 웃으면서 말했습니다. '오빠, 물건을 사기 위해서 어떤 물건을 팔아야 한다는 것이 어떤 것인지, 또 가난한 사람에게는 한 드라크마에 스무개 하는 머리핀으로 머리를 고정시키는 것 같은 아주 간단한 일까지도 얼마나 어려운지를 알게 됐어요. 그러나 장차 가난한 사람들에게 더 자비롭게 되기 위해서 이걸 기억하겠어요' 하고. 주님이 그 애를 얼마나 변하게 하셨는지요!"
두 분이 집 안에 들어오면서 화제에 올리고 있는 마리아는 물병들과 대야들을 가지고 벌써 주님의 시중을 들 준비를 갖추고 있다. 마리아는 주님의 시중을 드는 영광을 아무에게도 양보하지 않고, 선생님의 손발을 깨끗하게 해 드리고 음식을 드시게 하고, 새 샌들을 신으시고 당신의 거처로 정해진 방으로 가시는 것을 보기 전에는 만족하지 않는다. 그 방에서는 어머니께서 햇볕으로 아주 향기롭게 된 아마포 옷을 가지고 아들을 기다리신다….

43. 예루살렘 입성 전 금요일

Ⅰ. 예수와 가리옷의 유다

"너희들은 너희들 마음대로 가고 싶은 곳에 가도 된다. 나는 오늘 유다와 야고보와 같이 여기 남아 있겠다. 여자 제자들이 오기로 되어 있다" 하고 예수께서 집의 회랑 아래 모여 있는 당신 사도들에게 말씀하신다. 그리고 이렇게 덧붙이신다.

"그러나 해지기 전에 모두 여기 돌아오도록 하여라. 그리고 조심하여라. 너희들에 대한 보복을 피하기 위하여 사람의 눈에 띄지 않도록 힘써라."

"오! 나는 정말 여기 남아 있을 거야. 내가 예루살렘에 가서 뭐 하겠어?" 하고 베드로가 말한다.

"그렇지만 나는 갈 거야. 아버지가 틀림없이 기다리실 거야. 포도주를 주고자 하시거든. 이건 오래된 약속이지만, 아버지는 정직한 사람이기 때문에 언제나 그렇듯이 지키시는 거야. 자네들 과월절 잔치에 어떤 포도준지 알게 될 걸세! 라마에 있는 아버지의 포도밭! 그 지역에서는 유명하단 말이야" 하고 토마가 말한다.

"라자로의 포도주도 훌륭해. 나는 등불 명절 때 잔치를 잊지 못하고 있네" 하고 마태오가 미식가로서 얼떨결에 말한다.

"그러면 내일 그 어느 때보다도 더 자네가 기억을 새롭게 할 걸세. 라자로가 내일 큰 잔치를 차리라고 명령했거든. 몇 가지 준비하는 걸 내가 보았어…" 하고 제베대오의 야고보가 말한다.

"그래? 다른 사람들도 올 건가?" 하고 안드레아가 묻는다.

"아니야. 막시민에게 물어보았는데, 아니래."

"아! 그렇지 않으면 아내가 보내준 새 옷을 입으려고 했는데" 하고 필립보가 말한다.

"나는 새 옷을 입을 거야. 과월절에 입으려고 했었지만 내일 입을 거야. 내일은 우리가 여기서 며칠 후보다 확실히 더 조용히 지내게 될 거야…" 하고 바르톨로메오가 말하다가 말을 중단하고 생각에 잠긴다.

"나는 예루살렘에 들어갈 때에 새 옷을 입을 거야. 선생님은요?" 하고 요한이 묻는다.

"나도 그러겠다. 나는 주홍물을 들인 옷을 입겠다."

"선생님은 왕같으시겠어요!" 하고 찬란한 옷을 입으신 예수를 벌써 생각으로 보는 귀염둥이가 감탄하며 말한다.

"그러나 내가 그 생각을 하지 않았더라면! 그 주홍빛 물감은 내가 여러 해 전에 마련해드린 거야…" 하고 가리옷 사람이 자랑한다.

"정말이야? 오! 그 생각은 못했었네…. 선생님은 항상 아주 겸손하셔…."

"지나치게 겸손하시네. 이제는 선생님이 왕이 되셔야 할 때야. 기다릴 만큼 기다렸단 말이야! 선생님이 옥좌에 앉은 왕이 아니라 하더라도, 당신의 품위 때문에 적어도 당신의 지위에 어울리는 옷은 입으셔야 해. 난 모든 것을 생각한단 말이야."

"유다, 자네 말이 옳아. 자네는 상류사회의 사람이지. 우리는… 우리는 보잘 것 없는 어부들이고…" 하고 호수 출신의 사람들이 겸손하게 말한다…. 그리고 세상의 빛으로, 세상의 쇠퇴하는 거짓 빛으로 볼 때에는 늘 그런 것처럼, 유다의 하급 합금이 갈릴래아 사람들의 마음의 거칠기는 하지만 **순수하고 진실하고 성실한** 금보다 더 고귀한 금속으로 보인다.

열성당원과 알패오의 아들들과 말씀하고 계시던 예수께서 몸을 돌려 가리옷 사람과 몹시 겸손하고 또 유다에 비하여 몹시 부족한 것 때문에 매우 자존심이 깎인 그 사람들을 바라보신다…. 그리고 말없이 머리를 끄덕이신다. 그러나 유다가 길을 떠나려는 것처럼 샌들 끈을 졸라매고 겉옷을 단정하게 입는 것을 보시고, 그에게

"어디 가느냐?" 하고 물으신다.

"시내에요."

"야고보와 같이 너도 붙잡아둔다고 말했는데…."

"아! 저는 선생님의 사촌 유다에 대해서 말씀하시는 줄 알았습니다…. 그러면… 저는… 포로 같군요…. 하! 하!"하고 기분나쁘게 웃는다.

"베다니아에는 사슬도 창살도 없는 것 같은데, 여기에는 다만 자네 선생님의 소원이 있을 뿐일세. 그리고 나는 선생님의 포로가 되었으면 좋겠네"하고 열성당원이 평한다.

"오! 물론이지! 나는 농담을 한 거야…. 사실은… 내 어머니의 소식을 듣고 싶어서 그러는 거야. 가리옷의 순례자들이 분명히 왔을 거고, 또…."

"아니다. 이틀 후에는 우리 모두가 예루살렘에 간다. **지금은 여기 남아 있어라**"하고 예수께서 권위를 행사하는 말투로 말씀하신다.

유다는 버티지 않는다. 그는 겉옷을 벗으며 말한다.

"그럼 누가 시내에 가나? 사람들의 기분을 아는 것이 좋을 텐데…. 제자들은 무엇을 하는지…. 나는 친구들에게 가서 사정을 알아보려고도 했어…. 베드로에게 그걸 약속했거든…."

"상관없다. 여기 남아 있어라. 네가 말하는 것 중에 필요한 것은 아무 것도 없다. 아무 것도 절대로 필요한 것은 아니다…."

"그렇지만 토마가 가면…."

"선생님, 저도 가고 싶습니다, 저도 약속을 했으니까요. 저는 안나의 집에 친구들이 있습니다. 그리고…"하고 요한이 말한다.

"얘야, 그런데 네가 거길 가겠다는 거야? 널 붙잡으면 어쩔려구?"하고 가까이 왔던 살로메가 묻는다.

"그들이 저를 붙잡으면요? 제가 무슨 나쁜 짓을 했어요? 아무 것도 하지 않았어요. 그러니까 주님을 두려워하지 않아도 돼요. 따라서 그들이 저를 붙잡아도 저는 두려워하지 않겠어요."

"오! 허세부리는 새끼 사자! 떨지 않겠다구? 그렇지만 자넨 그들이 우리를 얼마나 미워하는지 모르나? 그들이 우릴 붙잡으면 죽음이야, 알겠나?"하고 가리옷 사람이 그에게 겁을 주려고 말한다.

"그럼 자넨 왜 거길 가려고 하나? 자넨 혹 벌을 받지 않는 특권이라도 있나? 자넨 어떻게 해서 그런 특권을 얻었나? 말해 주게, 나도 그렇게 하겠네."

유다는 무서워하고 성을 내는 몸짓을 한다. 그러나 요한의 얼굴이 하도 맑아서 배반자는 안심한다. 그는 그 말에 계략도 의혹도 없다는 것을 깨닫는다. 그래서 말한다.

"난 아무 것도 한 거 없네. 그렇지만 총독 측근에 **친한** 친구가 몇 명 있네. 그래서…."

"됐네! 이제는 비가 멎었으니까 가고 싶은 사람은 가세. 여기서 시간을 허비하고 있는데, 오정때면 비가 다시 올지도 몰라. 가고 싶은 사람은 서두르게" 하고 토마가 권고한다.

"갈까요, 선생님?" 하고 요한이 묻는다.

"가거라."

"자 봐! 밤낮 이렇다니까. 이 사람에게는 그래라, 다른 사람들에게도 그래라, 내게는 안 된다. 언제나 안 된다! 야."

"자네 어머니의 소식을 알아보도록 해 보겠네" 하고 요한이 그를 진정시키기 위하여 말한다.

"그리고 나도 그러겠네. 나도 자네와 토마와 같이 가겠네" 하고 열성당원이 말한다. 그리고 이렇게 덧붙인다.

"제 나이가 젊은이들을 억제할 것입니다, 선생님. 그리고 나는 가리옷 사람들을 잘 아니까, 그 중의 어떤 사람을 보면 가서 그를 만나겠네. 자네 어머니의 소식을 알아 오겠네. 착한 마음씨를 가지고, 안심하게! 지금은 과월절일세. 유다! 우리 모두가 이 명절의 평화를 느끼고, 이 축제의 기쁨을 맛보네. 왜 자네만이 항상 그렇게 불안하고, 그렇게 우울하고, 불만이고, 마음의 평안을 누리지 않으려고 하나? 과월절은 하느님께서 통과하시는 걸세…. 과월절은 우리 히브리인들에게는 무자비한 속박에서 해방된 명절일세. 지극히 높으신 하느님께서 우리를 그 속박에서 구해 주셨네. 지금은 옛날 사건을 되풀이 할 수는 없기 때문에 그 상징이 개인적으로 남아 있는 걸세…. 과월절. 그것은 마음의 해방이고, 정화일세. 말하자면 어린 양의 피로 표한 사람에게는 다시는 원수의 세력이 해를 끼치지 못하게 하기 위한 어린 양의 피로 베푸는 세례일세. 정화와 해방과 우리의 구세주이신 하느님께 대한 예배의 이 명절로 새해를 시작하는 것은 정말 아주 아름다운 일이네…. 아이고! 선생님, 용서하십시오! 저희들의 마음을 바로잡아 주시는 데에는 여기 선생님이 계시기 때문에 저는 잠자코 있어야 하는 건데 말을 했습니다…."
"나도 그 생각을 하고 있었네. 시몬, 완전히 같은 생각을. 나는 선생님을 한 분 대신에 두 분을 모셨다고. 그리고 이것이 내게는 지나친 것으로 생각됐어" 하고 가리옷 사람이 성마르게 말한다.
베드로는… 오! 베드로는 이번에는 자제하지 못하고 쏘아붙인다.
"그리고 만일 자네가 한없이 계속하면, 곧 셋째 선생을 모시게 될 텐데, 그건 날 걸세. 그리고 자네에게 분명히 말하지만 나는 말보다 더 설득력 있는 논법을 쓸 걸세."
"자넨 동료를 치겠다는 건가? 묵은 갈릴래아 사람을 밑바닥에 붙잡아 두려고 그렇게 많은 노력을 했는데, 자네의 진짜 성질이 표면으로 다시 올라온단 말인가?"
"표면으로 올라오는게 아니라, 항상 표면에 분명하게 떠 있었네. 나는 위장된 동작은 쓰지 않네. 그렇지만 자네같은 야생 당나귀들에게는 길들이는 데 쓰는 무기는 한 가지밖에 없어. 그건 매야. 자넨 이 사람의 친절과 우리의 참을성을 남용하는 걸 부끄러워해야 할 걸세! 가세, 시몬! 가세, 요한! 가세, 토마! 선생님, 안녕히 계십시오. 저도 떠나겠습니다, 만일 여기 그대로 있다가는… 아니, 정말, 이제는 더 이상 자제하지 못하겠어서 그럽니다." 그러면서 베드로는 의자에 있던 겉옷을 홱 채 가지고 급히 입는데, 하도 흥분해서 겉옷을 거꾸로 입는 것도 알지 못한다. 그래서 요한이 틀린 것을 알려주고 제대로 입도록 도와주어야 할 지경이다. 그리고 베드로는 그의 분을 좀 발산하기 위하여 발로 땅을 치면서 급히 떠나 간다. 그는 흥분한 작은 황소 같다.
다른 사람들은… 오! 다른 사람들은 쓰여있는 것을 읽을 수 있는 펼쳐진 책들과 같다. 바르톨로메오는 얼굴들을 조사하지 않기 위하여 아직 소나기 기운이 가시지 않은 하늘을 향하여 그의 홀쭉한 늙은이 얼굴을 쳐들고 바람을 조사하는 것 같다. 그리스도의 얼굴은 너무 괴로워하는 얼굴이고, 가리옷 사람의 얼굴은 너무나 믿을 수 없는 얼굴이다. 마태오와 필립보는 예수의 눈과 비슷한 눈이 분노를 반짝이는 타대오를 바라보고, 둘이 같은 생각에 사로잡힌다. 그래서 타대오를 잡아 두 사람 사이로 끌고 와서 밖으로, 시몬의 집으로 가는 정원안 통로 쪽으로 밀면서 말한다.
"자네 어머니는 이 일 때문에 우리가 필요하다고 하셨어. 제베대오의 야고보, 자네도 가세" 그러면서 살로메의 아들도 끌고 간다. 안드레아는 알패오의 야고보를 보고, 야고보는 안드레아를 본다. 억제된 같은 고통을 나타내는 두 얼굴이다. 그들은 무슨 말을 할지 몰라서 두 어린이처럼 서로 손을 잡고 침울하게 나간다. 여자 제자들 중에서는 살로메밖에 없는데, 살로메는 감히 움직이지도 못하고 말도 못한다. 그러나 자기가 있음으로 해서 비열한 사도의 다른 말들을 억제하고자 하는 것처럼 떠날 결심을 하지 못한다. 다행히 라자로의 가족은 아무도 없다. 성모님도 거기 계시지 않다.

유다는 자기가 예수와 살로메와만 있는 것을 알게 된다. 그는 이 분들과 함께 있기가 싫어서 그 분들에게 등을 돌리고 재스민을 올린 정자 쪽으로 간다.

예수께서는 그가 가는 것을 보시고 그를 지켜보신다. 예수께서는 유다가 정자에 앉는 체하다가 뒤로 해서 살그머니 밖으로 미끄러져 나가, 진짜 정원과 벌통들이 있는 방향성(芳香性) 식물을 심은 땅을 갈라놓은 장미와 월계수와 회양목으로 된 울타리 속으로 들어가는 것을 보신다. 거기서는 넓은 정원의 담에 나 있는 작은 문들로 해서 나갈 수가 있다. 정원은 정말 동산처럼 넓은 정원이며 양쪽 끝에는 가로수 모양으로 두 줄로 된 매우 높은 울타리가 있는데, 울타리는 군데군데 뚫려 있어 목장과 밭들과 과수원들과 올리브밭들과 시몬의 집에도 갈 수 있는 창살문으로 통하게 되어 있다. 창살문들은 이 모든 것을 합쳐놓기도 하고 갈라놓기도 하는 것이다. 정원의 다른 두 쪽에는 육중한 담들이 있는데 두 갈래 길로 나가는 문이 있다. 하나는 덜 중요한 길이고 하나는 큰 길인데, 베다니아를 거쳐서 베들레헴 쪽으로 가는 덜 중요한 길이 이 큰 길로 통한다.

예수께서는 할 수 있는 대로 몸을 일으키시고, 필요한 때에는 자리를 옮기기도 하시는데, 눈은 가리옷 사람이 하는 짓을 바라보실 때 불같이 번쩍인다. 마리아 살로메는 두 사람을 보고 알아차린다. 비록 키가 작아서 볼 수는 없지만 살로메는 정원 경계에서 무슨 일이 일어나는지를 알아차리고 중얼거린다.

"주님, 우리를 불쌍히 여겨 주십시오!"

예수께서는 이 탄식을 들으시고 잠깐 동안 돌아서서 이 착하고 순박한 제자를 바라보신다. 살로메는 아들들을 위하여 명예로운 자리를 청할 때에 어머니로서의 자존심을 생각할 수는 있었다. 그러나 그들은 훌륭한 사도들이었기 때문에 적어도 그렇게 할 수는 있었다. 살로메는 선생님의 꾸지람을 겸손되이 받았고, 그 때문에 기분이 상하지 않았고, 선생님을 멀리하지 않았다. 오히려 반대로 더 겸손하고 선생님을 더 잘 받들게 되어 할 수 있을 때에는 그림자처럼 따라 다니고, 선생님의 아주 조그마한 표정까지도 살펴서, 할 수 있을 때에는 선생님을 기쁘게 해 드리기 위하여 그 희망을 앞질러 갈 수 있도록 한다. 그리고 지금도 착하고 겸손한 살로메는 선생님을 위로하고, 선생님을 괴롭히는 의혹을 가라앉히려고 애쓰며 말한다.

"보세요. 저 사람은 멀리 가지 않습니다. 겉옷을 벗어던지고 다시 입지 않았어요. 풀밭으로 가서 화를 발산하려고 합니다…. 유다는 완전히 정장을 하지 않고는 절대로 시내에 가지 않을 것입니다…."

"가고 싶으면 벌거벗고라도 갈 것입니다. 과연… 보세요! 이리 오세요!"

"오! 격자문을 열려고 하는군요! 그렇지만 잠겨 있는데! 양봉소(養蜂所)의 하인을 부르는군요!"

예수께서 큰 소리로 외치신다.

"유다야! 기다려라! 내가 할 말이 있다." 그러면서 가려고 하신다.

"제발 주님!! 제가 라자로를… 선생님의 어머니를 부르겠습니다…. 혼자 가지 마십시오!"

예수께서는 빨리 걸으시면서 조금 뒤돌아보시고 말씀하신다.

"그러지 마세요, 명령입니다. 오히려 잠자코 계셔요. **누구에게도.** 누가 나를 찾거든 잠깐 볼 일이 있어서 유다와 같이 나갔다고 하세요. 여자 제자들이 오면, 기다리라고 하세요. 곧 돌아올 테니까요."

살로메도 반응을 보이지 않고, 가리옷 사람도 반응을 보이지 않는다. 한 사람은 집 곁에서, 또 한 사람은 울타리 곁에서 예수의 뜻이 그들을 멈추게 한곳에 그대로 있으면서, 한 사람은 멀어져 가시는 것을, 또 한 사람은 오시는 것을 바라본다.
 "요나, 문을 열게. 나는 제자와 함께 잠깐 나가겠네. 그리고 자네가 여기 그대로 있으면, 우리가 나간 다음에 문을 닫을 필요가 없네. 곧 돌아오겠네" 하고 큰 열쇠를 들고 어리둥절해서 서 있던 농부 하인에게 친절하게 말씀하신다.
 쇠로 만든 무거운 작은 문을 열 때에 열쇠가 자물쇠를 움직이면서 삐걱 소리를 내는 것처럼 삐걱 소리를 낸다.
 "좀처럼 열지 않는 문이라" 하고 하인은 빙그레 웃으면서 말한다.
 "이봐! 너 녹이 슬었구나…. 녹이며 먼지며… 장난 꾸러기들…. 우리가 우리 영혼에 대해서 일을 하지 않으면 우리도 이렇게 됩니다!"
 "요나 장하네! 자넨 지혜로운 생각을 가졌네. 많은 라삐들이 자네의 생각을 부러워할 걸세."
 "오! 제 벌들이 이런 생각들을 제게 암시해 줍니다…. 또 선생님의 말씀도 그렇구요. 정말은 선생님의 말씀입니다. 그렇지만 그 다음에는 벌들도 제게 그 말씀들을 알아듣게 합니다. 이해할 줄을 알면, 목소리가 없는 것이 아무 것도 없으니까요. 그래서 저는 이렇게 혼잣말을 합니다. 벌들도 그것들을 창조하신 분에게 복종하는데, 그리고 그 놈들이 뇌가 어디 있고 심장이 어디 있는지 알 수 없는 곤충들인데, 마음도 뇌도 정신도 있고 선생님의 말씀을 듣기도 하는 나도 벌들이 하는 일을 해야 하지 않는가? 그리고 선생님이 하라고 하시는 일을 언제나, 항상 해서 내 영을 지옥의 영과 돌과 또 다른 계략들이 기계 장치에 넣는 녹과 진흙과 지푸라기가 없는 아름답고 밝은 것을 만들어야 하지 않겠는가? 하고요."
 "자네 정말 잘 말하네. 자네 벌들을 본받게. 그러면 자네 영혼이 값진 덕행이 가득한 풍부한 벌통이 되고, 하느님께서 거기 계시는 것을 좋아하실 걸세. 잘있게, 요나. 평화가 자네와 함께 있기를."
 예수께서는 당신 앞에 몸을 구부리고 있는 하인의 반백이 된 머리에 손을 얹으시고, 초록과 진홍빛이 섞인 두꺼운 양탄자같이 아름다운 붉은 꽃이 핀 토끼풀이 뒤덮인 풀밭 쪽으로 가시려고 길로 나가신다. 풀밭 위로 벌들이 윙윙거리는 불똥처럼 이 꽃에서 저 꽃으로 날아 다닌다.

라자로의 정원에 있는 사람이 한 마디도 들을 수 없을 만큼 두 사람이 울타리에서 꽤 멀리 떨어졌을 때에 예수께서 말씀하신다.

"그 하인의 말을 들었느냐? 그 사람은 농부이다. 단어 몇 마디를 읽을 수 있는 것만이라도 대단한 것이다…. 그런데도… 그의 말이 내 입술에서 나왔다 하더라도 선생으로서의 내 말이 어리석은 말로 생각되지는 않을 것이다. 그 사람은 영의 원수들이 영을 타락시키지 못하도록 감시해야 한다는 것을 느낀다…. 나는… 이 때문에 너를 내 곁에 붙들어두는데 너는 이 때문에 나를 미워한다! 나는 영의 원수들과 너 자신에게서 너를 보호해 주고자 하는데, 너는 나를 미워한다. 나는 너를 구원할 방법을 네게 제공하고, 너는 아직 그렇게 할 수 있는데, 너는 나를 미워한다. 네게 다시 한번 말한다마는, 유다야, 떠나라. 멀리 가라. 예루살렘에 들어가지 말아라. 너는 병자이다. 네가 하도 병이 중해서 과월절에 참예할 수 없다고 말하는 것은 거짓말이 아니다. 보충 과월절을 지켜라. 병이나 다른 중대한 이유로 정식 과월절을 지낼 수 없을 때에는 보충 과월절을 지키는 것이 허용된다. 나는 라자로에게 ─라자로는 사려깊은 친구라 네게 아무 말도 묻지 않을 것이다.─ 오늘 당장 요르단강 건너로 너를 데려 가라고 부탁하겠다."

"싫습니다. 저를 내쫓으라고 여러번 말씀드렸습니다. 그런데 선생님은 그렇게 하려고 하지 않으셨습니다. 이제는 제가 원치 않습니다."

"원치 않는다고? 너 자신을 구원하기를 원치 않는단 말이냐? 너 자신을 불쌍히 여기지 않느냐? 네 어머니가 불쌍하지 않느냐?"

"선생님은 '나를 불쌍히 여기지 않느냐?' 하고 말씀하셔야 할 것입니다. 그러면 더 솔직하실 것입니다."

"내 불쌍한 친구 유다야, 내가 이렇게 부탁하는 것은 나를 위해서가 아니다. 너 때문에, 너를 위해서 부탁하는 것이다. 보아라! 우리는 너와 나 둘뿐이다. 너는 내가 누구인지를 알고, 나는 네가 누구인지를 안다. 지금이 네 파멸을 막으라고 우리에게 아직 주어진 은총의 마지막 순간이다…. 오! 벗아, 그렇게 악마같이 냉소하지 말아라. 내가 내 파멸이라고 말하지 않고 '네 파멸'이라고 말했기 때문에 내가 미친 사람인 것처럼 나를 비웃지 말아라. 내 파멸은 파멸이 아니다. 네 파멸은 파멸이다…. 우리는 너와 나, 이렇게 단 둘이다. 그리고 우리 뒤에는 하느님께서 계신다…. 아직 너를 미워하지 않으시는 하느님, 네 영혼을 놓고 싸우는 선과 악 사이의 이 최후의 싸움을 보고 계신 하느님께서 계신다. 우리 위에는 우리를 지켜보는 천국이 있다, 머지 않아 성인이 가득 찰 그 천국이. 그들은 그들이 기다리고 있는 곳에서 기쁨이 오는 것을 느끼기 때문에 벌써부터 가슴이 설렌다…. 유다야, 그들 가운데에는 네 아버지도 계신다….”

"아버지는 죄인이었습니다. 그곳에는 없습니다."

"죄인이기는 했지만 지옥에 떨어진 사람은 아니었다. 그러므로 아버지에게도 기쁨은 가까이 간다. 왜 아버지의 기쁨 속에 고통을 드리려 하느냐?"

"아버지는 고통 밖에 계십니다. 돌아 가셨으니까요."

"아니다. 네가 죄지은 사람인 것을 보는 고통 밖에 계시지는 않다. 네가… 그 단어가 내게서 억지로 나오게 하지 말아라….”

"암! 그렇구 말구요! 그 말을 하세요. 저는 몇 달 전부터 저 자신에게 그 말을 합니다! 저는 지옥 갈 놈입니다, 저도 그걸 압니다. 이젠 아무 것도 이 사정을 변하게 할 수는 없습니다."

"모든 것이 바뀔 수 있다! 유다야, 나는 운다. 사람의 이 마지막 눈물을 너는 그래 한탄하게 하고자 하느냐 네가?…. 유다야, 제발 부탁이다. 벗아, 내 부탁을 곰곰 생각해 보아라. 하늘의 말을 들어라. 그러면 너는, 너는… 내 부탁을 헛되게 할 작정이냐? 누가 네 앞에서 부탁을 하고 있는지를 곰곰 생각해 보아라. 이스라엘의 메시아, 아버지의 아들이다…. 유다야, 내 말을 들어라!…. 네가 그렇게 할 수 있는 동안에 중지하여라!….”

"안 됩니다!"

예수께서는 두 손으로 얼굴을 가리시고 풀밭 가장자리에 털썩 주저앉으신다. 그리고 소리없이 우신다, 그러나 많이 우신다. 예수의 어깨가 심한 흐느낌으로 몹시 들썩거린다.

유다는 자기 발 앞에서 낙심하여, 그것도 그를 구하고자 하는 욕망 때문에 눈물을 흘리고 계신 예수를 내려다보고… 한 순간 불쌍한 생각을 한다. 그는 조금 전까지 가졌던 진짜 마귀 같은 냉혹한 말투를 버리고 말한다.

"저는 갈 수 없습니다…. 약속을 했습니다…."

예수께서는 몹시 괴로워하는 얼굴을 드시고 그의 말을 막으신다.

"누구에게? 누구에게? 보잘 것 없는 사람들에게지! 그래서 너는 그들에게 체면이 손상된 것으로 보일까봐 그들을 걱정하는 것이냐? 그런데 너는 3년 전부터 너 자신을 내게 바치지 않았었느냐? 그리고 너는 몇 명 안 되는 악당들의 비난은 생각하면서 하느님의 심판은 생각하지 않느냐? 오! 아버지, 그러나 이 사람에게 죄를 짓지 않을 의지를 다시 살아나게 하기 위해서는 제가 어떻게 해야 하겠습니까?" 예수께서는 낙망하고 몹시 괴로워서 다시 고개를 떨어뜨리신다…. 벌써 게쎄마니 동산의 고뇌를 겪으시는 예수님과 같다.

유다는 예수를 불쌍히 여겨 말한다.

"저는 남아 있겠습니다. 그렇게 괴로워하지 마십시오! 저는 남아 있습니다…. 남아 있게 도와 주십시오! 저를 지켜 주십시오!"

"항상! 네가 원하기만 하면 항상 지켜 주마. 이리 오너라. 내가 동정하지 않고 용서하지 않는 죄는 없다. '그렇게 원합니다' 하고 말해라. 그러면 너를 구속할 것이다…."

예수께서는 몸을 일으키시고 유다를 품에 안으셨다. 그러나 예수의 눈물이 유다의 머리카락에 떨어지지만, 유다의 입은 다물어진 채로 있다. 그는 하라고 요구하시는 말을 하지 않는다. 예수께서 그의 머리에 대고 "내가 너를 사랑한다는 것을 알겠지! 나는 너를 꾸짖어야 했을 터이다! 그런데 너를 껴안는다. 나는 네게 '하느님께 용서를 빌어라' 하고 말할 권리가 있을 것이다. 그런데 다만 용서를 받고자 하는 욕망만 가지라고 부탁한다. 너는 병이 대단하다. 중병을 앓는 사람에게는 많은 것을 요구할 수가 없다. 나를 찾아온 모든 죄인에게 나는 용서할 수 있기 위하여 절대적인 뉘우침을 요구하였다. 벗아, 네게는 다만 뉘우치고자 하는 욕망만을 요구한다. 그리고는… 내가 행동하겠다" 하고 속삭이시는데도 그는 "용서하세요"라는 말조차 하지 않는다.

유다는 잠자코 있다….

예수께서는 그를 가만 내버려두신다. 그리고 이렇게 말씀하신다.
"안식일 다음 날까지 만이라도 여기 남아 있어라."
"남아 있겠습니다…. 집으로 돌아가십시다. 사람들이 우리가 없는 것을 눈치채겠습니다. 아마 여자들이 선생님을 기다릴 것입니다. 여자들이 저보다 낫습니다. 그러니까 저 때문에 여자들을 소홀히 하셔서는 안 됩니다."
"너는 길잃은 양의 비유를 기억하지 못하느냐? 길잃은 양은 너다…. 여자 제자들은 양의 우리에 갇혀 있는 착한 양들이다. 내가 네 영혼을 양의 우리로 도로 데리고 오려고 하루 종일 찾아 다녀도 여자 제자들은 위험하지 않다…."
"그렇구 말구요! 그렇구 말구요! 맞습니다! 저는 양의 우리로 돌아옵니다! 그리고 저는 라자로의 서재에 들어박혀서 책을 읽겠습니다. 저는 방해를 받고 싶지 않습니다. 저는 아무 것도 보고 싶지 않고, 알고 싶지 않습니다. 따라서… 선생님은 저를 항상 의심하시지 않게 될 것입니다. 그리고 여기서 일어나는 일이 최고회의에 알려지면, 배반자들을 선생님이 귀여워하시는 사람들 가운데에서 찾으셔야 할 것입니다. 안녕히 가십시오! 저는 큰 문으로 해서 들어가겠습니다. 염려 마십시오. 저는 도망치지 않습니다. 원하시는 때에 와서 확인하셔도 됩니다." 그러면서 등을 돌리고 성큼성큼 간다.
푸르고 붉은 풀밭 가장자리에 서 계신 흰 아마포 옷을 입으신 임금님이신 예수께서는 맑은 하늘을 향하여 팔을 드시고, 몹시 괴로워하는 얼굴을 드시고, 당신의 영혼을 아버지께로 올리시며 탄식하신다.
"오! 아버지! 제가 그를 구할 수 있는 어떤 것을 그냥 놔 두었다고 혹 저를 비난하실 수 있겠습니까? 제가 그의 죄를 막으려고 싸우는 것은 그의 영혼을 위해서이지, 제 목숨을 위해서가 아니라는 것은 아버지께서 아십니다…. 아버지! 제 아버지! 아버지께 간청합니다. 어두움의 시간, 희생의 시간을 앞당겨 주십시오. 구속되기를 원치 않는 친구 곁에서 사는 것이 제게는 너무 끔찍하기 때문입니다…. 가장 큰 고통입니다!" 그러면서 예수께서는 매우 아름답게 자란 우거진 토끼풀밭에 앉으신다. 그리고 치켜세운 무릎으로 머리를 기울이시고,

양팔로 무릎을 감싸 안으시고 우신다….
 오! 나는 그 눈물을 볼 수가 없다! 그 눈물들은 비탄과 고독과, 당신을 위로하기 위하여 하늘이 아무 것도 하지 않을 것이고, **당신이 그 고통을 당해야 할 것이라는** 확신으로 벌써 게쎄마니 동산의 눈물을 너무나 연상시킨다. 그래서 나는 이것이 너무나 괴롭다….
 예수께서는 쓸쓸하고 조용한 곳에서 오랫동안 우신다. 예수의 눈물을 보는 것은 금빛 벌들과 소나기를 머금은 바람이 부는 가운데 천천히 움직이고 있는 향내나는 토끼풀, 그리고 아침 이른 시간에는 파란 하늘에 펼쳐진 가벼운 그물 같았는데, 지금은 다시 비가 오리라는 것을 예고하는 두껍고 어둡고 겹쳐진 구름들이다.
 예수께서 울음을 그치시고, 머리를 들고 귀를 기울이신다…. 바퀴와 방울 소리가 큰 길 쪽에서 들려온다. 그러다가 바퀴 소리는 멎는데, 방울 소리는 멎지 않는다. 예수께서 말씀하신다.
 "자! 여자 제자들이다…. 그들은 충실하다…. 아버지, 아버지의 뜻대로 이루어지기 바랍니다! 저는 아버지께 구세주와 친구로서의 이 소원의 희생을 드립니다. 이것은 어찌할 방법이 없습니다. 그가 그렇게 원했습니다. 그것은 사실입니다. 그러나 아버지, 모든 것이 끝날 때까지 제가 그를 위해 일을 계속하게 놔 두십시오. 그리고 지금부터 아버지께 말씀드리겠습니다. 아버지, 일체 직접적인 행동을 위해서는 힘없는 희생자로서 죄인들을 위하여 기도할 때에 아버지께서 제 고통을 받으셔서 그것을 가지고 유다의 영혼을 강제하십시오. 정의가 줄 수 없는 것을 제가 청한다는 것은 저도 압니다. 그러나 자비와 사랑이 아버지에게서 왔고, 아버지에게서 오고, 또 한 아버지와 더불어 하나이시고 한 분이시고 세 위이신 거룩하고 복되신 하느님이신 자비와 사랑을 아버지께서 사랑하십니다.
 저는 저 자신을 지극히 사랑하는 사람들에게 먹을 것과 마실 것으로 주겠습니다. 아버지, 그러면 제 피와 제 살이 그들 중의 한 사람에게는 단죄가 되어야 하겠습니까? 아버지, 저를 도와 주십시오! 그 마음 속의 뉘우침의 싹을 주십시오!…. 아버지, 왜 멀리 떠나 가십니까? 아버지께서는 기도하는 당신의 말씀에게서 벌써 멀리 떠나십니까? 아버지, 이제 시간이 되었다는 것은 저도 압니다. 아버지의 찬미

받는 뜻이 이루어지기 바랍니다! 그러나 미래에 대한 확실한 예견이 헤아릴 수 없는 명령에 의하여 이 시간에 줄어들고 있는 ─그러나 이것을 저는 아버지의 비정이라고 말하지 않고, 제게 대한 연민이라고 말하겠습니다.─ 당신의 아들, 당신의 그리스도에게, 제 안에 그를 아직 구할 수 있다는 희망을 남겨 주십시오.

 오! 아버지, 저도 그것을 압니다. 제가 존재한 때부터 그것을 알았습니다. 저는 말씀으로서뿐 아니라, 사람으로서 이 세상에 올 때부터 그것을 알았습니다. 저는 그 사람을 성전에서 만났을 때부터 그것을 알았습니다…. 저는 그것을 항상 알았습니다…. 그러나 지금은… 오! 지극히 거룩하신 아버지, 아버지에게서 큰 연민이 있기를! 저는 그것이 그의 행동으로 인해서 생긴 소름끼치는 꿈같이 생각되지만, 피할 수 없는 것은 아닌 것같이 생각됩니다… 그리고 제 고통이 무한하고, 제 희생이 무한할 것이니까 제가 아직도, 아직도, 항상 바랄 수 있을 것같이, 그를 위하여도 무엇인지 할 수 있을 것같이 생각됩니다…. 오! 제가 헛소리를 하는군요! 이 바람을 가지고자 하는 것은 사람입니다! 사람 안에 계신 하느님, 사람이 되신 하느님은 착각을 하실 수가 없습니다!

 심연, 빛보다 어두움을 더 좋아한 사람을 삼키기 위하여 벌써 벌어져 있는 심연을 제게 가리던 엷은 구름이 흩어집니다…. 아버지께서 그것을 가려 주실 때에도 연민이었고, 제 기운을 회복시켜 주신 지금은 그것을 제게 보이시는 것도 연민입니다. 그렇습니다. 아버지, 그것까지도 연민입니다! 모든 것이! 제 본질이 그러하니, 저는 끝까지 자비로 있겠습니다."

 예수께서는 팔을 ＋자로 포개시고 말없는 기도로 아직 기도하신다. 그리고 고민하는 얼굴은 점점 더 가라앉아 엄숙한 평화의 모습을 띤다. 예수의 다문 입술에는 미소가 없기는 하지만, 내적인 기쁨의 빛으로 거의 빛나기까지 한다. 그것은 육체의 베일 밖으로 나와서 여위고 숭고하게 된 얼굴에 새겨지고 그려진 고통의 흔적을 지우는, 아버지와 일치하고 있는 예수의 영의 기쁨이다. 그런 얼굴은 선생님께서 고통 속으로 들어가시고, 희생이 가까워지는 데 따라서 선생님에게 점점 더 나타나는 얼굴이었다. 지상 생활의 마지막 시기의 그리스도의 얼굴은 이미 이 세상의 얼굴이 아니어서, 비록 구세주께서 어떤 예술가에게 나타나셨다 하더라도, 그 예술가는 완전하고 철저한 사랑과 고통의 끝을 가지고 저 거리낌없는 하느님이시요 사람이신 분의 얼을 초자연적인 아름다움으로 우리에게 묘사하지는 못할 것이다.

예수께서는 다시 울타리의 문으로 오셔서 들어오시고, 빗장을 걸어 문을 닫으시고 집을 향하여 걸어가신다. 조금 전의 하인이 예수를 보고 뛰어 와서 예수께서 손에 들고 계신 큰 열쇠를 받는다.

예수께서 나아가시다가 라자로를 만나신다.

"선생님, 여자들이 왔습니다. 서재에는 유다가 책을 읽고 괴로워하기 때문에 여자들을 흰 방으로 들어가게 했습니다."

"알고 있소. 여자들에 대해서 고맙소. 많소?"

"요안나, 니까, 엘리사, 그리고 발레리아와 쁠라우띠나가 다른 친구인지 해방된 노예인지 모르지만 이름이 마르첼라라고 하는 여자가 왔고, 선생님을 안다고 말하는 늙은 여자 메론의 안나, 그리고 안날리아가 사라라고 하는 다른 처녀와 같이 왔습니다. 선생님의 어머님과 제 누이동생들이 여자 제자들과 같이 있습니다."

"그런데 저 어린 아이들의 목소리는?"

"안나가 손자들을 데려왔고, 요안나도 그의 아이들을 데려왔습니다. 발레리아도 딸을 데리고 왔습니다. 그 아이들을 안마당으로 데려다 두었습니다…"

44. 예루살렘 입성 전 금요일

Ⅱ. 예수와 여자 제자들

아름다운 큰 방 —벽이 희고, 천장도 두꺼운 커튼도 희고, 의자에 씌운 천들과 창문에 유리 대신으로 끼워서 광선이 들어오게 하는 운모(雲母)판도 흰, 연회에 쓰이는 방들 중의 하나이다.— 그 방에는 여자들의 수다가 가득찼다. 서로 이야기를 하는 열댓명의 여자는 보통일이 아니다. 그러나 예수께서 두꺼운 커튼을 젖히고 문지방에 나타나시자 완전히 조용해지고, 모두가 일어나서 가장 존경하는 태도로 몸을 굽힌다.

"여러분 모두에게 평화" 하고 예수께서 다정스럽게 웃으시며 말씀하신다…. 방금 끝난 고통의 폭풍우의 흔적은 조금도 그 얼굴에 남아 있지 않고, 마치 괴로운 일이 아무 것도 일어나지 않았거나 곧 일어나려고 하는데, 그것을 당신이 완전히 의식하고 계시지 않은 것처럼 침착하고 빛나고 평화스럽다.

"선생님께 평화, 저희들이 왔습니다. 선생님이 '요안나의 집에 있는 여자 모두'라고 일러 보내셨기에 순종했습니다. 엘리사가 제 집에 있었습니다. 요새 제가 모시고 있습니다. 그리고 제 집에는 선생님을 따른다고 말하는 여자가 있었습니다. 그 여자는 사람들이 제가 선생님의 충실한 제자라는 것을 모르기 때문에 선생님에 대해서 물어보려고 왔었습니다. 그리고 발레리아도 제가 예루살렘의 저택에 있는 때부터 제 집에 저와 같이 있습니다. 발레리아하고는 발레리아를 보러 온 쁠라우띠나가 있었습니다. 그들과 함께 이 여자가 있었습니다. 이 여자에 대하여 발레리아가 선생님께 말씀드릴 것입니다. 나중에 선생님의 소원에 대한 기별을 받고, 안날리아와 친척으로 생각되는 이 처녀가 왔습니다. 저희들이 오려고 준비를 하면서 니까를 잊지 않앉습니다. 선생님께 대한 오직 한 믿음 안에 자매가 되었다고 느끼는 것은 매우 아름다운 일입니다…. 그리고 아직 선생님께 대한 자연적인 사랑의 단계에 있는 여자들이 발레리아처럼 더 높이 올라오기를 바라는 것도 매우 아름답고요" 하고 요안나가 아직 자연적인 사랑에 남아 있는… 쁠라우띠나를 넌지시 바라보면서 말한다….

"금강석은 천천히 형성되는 것이다, 요안나야. 여러 세기 동안 감추어진 불이 필요한 것이다…. 절대로 급하게 굳어서는 안 된다…. 또 절대로 낙망해서도 안 된다, 요안나야…."

"그런데 금강석이 다시 재가… 되면요?"

"그것은 그것이 아직 완전한 금강석이 아니었다는 표다. 참을성과 불이 더 필요하다. 주님께 바라면서 다시 한번 시작하는 것이다. 첫번에는 실패인 것처럼 보이던 것이 두번째에는 대성공으로 변하는 일이 자주 있다."

"혹은 세번째나 네번째, 또는 그 이상두요. 저는 아주 많이 실패했습니다. 그러나 마침내 선생님이 성공을 거두셨습니다." 막달라의 마리아가 방 안쪽에서 파이프오르간 같은 우렁찬 목소리로 말한다.

"마리아는 과거를 회상시키면서 겸손하게 행동할 때마다 기뻐합니다…" 하고 모든 사람의 마음에서 기억이 지워지기를 바라는 마르타가 한숨짓는다.

"언니, 사실 그래. 나는 과거를 생각나게 하는 것이 기뻐. 그렇지만 언니가 말하는 것처럼 내가 겸손하게 행동하기 위해서가 아니라, 내가 지은 죄에 대한 기억과 나를 구해주신 분께 대한 감사하는 마음에 이끌려서 더욱 더 올라가기 위해서야. 그리고 자기 자신이나 자기에게 소중한 사람 때문에 망설이는 사람이 다시 용기를 내고, 산을 옮겨 가게 할 수 있을 것이라고 선생님이 말씀하신 그런 마음에 이를 수 있게 되기를 위해서이기도 해."

"그런데 마리아는 그런 믿음을 가졌으니 정말 행복해! 당신은 두려움을 몰라…" 하고 몹시 온순하고 몹시 소심한 요안나가 한숨을 쉬면서 말하는데, 요안나를 막달레나와 비교하면 한층 더 그런 것 같이 보인다.

"나는 두려움을 몰라 두려움은 내 인간 본성에도 일찌기 있지 않앉어. 그런데 내가 주님께 속한 사람이 된 뒤로는 내 영적인 본성에도 두려움을 알지 못하게 됐어. 모든 것이 내 믿음을 증가시키는 데 도움이 됐어. 나같이 다시 살아나고, 오빠가 다시 살아나는 것을 본 여자가 무엇을 의심할 수 있겠어? 아니야. 내가 의심을 하는 것은 이제 아무 것도 없어."

"하느님이 당신과 같이 계신 동안은, 즉 라삐께서 당신과 같이 계신 동안은 그럴 테지요…. 그러나 선생님께서는 곧 우리를 떠나신다고 말씀하시지 않아요? 그러면 그 때에는 우리 믿음이 어떻게 되겠어요? 나는 아직 인간적인 한계를 넘어가지 못했으니까, 오히려 당신들의 믿음이라고 말해야겠지요…" 하고 쁠라우띠나가 말한다.

"선생님이 육체적으로 계신 것이나 안 계신 것이 내 믿음에 상처를 입히시는 않을 거예요. 나는 두려워하지 않겠어요. 이것은 내 쪽에서 교만해서 그런게 아니예요. 나 자신을 알기 때문이지요. 최고회의의 위협이 실현되게 된다 해도… 보세요, 나는 두려워하지 않을 거예요…."

"그렇지만 당신은 무엇을 두려워하지 않겠다는 거예요? 의인이 의로운 것을? 이 두려움은 나도 안 가지고 있을 거예요. 이것은 우리가 그들의 지혜를 높이 평가하는 많은 현인들, 말하자면 그들이 사라진 지가 여러 세기가 지난 다음에도 우리가 그들의 사상의 생명을 정신적 양식을 삼고 있는 수많은 현인들의 말로 그것을 믿어요. 그렇지만 만일 당신이…" 하고 쁠라우띠나가 버티어나간다.

"선생님이 돌아가시는 것 때문에도 나는 두려워하지 않을 거예요. 생명은 죽을 수가 없어요. 오빠는 다시 살아났어요. 보잘 것 없는 사람이던 오빠가요…."

"그렇지만 오빠는 자기 스스로 다시 살아난 것이 아니라 선생님께서 그의 영혼을 무덤 저쪽에서 도로 불러오셨기 때문이었어요. 선생님만이 하실 수 있는 일이지요. 그러나 만일 선생님께서 죽임을 당하시면 누가 선생님의 영을 불러올 겁니까?"

"누가요, 선생님이시지요. 즉 하느님이요. 하느님께서 당신 스스로를 만드셨어요. 하느님께서 당신 스스로 다시 살아나실 수 있어요."

"하느님은… 그렇지요…. 당신들의 믿음으로는 당신을 스스로 만드셨지요. 이것은 신들이 그들 사이의 사랑의 결과로 한 신이 다른 신에게서 왔다는 것을 알고 있는 우리로서는 벌써 인정하기가 어려운 것이지요."

"외설하고 비현실적인 사랑의 결과로 라고 당신은 말해야 할 거예요" 하고 막달라의 마리아가 격렬하게 말을 가로막는다.

"당신 좋을 대로…" 하고 쁠라우띠나가 타협적으로 말하고, 그의 말을 마저 끝내려고 한다. 그러나 막달라의 마리아는 그의 말을 가로막고 이렇게 말한다.

"그렇지만 사람은 자기 스스로 다시 살아날 수 없다고 말하려는 거지요. 그러나 거룩하신 분들 중에서 지극히 거룩하신 분에게는 불가능한 것이 아무 것도 없기 때문에 선생님은 당신 스스로 사람이 되신 것과 같이 선생님이 친히 당신 자신에게 다시 살아나라는 명령을 하실 거예요. 당신은 이해할 수가 없지요. 당신은 이스라엘의 역사의 인물들을 알지 못하니까요. 선생님과 선생님의 기적은 이스라엘의 역사 안에 들어 있습니다. 그리고 모든 것이 예언된 대로 이루어질 거예요. 주님, 저는 미리 믿습니다. 모든 것을 믿습니다. 선생님은 하느님의 아들이시고, 동정녀의 아들이시며, 구원의 어린 양이시고, 지극히 거룩하신 메시아이시고, 전세계의 구세주이시고 왕이시라는 것을, 주님의 나라는 끝도 한계도 없다는 것, 그리고 끝으로 삶과 죽음은 하느님께서 만드셨고, 모든 것이 그런 것과 같이 삶과 죽음도 하느님께 복종하기 때문에 죽음이 주님을 지배하지 못하리라는 것을 믿습니다. 저는 믿습니다.

그리고 주님이 인정을 받지 못하시고 업신여김 받으시는 것을 보는 고통이 아무리 크다 하더라도 주님의 영원하신 존재에 대한 제 믿음은 더 클 것입니다. 저는 믿습니다. 주님에 대해서 예언된 것을 모두 믿습니다. 주님이 말씀하시는 것을 모두 믿습니다. 오빠에 대해서도 저는 믿을 줄을 알았습니다. 순종하고 믿을 줄 안 것은 저 혼자였고, 믿지 말라고 저를 설득하고자 한 사람들과 일들에 반항할 줄 안 것도 저 혼자뿐이었습니다. 시련의 끝이 다 된 마지막 한계에 이르러서야 비로소 저는 쇠약을 느꼈습니다…. 그러나 시련이 너무 오래 전부터 계속되어 왔었고… 그래서 저는 복되신 선생님이신 주님께서도 죽은 지 그렇게 여러 날이 지난 후에는 **골랄***에 가까이 가실 수가 있으리라고 생각하지 않게 되었었습니다…. 지금은… 무덤이 며칠이 아니라, 여러 달째 그 안에 들어 있는 희생물을 돌려 주기 위해 벌어지게 된다 하더라도 다시는 의심하지 않겠습니다. 오! 주님! 저는 주님이 누구신지 압니다! 진흙탕이 별을 알아보았습니다!" 마리아는 예수의 발 앞에 방바닥에 쭈그리고 앉았다. 마리아는 이제 격렬하지 않고 온순하며, 예수께로 향한 그의 얼굴은 숭배를 나타낸다.

"내가 누구냐?"

"스스로 계신 분이십니다. 주님은 그런 분이십니다. 다른 것, 즉 인간은 옷입니다. 저희들 가운데로 오셔서 저희들을 구하시려고 주님의 광채와 주님의 거룩하심을 감춘 필요한 옷입니다. 그러나 주님은 하느님, 제 하느님이십니다." 그러면서 마리아는 땅에 엎드려 그리스도의 발에 입맞춤하는데, 긴 아마포 옷에서 비죽 나온 발가락에서 입술을 뗄 수 없는 것 같다.

"마리아야, 일어나거라. 네가 가지고 있는 그 믿음에 점점 더 집착하여라. 그리고 폭풍우가 몰아치는 동안에 그 믿음을 높이 올려 사람들의 마음이 거기에 집착하고 바랄 줄 알게 하여라. 그것만이라도…."

그리고는 모든 여자들을 향하여 말씀하신다.

"내가 여러분을 부른 것은 이제 닥쳐올 기간에는 우리가 조용히 만날 수가 없겠기 때문입니다. 세상이 우리를 에워쌀 것인데 마음의 비밀은 육체의 비밀보다 수줍음을 더 타기 때문입니다. 오늘은 내가 선생이 아니라, 친구입니다. 여러분은 모두가 내게 말해야 할 희망이나 두려움을 가지고 있지 않습니다. 그러나 모두가 다시 한번 조용히 나를 보는 것을 좋게 생각했습니다. 그래서 이스라엘과 새 나라의 꽃인 당신들과 생명 안으로 들어오기 위하여 어두움의 곳을 떠나는 이 교국(異敎國)의 꽃인 당신들을 불렀습니다. 이제 닥쳐올 날들을 위하여 이것을 여러분의 마음 속에 새겨두시오. 즉 여러분이 박해받는 이스라엘의 왕, 비난받는 죄없는 사람, 사람들이 그의 말에 귀를 기울

---

* **역주** : golal. 히브리어로 썩어서 몹시 더러운 것을 가리키는 말.

이지 않는 선생에게 주는 영광은 내 고통을 완화한다는 것을.

　나는 여러분에게, 즉 이스라엘의 여러분, 이스라엘에 온 여러분, 이스라엘을 향하여 오는 중인 여러분에게 단단히 일치해 있기를 부탁합니다. 서로서로 도와주시오. 더 강한 정신을 가진 사람들은 가장 약한 사람들을 도와주시오. 가장 지혜로운 사람들은 새로운 지혜에 대하여 별로 아는 것이 없거나 아무 것도 알지 못하고 다만 거기 대한 소원만을 가지고 있는 사람들을 도와서, 그들의 인간적인 욕망이 더 전진한 자매들의 보살핌 덕택으로 진리에 대한 초자연적인 욕망으로 발전하게 하시오. 서로서로 동정을 많이 하시오. 여러 세기에 걸친 하느님의 율법으로 정의에 단련이 된 자매들은 이교로 인하여 다르게… 된 자매들을 동정하시오. 하느님의 능력이 개입해서 매우 착한 뜻을 돕기 위하여 변화를 일으키는 예외적인 경우를 빼놓고는 도덕적인 습관은 하루이틀에 바뀌어지지 않습니다. 다른 종교에서 오는 자매들에게서 그들의 진보에서 정지하거나, 또 때로는 옛날의 길로 다시 돌아가는 것까지 보게 되더라도 놀라지 마시오. 내게 대한 이스라엘의 태도를 생각하고, 이스라엘이 선생님에 대해서 가질 줄을 몰랐고, 가지기를 원치 않은 순응성과 덕행을 이방인들에게서 기대하지 마시오.

　여러분은 서로 자매들처럼 생각하시오. 사람으로서의 내 생애의 이 마지막 시기에 운명이 내 주위에 모아놓은 자매들이라고 생각하시오…. 울지들 마시오! 운명은 여러분을 여러 다른 곳, 따라서 풍속과 언어가 달라서 인간적으로는 서로 이해하기가 어렵게 되는 여러 곳에서 데려다가 모아놓았습니다. 그러나 정말이지 사랑은 한 가지 말만을 가지고 있는데, 그것은 이렇습니다. 사랑받는 선생님이 가르치는 것을 하는 것, 그리고 선생님에게 영광과 기쁨을 주기 위해서 그렇게 하는 것입니다. 자 이 점으로는 여러분이 모두 서로 이해할 수 있습니다. 그리고 더 많이 이해하는 자매들은 다른 자매들이 이해하도록 도와주어야 합니다.

　그리고… 미래에는, 더 먼 장래에나 더 가까운 장래에, 여러 가지 다른 상황 속에서 여러분은 다시 세상의 여러 지방으로 헤어져서, 일부분은 고향으로 돌아가고, 일부분은 귀양살이를 하러 갈 것입니다.

그런데 이 귀양살이를 할 사람들은 이리나 저리로 끌려가는 것이 참된 고향을 떠난 귀양살이를 이루는 것이 아님을 이해하게 할 완전한 진리에 벌써 이르렀을 것이기 때문에 그 귀양살이가 괴롭게 여겨지지 않을 것입니다. 사실 참된 고향은 하늘입니다. 진리 안에 있는 사람은 하느님 안에 있고, 자기 안에 하느님을 모시고 있기 때문입니다. 그러므로 그 사람은 벌써 하느님의 나라에 있는 것인데, 하느님의 나라는 국경이 없어서, 가령 어떤 사람이 예루살렘에서 이베리아*나 판노니아*나 갈리아*나 일리리아*에 가게 된다 하더라도 이 사람은 그 나라에서 나가는 것이 아닙니다. 여러분이 항상 예수 안에 남아 있거나 예수에게로 오면 항상 나라 안에 있을 것입니다.

나는 모든 양들을 모으려고 왔습니다. 아버지의 양떼의 양들과 다른 양떼의 양들과 또 목자 없는 야생의 양들과 야생의 양들보다도 훨씬 더 길잃은 양들도 모으러 왔습니다. 이 길잃은 양들은 하느님의 율법뿐 아니라 윤리 규범까지 조금도 알지 못하게 하는 몹시 어두운 암흑 속에 파묻혀 있습니다. 그렇게 되라고 하느님께서 정하신 때에 알려지기를 기다리다가 나중에 와서 그리스도의 양떼의 일부가 될 알려지지 않은 토착민들입니다. 언제 그렇게 되겠습니까? 오! 영원하신 분에게는 몇 해나 몇 세기나 마찬가지입니다! 그러나 여러분은 미래의 목자들과 더불어 야생의 양들과 어린 양들을 그리스도의 사람 속으로 모으러 가서 하느님의 목장으로 데려올 자매들의 선구자들일 것입니다.

그리고 여러분의 첫번째 시험 장소는 이곳이어야 합니다. 날기 위해서 그 날개를 쳐드는 어린 제비는 즉시 큰 모험을 하려고 뛰어들지는 않습니다. 그 작은 제비는 처음에는 처마에서 옥상에 그늘을 드리우고 있는 포도나무까지 날아 가 봅니다. 그리고 다시 둥지로 돌아오고, 다시 그 놈이 사는 집의 옥상 **너머** 다른 옥상으로 날아 갔다가 다시 돌아옵니다. 그리고는 다시 더 멀리… 그러다가 마침내 날개의 힘줄이 든든해지고 방향감각이 확실해진 것을 느낍니다. 그러면 그

---

* 역주 : 이베리아=이베리아반도, 판노니아=다뉴브강 근처의 지방, 갈리아=프랑스의 옛날 이름, 일리리아=발칸 반도의 산많은 지방.

때에는 바람과 공간과 장난을 하며 지저귀며 벌레들을 쫓아 다니고, 물을 스치고, 다시 해를 향해 올라가고 합니다. 그러다가 마침내 적당한 때에 자신있게 날개를 펴서 더 따뜻하고 새로 먹을 것이 많은 지방을 향하여 멀리 날아 갑니다.

그 제비는 바다와 하늘이라는 끝없는 두 파란 것 사이에 외로이 떠 가는 광택이 나는 강철점같이 작은 것이지만, 바다를 건너는 것을 두려워하지 않습니다. 처음에는 처마에서 잎이 우거진 포도덩굴까지 조금 날아가는 것도 겁을 냈었는데, 지금은 겁없이 떠나 가는 작은 점이고, 화살같이 공기를 가르는 완전하고 힘이 좋은 몸입니다. 그래서 공기가 공중의 그 작은 왕을 사랑으로 운반하는 것인지 또는 공중의 작은 왕인 그 놈이 사랑으로 그의 영공을 누비고 다니는 것인지 알지 못할 지경입니다. 더 빨리 가기 위하여 바람과 대기의 밀도를 이용하는 제비의 자신있는 날아감을 보면서, 누가 그 제비가 처음으로 서투르고 겁많은 날개짓을 하던 것을 생각합니까?

여러분의 경우도 이러할 것입니다. 여러분의 경우도 이러하기를 바랍니다. 여러분과 여러분을 본받을 모든 영혼이 이러하기를 바랍니다. 갑작스레 능력있는 사람이 되는 것이 아닙니다. 처음에 몇번 실패했다고 낙담할 것도 아니고, 처음에 몇번 승리했다고 우쭐할 것도 아닙니다. 처음 실패는 다음번에 더 잘하는 데 도움이 되고, 처음 승리는 장차 한층 더 잘 하고 또 하느님께서는 착한 뜻을 도와주신다는 확신을 가지도록 격려하는 데 소용됩니다.

목자들의 권고와 명령에 순종하는 데 관하여 항상 그들의 말을 따르시오. 목자들의 임무를 도와주는 것과 그들의 피로에 대한 뒷받침이라는 면에서 그들에게 항상 누이가 되어 주시오. 이 말을 오늘 여기 있지 않은 자매들에게도 해 주시오. 그리고 장차 올 자매들에게도 이 말을 해 주시오.

그리고 지금이나 언제나 내 어머니께 대하여 딸노릇을 하시오. 내 어머니께서 여러분을 지도하실 것입니다. 어머니께서는 처녀들이나 과부들, 아내들이나 어머니들을 모두 지도하실 수 있습니다. 어머니께서는 초자연적인 지혜로 만이 아니라 개인적인 경험으로 모든 처지의 의무를 아셨기 때문입니다. 내 어머니 마리아를 통하여 여러분이 서로 사랑하고 나를 사랑하시오. 내 어머니는 생명의 나무이시고, 하느님의 살아 있는 방주(方舟)이시며, 그 안에 영원하신 지혜가 자리를 잡으시고, 그 안에서 영원한 은총이 사람이 된 하느님의 모습이시기 때문에 여러분은 절대로 쇠약해지지 않을 것입니다.

일반적으로 말했고, 여러분을 본 지금은, 내 제자들의 말과 미래의 제자의 바람이 되는 사람들의 말을 듣기를 원합니다. 가시오. 나는 여기 남아 있겠습니다. 우리가 다시는 이 시간과 같은 친밀한 평화의 시간을 결코 가지지 못할 것이니까, 여러분 중에서 내게 말할 것이 있는 사람은 오시오."

여자들은 서로 의논한다. 엘리사는 성모님과 글레오파의 마리아와 같이 나간다. 라자로의 마리아는 무슨 일을 그에게 권하고자 하는 쁠라우띠나의 말을 듣는다. 그러나 마리아가 머리로 거부하는 표시를 하는 것으로 보아 원치않는 것 같다. 그리고는 상대자를 남겨둔 채 간다. 그는 지나는 길에 언니와 수산나를 붙잡고 말한다. "우리는 선생님께 말씀드릴 시간이 있어. 그러니까 떠나야 하는 여자들을 여기 남겨 두어요."

"사라야 오너라. 우리는 맨 나중에 오자" 하고 안날리아가 말한다.

모든 여자가 천천히 나가는데, 마리아 살로메만이 어떻게 할까 망설이며 문께에 그대로 있다.

"이리 오세요, 아주머니. 문을 닫고 이리 오세요. 무얼 두려워하세요?" 하고 예수께서 그에게 말씀하신다.

"저는… 항상 선생님과 같이 있어서 그럽니다. 라자로의 마리아의 말을 들으셨습니까?"

"들었습니다. 그러나 이리 오세요. 아주머니는 제 처음 사도들의 어머니이십니다. 제게 무슨 말씀을 하시려는 것입니까?"

여인은 무슨 **중요한** 것을 청해야 하는데, 그렇게 해도 되는지 알지 못하는 사람처럼 천천히 가까이 온다.

예수께서는 미소로 그를 격려하시며 말씀하신다. "뭡니까? 혹 제베대오 아저씨를 위해 세째 자리를 청하시려는 겁니까? 그러나 아저씨는 현명하시니, 분명히 그 말을 제게 하라고 아주머니를 보내지는 않았을 것입니다! 그러니 말씀하세요…"

"아! 주님! 바로 그 자리에 대해서 주님께 말씀드리고자 했습니다. 주님은… 주님이 말씀하시는 투는… 주님이 저희를 떠나시게 되는 것처럼 말씀하십니다. 그래서 떠나시기 전에 저를 정말 용서해 주셨으면 하는 겁니다. 주님의 마음을 기분나쁘게 해드렸다는 생각에 제 마음이 편안하지 않습니다."

"아직 그 생각을 하고 계십니까? 제가 아주머니를 전과 같이, 이전보다도 더 사랑하는 것같이 보이지 않습니까?"

"오! 그건 맞습니다, 주님. 그러나 제 남편에게 주님이 제게 대해서 얼마나 인자하셨는지 말할 수 있게 정말 용서한다는 말씀을 해주십시오."

"그렇지만 아주머니, 용서받은 잘못을 이야기할 필요는 없습니다!"

"아닙니다, 그 이야기를 하겠습니다! 그 이유는 이렇습니다. 제 남편은 주님이 그의 아들들을 매우 사랑하시는 것을 보고 저와 같은 죄에 떨어질지도 모릅니다. 그런데… 주님이 저희를 떠나시면 누가 저희를 용서할 수 있겠습니까? 저는 저희 모두가 주님의 나라에 들어가기를 바랍니다. 제 남편두요. 제가 이것을 원한다고 정의를 저버린다고는 생각하지 않습니다. 저는 보잘 것 없는 여자라, 성경을 알지 못합니다. 그러나 주님의 어머니께서 저희 여자들에게 성경을 읽어주시거나 성경 대목들을 말씀하실 때에는 이스라엘의 선택받은 여인들에 대해서, 그리고 어디에서 그 말을 하는지를 자주 말씀하십니다. 그런데 몹시 제 마음에 드는 잠언(箴言)에는 남편의 마음이 용맹한 아내를 믿는다는 말이 있습니다. 저는 이 신뢰를 아내가 하늘과의 교제에 관해서까지도 자기 남편에게 주어야 한다고 생각합니다. 만일 제가 남편이 죄짓는 것을 막아서 하늘에 확실한 자리를 마련해 주면 제가 좋은 일을 하는 것이라고 생각합니다."

"그렇습니다, 살로메 아주머니. 아주머니는 이제 정말 지혜를 향해서 입을 열으셨고, 아주머니의 혀에는 착함의 근원들이 있습니다. 안심하고 가십시오. 아주머니는 제 용서 이상의 것을 받으셨습니다. 아주머니의 아들들은 아주머니의 마음에 몹시 드는 성경 말씀대로 아주머니를 지극히 행복한 여인이라고 선언할 것이고, 아주머니의 남편은 의인들의 고향에서 아주머니를 칭찬할 것입니다. 안심하고 가세요. 안녕히 가세요. 그리고 행복하세요." 예수께서는 살로메에게 강복하시고 떠나 보내신다.

살로메는 매우 기뻐하며 간다.

메론 호수 근처에 있는 집의 늙은 안나가 두 어린 사내 아이의 손을 잡고 들어온다. 그 뒤에는 수줍어하고 약간 창백한 계집 아이가 따라 오는데, 그 계집 아이가 겨우 걸음을 걸을 줄 아는 어린 아이를 데리고 와서 벌써 약간 엄마같은 느낌이 든다.

"오! 안나 할머니! 할머니도 제게 말씀을 하려고 하십니까? 그런데 할아버지는요?"

"병들었습니다, 주님. 병이 들어도 매우 중한 병이 들었습니다. 어쩌면 제가 돌아갔을 때는 이미 세상을 떠났을지도 모릅니다…." 눈물이 늙은 얼굴의 주름살을 타고 흘러 내린다.

"그런데 할머니는 여기 오셨습니까?"

"저는 여기 왔습니다. 남편은 제게 이렇게 말했습니다. '나는 갈 수 없소. 그러나 당신은 과월절을 지내러 가오. 그리고 조심하오. 우리 아들들이….'" 노파는 더 크게 울며 말을 하지 못한다.

"할머니, 왜 우세요? 할아버지는 '우리 아들들이 그들의 영원한 평화를 위해 그리스도를 반대하지 않도록 조심하시오' 하고 말씀하셨는데, 제대로 말씀하신 것입니다. 유다 할아버지는 의인이십니다. 당신의 목숨이나 할머니의 보살핌으로 할아버지의 목숨이 얻을 위안보다도 아들들의 행복을 더 걱정하십니다. 의인들의 죽음을 앞둔 시간에는 휘장이 들려서 정신의 눈이 진리를 보게 됩니다. 그러나 할머니의 아들들은 할머니의 말을 듣지 않습니다. 그런데 그들이 나를 배척하면 내가 어떻게 할 수 있습니까?"

"주님, 그들을 미워하지 마십시오."

"내가 왜 그렇게 해야 하겠습니까? 나는 그들을 위해 기도하겠습니다. 그리고 죄가 없는 이 아이들에게는 사람을 죽이는 증오를 이들에게서 멀리 떨어져 있게 하기 위해 손을 얹어 주겠습니다. 내게로 오너라. 너는 이름이 뭐냐?"

"아버지의 아버지처럼 유다예요" 하고 사내 아이들 중에서 제일 큰 아이가 대답한다. 그러니까 누나가 손을 잡고 있는 제일 작은 아이가 깡총깡총 뛰면서 외친다. "나도, 나도 유다야!"

"그렇습니다. 그들은 저희 아들들에게 아버지의 이름을 붙여 주는 것으로 아버지를 공경했습니다. 그러나 다른 일로는 공경하지 않았습니다…" 하고 작은 노파가 말한다.

"할아버지의 덕행이 이 아이들에게 있습니다. 너도 오너라, 애야. 너도 너를 이리 데려오신 할머니처럼 착하고 슬기롭게 되어라."

"오! 마리아는 착하고 슬기롭습니다! 혼자 있지 말라고, 이 애를 갈릴래아로 데리고 가겠습니다."

예수께서는 착한 계집 아이의 머리에 손을 얹으신 채 아이들에게 강복하신다. 그리고 이렇게 물으신다. 그런데 안나 할머니, 할머니를 위해서는 아무 것도 청하지 않으십니까?"

"제 남편이 살아 있는 것을 다시 만나고 아들들이… 어떻다고 말해서 거짓말을 할 힘을 주십시오…."

"안 됩니다. 거짓말은 절대로 안 됩니다. 죽는 사람이 편안히 죽도록 하기 위해서서도 안 됩니다. 할아버지께 이렇게 말씀하세요. '선생님이 당신에게 강복한다고 말씀하셨고, 당신과 함께 당신 핏줄에도 강복하셨습니다' 하고. 이 죄없는 어린 아이들도 할아버지의 핏줄인데, 이 애들에게 내가 강복했습니다."

"그렇지만 우리 아들들의 일을… 물어 보면요?…."

"'선생님이 그들을 위해 기도하셨습니다' 하고 말씀하세요. 할아버지는 제 기도가 힘이 있다는 확신을 가지고 쉬실 것이고, 죽어가는 사람에게 낙망을 주지 않고 진실을 말하는 것이 될 것입니다. 할머니의 아들들을 위해서도 제가 기도할 테니까요. 할머니도 평안히 가세요. 언제 예루살렘을 떠나십니까?"

"안식일 때문에 길에서 멈추지 않기 위해 안식일 다음 날 떠나겠습니다."

"좋습니다. 안식일 후에 여기 계시다니 기쁩니다. 엘리사와 니까와 매우 가까이 지내십시오. 가십시오, 그리고 굳세고 충실하십시오."

노파가 벌써 거의 문까지 갔는데, 예수께서 다시 부르신다. "이거 보세요. 손자들이 할머니와 같이 많이 있겠지요?"

"제가 예루살렘에 있는 동안은 늘 같이 있습니다."
"요 며칠 동안은… 할머니가 저를 따르려고 나오시면 아이들은 집에 남겨 두세요."
"왜요, 주님? 박해를 염려하시는 겁니까?"
"그렇습니다. 그런데 죄없는 어린 아이들은 보지 않고 듣지 않는 것이 좋습니다…."
"그러나… 무슨 일이 있으리라고 생각하십니까?"
"가세요, 할머니. 가세요."
"주님, 만일… 만일 그들이 사람들이 말하는 것처럼 주님께 하게 된다면, 틀림없이 제 아들들도… 그러면 집이 거리보다도 더 못할 것입니다…."
"울지 마세요. 하느님께서 마련해 주실 것입니다. 할머니께 평화."
노파는 울면서 간다.
한동안 아무도 들어오지 않는다. 그러다가 요안나와 발레리아가 함께 들어온다. 그들은 몹시 불안해한다. 특히 요안나가 더 그렇다. 발레리아는 얼굴이 창백하고 한숨을 쉰다. 그러나 용기가 더 있다.
"선생님, 안나가 저희들을 겁나게 했습니다. 선생님이 안나에게 말씀하셨지요…. 오! 그러나 그것은 사실이 아닙니다. 쿠자는 우유부단하고… 타산적인 사람일 수는 있습니다. 그러나 거짓말쟁이는 아닙니다! 헤로데는 선생님을 해칠 생각이 조금도 없다고 쿠자는 장담합니다…. 본시오에 대해서는 아무 것도 모르겠습니다…." 그러면서 요안나는 잠자코 있는 발레리아를 바라본다. 그리고 말을 다시 한다.
"저는 뿔라우띠나를 통해서 무엇인가 이해하기를 바랐었지만, 별로 이해한 것이 없습니다…."
"뿔라우띠나가 그가 있던 곳에서 한 걸음도 앞으로 나아오지 않았다는 것 외에는 아무 것도 이해하지 못했다고 말해야 할 거예요. 내게도 뿔라우띠나는 말하지 않았습니다. 그러나 내 생각이 틀리지 않는다면, 어떤 사실이 조국이나 자신의 **자아**에 영향을 미칠 수가 없을 때에는 항상 매우 강한 로마의 무관심이 예전에 움직일 마음을 가진 것같이 보이는 것들은 단단히 막았습니다. 제가 회당에 가까이 간 것보다도 한층 더, 이제는 제 정신과 몹시 다르게 된… 그들의 정신의 이 무관심과 이 안심이 마치 전에는 합쳐져 있던 두 땅을 한 도랑이 갈라놓는 것과 같이 우리를 갈라놓습니다. 그러나 그것들은 행복합니다. 그것들 나름대로 행복합니다…. 그런데 인간적인 큰 행복은 생각을 깨어 있게 하는 데 도움이 되지 않습니다."

"또 정신을 깨어 있게 하지도 못한다고 말하시오, 발레리아" 하고 예수께서 말씀하신다.

"그렇습니다, 선생님. 그러나 제게 있어서는 다릅니다…. 선생님께서는 저희와 같이 있던 여자를 보셨지요? 그 여자는 제 집안의 사람입니다. 과부로 혼자 몸인데, 제 부모가 저를 이탈리아로 돌아가도록 설득하라고 보낸 여자입니다. 오! 미래를 위해 많은 약속이 있었습니다. 그것들은 제가 이제는 높이 평가하지 않게 된 기쁨들입니다. 이 이유로 해서 그것들이 이제는 제게 기쁨으로 생각되지 않게 되었고, 그래서 짓밟아 버립니다.

저는 이탈리아에 가지 않겠습니다. 여기서 저는 선생님을 모시고 있고, 선생님께서 구해 주시고, 그의 영혼 때문에 사랑하도록 가르쳐 주신 제 어린 딸을 데리고 있습니다. 저는 이곳을 떠나지 않겠습니다…. 마르첼라는… 선생님을 뵈라고, 그리고 제가 여기 남아 있는 것은 어떤 유다사람에 대한 불명예스러운 사랑 때문이 아니라 ─저희들이 보기에는 그것이 불명예스러운 것입니다.─ 버림받은 아내라는 이 고통 중에 선생님에게서 위안을 받기 위해서라는 것을 깨달으라고 데리고 왔습니다. 마르첼라는 나쁜 여자가 아닙니다. 그 사람은 고통을 겪어서 이해합니다. 그러나 마르첼라는 아직 제 새 종교를 이해할 능력이 없습니다. 그래서 이 종교가 비현실적인 것이라고 생각하고 저를 좀 나무랍니다…. 그러나 상관없습니다. 그가 원하면, 이제부터 제가 있을 곳에 올 것입니다. 그렇지 않으면, 투스닐다와 같이 여기 있겠습니다. 저는 자유이고 부유합니다. 그래서 제가 하고 싶은 대로 할 수가 있습니다. 그리고 악을 행하지 않으니까, 제가 하고 싶은 대로 합니다."

"그런데 선생님이 있지 않게 되었을 때는요?"

"선생님의 제자들은 남아 있을 것입니다. 쁠라우띠나, 리디아, 그리고 저 다음으로는 선생님의 가르침을 더 주의깊게 지켜보고 선생님을 더욱 존경하는 끌라우디아 자신도 이제는 제가 그 여자들이 알았고 또 아직도 알고 있다고 믿고 있는 같은 여자가 아니라는 것을 아직 깨닫지 못했습니다. 그러나 저는 이제 저를 안다고 확신합니다. 확신이 하도 강해서, 제가 선생님을 잃으면 많은 것을 잃지만 모든 것을 잃지는 않을 것이라고 말할 지경입니다. 믿음은 남아 있을 터이니까요. 그리고 저는 믿음이 생겨난 곳에 그대로 있고 싶습니다. 저는 선생님에 대해서 말하는 것이 아무 것도 없는 곳에 파우스따를 데려가고 싶지는 않습니다. 여기서는… 모든 것이 선생님에 대해서 말합니다. 그리고 분명히 선생님께서는 선생님을 따르기를 원한 저희들을 지도자없이 놔두지는 않으실 것입니다. 이런 생각을 해야 하는 사람이 왜 이방인인 나여야 합니까? 당신들 중의 여러 사람, 그리고 당신 자신도 선생님께서 우리 가운데 계시지 않게 될 날을 생각하고는 어찌할 바를 모르는 사람들 같은데 말입니다."

"발레리아, 그것은 그 여자들이 여러 세기 동안 보수주의에 습관이 되어 있었기 때문입니다. 그 여자들의 생각은 지극히 높으신 하느님께서 저기 당신 집에, 대사제만이 공식적인 경우에 보는, 보이지 않는 제단 위에 계시다는 것입니다. 이것이 그 여자들이 내게 오는데 도움이 되었습니다. 그 여자들이 마침내 주님을 가까이 할 수가 있었던 것이지요. 그러나 이제는 지극히 높으신 하느님을 그 분의 영광의 영광 중에도 모시지 못하고, 아버지의 말씀을 자기들 가운데 모시지도 못하게 되는 것을 몹시 걱정하는 것입니다. 그러나 관대하게 보아주어야 합니다…. 그리고 너 요안나도 정신을 향상시켜야 한다. 나는 당신들 안에 있을 것입니다. 그것을 기억하시오. 나는 가겠지만 당신들을 고아로 놔주지는 않을 것입니다. 당신들에게 내 집을, 즉 내 교회를 남겨놓겠습니다. 내 말, 즉 기쁜 소식을 남겨놓겠습니다. 내 사랑이 당신들의 마음 속에서 살 것입니다. 그리고 끝으로 내가 당신들에게 더 큰 선물을 남겨놓을 터인데, 그 선물이 나를 가지고 당신들에게 영양을 주어서, 내가 영적으로만 당신들 가운데, 당신들 안에 있지 않게 할 것입니다. 그러나 이제는… 안나 할머니는 아이들 때문에 매우 괴로워하고 있습니다…."

"할머니는 저희들에게 그들에 대해서 몹시 불안해하며 말했습니다."

"그렇습니다. 나는 할머니에게 아이들을 사람들에게서 멀리 두라고 말했습니다. 요안나 네게도 같은 말을 하고, 발레리아 당신에게도 같은 말을 합니다."

"파우스따를 정해진 시간 이전에 투스닐다와 함께 베델에 보내겠습니다. 그들은 명절 지난 다음에 가기로 되어 있었습니다."

"저는 그렇게 하지 않겠습니다. 저는 아이들과 떨어지지 않겠습니다. 아이들을 집에 두겠습니다. 그러나 안나 할머니에게 그분의 아이들을 제 집에 두어두라고 말하겠습니다. 그 할머니의 아들들은 한심한 작자들입니다. 그렇지만 제 초대는 영광스럽게 생각하고 어머니에게 반대를 하지 않을 것입니다. 그리고 저는…."

"내가 바라는 것은…."

"무엇입니까, 선생님?"

"당신들이 요 며칠 동안 모두 매우 일치해 있으라는 것입니다. 나는 내 어머니의 동서와, 살로메와 수산나와 라자로의 동생들을 데리고 있겠습니다. 그러나 나는 당신들이 일치해 있는 것을, 매우 일치해 있는 것을 보고 싶어요."

"그러나 저희들은 선생님 계신 곳에 갈 수 없겠습니까?"

"요 며칠 동안 나는 빨리 반짝 하고 사라지는 번개 같은 것입니다. 아침에 성전에 올라갔다가 시내에서 나갈 것입니다. 매일 아침 이렇게 성전으로 가는 것 외에는 당신들이 나를 만날 수가 없을 것입니다."

"지난 해에는 선생님이 제 집에 오셨었는데요…."

"올해는 내가 아무 집에도 가지 않을 것이다. 나는 빨리 지나가는 번갯불일 것이다."

"그렇지만 과월절은…."

"나는 과월절을 내 사도들과 같이 지내겠다, 요안나야. 이것이 네 선생님의 뜻이면, 거기에는 분명히 정당한 이유가 있다."

"맞습니다…. 그러면 저는 혼자일 것입니다…. 제 오빠들은 그 며칠 동안 자유롭고 싶다고 말했고, 또 쿠자는…."

"선생님, 저는 물러가겠습니다. 비가 억수로 퍼붓습니다. 행각 밑에 모인 아이들을 찾아 가겠습니다" 하고 발레리아가 말하면서 조심스럽게 물러간다.

"네 마음 속에도 비가 몹시 온다, 요안나야."

"맞습니다, 선생님. 쿠자는 아주… 이상합니다. 남편을 이제는 이해할 수 없게 되었습니다. 끊임없는 자가당착입니다. 아마 그의 생각에 영향을 미치거나… 어떤 위협을 하거나 하는 친구들이 있는가 봅니다…. 또는 장래를 염려하는지도 모르겠습니다."

"그런 사람이 그 하나뿐이 아니라, 나는 나처럼 내일을 걱정하지 않는 사람은 별로 많지 않고, 외롭게 여기저기 흩어져 있다고 말할 수 있다. 그리고 그들의 수는 점점 더 적어질 것이다. 남편에게 매우 상냥하게 굴고 참을성을 많이 가져라. 그는 사람에 지나지 않는다…."

"그렇지만 남편은 하느님에게서, 선생님에게서 너무나 많은 것을 받아서 어떻게 해야 할 텐데요…."

"어떻게 해야 할 것이다. 그렇다. 그러나 이스라엘에서 누가 내게서 받지 않았느냐? 나는 친구들과 원수들에게 좋은 일을 했고, 용서하고, 병을 고쳐주고, 위로하고 가르쳤다…. 얼마나 하느님만이 변함없고, 얼마나 사람들의 반응이 가지 각색이며, 가장 많이 받은 사람이 가장 재빨리 그의 은인을 때리는 일이 얼마나 많은지 너는 보고 있으며, 점점 더 많이 볼 것이다. 정말로 나와 같이 내 빵을 먹은 사람이 내게 발길질을 했다고 말할 수 있을 것이다."

"저는 그렇게 하지 않겠습니다, 선생님."

"너는 하지 않겠지. 그러나 많은 사람이 그렇게 할 것이다."

"제 남편이 이 사람들 축에 끼겠지요? 만일 그렇다면 저는 오늘 저녁 집에 돌아가지 않겠습니다."

"아니다. 오늘 저녁은 쿠자가 이들 중에 들어 있지 않다. 그러나 이들 중에 끼어 있다 하더라도 네가 있을 자리는 그곳이다. 쿠자가 죄를 짓는다 하더라도 너는 죄를 짓지 말아야 하기 때문이다. 그가 비틀거리면, 네가 부축해주어야 하고, 그가 너를 짓밟으면 용서해 주어야 한다."

"아이고! 저를 짓밟는 일은 없을 것입니다! 남편은 저를 사랑합니다. 그렇지만 남편이 더 자신을 가졌으면 좋겠습니다. 남편은 헤로데에 대해서 영향력이 아주 많습니다. 저는 남편이 분봉왕에게서 선생님에 대한 약속을 얻어 내기를 바랍니다. 끌라우디아가 빌라도에게서 약속을 얻어내려고 애쓰는 것처럼요. 그러나 쿠자는 제게 헤로데의 막연한 말들만 알려줄 수 있었습니다…. 그리고 헤로데는 선생님이 어떤 기적을 행하시는 것을 보기만을 갈망하고, 선생님을 박해하지 않으리라는 것을 제게 단언할 줄만 알았습니다…. 헤로데는 그렇게해서 요한에 대한 가책을 가라앉히기를 바란다고 합니다. 남편은 이렇게 말합니다. '우리 왕은 끊임없이 이런 말을 하오. 〈하늘이 명령한다 하더라도 나는 그에게 손을 대지 않겠다. 나는 너무 겁이 난다!〉 하고.'"

"쿠자는 사실을 말하는 것이다. 헤로데는 내게 손을 대지 않을 것이다. 이스라엘에서 많은 사람이 실제적으로 내게 유죄선고를 내리는 것을 두려워하기 때문에, 많은 사람이 내게 손을 대지 않을 것이다. 그러나 그들은 다른 사람들이 유죄선고를 내리기를 요구할 것이다. 마치 하느님께서 보시기에 민중의 의사의 재촉을 받아 때리는 사람과 때리라고 명령하는 사람 사이에 차이가 있는 것처럼 말이다."

"오! 그러나 민중은 선생님을 사랑하는 걸요! 선생님을 위해 큰 축제가 준비되고 있어요. 그리고 빌라도는 소란을 원치 않습니다. 제가 간절히 바라는 것은… 주님, 제가 무엇을 바라는지 모르겠습니다. 저는 희망도 하고 실망도 합니다. 제 생각은 해와 비가 갈마드는 요 새처럼 변합니다…."

"요안나야, 기도하여라. 그리고 마음 편히 있어라. 네가 선생님께 고통을 드린 적은 한 번도 없고, 선생님도 그것을 기억하고 있다고 끊임없이 생각하여라. 가거라."

요 며칠 사이에 얼굴이 창백해지고 야윈 요안나는 생각에 깊이 잠긴 채 나간다.

그리고 안날리아의 유순한 얼굴이 나타난다.

"이리 오너라. 네 동무는 어디 있느냐?"

"옆방에 있습니다, 주님. 그 애는 가고자 합니다. 모든 여자들이 가려고 합니다. 마르타는 제 소원을 이해하고, 내일 저녁 해질 때까지 저를 여기 있게 합니다. 사라는 제가 여기 남아 있다는 것을 말하려고 집으로 돌아갑니다. 그 애는 주님의 강복을 받기를 바랍니다. 그것은… 그러나 저는 그 다음에 말씀드리겠습니다."

"오라고 해라. 내가 강복을 주겠다."

처녀는 나갔다가 동무와 같이 다시 들어오고, 그 동무는 주님 앞에 엎드린다.

"평화가 너와 함께 있기를, 그리고 주님의 은총이 너보다 앞서 간 처녀가 너를 인도한 오솔길에서 너를 인도하기를 바란다. 그의 어머니에게 다정스럽게 굴고 너를 완전히 차지하기 위하여 네게 인간관계와 고통을 면하게 해 준 하늘을 찬미하여라. 어느 날이고, 네가 네 의지로 수태하지 못하는 여자로 남아 있은 것으로 인하여 지금보다도 더 하늘을 찬미할 날이 있을 것이다. 가거라!"

처녀는 매우 감격하여 떠나 간다.

"주님은 그 애가 바라던 것을 모두 말씀해 주셨습니다. 그 말씀이 그 애가 갈망하는 것이었습니다. 사라는 늘 이렇게 말했습니다. '네 운명이 이스라엘에서 새로운 것이기는 하지만 내 마음에 든다. 그래서 나도 그것을 원한다. 아버지는 안 계시고, 또 어머니는 비둘기처럼 순한 분이니까, 나는 그 운명을 따르지 못할까봐 걱정은 하지 않는다. 그렇지만 그것을 행할 수 있다는 확신을 가지고, 또 그 운명이 네게 그런 것처럼 내게도 거룩하게 되기 위해서는 선생님의 입으로 그 말씀을 들었으면 좋겠다'고. 이제는 주님이 그 말씀을 그 애에게 해주셨으니, 저도 마음이 놓입니다. 저는 가끔 한 처녀의 마음을 열광케 하지 않았나 하고 염려를 했었으니까요."

"그 처녀가 언제부터 너와 함께 있느냐?"

"저… 최고회의의 명령이 왔을 때 저는 이렇게 혼잣말을 했습니다. '주님의 때가 왔다. 그러니까 나도 죽을 준비를 해야한다'고. 제가 주님께 그것을 청했었으니까요…. 그래서 지금 그것을 주님께 기억나게 해 드립니다…. 주님이 제물로 바쳐지려고 가시면, 저는 주님과 함께 제물이 됩니다."

"지금도 같은 일을 단단히 원하고 있느냐?"

"예, 선생님. 저는 선생님이 계시지 않는 세상에서 살 수는 없을 것입니다…. 그리고 선생님이 고통을 당하신 후에 살아남을 수는 없을 것입니다. 저는 선생님에 대해서 너무나 염려가 됩니다! 저희들 가운데에는 환상을 품는 사람이 많이 있습니다…. 저는 그렇지 않습니다! 저는 시간이 되었다는 것을 느낍니다. 증오가 너무나 많습니다…. 그리고 저는 선생님이 제 봉헌을 받아주시기를 바랍니다. 선생님도 아시다시피 저는 가난하기 때문에 제 목숨밖에 드릴 것이 없습니다. 제 생명과 제 순결, 그렇기 때문에 어머니가 혼자 계시지 않게 여동생을 집으로 부르라고 어머니를 설득했습니다… 사라는 제 대신 어머니의 딸노릇을 할 것이고, 또 사라의 어머니는 어머니의 위안이 될 것입니다.

주님, 제 마음을 실망시키지 말아 주십시오! 세상은 제게 대해서 아무런 매력도 없습니다. 제게는 세상은 몹시 혐오감을 일으키는 것이 많습니다. 감옥입니다. 제가 아마 죽음의 문턱에까지 갔었기 때문에, 많은 사람에게는 기쁨을 나타내는 것이 만족을 주지 못하는 공허라는 것을 제가 깨달았나 봅니다. 확실한 것은 제가 오직 희생만을 갈망하고… 주님 위에 고문의 무기처럼 얹혀진 세상의 증오를 보지 않고, 고통 중에서 주님을 닮기 위해… 주님을 앞서 가기를 갈망하는 것 뿐입니다….″

″그 때에 우리는 꺾어 온 백합꽃을 어린 양이 제헌되는 제단 위에 올려놓을 것이다. 그러면 그 백합꽃이 구속하는 피로 빨갛게 될 것이다. 그러면 영원한 사랑이 새하얀 어린 암양을 바친 제관이었다는 것을 천사들만이 알 것이고, 천사들은 사랑의 첫번째 희생자, 그리스도의 첫번째 후계자의 이름을 새겨놓을 것이다.″

″언제입니까, 주님?″

″네 등불을 준비해 가지고 신부의 옷을 입고 있어라. 신랑이 문에 와 있다. 너는 그의 개선을 보지 죽음은 보지 않을 것이다. 그러나 그의 나라에 들어가서 신랑과 더불어 개선할 것이다.″

″아! 저는 이스라엘에서 가장 행복한 여자입니다! 저는 주님의 왕관을 쓴 여왕입니다! 여왕으로서 주님께 한 가지 은총을 청해도 되겠습니까?″

″어떤 것이냐?″

"제가 한 남자를 사랑했다는 것을 주님도 아십니다. 제 안에는 더 큰 사랑이 들어왔기 때문에 그 남자를 신랑으로는 사랑하지 않게 되었고, 그 남자는 저를 사랑하지 않게 되었습니다. 그것은… 그러나 그의 과거를 들추어내고 싶지는 않습니다. 저는 주님께 그의 마음을 구속해 주십사고 청하는 것입니다. 그렇게 해도 됩니까? 제가 생명을 떠나는 문턱에 있는데, 제가 사랑하던 남자에게 영원한 생명을 주기 위해서 그를 기억하는 것은 죄를 짓는 것이 아니지요?"

"죄짓는 것이 아니다. 그것은 사랑한 사람의 이익을 위해서 사랑을 희생의 거룩한 한계에까지 가져가는 것이다."

"선생님, 그러면 제게 강복을 주십시오. 제 모든 죄를 사해 주십시오. 제게 결혼식과 주님의 오심에 대한 준비를 시켜 주십시오. 제 하느님이신 선생님이 보잘 것 없는 종을 데려다가 신부를 삼으려고 오시기 때문입니다."

기쁨과 건강으로 얼굴이 환한 처녀는 예수께서 그의 위에서 기도하시며 강복하시는 동안 선생님의 발에 입맞춤 하려고 몸을 굽힌다. 그리고 온통 백합꽃으로 되어 있는 것처럼 하얀 방은 정말로 이 의식에 어울리는 환경이 되고, 천사적이고 숭고한 찬란한 사랑 속에 있는 젊고 아름답고, 새하얀 옷을 입은 두 주역과 잘 조화된다.

예수께서는 기쁨에 잠겨 있는 처녀를 떠나, 어린이들에게 강복하시려고 조용히 나가신다. 어린이들은 기쁜 소리를 지르면서 떠나는 여자들이 올라가는 마차를 향하여 달려간다. 엘리사와 니까는 다음 날 안날리아를 시내로 도로 데려다 주려고 남아 있다. 비가 그쳤다. 그리고 구름들이 흩어지고 나니까, 파란 하늘이 나타나고, 해는 빛살을 내려보내 빗방울들을 비추어 반짝이게 한다. 멋진 무지개가 그 활 모양으로 베다니아와 예루살렘을 연결한다. 마차는 삐걱거리면서 떠나 대문으로 해서 나가서 사라진다.

회랑 끝에 예수 곁에 있는 라자로는 묻는다. "여자 제자들이 선생님께 기쁨을 드렸습니까?" 그러면서 선생님의 안색을 살핀다.

"아니오, 라자로. 한 사람만 빼놓고는 모두가 그들의 고통을 내게 주었소. 그리고 만일 내가 착각을 할 수 있었더라면 실망을 주기도 했을 거요."

"로마 여자들이 선생님께 실망을 드렸다는 말씀입니까? 그 여자들이 빌라도에 대한 말을 했습니까?"

"아니오."

"그러면 제가 말씀을 드려야 하겠습니다. 저는 그 여자들이 선생님께 거기 대한 말씀을 드릴 것으로 생각했었습니다. 그 때문에 기다렸습니다. 이 외딴 방으로 들어가십시다. 여자들은 마르타와 같이 그들의 일을 하러 갔습니다. 마리아는 선생님의 어머니와 같이 다른 집에 있습니다. 선생님의 어머님은 오랫동안 유다와 같이 계셨고, 지금은 같이 데리고 가셨습니다…. 선생님, 앉으십시오…. 저는 총독을 만나러 갔었습니다…. 제가 약속을 했던 터라, 그렇게 했습니다. 그러나 요나의 시몬은 제 임무를 그리 만족스럽게 생각하지는 않을 것입니다!…. 다행히도 시몬은 이제 그 생각은 안 하고 있습니다.

총독은 제 말을 듣고 이렇게 대답했습니다. '내가? 나더러 그 일을 떠맡으라구요? 그러나 나는 그렇게 할 생각은 손톱만큼도 가지고 있지 않소! 이 말만을 하겠소. 즉 내가 좋게든 나쁘게든 그 일에 관여하지 않기로 단단히 결심한 것은 그 사람 때문에가 아니라 ㅡ선생님을 말하는 것입니다.ㅡ 그 사람을 통해서 내게 오는 모든 난처한 일 때문이라는 것 말이오. 나는 그 일에서 손을 떼오. 나는 소란은 원치 않으니까 경비는 강화하겠소. 이렇게 하면 카이사르와 내 아내와 나 자신, 즉 내가 신성하게 관심을 기울이는 유일한 사람들을 만족시킬 거요. 나머지 일에 대해서는 손가락 하나 까딱 안 하겠소.

항상 불만을 품는 사람들의 싸움이오. 그들이 싸움을 만들어내고, 그들이 그것을 낙으로 삼고 있소. 나는 그 사람을 악당으로도 모르는 체하고, 덕있는 사람으로도 모르는 체하고, 현인으로도 모르는 체하오. 또 그를 모르는 체하고자 하고, 계속해서 모르는 체하고자 하오. 그러나 내 소원이 그런데도 불구하고 그 사람을 모르는 체하게 되기가 어렵소. 이스라엘의 지도자들은 한탄을 하면서도 사람에 대해서 말하고, 끌라우디아는 그 사람을 칭찬하면서 말하고, 갈릴래아 사람의 지지자들은 최고회의를 신랄하게 비판하면서 말하기 때문이오. 끌라우디아 때문이 아니면, 그를 체포하게 해서 그들에게 주어서 이 사건을 그들이 결말을 짓게 해서, 이 일에 대한 말을 다시는 듣지 않게 되도록 할 거요. 그 사람은 제국에서 가장 조용한 시민이오. 그러나 그런데도 불구하고 내게 하도 많은 난처한 일을 겪게 했기 때문에, 해결을 했으면 하오….' 이것이 그의 기분입니다, 선생님….”
"당신의 말뜻은 안심할 이유가 없다는 것이지요. 사람들하고는 절대로 안심할 수가 없소….”
"그런 그 결과로 최고회의가 더 조용해진 것 같습니다. 체포 명령을 환기시키지 않았고, 제자들이 괴롭힘을 당하지 않았습니다. 조금 있으면 시내에 갔던 제자들이 돌아올 것이고, 우리는 사정을 알게 될 것입니다…. 선생님을 반대하는 것은, **여전하겠지요.** 그러나 선생님을 공격하는 것은… 군중들이 선생님을 너무 사랑하기 때문에 그들이 탈없이 군중에게 도전할 수는 없을 것입니다.”
"길까지 돌아오는 사람들 마중을 나갈까요?” 하고 예수께서 제안하신다.
"가십시다.”
두 사람이 정원으로 나와서 길을 반쯤 왔는데, 라자로가 묻는다.
"그런데 선생님께서는 언제 식사 하셨습니까? 그리고 어디서요?”
"아침 여섯시에.”
"아니, 곧 해가 지려고 하는데요. 돌아가십시다.”
"아니오, 나는 그럴 필요를 느끼지 않소. 나는 계속 가는 편을 택하오. 저기 격자문에 가엾은 어린 아이가 매달려 있는 것이 보이오. 그 애는 아마 배가 고픈 모양이오. 그 아이는 찢어진 옷을 입고, 얼굴이 창백하오. 나는 그 아이를 얼마 전부터 지켜보고 있소. 그 아이는 마차가 나갔을 때 벌써 거기 있었는데, 들켜서 혹 쫓겨날까봐 도망쳤었소. 그랬다가 다시 와서 집과 우리 쪽을 끈질기게 바라보고 있소.”
"그 애가 배가 고프다면, 제가 가서 음식을 가져오는 것이 좋겠습니다. 선생님, 먼저 가십시오. 곧 돌아오겠습니다.” 그러면서 라자로는 오던 길로 뛰어서 돌아간다. 그 동안 예수께서는 격자문 쪽으로 빨리 가신다.
날카로운 아름다운 눈만이 반짝이는 병약하고 균형잡히지 않은 얼굴을 한 어린 아이는 예수를 쳐다본다.

예수께서 그에게 다정스럽게 미소를 보내시고, 빗장을 열면서 말씀하신다. "애야, 누구를 찾니?"
"선생님이 주 예수님이십니까?"
"그렇다."
"선생님을 찾습니다."
"누가 너를 보냈니?"
"아무도 안 보냈어요. 그렇지만 나는 선생님에게 말하고 싶어요. 선생님한테 말하러 오는 사람이 아주 많지요. 나도 왔어요. 선생님은 아주 많은 사람의 말을 들어주시지요. 내 말도 들어주세요."
예수께서는 빗장을 벗기셨다. 그리고 어린 아이에게 문을 열 수 있게 그의 야윈 손으로 붙잡고 있는 창살을 놓으라고 부탁하신다. 어린 아이가 비켜 선다. 그렇게 하면서 보기흉하게 된 몸에 걸친 퇴색한 작은 옷을 움직이는데, 혹이 생겨나는 바람에 머리가 어깨 속으로 푹 파묻히고, 확실치 않은 걸음걸이로 인하여 다리가 벌어진, 발육이 나쁜 불쌍한 아이라는 것을 알 수 있다. 정말 불행한 어린 아이이다. 그는 키를 보고 생각하게 되는 것보다는 아마 더 나이먹은 것 같다. 키는 여섯살 먹은 아이의 키인데, 그의 작은 얼굴은 벌써 약간 퇴색한 어른의 얼굴이고, 턱이 쑥 나왔다. 거의 작은 늙은이의 얼굴이다.
예수께서는 몸을 굽혀 그를 쓰다듬으시며 말씀하신다. "네가 무엇을 원하는지 말해다오. 나는 네 친구다. 나는 모든 어린이의 친구다." 얼마나 다정스러운 친절로 예수께서 그 작은 얼굴을 두 손으로 잡으시고, 그 이마에 입맞춤을 하시는가!
"나도 그걸 알아요. 그래서 왔어요. 선생님은 내가 어떻게 생겼는지 보시지요? 나는 이제는 고통을 당하지 않고 아무에게도 딸리지 않게 죽고 싶어요…. 아주 많은 사람을 고쳐주고 죽은 사람들도 다시 살게 한 선생님은 나를 죽게 해 주세요. 아무에게도 사랑을 받지 못하고 생전 일을 할 수 없을 나를요."
"너는 부모가 없니? 넌 고아냐?"
"아버지는 있어요. 그렇지만 내가 이렇게 생겼기 때문에 나를 사랑하지 않아요. 아버지는 엄마를 내쫓고 이혼장을 주었어요. 그리고 나도 엄마와 같이 내쫓았는데, 엄마는 이렇게 흉하게 생긴 나 때문에 죽었어요."
"그렇지만 넌 누구하고 사니?"
"엄마가 죽었을 때, 하인들이 나를 아버지한테 도로 데리고 갔어요. 그렇지만 결혼을 다시 해서 아름다운 아이들을 둔 아버지는 나를 내쫓았어요. 아버지는 나를 아버지의 농부들에게 주었는데, 그 사람들은 아버지의 마음에 들려고 주인처럼 해서 나를 괴롭혀요."
"때리니?"
"아니오. 그렇지만 그 사람들은 나보다 짐승들을 더 잘 돌보고 나는 업신 여겨요. 그리고 내가 자주 앓으니까 귀찮아해요. 나는 점점 더 보기 흉하게 돼가서 그 사람들의 아이들이 나를 놀려먹고 넘어뜨려요. 아무도 나를 사랑하지 않아요. 지난 겨울에는 내가 너무 기침을 해서 약을 먹어야 했었는데, 아버지는 돈을 조금도 쓰려고 하지 않고, 내가 제일 잘 할 수 있는 일은 죽는 것이라고 말했어요. 그 때부터 나는 '나를 죽게 해 주세요' 하고 말하려고 선생님을 기다렸어요."
예수께서는 "내 발은 진흙 투성이고, 내 옷도 그래요. 나는 길에서 앉았었으니까요. 선생님 옷을 더럽힐 거예요" 하고 말하는 아이의 말을 들은 체도 하지 않으시고 그를 당신 목에 껴안으신다.
"너 멀리서 왔니?"
"시내 근처에서 왔어요. 나를 지키는 사람이 거기 살 거든요. 나는 선생님의 사도들이 지나가는 걸 봤어요. 내가 그들이 사도들이라는 것을 아는 건 농부들이 이렇게 말했기 때문이었어요. '저기 갈릴래아 라삐의 제자들이 간다. 그렇지만 라삐는 안 계신데' 하고. 그래서 나는 왔어요."
"애야, 너 옷이 퍽 젖었구나. 가엾은 어린이! 너 또 병이 들겠다."
"만일 선생님이 내 말을 들어주지 않으면, 병으로라도 죽었으면 좋겠어요. 나를 어디로 데려 가세요?"
"집으로. 너는 이대로 있을 수는 없다."
예수께서는 보기흉한 어린 아이를 안고 정원으로 다시 들어오신다. 그리고 다가오는 라자로에게 외친다. "당신이 대문을 닫으시오. 나는 옷이 퍽 젖은 이 아이를 안고 있소."

"그런데 그 애는 누굽니까, 선생님?"

"모르오, 이 아이 이름도 알지 못하오."

"나도 이름을 말 안 할 거예요. 나는 알려지고 싶지 않아요. 나는 선생님한테 말한 대로 되고 싶어요. 엄마는 내게 이런 말을 했어요. '애야, 불쌍한 내 아들아, 나는 죽는다. 그러나 너도 나와 함께 죽었으면 좋겠다. 저 세상에서는 네가 뼈와 마음이 괴로울 정도로 보기 흉하지 않을 테니까. 거기서는 불행하게 태어나는 사람들을 놀려먹지 않는다. 하느님께서는 죄없고 불행한 사람들에게 인자하시니까.' 나를 하느님께로 보내주실래요?"

"어린 아이는 죽기를 원하오. 이것은 마음 아프게 하는 일이오…."

어린 소년을 자세히 들여다보던 라자로가 갑자기 말한다. "아니, 너 나훔의 아들의 아들이 아니냐? 나훔의 올리브밭 경계에 있는 단풍나무 곁에 양지에 앉아 있는 아이가 네가 아니냐? 그리고 네 아버지가 그의 소유지를 관리하는 요시아에게 맡긴 아이?"

"나예요. 그렇지만 왜 그 말을 했어요?"

"가엾은 아이! 너를 놀리려고 그런 건 아니다. 선생님, 정말이지 이 아이의 운명보다는 이스라엘에 있는 개의 운명이 덜 비참합니다. 만일 이 아이가 떠나온 집으로 돌아가지 않으면 아무도 이 아이를 찾지 않을 것입니다. 하인들도 주인들과 마찬가지로 마음이 사나운 잔인하고 비열한 사람들입니다. 요셉이 내력을 잘 알고 있습니다… 그 일로 인해서 세상이 떠들썩 했습니다. 그러나 저는 그 때에 마리아 때문에 몹시 고민을 하고 있어서… 그 후 불행한 그의 아내가 죽은 다음에 아이는 요시아 집으로 갔습니다. 저는 지나다니다가 이 아이를 보았습니다…. 해가 나거나 바람이 불거나 타작 마당에 잊혀진 채로 있었습니다. 이 아이는 아주 늦게 걸을 수가 있었고… 언제나 별로 걷지를 못했으니까요. 이 아이가 오늘 어떻게 여기까지 올 수 있었는지 모르겠습니다. 이 아이가 언제부터 길을 오고 있었는지 누가 알겠습니까?"

"베드로가 그리로 지나간 다음부터요."

"그런데 이제 이 아이를 어떻게 합니까?"

"난 집으로 돌아가지는 않아요. 난 죽고 싶어요. 가고 싶어요. 주님, 내게 은총과 동정을 주세요!"
 그들은 집 안으로 들어온다. 그리고 라자로는 하인 하나를 불러 담요를 가져오게 하고 노에미를 보내서 젖은 옷을 입고 있어서 추워서 창백하게 된 어린 아이를 돌보게 한다.
 "선생님의 원수들 중에서 가장 악착같은 사람의 하나의 아들입니다! 이스라엘에서 가장 악한 사람 중의 한 사람. 얘야, 너 몇 살이냐?"
 "열 살이요."
 "열 살! 10년 동안의 고통!"
 "이제 그만하면 됐다!" 하고 예수께서 큰 소리로 말씀하시면서 어린 아이를 땅바닥에 내려놓으신다.
 그 아이는 대단히 보기 흉하다! 오른쪽 어깨가 왼쪽 어깨보다 높고, 가슴이 지나치게 튀어나왔고, 짧은 목이 쇄골(鎖骨) 속으로 파묻혔으며, 다리들은 벌어졌다!….
 노에미가 그의 옷을 벗기고, 따뜻한 담요로 감싸기 전에 몸을 닦아주는 동안, 예수께서는 그 아이를 불쌍히 여기는 눈으로 바라보신다. 라자로도 동정심을 가지고 바라본다.
 "주님, 이 애에게 따뜻한 양젖을 준 다음 제 침대에 누이겠습니다" 하고 노에미가 말한다.
 "아니, 날 죽게 하지 않으세요? 불쌍히 여겨 주세요! 내가 이 모양으로 있으면서 많이 고통을 당하게 왜 살게 하는 거예요?" 그리고 이렇게 말을 끝맺는다. "나는 주님에게 바랐었는데요" 하고. 그런데 그의 목소리에는 비난과 실망의 기운이 들어있다.
 "착한 마음을 가지고 순종해라. 그러면 하늘이 너를 위로해 줄 것이다" 하고 예수께서 말씀하시면서 또 그를 쓰다듬으려고 몸을 굽히시고, 손으로 가엾은 보기흉한 사지를 어루만지신다.
 "침대로 데리고 가서 보살피게 나중에… 마련을 하도록 하지."
 눈물을 펑펑 쏟는 아이를 데려간다.
 "그런데 그들은 자기네들이 거룩하다고 믿는 사람들입니다!" 하고 라자로가 나훔을 생각하며 외친다.
 선생님을 부르는 베드로의 목소리가 들린다.

"오! 선생님! 예기 계십니까? 만사가 잘 돼 갑니다. 난처한 일이 없습니다. 오! 오히려 아주 조용합니다. 성전에서 아무도 저희들을 귀찮게 하지 않았습니다. 요한도 좋은 소식을 들었습니다. 제자들을 편안하게 놔 둡니다. 사람들이 선생님을 기쁘게 기다리고 있습니다. 저는 기쁩니다. 그런데 선생님은 무엇을 하셨습니까?"

그들은 말을 하면서 함께 멀어져 간다. 그 동안 라자로는 막시민이 부르는 곳으로 간다.

45. 예루살렘 입성 전 안식일

I. 마투살렘 또는 샬렘의 기적

지난 며칠 동안의 비가 온 다음 날씨가 회복되었고, 매우 깨끗한 하늘에는 해가 빛나고 있다. 비로 청소가 된 땅도 대기처럼 깨끗하다. 얼마나 신선하고 깨끗한지 몇 시간 전에 만들어진 것 같다. 맑은 아침에 모든 것이 빛나고 모든 것이 노래한다.

예수께서는 정원의 가장 외딴 오솔길을 따라 천천히 거닐으신다. 어떤 정원사 하인만이 아침 이른 시간의 이 혼자서 하는 산책을 지켜본다. 그러나 아무도 선생님을 방해하지는 않는다. 오히려 선생님을 조용히 계시게 하려고 소리없이 물러간다.

게다가 오늘은 쉬는 날인 안식일이라, 정원사들은 일을 하지 않는다. 그러나 그들의 생애 만큼이나 오래 된 습관으로 인하여 밖에 나와서 초목들과 벌통들과 꽃들을 살펴본다. 그것들에게는 안식일이 없어, 4월의 해와 조용한 바람을 향하여 향기를 내뿜고, 살랑거리고, 윙윙거린다. 그러다가 정원이 천천히 활기를 띤다. 처음에는 남녀 하인들, 그 다음에는 사도들과 여자 제자들, 맨 마지막으로 라자로가 나온다. 예수께서는 그들에게로 가시면서 인사를 하신다.

"선생님, 언제부터 여기 계셨습니까?" 하고 라자로가 예수의 굽슬거리는 머리에서 이슬방울들을 털면서 묻는다.

"새벽부터요. 당신의 새들이 하느님을 찬미하라고 나를 불렀소. 그래서 이리 나왔소. 우주의 아름다움 속에서 하느님을 주시하는 것은 하느님을 공경하는 것이고, 정신의 감동으로 기도하는 것이오. 땅은 아름답소. 그리고 하루의 첫 시간, 오늘과 같은 하루의 첫시간에는 땅이 처음 생겨났을 때에 그랬던 것처럼 신선하게 우리에게 나타나오."

"정말 과월절다운 날씨입니다. 날씨가 좋아졌는데, 월초에 순풍과 더불어 날씨가 좋아졌기 때문에 좋은 날씨가 오래 계속될 것입니다" 하고 베드로가 언명한다.

"그것이 나는 기쁘다. 비가 오는 과월절은 우울하다."

"그보다도 더한 것이 있습니다. 비는 곡식에 해롭습니다. 낟알은 수확기가 가까워진 지금 햇볕이 필요합니다" 하고 바르톨로메오가 말한다.

"나는 여기 조용히 있는 것이 참 좋아. 오늘은 안식일이라 아무도 오지 않을 거고, 우리 가운데에 외부인은 없을 거니까" 하고 안드레아가 말한다.

"당신 생각은 틀렸소. 손님이 한 사람 있어요. 작은 손님이. 그 애는 아직 자고 있습니다. 침대가 부드럽고 배가 부르고 하니까 마냥 자게 되는군요. 그 애를 보러 갔었는데, 노에미가 지키고 있습니다" 하고 라자로가 말한다.

"아니, 그게 누굽니까? 언제 왔습니까? 누가 데려 왔습니까? 당신은 왜 그 사람이 어린 아이인 것처럼 말합니까?" 하고 남자들과 여자들이 묻는다.

"어린 아이입니다. 불쌍한 어린 아이. 그의 고통이 그를 이리 데려 왔어요. 그 애는 저기 철책 창살에 매달려서 집 쪽을 바라보고 있었는데, 선생님께서 맞아들이셨습니다."

"우리는 아무 것도 알지 못했었습니다…. 왜니까?"

"그것은 어린 아이가 편안히 있을 필요가 있어서 그랬다" 하고 예수께서 대답하신다. 그리고,

"또 라자로의 집에서는 입을 다물고 있을 줄을 알기 때문이다" 하고 말씀을 끝내실 때에는 예수의 얼굴이 깊은 생각에 잠긴다.

한 하인이 와서 마르타에게 무슨 말을 하더니, 물러갔다가 양젖 항아리들과 사발들과 버터나 꿀을 곁들인 빵을 담은 쟁반들을 가지고 오는 다른 하인들과 함께 다시 온다. 모두는 여기 저기 흩어져 있는 의자에 앉아 식사를 한다. 그러나 곧 이어 다시 선생님 둘레로 모이기로 결정하고 선생님께 비유를 청한다.

"니산달의 이 날처럼 맑은 아름다운 비유를"이라고 그들은 말한

다.

"비유를 하나 아니라 둘을 주겠다. 들어보아라.

어떤 사람이 어느 날 어떤 명절에 주님을 공경하기 위하여 등불 두개를 켜 놓고자 하였다. 그래서 크기가 같은 두 그릇을 가져다 놓고, 거기에 같은 품질의 기름 같은 분량을 넣고, 같은 심지를 꽂았다. 그 사람은 그에게 허락된 대로 일을 하는 동안 자기 대신 기도를 하라고 같은 시간에 그 두 등잔에 불을 붙였다. 얼마 후에 돌아와 보니, 등잔 중의 하나는 강한 불꽃을 내고 있는데, 다른 등잔은 아주 잔잔한 작은 불꽃을 내고 있어, 등잔들이 타고 있는 언저리에 겨우 밝은 점을 만들어 놓는 것이었다. 그 사람은 그 심지가 잘못된 것으로 생각했다. 그래서 심지를 살펴보았는데, 그게 아니라, 심지는 제대로 되어 있었다. 그러나 그 등불은 다른 등불 만큼 명랑하게 타려고 하지 않았다. 다른 등잔은 그 불꽃을 불혀 모양으로 흔들리게 하고, 어떻게나 명랑하게 타는지 정말 말을 속삭이는 것같이 보였고, 어떻게나 흔들리면서 밝히는지 가볍게 속삭이기까지 하는 것 같았다.

'이 등불은 정말 지극히 높으신 주님의 찬미를 노래하는 거다!' 하고 그 사람은 혼잣말을 했다. '그런데 이 등불은! 내 영혼아, 이 등불을 보아라! 이 등불은 어떻게나 별로 열렬하지 않게 주님을 공경하는지, 주님을 공경하는 것이 짐스럽게 여겨지는 것 같다!" 그리고 일을 하러 돌아갔다.

얼마 후에 다시 왔다. 한 불꽃은 한층 올라갔고, 이 불꽃은 더 찬란하게 펄럭이고 있는데, 다른 불꽃은 한층 더 낮아지고, 점점 더 조용히 타고 있었다. 그 사람은 두번째 다시 와 보았다. 마찬가지였다. 세번째 다시 왔을 때에도 마찬가지였다. 그러나 네번째 와서 보니, 방 안에는 구역질이 나는 짙은 연기가 가득 차 있고, 그 사이로 작은 불꽃 하나만이 빛나고 있었다. 그는 등잔들이 놓여 있는 선반으로 가서, 처음에는 그렇게도 이글거리며 타오르던 등불은 완전히 타버려 꺼멓게 되고, 그 불혀로 흰 벽을 더럽히기까지 한 것을 발견했다. 반대로 다른 등불은 여전히 한결같은 빛으로 계속 주님을 공경하고 있었다.

그 사람이 이 작은 사건에 대비하려고 하는데, 그 때 그의 곁에서 어떤 목소리가 들려 왔다. '이 현상을 바꾸지 말고, 하나의 상징인 이 등불들을 묵상하여라. 나는 주님이다.'

그 사람은 방바닥에 얼굴을 대고 경배하며, 몹시 두려워하며 감히 말했다. '저는 어리석은 사람입니다. 지혜이신 주님, 등불들의 상징을 설명해 주십시오. 가장 활발하게 주님을 공경하는 것처럼 보이던 등불은 손해를 끼쳤습니다. 그런데 다른 등불은 계속 빛을 내고 있습니다.'

'그래, 설명해 주마. 사람의 마음들도 이 두 등불과 같다. 처음에는 타고 빛나서 그 불꽃이 얼마나 완전하고 변함없는 것 같은지 사람들의 감탄을 자아내는 영혼들이 있다. 또 사람들의 주의를 끌지 않고, 주님을 공경하는 데 열의가 없는 것으로 보일 수 있는 조용한 광채를 가진 영혼들도 있다. 그러나 첫번째나 두번째나 세번째 확 타오르는 것이 지난 다음, 세번째와 네번째 확 타오르는 사이에서 첫번째 영혼들은 손해를 끼친 다음, 완전히 꺼지면서 해를 끼친다. 그것은 그 영혼들이 확실한 빛을 가지고 있지 못하기 때문이었다. 그 영혼들은 주님을 위해서보다는 오히려 사람들을 위해서 빛나고자 했고, 교만이 그들을 얼마 안 되는 시간에 검고 짙은 연기 속에 다 타버리게 해서 공기까지 흐리게 하였다. 다른 영혼들은 오직 한 가지 꾸준한 뜻을 가지고 있었으니, 그것은 오직 하느님만을 공경하는 것이었다. 그래서 사람들의 칭찬은 상관하지 않고, 오래 가고 깨끗한 불꽃으로, 연기와 고약한 냄새없이 자기 자신을 불태웠다. 꾸준한 빛만이 주님의 뜻에 맞는 것이니 그 빛을 본받을 줄을 알아라.'

그 사람은 고개를 쳐들었다…. 공기는 연기가 가셔서 깨끗해졌고, 이제는 충실한 빛의 별만이 홀로 하느님을 공경하기 위하여 깨끗하고 굳세게 빛나고 있었고, 등잔의 금속을 마치 순금으로 만든 것처럼 반짝이게 하고 있었다. 그래서 그 사람은 그 등불이 몇시간 동안이고, 항상 똑같이 빛나다가 마침내 조용히, 연기도 고약한 냄새도 없이, 그의 옷을 더럽히지도 않고, 불꽃이 마지막으로 한번 환하게 빛나고 꺼지는 것을 바라보았다. 그 불꽃은 기름 마지막 한 방울까지, 그 생명의 마지막 순간까지 주님을 훌륭하게 공경한 다음에 하늘로 올라가 별들 사이에 자리잡는 것 같았다.

나 너희들에게 분명히 말한다마는, 처음에는 큰 불꽃을 내서, 사람들의 행동의 외면밖에 보지 못하는 세상 사람들의 감탄을 얻지만, 곧 이어서 꺼멓게 타고 자극이 심한 냄새를 풍기면서 죽어버리는 사람들이 많다. 나 분명히 말하지만, 하느님께서 그들의 불꽃이 인간적인 목적을 위해서 오만하게 타는 것을 보시기 때문에 그 불꽃에 주의를 기울이지 않으신다.

둘째 등불을 본받아서 꺼멓게 타지 않고 그들의 꾸준한 사랑의 마지막 펄럭임으로 하늘에 올라갈 줄 아는 사람들은 지극히 행복하다."

"정말 이상한 비율세! 그러나 참말이야! 아름답고! 내 마음에 드는 걸! 나는 우리가 하늘을 향해 올라가는 빛들인지 알고 싶구먼." 사도들은 그들의 느낌을 서로 이야기한다.

유다는 혹평을 할 방법을 찾아낸다. 그는 막달라의 마리아와 제베대오의 요한을 공격한다.

"마리아, 조심해요. 그리고 요한 자네도. 자네들은 우리 가운데에서 타오르는 빛들이지…. 자네들에게 불행이 닥쳐오지 않게 해야 해!"

막달라의 마리아는 대답을 막 하려고 한다. 그러나 마음 속에서 올라온 말을 하지 않으려고 입술을 깨문다. 마리아는 유다를 바라본다. 그저 바라보기만 한다. 그러나 그 눈길이 어떻게나 격렬한지 유다는 웃음을 그치고 똑바로 쳐다보던 것도 그만둔다.

비록 사랑으로 불타고 있기는 하지만 마음이 온유한 요한은 조용히 대답한다.

"하긴 내가 능력이 없기 때문에 그렇게 될 수도 있을 걸세. 그러나 주님의 도우심을 기대하네. 그래서 우리 주 하느님을 공경하기 위해 마지막 한 방울까지, 마지막 순간까지 탈 수 있기를 바라네."

"그럼, 다른 비유는요? 선생님은 비유 둘을 약속하셨지요" 하고 알패오의 야고보가 말한다.

"내 둘째 비유는 이렇다. 그 비유가 곧 올 것이다…." 그러시면서 커튼으로 가려져 있는 닫혀진 집의 문을 가리키신다. 커튼은 바람에 천천히 움직이다가 한 하인의 손으로 움직여 젖혀지며, 늙은 노에미가 들어와서 예수의 발 앞으로 달려오면서 말한다.

"아니 아이가 성합니다! 이제는 보기 흉하지 않습니다! 선생님이 밤 사이에 고쳐 주셨습니다. 그 애가 잠이 깼기에 라자로님이 따로 두셨던 옷을 가지고 밤 동안에 지은 속옷와 옷을 입히기 전에 그 애 몸을 씻어 주려고 목욕을 준비했습니다. 그러나 제가 '애야, 이리 오너라' 하고 말하면서 담요를 젖혔을 때 저는 어제는 보기 흉하던 그의 작은 몸이 전과 같이 않은 것을 보았습니다. 그래서 저는 소리를 질렀습니다. 어떤 어린 아이가 제 침대에서 자고 있다는 것을 알지도 못하던 사라와 마르첼라가 달려 왔습니다. 그래서 선생님께 이 말씀을 드리려고 그들을 떠나 왔습니다…."

모두가 호기심에 사로잡힌다. 질문들을 하고 몹시 보고 싶어한다. 예수께서 손짓으로 소란을 가라앉히신다. 그리고 노에미에게 명령하신다.

"아이에게로 돌아가서, 씻기고 옷을 입혀서 이리 데려 오시오."

그리고 제자들에게 몸을 돌리시고 말씀하신다.

"이것이 둘째 비유이다. 그리고 이 비유는 이렇게 말할 수 있다. '참된 정의는 원수를 갚지 않고 차이도 두지 않는다.'

어떤 사람, 아니 그 보다도 사람의 아들인 사람이 원수들과 벗들을 가지고 있다. 친구들은 별로 없고 원수는 많다. 그는 원수들의 미움도 생각도 잘 알고 있고, 그들의 뜻도 알고 있는데, 그 뜻은 아무리 소름끼치는 어떤 행동 앞에서도 꺾이지 않을 것이다. 이 점으로는 그의 원수들이 친구들보다 더 강하다. 그의 친구들은 공포나 실망이나 또는 지나친 자신으로, 쓸데없이 그들의 힘을 감추는 숫양처럼 되고 만다.

많은 원수를 가지고, 사실이 아닌 많은 일로 비난을 받는 이 사람의 아들이 어제 한 어린이를, 그의 원수인 어떤 사람의 아들인, 어린이들 중에서 가장 비탄에 잠긴 어린이를 만났다. 그 어린이는 보기 흉하고 불구인데, 이상한 은혜를 청하였다. 죽는 은혜를 청한 것이다. 모든 사람이 사람의 아들에게 명예와 기쁨을 청하고, 건강을 청하고, 생명을 청한다. 그런데 그 가엾은 어린이는 더 이상 고통을 당하지 않게 죽게 해 달라고 청하였다. 그 어린이는 벌써 육체와 마음의 가지가지 고통을 겪었다. 그것은 이 아이를 낳은 사람으로 이유없이 나를 미워하는 사람이 그가 낳은 죄없는 불행한 그 어린이도 미워하기 때문이다.

　나는 그 어린이가 더 이상 고통을 당하지 않고, 육체의 건강 이상으로 정신적 건강에 이를 수 있게 하려고 그를 고쳐 주었다. 그의 작은 영혼도 병들었다. 아버지의 미움과 사람들의 업신여김이 그에게 상처를 입혔고 그에게서 사랑을 빼앗아갔다. 그 어린이에게는 하늘과 사람의 아들에 대한 믿음만이 남아 있었고, 그에게, 아니 그들에게 죽게 해 달라고 청하였다. 저기 온다. 그의 말을 듣게 될 것이다."

　머리를 빗고 세수를 하고 노에미가 밤새 빨리 지은 흰 모직으로 된 작은 옷을 입은 어린 아이가 늙은 유모의 손에 이끌려 나아온다. 비록 이제는 등도 굽지 않고 다리도 구부러지지 않지만 작다. 그러나 벌써 어제보다는 더 커 보인다. 그의 얼굴은 균형잡히지 않은 작은 얼굴이고, 고통으로 인하여 조숙하게 어른같이 된 어린 아이의 약간 시들은 얼굴이다. 그러나 이제는 불구는 아니다. 신발을 신지 않는 그의 작은 발은 다리가 구부러진 사람들의 절룩거리는 걸음이 아닌 확실한 걸음걸이로 방바닥을 딛는다. 그의 야윈 어깨는 야위기는 하였지만 반듯하다. 가느다란 목이 어깨 위로 솟아 있는데, 균형이 잡히지 않은 쇄골 속에 파묻혀 있던 어제에 비하면 길어 보인다.

　"아니… 아니, 저 애는 나훔의 안나의 아들인데요! 정말 환영받지 못할 기적이로군요! 이렇게 함으로 이 애 아버지와 나훔을 친구를 만들 거라고 생각하십니까? 그 사람들은 더 증오에 불타게 될 것입니다! 그들은 불행한 결혼의 소산인 이 아이가 죽기만을 바라고 있었습니다" 하고 가리옷의 유다가 외친다.

　"나는 친구들을 얻기 위해서 기적을 행하지 않고, 인간들에 대한 연민으로, 그리고 내 아버지께 영광을 드리기 위해서 기적을 행한다. 나는 인간의 비참에 대해서 동정을 가지고 관심을 기울일 때 **절대로** 차별도 두지 않고 타산을 하지 않는다. 나는 나를 박해하는 사람에게 복수를 하지 않는다."

　"나훔은 선생님의 행위를 복수로 생각할 것입니다."

　"나는 이 아이에 대해 아무 것도 알지 못했었다. 나는 이 아이의 이름도 아직 모른다."

"이 애를 업신여겨서 마투살라 또는 마투살렘이라고 부릅니다."
"엄마는 나를 샬렘이라고 불렀어요. 엄마는 나를 예뻐했어요. 엄마는 아저씨와 나를 미워하는 사람들처럼 인정머리없지 않았어요" 하고 어린 아이는 분노에 타오르는 눈으로 말한다. 그것은 너무 오랫동안 괴롭힘을 당한 사람과 짐승의 힘없이 타오르는 분노의 눈길이다.
"샬렘아, 이리 내게로 오너라. 건강한 것이 좋으니?"
"예…. 그렇지만 죽는게 더 좋았어요. 어떻든지 나는 사랑을 받지 못할 거예요. 엄마가 아직 있었으면 기분좋았을 거예요. 그렇지만 이대로는… 나는 언제나 불행할 거예요."
"이 애 말이 맞습니다. 저희들이 어제 이 아이를 만났습니다. 이 애는 선생님이 베다니아의 라자로의 집에 계시냐고 물었습니다. 저희들은 이 애가 거지인 줄 알았기 때문에 동냥을 주려고 했습니다. 그러나 이 애는 받으려고 하지 않았습니다. 이 애는 어떤 밭 가장자리에 있었습니다" 하고 열성당원이 말한다.
"자네도 이 애를 알지 못했었나? 이상한데" 하고 가리옷의 유다가 말한다.
"자네가 이 일들을 그렇게까지 잘 알고 있는 것이 더 이상하네. 자넨 내가 선생님께로 올 때까지 박해받는 사람들 가운데 있었고, 그 다음에는 문둥병자들 가운데 있었다는 걸 잊었나?"
"그럼, 자넨 내가 안나가 신임하는 사람인 나훔의 친구라는 것을 잊었나? 나는 자네들에게 이걸 결코 숨기지 않았네."
"됐네, 됐어. 그것은 중요하지 않네. 중요한 것은 이제 우리가 이 아이를 어떻게 하느냐 하는 것일세. 이 아이 아버지가 이 아이를 사랑하지 않는 것은 사실이지만, 이 아이에 대한 권리는 여전히 가지고 있네. 그들이 우리게 대해서 호의를 더 가지고 있으니까, 신중하게 행동해서 그들의 감정을 상하게 하지 말아야 하네" 하고 나타나엘이 말한다.
유다는 큰 소리로 비꼬는 웃음을 웃는다. 그러면서 왜 웃는지는 설명하지 않는다.
어린 아이를 무릎에 놓고 계신 예수께서 천천히 말씀하신다.
"나는 나훔과 과감히 맞서겠다…. 나는 그에게서 미움을 더 받지 않을 것이다. 그의 증오는 더 커질 수가 없다. 그것은 불가능한 일이다. 그의 증오는 벌써 극도에 달해 있다."

그를 행복하게 하는 생각 중의 하나에 잠겨서 한번도 말을 하지 않은 안날리아가 말한다.

"만일 제가 남아 있었으면 이 아이를 맡는 것이 좋았을 텐데요. 저는 젊지만 어머니 마음을 가지고 있거든요."

"너는 떠나니? 언제?" 하고 여자들이 묻는다.

"곧이요."

"아주? 그래 어디로 가니? 유다 밖으로?"

"예. 멀리, 아주 멀리, 영원히요. 그리고 저는 그것이 **몹시** 기쁩니다."

"네가 할 수 없는 일을, 아버지가 이 아이를 넘겨주면, 다른 사람들이 할 수 있다."

"여러분이 꼭 그렇게 하고 싶으면 내가 나훔에게 그 이야기를 하겠습니다. 아이 아버지보다도 이 사람이 중요합니다. 내가 내일 그 말을 하겠습니다" 하고 가리옷의 유다가 약속한다.

"안식일이 아니었으면… 이 애를 맡아 가지고 있던 그 요시아를 내가 찾아갈 텐데" 하고 안드레아가 말한다.

"이 애를 잃어버린 걸 슬퍼하는지 보려고?" 하고 마태오가 묻는다.

"제 생각에는 그들이 벌 한 마리가 길을 잃으면 그들이 그것을 더 슬퍼할 것입니다" 하고 조금 전에 가까이 온 막시민이 입 속으로 중얼거린다.

어린 아이는 말이 없다. 그는 예수께 바싹 붙어 있으면서, 병약하고 고통 중에서 살아 온 어린 아이들이 흔히 가지는 그 날카로운 눈초리로 그의 둘레에 있는 얼굴들을 살펴본다. 그는 얼굴보다도 마음을 살펴보는 것 같다. 그리고 베드로가 "우리를 어떻게 생각하니?" 하고 묻자 어린 아이는 베드로의 손에 그의 손을 놓으면서 대답한다.

"아저씨는 착해요." 그리고, 고쳐 말한다.

"모두 착해요. 그렇지만… 사람들이 나를 알아보지 못했으면 좋았을 텐데. 나는 무서워요…." 그러면서 가리옷의 유다를 바라본다.

"내가 무서운 거지? 내가 네 아버지한테 말할까봐. 그렇지만 내가 네 아버지에게 너를 우리에게 넘겨주겠는지 물어보려면 분명히 그렇게 해야 한다. 그렇지만 네 아버지가 너를 빼앗아 가지는 않을 거다!"

"나도 그건 알아요. 그렇지만 다른 것이 있어요…. 나는 멀리, 이 아가씨가 가는 멀리로 가고 싶어요…. 엄마의 나라에는 새파란 산들 가운데 파란 바다가 있어요. 저 아래에는 그 바다에 떠 다니는 흰 돛단배들이 많이 있고, 둘레에는 아름다운 도시들이 있어요. 그리고 산 위에는 굴이 많은데, 거기서는 산벌들이 단 꿀, 아주 단 꿀을 만들어요. 나는 엄마가 죽고 요시아의 집으로 가게 된 다음부터는 꿀을 먹지 못했어요. 필립보와 요셉과 엘리사와 다른 아이들은 실컷 먹어요. 그렇지만 나는 못 먹어요. 그들이 꿀단지를 밑에 두어두면, 내가 하도 먹고 싶으니까 그걸 먹었을 거예요. 그렇지만 높은 선반에 얹어 놓는데, 나는 필립보가 하는 것처럼 식탁 위에 올라갈 수가 없었어요. 난 꿀이 몹시 먹고 싶은데!"

"오! 가엾은 어린 것! 내가 가서 너 먹고 싶은 만큼 가져오마!" 하고 마르타가 측은해서 말하며 빨리 떠나간다.

"그런데 네 어머니는 어디서 왔었니?" 하고 베드로가 묻는다.

"이 애 어머니는 세펫 근처에 집 여러 채와 농지를 가지고 있었네. 외딸로 고아가 되고 큰 재산을 상속 받았는데, 벌써 나이가 많고 추녀이고 다리가 약간 구부러졌었지. 그러나 아주 재산이 많았네. 늙은 사독을 사이에 놓아서 안나의 가장 사랑하는 아들의 아들이 그 여자를 아내로 얻게 되었네…. 사랑은 없고 순전히 타산적인, 진짜 파렴치한 거래인 계약이었지. 그 사람은 여기서 너무 멀리 떨어져 있다고 말하면서, 처음에 관리인의 것이었던 작은 집 하나만 남겨놓고 아내의 재산을 팔았네. 그 작은 집은 관리인이 옛날 주인에게서 선물로 받은 것인데, 그의 일생과 사대손(四代孫)의 일생 동안 쓸 수 있는 것으로 되어 있었네. 이 애 아버지는 불운한 투기로 모든 것을 잃었다고 하네.

그렇지만… 나는 그걸 믿지 않네. 사실 나는 그가 전에는 가지고 있지 않던… 훌륭한 땅을 강변 쪽에 가지고 있다는 걸 아네…. 그러다가 결혼생활 몇 해 후, 여자가 거의 쇠퇴기에 이르렀을 때 이 아들이 난 거지…. 그리고 그것은 아내를 버리고, 사론평야의 젊고 아름답고 돈많은 다른 여자를 데려오는 핑계가 되었네…. 소박맞은 여자는 늙은 관리인 집으로 피해 가서 살다가 거기서 죽었네. 나는 그들이 이 아이를 왜 그대로 기르지 않았는지 모르겠어. 이 애 아버지는 이 아이를 죽은 것으로 치고 있었거든" 하고 가리옷 사람이 설명한다.

"그건 요한이 죽고 마리아도 죽고, 아이들은 하인으로 딴 곳으로 갔기 때문이에요. 그러니 아들도 아니고 일도 할 수 없는데, 누가 나를 맡아가지고 있어야 했겠어요. 그렇지만 미카엘과 이사악, 그리고 에스테르와 유딧도 착했어요. 지금도 이들은 착해요. 명절을 쇠러 올 때면, 이들은 내게 선물들을 가져와요. 그렇지만 요시아가 그의 아이들을 위해서 그것들을 가로채요."

"그렇지만 그들이 너를 받아주지 않는데" 하고 유다가 대꾸한다.

"내가 꼿꼿하고 튼튼한 지금은 나를 받아주려고 할 거예요. 그 애들은 하인들이거든요! 내가 말했지만, 그 애들은 주인에게 '이 병든 병신을 데려 가세요' 하고 말할 수는 없었어요. 그렇지만 지금은 그 애들이 그렇게 할 수 있어요."

"그렇지만 네가 요시아의 집에서 도망쳐 나왔으니, 그 애들이 어떻게 너를 찾아낼 수 있니?" 하고 바르톨로메오가 그 아이에게 곰곰 생각하게 하려고 말한다.

어린 아이는 올바른 지적으로 충격을 받아 곰곰 생각한다. 그것은 불구로 인하여 그의 얼굴이 조숙하게 어른스러워진 것과 같이 조숙하게 생각이 깊게 되었기 때문이었다. 그래서 그는 절망적으로 말한다.

"맞아요! 난 그 생각은 하지 못했어요."

"그리로 돌아가라. 요새 그 애들이 올 거다…."

"그리루요? 안 가요. 그리 돌아가고 싶지 않아요. 차라리 죽겠어요!" 그는 그를 마구 뒤흔들어놓는 거칠은 분노에 빠져든다. 그러나 곧이어 눈물을 흘리며 예수의 무릎에서 몸을 뒤로 젖히고 말한다.

"왜 나를 죽게 하지 않았어요?"

꿀단지를 가지고 오던 마르타는 이 슬픔에 놀라고, 바르톨로메오는 그 슬픔을 유발한 것이 괴로워서 변명을 한다.

"저는 좋은 의견을 내놓는다고 생각했었는데요. 모두에게, 아이에게도 선생님께도 라자로에게도 좋은 의견을…. 여러분이나 우리들 가운데 아무에게도 새로이 미움을 받을 필요는 없습니다…"

"맞아! 정말로 난처한 일이야!" 하고 베드로가 상황에 대하여 깊이 생각하고 혼잣말로 결론을 내린다. 그 결론은 가벼운 휘파람으로 끝나는데, 그것은 해결하기 까다롭고 어려운 문제에 부닥뜨릴 때에 그의 기분을 나타내는 것이다.

어떤 사람은 이렇게 하자고 제안하고, 어떤 사람은 저렇게 하자고 제안한다. 나훔을 가서 만난다든지, 요시아의 집에 가서 미카엘과 이사악을 라자로의 집으로 보내라고 말한다든지, 또는 그렇지 않아도 예수와의 친분 때문에 미움을 받는데 그 이상 더 라자로가 미움을 받지 않게 하는 것이 사려깊은 일일 것이니까 아이가 가 있을 다른 곳으로 보내라고 하자는 것이다. 또는 아무에게도 아무 말도 하지 말고, 아이를 확실한 어떤 제자에게 주어서 사라지게 하자는 것이다.

가리옷의 유다는 말을 하지 않는다. 토의에 관심이 없는 것으로 보이기까지 한다. 그는 그의 옷의 술장식을 다듬었다 흐트러뜨렸다 하며 장난을 하고 있다.

예수께서도 말씀을 하지 않으신다. 어린 아이를 쓰다듬고 달래시고, 그의 얼굴을 쳐들고 두 손에 작은 꿀단지를 놓아 주신다.

샬렘은 어린 아이이다. 항상 고통을 당한 열 살 먹은 불쌍한 아이이지만, 그리고 고통 때문에 성숙하게 되기는 하였지만 역시 어린 아이이다. 그래서 그같은 꿀의 보물을 앞에 놓고는 마지막 눈물이 걷히고 황홀한 놀람이 갈마든다. 그에게서 아름다운 것이라고 그것 뿐인 눈을, 크고 영리한 갈색 눈을 치켜떠서 예수와 마르타를 번갈아 쳐다보며 묻는다.

"이걸 얼마 먹으면 돼요? 이 숟가락으로 하나나 둘이요?" 하고 동그란 은숟가락을 가리키며 그것을 황금빛 꿀 속으로 천천히 들여보낸다.

"애야, 먹고 싶은 대로 먹어라. 네 마음대로 실컷. 나머지는 내일 먹던지 나중에 먹던지 해라. 그 꿀은 다 네 것이다!" 하고 마르타가 그를 쓰다듬으며 말한다.

"다 내거요!!! 아이고! 나는 꿀을 이렇게 많이 가져본 일이 없어요!! 다 내거야! 오!" 그러면서 아이는 그것이 무슨 보물이나 되는 것처럼 꿀단지를 가슴에 경건하게 껴안는다.

그러나 그는 곧이어 꿀단지보다도 그것을 주는 사랑이 더 값지다는 것을 깨닫고 작은 단지를 예수의 무릎에 놓고, 팔을 들어 그의 위로 몸을 구부리고 있는 마르타의 목을 껴안고 그에게 입맞춤을 한다. 이것이 그의 감사하는 마음이 할 수 있는 전부이고, 줄 것이 아무 것도 없는 버려진 어린이인 그가 줄 수 있는 전부이다.

다른 사람들은 계획하던 것을 중단하고 이 광경을 지켜본다. 그리고 베드로는 말한다.

"이 애는 마특지암보다도 한층 더 불행하구먼. 마특지암은 적어도 할아버지와 다른 농부들의 사랑은 받고 있었지! 우리가 한 없다고 생각한 고통보다 더 큰 고통이 항상 있다는 것이 사실이야!"

"그래, 인간의 고통의 구렁은 그 바닥을 아직 드러내지 않았어. 그 구렁이 아직 얼마나 많은 비밀을 감추고 있는지… 또 미래 시대에 얼마나 많은 비밀을 간직하고 있을지 누가 알겠나!" 하고 바르톨로메오가 생각에 잠기며 말한다.

"그럼, 자네는 기쁜 소식을 믿지 않는 건가? 그 기쁜 소식이 세상을 바꿔놓으리라는 것을 믿지 않는단 말인가? 이 말은 예언자들이 했고, 선생님이 되풀이하시는 건데 바르톨로메오, 자네는 의심 많은 사람이로구먼" 하고 가리옷 사람이 약간 빈정거리는 투로 말한다.

열성당원이 그에게 대답한다.

"나는 무엇이 어때서 바르톨로메오가 의심이 많다는 것인지 모르겠네. 선생님의 가르침은 모든 불행에 대한 위안을 마련해 주고, 관습과 풍속의 사나움을 변경도 할 걸세. 그러나 그것이 고통을 없애지는 못할 걸세. 선생님의 가르침은 미래의 기쁨에 대한 선생님의 숭고한 약속으로 고통을 견딜 수 있게는 할 걸세. 고통이 없어지려면, 또는 적어도 고통의 대부분이 없어지려면 ─언제까지나 병과 죽음과 자연의 큰 재난은 있을 것이니까.— 모든 사람이 그리스도께서 가지신 것과 같은 마음을 가져야 할 걸세, 그렇지만…."

가리옷 사람이 그의 말을 가로막는다.

"사실 그렇게 해야 할 거야. 그렇지 않으면 메시아가 세상에 오신 것이 무슨 소용이 있겠어?"

"그렇게 해야 할 것이라고 우리는 말하네. 그러나 유다, 말해 보게. 혹 우리 사이에 그렇게 됐나? 우리는 열두명이고 선생님과 함께 사는 것이 3년째이고, 선생님의 가르침을 우리는 공기를 마시듯이 흡수하네. 그런데? 우리 열두 사람이 모두 거룩한가? 라자로가 하는 것, 스테파노와 니콜라이, 이사악, 마나헨, 그리고 요셉과 니고데모, 그리고 여자들과 어린이들이 하는 것과 우리가 하는 일 다른 것이 무엇인가? 나는 우리의 조국인 이 조국의 의인들에 대해서 말하는 걸세. 이 모든 사람들은, 지혜롭고 부자이거나 가난하고 무식하거나 모두 우리가 하는 일을 하네. 조금 잘 하고, 조금 잘못 하고 하네. 그러나 완전히 새로워지지는 못했네. 나는 많은 사람이, 아주 많은 사람이 우리보다 낫다고까지 자네에게 말하겠네. 그래, 선생님을 따르는 사람들 중에서 사도들인 우리보다 나은 사람이 많네…. 그런데 자네는 사도들인 우리가 그리스도께서 가지신 마음을 가지지 못했는데 세상 사람 모두가 그런 마음을 가지기를 바라겠는가? 우리는 다소간 나아지기는 했네…. 적어도 그렇게 되었기를 바라세.

내가 이렇게 말하는 것은 사람이 자기 자신을 아는 것도 어렵고, 자기 곁에 사는 형제를 알기도 힘들기 때문일세. 육체의 베일은 너무 **빽빽**하고 두껍고, 사람의 생각은 뚫고 들어가지 못하도록 너무나 주의를 하고 있어서, 사람이 사람을 이해할 수가 없네. 자기 자신을 살펴보거나 다른 사람들을 살펴보거나, 항상 표면에 남아 있는 걸세. 우리 자신을 살펴볼 때에 그렇다는 것은 **우리 자존심에 타격을 입지 않고 변해야 할 필요성으로 고통을 당하지 않기 위해 우리 자신을 알고자 하지 않기 때문일세. 남에 대한 경우에 그런 것은, 심사원으로서의 우리의 자존심 때문에 우리가 불공평한 심판이 되고, 우리가 심사하는 사람의 자존심은, 마치 굴이 그 껍질로 제 안에 있는 것을 감추듯, 꽉 죄기 때문일세**" 하고 열성당원이 말한다.

"말 잘 했네. 시몬, 자네는 정말 지혜의 말을 했네!" 하고 유다 타대오가 칭찬하고, 다른 사람들도 덩달아 일제히 찬성한다.

"그렇다면, 메시아가 아무 것도 변경시키지 못하게 된다면, 무엇 때문에 왔나?" 하고 가리옷 사람이 대꾸한다.

예수께서 말씀하신다.

"많은 것이 변할 것이다. 그러나 모두가 변하지는 않을 것이다. 내 가르침에 대해서 벌써 작용하고 있는 것, 즉 빛을 사랑하지 않는 자들의 증오가 장차 있을 것이니까 그렇다. 그것은 나를 따르는 사람들의 힘에 대항하여 사탄을 따르는 자들의 힘이 있을 것이기 때문이다. 얼마나 많이! 얼마나 많은 모습으로 그럴 것이냐! 완전하기 때문에 변함이 없는 내 가르침에 대하여 항상 새록새록 생겨나는 얼마나 많은 이단의 교리가 반대하겠느냐! 그 이단의 교리들이 얼마나 많은 고통을 싹트게 하겠느냐! 너희들은 미래를 알지 못한다. 너희들에게는 **지금** 세상에 있는 고통이 큰 것으로 생각된다….

그러나 모든 것을 아시는 분은 내가 너희들에게 설명해 주어도 이해되지 않을 소름끼치는 일들을 보고 계시다…. 내가 오지 않았더라면 불행했을 것이다! 장차 있을 사람들에게 가장 착한 사람들에 있어서 본능을 억제하는 규범과 미래의 평화에 대한 약속을 주기 위하여 오지 않았더라면 말이다! 만일 내가 옴으로 인하여 사람이 자신을 영의 생명으로 '**살아 있게**' 간직할 수 있고, 상급을 확실히 받도록 간직할 수 있는 영적인 요소들을 가지지 못했더라면, 불행이었을 것이다!…. 만일 내가 오지 않았더라면, 오랜 세월이 흐르는 동안에 땅은 넓은 지상의 지옥이 되었을 것이고, 인류는 서로 갈라져서 창조주를 저주하면서 파멸하였을 것이다…."

"지극히 높으신 분은 홍수와 같은 전세계적인 벌은 보내지 않겠다고 약속하셨습니다. 하느님의 약속은 틀림이 없습니다" 하고 유다가 말한다.

"그렇다. 시몬의 유다야, 그것은 사실이다. 지극히 높으신 분께서는 홍수와 같은 전반적인 재앙을 다시는 보내지 않으실 것이다. 그러나 사람들이 스스로 점점 더 끔찍한 재앙을 만들어낼 것이니, 그 재앙들에 비하면 대홍수와 소돔과 고모라를 파괴한 불비는 동정 가득한 벌로 보일 것이다. 오!….”
 예수께서는 미래의 사람들에 대한 안타까운 연민의 몸짓을 하시며 일어나신다.
 “좋습니다! 선생님은 아십니다…. 그러나 우선은 이 아이를 어떻게 합니까?” 하고 가리옷 사람이 그의 꿀을 조금씩 맛보면서 아주 기뻐하고 있는 어린 아이를 가리키며 묻는다.
 “하루하루에는 그 날의 걱정이 있다. 내일이 그것을 말해 줄 것이다. 우리가 내일 아직 살아 있을지 알지도 못하는데, 다음 날 걱정을 하는 것은 헛된 일이다.”
 “저는 선생님같이 생각하지 않습니다. 우리가 어디 가서 살지, 어디서 만찬을 먹을지 알아야 한다는 말씀입니다. 일이 아주 많습니다. 우리가 기다리고 또 기다리고 있으면, 시내는 꽉 찹니다. 그러면 우리는 어디로 갑니까? 게쎄마니도 안 되고, 세포리스의 요셉의 집도 안 되고, 요안나의 집도 안 되고, 니까의 집도 안 되고, 라자로의 집도 안 됩니다. 그러면 어디로 갑니까?”
 “아버지께서 당신의 말씀을 위하여 피신처를 마련해 주실 곳으로.”
 “선생님은 제가 가서 일러바치려고 그것을 알려고 한다고 생각하십니까?”
 “그 말은 네가 하는 것이지, 나는 아무 말도 하지 않았다. 샬렘아, 오너라. 내 어머니는 네가 여기 와 있는 줄은 아시지만, 아직 너를 보지는 못하셨다. 내 어머니께 데리고 가게 이리 오너라.”
 “그런데 선생님의 어머니께서는 병드셨습니까?” 하고 토마가 묻는다.
 “아니다. 기도하신다. 어머니는 많이 기도하실 필요가 있다.”
 “그래요. 마리아는 많이 괴로워하고 많이 울어요. 그리고 그를 위로하는 것으로는 기도밖에 가지고 있지 못해요. 가장 큰 고통을 당하는 때에 마리아는 기도로 살고 있다고 말할 수 있을 거예요” 하고 알패오의 마리아가 설명한다. 그 동안 예수께서는 어린 아이의 손을 잡고 멀어져 가신다. 다른 쪽에는 예수께서 성모님을 뵈러 같이 가자고 권하신 안날리아가 있다.

46. 예루살렘 입성 전 안식일

II. 여행자들과 유다인들이 베다니아에 오다

 사랑과 증오가 예루살렘에 모인 많은 순례자들과 예루살렘의 주민들까지도 해가 완전히 지기를 기다리지도 않고 베다니아로 오도록 부추긴다. 그래서 해가 겨우 지기 시작하였는데, 벌써 그 중의 제일 이른 사람들이 라자로의 집에 도착하였다. 그리고 하인들에게 불린 라자로가, 제일 먼저 온 사람들이 바로 가장 비타협적인 유다인 중에서도 가장 잘 알려진 사람들이기 때문에 그 안식일 위반을 보고 놀라니, 그들은 정말 바리사이파다운 이런 대답을 한다.
 "양떼의 성문에서는 벌써 해가 보이지 않소. 그래서 우리는 해가 성전의 둥근 지붕 뒤로 넘어가기 전에는 분명히 규정된 거리를 넘지 않으리라고 생각하고 길을 떠났소."
 라자로는 어지간히 마른 얼굴에 약간 비꼬는 웃음을 짓는다. 얼굴이 말랐다고 말한 것은 그가 건강하고 안색이 좋기는 하지만, 확실히 뚱뚱하지는 않기 때문이다. 그리고 예의바르게, 그러나 약간 비꼬는 말투로 대답한다.
 "그래 무엇을 보고자 하시오? 선생님께서는 안식일을 존중하셔서 쉬고 계시오. 선생님께서는 휴식이 끝난 것으로 생각하시는 데에는 해가 보이지 않는 것으로 만족하지 않으시고, 마지막 햇살이 사라지는 것을 기다리셔서 '안식일이 끝났다'고 말씀하시오."
 "선생님이 완전하시다는 것은 우리도 아오! 그러나 만일 우리가 잘못했다면 선생님을 뵐 이유가 더 있는 거요. 우리의 죄를 사해 주실 시간 만큼, 조금만."
 "유감이지만 그렇게 못하겠소. 선생님께서는 피곤하셔서 쉬고 계시니, 성가시게 해 드리지는 않겠소."

그러나 다른 사람들, 즉 사방에서 온 순례자들이 예수를 뵙겠다고 청하고 조른다. 히브리인들 가운데에는 이방인들도 섞여 있고, 그들과 함께 개종자들도 있다. 그들은 라자로를 마치 비현실적인 사람인 것처럼 살펴보고 곁눈질해 본다. 라자로가 그가 추구하지 않은 이 명성으로 인한 귀찮음을 참아견디고, 그에게 질문하는 사람들에게 참을성있게 대답한다. 그러나 하인들에게 대문을 열라는 명령은 하지 않는다.

"선생이 죽었다가 다시 살아나신 분입니까?" 하고 어떤 사람이 묻는다. 그 사람은 외형으로 보아 확실히 혼혈이다. 유다인다운 것이라고는 매우 크고 매부리 모양으로 생긴 독특한 코뿐이고, 그의 말투라든지 옷 모양은 그를 외국인으로 나타내기 때문이다.

"그렇소. 이것은 나를 당신 메시아의 종을 만드시려고 나를 죽음에서 끌어내신 하느님께 영광을 드리기 위해서요."

"하지만 그게 진짜 죽음이었습니까?" 하고 다른 사람들이 묻는다.

"이 유다인 명사들에게 물어보시오. 이분들은 내 장례식에 왔었고, 내가 부활할 때에도 여러분이 있었소."

"그렇지만 뭘 느끼셨습니까? 어디 계셨습니까? 무얼 기억하십니까? 다시 살아났을 때 무슨 일을 당하셨습니까? 그분이 어떻게 선생을 다시 살리셨습니까?…. 선생이 묻혔던 무덤을 볼 수 없습니까? 무슨 병으로 돌아가셨습니까? 선생은 지금 정말 건강하십니까? 선생의 헌데 흔적이 없어졌습니까?"

라자로는 참을성있게 모든 사람들에게 대답하려고 애쓴다. 그가 부활한 뒤로 여러 달이 지나는 동안 매우 건강하다는 것과 헌데 자국이 이제는 다 지워졌다는 것을 말하기는 쉽지마는 그가 무엇을 느꼈는지, 어떻게 다시 살아났는지는 말할 수가 없다. 그래서 그는 이렇게 대답한다.

"모르겠습니다. 나는 내 정원 안에 내 하인들과 누이동생들 사이에 살아 있게 되었어요. 수의가 벗겨지고 나는 해와 빛을 보았고, 시장기를 느꼈고, 음식을 먹었고, 생명과 내게 대한 선생님의 큰 사랑을 누렸습니다. 그 나머지는 나보다 거기 있었던 사람들이 더 잘 압니다. 그 중에 말을 하고 있는 세 분이 여기 있고, 저기 두 사람이 옵니다." (지금 오는 두 사람은 최고회의 의원인 요한과 엘르아잘이고 서로 이야기를 하고 있는 세 사람은 율법학자 두 사람과 바리사이파 한 사람인데, 사실 그들을 라자로의 부활때 보았지마는, 이름은 기억하지 못하겠다.)

"저 사람들은 이방인인 우리들에게는 말하지 않습니다! 유다인인 당신들이 가서 물어보시오…. 그러나 선생은 선생이 묻혔던 무덤을 우리에게 보여 주시오."

그들은 그 이상 조를 수 없을 만큼 몹시 조른다. 라자로는 결심한다. 그는 하인들에게 무슨 말인지 하고 나서 사람들을 향하여 돌아서서 말한다.

"이 집과 내 다른 집 사이에 있는 길로 가시오. 내가 당신들을 맞으러 가서 무덤으로 인도하겠습니다. 돌로 된 지층에 뚫린 구멍밖에 볼 것이 없지만."

"상관없습니다! 갑시다! 갑시다!"

"라자로! 서시오! 우리도 가도 되겠소? 외국인들에게는 허용되는 것을 우리들에게는 금한다면 모르지만" 하고 한 율법학자가 말한다.

"아니오, 아르켈라우스. 무덤에 가까이 가도 부정을 타지 않는다고 생각하거든 당신도 오시오."

"그 속에 주검이 들어 있지 않으니까 그것은 이제 무덤이 아니오."

"그러나 그 안에는 주검이 나흘 동안이나 들어 있었소. 이스라엘에서는 그보다 훨씬 덜한 것 때문에도 부정한 것으로 여기는데요! 시체를 만진 사람을 옷으로 스친 사람도 부정하다고 당신들은 말하는데, 내 무덤은 아주 오래 전부터 열려 있기는 하지만 아직 고약한 냄새를 풍기고 있소."

"상관없소. 우리는 정화를 하겠소."

라자로는 요한과 엘르아잘 두 바리사이파 사람을 바라보며 말한다.

"당신들도 가겠소?"

"예, 우리도 가겠소."

라자로는 담처럼 높고 두꺼운 울타리로 경계가 지어진 쪽으로 빨리 가서, 울타리 중의 하나에 끼워 넣은 대문을 열고 시몬의 집으로 가는 길로 나와 기다리고 있는 사람들에게 앞으로 나아오라는 손짓을 한다. 그리고 그들을 무덤으로 인도한다. 꽃이 핀 장미나무 한 그루가 무덤 어귀를 둘러감고 있다. 그러나 열린 무덤에서 풍기는 무시무시함을 없애는 데에는 부족하다. 홍예 모양으로 꽃이 핀 아래에 기울어진 바위에는 "라자로, 밖으로 나오시오!"라는 말이 새겨져 있다.

악의를 품은 사람들이 곧 그것을 보고 즉시 말한다.

"왜 저 말들을 새기게 했소? 그렇게 해서는 안 되는 것이었는데!"

"왜요? 내 집에서는 내가 하고 싶은 대로 할 수 있소. 그리고 내게 생명을 돌려준 하느님의 외침의 말을 지워지지 않도록 바위에 새겨 놓고자 했다고 나를 죄지었다고 비난할 수 있는 사람은 아무도 없소. 내가 그 속에 들어가 있게 될 때에, 그래서 라삐의 능력을 찬양하지 못하게 될 때에, 나는 해가 아직 저 말들을 돌 위에서 읽고, 바람들이 나무들에게 저 말을 일러주고, 새들과 꽃들이 저 말들을 쓰다듬어, 나를 죽음에서 끌어내신 그리스도의 외침을 내대신 계속 찬미하기를 원하오."

"당신은 이교도요! 당신은 독성자(瀆聖者)요! 당신은 우리 하느님을 모독하는 말을 하오. 당신은 베엘제불의 아들의 요술을 찬양하오. 라자로, 당신 조심하시오."

"나는 당신들에게 내가 내 집에 있고, 당신들은 부름을 받지 않은 채 비열한 의향을 가지고 내 집에 와 있다는 것을 당신들에게 상기시키오. 당신들은 이 사람들보다 더 못하오. 이 사람들은 이교도이지만, 나를 부활시키신 분을 하느님으로 인정하오."

"저주받은 사람! 그 선생에 그 제자이로구먼. 소름끼치는 일이야! 우리 여기서 떠납시다! 이 더러운 소굴에서. 이스라엘을 타락시키는 자, 최고회의가 당신의 말을 기억할 거요."

"그리고 로마는 당신들의 음모를 기억할 거요. 나가시오!"

항상 온유한 라자로도 자기가 테오필로의 아들이라는 것을 기억하고, 그들을 개떼처럼 내쫓는다. 여러 지방에서 온 순례자들은 남아서 청하고 쳐다보고, 그리스도를 보게 해 달라고 애원한다.

"당신들은 예루살렘에서 선생님을 뵐 것입니다. 지금은 안 됩니다. 나는 할 수 없습니다."

"아! 그렇지만 선생님이 시내에 가십니까? 정말입니까? 거짓말 아닙니까? 저들이 저 정도로 선생님을 미워하는데도 가십니까?"

"가십니다. 이제는 안심하고 가시오. 집이 어떻게 쉬고 있는지 보십니까? 아무도 보이지 않고, 말 한 마디도 들리지 않습니다. 당신들이 보기를 원하던 것, 즉 다시 살아난 사람들과 그가 묻혔던 곳을 보셨습니다. 이제는 가시오, 그리고 당신들의 호기심을 보람없게 만들지 마시오. 하느님의 어린 양이시고, 지극히 거룩하신 메시아이신 예수 그리스도의 능력의 살아 있는 증거인 나를 본 것으로 인하여 당신들이 모두 그분의 길로 올 수 있기를 바랍니다. 나는 이 바람 때문에 내가 다시 살아난 것을 기뻐합니다. 나는 이 기적이 의심하는 사람들을 감동시키고, 이교도들을 개종시키고, 그들 모두에게 참 하느님은 한 분뿐이시고, 참 메시아는 거룩한 선생님이신 나자렛의 예수 한 분뿐이시라는 것을 확신하게 할 수 있기를 바라기 때문입니다."

사람들은 마지못해 헤어진다. 그런데 새로 사람들이 계속 오기 때문에, 한 사람이 가는 대신에 열 사람이 온다. 그러나 라자로는 하인 몇 사람의 도움을 받아 모든 사람을 밖으로 내몰고 격자문을 닫는데 성공한다.

라자로는 "사람들이 울타리를 부수거나 뛰어넘지 않는지 살피게. 곧 저녁 어두움이 내리깔릴 터이니까 저 사람들은 그들이 몸둘 곳으로 갈 걸세" 하고 명령하면서 물러가려고 하는데, 미르타* 덤불 속에서 엘르아잘과 요한이 나오는 것이 보인다.

"아니? 당신들이 보이지 않기에 나는 당신들이…."

"우리를 쫓아내지 마시오. 우리는 사람들의 눈에 띄지 않으려고 덤불 속으로 들어갔습니다. 우리는 선생님께 말씀을 드려야 합니다. 우리는 요셉과 니고데모보다 의심을 덜 받기 때문에 우리가 온 것입니다. 그러나 당신과 선생님을 빼놓고는 **아무**의 눈에도 띄지 않기를 바랍니다…. 당신의 하인들은 믿을 수 있습니까?"

---

* **역주**: 지중해 연안지방의 상록수.

"라자로의 집에서는 주인의 마음에 드는 것 이외에는 아무 것도 보지도 않고 듣지도 않고, 또 **외부 사람에 대하여는 아무 것도 알지 못하는 것이** 관습입니다.

그러나 담보다도 더 두꺼운 이 푸른 나무로 된 두 담 사이에 있는 이 오솔길로 해서 오시오."

라자로는 그들을 뚫고 들어갈 수 없는 회양목과 월계수의 두겹으로 된 울타리 사이에 있는 작은 길로 인도한다.

"여기 계십시오. 예수님을 모셔 오겠습니다."

"아무도 눈치채지 못하게 하시오!…."

"염려 마세요."

기다림은 오래 가지 않는다. 오래지 않아 나뭇가지들이 얽혀서 좀 어두운 오솔길에 하얀 아마포 옷을 입으신 예수께서 나타나신다. 그리고 라자로는 보초를 선 것처럼, 또는 조심성으로 오솔길 가장자리에 남아 있다. 그러나 엘르아잘이 그에게 "이리 오시오" 하고 말한다. 아니 오히려 손짓을 한다.

예수께서 두 사람에게 인사하시고, 두 사람은 예수께 대단한 경의를 표하고 있는데, 라자로가 가까이 간다.

"선생님, 그리고 당신 라자로, 들으십시오. 선생님께서 오셔서 여기 계시다는 소문이 퍼지자마자 최고회의가 가야파의 집에서 열렸습니다. 하는 것 모두가 남용입니다…. 그리고 이렇게 결정했습니다… 선생님, 기대를 가지지 마십시오! 라자로, 조심성을 가지세요! 최고회의의 위장된 동작이고 표면상의 무기력에 지나지 않는 평온에 속지 마십시오. 이것은 위장된 동작입니다, 선생님. 군중이 동요하고 선생님을 지킬 준비를 하지 않는 사이에 선생님을 끌어들여서 잡기 위한 위장된 동작입니다. 선생님의 운명은 정해져 있고, 명령은 변함없습니다. 최고회의는 **절대로** 그의 복수를 잊지 않습니다. 최고회의는 기다립니다. 유리한 기회를 기다리는 것입니다. 그러나 곧이어!… 그리고 라자로 당신도. 그들은 당신도 없애고자 합니다. 당신 때문에 그들을 버리고 선생님을 따르는 사람이 너무나 많기 때문에 당신을 붙잡아서 없애버리고자 하는 것입니다. 당신이 바로 말했지만, 당신은 **선생님의** 능력의 증언입니다. 그래서 그들은 그 증언을 없애고자 하는 것입니다. 군중들이 이내 잊어버리리라는 것을 그들은 알고 있는 것입니다! 당신이 사라지고 선생님께서 없어지시면 많은 열의가 식을 것입니다."

"아닙니다, 엘르아잘! 열의가 타오를 것입니다!" 하고 예수께서 말씀하신다.

"오! 선생님! 그러나 만일 선생님께서 돌아가시면 무엇이 있겠습니까? 선생님께 대한 믿음이 있다고 가정하고, 만일 선생님께서 사라지시면 무엇이 그 믿음을 타오르게 하겠습니까? 저는 기분 좋은 일만 선생님께 말씀드리고 선생님을 초대하기를 바라고 있었습니다. 제 아내가 오래지 않아 아들을 낳게 되었습니다. 그 아들은 선생님께서 풍파를 겪고 있는 두 마음 사이에 평화가 다시 오게 함으로 선생님의 정의가 꽃피운 아이입니다. 그 아이는 오순절 무렵에 날 것입니다. 오셔서 그 아이에게 강복을 주십사고 말씀드리고 싶습니다. 선생님께서 제 집에 들어오시면, 어떤 불행도 제 집에서 멀리 떠나버릴 것입니다" 하고 바리사이파 사람 요한이 말한다.

"지금부터 당신에게 내 강복을 줍니다…."

"아! 선생님께서는 제 집에 오기를 원치 않으시는 거로군요! 저를 성실하다고 믿지 않으시는 거로군요! 저는 성실합니다. 선생님! 하느님께서 저를 보고 계십니다!"

"나도 압니다. 그런데… 오순절에는 내가 당신들 가운데 있지 않게 되겠기 때문입니다."

"그러나 아기는 별장에서 날 것입니다."

"압니다. 그러나 거기에도 가지 않을 것입니다. 그렇기는 하지만, 당신과 당신의 아내와 장차 태어날 아기와 이미 있는 당신 아들들도 내 강복을 받고 있습니다. 와 주셔서 고맙습니다. 이제는 가시오. 이분들을 오솔길로 해서 시몬의 집 저쪽으로 인도하시오. 아무의 눈에도 띄지 않게 하시오…. 나는 집으로 돌아가오. 당신들에게 평화…."

47. 예루살렘 입성 전 토요일

III. 베다니아의 만찬

 만찬은 예수께서 여자 제자들에게 말씀하신 하얀 큰 방에 차려졌다. 그것은 온통 희고 은빛깔로 찬란한 것인데, 거기에 사과나무나 배나무 또는 다른 과일나무 가지 다발들이 덜 희고 덜 차가운 색조를 가미한다. 그 나뭇가지 다발들은 눈같이 희기는 하지만, 멀리서 밝아오는 새벽빛의 애무가 스치는 눈을 연상시키는 분홍빛을 약간 띠고 있다. 그 나뭇가지 다발들은 식탁들과 방의 벽에 기대서 놓은 작은 궤들과 찬장들 위에 놓인 불룩한 꽃병이나 홀쭉한 은항아리에 꽂혀 우뚝 서 있다. 꽃들은 깨끗한 봄의 과일나무 꽃의 독특한 냄새인 산뜻하고도 약간 맵싸한 냄새를 방 안에 풍긴다….
 라자로가 예수 곁에 서서 방 안으로 들어온다. 그 뒤로는 사도들이 둘씩 둘씩 또는 더 많이 떼를 지어 들어온다. 맨 마지막으로 라자로의 두 누이동생이 막시민과 같이 들어온다.
 여자 제자들은 보이지 않는다. 성모님 조차도 보이지 않으신다. 아마 여자 제자들은 슬퍼하시는 어머님 곁에 집에 그대로 있는 것을 더 낫게 생각한 모양이다.
 황혼이 가까워 온다. 그러나 햇살이 좀 남아 있어, 방에서 몇 미터 떨어진 곳에 무더기를 이루고 있는 몇 그루의 종려나무의 살랑거리는 나뭇잎들과 참새들이 자기 전에 서로 다투는 엄청나게 큰 월계수 꼭대기를 비춘다. 종려나무와 월계수 저쪽, 장미와 재스민으로 된 울타리와 은방울꽃과 다른 꽃들이 심겨 있는 화단들과 향기로운 화초들 저 너머로는 한 무더기의 철늦은 사과나무 또는 배나무의 첫번째 꽃들의 연한 초록색의 점이 박힌 흰 반점이 있다. 그것은 가지에 매달린 채로 남아 있는 구름 같다.

예수께서는 가지를 꽂은 항아리 곁으로 지나가시면서 지적하신다.

"이것들은 벌써 작은 첫번째 열매들이 달렸소. 보시오! 꼭대기에는 꽃들이 있는데, 더 아래쪽에는 꽃이 벌써 떨어지고 자방(子房)이 부풀고 있소."

"마리아가 이것들을 꺾어 오기를 원했습니다. 마리아는 선생님의 어머니께도 몇 다발 갖다 드렸습니다. 마리아는 또 하루 해가 이 가냘픈 꽃부리를 상하게 할까봐 염려해서 새벽에 일어났습니다. 저는 이 대량 파괴소식을 들은 지가 얼마 되지 않습니다. 그러나 농부 하인들처럼 그것에 분개하지는 않았습니다. 오히려 만물의 모든 아름다움을 만물의 왕이신 선생님께 드리는 것이 당연하다고 생각했습니다."

예수께서는 빙그레 웃으시며 당신 자리에 앉으셔서 마리아를 바라보신다. 마리아는 언니와 함께 하녀인 것처럼 식사 시중을 하려고, 깨끗하게 하는 의식을 위한 잔과 수건들을 가져오고, 그 다음에는 포도주를 잔에 따르고, 하인들이 부엌에서 가져오는 대로 요리 접시를 식탁에 놓거나 찬장 위에서 잘라 내놓거나 한다.

두 자매가 모든 회식자의 시중을 예의 바르게 들지만, 자연히 그들의 열의는 예수와 라자로라는 그들에게 가장 소중한 회식자에게로 특별히 간다.

한 순간에, 맛있게 먹고 있던 베드로가 지적한다.

"이거 보라구! 이제서 알아차렸는데! 모든 요리가 갈릴래아에서 나오는 것과 같아. 내 생각에는… 그렇고 말고! 꼭 혼인 잔치에 온 것 같아. 그렇지만 여기서는 가나에서처럼 포도주가 떨어지지는 않는구먼."

마리아는 미소지으면서 매우 맑은 호박색 포도주를 사도의 잔에 다시 붓는다. 그러나 말을 하지 않는다.

이번에도 라자로가 설명한다.

"사실 선생님께서 당신의 갈릴래아에 계신 것 같은 인상을 가지실 그런 식사를 대접하려는 것이 누이동생들, 특히 마리아의 생각이었습니다. 여기서 하는 것보다 불완전하기는 해도 분명히 더 나은 것, 훨씬 더 나은 것이었겠지요만…"

"그러나 선생님께 그것을 생각나게 하려면, 어머니께서 이 식탁에 계셨어야 할 것입니다. 가나에는 어머님이 계셨거든요. 어머님을 통해서 기적이 일어났지요" 하고 알패오의 야고보가 지적한다.

"그 포도주는 명주(銘酒)였겠군요!"

"포도주는 즐거움의 상징인데, 번식력이 강한 포도나무에서 얻은 즙이니까 생식력의 상징이기도 해야 할 것입니다. 그러나 그 포도주는 많이 수태시킨 것 같지는 않습니다. 수산나는 아이가 없으니까요" 하고 가리옷 사람이 말한다.

"오! 그것은 포도주였어! 그 포도주는 우리의 정신을 풍요롭게 했어" 하고 요한이 하느님께서 행하신 기적으로 마음 속으로 볼 때에는 항상 그러는 것처럼 약간 공상에 잠기면서 말한다. 그리고 이렇게 말을 끝맺는다.

"그것은 동정녀에 의해서 행해졌어…. 그래서 순결의 영향이 그 포도주를 맛 본 사람에게서 내려왔어."

"아니, 그럼 자넨 수산나가 동정녀라고 생각하나?" 하고 가리옷 사람이 웃으면서 말한다.

"나는 그렇게 말하지는 않았네. 동정녀는 주님의 어머니시지. 어머니께서 하시는 모든 일에서는 순결이 생겨나네. 나는 어머님께서 하시는 모든 일이 얼마나 순결하게 만드는지 끊임없이 생각하네…." 그리고 어떤 환상을 보고 웃는지 미소를 지으면서 다시 공상에 잠긴다.

"저 총각은 정말 매우 행복해! 나는 저 사람이 지금은 세상을 기억하지 못하게 된 것 같다고 생각하네. 저 사람을 살펴보게" 하고 베드로가 요한을 가리키면서 말한다.

예수께서도 요한을 보시려고 약간 몸을 구부리신다. 요한은 U자 모양으로 배치된 식탁의 측면 모퉁이에 있으며, 따라서 중앙 식탁 한가운데에 계신 주님의 약간 뒤쪽에 있다. 예수의 왼편에는 사촌 야고보가 있고, 오른편에는 라자로가 있으며, 라자로 다음에는 열성당원과 막시민이 있고, 야고보와 다른 야고보 다음에는 베드로가 있다. 반대로 요한은 안드레아와 바르톨로메오 사이에 있고, 그 다음에는 토마가 있는데, 토마의 맞은편에는 유다가 필립보와 마태오와 같이 있고, 타대오는 가운데 긴 식탁이 시작되는 바로 모퉁이에 있다.

　라자로의 마리아가 방에서 나가는데, 마르타는 새 무화과꽃과 회향(茴香)풀의 푸른 줄기와 갓 딴 편도와 딸기인지 나무딸기인지 모를 것이 가득 담긴 쟁반들을 식탁 위에 올려놓는다. 딸기는 연초록색 회향풀과 꽃들과 또 그 곁에 있는 편도와 작은 멜론들과 남부 이탈리아의 퍼런 멜론을 연상시키는… 같은 종류의 다른 과일들과 황금빛 오렌지 가운데에 있으니까 한층 더 빨갛게 보인다.

　"벌써 이런 과일들이? 아무 데서도 익은 것을 보지 못했는데" 하고 베드로가 눈을 크게 뜨고 딸기와 멜론을 가리키면서 말한다.

　"일부는 이런 것이 나는 내 채소밭이 있는 가자 저쪽 해안지방에서 왔고, 일부는 집 위에 있는 온실에서 온 것인데, 온실은 서리를 막아주어야 하는 더 약한 작은 초목의 묘판이지요. 어떤 로마인 친구가 그 경작법을 가르쳐주었습니다…. 그 사람이 내게 좋은 것 가르쳐 준 것은 그것뿐이지요…." 라자로는 얼굴이 흐려지고, 마르타는 한숨을 쉰다…. 그러나 라자로는 이내 손님들을 슬프게 하지 않는 완전한 집주인이 다시 된다. 바이에*와 시라쿠사*, 그리고 시바리스만* 둘레에 있는 별장들에서는 이 방법으로 이 맛있는 것들을 일찍 얻으려고 이것들을 가꾸는 데 매우 익숙합니다. 드세요, 리비아의 끝물 오렌지, 온실에서 자란 에집트의 만물 멜론, 게다가 라틴 사람들의 열매, 우리 조국의 흰 편도, 연한 잠두(蠶豆), 아니스의 맛이 나는 소화를 촉진하는 줄기들이 있습니다…. 마르타야, 너 어린 아이 생각을 했니?"

　"다 생각했어요. 어머님은 에집트 생각을 하시면서 감회에 잠기셨어요…."

　"우리 초라한 정원에 그런 식물이 조금 있었소. 삼복 더위 때에는 깊고 시원한 이웃집 우물에 멜론들을 담갔다가 저녁 때에 먹는 것이 즐거움이었소…. 나도 기억하오…. 그리고 나는 욕심많은 염소 한 마리가 있었는데, 그 놈이 새로 돋아나는 싹과 연한 과일을 잘 먹기 때문에 지켜야 했소…." 고개를 갸웃이 기울이고 말씀하시던 예수께서

---

　* 역주 : 모두 이탈리아 남부에 있는 지명.

47. 예루살렘 입성 전 안식일 Ⅲ. **607**

머리를 드시고 내려오는 저녁 바람에 살랑거리는 종려나무들을 바라 보신다.

"나는 종려나무들을 볼 때면… 종려나무들을 볼 때면 언제나 에집트와 바람이 아주 쉽게 먼지를 일으키던 누렇고 모래가 많은 땅, 그리고 멀리에는 희박해진 공기 속에서 피라미드들이 떨고 있던 것이 눈에 선하오…. 그리고 우리 집… 그러나 그 이야기는 해야 소용없소. 그 때 그 때 근심거리가 있는 법이오…. 라자로, 이 과일 몇개를 내게 주겠소? 마리아와 마티아에게 갖다주고 싶소. 요안나가 이런 과일이 있을 것으로는 생각하지 않소."

"요안나는 이런 과일을 가지고 있지 않습니다. 요안나는 어제 이 과일들에 대한 말을 하면서 베델에 온실들을 짓게 해서 이 과일나무들을 심을 생각이라고 말했습니다. 그러나 이 과일들을 지금 드리지는 않겠습니다. 저는 익은 과일들을 모두 땄기 때문에 며칠 동안 익은 과일이 없을 것입니다. 제가 과일들을 보내겠습니다. 그보다도 목요일까지 과일을 가져갈 사람을 보내십시오. 그 아이들을 위해서 이 과일을 담은 얌전한 바구니를 준비하겠습니다. 그렇지, 마르타야?"

"예, 오빠. 그리고 요안나가 몹시 좋아하는 골짜기의 백합꽃들을 거기에 곁들입시다."

막달라의 마리아가 다시 들어온다. 마리아는 목이 매우 가늘고 새 부리같이 우아한 부리가 달린 항아리를 들었다. 설화석고(雪花石膏)는 금발 여자들의 어떤 살색처럼 분홍빛을 띤 정교한 노란색이다. 사도들은 마리아가 아마 흔치 않은 맛있는 것을 가져오나보다고 생각하면서 그를 바라본다. 그러나 마리아는 가운데로, 즉 언니가 있는 U자 모양으로 된 식탁 안쪽으로 가지 않고, 침대 모양의 의자들 뒤로 가서 예수의 의자와 라자로의 의자, 그리고 두 야고보가 있는 의자 사이에 가서 자리잡는다.

마리아는 설화석고 항아리를 열고, 열린 항아리에서 천천히 흘러 내리는 끈적거리는 액체 몇 방울을 받으려고 부리 밑에 손을 가져다 댄다. 월하향(月下香)과 다른 향유의 진한 냄새, 강력하고 기분좋은 향기가 방 안에 퍼진다. 그러나 마리아는 조금밖에 나오지 않는 것에 만족하지 않는다. 그는 몸을 구부리고 예수의 침대식 의자 모서리에 대고 항아리의 목을 확실한 손짓으로 깨뜨린다. 가는 목이 방바닥에 떨어지면서 향기로운 방울들을 대리석 바닥에 퍼뜨린다. 이제는 항아리에 넓은 구멍이 생겼고, 많은 향유가 콸콸 넘쳐 나온다.

마리아는 예수 뒤로 가서 진한 기름을 그의 예수의 머리에 붓고, 그것으로 굽슬굽슬한 머리카락을 모두 바르고, 그것들을 길게 늘여, 자기 머리에서 빼낸 빗으로 흠숭하는 머리에 잘 정리한다. 붉은 기운을 띤 예수의 금발 머리는 이렇게 기름을 바른 뒤에 매우 반짝이며 진한 금과 같이 빛난다. 하인들이 켜놓은 큰 촛대의 빛이 마치 아름다운 청동 투구에 반사하듯이 그리스도의 금발 머리에 반사한다. 향기는 황홀하다. 이렇게 한없이 퍼진 향기는 어떻게나 잘 스며드는지, 재채기를 나게 하는 가루처럼 자극적인 나머지 콧구멍 속으로 스며들고 머리에 올라간다.

라자로는 머리를 뒤로 돌린다. 그는 마리아가 얼마나 정성 들여 예수의 굽슬거리는 머리카락에 향유를 바르고 빗겨, 향기로운 맛사지를 한 후에 그 머리가 잘 정돈된 것으로 보이게 하는지를 보면서 빙그레 웃는다. 마리아는 그의 많은 머리채가 핀들과 어울려서 고정시키던 넓은 빗으로 고정되어 있지 않아, 점점 더 목으로 흘러내리고 완전히 어깨로 흘러내리게 되어 있는 것은 걱정하지 않는다. 마르타도 바라보며 미소짓는다. 다른 사람들은 낮은 목소리로 서로 말을 하며 얼굴에는 여러 가지 다른 표정을 짓는다.

그러나 마리아는 아직 만족하지 않다. 깨진 항아리에는 아직 향유가 많이 남아 있고, 예수의 머리카락이 아무리 숱이 많다 해도 향유를 가득 머금었다. 그러니까 마리아는 오래 전 저녁의 사랑의 행동을 되풀이 한다. 침대식 의자의 발 앞에 무릎을 꿇고, 예수의 샌들 끈을 풀고 발을 벗긴다. 그리고 그의 매우 아름다운 손의 긴 손가락을 항아리 속으로 집어넣어, 끌어낼 수 있는 향유를 전부 끌어내어 벗은 발 발가락 하나하나에 바르고, 그 다음에는 발바닥과 발뒤꿈치, 그리고 아마포 옷을 뒤로 젖혀 드러나게 한 발목 위에까지 바른다. 그리고 마침내 발등에서는 무서운 못들이 들어갈 중족(中足)에서 오래 지체하며 오목한 항아리 안에 향유가 남지 않을 때까지 계속한다. 그러자 항아리를 방바닥에 부딪쳐 깨뜨린다. 그리고 손이 자유롭게 되자 굵은 핀들을 뽑아 그의 숱한 많은 머리를 풀고, 그 살아있고 부드럽고 매끈매끈한 황금빛 머리채로 향유가 뚝뚝 떨어지는 예수의 발에서 향유의 나머지를 훔쳐낸다.

유다는 그 때까지 매우 아름다운 여인과 그 여인이 머리와 발에 기름을 바르는 선생님을 음탕과 시기의 불순한 눈초리로 바라보면서 그 때까지는 잠자코 있었다. 그러다가 목소리를 높인다. **공공연한 비난의 유일한 목소리이다.** 다른 사람들은, 모두는 아니고 몇몇 사람이 약간 불평을 하거나 놀란 몸짓을 하였다, 그래도 조용한 몸짓이었다. 그러나 그리스도의 발에 향유를 바르는 것을 더 잘 보기 위하여 일어나기까지 한 유다는 심통사납게 말한다.

"얼마나 무익하고 이교적인 낭비야! 왜 그렇게 하는 거요. 그러구서도 최고회의 지도자들이 죄 이야기하는 것을 원치 않는단 말이야! 그것은 음탕한 창녀의 행위이고, 여보시오, 당신의 새생활하고는 어울리지 않소. 그 행위는 너무나 당신의 과거를 환기하오!"

모욕이 너무나 노골적이어서 모두가 깜짝 놀랐다. 모욕이 얼마나 심한지 모두가 흥분하여, 어떤 사람들은 침대형 의자에 일어나 앉고, 어떤 사람들은 일어선다. 모두가 유다를 마치 갑자기 미친 것처럼 바라본다.

마르타는 얼굴이 빨개졌다. 라자로는 갑자기 일어나 식탁을 탕 치고 말한다.

"내 집에서…." 그러나 곧이어 예수를 쳐다보고 말을 중단한다.

"그래, 자네들 나를 바라보지? 자네들은 모두 마음 속으로 불평을 했네. 그러나 내가 자네들의 생각을 대변했고, 자네들이 생각하던 것을 공공연하게 말한 지금 자네들은 나를 비난하려고 하네. 나는 내가 말한 것을 되풀이 하겠네. 물론 나는 마리아가 선생님의 애인이라고 말하는 것은 아닐세. 그러나 어떤 행위는 선생님께도 마리아에게도 적합하지 않다고 말하는 것일세. 이것은 무모한 행동이고, 옳지 않은 행동이기도 하네. 그렇네. 왜 이렇게 낭비를 하는 건가? 만일 마리아가 그의 과거의 기억을 소멸시키고 싶었으면 그 항아리와 그 향유를 내게 주어도 되는 건데 그랬단 말일세. 값이 매우 비싼 순수한 감송향(甘松香)이 적어도 한 파운드는 있었네! 나는 그걸 300 데나리우스를 받고 팔 수 있었을 걸세. 그만한 가치의 감송향은 그 값까지 갈 수 있으니까. 또 아름답고 값진 그릇도 팔 수 있었을 거야. 나는 그 돈을 우리에게 몰려드는 거지들에게 주었을 걸세. 돈은 넉넉히 있다는 법이 절대로 없고, 또 내일 예루살렘에는 우리에게 동냥을 달라고 할 사람들이 수없이 많을 거야."

"그건 사실이야!" 하고 다른 사도들이 시인한다.

"자넨 그 돈을 선생님을 위해서 조금 쓸 수 있었을 거야. 그리고 나머지는…."

막달라의 마리아는 듣지 못하는 것 같다. 그리고 풀어진 그의 머리카락으로 계속하여 그리스도의 발을 훔친다. 이제는 그 머리카락들도 특히 아래 쪽에, 향유로 무거워지고, 머리 꼭대기에보다 더 짙은 빛깔이 되었다. 오래 묵은 상아 빛깔인 예수의 발은 마치 새 피부를 한 벌 입힌 것과 같이 반들반들하고 부드럽다. 그리고 마리아는 그리스도께 다시 샌들을 신겨 드리는데, 예수께 대한 그의 사랑이 아닌 모든 것에는 귀를 기울이지 않은 채, 발에 신발을 신겨 드리기 전과 신겨 드린 후에 이 발 저 발에 입맞춤을 한다.

예수께서는 마지막 입맞춤을 하느라고 숙인 마리아의 머리에 손을 얹으시면서 그를 변호하여 말씀하신다.

"마리아가 하는 대로 놔 두어라. 왜 마리아를 괴롭히고 귀찮게 하느냐? 너희들은 마리아가 무슨 일을 했는지 알지 못한다. 마리아는 내게 대해서 옳고 착한 일을 하였다. 가난한 사람들은 언제나 너희들 가운데 있을 것이다. 그러나 나는 곧 갈 것이다. 가난한 사람들은 항상 너희들과 같이 있겠지만, 나는 머지 않아 너희들과 같이 있지 않을 것이다. 가난한 사람들에게는 너희들이 언제나 동냥을 줄 수 있겠지마는, 이제 얼마 안 있어, 사람들 가운데 있는 사람의 아들인 나에게는, 사람들의 뜻에 의해서 그리고 때가 왔기 때문에, 아무 영광도 드릴 수 없게 될 것이다.

마리아의 생각에 사랑은 빛이다. 마리아는 내가 곧 죽으리라는 것을 느끼고, 내 몸에 장사 지낼 때 하는 향유 바르기를 미리 하고자 한 것이다. 나 분명히 너희들에게 말하지만, 기쁜 소식이 전해지는 곳에서는 마리아의 예언적인 사랑의 행위도 기억할 것이다. 온 세상에서, 언제까지나, 어느 사람이나 모두 다른 마리아가 되어서, 마리아와 같이 값을 따지지 않고, 애착을 키우지 않고, 과거의 가장 작은 추억까지도 간직하지 않고, 육체와 세상의 것 무엇이든지 소멸시키고 짓밟으며, 마리아가 감송향과 설화석고 항아리를 그렇게 한 것처럼 자기를 부수고, 주님 위에 주님에 대한 사랑으로 부어졌으면 좋겠다.

마리아야, 울지 말아라. 내가 바리사이파 사람 시몬과 네 언니 마르타에게 한 말을 이 시간에 다시한다. '네가 **전적으로** 사랑할 줄 알았기 때문에 너는 모든 것에 대한 용서를 받았다.' 너는 가장 좋은 몫을 골라 잡았으며, 너는 그것을 **빼**앗기지 않을 것이다. 다시 찾은 내 다정스러운 양아, 안심하고 있어라. 안심하고 있어라. 사랑의 풀밭이 영원히 네 먹이가 될 것이다. 일어나거라. 네 죄를 사해 주고 네게 강복한 내 손에도 입맞춤 하여라…. 내 손이 얼마나 많은 사람의 죄를 사해 주고, 강복하고, 은혜를 많이 베풀었느냐! 그런데도 나 너희들에게 분명히 말한다마는, 내가 은혜를 많이 베푼 백성이 이 손에 대한 고문을 준비하고 있다…."

스며드는 향기로 인하여 무거워진 분위기 속에 무거운 침묵이 흐른다. 풀어진 머리가 어깨로 내려와 겉옷 노릇을 하고, 얼굴로 내려와 베일 노릇을 하는 마리아는 예수께서 내미시는 오른손에 입맞춤하며, 거기에서 입술을 뗄 줄을 모른다….

마르타는 감동하여 마리아에게로 다가가서 그의 머리카락을 모아 땋아 주고, 그 다음에는 그를 어루만지며, 눈물이 **뺨**으로 흘러 내리는 것을 그대로 두었다가 닦아주려고 애쓴다….

아무도 이제는 음식을 먹을 생각이 없어졌다…. 그리스도의 말씀은 그들을 생각에 잠기게 하였다.

제일 먼저 일어나는 사람은 알패오의 유다이다. 그는 물러갈 허락을 청한다. 그의 아우 야고보도 그가 하는 대로 하고, 안드레아와 요한도 그렇게 한다. 다른 사도들은 남아 있다. 그러나 벌써 일어서서 하인들이 그들에게 내놓은 은대야에 손을 씻는 일에 골몰한다. 마리아와 마르타는 예수와 라자로와 같이 손을 씻는다.

하인 한 사람이 들어와서 몸을 구부리고 막시민에게 말한다. 그의 말을 들은 다음 막시민이 말한다.

"선생님, 선생님을 뵙겠다고 하는 사람들이 있답니다. 그들 말로는 멀리서 왔다고 한답니다. 어떻게 할까요?"

예수께서는 필립보와 제베대오의 야고보와 토마를 불러서 명령하신다.

"가서 기쁜 소식을 전하고 병을 고쳐 주고, 내 이름으로 행하여라. 그리고 내가 내일 성전에 올라간다고 알려라."

"주님, 그 말을 하는 것이 좋겠습니까?" 하고 열성당원 시몬이 묻는다.

"성도에서는 친구들보다도 원수들이 벌써 그 말을 더 했으니, 그 말을 안 해야 소용이 없다. 가거라!"

"흠! 친구들이 그걸 아는 한… 우리도 알지. 그렇지만 친구들은 배반하지 않아. 그래서 나는 다른 사람들이 어떻게 그것을 알 수 있는지 모르겠어."

"많은 친구 중에는 언제나 어떤 원수가 있는 걸세. 요나의 시몬. 이제는 친구들이… 너무나 많아, 그리고 너무 쉽게 그들을 친구로 받아들인단 말이야!…. 내가 얼마나 청을 하고 기다렸는지를 생각하면!… 그러나 그 때는 초기였고, 조심을 했었지. 그리고는 대성공에 현혹되어서 조심을 하지 않게 되었지. 그런데 그게 나빴어. 그렇지만 승리한 사람 모두가 이런 일을 당하는 법이네. 승리는 맑은 눈을 가리고, 행동에 있어서의 신중성을 약하게 하는 걸세. 물론 이 말을 우리 제자들에 대해서 하는 것이지 선생님에 대해서 하는 것은 아닐세. 선생님은 완전하시니까. 만일 우리가 열두 사람 그대로 남아 있었으면, 배반을 걱정해서 떨게 되지는 않을 걸세!" 하고 가리옷의 유다는 뻔뻔스럽게 거짓말을 한다.

배신자 사도를 바라보시는 그리스도의 눈길을 묘사하는 것은 불가능한 일이다. 무한한 주의 환기와 고통이 담긴 눈길이다. 그러나 유다는 거기에 주의를 기울이지 않는다. 그는 식탁 앞으로 지나 나가는 쪽으로 향한다…. 예수께서는 그를 지켜보시다가, 그가 실제로 나가는 것을 보시고 물으신다.

"어디 가느냐?"

"밖에요…" 하고 유다는 회피하는 태도로 대답한다.
"이 방 밖으로 나가느냐. 그렇지 않으면 집 밖으로 나가느냐?"
"밖으로요…. 이렇게… 좀 거닐려구요."
"가지 말아라, 유다야. 나와 같이, 우리와 같이 있어라…."
"선생님의 사촌들이 나갔고, 요한도 안드레아와 같이 나갔습니다. 왜 저는 나가서 안 됩니까?"
"너는 그들처럼 쉬러 나가는 것이 아니다…."
 유다는 대답하지 않고, 고집스럽게 그대로 나간다. 방 안에서는 말이 없다. 주인들과 남아 있는 네 사도는 서로 바라본다.
 예수께서는 밖을 내다보신다. 예수께서는 일어나셔서 유다의 움직임을 지켜보시려고 창문으로 가셨다. 그가 벌써 겉옷을 걸치고 집에서 나가 거기서는 보이지 않는 대문 쪽으로 향하는 것을 보시고는 큰 소리로 그를 부르신다.
 "유다야! 기다려라! 네게 한 마디 할 말이 있다." 그러면서 선생님께서 괴로워하시는 것을 짐작하고 허리를 한 팔로 껴안았던 라자로를 살그머니 밀어내시고 유다를 쫓아가려고 방에서 나가신다. 유다는 더 느린 걸음이기는 하지만 계속 걷고 있었다. 예수께서는 집에서 정원 울타리까지의 거리의 3분의 1 남짓 되는 곳, 잎이 두꺼운 관목림 근처에서 그를 따라 미치셨다. 그 잎들은 진한 초록색 도자기 같고, 사방에 무더기로 피어있는 작은 꽃들이 쫙 깔려 있는데, 꽃 하나하나는 겨우 노랗게 된 밀초로 만든 것처럼 무거운 꽃잎이 있고 향기가 강한 작은 십자가와 같다. 나는 그 꽃 이름은 알지 못한다.
 예수께서는 유다를 그 덤불 뒤로 끌고 가시어, 아래 팔에 항상 힘을 주고 있는 손을 잡으시고 다시 물으신다.
 "유다야, 어디 가느냐? 제발 여기 남아 있어라!"
 "모든 것을 아시는 선생님이 그걸 왜 제게 물으십니까? 물어볼 무슨 필요가 있습니까? 사람들의 마음을 들여다보시는 선생님이? 제가 친구들한테 간다는 것을 선생님도 아십니다. 선생님은 제가 그리 가는 것을 허락하지 않으시는군요. 그들은 저를 부르고 있습니다. 그래서 갑니다."
 "네 친구들이라고! 네 파멸이라고 말해야 할 것이다! 너는 네 파멸을 향해 가는 것이다. 너는 진짜 너를 죽이는 살인자들에게로 가는 것이다. 유다야, 가지 말아라! 너는 죄를 지으러 가는 것이다…. 너는 …."

"아! 선생님은 무서워하시는군요?! 마침내 무서워하시는군요?! 선생님은 마침내 자기가 사람이라는 것을 깨달으시는군요! 선생님은 사람이십니다! 사람이상 아무 것도 아니십니다! 사람만이 죽음을 무서워하니까요. 하느님께서는 당신이 죽을 수 없다는 것을 아십니다. 만일 선생님이 하느님이라는 것을 느끼시면, 죽을 수 없다는 것을 아실 것이고, 무서워하지 않을 것입니다. 과연 선생님은 지금, 죽음이 가까워졌다는 것을 느끼는 지금, 모든 사람에게 공통하는 그 공포를 가지고 있어서, 모든 방법을 다해서 그것을 멀리 하려고 애쓰시고, 사방에서 무슨 일에서나 위험을 보시는 것입니다.

선생님의 훌륭한 대담이 어디 있습니까? 선생님이 희생을 완수하는 것이 만족스럽고, 희생을 완수하기를 갈망한다고 자신만만하게 하시던 선생님의 단언이 어디 갔습니까? 선생님은 마음 속에 그 단언의 반향도 이제는 가지지 못하셨습니다! 선생님은 이 시간이 절대로 오지 않으리라고 믿으셨지요. 그래서 용감한 체, 아량이 있는 체 하시고, 장중한 말들을 하셨습니다. 자! 선생님은 위선자라고 비난하시던 그 사람들보다 더 나을 것도 없습니다! 선생님은 우리에게 아부하고 우리를 배반하셨습니다. 그런데 우리는 선생님을 위해 모든 것을 버렸었습니다! 우리는 선생님 때문에 미움을 받고 있습니다! 선생님은 우리의 파멸의 원인이십니다…."

"그만 해라. 자!자! '남아 있게 저를 도와주십시오. 저를 지켜 주십시오!' 하고 내게 말한 후로 시간이 많이 지나지 않았다. 나는 그렇게 했다. 그런데 그것이 무슨 소용이 있었느냐? 한 가지만 더 말해라. 그리고 그 말을 하기 전에 곰곰 생각하여라. 이것이 순전히 네 뜻이냐? 네 친구들에게 가겠다는 뜻, 그들을 나보다 더 낫게 여긴다는 뜻이 말이다?"

"예, 그렇습니다. 저는 곰곰 생각할 필요가 없습니다. **오래 전부터 저는 이 의지만을 가지고 있으니까요.**"

"그러면 가라! 하느님께서는 사람의 자유를 강제하지 않으신다."

그리고 예수께서는 그에게 등을 돌리시고 천천히 집을 향하여 돌아오신다. 집에 가까이 오셨을 때, 라자로가 여전히 같은 자리에 서서 당신을 계속 바라보고 있는 시선에 끌려 고개를 드신다. 그것은 충실한 친구에게 미소지으려고 애쓰는 매우 창백한 얼굴이다.

예수께서는 네 사도가 막시민과 말을 하고 있는 방으로 다시 들어가신다. 그동안 마르타와 마리아는 식사 동안에 쓰인 식탁보와 냅킨들을 치워 방을 다시 정돈하는 하인들의 일을 지휘한다.

라자로는 문지방으로 가서 다시 예수의 허리에 한 팔을 감고 어떤 하인 앞으로 지나가면서 말한다.

"내 서재 탁자 위에 있는 두루마리를 가져오게."

그는 예수를 앉으시게 하려고 창문틀 앞에 있는 그 넓은 의자들 중의 하나에 모시고 간다. 그러나 예수께서는 라자로가 말씀드리는 것에 주의를 기울이려고 애쓰시며 그냥 서 계신다…. 그렇지만 비록 당신께로 가까이 와서 보살피며 이웃에 있는 사람과 떠들고 선생님을 가리키는 눈짓을 하는 사람의 마음 속에 있는 의심을 없애기 위하여 미소를 지으시지만, 예수의 생각은 딴 데 가 있고, 또 매우 슬퍼하신다는 것이 분명하다.

하인이 두루마리를 가지고 돌아온다. 그 양피지에는 그의 머리가 이해할 수 있는 것보다 더 고상한 것들이 들어있다는 것을 안 베드로는 이렇게 말하면서 물러간다.

"고기들이 어떤 미끼는 물지 않습니다. 막시민과 나무와 농작물 이야기를 하는 것이 더 낫겠습니다."

마르타는 일을 계속한다. 마리아는 잠자코 있으면서 라자로가 이야기하는 것에 참여한다. 라자로는 양피지에 쓰여 있는 어떤 대목들을 선생님께 알리면서 말한다.

"이 이교도가 저희들 중의 많은 사람보다 더 독특한 투시력을 가지고 있지 않습니까? 아마… 만일 이 사람이 선생님께서 저희 선생님으로 계신 동안 여기 있었더라면, 선생님의 제자들 중에 있었을 것이고, 가장 훌륭한 제자들 중의 하나가 되었을 것입니다. 그리고 저희들 중의 많은 사람이 이해할 능력이 있는 것보다 선생님을 더 잘 이해했을 것입니다. 그리고 이 시는 선생님께 대한 찬미를 그의 영에 끌어다 주었을 것입니다! 이교도의 정신이면서도 빛나는 정신으로 받아들여지고 보존되는 선생님의 말씀! 총명하고 맑은 이 지능으로 쓰여진 선생님의 생애! 저희는 이제 작가도 시인도 가지지 못했습니다. 선생님은 너무 늦게, 이기주의와 사회적-종교적 타락이 저희 안에 시와 재능을 소멸시켰을 때 오셨습니다. 선생님을 알지 못하면서 선생님에 대해서 우리 현인들과 예언자들이 쓴 것이 선생님을 따르는 사람들 중의 하나의 살아있는 말에 들어있지 않았습니다. 선생님께서 특별히 사랑하시는 사람들, 선생님께 충실한 사람들은 대부분이 지식이 없습니다.

그리고 다른 사람들은… 아닙니다. 저희는 이제 군중에게 선생님의 지혜의 말씀과 선생님의 모습을 전할 콜레헷같은 사람들을 가지지 못했습니다. 저희들이 이제 그런 사람들을 가지지 못하게 된 것은 그렇게 능력이 없어서 그런 것보다도 정신과 의지가 없기 때문입니다. 이스라엘에서 인간적으로 가장 정선된 부분은 망그러진 나팔처럼 울리지 않아서 하느님의 영광과 놀라운 일들을 노래할 줄 모르게 되었습니다. 저는 부분적으로는 능력이 없음으로 인해서, 부분적으로는 악의로 모든 것이 잃어지고 변질하지 않을까 하고 염려합니다 …."

"그렇게는 되지 않을 거요. 주님의 성령께서 사람들의 마음 속에 자리잡으시면, 내 말을 되풀이 하시고, 그 뜻을 설명해 주실 거요. 하느님의 성령께서 그리스도의 입술로 말씀하시오. 그리고… 그 후에는 성령께서 직접 사람들의 정신에 말씀하시고, 내 말을 상기시킬 거요."

"오! 곧 그렇게 되었으면! 선생님의 말씀을 사람들이 별로 듣지 않고, 이해는 더구나 하지 못하니까 곧 그렇게 되었으면 좋겠습니다. 매우 부드럽기 때문에 사람들의 정신이 받아들이지 않은 것을 폭력으로 거기에 새겨 넣기 위한 성령의 포효는 타오르는 불길처럼 맹렬하리라고 생각합니다. 타오르는 성령께서 미지근하고 마비된 양심에 선생님의 말씀을 쓰기 위해 양심들을 불꽃으로 태우시리라고 생각합니다. 세상은 선생님을 사랑하게 될 것입니다. 지극히 높으신 분께서 그렇게 원하십니다! 그러나 언제입니까?"

"내가 사랑의 제사로 타서 없어질 때요. 그 때에는 사랑이 올 것이오. 그 사랑은 마치 제헌된 희생에서 올라오는 아름다운 불꽃과 같을 것이오. 그리고 제사는 끊이지 않을 것이니까 그 불꽃은 꺼지지 않을 것이오. 한번 세워지고 나면, 그 제사는 세상이 있는 동안 지속될 것이오."

"그러나 그렇다면… 그렇게 되려면 선생님께서 정말 희생으로 바쳐져야 합니까?"

"그렇소" 하고 예수께서는 당신 자신의 운명에 동의하는 것을 나타내는 늘 하시는 몸짓을 하신다. 예수께서는 팔을 내밀고 손을 바깥쪽으로 향하게 하시고, 고개를 기울이신다. 그리고 다시 머리를 드시고 라자로에게 미소를 보내시며 말씀하신다.

"그러나 사랑의 성령의 비물질적인 목소리는 포효처럼 맹렬하지는 않을 것이고, 니산달의 바람과 같이 기분좋으면서도 죽음처럼 강한 사랑처럼 부드러울 것이오! 내 임무의 보충과 완수일 것이오. 선생으로서의 내 임무의 완성일 것이오…. 나는 당신이 염려하는 것처럼, 내가 준 것 중에서 무엇이 잃어지지 않을까 염려하지 않소. 당신에게 분명히 말하오마는 오히려 빛살이 내 말을 비추어서 당신들이 내 말의 정신을 보게 될 것이오. 나는 내 가르침을 성령께 맡겨 드리고, 내 영은 내 아버지께 맡겨 드리니까 차분하게 떠나 가오."

예수께서 곰곰 생각하시면서 고개를 숙이신다. 그런 다음 대화의 시발점이 되었던 두루마리를 흑단(黑檀)이나 짙은 빛깔의 다른 나무로 만든 일종의 높은 찬장이나 궤 위에 내려놓으신다. 그 궤는 온통 노란 상아로 상감세공(象嵌細工)을 한 것으로 하인 넷이 옆방에서 가져왔는데, 마르타가 가장 값진 식탁보들을 그 속에 정리한다. 그런 다음 예수께서 말씀하신다.

"라자로, 밖으로 나오시오. 당신에게 할 말이 있소."

"곧 나갑니다. 주님" 하고 말하며, 라자로는 앉아 있던 의자에서 일어나 예수를 따라 정원으로 간다. 해의 마지막 빛살이 하늘에서 죽어가는 중이고, 달빛은 아직 약하게 나타나기 시작하기 때문에 정원에는 빛이 약해진다.

불의가 세상을 덮쳐도

출판 허가서
신앙교리성성 제144 / 58 i 호
1994년 6월 21일

하느님이시요 사람이신 그리스도의 시
제8권 수난 준비

1991년 5월 1일 초판
2025년 1월 20일 12쇄

저　자　마리아 발또르따
　　　　(Maria Valtorta)
역　자　안 응 렬
추　천　파 레 몬 드 (현우)
　　　　(Fr. Raymond Spies)
발행자　한상천
발행소　가톨릭 크리스챤

142-806 서울 강북구 미아9동 103-127
전　화　　987-9333
ＦＡＸ　　987-9334
등　록　　1979.10.25 제7-109호
우리은행　1002-533-493419 한상천

값 27,000원

□허가없이 이 책을 전재. 일부를 복사할 수 없습니다.
□통신판매 02) 987-9333로 하시면 됩니다.

수덕 · 신비 신학 (전 5권)

아돌프 땅끄레 지음 / 정대식 옮김
<우리 그리스도인의 신앙생활 지침서>

....

제1권 그리스도적 생명

수덕·신비 신학의 고유한 목적은 그리스도적 생명의 완성에 있다. 그리스도적 생명은 바로 하느님의 생명에 참여하는 것이므로, 하느님만이 이 생명의 은총을 우리에게 주신다. 이것은 예수님의 생명에 참여하는 것이므로, 곧 예수님이 우리 안에 사시고 우리 또한 예수님 안에 사는 것이다.

제2권 완덕의 삶

모든 그리스도인은 완덕으로 나아가야 할 의무가 있다. 그리스도적 완덕은 자기 생명을 희생하는 사랑에 있다. 완덕은 오직 하느님을 사랑하는데 있으므로 우리를 하느님과 완전하게 일치시킨다.

제3권 정화의 길

완덕의 첫 단계인 정화의 길은 자기 희생과 포기의 길이다. 초보자들이 추구하는 완덕의 목적은 하느님과 일치하기 위해 죄의 기회와 영적 장애물들을 없애는 영혼의 정화를 실천하는데 있다.

제4권 빛의 길

예수님도 세상의 빛이시기에 그 분을 따르는 사람은 어둠 속을 걷지 않으며 사랑하는 하느님의 뜻을 따를 때 행복하다. 그러므로 항상 선을 실천하고 영원한 생명을 얻기 위해 끊임없이 하느님의 도움을 간청해야 한다.

제5권 일치의 길

일치의 길을 걷는 영혼의 목적은 자신 안에 현존하시는 하느님만을 위하여 사는데 있다. 그러므로 우리들의 삶 전체가 하느님 안에서 단순화 되어간다. 고요의 기도는 영혼 가까이에 현존하시는 하느님을 느끼고 맛보게 된다.